David Harvey
Marx' 2. Band des »Kapital« lesen

David Harvey ist Dozent am Graduate Center der City University of New York und Autor zahlreicher Bücher. Bei VSA erschienen von ihm unter anderem: »Der neue Imperialismus« (2005), »Räume der Neoliberalisierung« (2007), »Marx' ›Kapital‹ lesen. Ein Begleiter für Fortgeschrittene und Einsteiger« (2011) sowie »Das Rätsel des Kapitals entschlüsseln. Den Kapitalismus und seine Krisen überwinden« (2014).

Christian Frings ist Autor, Herausgeber und Übersetzer, lebt in Köln.

David Harvey

Marx' 2. Band des »Kapital« lesen

Ein Begleiter zum Verständnis der Kreisläufe des Kapitals

Aus dem Amerikanischen von Christian Frings

VSA: Verlag Hamburg

www.vsa-verlag.de

Originaltitel: »A Companion to Marx's Capital. Volume Two«
zuerst erschienen 2013 bei Verso, London / New York

Die Publikation der Übersetzung wurde unterstützt von transform! europe.

Umschlagabbildung: &&& Creative, London

Druck und Buchbindearbeiten: CPI books GmbH Leck
ISBN 978-3-89965-716-6

Inhalt

Zu den verwendeten Texten

Die verwendeten Texte sind folgende:

Karl Marx: *Das Kapital. Kritik der politischen Ökonomie, Band 2, Marx-Engels-Werke, Bd. 24,* Berlin 1963; die Seitenzahlen werden ohne weitere Angabe genannt. (D.H. zitiert im Englischen nach der Ausgabe: *Capital, Volume II*, übersetzt von David Fernbach, London 1978).

Karl Marx: *Das Kapital. Kritik der politischen Ökonomie, Band 1, Marx-Engels-Werke, Bd. 23*, Berlin 1962; die Seitenzahlen werden mit der Angabe »K1« genannt. (D.H. zitiert im Englischen nach der Ausgabe: *Capital, Volume I*, übersetzt von Ben Fowkes, London 1976).

Karl Marx: *Das Kapital. Kritik der politischen Ökonomie, Band 3, Marx-Engels-Werke, Bd. 25*, Berlin 1964; die Seitenzahlen werden mit der Angabe »K3« genannt. (D.H. zitiert im Englischen nach der Ausgabe: *Capital, Volume III*, übersetzt von David Fernbach, London 1981).

Karl Marx: »Grundrisse der Kritik der politischen Ökonomie«, in: *Marx-Engels-Werke, Bd. 42*, Berlin 1983; die Seitenzahlen werden mit der Angabe »Grundrisse« genannt. (D.H. zitiert im Englischen nach der Ausgabe: *Grundrisse*, übersetzt von Martin Nicolaus, London 1973).

Während ich bei der Abfassung des Begleiters zum 1. Band des *Kapital* von einer Mitschrift meiner Vorlesungen ausgegangen bin, konnte ich in diesem Fall nicht auf dieselbe Weise verfahren. Ich habe mich zwar immer wieder zu speziellen Fragen in den 2. Band vertieft, aber ich hatte nicht die genaue Kenntnis, die sich aus regelmäßigen Lehrveranstaltungen ergibt. Ich hatte daher noch einiges über diesen Band in seiner Gesamtheit zu lernen. Vor den Vorlesungen machte ich mir ausführliche Notizen zu dem Material aus dem 2. Band und den zu berücksichtigenden Kapiteln aus dem 3. Band. Diese habe ich dann nach den Vorlesungen überarbeitet. Daraus entstand die Grundlage für die erste Version dieses Textes. Danach habe ich den Originaltext noch einmal gelesen und weitere Korrekturen und Kommentierungen vorgenommen. Beim Lesen von Marx geschieht es immer wieder, dass mit jeder erneuten Lektüre neue Einsichten und Bedeutungsschichten zum Vorschein kommen. Daher gibt es einige Unterschiede und Abweichungen zwischen den Vorlesungen und dieser schriftlichen Version – nicht nur in der Art der Darstellung, sondern bisweilen auch in der eigentlichen Interpretation. Marx zu interpretieren ist immer ein fortlaufendes und unabgeschlossenes Projekt, was es oft so interessant macht, ihn zu lesen und dann erneut zu lesen.

Ich möchte den Studentinnen und Studenten danken, die an dem vorbereitenden Seminar zum 2. Band teilgenommen haben, und jenen, die sich geduldig die Vorlesungen an der *Union Theological Seminary* (New York) angehört haben. Ihre sachdienlichen Fragen waren immer sehr hilfreich, und Crystal Hall, Priya Chandresakaran, Nkosi Anderson und Chris Caruso waren liebenswürdigerweise bereit, mich für die Videoversion zum Text zu interviewen. Ich stehe auch tief in der Schuld von Chris Caruso, der die Filmcrew leitete und meine Webseite betreut, und von Chris Nizza, der das Video so meisterhaft bearbeitet hat. Und zu guter Letzt habe ich Maliha Safri zu danken, die den ersten Entwurf des Textes gelesen und einige Präzisierungen und Umformulierungen vorgeschlagen hat. Sie ist in keiner Weise für meine Interpretationen verantwortlich.

Einleitung

Wie mit meinem Begleiter zum 1. Band des *Kapital* möchte ich »euch dazu bringen, dieses Buch zu lesen«. Ich wünschte, ich könnte hinzufügen »in Marx' eigenen Worten«. Aber wie ich gleich zeigen werde, lässt sich in diesem Fall nicht so leicht sagen, was diese Worte eigentlich sind. Doch zunächst muss ich euch davon überzeugen, warum die genaue Lektüre des 2. Bandes genauso wichtig wie die des 1. Bandes ist. Dafür gibt es meiner Ansicht nach zwingende Gründe.

In den *Grundrissen* pocht Marx in unmissverständlicher Weise darauf, dass sich Kapital nur als die »*Einheit von Produktion und Realisierung*« des Werts und Mehrwerts verstehen lässt (z.B. 320).[1] Damit meint er, dass die in der Produktion vergegenständlichte Arbeit keinen Wert hat, wenn das Produzierte nicht auf dem Markt verkauft werden kann. Im 1. Band des *Kapital* richtet sich die Aufmerksamkeit ganz auf die Prozesse und die Dynamik der *Produktion* von Wert und Mehrwert. Probleme, die sich aus deren *Realisierung* ergeben könnten, bleiben ausgeklammert. Faktisch unterstellt Marx, dass sich immer ein Markt findet und alle produzierten Waren zu ihrem Wert verkauft werden können. Der 2. Band schlägt genau den umgekehrten Kurs ein: Was sich als der spannungsreiche und oft instabile Prozess der Realisierung des Mehrwerts erweist, wird unters Mikroskop gelegt, während davon ausgegangen wird, dass es im Bereich der Mehrwertproduktion keine Schwierigkeiten gibt. Leider wird im Allgemeinen dem vielgelesenen 1. Band ein größeres Gewicht beigemessen als dem vernachlässigten und als zweitrangig betrachteten 2. Band. Aber ohne ihn bekämen wir bestenfalls nur die halbe Wahrheit der politischen Ökonomie des Kapitals von Marx. Eigentlich ist es noch schlimmer, den 2. Band nicht ernst zu nehmen. Denn wir verstehen dann auch nicht wirklich, was im 1. Band steht, weil sich uns dessen Erkenntnisse erst gänzlich erschließen, wenn wir sie *in eine dialektische Beziehung* zu denen des 2. Bandes stellen.

[1] Anm. d. Ü.: Wörtlich heißt es bei Marx an der Stelle »Einheit von Produktion und Verwertung«. In der englischen Übersetzung von Martin Nicolaus wird dies als »unity of production and realization« (S. 407) wiedergegeben und so von Harvey zitiert, was der Sache nach richtig ist, da aus dem Kontext dieser Stelle klar wird, dass Marx hier mit »Verwertung« das Problem der Realisierung des Werts in der Zirkulation meint.

Die Einheit von Produktion und Realisierung ist so wie die Einheit der Ware eine *widersprüchliche Einheit*: Sie internalisiert den Gegensatz zwischen zwei völlig verschiedenen Tendenzen. Ihren widersprüchlichen Charakter zu ignorieren wäre so, als würden wir eine Theorie des Kapitals entwickeln, ohne die Arbeit zu erwähnen, oder eine Theorie von *gender*, bei der wir von Männern sprechen und die Frauen vergessen. Aus den widersprüchlichen Beziehungen zwischen Produktion und Realisierung entstehen immer wieder Krisen. Ricardo und seine Schule haben laut Marx »die wirklichen *modernen Krisen*, in denen dieser Widerspruch des Kapitals [sich] in großen Ungewittern entladet, die mehr und mehr es selbst als Grundlage der Gesellschaft und Produktion selbst bedrohn, niemals begriffen« (*Grundrisse*, 324).

Marx hatte uns vor all dem schon im 1. Kapitel des 1. Bandes gewarnt. Bei der Analyse der Warenproduktion legt er Fragen des Gebrauchswerts zunächst beiseite, als würden sie keine Rolle spielen, als sei die Entdeckung der »mannigfachen Gebrauchsweisen der Dinge … geschichtliche Tat« (K1, 49f.) und damit kein Gegenstand der politischen Ökonomie. Aber dann kommt er zu der Schlussfolgerung, dass »kein Ding Wert sein [kann], ohne Gebrauchsgegenstand zu sein. Ist es nutzlos, so ist auch die in ihm enthaltene Arbeit nutzlos, zählt nicht als Arbeit und bildet daher keinen Wert« (K1, 55). Ohne Realisierung gibt es keinen Wert und erst recht keinen Mehrwert. Im 2. Band wird untersucht, unter welchen Bedingungen es dazu kommen kann, dass sich der in der Produktion potenziell geschaffene Wert und Mehrwert nicht durch den Austausch auf dem Markt in Geldform realisieren lässt.

Die Vorstellung von einem grundlegenden Widerspruch zwischen den Bedingungen für die Produktion und den Bedingungen für die Realisierung des Mehrwerts ist so wichtig, dass es mir ratsam scheint, einen ersten Hinweis auf dessen mögliche praktische Folgen zu geben. Im 1. Band konzentriert sich Marx darauf, wie die Arbeiterinnen von dem rücksichtslosen Streben des Kapitals nach Mehrwert betroffen sind. Diese Untersuchung gipfelt im 23. Kapitel zum »allgemeinen Gesetz der kapitalistischen Akkumulation« in der Schlussfolgerung, dass sich die Lage des Arbeiters zwangsläufig verschlechtern muss: »Die Akkumulation von Reichtum auf dem einen Pol ist also zugleich Akkumulation von Elend, Arbeitsqual, Sklaverei, Unwissenheit, Brutalisierung und moralischer Degradation auf dem Gegenpol, d.h. auf Seite der Klasse, die ihr eignes Produkt als Kapital produziert.« (K1, 675) Diese Idee der zunehmenden Verarmung und Verelendung der arbeitenden Klassen hat sich mit aller Macht in die Folklore der marxistischen Auffassungen von Kapital eingeprägt. Aber es handelt sich nur um eine vorläufige Hypothese. Sie unterstellt, dass sich *keinerlei Probleme* aus der Realisierung des Werts und Mehrwerts am Markt ergeben und dass die Art und Weise, wie der Mehrwert in Grundrente, Zins, Profit des Kaufmannskapitals, Steuern und den Profit aus der unmittelbaren Produktion aufgeteilt wird, *keine Rolle* spielt.

Im 2. Band finden wir jedoch folgende Aussage, die in völligem Widerspruch zu der Formulierung aus dem 1. Band steht:

> »Widerspruch in der kapitalistischen Produktionsweise: Die Arbeiter als Käufer von Ware sind wichtig für den Markt. Aber als Verkäufer ihrer Ware – der Arbeitskraft – hat die kapitalistische Gesellschaft die Tendenz, sie auf das Minimum des Preises zu beschränken. – Fernerer Widerspruch: Die Epochen, worin die kapitalistische Produktion alle ihre Potenzen anstrengt, erweisen sich regelmäßig als Epochen der Überproduktion; weil die Produktionspotenzen nie so weit angewandt werden können, daß dadurch mehr Wert nicht nur produziert, sondern realisiert werden kann; der Verkauf der Waren, die Realisation des Warenkapitals, also auch des Mehrwerts, ist aber begrenzt, nicht durch die konsumtiven Bedürfnisse der Gesellschaft überhaupt, sondern durch die konsumtiven Bedürfnisse einer Gesellschaft, wovon die große Mehrzahl stets arm ist und stets arm bleiben muß. Dies gehört jedoch erst in den nächsten Abschnitt.« (318, Fußnote)

Mangel an effektiver Nachfrage kann also eine ernsthafte Schranke für die Kontinuität der Kapitalakkumulation darstellen – und der Konsum der Arbeiterklasse ist eine wichtige Komponente der effektiven Nachfrage. Am Ende des 2. Bandes kommt Marx daher (wenn auch etwas zögerlich) darauf zu sprechen, wie die Nachfrage der Arbeiterklasse und die Manipulation ihrer Wünsche, Bedürfnisse und Begierden entscheidend für die Sicherstellung jenes »rationellen Konsums« (511) wird, der die kontinuierliche Kapitalakkumulation stützen soll.

Als gesellschaftliche Formation bleibt der Kapitalismus ständig in diesem Widerspruch gefangen. Er kann entweder die Bedingungen für die Produktion von Mehrwert optimieren und damit die Möglichkeit zur Realisierung des Mehrwerts am Markt gefährden oder die effektive Nachfrage fördern, indem er die Arbeiterinnen stärkt, was die Möglichkeit zur Schaffung von Mehrwert in der Produktion gefährden würde. Mit anderen Worten, wenn es der Ökonomie nach den Kriterien des 1. Bandes gutgeht, dürfte sie vom Standpunkt des 2. Bandes aus in Schwierigkeiten stecken, und umgekehrt. Zum Beispiel begrüßte das Kapital in den entwickelten kapitalistischen Ländern in der Zeit von 1945 bis Mitte der 1970er Jahre überwiegend eine Nachfragesteuerung, die den im 2. Band genannten Bedingungen für die Realisierung des Werts entsprach. Dies führte jedoch zunehmend zu Problemen in der Produktion des Mehrwerts, insbesondere dem einer gut organisierten und politisch machtvollen Bewegung der Arbeiterklasse. Daher wechselte es ab Mitte der 1970er Jahre nach einem harten Kampf mit der Arbeiterbewegung zu einer angebotsorientierten Haltung, die den im 1. Band genannten Bedingungen entsprach. Nun wurden die Bedingungen der Mehrwertproduktion hervorgehoben – durch Lohnkürzungen, Angriffe auf die Organisationen der Arbeiterklasse und eine allgemeine Schwächung der Arbeiterinnen. Diese Mitte der 1970er Jahre eingeleitete Wende, die wir heute als neoliberale Konterrevolution bezeichnen, löste die dringlichsten Probleme der Mehrwertproduktion, erzeugte damit aber insbesondere ab Beginn der 1990er Jahre Probleme der Realisierung. Wie diese Probleme der effektiven Gesamtnachfrage durch die Ausweitung des Kredits übertüncht wurden, ist eine komplizierte Geschichte, die im Crash von 2008 gipfelte. Dies ist natürlich eine grob vereinfachte Darstellung der ganzen Geschichte, aber sie illustriert sehr deutlich, wie sich die widersprüchliche Einheit von Produktion und Realisierung historisch geltend macht. Seinen Niederschlag findet dies auch innerhalb der bürgerlichen Wirtschaftstheorie. So wurde das ökonomische Denken in den 1960er Jahren von der keynesianischen Nachfragesteuerung beherrscht, wohingegen ab etwa 1980 monetaristische angebotsorientierte Theorien tonangebend wurden. Es ist wichtig, diese historischen Entwicklungen auf die ihnen zugrunde liegende widersprüchliche Einheit von Produktion und Realisierung zu beziehen, wie sie in den ersten beiden Bänden des *Kapital* dargestellt wird.

Es besteht jedoch eine Möglichkeit, wie der Widerspruch zwischen Produktion und Realisierung abgeschwächt oder sogar bewältigt werden kann – nämlich durch die Zuflucht zum Kredit. Denn prinzipiell ist es möglich, mit dem Kredit in gleichem Maße die Produktion *und* die Realisierung von Wert und Mehrwert zu unterstützen. In beispielhafter Weise zeigt sich dies, wenn Geldgeber gleichzeitig Bauunternehmen Kredite für den spekulativen Bau von Reihenhaussiedlungen geben und den Kauf dieser Häuser durch Hypothekendarlehen ermöglichen. Diese Praxis kann natürlich sehr leicht spekulative Blasen erzeugen, die dann zu solchen dramatischen Crashs wie dem von 2007/2008 führen, der hauptsächlich den Immobilienmarkt in den USA, aber auch in Spanien und Irland betraf. Die lange Reihe von Hochkonjunkturen, Blasen und Zusammenbrüchen im Bausektor belegt, wie wichtig derartige Phänomene in der Geschichte des Kapitals sind. Aber die Interventionen des Kreditsystems waren in verschiedener Hinsicht durchaus konstruktiv und haben in positiver Weise dazu beigetragen, die Kapitalakkumulation in schwierigen Zeiten in Gang zu halten.

Zum Teil aus diesem Grund habe ich mich dafür entschieden, die Teile des 3. Bandes zum Kaufmanns- und Finanzkapital sowie zum Kreditsystem in diese Lektüre des 2. Bandes aufzunehmen. Diese Vorgehensweise ist theoretisch sinnvoll, weil der 2. Band mit einer Untersuchung von drei integrierten Kreisläufen des Kapitals beginnt – denen des Geldes, der Produktion und der Ware. Aber Marx behandelt diese drei Kreisläufe und ihre inneren Beziehungen auf rein technische Weise, ohne die jeweiligen Klassenakteure zu betrachten, denen die Veräußerung des Kapitals in seinen verschiedenen Formen des Geldes, der Produktion und der Ware obliegt. Die Produzenten spielen natürlich im 1. Band eine große Rolle, aber die jeweiligen Aufgaben der Kaufleute und der Geldgeber tauchen erst im 3. Band auf. Dort stoßen wir auf die Geschichte, wie der Kredit zur Quelle von allen möglichen spekulativen Verrücktheiten wird, was wiederum die offensichtliche Frage aufwirft, warum das Kapital derartige Auswüchse toleriert, zumal sie mit einer massenhaften Vernichtung von Wert verbunden sind, wie wir sie kürzlich erlebten. Die Lösung dieses Rätsels findet sich tatsächlich im 2. Band, auch wenn Marx das nicht ausdrücklich benennt. Er klammert den Kredit sogar systematisch aus der gesamten Analyse im 2. Band aus (was viele Leserinnen und Leser und auch ich als ärgerlich und frustrierend empfinden). Aber aus dem 2. Band ergibt sich, dass die Kapitalisten ohne ein Kreditsystem mehr und mehr Kapital aufschatzen müssten, um mit Problemen der Zirkulation des fixen Kapitals, unterschiedlicher Umschlags-, Produktions- und Zirkulationszeiten usw. fertig zu werden. Als Schatz wird das Kapital untätig und ist tot. Wenn mehr und mehr Kapital in diesen Zustand gerät, wird die Akkumulation gebremst und die Zirkulation des Kapitals droht zu stocken, bis sie schließlich ganz zum Stillstand kommt. Das Kreditsystem ist daher unverzichtbar, um all dieses aufgeschatzte und untätige Geldkapital freizusetzen. Es trägt dazu bei, dieses Kapital wieder aktiv werden zu lassen. Aber das hat seinen Preis. Pandoras Büchse spekulativer Kreditgeschäfte musste geöffnet werden und eine Menge unerfreulicher Dinge kamen zum Vorschein. Marx weist nicht explizit auf all dies hin, aber es ergibt sich eindeutig aus seiner Analyse einer kreditlosen Wirtschaft im 2. Band.

Ein letzter Grund für die Aufnahme von Teilen des 3. Bandes in den Kontext des 2. Bandes besteht darin, dass so der ganzheitliche Charakter der politökonomischen Untersuchung von Marx deutlicher wird. Wenn wir die Lektüre des 2. Bandes in Beziehung zu den zwei anderen Bänden des *Kapital* bringen, können wir den Inhalt und die Bedeutung dieses Bandes für das gesamte Projekt von Marx besser würdigen. Aber wir schaffen damit auch einen besseren Ausgangspunkt, um den Charakter dieses Projekts zu verstehen. Ich bin zum Beispiel schon lange der Meinung, dass wir Passagen aus diesem oder jenem Band nicht so zitieren sollten, als ob es sich um reine und bedingungslose Wahrheiten handele. Vielmehr sollten wir selbst definitive Behauptungen (wie die der zunehmenden Verelendung der Arbeiter im 1. Band) als bedingte Aussagen behandeln, die in Beziehung zu dem Gesamtbild stehen, das Marx darstellen wollte. Die Wahrheiten, die uns der 2. Band vermitteln kann, sind natürlich auch für sich genommen wichtig für unser gesamtes Verständnis. Aber es handelt sich immer um situierte Wahrheiten in Bezug auf den Gesamtrahmen, der sich im Laufe des von Marx ständig weitergeführten Projekts entwickelt.

Was den eigentlichen Text des 2. Bandes betrifft, so erfüllt mich die Herausforderung, eine angemessene Lesart zu entwickeln, mit einer Mischung aus Begeisterung und Beklemmung. Begeisterung, weil sich für mich (und ich weiß, dass dies auch für andere gilt) aus einer genauen Lektüre dieses Bandes einige der interessantesten und innovativsten Ideen und Einsichten von Marx ergeben. Ausgehend vom Standpunkt der Zirkulation des Kapitals in seinen verschiedenen Formen (Geld, Waren und Produktionsprozess) statt vom Standpunkt der Produktion wird hier ein grundlegend anderes Modell der Funktionsweise des Kapitals als im 1. Band entwickelt. Das Kapital wird hier durch ein anderes Fenster auf die Welt betrachtet, um meine Lieblingsmetapher dafür zu gebrauchen. Der Blick aus den zwei Fenstern der beiden Bände zeigt uns völlig verschiedene Muster von Beziehungen und Aktivitäten, auch wenn beide Sichtweisen objektiv beschrieben und wahrheitsgemäß dargestellt werden. Ich habe es mir immer so vorgestellt, dass sich eine allgemeine Theorie von dem, was Marx als »die Bewegungsgesetze des Kapitals« bezeichnet, aus der Verbindung beider Perspektiven wie bei der Triangulation zur Landvermessung ergeben müsste. Diese Aufgabe ist nie zufriedenstellend durchgeführt worden, was zum Teil daran liegt, dass der 2. Band unvollständig blieb und nur ein verschwommenes Bild liefert. Außerdem ist der 2. Band aus verschiedensten Gründen der am wenigsten gelesene und am wenigsten diskutierte der drei Bände des *Kapital*.

Persönlich verdanke ich dem 2. Band eine ganze Reihe von Einsichten, weil er davon handelt, wie die Kapitalzirkulation sich eine eigene Welt aus Raum und Zeit schafft. Mit seiner Hilfe lässt sich erklären, warum die Geschichte des Kapitalismus davon geprägt ist, die Welt zu beschleunigen und die Kosten und zeitlichen Einschränkungen von räumlichen Bewegungen zu verringern. Diese Tendenzen werden vor dem Hintergrund der ständigen Reproduktion und Ausweitung der Klassenbeziehungen betrachtet, die im Zentrum dessen stehen, was Kapital eigentlich ist. Das Buch bot mir eine gesichertere theoretische Grundlage, um die politische Ökonomie der Urbanisierung und die Dynamik der ungleichen geografischen Entwicklung zu verstehen. Es hat mir daher viele Anregungen für meine eigene Arbeit geliefert. In meinem Buch *The Condition of Postmodernity* habe ich zum Beispiel den Ausdruck »Raum-Zeit-Kompression« geprägt und in gewissem Maße populär gemacht, um die aufeinanderfolgenden Methoden zu umreißen, mit denen das Kapital in zunehmend dichteren, komplexeren und konzentrierteren Formen eine Welt der Zirkulation des Geldes, der Waren, der Menschen und von Informationen und Ideen vernetzt hat. Diese Idee stammte aus der Lektüre des 2. Bandes.

Meine Beklemmung rührt daher, dass es sich bei diesem Band um ein äußerst langweiliges Buch handelt (um nichts Schlimmeres zu sagen). Ihm fehlen der literarische Stil, die Brillanz und der Humor, die Ironie und die vernichtenden Abkanzelungen, die den 1. Band zu einem derart lesenswerten Wälzer machen. Im 2. Band gibt es keine blutsaugenden Vampire, kein Tischerücken und so gut wie keine Verweise auf diese enorme Reihe von literarischen Figuren – Shakespeare, Cervantes, Goethe, Balzac und ganz zu schweigen von den gelehrten Bezügen auf die Philosophen der Griechen und der Aufklärung –, die im 1. Band über die Bühne stolzieren. Der Übersetzer ins Englische, David Fernbach, weist sicherlich aus der Sorge heraus, man könne ihn für den einfallslosen Schreibstil verantwortlich machen, auf die enormen stilistischen Unterschiede zwischen dem ersten und den übrigen Bänden des *Kapital* hin. Der 1. Band »wird dem Publikum ganz eindeutig als ein wissenschaftliches Werk präsentiert, das zugleich ein Stück Weltliteratur ist«, während der Inhalt des 2. Bandes »sehr viel stärker den weniger brillanten Passagen des 1. Bandes folgt«. Wer den 1. Band kennt, weiß, was er meint. Im 2. Band begnügt sich Marx überwiegend mit der Haltung des trockenen und verstaubten Buchhalters, der die Tage oder Stunden zählt, in denen eine Ware produziert und anschließend auf dem Markt verkauft wird. Der Gegenstand, schreibt Fernbach, »ist sehr viel technischer, geradezu trocken«. Das Buch ist vor allem »bekannt für seine öden Wüsten zwischen den Oasen«, was »viele laienhafte Leserinnen und Leser vor ihm kapitulieren ließ« (80). Die erstaunlich wichtigen Einsichten des Buches liegen, um es direkt zu sagen, unter einer umständlichen Prosa und ermüdenden arithmetischen Formeln begraben.

Das Problem ist nicht nur der Stil. Dem 2. Band fehlt auch die stringente und klare (manche würden sagen, dialektische) Struktur der Darstellung, die im 1. Band so überzeugend ist. In gewissem Maße erklärt sich dies aus dem unvollständigen und an vielen Stellen uneindeutigen Charakter des Werks. Die den Band zu einer Einheit verbindenden Fäden sind zwar da, aber es erfordert viel Mühe, sie freizulegen, und in einigen Fällen sind sie schlicht ausgefranst oder sogar zerrissen. Die Leserin kann sich nur einen Reim auf das Ganze machen, indem sie die markantesten Fäden herausgreift und zu einer einigermaßen sinnvollen Anordnung verwebt. Das erfordert Vorstellungskraft und Geduld, und am Ende lässt sich nur schwer sagen, ob das Ergebnis dem entspricht, was Marx tatsächlich im Sinn hatte. Von Kommentaren zum 2. Band wird daher gelegentlich gesagt, dass sie mehr über die Kommentatoren als über Marx verraten. Das trifft sicherlich in gewissem Maße auch auf mich zu. Aber es besteht keine andere Möglichkeit, diesen Band in produktiver Weise zu lesen.

Hinter dieser allgemeinen Schwierigkeit steckt außerdem die Frage, wie Engels den vor uns liegenden Text des 2. und 3. Bandes geschaffen hat. Neuere Untersuchungen zu den originalen Heften und Manuskripten von Marx scheinen darauf hinzuweisen, dass Engels erheblich und manchmal in durchaus fragwürdiger Weise in den Text eingegriffen hat. Einige meinen sogar, wir müssten die eigentliche Autorenschaft dieser Bände Engels und nicht Marx zuschreiben. Die unbearbeiteten und nicht redigierten Hefte und Skripte sind auf Deutsch bereits veröffentlicht und es könnte zu einigen sehr grundlegenden Neuinterpretationen kommen, sobald sie von Marxforscherinnen gründlicher untersucht worden sind. Ich kann nicht voraussehen, worin sie bestehen könnten, aber ich halte es für angesagt, die Leser über diese Möglichkeit zu informieren. Einstweilen kann ich nur mit dem Text fortfahren, wie er uns zurzeit vorliegt.

Der 2. Band bewegt sich auf einem hohen Abstraktionsniveau; daher fehlt ihm die Bodenständigkeit des 1. Bandes. Wenn Marx zum Beispiel im 1. Band die Theorie des absoluten Mehrwerts entwickelt, illustriert er sie mit einer ausführlichen Geschichte des Kampfs um die Länge des Arbeitstags. Die Bedeutung dieses Begriffs für das Alltagsleben und die Politik wird klar – denken wir nur an Mary Ann Walkley, die an Überarbeitung starb (K1, 269). Im 2. Band hält er sich in der Regel nicht mit solchen Beispielen auf. Und wenn er doch einmal Eisenbahnhandbücher konsultiert, um zu verstehen, wie sich Wartung, Reparaturen und der Ersatz von fixem Kapital wie Lokomotiven, Waggons und Gleisschwellen einordnen lassen, dann geht es ihm nur darum, ausgehend von den buchhalterischen Informationen angemessenere Abstraktionen zu finden. Wir können uns daher nur ausmalen, wie zum Beispiel ein langes illustrierendes Kapitel zu wechselnden Umschlagszeiten, in der Art des Kapitels zum Arbeitstag im 1. Band, aussehen würde. Marx fehlte es nicht an illustrierendem Material: Die Zirkulationszeiten (die Zeitspannen von der Produktion bis zur Vermarktung) veränderten sich mit dem Aufkommen der Eisenbahn und der Telegrafie auf dramatische Weise. Wir könnten leicht heutige Beispiele derartiger Raum-Zeit-Veränderungen ergänzen – wie die Auswirkungen des Internets und des Mobiltelefons. Aber wenn ein Kapitel nach dem anderen jeglichen Versuch vermissen lässt, die abstrakten und technischen Befunde mit Material aus dem alltäglichen Leben zu illustrieren (ganz zu schweigen von der historisch-geografischen Entfaltung des Kapitalismus), verliert man sehr leicht die Lust.

Noch ärgerlicher ist der unpolitische Charakter. In seiner Einleitung zur Penguin-Ausgabe weist Ernest Mandel auf die Sorge von Engels hin: »Der 2. Band wird große Enttäuschung erregen, weil er so rein wissenschaftlich ist und nicht viel Agitatorisches enthält.«[2] Auch das ist wieder eine gewisse Untertreibung. Die moralische Empörung, die sich durch den 1. Band hindurchzieht und ihn ständig belebt, fehlt hier. Der Klassenkampf und die aktiven Klassenbeziehungen verschwinden. Passagen vernichtender Ironie wie im 1. Band lassen sich nicht finden. Es gibt keinen Aufruf zur Revolution. Marx scheint nur an den technischen Details der Kapitalzirkulation interessiert zu sein. Er verzich-

---

[2] Anm. d. Ü.: Die von D.H. benutzten englischen Übersetzungen der drei Bände des *Kapital* (s.o., S. 9) enthalten jeweils eine längere Einleitung von Ernest Mandel aus dem Jahr 1979. Alle drei Einleitungen sind leicht gekürzt, mit einigen ergänzenden Fußnoten und einem Nachwort versehen 1991 auf Deutsch erschienen. Ernest Mandel: *Kontroversen um das »Kapital«.* Aus dem Englischen von Alfred Kosing, Berlin 1991; hier S. 106. Mandel zitiert aus dem Brief von Engels an Adolph Sorge vom 3. Juni 1885.

tet auf sein scharfes Schwert der Kritik (außer wenn er auf die »Fehler« von Ricardo und Adam Smith zu sprechen kommt) und liefert uns meistens nur passive Beschreibungen.

Die Möglichkeiten von Unterbrechungen und Krisen werden zwar ständig ausgelotet, aber wir treffen selten auf die Katalysatoren, die solche Möglichkeiten zur Wirklichkeit werden lassen. Manchmal sieht es so aus, als könne ein sich selbst aufrechterhaltendes kapitalistisches System in alle Ewigkeit akkumulieren, höchstens unterbrochen von einem Schluckauf hier oder einer kleinen Verstopfung dort. In den am Ende des 2. Bandes entwickelten Reproduktionsschemata »verläuft nun tatsächlich die Akkumulation, die Produktion, die Realisierung, der Austausch, die Reproduktion glatt wie am Schnürchen«, beklagte Rosa Luxemburg bitterlich. Und angesichts der ermüdenden, nicht immer korrekten, arithmetischen Beispiele, mit denen Marx die zunehmende Akkumulation von einem Jahr zum nächsten berechnete, ergänzte sie ironisch: »Und ferner kann man diese ›Akkumulation‹ auch tatsächlich ›ad infinitum‹ fortsetzen. Nämlich solange Papier und Tinte reichen.«[3]

Mit diesen Hinweisen will ich mögliche Leserinnen und Leser nicht abschrecken, noch bevor sie die Lektüre begonnen haben. Aber ich will sie vorwarnen, dass einige Schwierigkeiten und Herausforderungen auf sie zukommen. Aus guten Gründen ist dies der bei weitem am wenigsten gelesene der drei Bände des *Kapital*. Die von Marx in einem der Vorworte zum 1. Band ausgesprochene Warnung sollte hier mit doppelter Eindringlichkeit wiederholt werden: »Es gibt keine Landstraße für die Wissenschaft, und nur diejenigen haben Aussicht, ihre lichten Höhen zu erreichen, die die Mühe nicht scheuen, ihre steilen Pfade zu erklimmen.« (K1, 31) Ich kann euch versichern, dass es auf lange Sicht nicht nur wesentlich, sondern auch sehr lohnenswert ist, sich in den 2. Band zu vertiefen. Der Blick von einigen der lichten Höhen ist so überraschend, wie er neue Probleme aufwirft und neue Erkenntnisse bietet.

Aufgrund der offensichtlichen Schwierigkeiten habe ich mir einige Freiheiten herausgenommen, wie ich den Text für eine erstmalige Lektüre präsentiere. Zur Illustration der von Marx aufgedeckten Prinzipien habe ich konkrete und nach Möglichkeit aktuelle Beispiele ergänzt. An einigen Stellen weise ich auf die politische Bedeutung und politische

---

[3] Rosa Luxemburg: »Die Akkumulation des Kapitals« (1913), in: Rosa Luxemburg, *Gesammelte Werke, Bd. 5, Ökonomische Schriften*, Berlin: Dietz Verlag 1975, S. 5-411, hier S. 266.

Optionen hin. Ich greife auf andere Texte, insbesondere die *Grundrisse*, zurück, um einige der zentralen Gedanken zu verdeutlichen und auszuarbeiten, die im 2. Band nur unvollständig dargestellt werden. Noch dramatischer ist es, dass ich, wie bereits erwähnt, den ganzen Teil aus dem 3. Band zum Kaufmannskapital und zum Geld-, Finanz- und Bankkapital mit der rein technischen Darstellung der Zirkulation des Geld- und Warenkapitals im 2. Band in Verbindung bringe. Dieses sehr viel lebendigere (wenn auch unvollständige und oft frustrierende) Material aus dem 3. Band handelt davon, welche Rolle Kaufleute und Geldgeber beim Aufstieg der kapitalistischen Produktionsweise spielten. Dadurch können wir besser verstehen, warum es so wichtig ist, die Zirkulation des Kapitals in die Komponenten des Geldes, der Waren und der Produktion zu zergliedern, wie es im 2. Band geschieht. Durch die Kombination der Handlungen und Verhaltensweisen der sozialen Akteure – der Kaufleute, Geldgeber und Bankiers – mit den technischen Aspekten der Kapitalakkumulation erhalten wir ein sehr viel umfassenderes Verständnis von der Funktionsweise des Kapitals.

Außerdem nähert sich Marx im 3. Band am weitgehendsten einer Untersuchung realer Krisen an – nämlich denen von 1848 und 1857. Sich anzuschauen, wie Marx dies getan hat, ist hilfreich, wenn wir uns damit herumschlagen, was in der Krise, die sich seit 2007 im globalen Kapitalismus entfaltete, geschehen ist. Dadurch erhält diese Lektüre eine sehr viel größere Bedeutung für die heutigen Umstände. Ich behaupte nicht, dass Marx das Rätsel lösen kann, wie unsere jüngsten Schwierigkeiten zu erklären sind. Aber es gibt einige aufschlussreiche Parallelen zwischen der Zeit von Marx und der unsrigen. So erinnern seine Bemerkungen zu der Art, wie das »verkehrte« Bankgesetz von 1844 in England die Handels- und Finanzkrisen von 1848 und 1857 verschärfte und verlängerte, in gespenstischer Weise an die unglückselige Rolle der Europäischen Zentralbank bei der Verschärfung und Verlängerung der Krise in Europa nach 2008.

Die Notwendigkeit, über den Text des 2. Bandes hinauszugehen, um ihn verstehen zu können, ergibt sich aus seiner Unvollständigkeit. Es ist einfach nicht möglich, aus dem Buch viel herauszuholen, ohne über seine Möglichkeiten zu spekulieren. Ich behaupte nicht, dass meine Spekulationen und Interpretationen zutreffend sind oder dass ich über besondere Einsichten verfüge, die anderen fehlen. Aber ich hoffe zeigen zu können, dass das Buch mit dieser Herangehensweise sehr viel interessanter und aufregender wird. Wenn du dich von der trockenen und technischen Art der Darstellung einschränken lässt, wirst du am Ende selbst ziemlich vertrocknet aussehen. Eine über den Text hinausgehende und spekulierende Lektüre macht es möglich, die eigene politische Leidenschaft in einen Text hineinzubringen, der auf den ersten Blick kaum Material für politischen Aktivismus zu bieten scheint.

Der 2. Band handelt von der Bewegung des Kapitals, von den »Metamorphosen«, die es durchmacht, wenn es sich in einem kontinuierlichen Strom durch die verschiedenen Stadien des Geldes, der Produktion und der Waren bewegt. Während der Arbeitsprozess und die Produktion des Mehrwerts die Argumentation im 1. Band beherrschen, werden sie im 2. Band als bloße Momente auf dem Weg nicht nur zur Realisierung des Mehrwerts als Kapital am Markt, sondern auch zur beständigen Erneuerung der Macht des Kapitals über die gesellschaftliche Arbeit betrachtet. Die Zeitlichkeit (und in geringerem Maße die Räumlichkeit) der Zirkulation steht nun im Mittelpunkt. Die im 1. Band unterstellte Kontinuität der Kapitalzirkulation wird nun zum eigentlichen Gegenstand. Wir beschäftigen uns mit Fragen der Umschlagszeit und der Beschleunigung und mit den Verwicklungen, die sich daraus ergeben, dass immer mehr Kapital als fixes Kapital zirkuliert – nicht nur in Form von Maschinen und Fabriken, sondern in Gestalt des gesamten Komplexes aus Transportnetzwerken, bebauter Umwelt und physikalischer Infrastruktur.

Der Zirkulationsprozess des Kapitals wird hier als Lebensblut dargestellt, das in dem verzweifelten Ringen um die Reproduktion des Klassenverhältnisses von Kapital und Arbeit durch den politischen Körper des Kapitalismus strömt. Die möglichen Schranken, Blockaden und Ungleichgewichte in diesen Prozessen der Zirkulation bilden ein Feld von Widersprüchen, die nach Analyse schreien. Außerdem stellen sie mögliche Brennpunkte der politischen Agitation dar. Wenn antikapitalistische Politik erfolgreich sein will, muss sie sich mit den Befunden des 2. Bandes auseinandersetzen, wie vorläufig sie auch sein mögen. Diese Seiten bergen eine Menge Stoff für die politische Agitation, aber viele dieser Einsichten lassen sich nicht ganz leicht mit den politischen Grundannahmen vereinbaren, von denen die marxistische Linke (unter dem starken Einfluss des 1. Bandes) traditionellerweise ausgegangen ist. Die aufgeworfenen Probleme – wie die Zukunft von Geld und Kredit – können nicht so einfach durch klassische Formen des Klassenkampfs gelöst werden, die sich auf den Arbeitsplatz konzentrieren. Der 2. Band definiert, was in der Sphäre der Zirkulation rekonstituiert oder ersetzt werden muss, wenn wir bei Ausbruch der Revolution nicht alle verhungern wollen.

Marx eröffnet den 2. Band mit der Feststellung, dass der Gegenstand seiner Untersuchung im Kapitel zum Geld im 1. Band wurzelt. Das ist entmutigend, weil viele beim Geldkapitel, das lang, öde und anspruchsvoll ist, die Lektüre dieses Bandes aufgeben. Daher hatte ich geraten, sich beim ersten Lesen des 1. Bandes nicht lange mit diesem Kapitel aufzuhalten, um zu dem interessanteren Stoff auf den folgenden Seiten zu kommen. Aber hier, im 2. Band, sollen wir länger und ausführlicher bei diesem Kapitel verweilen. Das fällt leichter, wenn wir uns an die Definition des Kapitals als einem Prozess und nicht als Ding aus dem 4. Kapitel im 1. Band erinnern. Der grundlegende Prozess ist ein ständiger Strom von Wert durch verschiedene Stadien hindurch, der Formwechsel oder, wie Marx es nennt, »Metamorphosen« beinhaltet.

$$G - W < \begin{matrix} A \\ Pm \end{matrix} \ldots\ P \ldots\ W' - G + \Delta G$$

Wer neugierig ist zu erfahren, um was für einen Prozess es sich hier tatsächlich handelt, bekommt im 2. Band Einsichten geliefert, die gleichermaßen erhellend wie überraschend sind – wie den Drang zur Beschleunigung oder die sich verschärfende Spannung zwischen fixem und zirkulierendem Kapital.

In der Durchführung seiner Untersuchungen schreckt Marx nie davor zurück, dramatisch vereinfachende Annahmen zu treffen. Dies erlaube es ihm, wie er immer wieder behauptet, die Dynamik der Kapitalzirkulation und -akkumulation in ihrer »reinen« Form zu erkunden. Gleich zu Beginn des 2. Bandes lesen wir daher:

> »Um die Formen rein aufzufassen, ist zunächst von allen Momenten zu abstrahieren, die mit dem Formwechsel und der Formbildung als solchen nichts zu tun haben. Daher wird hier angenommen, nicht nur, daß die Waren zu ihren Werten verkauft werden, sondern auch, daß dies unter gleichbleibenden Umständen geschieht. Es wird also auch abgesehn von den Wertveränderungen, die während des Kreislaufsprozesses eintreten können.« (32)

Die Annahme, dass sich die Waren zu ihrem Wert tauschen, also die Abstraktion von den täglichen Schwankungen der Marktpreise, kennen wir schon aus dem 1. Band. Und ich denke, wir können davon ausgehen, dass es sich bei den von Marx angeführten »Umständen« um die eines perfekt funktionierenden und gesetzlich geregelten Wettbewerbsmarkts handelt, wie er im 2. Kapitel des 1. Bandes eingeführt wird. Die

»reine« Form unterstellt außerdem ein geschlossenes System. Es gibt keinen Handel mit einem »Außen«, sofern er nicht ausdrücklich erwähnt wird, und das Kapital ist vollständig beherrschend innerhalb eines geschlossenen Systems. Der eigentliche Hammer kommt im letzten Satz. »Wertveränderungen« ergeben sich aus den Veränderungen der Arbeitsproduktivität. Diese werden durch technologische und organisatorische Veränderungen erzielt, wie sie in der Theorie des relativen Mehrwerts skizziert werden, die das beherrschende Thema im 1. Band ist. Im 2. Band abstrahiert Marx von dieser Theorie des relativen Mehrwerts und entwickelt das Modell einer Wirtschaft in einem technologisch und organisatorisch statischen Zustand. Zu Beginn des 20. Kapitels wiederholt er zum Beispiel eindringlich diese Annahme: »Was aber Wertrevolutionen angeht, so ändern sie nichts ...« (393). In der nun zu erkundenden Theorie wird also die technologische und organisatorische Dynamik, die für die Argumentation im 1. Band so wichtig ist (und die im *Kommunistischen Manifest* eine derart revolutionäre Kraft darstellt), beiseite gelassen, um andere entscheidende Aspekte der Bewegungsgesetze des Kapitals zu untersuchen.

Was ist es dann, wonach Marx im 2. Band sucht? Sobald der Mehrwert produziert ist (ein Prozess, den wir mit dem 1. Band sehr gut verstehen können), wie wird er dann realisiert und zirkuliert weiter als akkumulierendes Kapital? Und welche besonderen Formen von Kapital nimmt er notwendigerweise in seiner Zirkulation an? Marx war sich offensichtlich darüber im Klaren, dass das Klassengefüge aus Händlern, Bankiers und Geldgebern sowie Grundeigentümern in einer gewissen Beziehung zum industriellen Kapitalisten steht, der im 1. Band als der unmittelbare und einzige Aneigner des von der Lohnarbeit produzierten Mehrwerts dargestellt wird. Er wusste auch, dass diese anderen Formen des Kapitals dem Aufstieg der kapitalistischen Produktionsweise und des Fabriksystems vorausgingen und daher eine entscheidende historische Rolle bei der Herausbildung der kapitaistischen Produktionsweise spielten. Marx lehnt es jedoch ab, sie als »bloße Restbestände« des Übergangs vom Feudalismus zum Kapitalismus zu begreifen. Er will verstehen, wie und warum diese anderen Formen des Kapitals für die Sicherung der kapitalistischen Produktionsweise in »Reinform« gesellschaftlich notwendig sind und auf welche Weise sie zum Zentrum von Widersprüchen und Krisen werden können.

Die Idee des »Kapitals in reiner Form« ist für Marx wichtig. Wenn es zur Krise kommt, kann immer gesagt werden, sie sei durch eine gewisse Verunreinigung oder Fehlfunktion der »reinen« und daher perfekten kapitalistischen Produktionsweise verursacht worden. Das haben wir in den letzten Jahren immer wieder von den Neoliberalen zu hören bekommen. Das Problem sei nicht, sagen sie, irgendein grundlegender Widerspruch innerhalb des neoliberalen Modells des Marktkapitalismus als solchem, sondern eine mangelhafte Durchführung der neoliberalen Postulate. Ihre Lösung besteht darin, das Kapital durch eine Politik der Austerität und die zunehmende Schwächung der Staatsgewalt noch weiter zurück zu seiner reinen Form zu bringen. Marx will zeigen, dass Krisen in immanenter, notwendiger und endemischer Weise mit dem Fortbestehen der kapitalistischen Produktionsweise in reinster Form verbunden sind. Daran kann noch so viel regulierende Flickschusterei nichts ändern. Und je mehr sich die Wirtschaft ihrer reinen Form annähert, desto tiefer dürfte die Krise werden. (Diesen Weg scheint Europa mit seiner Austeritätspolitik 2012 ganz eindeutig eingeschlagen zu haben.)

Der 2. Band zeigt aber auch, dass innerhalb des Zirkulationssystems ständig die Tendenz besteht, dass Krisen unabhängig und selbstständig entstehen. Im herkömmlichen Marxismus wird das nicht immer gerne gehört. Denn damit taucht das Problem auf, wie sich ein Klassenkampf z.B. gegen die Kaufleute, die Banker oder die Währungshändler führen ließe und wie ihre vielfältigen Geschäfte (Versicherungen, Deckungsgeschäfte, Wetten auf Derivate, besicherte Schuldverschreibungen, Kreditausfallversicherungen usw.) zu begreifen sind. Wir müssen feststellen, worin die Widersprüche bestehen, und herausfinden, welche Folgen die Tendenzen zur unabhängigen und selbstständigen Herausbildung von Handels- und Finanzkrisen haben. Außerdem müssen wir besser verstehen, welche Rolle Finanzgiganten wie der berüchtigte »Vampirtintenfisch«[4] namens Goldman Sachs, die Citibank, RBS, HSBC, die Deutsche Bank und andere spielen. Das Gleiche gilt für die Bedeutung von Kaufmannskapitalisten wie Walmart, Ikea und Carrefour in der politischen Ökonomie unserer Zeit.

---

[4] Anm. d. Ü.: Mit diesem Bild hatte Matt Taibbi 2009 das Bankhaus Goldman Sachs in einem Artikel für das Magazin *Rolling Stone* charakterisiert: »Die mächtigste Investmentbank der Welt ist ein großer Vampirtintenfisch, der sich um das Gesicht der Menschheit geschlungen hat. Unablässig stößt er seinen Bluttrichter in alles, was nach Geld riecht.« (www.rollingstone.com/politics/news/the-great-american-bubble-machine-20100405). Danach wurde der »Vampirtintenfisch« zu einer populären Bezeichnung für Goldman Sachs und andere Megabanken.

Durch drakonische Einschränkungen und Ausklammerungen definiert Marx, was in der im gesamten *Kapital* konstruierten theoretischen Welt zu berücksichtigen sei und was nicht. Das fällt vor allem im 2. Band auf.[5] Woraus ergeben sich diese Einschränkungen und wie lassen sie sich rechtfertigen? Zum Beispiel werden immer wieder das Kreditsystem und die Zirkulation des zinstragenden Kapitals erwähnt, um dann beiseite gelegt zu werden – in der Regel mit der Bemerkung, die Erörterung dieser Zirkulationsform »gehört nicht hierher«. Aber warum nicht? Auf den ersten Blick scheint es nicht sinnvoll zu sein, die Zirkulation des fixen Kapitals oder unterschiedliche Umschlagszeiten bei Abwesenheit eines Kreditsystems zu untersuchen. Warum schließt Marx dann den Kredit in systematischer Weise aus den Erörterungen des gesamten 2. Bandes aus, während er doch einräumt, dass sich alles ändert, wenn das Kreditsystem ins Spiel kommt?

Es ist schwer, diese Frage zu beantworten, ohne sich näher mit der komplizierten Beziehung zwischen Marx' »wissenschaftlichen« Schriften zur politischen Ökonomie (*Kapital*, *Grundrisse* und *Theorien über den Mehrwert*) auf der einen und seinen historischen Schriften (wie *Der achtzehnte Brumaire des Louis Bonaparte* und *Der Bürgerkrieg in Frankreich*) auf der anderen Seite zu beschäftigen. Auf die Spannung zwischen beiden kommt Marx schon auf den ersten Seiten des *Kapital* zu sprechen. Nachdem er die Ware als Einheit von Gebrauchswert und Tauschwert bestimmt hat, klammert er die Frage des Gebrauchswerts mit dem Hinweis, »die mannigfachen Gebrauchsweisen der Dinge zu entdecken« sei »geschichtliche Tat«, aus (nur um ihn, wie wir gesehen haben, kurz darauf wieder auferstehen zu lassen). Dieser und vielen anderen Feststellungen lässt sich entnehmen, dass Marx die politische Ökonomie und die Geschichte als zwei klar getrennte Forschungsgebiete betrachtete. Das wirft die allgemeine Frage auf, wie der Stellenwert der politischen Ökonomie zu verstehen ist; eine Frage, die sich in besonderer Weise an den 2. Band richtet. Ich glaube, dass die Antwort auf sie dazu beiträgt, die den 2. Band kennzeichnenden Ausschlüsse zu verstehen.

Natürlich fehlt es den Schriften zur politischen Ökonomie keineswegs an historischem Gehalt. Die kapitalistische Produktionsweise, die der theoretische Gegenstand der Untersuchung ist, wird als ein histori-

---

[5] Die einzige Sammlung von Studien zu diesem Band ist das von Christopher John Arthur und Geert A. Reuten herausgegebene Buch *The Circulation of Capital: Essays on Volume Two of Marx's Capital*, London 1998.

sches Gebilde präsentiert, das aus dem Feudalismus hervorwuchs und die Möglichkeit oder sogar die Notwendigkeit beinhaltet, sich zu einer anderen Gesellschaftsordnung namens »Sozialismus« oder »Kommunismus« weiterzuentwickeln. Die historischen und journalistischen Schriften beziehen sich jedoch kaum auf die politökonomische Theorie und die Bewegungsgesetze des Kapitals – auch wenn sie natürlich die Turbulenz der realen Klassenkämpfe dokumentieren. Einzige Ausnahme ist das 1848 geschriebene *Kommunistische Manifest*, in dem sich viele der später im *Kapital* untersuchten Themen leicht ausmachen lassen. Aber es bleibt uns überlassen, aus den frühen historischen Arbeiten wie dem *18. Brumaire*, der die Nachwirkungen der Wirtschaftskrise und der revolutionären Bewegungen 1847-1848 in Frankreich analysiert, einen politökonomischen Gehalt herauszulesen. Ähnlich schwer fällt es, im *Bürgerkrieg in Frankreich*, der die Pariser Kommune von 1871 behandelt, ökonomische Theorie zu finden.[6] Im Mittelpunkt steht fast ausschließlich die instabile und in vielen Fällen scheinbar zufällige politische Dynamik. Schlüsselbegriffe der politischen Ökonomie von Marx – die Produktion einer industriellen Reservearmee, die fallende Profitrate, die Theorie des relativen Mehrwerts usw. – werden selbst in denjenigen historischen Texten nicht erwähnt, die nach der Veröffentlichung des ersten Bandes des *Kapital* geschrieben wurden.

Die Differenz zwischen diesen beiden Literaturen wäre nicht so beunruhigend, wenn es da nicht diese scheinbar unüberwindbare Kluft zwischen dem flüssigen, zufälligen und voluntaristischen Klang der historischen und politischen Schriften auf der einen und der rigoros wissenschaftlichen und gesetzmäßigen politischen Ökonomie auf der anderen Seite gäbe. Es scheint zwei Marxismen zu geben, den deterministischen und den voluntaristischen, die nie zusammenkommen können – außer durch die hauptsächlich von Engels angestoßene und von Stalin dogmatisierte ziemlich unergiebige Debatte um die Frage, ob sich der Übergang zum Kommunismus wissenschaftlich bestimmen ließe und ob der dialektische Materialismus eine Theorie der Geschichte sei.

In der »Einleitung« zu den *Grundrissen* skizziert Marx die Prinzipien, an denen sich seine Untersuchungen zur politischen Ökonomie orientieren. Mit ihrer Hilfe lässt sich erklären, welchen Regeln Marx bei der Errichtung seines theoretischen Gebäudes folgte. Zugleich verdeut-

---

[6] »Der achtzehnte Brumaire des Louis Bonaparte« (1852), *Marx-Engels-Werke*, Bd. 8, S. 111-207; »Der Bürgerkrieg in Frankreich« (1871), *Marx-Engels-Werke*, Bd. 17, S. 313-365.

lichen sie, woher die Kluft zwischen Theorie und Geschichte stammt. Ich bin zu dem Schluss gekommen, dass sich Marx bei der Niederschrift des gesamten *Kapital* streng (oder kritisch, wie ich es in gewissem Maße bin, formuliert: »starr«) an diese Prinzipien gehalten hat – und dieses Verfahren lässt sich nirgendwo besser beobachten als im 2. Band. Durch diesen Rahmen war es ihm möglich, über die Besonderheiten seiner Zeit (wie die Details der Krise von 1857/1858, die seine vorbereitenden Manuskripte in den *Grundrissen* inspirierten) hinauszugehen und eine erste, wenn auch noch unvollständige alternative Theorie der Bewegungsgesetze des Kapitals zu erarbeiten. Diese Gesetze würden die Dynamik aller historischen und geografischen Situationen bestimmen, in denen die kapitalistische Produktionsweise vorherrschend ist. Aber die Vollendung dieser allgemeinen Theorie hatte ihren Preis. Der von Marx geschaffene allgemeine Rahmen bildet ein starres Korsett, das die Anwendbarkeit dieser Gesetze einschränkt und uns viel Arbeit überlässt, die jeweiligen historischen Bewegungen und Konjunkturen zu verstehen.[7]

Marx bemühte sich um eine politische Ökonomie, die wahrhaft wissenschaftlich sein sollte. Diese Wissenschaft würde, so hoffte er, eine ähnliche Erklärungskraft haben, wie die Wissensstrukturen der Physik und der Chemie. Die Gesetze des Werts und des Mehrwerts funktionieren Marx zufolge wie Naturgesetze, auch wenn es sich hier um die historische Natur des Kapitalismus handelt. An verschiedenen Stellen vergleicht er den Wert mit der Schwerkraft. Eine bessere Analogie wären die Gesetze der Strömungslehre, die allen Theorien zur Dynamik der Erdatmosphäre und der Ozeane sowie unzähligen anderen Phänomen, bei denen sich irgendwelche Flüssigkeiten in Bewegung befinden, zugrunde liegen. Diese Gesetze lassen sich nicht mechanisch auf Gebiete wie die Wettervorhersage oder den Klimawandel anwenden, sondern müssen in vielfältiger Weise modifiziert werden. Und selbst dann existieren zahlreiche Abweichungen, die nicht erklärbar sind. So ähnlich müssen wir uns die Bewegungsgesetze des Kapitals von Marx vorstellen. Sie können nicht alle Aspekte des vorherrschenden ökonomischen Klimas erklären und schon gar nicht die ökonomische Wetterlage von morgen voraussagen. Das bedeutet nicht, dass die politische Ökonomie von Marx bedeutungslos ist. In den physikalischen Wissenschaf-

[7] Ausführlicher dargestellt ist die folgende Argumentation in David Harvey: »History versus Theory: A Commentary on Marx's Method in Capital«, *Historical Materialism*, Vol. 20 (2012), No. 2, S. 3-38.

ten würde niemand die Gesetze der Strömungslehre verwerfen, nur weil sie keine exakten Wettervoraussagen liefern können.

Die allgemeine Methode von Marx sieht etwa so aus: Er unterstellt, dass die Heerscharen von Ökonomen und Autoren, die seit dem 17. Jahrhundert über das Thema geschrieben haben, ehrlich und redlich bemüht waren, die vor ihren Augen entstehende komplizierte ökonomische Welt zu begreifen. Sicherlich gab es auch »vulgäre« Ökonomen, die nur die Klassenprivilegien rechtfertigen wollten, die ihnen oftmals von Geburt aus zustanden – aber das galt nicht für William Petty, James Steuart, Adam Smith, David Ricardo usw. Und selbst die vulgären Ökonomen enthüllten durch die brutale Interessiertheit ihrer Argumente äußerst Wichtiges über das innere Wesen des Kapitals (wie Marx im 1. Band des *Kapital* zeigt, wenn er auf amüsante Weise »Seniors letzte Stunde« zerpflückt). Indem er (mithilfe der Dialektik) ihre Formulierungen und die immanenten Widersprüche ihrer Argumente kritisch unter die Lupe nimmt, zielt Marx auf die Begründung einer alternativen Auffassung von den Bewegungsgesetzen des Kapitals, wie er im Vorwort zum *Kapital* schreibt.

Marx gründete seine neue Wissenschaft der politischen Ökonomie nicht auf unmittelbare historische, anthropologische und statistische Recherchen und Induktion, sondern auf eine Kritik der klassischen politischen Ökonomie. Am ausdrücklichsten unternimmt er diese Kritik in den *Theorien über den Mehrwert*, aber sie zieht sich auch durch das *Kapital* und die *Grundrisse* hindurch. Damit verleiht Marx den kollektiven Erkenntnissen der bürgerlichen politischen Ökonomie und bürgerlichen Darstellungen (wie zum Beispiel den Berichten der Fabrikinspektoren in England, dem laut Marx am weitesten entwickelten Industriekapitalismus) eine beträchtliche Autorität – und einige würden sagen, eine viel zu große. In einer ganzen Reihe von Fällen teile ich diese Kritik. Wie also interpretiert Marx den allgemeinen Ansatz der bürgerlichen politischen Ökonomie? Und wie stellt die klassische politische Ökonomie ihren Gegenstand dar?[8]

---

[8] Es kann sehr leicht zur Verwechslung zwischen Marx' Darstellung der Argumente von klassischen politischen Ökonomen und seinen eigenen Auffassungen kommen. Zum Beispiel bezieht sich die Feststellung in den *Grundrissen*, dass es sich bei der fallenden Profitrate um »das wichtigste Gesetz der modernen politischen Ökonomie« (641) handele, in erster Linie auf die politische Ökonomie von Ricardo. Wie weit Marx selbst dieses Gesetz übernommen hat, ist daher eine offene Frage, die nur durch ein weitergehendes Studium seiner Schriften geklärt werden kann. Vereinfachend gesagt hat er sich dem allge-

Die »Produktion«, schreibt er in den *Grundrissen*,

> »erscheint so als der Ausgangspunkt, Konsumtion als der Endpunkt, Distribution und Austausch als die Mitte ... Produktion, Distribution, Austausch, Konsumtion bilden so einen regelrechten Schluß; Produktion die Allgemeinheit, Distribution und Austausch die Besonderheit, Konsumtion die Einzelnheit, worin sich das Ganze zusammenschließt. ... Die Produktion ist durch allgemeine Naturgesetze bestimmt; die Distribution durch gesellschaftlichen Zufall ..., der Austausch liegt zwischen beiden als formalgesellschaftliche Bewegung, und der schließende Akt der Konsumtion, der nicht nur als Endziel, sondern auch als Endzweck gefaßt wird, liegt eigentlich außerhalb der Ökonomie, außer soweit er wieder zurückwirkt auf den Ausgangspunkt und den ganzen Vorgang von neuem einleitet.« (*Grundrisse*, 24f.)

Diese Feststellung ist von grundlegender Bedeutung, um die Vorgehensweise von Marx im *Kapital* zu verstehen. Zu achten ist daher auf die hier gemachten Unterscheidungen zwischen Allgemeinheiten (Produktion), die deterministisch und gesetzmäßig sind; den Besonderheiten (Austausch und Verteilung), die zufällig und konjunkturbedingt sind (zum Beispiel die Ergebnisse sozialer Kämpfe, die von dem jeweiligen Kräfteverhältnis abhängen); und den Einzelnheiten (Konsumtion), die ich als unvorhersehbar und potenziell chaotisch betrachte. Zu beachten ist außerdem, dass die Einzelnheiten der Konsumtion größtenteils »außerhalb der Ökonomie« liegen (und vermutlich in das Gebiet der Geschichte fallen, wie auf den ersten Seiten des *Kapital* behauptet wird). Der hier vorgeschlagene allgemeine Rahmen ist in Abbildung 1 dargestellt.

Dieser Schluss sei »allerdings ein Zusammenhang« – »aber ein flacher«, ergänzt Marx. Daher verwirft er ihn zugunsten einer dialektischen Konzeption, mit der Produktion, Verteilung, Austausch und Konsumtion zu einer Totalität von Beziehungen, aus denen die kapitalistische Produktionsweise besteht, vereinigt werden können. Nachdem er über mehrere Seiten die inneren und dialektischen Beziehungen zwischen Produktion und Konsumtion, Produktion und Distribution und schließlich Produktion und Austausch erörtert hat, gelangt er zu seiner Schlussfolgerung. Produktion, Distribution, Austausch und Kon-

---

meinen Tenor des Gesetzes angeschlossen, aber den Mechanismus seiner Funktionsweise radikal umformuliert.

Abbildung 1: Der »schwache syllogistische« Analyserahmen, den Marx im Kapital übernimmt

Universelle Produktion	Universalität	Naturgesetze	Determiniert	Stoffwechsel mit der Natur	Evolution (Darwin)
Gesellschaftliche Produktion	**Allgemeinheit (Boden, Arbeit, Kapital, Geld, Wert)**	**Gesellschaftliche Gesetze**	**determiniert**	**Bewegungsgesetze des Kapitals**	**Politische Ökonomie**
Distribution	Besonderheit (Rente, Löhne, Profit, Zins, kommerzieller Profit, Steuern)	zufällig und kontingent	indeterminiert	Ergebnis von Klassen- und Gruppenauseinandersetzungen; ungleiche geografische Entwicklung	Geschichte, Geografie, Geopolitik
Austausch	Besonderheit (Eigentumsrechte, juristische Individuen, Konkurrenz, Zentralisation, Monopol)	zufällig und kontingent	indeterminiert	Institutionen, Konkurrenz vs. Monopol; kollektive und assoziierte Formen des Kapitals und der Arbeitskräfte	Staatsformen, Geschichte, Geografie, Geopolitik
Konsumtion	Einzelnheit	Chaotisch	unvorhersehbar	menschliche Leidenschaften, Überzeugungen, Motivationen, Geselligkeitsformen und politische Subjektivitäten (Affekte)	Kulturelle und psychologische Analyse; Produktion von menschlichen Bedürfnissen und Wünschen

sumtion bilden »die Glieder einer Totalität … Unterschiede innerhalb einer Einheit. … Es findet Wechselwirkung zwischen den verschiednen Momenten statt. Dies der Fall bei jedem organischen Ganzen« (*Grundrisse*, 34). Das organische Ganze (die Totalität) der kapitalistischen Produktionsweise, das Marx vorschwebt, ist nicht rein hegelianisch (auch wenn es sich sehr wohl aus einer Revolutionierung der Begrifflichkeit von Hegel ergeben könnte, die mehr bedeutet, als sie nur vom Kopf auf die Füße zu stellen). Seine Struktur ist die eines Ökosystems. Es umfasst die Verhältnisse innerhalb dessen, was Gramsci und Lefebvre ein »Ensemble« oder Deleuze eine »Assemblage« von Momenten nannten. »Hiernach für einen Hegelianer nichts einfacher als Produktion und Konsumtion identisch zu setzen. Und das ist geschehn nicht nur von sozialistischen Belletristen, sondern von prosaischen Ökonomen selbst, z.B. Say ...« (*Grundrisse*, 29)

Wir sollten erwarten, dass Marx diesen dialektischen und organischen Ansatz nutzen würde, um seine alternative Theorie zu entwickeln. Aber aus seinem Vorgehen im *Kapital* wird deutlich, dass er an dem von der klassischen politischen Ökonomie vorgegebenen Rahmen des flachen Syllogismus festhält, auch wenn er auf eine organische Denkweise und die Analyse dialektischer Beziehungen zurückgreift, um seine Kritik zu entfalten und Alternativen auszuloten. So weit wie möglich hält er an der bürgerlichen Auffassung von einer gesetzmäßigen Ebene der Allgemeinheit – der Produktion – fest und klammert die »zufälligen« und gesellschaftlichen Besonderheiten der Distribution und des Austauschs (die er in den letzten Teilen des 3. Bandes dann doch diskutiert) und erst recht die chaotischen Einzelnheiten der Konsumtion aus seinen ökonomischen Untersuchungen aus. So wird im 1. wie im 2. Band unterstellt, dass es nicht darauf ankommt, wie der Mehrwert in Zins, Rente, Profit des Handelskapitals, industriellen Profit und Steuern aufgeteilt wird. Ferner geht er davon aus, dass alle Waren – mit Ausnahme der Arbeit – zu ihrem Wert gehandelt werden (also die Wünsche der Konsumenten sich immer so ausdrücken, dass der Wert problemlos realisiert werden kann). Daher finden wir im *Kapital* auch keine Theorie der Konsumgesellschaft – was bedauerlich ist, da die Konsumtion heute 70 Prozent der Wirtschaftstätigkeiten in den USA ausmacht, im Vergleich zu etwa 30 Prozent in China, was näher an dem Niveau zur Zeit von Marx liegen dürfte.

Noch auffälliger ist, dass der 1. Band nur sehr oberflächlich die Besonderheit erörtert, welchen Anteil die Arbeit in der Verteilung bekommt. Auf zwei Seiten wird die Frage abgehandelt, was den Wert der Arbeitskraft bestimmt. Es wird eine lange Liste aller möglichen Faktoren angeführt (von den klimatischen Bedingungen über die Situation im Klassenkampf bis zum Zivilisationsgrad eines Landes), um dann festzustellen, dass die Arbeitskraft keine Ware wie jede andere ist, weil sie ein moralisches Element enthält, aber dass ihr Wert in einer gegebenen Gesellschaft zu einer gegebenen Zeit feststeht. In der weiteren Analyse wird dann unterstellt, dass der Wert der Arbeitskraft eine fixe Größe ist (was er, wie wir wissen, nie ist). Die späteren Kapitel über den Lohn sind erbärmlich dünn. Es findet sich kein Versuch, eine Theorie der Lohnbestimmung zu entwickeln. Marx wiederholt lediglich zum zigsten Mal die Mehrwerttheorie und fügt ihr die Erkenntnis hinzu, dass die Zahlung des Lohns pro Stunde oder pro Stück noch weiter vernebelt, worum es beim Mehrwert eigentlich geht. Und er stellt fest, dass es im Handel zwischen Nationen ein Problem gibt, wenn die Reproduktionskosten und daher der Wert der Arbeitskraft unterschiedlich hoch sind.

In gleicher Weise analysiert Marx im 2. Band den Kreislauf des Geldkapitals und des Warenkapitals ohne jegliche Erwähnung der Distribution – des Zinses auf Geldkapital und des Profits auf Kaufmannskapital. Systematisch klammert er die Analyse des Kreditsystems aus, obwohl er an unzähligen Stellen freimütig einräumt, dass Kredit notwendig ist und sich alles verändert, sobald er berücksichtigt wird. Immer wieder stoßen wir auf solche Ausklammerungen in der Analyse. Fast immer werden sie damit begründet, dass die jeweilige Frage nicht zu der Ebene von Allgemeinheit gehört, mit der sich Marx ausschließlich beschäftigt. Diese Vorgehensweise findet sich im gesamten *Kapital.* »Die eingehende Analyse des Kreditwesens und der Instrumente, die es sich schafft (Kreditgeld usw.), liegt außerhalb unsers Planes«, schreibt Marx zu Beginn des eigentlich sehr wichtigen Kapitels über »Kredit und fiktives Kapital« im 3. Band und fährt fort: »Es sind hier nur einige wenige Punkte hervorzuheben, *notwendig zur Charakteristik der kapitalistischen Produktionsweise überhaupt.*« (K3, 413; Hervorh. D.H.)

Hier ist ein Vorbehalt angebracht. Hin und wieder werden die Einschränkungen durchbrochen (wie im Fall des Werts der Arbeitskraft, über den Marx einiges zu sagen hat). Üblicherweise gibt Marx in solchen Fällen eine kurze Beschreibung des Problems (z.B. die Beziehung zur Natur oder die Konsumwünsche der Arbeiterinnen) und ergänzt sie um ein paar Hinweise auf seine Bedeutung, um dann wieder zur Allgemeinheit der Produktion zurückzukehren. Solchen Fragen widmet er an wenigen Stellen ein paar Absätze, manchmal nur ein oder zwei Sätze.

Warum hält er sich dann dermaßen starr an die bürgerliche Wissensstruktur, obwohl er bereits eine alternative Herangehensweise entwickelt hat, mit der sich auf dialektische, relationale und organische Weise verstehen lässt, wie das Kapital funktioniert? Ich habe wirklich keine gute Antwort auf diese Frage. Ich kann nur mit Sicherheit sagen, dass er eindeutig so vorgeht (die Textlage lässt keinen anderen Schluss zu). Meine beste Hypothese besteht darin, dass es sein grundsätzliches Ziel war, die klassische politische Ökonomie auf der Basis ihrer eigenen Begrifflichkeit zu kritisieren. Daher musste er den allgemeinen Charakter dieser Begrifflichkeit akzeptieren, um ihre inneren Widersprüche aufzudecken und ihre Mangelhaftigkeit zu dekonstruieren. Wenn also die bürgerlichen Theoretiker einen freien Markt ohne irgendwelche Zwänge unterstellen, dann musste er auch davon ausgehen (wie er es im zweiten Kapitel des 1. Bandes tut). Wenn die Unterscheidungen zwischen Allgemeinheiten, Besonderheiten und Einzelnheiten grundlegend für die bürgerliche Denkweise waren, dann musste er auch auf dieser Grundlage arbeiten. Das ist die einzige Antwort, die ich geben kann. Aber sie ist nicht völlig befriedigend, weil er einige bürgerliche Begriffe aufgibt, andere aber nicht. Zum Beispiel will er im 1. Band mit Fragen von Angebot und Nachfrage oder der Nützlichkeit nichts zu tun haben (wir werden gleich sehen, warum). Er macht sich keine große Mühe damit, seine Entscheidungen zu begründen. Aber es ist ganz offensichtlich, dass er ständig solche Entscheidungen trifft.

Zu den drei Ebenen der Allgemeinheit, Besonderheit und Einzelnheit kommt noch eine vierte hinzu – die der Universalität, die den Stoffwechsel mit der Natur betrifft. Marx wandte sich scharf gegen die Angewohnheit der klassischen politischen Ökonomen, die Produktion »als eingefaßt in von der Geschichte unabhängigen ewigen Naturgesetzen« darzustellen (*Grundrisse*, 22). Diese »Naturalisierung« der politischen Ökonomie des Kapitalismus weist er zurück und nutzt jede Gelegenheit, sie anzugreifen (einschließlich der Auffassung von Ricardo und Malthus, die Profitrate würde aufgrund natürlicher Knappheiten und steigender Renten fallen). Die Allgemeinheiten der kapitalistischen Produktionsweise lassen sich nicht durch Rückgriff auf die Universalitäten der Naturgesetze erklären.

Während Marx akzeptiert, dass es sich bei der »kapitalistischen Produktion« um die gesetzmäßige Allgemeinheit handelt, die er verstehen will, weist er die Vorstellung zurück, sie sei natürlich im Sinne der Naturwissenschaften. Der Kapitalismus ist gesetzmäßig, aber die Gesetze (einschließlich der Gesetze des Privateigentums) sind das Produkt menschlichen Handelns. Diese Gesetze müssen von jenen unterschieden werden, die sich aus unserem Eingebettetsein in eine von Naturgesetzen (wie denen der Physik, der Chemie oder der Darwinschen Evolutionstheorie) beherrschte Welt ergeben. Diese Gesetze werden als unveränderlich betrachtet: Wir können nicht aus ihnen heraustreten. Im 1. Band des *Kapital* schreibt Marx: »Als Bildnerin von Gebrauchswerten, als nützliche Arbeit, ist die Arbeit ... eine von allen Gesellschaftsformen unabhängige Existenzbedingung des Menschen, ewige Naturnotwendigkeit, um den Stoffwechsel zwischen Mensch und Natur, also das menschliche Leben zu vermitteln.« (K1, 57) Der Arbeitsprozess ist »allgemeine Bedingung des Stoffwechsels zwischen Mensch und Natur, ewige Naturbedingung des menschlichen Lebens und daher unabhängig von jeder Form dieses Lebens, vielmehr allen seinen Gesellschaftsformen gleich gemeinsam« (K1, 198). Wir können nur so verfahren wie die Natur selbst.

Im Zentrum der wissenschaftlichen Untersuchung von Marx steht die Frage, wie die allgemeinen Gesetze der kapitalistischen politischen Ökonomie entstanden sind, wie sie tatsächlich funktionieren, und warum und wie sie verändert werden könnten. Und dafür will er nicht auf die Universalität zurückgreifen, die unseren sich ständig weiterentwickelnden Stoffwechsel mit der Natur beschreibt.

Marx übernimmt diese Unterscheidungen zwischen Universalität, Allgemeinheit, Besonderheit und Einzelnheit von der bürgerlichen politischen Ökonomie – auch wenn er ihnen relationale und dialektische Bedeutungen und kritische Vorgehensweisen hinzufügt, die er bei Spinoza und Hegel kennengelernt hat. In den *Grundrissen* droht er, sich diese Unterscheidungen zu eigen zu machen, indem er sie in den Begriff der organischen Totalität einbettet. Die Schwierigkeit besteht dann darin, zu verstehen, wie diese verschiedenen »Momente« – der universelle Stoffwechsel mit der Natur, die allgemeine Produktion des Mehrwerts, die Besonderheiten seiner Distribution und der Austauschbeziehungen und die Einzelnheiten der Konsumtion – miteinander verbunden sind. Er muss dann zeigen, wie sich der gesetzmäßige Charakter der Produktion von allem anderen isolieren lässt, und warum es so wichtig ist, das zu tun.

Die politische Ökonomie von Marx bewegt sich in erster Line auf der Ebene der gesetzmäßigen Allgemeinheit der Produktion. Aber warum hat die Produktion diese Priorität? Marx stellt fest: »Die Produktion greift über, sowohl über sich in der gegensätzlichen Bestimmung der Produktion, als über die andren Momente. Von ihr beginnt der Prozeß immer wieder von neuem.« (*Grundrisse*, 34) Was bedeutet diese merkwürdige Wortwahl? Es wäre falsch, unter der »übergreifenden« Produktion die materielle Produktion von Gütern und Dienstleistungen zu verstehen, den konkreten Arbeitsprozess oder auch die Produktion von Waren. Das ist leider ein sehr verbreitetes Missverständnis. Es verleitet zu der irrigen Auffassung, für Marx seien sämtliche gesellschaftlichen Verhältnisse, Ideen, menschliche Wünsche usw. durch die stoffliche materielle Praxis determiniert. Das ist eine falsche produktivistische und physikalische Interpretation von Marx, die seinem historischen Materialismus nicht gerecht wird.

Die unter den Bedingungen kapitalistischer Produktionsweise »übergreifende« Produktion ist die *Produktion von Mehrwert*, und der Mehrwert ist eine *gesellschaftliche* und keine stofflich materielle Beziehung. Schließlich ist die Produktion von Mehrwert das zentrale Thema des 1. Bandes des *Kapital*. Der vom Kapital in Gang gesetzte materielle Arbeitsprozess ist auf die Produktion von Mehrwert ausgerichtet. Wenn Marx schreibt, dass die Produktion »über sich in der gegensätzlichen Bestimmung der Produktion« übergreift, dann sagt er damit, dass es nur auf jene konkreten materiellen Arbeitsprozesse ankommt, die Mehrwert produzieren. Materielle Produktionsprozesse, die keinen Mehrwert produzieren, sind wertlos. Im Gesamtkonzept von Marx bedeutet das natürlich, dass die sich den Menschen durch die sinnliche Gegenständlichkeit des Arbeitsprozesses eröffnenden emanzipatorischen Möglichkeiten ins Gegenteil verkehrt und der gesellschaftlichen Notwendigkeit, Mehrwert für andere zu produzieren, unterworfen werden. Das Ergebnis ist eine universelle Entfremdung der Menschen von ihren eigenen potenziellen Fähigkeiten und kreativen Kräften. Einige der eindrücklichsten Passagen in den *Grundrissen* und im *Kapital* bringen das unmissverständlich zum Ausdruck.

Kurz gesagt ist also die durch die Zirkulation des Kapitals vermittelte Produktion von Mehrwert der Dreh- und Angelpunkt des gesetzmäßigen Charakters der kapitalistischen Produktionsweise. Kein Mehrwert, kein Kapital. Darin besteht der grundlegende Bruch von Marx mit der klassischen politischen Ökonomie. Er fährt fort: »Daß Austausch und Konsumtion nicht das Übergreifende sein können, ist von selbst klar. Ebenso von der Distribution als Distribution der Produkte. Als Distribution der Produktionsagenten aber ist sie selbst ein Moment der Produktion. Eine bestimmte Produktion bestimmt also eine bestimmte Konsumtion, Distribution, Austausch und *bestimmte Verhältnisse dieser verschiednen Momente zueinander*. Allerdings wird auch die Produktion, *in ihrer einseitigen Form*, ihrerseits bestimmt durch die andren Momente.« (*Grundrisse*, 34) »Einseitig« bezieht sich auf den materiellen Arbeitsprozess und nicht auf die gesellschaftliche Produktion des Mehrwerts. Was bedeutet dann hier, dass die Produktion »bestimmend« ist?

Das »Gesetz« der kapitalistischen Produktionsweise nimmt genau genommen die folgende Form an: *Solange die Möglichkeit der Produktion von Mehrwert auf ständig größerer Stufenleiter nicht übermäßig ein-*

geschränkt oder zunichte gemacht wird, können die kontingenten und zufälligen Strukturen von Distribution und Austausch und die jeweiligen Konsumtionsmuster prinzipiell die verschiedensten Formen annehmen. Eine relativ egalitäre sozialdemokratische Verteilungsstruktur wie in Skandinavien kann mit einem brutalen, ungerechten und autoritären neoliberalen Verteilungsmodus wie im Chile der 1980er Jahre koexistieren, solange an beiden Orten Mehrwert produziert wird. Es gibt kein spezifisches Verteilungsmuster, Austauschsystem oder Konsumregime, das sich aus den allgemeinen Gesetzen der Mehrwertproduktion ableiten lässt. Aber – und das ist ein großes »aber« – *die Möglichkeiten sind nicht unbegrenzt*. Wenn irgendeines dieser Momente, einschließlich der Beziehung zur Natur, eine Konfiguration unterstellt, die die Möglichkeit der Mehrwertproduktion zu sehr einschränkt oder untergräbt, dann hört das Kapital entweder auf zu existieren oder sämtliche Beziehungen innerhalb der Totalität müssen völlig neu angepasst werden. Das ist hier damit gemeint, dass die Produktion das »Bestimmende« ist.

Zu solchen Anpassungen kann es schrittweise kommen, meistens durch Konkurrenz oder staatliche Eingriffe oder durch ungleiche geografische Entwicklungen, in denen sich die an einem Ort der globalen Ökonomie erreichten Konfigurationen anderen gegenüber als überlegene Methoden der Mehrwertproduktion erweisen (was heute für China gilt und in den 1980er Jahren auf Japan und die Bundesrepublik Deutschland zutraf). Die Veränderungen können auch auf gewaltsame Zerfallsprozesse zurückgehen – darin liegt die Bedeutung von regionalen und globalen Krisen und auch von Kriegen (womit ich keinesfalls sagen will, dass dies der einzige Grund für Kriege und bewaffnete Auseinandersetzungen ist).

Distribution, Austausch und Konsumtion beeinflussen sich gegenseitig. Aber sie wirken auch auf die Produktion des Mehrwerts, wofür Marx einen ganz einfachen Grund nennt: In »der Distribution figurieren Grundrente, Arbeitslohn, Zins und Profit, während in der Produktion Erde, Arbeit, Kapital figurieren als Agenten der Produktion«. Das Kapital selbst, hebt Marx hervor, ist »doppelt gesetzt …, 1. als Produktionsagent; 2. als Einnahmequelle; als bestimmend bestimmte Distributionsformen. … Arbeitslohn ist ebenso die unter einer andren Rubrik betrachtete Lohnarbeit: Die Bestimmtheit, die die Arbeit hier als Produktionsagent hat, erscheint als Distributionsbestimmung« (*Grundrisse*, 30). Während Marx also Verteilungsaspekte (die Besonderheiten der jeweiligen Lohnhöhe und Profitraten sowie der Zinsraten, Renten, Steuern und Handelsprofite) als kontingent und zufällig, als nicht gesetzmäßig beiseiteschiebt (auch wenn das empirische oder historische Verallgemeinerungen nicht ausschließt), rückt er die entscheidende Rolle von Boden, Lohnarbeit, Kapital, Geld und Austausch in der gesetzmäßigen Produktion des Mehrwerts in den Vordergrund. Im Ergebnis stehen die Produktionsfaktoren im Mittelpunkt, während die Akteure und die ihnen zukommenden Einkünfte von der Bildfläche verschwinden (was im 2. Band am deutlichsten sichtbar wird). Das lässt viele Studentinnen und Studenten zu Recht fragen, wo in dieser ganzen politischen Ökonomie das Handeln bleibt. Die Antwort ist, dass Marx lediglich der klassischen politischen Ökonomie folgt, was er in seinen historischen Schriften nicht tun muss. Schauen wir uns also etwas näher an, wie er sich mit den Besonderheiten und Einzelnheiten auseinandersetzt, die so rigoros (oder starr?) aus seiner allgemeinen Theorie ausgeschlossen werden.

Die Besonderheiten des Austauschs

Im zweiten Kapitel des 1. Bandes des *Kapital* geht Marx davon aus, dass das »bloß atomistische Verhalten der Menschen in ihrem gesellschaftlichen Produktionsprozeß« die »von ihrer Kontrolle und ihrem bewußten individuellen Tun unabhängige, sachliche Gestalt ihrer eignen Produktionsverhältnisse« erzeugt (K1, 107f.). Marx übernimmt hier das Bild der »unsichtbaren Hand« von Adam Smith, die bei vollständigem Wettbewerb die Märkte reguliere. Auf dieser Fiktion beruhen auch die von Marx modellierten Bewegungsgesetze des Kapitals. Das Ergebnis ist, wie wir wissen, Marx' überzeugende theoretische Kritik der Utopie freier Märkte. Denn wie er zeigt, führen sie zwangsläufig zu reicheren Kapitalisten auf dem einen Pol und zunehmend verelendeteren Arbeiterinnen auf dem anderen. Ein solches System kann daher unmöglich einen Zustand erzeugen, der allen zum Vorteil gereicht, wie Smith angenommen hatte. Diese utopische Vision von vollkommenen Märkten hat sich nie realisiert und kann sich nie vollständig realisieren lassen. Aber was geschieht, wenn der Austausch nicht dieser utopischen Vision entspricht? Insbesondere zwei Problemkreise sollten berücksichtigt werden.

Angebot und Nachfrage

Wenn sie zum ersten Mal Marx lesen, fragen viele Studentinnen und Studenten: Wo bleiben denn Angebot und Nachfrage? Die Antwort von Marx lautet: »Decken sich Nachfrage und Angebot, so hört, unter sonst gleichbleibenden Umständen, die Preisoszillation auf. Aber dann hören auch Nachfrage und Angebot auf, irgend etwas zu erklären.« Zum Beispiel ist der »Preis der Arbeit, wenn Nachfrage und Angebot sich decken, ... ihr vom Verhältnis der Nachfrage und Angebot unabhängig bestimmter, ihr natürlicher Preis« (K1, 560). In den meisten Fällen beschäftigt sich Marx ausschließlich mit dem »natürlichen« oder Gleichgewichtspreis, von dem die klassische politische Ökonomie ausgeht. Dass Schuhe im Durchschnitt mehr kosten als Hemden, hat nichts mit Unterschieden in der Nachfrage nach Schuhen und nach Hemden zu tun, sondern beruht auf ihrem unterschiedlichen Gehalt an (vergangener und gegenwärtiger) Arbeit. Angebot und Nachfrage und Preisschwankungen sind wichtig, um die Ökonomie ins Gleichgewicht zu bringen, aber sie können nichts darüber aussagen, wo dieses Gleichgewicht liegen wird.

Theoretisch wie praktisch wissen wir jedoch, dass Angebot und Nachfrage nicht immer ins Gleichgewicht kommen. Es gibt viele systemische Gründe, wie Asymmetrien der Information und der Politik und politisch festgelegte Wechselkurse (wie im Fall Chinas), die die Preise verzerren und einen Entwicklungspfad diktieren, der stark von dem abweicht, den Marx ausgehend von Smith theoretisch zulassen könnte. In den meisten Fällen klammert Marx durch seine Annahmen solche Verzerrungen aus. Aber in einigen Fällen muss er sie aufgrund ihrer systemischen Bedeutung in seine Betrachtung aufnehmen, wie zum Beispiel beim Preis der Arbeit:

> »Das Kapital agiert auf beiden Seiten zugleich. Wenn seine Akkumulation einerseits die Nachfrage nach Arbeit vermehrt, vermehrt sie andrerseits die Zufuhr von Arbeitern durch deren ›Freisetzung‹ [im Zuge technologisch bedingter Arbeitslosigkeit], während zugleich der Druck der Unbeschäftigten die Beschäftigten zur Flüssigmachung von mehr Arbeit zwingt, also in gewissem Grad die Arbeitszufuhr von der Zufuhr von Arbeitern unabhängig macht. Die Bewegung des Gesetzes der Nachfrage und Zufuhr von Arbeit auf dieser Basis vollendet die Despotie des Kapitals.« (K1, 669)

Aber sobald die Arbeiter dies erkennen und zur Sicherung ihrer Interessen Institutionen bilden und sich in Gewerkschaften organisieren, »zetert das Kapital und sein Sykophant, der politische Ökonom, über Verletzung des ›ewigen‹ und sozusagen ›heiligen‹ Gesetzes der Nachfrage und Zufuhr« (K1, 669f.).

Sowohl im 2. als auch im 3. Band stoßen wir jedoch auf einen noch zwingenderen Grund, warum sich die Annahme des Gleichgewichts nicht halten lässt. Wenn das Kapital fortbestehen soll, ist es unausweichlich und notwendig, dass sich Angebot und Nachfrage nicht im Gleichgewicht befinden. Denn die vom Kapital in Gang gesetzte gesamte Nachfrage ist c + v (die vom Kapital vorgeschossene Wertsumme) und das gesamte Angebot ist c + v + m (der produzierte Gesamtwert). Das Kapital ist daran interessiert, den Mehrwert m zu maximieren, wodurch die Lücke zwischen Nachfrage und Angebot größer wird. Wo also kommt die zusätzliche (effektive) Nachfrage her, die den Mehrwert kauft? Zu der äußerst interessanten Antwort von Marx kommen wir im 9. Kapitel.

Die Zwangsgesetze der Konkurrenz

»Die Zwangsgesetze der Konkurrenz« spielen im ganzen *Kapital* eine entscheidende Rolle. In den *Grundrissen* schreibt Marx: »Die Konkurrenz ist überhaupt die Weise, worin das Kapital seine Produktionsweise durchsetzt.« Sie »exequiert [vollstreckt] die innren Gesetze des Kapitals; macht sie zu Zwangsgesetzen dem einzelnen Kapital gegenüber, *aber sie erfindet sie nicht. Sie realisiert sie.*« (*Grundrisse*, 625, 644; Hervorh. D.H.) Die Konkurrenz wird so wie Angebot und Nachfrage als bloßer Vollstrecker und Durchsetzer der inneren Bewegungsgesetze des Kapitals behandelt, die von anderen Kräften geschaffen wurden.

Was zum Beispiel den absoluten Mehrwert und die Verlängerung des Arbeitstags betrifft, so hängt die Verbreitung der von ihm beschriebenen schrecklichen Methoden in keiner Weise vom guten oder bösen Willen des individuellen Kapitalisten ab. »Die freie Konkurrenz macht die immanenten Gesetze der kapitalistischen Produktion dem einzelnen Kapitalisten gegenüber als äußerliches Zwangsgesetz geltend.« (K1, 286) Und was den relativen Mehrwert betrifft, so werden die produktivitätssteigernden Innovationen in gleicher Weise durch die Konkurrenz um Marktvorteile vorangetrieben. Marx stellt dazu fest:

> »Die Art und Weise, wie die immanenten Gesetze der kapitalistischen Produktion in der äußern Bewegung der Kapitale erscheinen, sich als Zwangsgesetze der Konkurrenz geltend machen und daher als treibende Motive dem individuellen Kapitalisten zum Bewußtsein kommen, ist jetzt nicht zu betrachten, aber soviel erhellt von vornherein: Wissenschaftliche Analyse der Konkurrenz ist nur möglich, sobald die innere Natur des Kapitals begriffen ist, ganz wie die scheinbare Bewegung der Himmelskörper nur dem verständlich, der ihre wirk-

> liche, aber sinnlich nicht wahrnehmbare Bewegung kennt. Dennoch ist zum Verständnis der Produktion des relativen Mehrwerts … folgendes zu bemerken. … [Es] existiert also für jeden einzelnen Kapitalisten das Motiv, die Ware durch erhöhte Produktivkraft der Arbeit zu verwohlfeilern.« (K1, 335f.)

Bei der Frage, welche Kräfte die individuellen Kapitalisten dazu zwingen, einen Teil ihres Mehrwerts in die Erweiterung zu investieren, bezieht er sich auf ähnliche Prozesse.

> »Außerdem macht die Entwicklung der kapitalistischen Produktion eine fortwährende Steigerung des in einem industriellen Unternehmen angelegten Kapitals zur Notwendigkeit, und die Konkurrenz herrscht jedem individuellen Kapitalisten die immanenten Gesetze der kapitalistischen Produktionsweise als äußere Zwangsgesetze auf. Sie zwingt ihn, sein Kapital fortwährend auszudehnen, um es zu erhalten, und ausdehnen kann er es nur vermittelst progressiver Akkumulation.« (K1, 618)

Auch der Druck zum Ausgleich der Profitraten, der für die Herleitung der Theorie von der fallenden Profitrate so wesentlich ist, unterstellt, dass die Zwangsgesetze der Konkurrenz wirken.

Aber was passiert, wenn die Durchsetzungskraft der Konkurrenz aus irgendeinem systemischen Grund unwirksam ist? Marx räumt ein, dass die Konkurrenz stets die Tendenz hat, schließlich zum Monopol zu führen. Aber auch aus anderen Gründen kann es zum Monopol, zum Oligopol und zur Zentralisation des Kapitals kommen. Wenn die Marktzugangsschranken in einem bestimmten Wirtschaftszweig aufgrund des erforderlichen enormen Startkapitals sehr hoch sind (wie im Eisenbahnbau), dann müssen die »Gesetze der Zentralisation der Kapitale« unter Nutzung des Kreditsystems zum Zuge kommen. Eigentlich kann es in jedem Produktionszweig mit starken Skaleneffekten zu einer gewissen oligopolistischen Situation kommen. Dem würde ich noch hinzufügen, dass auch hohe Transportkosten selbst kleine lokale Industriezweige vor Konkurrenz schützen können. Die seit Mitte der 1960er Jahre fallenden Transportkosten (wozu vor allem die oft übersehene Containerisierung beigetragen hat) veränderten daher die Geografie der Konkurrenz in gravierender Weise.

Daraus ergeben sich zwei wichtige Punkte. Wenn monopolistische und oligopolistische Organisationsstrukturen vorherrschen, dann sehen die Bewegungsgesetze des Kapitals (und sogar der Wert selbst) völlig anders aus. Die in den 1960er Jahren von Baran und Sweezy und von der Kommunistischen Partei in Frankreich formulierten Theorien des (staatlichen) Monopolkapitalismus reflektierten diese Tatsache. Ebenso gelangt Lenin in seiner Theorie einer spezifischen Konfiguration aus Imperialismus und Monopolkapitalismus zu Entwicklungstendenzen, die deutlich von den Gesetzen abweichen, die Marx im *Kapital* entwickelt hat.[9] Hier befinden sich offensichtlich die Bewegungsgesetze selbst in Bewegung.

Auf Phasen der Monopolisierung folgt jedoch oft eine Zeit, in der die Wiederdurchsetzung der Zwangsgesetze der Konkurrenz zu einem politischen Hauptanliegen wird. In weiten Teilen der kapitalistischen Welt ist dies gegen Ende der 1970er Jahre geschehen. Schließlich war dies ein Kernpunkt der neoliberalen Agenda. Die Konkurrenz kann »ruinös« sein, wie von Kapitalisten oft beklagt wird, aber das Monopol kann nur zu leicht zu »Stagflation« führen, wie Baran und Sweezy gezeigt haben. Auf die eine oder andere Weise versucht der kapitalistische Staat häufig durch seine regulierende Politik ein Gleichgewicht zwischen Konkurrenz und Monopol herzustellen – sei es, dass er die wirtschaftlichen »Kommandohöhen« nationalisiert oder Fusionierungen und Monopolbildungen gesetzlich einschränkt, oder dass er mehr oder weniger bereitwillig vor Privatisierung und globalem Wettbewerb kapituliert.

In beiden Fällen – sowohl bei Angebot und Nachfrage als auch bei der Konkurrenz – stellt sich also die Frage, über welche Macht diese Vollstrecker verfügen, um ihre Aufgaben erfüllen zu können. Gesetze sind schließlich bedeutungslos ohne ihre effektive Durchsetzung. Jedes Mal, wenn diese Frage im *Kapital* auftaucht, zum Beispiel wenn im 1. Band die »Gesetze dieser Zentralisation der Kapitale« thematisiert werden, wendet sich Marx typischerweise ab und sagt, diese Gesetze »können hier nicht entwickelt werden« – und das obwohl er betont, dass die durch das Kreditsystem und die Aktiengesellschaften beförderten Zentralisationsprozesse »zu neuen mächtigen Hebeln der gesellschaftlichen

[9] Paul Boccara: *Études sur le capitalisme monopoliste d'État, sa crise et son issue*, Paris 1974 (deutsch: *Studien über den staatsmonopolistischen Kapitalismus, seine Krise und seine Überwindung*, Frankfurt a.M. 1976; Paul Baran und Paul Sweezy: *Monopoly Capital*, New York: 1966 (deutsch: *Monopolkapital. Ein Essay über die amerikanische Wirtschafts- und Gesellschaftsordnung*, übersetzt von Hans-Werner Sass, Frankfurt a.M. 1973); V.I. Lenin, »Der Imperialismus als höchstes Stadium des Kapitalismus«, in *Lenin-Werke Bd. 22*, Berlin (DDR) 1960, S. 189-309.

Akkumulation« werden (K1, 656f.). Das schmälert nicht die Bedeutung von Marx' Konzentration auf die Gesetze, die von der dezentralisierten Konkurrenz diktiert werden. Aber dieses Problem ist äußerst wichtig, wenn es um die Frage geht, wie wirksam diese Gesetze in konkreten Situationen durchgesetzt werden und warum sie sich ändern könnten. Die ständig anhaltende Spannung zwischen der dezentralisierten Konkurrenz und dem zentralisierten Monopol kann unter gewissen Umständen sogar zu einem Auslöser für die Entstehung von Krisen werden.

Die Besonderheiten der Distribution

Die Sache wird noch interessanter, wenn es um die Beziehungen zwischen den Besonderheiten der Distribution und den allgemeinen Bewegungsgesetzen des Kapitals geht. Marx gesteht zwar zu, dass die Distributionsverhältnisse immer dann in diese Gesetze integriert werden müssen, wenn sie sich in direkter Weise auf die Produktion auswirken – aber dies geschieht nur unter besonderen Umständen (insbesondere natürlich hinsichtlich der relativen Anteile von Löhnen und Profiten im 1. Band). Die Frage, wie der Mehrwert auf Rente, Zins, kommerziellen Profit und Steuern verteilt wird, klammert er im 1. Band vollständig aus. Im 2. Band geht er nicht auf Kredit und Zins ein, obwohl er an unzähligen Stellen auf ihre Bedeutung verweist (und in gleicher Weise bleibt der Profit des Kaufmannskapitals ausgeklammert). Die Zirkulation des Warenkapitals wird zwar hervorgehoben, aber der kommerzielle Profit wird kaum erwähnt. Daher finde ich es bei den Vorlesungen zum 2. Band so interessant, das gesamte Material zum Kaufmannskapital (worunter Marx sowohl Warenhandlungs- als auch Geldhandlungskapital versteht) aus dem 3. Band in die rein technische Darstellung der Kreisläufe des Geld- und Warenkapitals im 2. Band einzubeziehen (nachdem der Kreislauf des produktiven Kapitals bereits durch den 1. Band abgedeckt ist). Dadurch werden nicht nur die technischen Beziehungen mit einer Betrachtung des Klassenhandelns verbunden, sondern auch die revolutionäre Perspektive eröffnet, deren Fehlen Engels bedauert hatte.

Zum Beispiel wird im 2. Band gezeigt, dass die Produktion des Mehrwerts (im Arbeitsprozess) und der mögliche Ort seiner Realisierung weit auseinanderfallen können. Wenn das Warenhandlungskapital mächtig genug ist, wie etwa im Fall von Walmart, dann kann ein großer Teil des produzierten Mehrwerts von den Händlern realisiert werden. Auch die Geldkapitalisten sowie die Grundbesitzer und Steuereintreiber können sich ein gutes Stück nehmen, so dass dem unmittelbaren Produzenten nur eine dürftige Profitmarge bleibt (unter anderem aus diesem Grund ist es problematisch, den Fall der Profitrate allein an den Profiten im Produktionssektor festzumachen). Die organisierte Arbeiterbewegung kann meinen, sie habe sich durch ihre Kämpfe im Produktionsprozess einen größeren Anteil an dem erzeugten Wert verschafft, während die Kapitalistenklasse als Ganze sich diesen Anteil längst wieder angeeignet hat – durch Einzelhändler mit Wucherpreisen, Kredite feilbietende Bankiers, Vermieter und natürlich den Steuereintreiber, der sich häufig auf die Besteuerung der Armen spezialisiert zu haben scheint, um den Mehrwert durch lukrative Steuervergünstigungen und Subventionen zu den Unternehmen und Kapitalisten zurückzubringen.

Im ganzen *Kapital* konstatiert Marx, dass Kaufmannskapital und zinstragendes Kapital »antediluvianische« Formen des Kapitals sind, die dem Aufkommen der kapitalistischen Produktionsweise vorhergehen. Eine ganz ähnliche Rolle weist er dem Grundeigentum zu. Es gilt dann zu verstehen, wie diese früheren Formen der Mehrwertgewinnung den Regeln der kapitalistischen Produktionsweise untergeordnet werden. Der für die Zersetzung des Feudalismus so wichtige Wucher musste revolutioniert und zu zinstragendem Kapital werden, das auf freien Geldmärkten operiert. Die Kaufleute, die ihr Geld einst damit machten, dass sie billig kauften (oder raubten und stahlen) und teuer verkauften, können sich nur noch den Anteil am Mehrwert aneignen, der ihnen aufgrund ihres Beitrags zur Produktion und Realisierung des Mehrwerts zusteht. Renten aus Land oder Bodenschätzen sind durch die übergeordneten Umstände der Mehrwertproduktion bestimmt; und die Höhe der Rente kann den Einsatz von Bodenschätzen und Land im Sinne der Mehrwertproduktion optimieren. Das ist in groben Zügen der Ansatz, mit dem Marx diese Aspekte der Distribution angeht. Angeblich steuern die Regeln der kapitalistischen Produktionsweise die Verteilungsformen und -verhältnisse (oder wie Marx in den *Grundrissen* sagt, die Produktion des Mehrwerts ist »das Übergreifende« im Verhältnis zur Distribution).

Zu unterschiedlichen Zeiten und an verschiedenen Orten können Geldgeber, Händler und Landbesitzer über mehr oder über weniger Macht als die industriellen Kapitalisten verfügen. Aber Marx behandelt ihre Vergütungen unter den Bedingungen der kapitalistischen Produktionsweise in Reinform so, als seien sie ausschließlich aus dem Mehrwert abgeleitet, der aus der Ausbeutung der lebendigen Arbeit in der Produktion stammt. Ihre Gewinnmargen hängen davon ab, wie viel

Mehrwert produziert wurde, was zum Teil wiederum durch ihren indirekten Beitrag (oder dessen Fehlen) zur gesamten Mehrwertproduktion beeinflusst wird. Die Verteilungsformen wirken also auf die Allgemeinheiten der Produktion ein, aber wie dies geschieht, wird von Marx nur zögerlich behandelt.

Die Einzelnheit der Konsumtion

Die Produktion von Mehrwert hängt von seiner Realisierung durch die Konsumtion ab. Die Konsumtion kann daher als eine allgemeine Kategorie nicht völlig aus der politischen Ökonomie herausgehalten werden, weil sie »wieder zurückwirkt auf den Ausgangspunkt und den ganzen Vorgang von neuem einleitet«. Über mehrere Seiten diskutiert Marx in den *Grundrissen*, wie sich die Konsumtion und die Produktion des Mehrwerts zueinander verhalten. Es sei wichtig, zu unterscheiden zwischen (a) der produktiven Konsumtion seitens des Kapitalisten, der Rohstoffe, Zwischenprodukte, Maschinerie, Energie und so weiter braucht, um den Arbeitsprozess in Gang zu setzen, und (b) der individuellen »endgültigen« Konsumtion seitens der Arbeiter, der Kapitalisten und der diversen »unproduktiven Klassen« (Militär, Beamte usw.), die jede gesellschaftliche Ordnung zusammenhalten. Die Konsumtion ist notwendig, um die Realisierung des in Warenform produzierten Mehrwerts zu vollenden. Aber die Nachfrage muss durch Zahlungsfähigkeit gedeckt sein. Für den Kapitalisten gibt es nur eine Art der Nachfrage: die *effektive* Nachfrage.

Was aber liegt dann außerhalb der politischen Ökonomie? Mit der Bezeichnung der Konsumtion als »Einzelnheit« wird sie als etwas charakterisiert, das sich der rationalen Kalkulation entzieht und potenziell unkontrollierbar und chaotisch, irrational und unvorhersehbar ist. Die jeweilige Beschaffenheit der Bedürfnisse und Wünsche (und damit die Qualität und Politik des Alltagslebens) wird daher in der allgemeinen Theorie ausgeblendet. Das Kapital wird als Agnostiker betrachtet, was die Gebrauchswerte zur Befriedigung des Endkonsums betrifft. Es scheint ihm gleichgültig zu sein, ob die Leute Pferdekutschen oder BMWs wollen. Der Kapitalist scheint dem Konsumenten zu sagen: Was auch immer deine Launen, Wünsche oder Bedürfnisse sind, wir werden es produzieren, vorausgesetzt, du hast genug Geld, um zu bezahlen. Die Frage der historischen und geografischen Entwicklung der jeweiligen Konsumtionsmuster und kulturellen Lebensstile wird damit ausgeblendet. Im 1. Band des *Kapital* unterstellt Marx, dass die effektive Nachfrage stets vorhanden ist und die Waren (mit Ausnahme der Arbeitskraft) zu ihrem Wert gehandelt werden. Auf diese Weise kann Marx eine allgemeine Theorie der Kapitalakkumulation schaffen, die für völlig unterschiedliche Konsumregime dieselbe Bedeutung hat. Das ist der Vorteil der Abstraktion von irgendeinem besonderen Regime der Gebrauchswerte. Hätte er sich an den britischen Konsumgewohnheiten Mitte des 19. Jahrhunderts orientiert, würden wir ihn nicht mehr so lesen, wie wir es immer noch tun.

Aber es sind einige allgemeine Kräfte am Werk, die genauer zu betrachten sind. Wenn eine Ware als Gebrauchswert auf kein Bedürfnis, Begehren oder Gefallen stößt, dann hat sie keinen Wert. Alte und neue Gebrauchsweisen und Bedürfnisse müssen daher stimuliert werden, damit die Akkumulation weitergehen kann. »Man sieht, die Ware liebt das Geld, aber ›the course of true love never does run smooth‹.« (K1, 122)[10] »Das Produkt befriedigt heute ein gesellschaftliches Bedürfnis. Morgen wird es vielleicht ganz oder teilweise von einer ähnlichen Produktenart aus seinem Platze verdrängt.« (K1, 121) Seit der Zeit von Marx hat sich ein gigantischer Wirtschaftszweig entwickelt, der die Nachfrage durch Moden, Werbung, Kultivierung von Lebensstilen usw. anregt. Aber menschliche Neugierden und Begierden sind keine leere Tafel, auf die alles Mögliche geschrieben werden kann. Wir brauchen bloß zu beobachten, mit welchem Eifer kleine Kinder ihren Spieltrieb ausleben, sobald sie ein iPad bekommen, um zu erkennen, dass die Genialität von Steve Jobs gleichermaßen in seinem Begreifen der menschlichen Fähigkeiten, Wünsche, Bedürfnisse und Stärken wie in seiner technischen Raffinesse bestand.

Die Manipulation und Mobilisierung menschlicher Wünsche sind von zentraler Bedeutung für die Geschichte des Kapitalismus, aber Marx schließt sie aus der politischen Ökonomie aus, eben weil sie »geschichtliche Tat« sind! Sie entziehen sich jedoch nicht völlig der theoretischen Untersuchung.

Zum Beispiel entscheiden die Arbeiter selbst, wie und für was sie ihr Geld ausgeben, so dass ihre jeweiligen Wünsche und Bedürfnisse eine wichtige Rolle spielen können. Die Sicherung des notwendigen Gleichgewichts zwischen den verschiedenen Wirtschaftssektoren könnte laut

---

[10] Anm. d. Ü.: Das von Marx im englischen Original wiedergegebene Zitat stammt aus Shakespeares Sommernachtstraum, 1. Akt, 1. Szene: »Der wahren Liebe Weg war niemals leicht«, Übersetzung nach Erich Fried.

Marx die bürgerliche Manipulation des Massenkonsums erfordern, um die Arbeiterinnen zu einem im Verhältnis zur Akkumulation »rationellen Konsum« anzuregen. Das Geschäft der bürgerlichen Philanthropie besteht daher oft darin, das Konsumverhalten der Arbeiter in Bahnen zu lenken, die der Akkumulation förderlich sind. Überaus deutlich wurde dies bei der Einführung des Fünf-Dollar-Tageslohns in den Fabriken von Ford: Begleitend wurden Sozialarbeiter eingesetzt, um die Konsumgewohnheiten der Arbeiter zu überwachen und zu steuern. Hier wird auch die Unterscheidung zwischen Luxus- und Lohngütern wichtig, weil die Dynamik der bürgerlichen Konsumtion eine qualitativ andere ist als die der Arbeiter.

Im ganzen *Kapital* werden die verschiedenen Weisen, in denen die Konsumtion die Produktion beeinflussen kann, meistens in ziemlich formalen und technischen Begriffen beschrieben und nicht als gesellschaftliche Beziehungen und Formen des Alltagslebens, die ihre eigene Dynamik haben. Marx vermeidet es, genauer auf den Charakter und die Form des Konsumverhaltens der Endverbraucher einzugehen. Und schon gar nicht spricht er über kulturelle Präferenzen, Moden, Schönheitsvorstellungen oder die Zwänge der menschlichen Begierden (zum Beispiel die Bedeutung der Sexualität für die Ausprägungen des Konsums). Aber in den Ausführungen von Marx sind durchaus bestimmte Zwänge zu erkennen, die erklären, warum China, dessen Straßen vor ein paar Jahren noch mit Fahrrädern überfüllt waren, heute der größte Markt für BMWs ist.

Ein Teil der Arbeit, die Marx uns überlassen hat, besteht also darin, sehr viel besser als bisher zu verstehen, wie sich der heutige Konsum entwickelt. Auf diesem Gebiet lässt sich mit den traditionellen Untersuchungsmethoden der politischen Ökonomie wenig anfangen (vermutlich aus diesem Grund hat sich Marx geweigert, zu viele Aspekte der Konsumtion in das Gebiet der politischen Ökonomie einzuführen). Das gilt genauso für Fragen der produktiven Konsumtion – des Einsatzes von Arbeit im Arbeitsprozess, um Material in der Warenproduktion zu konsumieren. Insbesondere in den Schriften von Mario Tronti und Antonio Negri wurde herausgearbeitet, welches enorme revolutionäre Potenzial mit den Schwierigkeiten verbunden ist, die einzelnen Charaktere der Arbeiterinnen während der Arbeit unter Kontrolle zu halten – und zwar gerade wegen ihrer Einzelnheit.[11]

---

[11] Antonio Negri: *Marx Beyond Marx: Lessons on the Grundrisse*, London 1991 (eine deutsche Übersetzung ist angekündigt: *Über das Kapital hinaus.*

In jüngster Zeit sind Unmengen von Studien – vor allem im Bereich der *cultural studies* – zum Konsum und zur Konsumgesellschaft erstellt worden, aber leider gelingt es den meisten nicht, ihren Gegenstand mit der Totalität von Beziehungen zu verbinden, wie sie Marx vorschwebte. Dabei begreifen sich viele dieser Studien sogar im Gegensatz zu dem gesetzmäßigen Charakter der Kapitalakkumulation. In gewisser Weise ist dieser Gegensatz offensichtlich berechtigt, weshalb Marx die Konsumtion als Gebiet der Einzelnheit und nicht der Allgemeinheit betrachtete. Aber wenn es in der historischen Forschung (im Gegensatz zur gesetzmäßigen politischen Ökonomie) letztlich darum geht, die kapitalistische Produktionsweise als eine sich entwickelnde organische Totalität zu begreifen, dann ist jeder Versuch, unsere heutige Situation zu verstehen, darauf angewiesen, die Welt des Konsums, der politischen Subjektivitäten und der ästhetischen, kulturellen und politischen Präferenzen der Individuen in unseren Untersuchungsrahmen zu integrieren – nicht als Ersatz für die politische Ökonomie, sondern als ein grundlegendes und ergänzendes Feld der Analyse.

Die Welt der menschlichen Begierden ist natürlich nicht frei von einer markanten Beeinflussung durch die Bewegungsgesetze des Kapitals. Die Art und Weise, in der das Kapital unsere Welt verändert hat, wirkt sich auf unsere geistigen Vorstellungen und unsere psychologische Ausstattung, unsere Wünsche, Bedürfnisse und Begierden und auf unser Selbstverständnis aus. Wenn die Bewegungsgesetze des Kapitals zur Suburbanisierung führen, um damit auf das ständige Problem der Überakkumulation zu reagieren, dann verändern sich damit zugleich sämtliche Geschmacksvorstellungen, Präferenzen, Wünsche, Bedürfnisse, Begierden und politischen Subjektivitäten. Und sobald all dies zu einer Kultur geronnen ist, bildet die Festigkeit dieser kulturellen Präferenzen eine gravierende Blockade für revolutionäre Veränderungen. Wenn es zum Beispiel notwendig würde, das Leben in den Vorstädten zu revolutionieren und aufzugeben, um neue Möglichkeiten der Kapitalakkumulation zu eröffnen oder, was uns mehr interessiert, den Übergang zum Sozialismus durch eine Reurbanisierung zu ermöglichen, dann müssten zunächst politisch einflussreiche Wählerschichten überzeugt

Materialien zu den Grundrissen. Aus dem Italienischen von Thomas Atzert und Andreas Löhrer, Berlin: Karl Dietz Verlag 2018); Harry Cleaver, *Reading Capital Politically*, Leeds/Edinburgh 2000 (deutsch: *»Das Kapital« politisch lesen. Eine alternative Interpretation des Marxschen Hauptwerks.* Aus dem amerikanischen Englisch übersetzt von Renate Nahar, Wien 2012).

und gewonnen werden, die leidenschaftlich an ihren suburbanen Lebensstilen und kulturellen Gewohnheiten festhalten.
Es ist unbestreitbar, dass Marx in den drei Bänden des *Kapital* fast durchgehend im Rahmen des »schwachen Syllogismus« arbeitet, den er von der klassischen politischen Ökonomie übernommen hat, und dass er seine theoretischen Untersuchungen weitgehend auf die Ebene der Allgemeinheit einer in Reinform funktionierenden kapitalistischen Produktionsweise beschränkt. In den uns überlieferten Texten behandelt er nur am Rand oder oft überhaupt nicht Fragen der Universalität (der Beziehung zur Natur), der Besonderheit (von Austauschbeziehungen und Verteilungsproblemen) und der Einzelnheit (der Konsumtion und des Konsumverhaltens), obwohl er in verschiedenen Planentwürfen (zum Beispiel in den *Grundrissen*) weitere Bücher zur Vervollständigung seines Projekts für notwendig hält – zum Beispiel zur Konkurrenz (zu der sich ein nicht sehr aufschlussreiches Kapitel im 3. Band findet), zum Staat und zum Weltmarkt. Wenn er im *Kapital* auf einen Punkt stößt, der sich in diesem Rahmen nicht behandeln lässt, wie in den Kapiteln über die Zirkulation des zinstragenden Kapitals, dann geht er zwar letztlich über ihn hinaus. Aber er versucht nicht zu präzisieren, wie die Bewegungsgesetze unter diesen neuen Bedingungen aussehen würden, wenn dieser Rahmen nicht mehr funktioniert.

Im 2. Band des *Kapital* hält sich Marx fast durchgehend an diesen »schwachen Syllogismus«, den er tendenziell allen seinen Untersuchungen im Bereich der politischen Ökonomie zugrunde legt. Selten wagt er sich über diesen Rahmen hinaus. Während die von ihm gezeichnete theoretische Welt in mancher Hinsicht weitreichend und erhellend ist, bleibt sie zugleich rigoros begrenzt. Indem sich Marx derart konsequent auf die Ebene der Allgemeinheit beschränkt, kann er ein Verständnis des Kapitals entwickeln, das über die historischen Besonderheiten seiner Zeit hinausgeht. Daher können wir ihn – und selbst den 2. Band – noch heute lesen und vielem etwas abgewinnen, was er zu sagen hat. Andererseits fällt es durch diesen Rahmen schwer, die Erkenntnisse unmittelbar auf die heute existierenden Verhältnisse anzuwenden. Diese Arbeit bleibt uns überlassen. Wir können jedoch das Wesen dieser Arbeit besser würdigen, wenn wir verstehen, worin die selbst auferlegten Grenzen der allgemeinen Theorie von Marx bestehen und was sie uns innerhalb dieser Begrenzungen zu sagen hat. Im Sinne dieser Frage will ich mich mit dem Inhalt des 2. Bandes auseinandersetzen. Dieser aufregenden, aber auch beängstigenden Aufgabe wende ich mich nun zu.

Kapitel Eins
Die Kreisläufe des Kapitals (Kapitel 1-3 des 2. Bandes)

Üblicherweise beginnen die Kapitalisten mit einem bestimmten Geldbetrag. Sie gehen auf den Markt und kaufen Produktionsmittel und Arbeitskraft, die sie unter Einsatz einer bestimmten Technologie und Organisationsform zum Arbeiten bringen, um eine neue Ware herzustellen. Diese Ware wird dann auf den Markt gebracht und für den ursprünglichen Geldbetrag zuzüglich eines Profits (Marx bevorzugt den Begriff Mehrwert) verkauft.

Mit dieser grundlegenden Form der Zirkulation arbeitet Marx im 1. Band des *Kapital.* Schematisch betrachtet wird Kapital als Wert in Bewegung definiert: Geld – Waren … Produktion … Waren' – Geld' (oder G' kann als G + ΔG dargestellt werden oder in diesen Kapiteln als G + m, wobei m der Mehrwert ist). Marx' zentrale These ist es, dass Arbeitskraft die Fähigkeit hat, mehr Wert zu schaffen (einen Mehrwert), als sie in Warenform auf dem Markt darstellt. Die frisch produzierte, mit Mehrwert »geschwängerte« Ware wird mit Profit auf dem Markt verkauft. Die Reproduktion des Kapitals beruht dann darauf, dass das G' ganz oder teilweise wieder für den Ankauf von Arbeitskraft und Produktionsmitteln verwendet wird, um eine neue Runde der Warenproduktion einzuleiten.

»Das erste und dritte Stadium [G – W und W' – G']«, schreibt Marx, »wurden im ersten Buch nur erörtert, soweit dies nötig für das Verständnis des zweiten Stadiums, den Produktionsprozeß des Kapitals. Die verschiednen Formen, worin das Kapital in seinen verschiednen Stadien sich kleidet, und die es bei wiederholtem Kreislauf bald annimmt, bald abstreift, blieben daher unberücksichtigt. Sie bilden jetzt den nächsten Gegenstand der Untersuchung.« (31)

In den ersten drei Kapiteln des 2. Bandes zerlegt Marx den Zirkulationsprozess in die drei getrennten, aber ineinander verschlungenen Kreisläufe des Geldkapitals, des produktiven Kapitals und des Warenkapitals. Im vierten Kapitel untersucht er den Kreislauf dessen, was er als »industrielles Kapital« bezeichnet und was die Einheit der drei verschiedenen Zirkulationsprozesse in ihre Gesamtheit bildet. Faktisch betrachtet Marx den Zirkulationsprozess aus den drei verschiedenen Perspektiven des Geldes, der Produktion und der Ware. Der allgemeine Rahmen ist in Abbildung 2 dargestellt.

Oberflächlich betrachtet erscheint diese ganze Herangehensweise ziemlich simpel, geradezu banal zu sein. Er nimmt sich den kontinuierlichen Fluss der Zirkulation und isoliert aus ihm drei verschiedene Zirkulationsprozesse. Das scheint kaum die Mühe wert zu sein. Aber auf diese Weise enthüllt und analysiert er die Schwierigkeiten und Widersprüche, die in der Logik des Zirkulationsprozesses enthalten sind. Aus

Abbildung 2

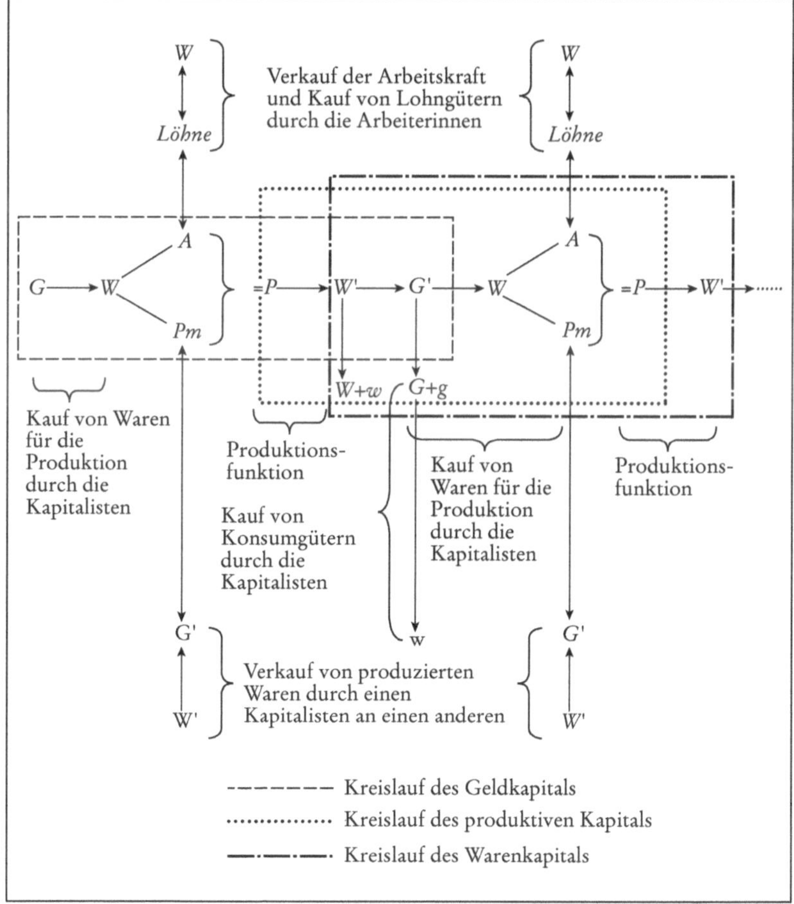

jeder Perspektive bekommen wir eine völlig andere Realität zu sehen, wodurch wir Punkte möglicher Unterbrechungen ausmachen können.

Durchgehend beschäftigt sich Marx in diesen Kapiteln mit drei Dingen, von denen zwei ganz explizit benannt werden, das dritte aber nur implizit. Das erste ist die Idee der Metamorphose. Diese Wortwahl stammt aus dem 3. Kapitel im 1. Band, in dem Marx viel Wert auf die »Metamorphosen« legt, die in dem auftauchen, was er als den »gesellschaftlichen Stoffwechsel« des Kapitals bezeichnet. Bei Metamorphosen handelt es sich um Formveränderungen, die das Kapital durchläuft – vom Geld über die produktive Tätigkeit zur Ware. Marx interessiert sich sowohl für den Charakter des Kapitals, wenn es in diese verschiedenen Stadien eintritt und eine Weile in ihnen verbleibt, wie für die Art seiner Bewegung von einem Stadium zum nächsten. Im Mittelpunkt steht für ihn die Frage: Welche verschiedenen Möglichkeiten und Kapazitäten sind mit diesen verschiedenen Formen verbunden und welche Probleme tauchen bei der Bewegung von einer Form zu einer anderen auf? Die Analogie zum Lebenszyklus eines Schmetterlings könnte hier hilfreich sein. Er legt Eier; aus diesen schlüpfen Raupen, die zur Nahrungssuche herumkrabbeln, bevor sie sich in einem schützenden Kokon verpuppen. Dann verlässt auf einmal ein schöner Schmetterling den Kokon und flattert frei umher, bevor er seine Eier legt und der Zyklus neu beginnt. In jedem Stadium verfügt der Organismus über verschiedene Fähigkeiten und Kräfte: Als Ei oder Puppe ist er unbeweglich, aber im Wachstum begriffen; als Raupe kriecht er herum, um Nahrung zu suchen; und als Schmetterling kann er frei herumflattern. So verhält es sich auch mit dem Kapital. In seinem Geldstadium kann das Kapital nahezu beliebig herumflattern wie ein Schmetterling. In seiner Warenform durchstreift das Kapital wie eine Raupe die Welt, auf der Suche nach jemandem, der die Ware braucht oder begehrt, das Geld für ihren Kauf hat und sie schließlich konsumiert. Als Arbeitsprozess ist das Kapital zum größten Teil in den »verborgenen Stätten der Produktion« (wie Marx sie im 1. Band nennt) verwurzelt, am Ort der materiellen Tätigkeit, die in der Produktion Naturstoffe in Waren verwandelt. Normalerweise ist es während der für die Herstellung der Ware erforderlichen Zeit an einen Ort gebunden (mit der wichtigen Ausnahme des Transports, wie wir noch sehen werden).

Für mich sind diese Unterscheidungen sofort einsichtig. Die unterschiedliche räumliche und geografische Mobilität des Kapitals in diesen verschiedenen Stadien hat enorme Bedeutung, um die Prozesse zu verstehen, die wir heute unter dem Schlagwort »Globalisierung« zusammenfassen. Jedes »Moment« im Zirklationsprozess – Geld, produktive Tätigkeit, Ware – drückt andere Möglichkeiten aus. Geld ist die geografisch mobilste Form des Kapitals, die Ware ist etwas weniger beweglich und die Produktionsprozesse sind im Allgemeinen sehr viel schwieriger zu verschieben (auch wenn es keinesfalls unmöglich ist). Dies ist eine allgemeine Charakterisierung, die höchst unterschiedliche Eigenschaften umfasst. Einige Waren lassen sich leichter bewegen als andere und ihre Beweglichkeit hängt wiederum von den Transportmöglichkeiten ab (mit der Einführung des Containers wurde es möglich, in Flaschen abgefülltes Wasser aus Frankreich oder von den Fidschi-Inseln per Schiff in die USA zu schicken). Die unterschiedliche Befähigung der verschiedenen Kapitalteile wirkt sich in enormer Weise darauf aus, wie das Kapital auf Weltebene operiert. Die Stärkung des Finanzkapitals im Verhältnis zu anderen Formen des Kapitals (wie dem produktiven und dem Handelskapital) hat diese Hypermobilität und das »Herumflattern« des Kapitals ermöglicht, die kennzeichnend für den Kapitalismus der letzten Jahrzehnte waren. Marx beschäftigt sich nicht mit solchen Fragen, aber es gibt keinen Grund, warum wir es nicht tun sollten. Marx konzentriert sich auf andere Eigentümlichkeiten der Metamorphosen und auf die Unterschiede und Widersprüche, die auftauchen können.

Das führt zu der zweiten Hauptfrage, für die sich Marx interessiert. Sie betrifft die Möglichkeit von Unterbrechungen und Krisen innerhalb des zirkulären Prozesses selbst. Im 1. Band hatte er gezeigt, dass der Übergang von einer Form zu anderen nie frei von Spannungen ist. Im Allgemeinen ist es zum Beispiel leichter, von der universellen Form des Werts (Geld) zu seiner besonderen Form (der Ware) überzugehen als umgekehrt (die Waren »lieben das Geld«, aber »der wahren Liebe Weg war niemals leicht«, vermerkt er). Auch besteht keine unmittelbare Notwendigkeit, dass jeder, der verkauft hat, mit dem eingenommenen Geld wieder kaufen muss. Einzelne können ihr Geld behalten oder einen Schatz bilden. Darauf stützt sich Marx' bissige Kritik am Sayschen Gesetz im 1. Band. Say behauptet, dass sich Käufe und Verkäufe immer im Gleichgewicht befinden und es daher niemals zu einer allgemeinen Krise der Überproduktion kommen könne (eine These, die von Ricardo geteilt wurde). Aber wie später auch Keynes betont hat, ist es immer verführerisch, Geld zu behalten (Schatzbildung), weil Geld die universelle Form von gesellschaftlicher Macht ist, die sich Privatpersonen aneignen können. Außerdem ist Schatzbildung, wie Marx zeigt, gesellschaftlich notwendig – im 2. Band stoßen wir immer wieder auf solche Fälle. Wenn jeder sein Geld behält und niemand kauft, dann stockt der Zirkulationsprozess und kommt schließlich zum Erliegen. »Diese Formen schließen daher«, schreibt Marx im 1. Band, »die Möglichkeit, aber auch nur die Möglichkeit der Krisen ein. Die Entwicklung dieser Möglichkeit zur Wirklichkeit erfordert einen ganzen Umkreis von Verhältnissen, die vom Standpunkt der einfachen Warenzirkulation noch gar nicht existieren.« (K1, 128) Der 2. Band beschäftigt sich zum Teil damit, wie diese Möglichkeit zur Wirklichkeit wird, allerdings auf eine frustrierend zurückhaltende und technische Weise.

Ebenso hatte Marx im 1. Band darauf hingewiesen, dass selbständig auftretende Geldkrisen eine ganz reale Möglichkeit sind. Angesichts der ständig schwankenden Mengen und Preise der Waren muss das Geldangebot irgendwie der Volatilität der Warenproduktion angepasst werden. Schatzbildung wird hier zur absoluten Notwendigkeit. Der Schatz bildet eine Geldreserve, auf die in Zeiten der Hyperaktivität zurückgegriffen werden kann. Wenn Geld zu Buchgeld wird, kann auf die Geldware (Gold und Silber) verzichtet werden. Die Salden können, zum Beispiel am Jahresende, ausgeglichen werden, wodurch sich der Bedarf an wirklichem Geld (Bargeld, Münzen, Banknoten) reduziert. Dies erzeugt, schreibt Marx im 1. Band, einen Widerspruch, einen Antagonismus; er

> »eklatiert in dem Moment der Produktions- und Handelskrisen, der Geldkrise heißt. Sie ereignet sich nur, wo die prozessierende Kette der Zahlungen und ein künstliches System ihrer Ausgleichung völlig entwickelt sind. Mit allgemeineren Störungen dieses Mechanismus, woher sie immer entspringen mögen, schlägt das Geld plötzlich und unvermittelt um aus der nur ideellen Gestalt des Rechengeldes in hartes Geld. Es wird unersetzlich durch profane Waren.« (K1, 152)

Du kannst dann deine Rechnungen nicht mit noch mehr Schuldscheinen begleichen; du musst an Bargeld kommen, das universelle Äquivalent des Werts, um sie bezahlen zu können. Ohne Bargeld wird

> »der Gebrauchswert der Ware ... wertlos, und ihr Wert verschwindet vor seiner eignen Wertform. Eben noch erklärte der Bürger in prosperitätstrunknem Aufklärungsdünkel das Geld für leeren Wahn. Nur die Ware ist Geld. Nur das Geld ist Ware! gellt's jetzt über den Weltmarkt. Wie der Hirsch schreit nach frischem Wasser, so schreit seine Seele nach Geld, dem einzigen Reichtum. In der Krise wird der Gegensatz zwischen der Ware und ihrer Wertgestalt, dem Geld, bis zum absoluten Widerspruch gesteigert.« (K1, 152)

Trägt die Analyse im 2. Band etwas zur Aufklärung dieses Problems bei? Die Antwort ist ja und nein. Im 2. Band entwickelt Marx Grundlagen, um zu verstehen, unter welchen Bedingungen aus den Möglichkeiten der Krise im Zirkulationsprozess eine Wirklichkeit werden könnte. Aber es findet sich dort kein zwingendes Argument, warum dies nicht nur geschehen könnte, sondern warum und unter welchen Bedingungen es dazu kommen muss. Zum Teil ergibt sich das aus Marx' Weigerung, die Besonderheiten der Distribution in seine Argumentation einzubeziehen. Er verzichtet im 2. Band auf jegliche Untersuchung der Rolle des Kredits, weil dieser einen Aspekt der Distribution und eine Besonderheit bildet. Aber im ganzen 2. Band wird völlig klar, dass der Kredit enorme Auswirkungen auf die Allgemeinheit der Produktion und damit auf die wirklichen Bewegungsgesetze des Kapitals hat. Ohne zu betrachten, wie die Besonderheiten der Distribution und des Austauschs funktionieren, scheint die Entwicklung einer allgemeinen Theorie der Krisenbildung nicht möglich zu sein.

Die dritte, mehr implizit formulierte Frage, die in diesen Kapiteln auftaucht, betrifft die Bestimmung des »Wesens« des Kapitals selbst. Ich bin mir nicht sicher, ob der Ausdruck »Wesen« hier angebracht ist, aber ich denke, diese Kapitel bieten die Möglichkeit, die verschiedenen Formen zu betrachten, die das Kapital annehmen kann, und danach zu fragen, ob eine dieser Formen Vorrang hat – im Gegensatz zu der bloßen Feststellung, dass es »Wert in Bewegung« oder die in Abbildung 2 dargestellte Gesamtzirkulation ist. Ist einer der Kreisläufe des Kapitals wichtiger als die anderen, auch wenn keiner von ihnen ohne die anderen existieren kann? Wir müssen diesen Fragen unsere Aufmerksamkeit schenken, weil sie von weitreichender politischer Bedeutung sind. Marx selbst macht keinen Versuch, diese politischen Bedeutungen herauszuarbeiten. Das müssen wir schon selber tun.

Nachdem Marx die allgemeine Formel der Kapitalzirkulation auf der ersten Seite des 2. Bandes skizziert hat, hält er die Annahmen fest, auf denen seine Untersuchung beruhen soll. Es werde hier »angenommen, nicht nur, daß die Waren zu ihren Werten verkauft werden, sondern auch, daß dies unter gleichbleibenden Umständen geschieht. Es wird also auch abgesehn von den Wertveränderungen, die während des Kreislaufsprozesses eintreten können.« (32) Das Fehlen jeglicher systematischen Berücksichtigung der technologischen und organisatorischen Veränderungen im 2. Band stellt einen gewaltigen Unterschied zur zentralen Fragestellung im 1. Band dar. Von einer konstanten Arbeitsproduktivität auszugehen (und damit faktisch von der Produktion des relativen Mehrwerts zu abstrahieren), macht das Gesamtbild des 2. Bandes unrealistisch. Aber Marx sah darin einfach die einzige Möglichkeit, die wesentlichen Verhältnisse im Bereich der Kapitalzirkulation auszumachen, die später zu einem realistischeren Funktionsmodell der Kapitalzirkulation und -akkumulation zusammengefügt werden könnten.

Die erste Verknüpfung (Metamorphose) in der Kette von Tauschprozessen, aus denen die Kapitalzirkulation besteht, ist die Verwendung von Geld zum Ankauf von Arbeitskraft und Produktionsmitteln. Geldkapital »erscheint« hier »als die Form, worin das Kapital vorgeschossen wird« (34). Das Wort »erscheint« deutet wie so oft an, dass es nicht wirklich so ist, wie es zu sein scheint. »Als Geldkapital befindet es [das Geld] sich in einem Zustand, worin es Geldfunktionen vollziehen kann, wie im vorliegenden Fall die Funktionen des allgemeinen Kaufmittels und des allgemeinen Zahlungsmittels.« (34) Nicht alles Geld ist Kapital und nicht alle Käufe und Verkäufe, selbst nicht von Arbeitskraft (wie im Fall von persönlichen Dienstleistungen oder Haushaltshilfen), sind in die Zirkulation und Akkumulation von Kapital eingebunden. Was Geldfunktionen in Geldkapital verwandelt, »ist ihre bestimmte Rolle in der Bewegung des Kapitals«, und diese beruht auf dem Zusammenhang »mit den andern Stadien seines Kreislaufs« (34). Nur eingebettet in den gesamten Zirkulationsprozess des Kapitals fungiert Geld als Kapital. Dann und nur dann wird Geld zu einer »Erscheinungsform des Kapitals« (35). Es gibt also Geld und des Weiteren funktioniert das Geld als Kapital. Beides ist nicht dasselbe.

Wenn Geld dafür gebraucht wird, Arbeitskraft zu kaufen, G – A, fällt es eigentlich aus der Zirkulation des Kapitals heraus, selbst wenn die Arbeiterinnen mit ihrem Lohn die Waren kaufen, die sie unter der Kontrolle des Kapitalisten produziert haben. Die Arbeiter geben ihre Ware (Arbeitskraft) her, um das Geld zu erhalten, mit dem sie ihre Lebensmittel in Warenform kaufen können. Auf diese Weise speisen sie das Geld wieder in die Kapitalzirkulation ein. Sie leben in einem Kreislauf der Form W – G – W (oder A – G – W, wie Marx es notiert), im Gegensatz zu dem Kreislauf G – W – G' des Kapitals. In dieser Bewegung A – G – W geht ein Teil des Geldes »in eine Funktion über, worin sein Kapitalcharakter verschwindet und sein Geldcharakter bleibt« (34). Später führt er dazu weiter aus:

> »Der Lohnarbeiter lebt nur vom Verkauf der Arbeitskraft. Ihre Erhaltung – seine Selbsterhaltung – erfordert tägliche Konsumtion. Seine

> Zahlung muß also beständig in kürzern Terminen wiederholt werden ... Der Kapitalist muß ihm daher beständig als Geldkapitalist und sein Kapital als Geldkapital gegenübertreten. Andrerseits aber, damit die Masse der unmittelbaren Produzenten, der Lohnarbeiter, den Akt A – G – W [wobei A ihre zu verkaufende Arbeitskraft ist] vollziehn könne, müssen ihr die notwendigen Lebensmittel in käuflicher, d.h. in Warenform, beständig gegenübertreten. Dieser Zustand erheischt also schon einen hohen Grad der Zirkulation der Produkte als Waren, also auch des Umfangs der Warenproduktion.« (40f.)

Die Bewegung G – A wird oft, und in Marx' Augen irrtümlicherweise, als »das charakteristische Moment der Verwandlung von Geldkapital in produktives Kapital« und daher »als charakteristisch ... für die kapitalistische Produktionsweise« betrachtet (35). »Nun aber erscheint das Geld schon sehr früh als Käufer sogenannter Dienste, ohne daß G sich in Geldkapital verwandelte oder der allgemeine Charakter der Wirtschaft umgewälzt würde.« (36) Damit die Kapitalzirkulation wirklich beginnen kann, muss zunächst die Arbeitskraft als Ware auf dem Markt erscheinen. »Nicht, daß die Ware Arbeitskraft käuflich ist, sondern daß die Arbeitskraft als Ware erscheint, ist das Charakteristische.« (36) Geld kann nur deswegen als Kapital ausgegeben werden, »weil die Arbeitskraft im Zustand der Trennung von ihren Produktionsmitteln ... sich befindet« und

> »weil diese Trennung nur dadurch aufgehoben wird, daß die Arbeitskraft an den Inhaber der Produktionsmittel verkauft wird; daß also auch die Flüssigmachung der Arbeitskraft, deren Grenzen keineswegs mit den Grenzen der zur Reproduktion ihres eignen Preises nötigen Arbeitsmasse zusammenfallen, dem Käufer gehört. Das Kapitalverhältnis während des Produktionsprozesses kommt nur heraus, weil es an sich im Zirkulationsakt existiert, in den unterschiednen ökonomischen Grundbedingungen, worin Käufer und Verkäufer sich gegenübertreten, in ihrem Klassenverhältnis. Es ist nicht das Geld, mit dessen Natur das Verhältnis gegeben ist; es ist vielmehr das Dasein dieses Verhältnisses, das eine bloße Geldfunktion in eine Kapitalfunktion verwandeln kann.« (37)

Dies ist also die erste wesentliche Bedingung, damit es zur Zirkulation des Kapitals kommen kann: »*Das Klassenverhältnis zwischen Kapitalist und Lohnarbeiter ist also schon vorhanden*« (37, Hervorh. D.H.). Dies war ein zentrales Thema im 1. Band, insbesondere im Kapitel zur sogenannten ursprünglichen Akkumulation, das er hier wieder aufgreift: Die Existenz der Arbeitskraft als eine Ware »unterstellt historische Prozesse, durch welche die ursprüngliche Verbindung der Produktionsmittel mit der Arbeitskraft aufgelöst wurde« (38).

Mit der »Verwandlung von Geldkapital in produktives Kapital bewirkt der Kapitalist die Verbindung der gegenständlichen und persönlichen Faktoren der Produktion, soweit diese Faktoren aus Waren bestehn« (36). Wenn die Arbeiterin sofort ans Arbeiten gebracht werden soll, muss der Kapitalist »erst die Produktionsmittel kaufen, Arbeitsgebäude, Maschinen etc., ehe er die Arbeitskraft kauft« (36). Das wiederum erfordert, dass auch diese Waren – die Produktionsmittel – auf dem Markt sofort erhältlich sind. »Damit das Kapital sich bilden und sich der Produktion bemächtigen kann, ist eine gewisse Entwicklungsstufe des Handels vorausgesetzt, also auch der Warenzirkulation und damit der Warenproduktion« (39). Nur auf diese Weise können die objektiven Faktoren (die Produktionsmittel) mit der subjektiven Kraft der Arbeit in der Produktion zusammengebracht werden.

Die zweite wesentliche Vorbedingung für die Entwicklung der Kapitalzirkulation ist also, dass bereits eine verallgemeinerte Warenproduktion für den Markt existiert. Nur dann wird der Kapitalist auf dem Markt Produktionsmittel vorfinden, und nur dann werden die Arbeiter die zu ihrer eigenen Reproduktion erforderlichen Konsumgüter vorfinden. Ohne diese Vorbedingungen kann Geld nicht als Kapital fungieren.

Marx will uns hier von der Vorstellung befreien, Kapital sei in erster Linie als Geldgröße zu verstehen, und macht sich viel Mühe, dies zu erklären (38). Aber sobald eine Klasse von Lohnarbeitern existiert und sich selbst reproduzieren kann, wird eine transformative Dynamik in Gang gesetzt:

> »Dieselben Umstände, welche die Grundbedingung der kapitalistischen Produktion produzieren – das Dasein einer Lohnarbeiterklasse –, sollizitieren den Übergang aller Warenproduktion in kapitalistische Warenproduktion. Im Umfang wie diese sich entwickelt, wirkt sie zersetzend und auflösend auf jede ältre Form der Produktion, die, vorzugsweis auf unmittelbaren Selbstbedarf gerichtet, nur den Überschuß des Produkts in Ware verwandelt. Sie macht den Verkauf des Produkts zum Hauptinteresse, zunächst ohne scheinbar die Produktionsweise selbst anzugreifen, wie dies z.B. die erste Wirkung des kapitalistischen Welthandels auf solche Völker war, wie Chinesen, In-

> dier, Araber etc. Zweitens aber, wo sie Wurzel gegriffen, zerstört sie alle Formen der Warenproduktion, die entweder auf Selbstarbeit der Produzenten gegründet, oder bloß auf den Verkauf des überschüssigen Produkts als Ware. Sie verallgemeinert zuerst die Warenproduktion und verwandelt dann stufenweise alle Warenproduktion in kapitalistische.« (41f.)

Nachdem es zu diesen historischen Veränderungen gekommen ist, kann das Kapital ungehindert beginnen, in »reiner« Form zu zirkulieren:

> »Es versteht sich daher von selbst, daß die Formel für den Kreislauf des Geldkapitals: G – W ... P ... W' – G' selbstverständliche Form des Kapitalkreislaufs nur auf Grundlage schon entwickelter kapitalistischer Produktion ist, weil sie das Vorhandensein der Lohnarbeiterklasse auf gesellschaftlicher Stufe voraussetzt. Die kapitalistische Produktion, wie wir gesehn, produziert nicht nur Ware und Mehrwert; sie reproduziert, und in stets erweitertem Umfang, die Klasse der Lohnarbeiter und verwandelt die ungeheure Majorität der unmittelbaren Produzenten in Lohnarbeiter.« (39)

An anderer Stelle habe ich ausgehend von Marx' Ausführungen im 1. Band und eigenen Überlegungen gezeigt, dass Marx zu dem tendiert, was ich als »dialektische und koevolutionäre Theorie der gesellschaftlichen Veränderung« bezeichne.[1] Dazu passt auch die Argumentationsweise im 2. Band. Dies scheint die einzige Möglichkeit, um aus einer endlosen Debatte über die Ursprünge des Kapitalismus im Stil des »Henne-Ei-Problems« herauszukommen. Sowohl das Klassenverhältnis wie die verallgemeinerte Warenproduktion (und damit auch die Geldform) müssen dem Aufstieg des Kapitals vorausgehen, aber seine Durchsetzung verallgemeinert wiederum diese Vorbedingungen.

Das zweite Stadium in der Zirkulation des Kapitals ist das produktive Kapital. Marx verwendet nicht allzu viel Zeit auf seine Analyse, weil es schließlich die grundlegende Form für die Untersuchung im 1. Band ist. Dieses Stadium umfasst die produktive Konsumtion der Arbeitskraft und der Produktionsmittel in einem Arbeitsprozess.

---

[1] David Harvey, *Das Rätsel des Kapitals entschlüsseln. Den Kapitalismus und seine Krisen überwinden*, aus dem Amerikanischen von Christian Frings, Hamburg 2014, Kapitel 5.

> »Die Bewegung stellt sich dar als $G - W < \genfrac{}{}{0pt}{}{A}{Pm} \ldots P$, wo die Punkte andeuten, daß die Zirkulation des Kapitals unterbrochen ist, sein Kreislaufsprozeß aber fortdauert, indem es aus der Sphäre der Warenzirkulation in die Produktionssphäre eintritt. Das erste Stadium, die Verwandlung von Geldkapital in produktives Kapital, erscheint also nur als Vorläufer und Einleitungsphase des zweiten Stadiums, der Funktion des produktiven Kapitals.« (40)

Die besondere Art und Weise, in der Arbeitskraft und Produktionsmittel zusammengebracht werden, »unterscheidet die verschiednen ökonomischen Epochen der Gesellschaftsstruktur« (42). Im kapitalistischen Fall

> »ist die Trennung des freien Arbeiters von seinen Produktionsmitteln der gegebne Ausgangspunkt ... Der wirkliche Prozeß, den die so zusammengebrachten persönlichen und sachlichen Warenbildner miteinander eingehn, der Produktionsprozeß, wird daher selbst eine Funktion des Kapitals – kapitalistischer Produktionsprozeß, dessen Natur ausführlich im ersten Buch dieser Schrift entwickelt worden. Jeder Betrieb der Warenproduktion wird zugleich Betrieb der Ausbeutung der Arbeitskraft; aber erst die kapitalistische Warenproduktion wird zu einer epochemachenden Ausbeutungsweise, die in ihrer geschichtlichen Fortentwicklung durch die Organisation des Arbeitsprozesses und die riesenhafte Ausbildung der Technik die ganze ökonomische Struktur der Gesellschaft umwälzt und alle früheren Epochen unvergleichbar übergipfelt.« (42)

Sowohl die Produktionsmittel wie die Arbeitskraft werden damit in »Existenzformen des vorgeschoßnen Kapitalwerts« verwandelt und unterscheiden sich dadurch »als konstantes und variables Kapital. ... So wenig also menschliche Arbeitskraft von Natur Kapital, so wenig sind es die Produktionsmittel« (42f.). Marx fasst dann zum zigsten Mal die Theorie des Mehrwerts zusammen: »Indem es fungiert, verbraucht das produktive Kapital seine eignen Bestandteile, um sie in eine höherwertige Produktenmasse umzusetzen. ... Das Produkt ist daher nicht nur Ware, sondern mit Mehrwert befruchtete Ware.« (43) Durchgehend betont er, dass dies ein Resultat der Funktion des produktiven Kapitals ist, »der einzigen Funktion, worin der Kapitalwert Wert heckt« (52).

Im dritten Stadium des Prozesses müssen wir uns mit dem Kapital in der Form des Warenkapitals auseinandersetzen. In genau derselben Weise, in der Kapital in Geldform nur Geldfunktionen erfüllen kann und als produktives Kapital nur so wie die Produktion funktionieren kann, so »muß das Kapital Warenfunktion verrichten« (43), wenn es sich in einer Warenform befindet. Die Funktion von W' (der mit Mehrwert geschwängerten Ware)

> »ist nun die alles Warenprodukts: sich in Geld zu verwandeln, verkauft zu werden, die Zirkulationsphase W – G durchzumachen. Solange das jetzt verwertete Kapital in der Form des Warenkapitals verharrt, auf dem Markt festliegt, steht der Produktionsprozeß still. Es wirkt weder als Produkt- noch als Wertbildner. Je nach dem verschiednen Grad der Geschwindigkeit, womit das Kapital seine Warenform abstößt und seine Geldform annimmt, oder je nach der Raschheit des Verkaufs, wird derselbe Kapitalwert in sehr ungleichem Grad als Produkt- und Wertbildner dienen und die Stufenleiter der Reproduktion sich ausdehnen oder verkürzen.« (45)

Hier führen wir eine sehr wichtige neue Dimension in Marx' theoretischen Rahmen ein. Die Geschwindigkeit des Übergangs von einer Form in die andere ist eine äußerst wichtige Variable. Sie ist beeinflusst durch »neue, von der Wertgröße des Kapitals unabhängige Potenzen seines Wirkungsgrads, seiner Expansion und Kontraktion« (46). Die Beschleunigung der Produktion, der Umschlagszeit usw., die von den Zwangsgesetzen der Konkurrenz angetrieben wird, verändert den zeitlichen Rahmen der Zirkulation des Kapitals, aber auch des täglichen Lebens. Der Charakter dieser »neuen und unabhängigen Potenzen«, die der Beschleunigung zugrunde liegen, ist näher zu untersuchen. Dies bildet einen der faszinierenden Bereiche der Analyse im 2. Band.

Der Zirkulationsakt W' – G' nimmt den »gleichzeitig vom Warenkapital mitgetragnen ... Mehrwert« (48), realisiert ihn in Geldform und beschließt damit die dritte Phase der Metamorphose des Kapitals. Aber es ist wichtig, uns an die Entstehung des Mehrwerts zu erinnern – er

> »kam erst zur Welt innerhalb des Produktionsprozesses. Er tritt also zum ersten Mal auf den Warenmarkt, und zwar in Warenform; sie ist seine erste Zirkulationsform, daher auch der Akt w – g sein erster Zirkulationsakt oder seine erste Metamorphose, die also noch zu ergänzen bleibt durch den entgegengesetzten Zirkulationsakt oder die umgekehrte Metamorphose g – w.« (47) [Die Kleinbuchstaben bedeuten, dass Marx hier nur von der Bewegung des Mehrwerts und nicht vom Gesamtkapital W' und G' spricht.]

Die Produktion des Mehrwerts ist die eigentliche Produktion des Kapitals und auf der teilweisen oder vollständigen Reinvestition des Mehrwerts beruht die Reproduktion des Kapitals.

Zwei Dinge fallen daran auf. »Erstens: Die schließliche Rückverwandlung des Kapitalwerts in seine ursprüngliche Geldform ist eine Funktion des Warenkapitals. Zweitens: Diese Funktion schließt ein die erste Formverwandlung des Mehrwerts aus seiner ursprünglichen Warenform in Geldform.« Als Ergebnis erhalten wir: »Kapitalwert und Mehrwert sind jetzt als Geld vorhanden, also in der allgemeinen Äquivalentform.« (48) Dies ist der Hinweis auf einen Umstand, der im weiteren Text von zunehmender Bedeutung sein wird: die besondere und zentrale Rolle des Warenkapitals im Gesamtkreislauf als dem Umwandler des in der Ware enthaltenen Mehrwerts in die Geldform.

> »Am Schluß des Prozesses befindet sich der Kapitalwert also wieder in derselben Form, worin er in ihn eintrat, kann ihn also wieder von neuem als Geldkapital eröffnen und durchlaufen. Eben weil die Ausgangs- und Schlußform des Prozesses die des Geldkapitals (G), wird diese Form des Kreislaufsprozesses von uns als Kreislauf des Geldkapitals bezeichnet. Nicht die Form, sondern nur die Größe des vorgeschoßnen Werts ist am Schluß verändert.« (48f.)

Der Kreislauf des Geldkapitals drückt aus, wie »die Ausgangs- und Schlußform des Prozesses die des Geldkapitals« ist. Sobald der Mehrwert als Kapital realisiert ist, als »Wert, der einen Wert geheckt hat« (49f.), als »Zweck und ... Resultat« (52) des Zirkulationsprozesses, dann erscheint G »nicht mehr als bloßes Geld, sondern es ist ausdrücklich als Geldkapital gesetzt, ausgedrückt als Wert, der sich verwertet hat« (50) – »die Gans, die goldene Eier legt«, wie Marx es im 1. Band formulierte. Sobald jedoch der kapitalisierte Mehrwert wieder in den Zirkulationsprozess eintritt, tut er dies als bloßes Geld, in dem der Unterschied zwischen dem zurückgewonnenen vorgeschossenen Geldkapital und dem Mehrwert ausgelöscht ist. Es kehrt erneut zurück, um reine Geldfunktionen zu erfüllen. Auch wenn wir begrifflich unterscheiden können zwischen »*Geld*kapital« (Geld, das als Kapital eingesetzt wird) und »Geld*kapital*« (Kapital, das in die Geldform zurückgekehrt ist), so sind »beide, Geldkapital und Warenkapital, Existenzweisen des Kapitals ... Die sie unterscheidenden spezifischen Funktionen können daher nichts andres sein, als Unterschiede zwischen Geldfunktion und Warenfunktion.« (52)

Aber »das Warenkapital, als direktes Produkt des kapitalistischen Produktionsprozesses, erinnert an diesen seinen Ursprung und ist daher in seiner Form rationeller, minder begriffslos als das Geldkapital, in dem jede Spur dieses Prozesses erloschen ist, wie überhaupt im Geld alle besondre Gebrauchsform der Ware erlischt« (52f.).

Während hier die Unterschiede erloschen sind, müssen wir uns mit der »begrifflichen Unterscheidung«[2] näher beschäftigen, weil sie das Geheimnis der Bewegungsgesetze des Kapitals enthüllt. Der in Geld verwandelte Mehrwert, g, kann nun ausgegeben werden. Aber für was? Ein Teil fließt in den Konsum der Bourgeoisie (für notwendige und für Luxusausgaben, wie Marx später erläutern wird). Aber ein Teil wird auch als Geldkapital verwendet werden, worauf sich die Ausweitung der Akkumulation gründet.

In dieser gesamten Darstellung insistiert Marx immer wieder auf einer ganzen Reihe von scheinbar banalen Unterscheidungen. Warum tut er das? Die Antwort auf diese Frage wird im letzten Abschnitt des 1. Kapitels deutlicher, in dem er den Gesamtkreislauf betrachtet. »Das Kapital erscheint hier«, schreibt Marx,

> »als ein Wert, der eine Reihenfolge zusammenhängender, durch einander bedingter Verwandlungen durchläuft, eine Reihe von Metamorphosen, die ebensoviele Phasen oder Stadien eines Gesamtprozesses bilden. Zwei dieser Phasen gehören der Zirkulationssphäre an, eine der Produktionssphäre. In jeder dieser Phasen befindet sich der Kapitalwert in verschiedner Gestalt, der eine verschiedne, spezielle Funktion entspricht. Innerhalb dieser Bewegung erhält sich nicht nur der vorgeschoßne Wert, sondern er wächst, vermehrt seine Größe.« (56)

Innerhalb dieses »gesamten Prozesses«, der einen »Kreislauf« bildet, können klar abgegrenzte Funktionen und Kategorien bestimmt werden:

> »Die beiden Formen, die der Kapitalwert innerhalb seiner Zirkulationsstadien annimmt, sind die von *Geldkapital* und *Warenkapital*; seine dem Produktionsstadium angehörige Form ist die von *produktivem Kapital*. Das Kapital, welches im Verlauf seines Gesamtkreis-

[2] Anm. d. Ü.: Harvey bezieht sich hier auf »begriffslos« im obigen Zitat. In der englischen Übersetzung wird mangels eines entsprechenden Wortes im Englischen aus »begriffslos« das »Mangeln an begrifflicher Unterscheidung« (*lacking in conceptual differentiation*, S. 131).

> laufs diese Formen annimmt und wieder abstreift und in jeder die ihr entsprechende Funktion vollzieht, ist *industrielles Kapital* – industriell hier in dem Sinn, daß es jeden kapitalistisch betriebnen Produktionszweig umfaßt.« (56)

Der Ausdruck »industrielles Kapital« ist angesichts der heute mit diesem Wort verbundenen Assoziationen etwas unglücklich gewählt. Marx meint damit einfach die Zirkulation des Kapitals, die durch einen Arbeitsprozess hindurchgeht, der einen Mehrwert schafft, der dann realisiert und reproduziert wird, indem er die anderen Momente des Gesamtprozesses durchläuft. »Geldkapital, Warenkapital, produktives Kapital bezeichnen hier also nicht selbständige Kapitalsorten, deren Funktionen den Inhalt gleichfalls selbständiger und voneinander getrennter Geschäftszweige bilden. Sie bezeichnen hier nur besondre Funktionsformen des industriellen Kapitals, das sie alle drei nacheinander annimmt.« (56)

Indem er sich auf diese rein formale Analyse beschränkt, vermeidet es Marx, sich genauer mit den verschiedenen Akteuren auseinandersetzen zu müssen, die in der Wirklichkeit mit diesen Funktionen als verschiedenen Geschäftszweigen verbunden sind. Finanz- und Geldkapitalisten kümmern sich um die Geldfunktionen, produzierende Kapitalisten um die Produktionsfunktionen und die kaufmännischen Kapitalisten um das Warenkapital. Historisch betrachtet muss der Gesamtkreislauf des industriellen Kapitals nicht nur die Verschlingung der verschiedenen Kreisläufe in Gang setzen, sondern auch die Aktivitäten der verschiedenen Akteure – unterschiedliche Kapitalfraktionen, die ihren jeweiligen Anteil aus der Verteilung des Gesamtmehrwerts beziehen. Aber an keiner Stelle im 2. Band untersucht Marx die Rolle dieser Fraktionen. Er zieht es vor, alles auf einer rein logischen und formalen Ebene zu halten. Ich denke, er schlägt diesen Weg ein, weil mit der Einführung der historischen Rollen verschiedener Akteure und der zwischen ihnen entstehenden Kämpfe die gesamte Darstellung so verschwommen würde, dass die für Marx grundlegenden Funktionen verborgen blieben. So kritisiert er an mehreren Stellen im 2. Band Adam Smith für dessen Vorstellung, es handele sich bei diesen Kapitalfraktionen um voneinander völlig unabhängige und selbständige Kapitalformen (siehe 190-193). Marx betrachtet sie als verschiedene, aber untrennbar ineinander verschlungene Formen innerhalb der einen Form des industriellen Kapitals.

Dann fügt Marx eine sehr wichtige Beobachtung ein:

> »Der Kreislauf des Kapitals geht nur normal vonstatten, solange seine verschiednen Phasen ohne Stockung ineinander übergehn. Stockt das Kapital in der ersten Phase G – W, so erstarrt das Geldkapital zum Schatz; wenn in der Produktionsphase, so liegen die Produktionsmittel funktionslos auf der einen Seite, während die Arbeitskraft auf der andern unbeschäftigt bleibt; wenn in der letzten Phase W' – G', so versperren unverkäuflich aufgehäufte Waren den Zirkulationsfluß.« (56)

Damit schneidet er die Frage an, auf welche Behinderungen und Blockaden der Zirkulationsprozess stoßen kann, tut dies aber auf rein formale Weise:

> »Andrerseits liegt es in der Natur der Sache, daß der Kreislauf selbst die Fixierung des Kapitals, während bestimmter Fristen, in den einzelnen Kreisabschnitten bedingt. In jeder seiner Phasen ist das industrielle Kapital an eine bestimmte Form gebunden, als Geldkapital, produktives Kapital, Warenkapital. Nur nachdem es die seiner jedesmaligen Form entsprechende Funktion vollzogen hat, erhält es die Form, worin es eine neue Verwandlungsphase eingehn kann.« (56f.)

Das Kapital kann also nicht ruhig und kontinuierlich durch die Kreisläufe fließen, sondern muss seine Bewegung zwangsläufig immer wieder unterbrechen. Im Folgenden werden diese möglichen Behinderungen, Stillstände und Blockaden des Öfteren untersucht, ohne jedoch in irgendeiner Weise Bezug auf die Interessen und das Handeln der verschiedenen beteiligten Kapitalfraktionen zu nehmen. Dadurch gewinnen wir einen klaren Blick auf die Blockaden, die das kontinuierliche Zirkulieren des Kapitals behindern könnten. Auch weist dieses Vorgehen auf die Maßnahmen hin, mit denen verhindert werden könnte, dass aus solchen Behinderungen unüberwindbare Blockaden werden. Der Nachteil ist, dass die Analyse des 2. Bandes damit auf einer trockenen und dürren Ebene formaler Unterscheidungen verbleibt, die es uns überlässt, uns bei der Lektüre des 3. Bandes an die formalen Grundlagen zu erinnern, auf die sich eine wirkliche Theorie der historischen Krise stützen könnte. Im Verlauf dieses Kapitels fügt Marx auch einige Bemerkungen zur Rolle der Transport- und Kommunikationsindustrien im Zirkulationsprozess ein (60f.). Da er dies am Ende des 5. Kapitels wieder aufgreift, werde ich erst später darauf eingehen.

Zu welchem Gesamtbild gelangen wir nun? Wir haben einen Kreislauf des industriellen Kapitals, der sich so darstellen lässt (56):

$$G < \begin{matrix} A \\ Pm \end{matrix} \ldots P \ldots W' (W + w) - G'(G + g)$$

Wir sehen sofort (Abb. 2, S. 51), dass sich diese Kette in drei verschiedene Kreisläufe auftrennen lässt, die jeweils von den anderen abhängig sind – der Kreislauf des Geldkapitals, der Kreislauf des produktiven Kapitals und der Kreislauf des Warenkapitals. Der Kreislauf des Geldkapitals muss die Bedingungen für die Produktion herstellen und Warenkreisläufe sind notwendig, um den Mehrwert zu realisieren. Dieselbe Konditionalität gilt für die Kreisläufe des produktiven und des Warenkapitals. Eine Unterbrechung in einem der Kreisläufe hätte katastrophale Konsequenzen für die anderen. Es besteht daher die Möglichkeit verschiedener Krisen im Zirkulationsprozess als Ganzem. Wenn wir aus dem 3. Band noch die Aufspaltung der Kapitalistenklasse in die verschiedenen Fraktionen der Produzenten, Kaufleute und Bankiers mit ihren unterschiedlichen Interessen und Perspektiven, die jeweils an nur einen dieser Kreisläufe gebunden sind, ins Spiel bringen, dann wird auf noch überzeugendere Weise sichtbar, warum wir uns um die Stabilität des gesamten Zirkulationsprozesses des industriellen Kapitals, wie Marx es nennt, Sorgen machen sollten.

Abschließend gilt es, die Bedeutung des Geldkapitals für den gesamten Zirkulationsprozess des industriellen Kapitals zu beurteilen. Geld ist nicht nur Ausgangs-, sondern auch Endpunkt des Prozesses. Die Geldform ist jedoch, wie wir uns erinnern, die Darstellung des Werts und daher die einzige Möglichkeit, die Größe des produzierten Mehrwerts einigermaßen präzise zu messen. »Eben weil die Geldgestalt des Werts seine selbständige, handgreifliche Erscheinungsform ist, drückt die Zirkulationsform G ... G', deren Ausgangspunkt und Schlußpunkt wirkliches Geld, das Geldmachen, das treibende Motiv der kapitalistischen Produktion, am handgreiflichsten aus. Der Produktionsprozeß erscheint nur als unvermeidliches Mittelglied, als notwendiges Übel zum Behuf des Geldmachens.« (62) Geld mag der höchste Fetisch sein, aber für den Kapitalisten ist es wirklich der heilige Gral, weil in ihm »die Bereicherung als solche als Selbstzweck der Produktion« erscheint. Ohne die »blinkende Geldform« (63) würde dem Kapitalisten die Motivation fehlen, und ohne die Realisierung des Kapitals in der Geldform gäbe es keinen präzisen Maßstab für die Belohnung.

Aber die Realisierung hängt vom Konsum ab – nicht nur von der produktiven Konsumtion anderer Kapitalisten, sondern auch vom Endverbrauch durch andere. Zum ersten Mal stoßen wir hier im 2. Band auf den Gedanken, dass die Konsumtion der Arbeiterklasse von Bedeutung sein könnte (63f.). Dann aber fügt Marx einen interessanten Kommentar zum zwischenstaatlichen Handel und Merkantilismus hinzu. Bei den »Dolmetschern des Merkantilsystems« fänden sich, schreibt er,

> »sehr weitläufige Predigten darüber, daß der einzelne Kapitalist nur als Arbeiter konsumieren muß, wie die Kapitalistennation den andern dümmern Nationen das Verzehren ihrer Waren und überhaupt den Konsumtionsprozeß überlassen, dagegen die produktive Konsumtion zu ihrer Lebensaufgabe machen muß. Diese Predigten erinnern oft der Form und dem Inhalt nach an analoge asketische Ermahnungen der Kirchenväter.« (64)

Manche, wie Kevin Phillips, glauben, wir hätten in diesen letzten Jahrzehnten eine Zeit des Merkantilismus durchgemacht, in der die USA die Rolle der dümmsten Nation spielten (mit ihrem schuldenfinanzierten Konsumismus), während die Chinesen und Deutschen auf Kosten der US-amerikanischen Verbraucher riesige Handelsüberschüsse ansparten und akkumulierten. Als die Obama-Regierung auf dem G20-Gipfel in Seoul im Herbst 2010 vorschlug, die Handelsungleichgewichte im globalen System abzubauen, wurde dies an führender Stelle von den Chinesen und den Deutschen zurückgewiesen. Eine gewisse Form von Merkantilismus scheint tatsächlich quicklebendig zu sein – und die USA sind scheinbar immer noch glücklich, die Rolle der dümmsten Nation spielen zu dürfen.

Wichtig sind die Schlussbemerkungen, mit denen Marx das Kapitel beendet: »Der Kreislauf des Geldkapitals ist daher die einseitigste, darum schlagendste und charakteristischste Erscheinungsform des Kreislaufs des industriellen Kapitals, dessen Ziel und treibendes Motiv: Verwertung des Werts, Geldmachen und Akkumulation, in die Augen springend dargestellt wird (kaufen, um teurer zu verkaufen).« (65) Wie immer, wenn Marx von »erscheinen« spricht, müssen wir beachten, dass dies nicht »ist« bedeutet: »Der Kreislauf des Geldkapitals bleibt insofern stets der allgemeine Ausdruck des industriellen Kapitals, als er stets Verwertung des vorgeschossenen Werts einschließt.« (65) Aber vom Standpunkt der Produktion aus betrachtet, »tritt der Geldausdruck des Kapitals nur als Preis der Produktionselemente hervor« (65). Es gibt zwar überzeugende Gründe, den Kreislauf G – G' als den wichtigsten zu betrachten, weil er nicht nur als ein Ausgangspunkt erscheint, sondern auch den Zufluss von Kaufkraft zu den Arbeiterinnen in Form von Löhnen und den Zufluss der Profite zu den Kapitalisten und für deren Konsum vermittelt.

Trotzdem schließt diese Kreislauffigur »in ihrer Form eine Täuschung ein, trägt einen illusorischen Charakter« (66). Dieser »illusorische Charakter ... und die ihr entsprechende illusorische Deutung ist da, sobald diese Form als einmalige fixiert wird, nicht als fließende, beständig sich erneuernde; sobald sie daher nicht als eine der Formen des Kreislaufs, sondern als seine ausschließliche gilt«. Marx' grundlegendes Argument ist hier, dass der Kreislauf des Geldkapitals seiner Form nach nicht selbständig existieren kann: »Sie weist aber selbst auf andre Formen hin.« (66f.) Wenn wir die ständige Wiederholung der Zirkulation des Kapitals durch seine verschiedenen Formen (Geld, Produktion, Ware) hindurch betrachten, sehen wir, dass das Geld »nur die verschwindende Vorbereitung des sich stets wiederholenden Kreislaufs des produktiven Kapitals« (67) bildet. Von diesem Standpunkt aus ist der »kapitalistische Produktionsprozeß ... daher als ein prius vorausgesetzt« (68).

Zu Kapitel 2: Der Kreislauf des produktiven Kapitals

Die Bedeutung des Kreislaufs des produktiven Kapitals ist so offensichtlich, dass Marx nicht um die Sache herumredet – schließlich wird der Mehrwert an den »verborgenen Stätten« der Produktion und nur an ihnen produziert. Vom Standpunkt des produktiven Kapitals erscheint die Bewegung durch die Zirkulation als eine lästige Notwendigkeit, um wieder zur wesentlichen Sache zurückkehren zu können – dem Produzieren von Mehrwert im Arbeitsprozess: Hier ist »der gesamte Zirkulationsprozeß des industriellen Kapitals, seine ganze Bewegung innerhalb der Zirkulationsphase, nur eine Unterbrechung und daher nur die Vermittlung zwischen dem produktiven Kapital, das als erstes Extrem den Kreislauf eröffnet und als letztes ihn in derselben Form, also in der Form seines Wiederbeginns, schließt« (69). Aber wie wir mittlerweile schon ahnen, birgt die Bewegung durch die Waren- und Geldform eine Fülle von Tücken und Gefahren. Die formalen Anforderungen bestehen darin, dass der in der Ware geronnene Wert und Mehrwert durch einen Verkauf realisiert werden muss und dann das zurückgewonnene ursprüngliche Geld sowie ein gewisser Teil des Profits dazu benutzt wird, die notwendigen Produktionsmittel und Arbeitskräfte zu kaufen, mit denen der Produktionsprozess auf erweiterter Stufenleiter wiederholt werden kann. Die zu durchlaufenden Zirkulationsschritte lassen sich formell als W' – G' gefolgt von G – W und der zusätzlichen Zirkulation des Mehrwerts in Geldform, g – w, beschreiben.

Zwei Fälle werden dann behandelt. Erstens die einfache Reproduktion, bei der keine Reinvestition des Mehrwerts stattfindet, sondern dieser vollständig konsumiert wird (wie im 21. Kapitel des 1. Bandes und im 20. Kapitel des 2. Bandes), und zweitens die erweiterte Reproduktion (wie im 22. Kapitel des 1. Bandes und im 21. Kapitel des 2. Bandes).

Obwohl es für Marx im Kapitalismus keine einfache Reproduktion geben kann, widmet er ihr sehr viel mehr Zeit – ich vermute zum Teil deswegen, weil es für ihn leichter war, an diesem Fall die formalen Beziehungen und Bedingungen herauszuarbeiten, von deren Realisierung die muntere Weiterentwicklung des industriellen Kapitals abhängig ist. Diese Abhängigkeiten gelten laut Marx auch für das sehr viel realistischere Modell der erweiterten Reproduktion, allerdings auf kompliziertere Weise, da der Kapitalist den Mehrwert in unterschiedlicher Weise auf Reinvestition und Konsum verteilen kann.

Im Fall der einfachen Reproduktion muss der gesamte Mehrwert m für den persönlichen Konsum verwendet werden. Würde die Kapitalistenklasse das Geld einfach horten und nicht verbrauchen, könnte das Warenkapital sich nicht in der Geldform realisieren. Hier stoßen wir zum ersten Mal auf die Bedeutung des bürgerlichen Konsums für die Stabilisierung des Kapitalismus: »g – w ist eine Reihe von Käufen vermittelst des Geldes, das der Kapitalist, sei es in eigentlichen Waren, sei es in Diensten für seine werte Person, resp. Familie, verausgabt. Diese Käufe sind zersplittert, finden zu verschiednen Terminen statt. Das Geld existiert also zeitweis in der Form eines für die laufende Konsumtion bestimmten Geldvorrats oder Schatzes, da in seiner Zirkulation unterbrochnes Geld sich in Schatzform befindet.« Dieses Geld »wird nicht vorgeschossen, sondern verausgabt« (71). Das Geld muss sich also bereits in der Hand des Bourgeois befinden.

Auf diese interessante Frage werden wir noch mehrmals im 2. Band stoßen. Woher kommt das zusätzliche Geld, mit dem der Mehrwert gekauft werden kann? Die Bourgeoisie kauft den in den Waren geronnenen Wert mit ihrem eigenen Geld, um ihren persönlichen Verbrauch auszuweiten. Das setzt natürlich voraus, dass vom produktiven Kapital die entsprechenden Waren für die Konsumbedürfnisse der Bourgeoisie hergestellt wurden (was Marx an dieser Stelle allerdings nicht betont). Die Zirkulation g – w (die Kleinbuchstaben weisen darauf hin, dass es nicht um das Gesamtkapital, sondern nur den Anteil des Mehrwerts geht) setzt »die Existenz des Kapitalisten« voraus, »und diese letztere ist bedingt durch seinen Verzehr von Mehrwert« (74).

Beiläufig bemerkt Marx, dass die Zahlungsweise der Bourgeoisie für ihre Konsumartikel in gewissem Maße vom Charakter der produzierten Ware abhängt. Er erwähnt den (zumindest für mich) interessanten Fall des Londoner Baugewerbes, »das größtenteils auf Kredit betrieben wird«; in ihm »erhält der Bauunternehmer Vorschüsse, je nachdem der Bau des Hauses sich in verschiednen Stadien befindet« (73). Außerdem kann der Endverbrauch der Ware »zeitlich und räumlich durchaus getrennt sein von der Metamorphose, worin diese Warenmasse als sein Warenkapital fungiert« (74f.). Wie sich Waren und Zahlungen räumlich und zeitlich bewegen, wird hier als Untersuchungsgegenstand angedeutet, aber nicht weiter ausgeführt. In einigen meiner Schriften habe ich versucht, näher darauf einzugehen.

Das zurückgewonnene ursprüngliche Geldkapital muss durch den Kauf von Arbeitskraft und Produktionsmitteln wieder zurück in die produktive Konsumtion fließen. Aber während das ursprüngliche Geld, G, vorgeschossen war, müssen wir das zurückzirkulierende Geld als Geldkapital begreifen, das bereits produziert und durch die Bewegung W' – G' realisiert wurde. Dieser Bedeutungswandel ist wichtig. Er erinnert an die Darlegung im 1. Band, wie nach einer gewissen Zeit das Äquivalent des gesamten Werts des ursprünglich vorgeschossenen Kapitals von der Arbeit reproduziert wird. Rechtmäßig sollte der zirkulierende Wert den Arbeiterinnen und nicht dem Kapitalisten (der sein ursprüngliches Kapital eigentlich schon verkonsumiert hat) gehören, wenn wir Marx' Interpretation der These von Locke folgen, dass das Eigentum jenen zusteht, die ihre Arbeit mit dem Boden vermischen, um Wert zu erzeugen. Das G, das wieder in die Produktion eintritt, ist laut Marx »Ausdruck vergangner Arbeit« (76) und nicht schlicht und einfach Geldkapital.

Unweigerlich kommt es jedoch zu zeitlichen Unterbrechungen im Zirkulationsprozess. »Die Zeitdifferenz zwischen der Exekution von W – G und der von G – W kann mehr oder minder beträchtlich sein.« (76) Die Zeitlichkeit der Zirkulation ist wichtig. Marx stellt sofort einige Kuriositäten fest. In einigen Fällen »kann G für den Akt G – W die verwandelte Form von Waren vorstellen, die noch gar nicht auf dem Markt befindlich sind« (76). Vorauszahlungen auf noch nicht produzierte Waren sind möglich. Selbst Arbeiter können im Voraus für eine Ware bezahlen, die noch nicht hergestellt ist – und damit faktisch die Löhne zukünftiger Arbeit bezahlen. Die zeitlichen Abläufe können enorm kompliziert werden und damit bekommt, wie wir noch sehen werden, die Rolle des Kreditsystems eine zentrale Bedeutung.

Aber der Übergang von der Ware zum Ankauf von Arbeitskraft und Produktionsmitteln kann auch aus strukturellen Gründen schwierig werden. »Stößt die zweite Metamorphose G – W auf Hindernisse (fehlen z.B. die Produktionsmittel auf dem Markt), so ist der Kreislauf, der Fluß des Reproduktionsprozesses unterbrochen, ebensosehr als wenn das Kapital in der Form des Warenkapitals festliegt. Der Unterschied ist aber der: In Geldform kann es länger ausharren« (78). Im 1. Band wurde im Allgemeinen davon ausgegangen, dass der Übergang W – G schwieriger als G – W ist, weil Geld das universelle, die Ware nur ein besonderes Äquivalent ist. Aber hier verhält es sich anders, weil das produktive Kapital für seine Reproduktion auf höchst spezifische Produktionsmittel angewiesen ist. Wenn der Nachschub an Eisenerz ausbleibt, kann die Stahlproduktion nicht reproduziert werden. Aufgrund der hohen Abhängigkeit der Stahlproduktion von fixem Kapital, wie z.B. Hochöfen, sind derartige Unterbrechungen mit enormen Verlusten für die Stahlproduzenten verbunden. Marx erwähnt es zwar nicht, aber die Reproduktion setzt auch voraus, dass Arbeitskräfte mit den erforderlichen Fähigkeiten jederzeit verfügbar sind. Immerhin kann G nicht verschimmeln.

Eine Unterbrechung der Zirkulation an diesem Punkt ist daher nicht so problematisch, wie es das Verharren in der Warenform für einen großen Teil des Kapitals wäre – insbesondere wenn es sich um verderbliche Waren handelt. Die rechtzeitige Umwandlung des Gelds in die Elemente der produktiven Konsumtion ist eine notwendige Bedingung für die Reproduktion des produktiven Kapitals. Dann attackiert Marx erneut die Ökonomen, die am Sayschen Gesetz festhalten: »ein so durch Mehrwertsproduktion bedingter Ersatz von Ware durch Ware ist etwas ganz andres als Produktenaustausch – nur durch Geld vermittelt – an sich ist. So wird aber die Sache genommen von den Ökonomen zum Beweis, daß keine Überproduktion möglich ist.« (79f.)

Nun müssen wir den Konsum der Arbeiterinnen betrachten. Sie reproduzieren ihr Leben, indem sie sich an einem Kreislauf A – G – W beteiligen. Durch den Verkauf ihrer Arbeitskraft erhalten sie das Geld, mit dem sie durch den Kauf von Waren ihren Lebensunterhalt auf einem gewissen Niveau sichern können. Dieses Geld fällt damit zunächst aus der Zirkulation des Kapitals heraus. Aber es kommt sofort wieder in sie hinein, in der Art des von Marx im 1. Band so sehr hervorgehobenen »Trucksystems«, bei dem die Arbeiterinnen ihre Lebensmittel im Geschäft ihres Unternehmers kaufen müssen. »Der zweite Akt, nämlich G – W [der Kauf von Lebensmitteln durch die Arbeiter], fällt nicht in die Zirkulation des individuellen Kapitals, obgleich sie aus derselben hervorgeht. Das beständige Dasein der Arbeiterklasse ist aber für die Kapitalistenklasse nötig, daher auch die durch G – W vermittelte Konsumtion des Arbeiters.« (80) Wir werden später im 20. und 21. Kapitel sehen, wie sich dies nicht vom Standpunkt des individuellen Kapitalisten, sondern von dem der aggregierten Zirkulation des Gesamtkapitals aus darstellt.

Man beachte hier die begriffliche Entwicklung. Das Geld in der Hand des Kapitalisten, das durch den Kauf von Arbeitskraft in variables Kapital verwandelt werden soll, fungiert als Kapital. Aber sobald sich dieses Geld in den Händen der Arbeiterinnen befindet, erfüllt es keine Kapitalfunktion mehr. Es hat auch eine Metamorphose durchgemacht, denn es ist jetzt einfach Geld in der Hand eines Käufers und kann vom Arbeiter ganz nach seinem Belieben verwendet werden. Sobald die Arbeiter das Geld für Waren ausgegeben haben und es sich wieder in den Händen des Kapitalisten befindet, kann es wieder zur Form des Kapitals werden – vorausgesetzt, der Kapitalist verwendet es nicht für seinen eigenen Konsum.

Hier zeigt sich die Stärke der relationalen Herangehensweise von Marx. Denn wenn der Arbeiter seine Einkünfte verspielt (oder auch nur spart), wird die Kontinuität des Zirkulationsprozesses unterbrochen. Daher sorgt sich das Kapital um einen »rationellen Konsum« (511) seitens der Arbeiterklasse als Bedingung einer stabilen Akkumulation, worauf Marx ganz am Ende des 2. Bandes zu sprechen kommt. Dieses Problem würde uns überhaupt nicht auffallen, wenn wir begrifflich unterstellen würden, dass das zirkulierende Geldkapital die vollständige Kontrolle über den gesamten Prozess hat. Obwohl Marx an anderen Stellen überwiegend davon ausgeht, dass die Arbeiterklasse als Ganze hinsichtlich ihres Konsums in einer »Trucksystem«-Beziehung zum Kapital gefangen ist, eröffnet er hier die Möglichkeit, diese Annahme zu problematisieren.

An all dem ändert sich laut Marx nichts, wenn ein kaufmännischer Kapitalist hinzukommt und die Verwandlung W' – G' übernimmt. »Der ganze Prozeß geht seinen Gang fort, und mit ihm auch die dadurch bedingte individuelle Konsumtion von Kapitalist und Arbeiter. Ein Punkt, wichtig bei Betrachtung der Krisen.« (80) Wenn es also zu irgendeiner Krise kommt, sollten wir sie nicht in erster Linie auf die Handlungen des kaufmännischen Kapitalisten zurückführen (beschwert euch nicht bei Walmart). Wir müssen uns genauer anschauen, wie der Konsum der Bourgeoisie und der Arbeiterklasse zu Problemen führen kann.

> »Solange das Produkt verkauft wird, geht vom Standpunkt des kapitalistischen Produzenten alles seinen regelmäßigen Gang. ... Und ist dieser Prozeß erweitert ..., so kann diese Reproduktion des Kapitals von erweiterter individueller Konsumtion (also Nachfrage) der Arbeiter begleitet sein, da er durch produktive Konsumtion eingeleitet und vermittelt ist. Es kann so die Produktion von Mehrwert und mit ihr auch die individuelle Konsumtion des Kapitalisten wachsen, der ganze Reproduktionsprozeß sich im blühendsten Zustand befinden und dennoch ein großer Teil der Waren nur scheinbar in die Konsumtion eingegangen sein, in Wirklichkeit aber unverkauft in den Händen von Wiederverkäufern lagern, tatsächlich sich also noch auf dem Markt befinden. Nun folgt Warenstrom auf Warenstrom, und es tritt endlich hervor, daß der frühere Strom nur scheinbar von der Konsumtion verschlungen ist. ... Die früheren Ströme sind noch nicht flüssig gemacht, während die Zahlungstermine dafür fällig werden. Ihre Inhaber müssen sich insolvent erklären, oder verkaufen zu jedem Preis, um zu zahlen. Dieser Verkauf hat absolut nichts zu tun mit dem wirklichen Stand der Nachfrage. Er hat nur zu tun mit der Nachfrage nach Zahlung, mit der absoluten Notwendigkeit, Ware in Geld zu verwandeln. Dann bricht die Krise los. Sie wird sichtbar nicht in der unmittelbaren Abnahme der konsumtiven Nachfrage, der Nachfrage für individuelle Konsumtion, sondern in der Abnahme des Austauschs von Kapital gegen Kapital, des Reproduktionsprozesses des Kapitals.« (81)

Marx unterscheidet zwischen der Endverbrauchernachfrage seitens der Arbeiter und Kapitalisten und dem Handel und der Nachfrage zwischen den Kapitalisten, die mit der Sicherung der produktiven Konsumtion verbunden sind. Er entwickelt hier die äußerst interessante Überlegung, dass Krisen aus den auf die produktive Konsumtion bezogenen Waren- und Zahlungsströmen zwischen den Kapitalisten entstehen können. Was zunächst als ein Problem der fehlenden effektiven Nachfrage seitens der Arbeiterinnen und der Kapitalisten für ihren individuellen Konsum erscheinen mag, kann in Wirklichkeit Problemen der Zirkulation geschuldet sein, die aus dem Kauf und Verkauf von Produktionsmitteln stammen. Handelt es sich hier um eine allgemeine Krisentheorie oder nur um eine Möglichkeit, die sich aus der Analyse der Zirkulation des produktiven Kapitals ergibt? Im Allgemeinen betrachte ich solche Feststellungen immer zunächst als kontingent, d.h. es handelt sich um Möglichkeiten, die sich aus einer bestimmten Perspektive und unter gewissen Annahmen ergeben. Das bedeutet nicht, dass solchen Aussagen nicht letztlich eine allgemeinere Bedeutung zukommen kann. Aber wir müssen nachweisen, wie diese besondere Betrachtungsweise die Krisentendenzen im Kapitalismus erklären kann.

Im 2. Band trifft Marx zum Beispiel scheinbar höchst widersprüchliche Feststellungen hinsichtlich der Rolle des Konsums und der effektiven Nachfrage seitens der Arbeiterklasse:

> »Widerspruch in der kapitalistischen Produktionsweise: Die Arbeiter als Käufer von Ware sind wichtig für den Markt. Aber als Verkäufer ihrer Ware – der Arbeitskraft – hat die kapitalistische Gesellschaft die Tendenz, sie auf das Minimum des Preises zu beschränken. – Fernerer Widerspruch: Die Epochen, worin die kapitalistische Produktion alle ihre Potenzen anstrengt, erweisen sich regelmäßig als Epochen der Überproduktion; weil die Produktionspotenzen nie so weit angewandt werden können, daß dadurch mehr Wert nicht nur produziert, sondern realisiert werden kann; der Verkauf der Waren, die Realisation des Warenkapitals, also auch des Mehrwerts, ist aber begrenzt, nicht durch die konsumtiven Bedürfnisse der Gesellschaft überhaupt, sondern durch die konsumtiven Bedürfnisse einer Gesellschaft, wovon die große Mehrzahl stets arm ist und stets arm bleiben muß.« (318)

Aber an einer anderen Stelle schreibt er:

> »Es ist eine reine Tautologie zu sagen, daß die Krisen aus Mangel an zahlungsfähiger Konsumtion oder an zahlungsfähigen Konsumenten hervorgehn. Andre Konsumarten, als zahlende, kennt das kapitalistische System nicht ... Daß Waren unverkäuflich sind, heißt nichts, als daß sich keine zahlungsfähigen Käufer für sie fanden ... Will man aber dieser Tautologie einen Schein tiefrer Begründung dadurch geben, daß man sagt, die Arbeiterklasse erhalte einen zu geringen Teil ihres eignen Produkts, und dem Übelstand werde mithin abgeholfen, sobald sie größern Anteil davon empfängt, ihr Arbeitslohn folglich wächst, so ist nur zu bemerken, daß die Krisen jedesmal gerade vorbereitet werden durch eine Periode, worin der Arbeitslohn allgemein steigt und die Arbeiterklasse realiter größern Anteil an dem für Konsumtion bestimmten Teil des jährlichen Produkts erhält. Jene Periode müßte – von dem Gesichtspunkt dieser Ritter vom gesunden und ›einfachen‹ (!) Menschenverstand – umgekehrt die Krise entfer-

> nen. Es scheint also, daß die kapitalistische Produktion vom guten oder bösen Willen unabhängige Bedingungen einschließt, die jene relative Prosperität der Arbeiterklasse nur momentan zulassen, und zwar immer nur als Sturmvogel einer Krise.« (409f.)

Diese zweite Feststellung entspricht mehr dem ganzen Argumentationsgang im 2. Kapitel. Für Marx scheinen also jene Argumente einen allgemeineren Stellenwert zu haben, die sich aus der Perspektive des produktiven Kapitals ergeben. Wir stehen damit vor der Schwierigkeit, welcher der beiden Formulierungen wir uns anschließen sollten. Meiner Ansicht nach – aber jede und jeder muss sich dazu eine eigene Meinung bilden – gab es, wie Ende der 1960er und Anfang der 1970er Jahre, Situationen, in denen der zunehmende Anteil der Löhne am Nationalprodukt tatsächlich zum Vorboten oder sogar dem zentralen Angelpunkt der Krise des globalen Kapitalismus in seiner damaligen Verfasstheit wurde. Von dem Crash von 2007-2009 lässt sich das schlechterdings nicht behaupten. Der Anteil der Arbeiterklasse an der Verteilung, egal ob er zu hoch oder zu niedrig ist, kann trotz seiner großen Bedeutung nicht die krisenhaften Tendenzen des Kapitals erklären. Dafür sind andere Ansätze erforderlich. Wir müssen uns sehr genau ansehen, was dazu im 2. Band (und natürlich auch an anderer Stelle) gesagt wird, um diesen Ansätzen auf die Spur zu kommen. Am jetzigen Punkt, ausgehend von der Perspektive des produktiven Kapitals, haben wir zumindest einen Teil der Krisentheorie deutlich vor uns.

Wenn die Zirkulation des Kapitals auf Hindernisse stößt, so dass es »seine Funktion G – W suspendieren muß«, dann verwandelt sich das Geld in »unfreiwillige Schatzbildung«. Dieses Geld hat »so die Form von brachliegendem, latentem Geldkapital« (82). Diese Ausdrücke sind wichtig für das folgende Argument.

Der Abschnitt zur erweiterten Reproduktion enthält nichts Überraschendes. Wir wissen bereits aus dem 1. Band, dass für den Kapitalisten »die stete Vergrößrung seines Kapitals« zur »Bedingung der Erhaltung desselben« wird (84). Die einzig interessante Frage ist, wie viel des Mehrwerts in neues Kapital verwandelt, also kapitalisiert wird. Dafür gibt es keine goldene Regel. Im Kreislauf P … P' »drückt P' aus, nicht daß Mehrwert produziert, sondern daß der produzierte Mehrwert kapitalisiert … worden ist« (85). Dies modifiziert wiederum unser Verständnis von dem, worum es beim Zirkulationsprozess überhaupt geht. Der erste Schritt dieser Kapitalisierung besteht darin, zunächst von dem aus dem Verkauf von Waren stammenden Geld einen gewissen Betrag beiseite zu legen, um damit die Produktion ausweiten zu können. Dieser Schatz von latentem oder brachliegendem Geldkapital ist notwendig, weil in den meisten Geschäftszweigen ein bestimmter minimaler Kapitalbetrag erforderlich ist, um die Produktion ausweiten zu können (um eine größere Fabrik zu bauen, in Maschinerie zu investieren usw.). Dazu kann es nötig sein, dass der »Kreislauf des Kapitals sich mehrmals wiederholen« muss, bis genügend monetäre Kaufkraft erreicht ist, die diesen Mindestanforderungen an die Fortsetzung der erweiterten Reproduktion entspricht. Dadurch wird die Schatzbildung in Geldform unvermeidlich. Sie wird »ein außerhalb des Kreislaufs des Kapitals vorgehendes, funktionell bestimmtes Vorbereitungsstadium für die Verwandlung des Mehrwerts in wirklich fungierendes Kapital ... Solange es aber im Schatzzustande verharrt, fungiert es noch nicht als Geldkapital, ist noch brachliegendes Geldkapital; nicht wie vorher in seiner Funktion unterbrochnes, sondern noch nicht zu seiner Funktion fähiges.« (88)

In dieser Situation kommt natürlich dem Kreditsystem eine entscheidende Bedeutung zu, wie Marx sofort einräumt. Ohne es würde mehr und mehr Kapital »brach« liegen und die Schatzbildung würde zu einer ernsthaften Schranke der flüssigen Akkumulation werden. Aber darauf wird hier nicht eingegangen.

Zu Kapitel 3: Der Kreislauf des Warenkapitals

Einer der überraschenderen Aspekte des 2. Bandes besteht darin, welche Aufmerksamkeit Marx dem Kreislauf des Warenkapitals widmet. Der Grund dafür hatte sich bereits in der Untersuchung des Kreislaufs des produktiven Kapitals abgezeichnet. Zu der offensichtlichen Schwierigkeit, die besonderen Formen des verkörperten Werts und Mehrwerts in die Allgemeinheit des monetären Äquivalents zu verwandeln, kommt nun die weitere Schwierigkeit hinzu, die jeweiligen Waren auf dem Markt zu finden, die den Bedürfnissen der produktiven Konsumtion in spezifischen Arbeitsprozessen entsprechen. Die Kapitalisten sind zwangsläufig von anderen Kapitalisten abhängig, die ihre Produktionsmittel produzieren. Daher stoßen wir insbesondere in diesem Kreislauf auf das Problem der besonderen Wechselbeziehungen und gegenseitigen Abhängigkeiten zwischen den Kapitalisten. Und im weiteren Verlauf des 2. Bandes wird immer deutlicher, dass diese Beziehungen unter den Kapitalisten die Möglichkeit von Krisen des angemessenen Angebots enthalten, wie auch das noch offensichtlichere Problem der Möglichkeit von Krisen, die aus einem Mangel an effektiver Nachfrage entstehen.

Marx' Analyse beschränkt sich an diesem Punkt allerdings größtenteils auf formale Funktionen und Details. Der Kreislauf des Warenkapitals weist einige Besonderheiten auf. Zunächst einmal ist die Ware mit Mehrwert geschwängert, der erst noch realisiert werden muss. Während sowohl beim Geldkapital wie beim produktiven Kapital der Mehrwert »verschwindet«, sobald der Zirkulationsprozess erneut beginnt, weil Geld nur als Geld fungieren kann und die produktive Tätigkeit auch nur auf die ihr eigene Weise fortgesetzt werden kann, haben wir es im Fall der Waren – sowohl zu Beginn wie am Ende des Zirkulationsprozesses – mit einer Ware zu tun, die mit Mehrwert geschwängert ist. Die Zirkulationsform ist also W' ... W' und im Fall der erweiterten Reproduktion W' ... W''. Damit wird betont, dass im Warenkreislauf sowohl die Realisierung des Mehrwerts in Geldform wie die Absorption des Mehrprodukts und des Mehrwerts – nicht nur in der individuellen, sondern auch in der produktiven Konsumtion – unbedingt erforderlich für die Kontinuität der Zirkulation des industriellen Kapitals insgesamt wird.

Die zweite Besonderheit besteht in der Rolle der produktiven Konsumtion. »W' als W erscheint in dem Kreislauf eines einzelnen industriellen Kapitals nicht als Form dieses Kapitals, sondern als Form eines andren industriellen Kapitals, soweit die Produktionsmittel dessen Produkt sind. Der Akt G – W (d.h. G – Pm) des ersten Kapitals ist für dieses zweite Kapital W' – G'.« (92) Das Problem besteht darin, dass der Mehrwert in Warenform in einem Mehrprodukt, einem besonderen Gebrauchswert, versteckt ist, und dass es unmöglich ist, Wert und Mehrwert in der Weise zu trennen, wie es nach der Realisierung des Warenwerts in Geldform möglich ist. Das realisierte G' kann in G + g zerlegt werden, um dann zu entscheiden, wie viel von g für die Erweiterung der Produktion kapitalisiert werden soll. Mit einem Gabelstapler ist das nicht möglich. Bei bestimmten Produkten, Marx gebraucht das Beispiel von Garn, mag es möglich sein, den ursprünglichen Wert des W von W' zu trennen. Dies reizt Marx dazu, sich in eine seiner komplizierten und scheinbar endlosen Berechnungen zur Durchführbarkeit dieser Trennung zu stürzen.

Aber hinter all dem steckt eine Unterscheidung, die für diesen Kreislauf entscheidend ist, während sie in den anderen verschwindet: Es gibt sowohl ein Mehrprodukt (die in der Ware verkörperten vermehrten Gebrauchwerte) wie einen Mehrwert, und letzterer kann nur realisiert werden, wenn ersteres einen Abnehmer findet. Die Besonderheit der Gebrauchswerte kann nicht ignoriert werden. Und umgekehrt, wenn die Produktion durch die Kapitalisierung eines Teils des Mehrwerts in Geldform ausgeweitet werden soll, muss ein Mehrprodukt von Gebrauchswerten am Markt verfügbar sein, das als zusätzliche Produktionsmittel für die besonderen Produktionszweige dienen kann. Es zeigt sich hier, »daß ... Reproduktion auf erweiterter Stufenleiter ... nur stattfinden kann, wenn in dem zu kapitalisierenden Teil des Mehrprodukts die stofflichen Elemente des zusätzlichen produktiven Kapitals bereits enthalten sind« (103). Das ist eine sehr wichtige Bedingung. Wird sie auf irgendeine Weise nicht erfüllt, so wird der reibungslose Ablauf der Kapitalakkumulation ernsthaft gestört.

Natürlich beinhaltet dieser Kreislauf nicht nur die produktive Konsumtion:

> »In der Form W' ... W' ist die Konsumtion des gesamten Warenprodukts als Bedingung des normalen Verlaufs des Kreislaufs des Kapitals selbst vorausgesetzt. Die individuelle Konsumtion des Arbeiters und die individuelle Konsumtion des nicht akkumulierten Teils des Mehrprodukts umschließt die gesamte individuelle Konsumtion. Es geht also die Konsumtion ihrer Gesamtheit nach – als individuelle und als produktive Konsumtion – als Bedingung in den Kreislauf W' ein.« (97)

Aber wie er weiter ausführt, sind all diese Konsumtionsformen nicht als individuelle Akte, sondern als gesellschaftliche unterstellt. Daraus ergibt sich dann die wichtigste Schlussfolgerung:

> »Aber eben weil der Kreislauf W' ... W' innerhalb seiner Beschreibung andres industrielles Kapital in Form von W (= A + Pm) voraussetzt (und Pm umschließt verschiedenartige andre Kapitale, z.B. in unserm Fall Maschinen, Kohlen, Öl etc.), fordert er selbst dazu heraus, ihn zu betrachten nicht nur als *allgemeine* Form des Kreislaufs, ... daher nicht nur als eine allen individuellen industriellen Kapitalen gemeinsame Bewegungsform, sondern zugleich als Bewegungsform der Summe der individuellen Kapitale, also des Gesamtkapitals der Kapitalistenklasse, eine Bewegung, worin die jedes individuellen industriellen Kapitals nur als eine Teilbewegung erscheint, die mit der andren sich verschlingt und durch sie bedingt wird. Betrachten wir z.B. das jährliche Gesamtwarenprodukt eines Landes und analysieren die Bewegung, wodurch ein Teil desselben das produktive Ka-

> pital in allen individuellen Geschäften ersetzt, ein andrer Teil in die individuelle Konsumtion der verschiednen Klassen eingeht, so betrachten wir W ... W' als Bewegungsform sowohl des gesellschaftlichen Kapitals, als des von diesem erzeugten Mehrwerts, resp. Mehrprodukts.« (100f.)

Der Kreislauf des Warenkapitals ist etwas Besonderes. Er ermöglicht es uns, den Gesamtstrom sowohl des Mehrwerts wie des Mehrprodukts (Werte und Gebrauchswerte) in der Ökonomie als Ganzer zu betrachten – eben weil er sich auf die Beziehungen zwischen den Einzelkapitalen konzentrieren muss, wie sich deren Aktivitäten miteinander verschlingen und wie sie ihre Inputs und Outputs in der Gesamtwirtschaft kalkulieren. Die Frage der Proportionalität – wie viel Stahl muss als Produktionsmittel für alle möglichen anderen Branchen produziert werden und wie viel Eisenerz ist für die Stahlproduktion erforderlich – ist in der Tat eine der Hauptfragen im 2. Band. Das wiederum wirft die Frage auf, durch welche Mechanismen diese Proportionalitäten in etwa gesichert werden können. Kann dies der Markt leisten?

Wird es durch den Ausgleich der Profitrate garantiert? Und falls nicht, führt dies alles zu Disproportionalitätskrisen? Am Ende dieses Kapitels weist Marx darauf hin, dass diese Herangehensweise erstmals von Quesnay eingeführt wurde. Sie bildet die Grundlage für Marx' innovative Ausweitung und Weiterentwicklung der Überlegungen von Quesnay im 20. und 21. Kapitel.

Es ist zu beachten, dass in diesem Kapitel Gebrauchswerte und Werte, Mehrwert und Mehrprodukt, immer wieder auf eine Weise miteinander verzahnt auftauchen, wie sie bei der Untersuchung der anderen Kreisläufe nicht zu finden ist. Wenn Stahl als Produktionsmittel verkauft wird, haben wir es nicht nur mit den materiellen Strömen von Gebrauchswerten zu tun, sondern auch mit dem Ausgleich von Wertübertragungen – und beide müssen sich nicht notwendigerweise einfach entsprechen. Im Fall der anderen Kreisläufe »verschwindet« der Mehrwert (weil Geld einfach nur Geld ist und nur als solches fungieren kann, und weil der Produktion am Ausgangspunkt nicht anzusehen ist, dass früher produzierter Mehrwert in ihr steckt, selbst wenn sie solchen produziert). Bei den anderen Kreisläufen können wir uns nur auf das individuelle industrielle Kapital konzentrieren, ohne die Situation des Gesamtkapitals zu berücksichtigen. Dieser Gesamtzusammenhang tritt nur im Fall des Warenkapitals in den Vordergrund. Hier ist schon am Ausgangspunkt Mehrwert in der Ware verkörpert und es kommt entscheidend auf die besonderen Gebrauchswerte an, mit denen die Produktion von z.B. Stahl fortgeführt werden kann. Allein aus dieser Perspektive können wir die Gesetze der Gesamtbewegung und die für die Reproduktion des Kapitals erforderlichen Proportionalitäten zwischen materiellen Gebrauchswerten und Werten untersuchen und entschlüsseln.

Wie sich all dies im Prozess der Kapitalzirkulation als Totalität miteinander verbindet, ist Gegenstand des folgenden Kapitels.

Kapitel Zwei
Die drei Figuren des Kreislaufs und die Kontinuität des Kapitalflusses (Kapitel 4-6 des 2. Bandes)

Zu Kapitel 4: Die verschiedenen Kreisläufe des Kapitals in ihrer Gesamtheit

In meiner Begutachtung der ersten drei Kapitel des 2. Bandes habe ich den Zirkulationsprozess des Kapitals durch die drei Fenster des Geldes, der Produktion und der Ware betrachtet. Im 4. Kapitel setzt Marx die Kreisläufe wieder zusammen, um ihre Einheit zu untersuchen. Die Sprache ist etwas verschachtelt, aber ich denke, die Sache ist klar: Die verschiedenen Kreisläufe sind miteinander verflochten, drehen sich umeinander und befinden sich in ständiger Bewegung zueinander. Die Bewegung jedes Kreislaufs ist notwendig für die Bewegung aller. Die »Verwertung des Werts« (womit Marx die Produktion und Realisierung von Mehrwert meint) ist »bestimmender Zweck« und »treibendes Motiv«. In ihrer Gesamtheit betrachtet »erscheinen alle Voraussetzungen des Prozesses als sein Resultat, als von ihm selbst produzierte Voraussetzung. Jedes Moment erscheint als Ausgangspunkt, Durchgangspunkt und Punkt der Rückkehr. Der Gesamtprozeß stellt sich dar als Einheit von Produktionsprozeß und Zirkulationsprozeß; der Produktionsprozeß wird Vermittler des Zirkulationsprozesses und umgekehrt.« (104) Marx vergleicht dieses Ganze mit der Kreisbewegung:

> »In einem beständig rotierenden Kreis ist jeder Punkt zugleich Ausgangspunkt und Punkt der Rückkehr. … Die Reproduktion des Kapitals in jeder seiner Formen und jedem seiner Stadien ist ebenso kontinuierlich, wie die Metamorphose dieser Formen und der sukzessive Verlauf durch die drei Stadien. Hier ist also der gesamte Kreislauf wirkliche Einheit seiner drei Formen.« (105)

Sprachlich werden hier die Kontinuität, das Aufeinanderfolgen, das Nebeneinander und das Fließen der Bewegung des Kapitals durch die drei Kreisläufe betont. Dem steht eine andere Sprache gegenüber – die der

Unterbrechungen und möglichen Störungen. »Der Kreislaufsprozeß des Kapitals ist beständige Unterbrechung, Verlassen eines Stadiums, Eintreten in das nächste; Abstreifen einer Form, Dasein in einer andren; jedes dieser Stadien bedingt nicht nur das andre, sondern schließt es zugleich aus.« (106) Wie im Lebenszyklus des Schmetterlings sind die Unterbrechungen allgegenwärtig und unvermeidbar. Sie bedrohen die Kontinuität der Kapitalbewegung, aber sie verursachen nicht zwangsläufig Krisen. Aber durch ihre Untersuchung können wir vielleicht verstehen, warum Krisen bestimmte Formen annehmen – warum zum Beispiel die Krise zu einem Zeitpunkt als überschüssiges Warenkapital *erscheint*, das sich nicht veräußern lässt, zu einem anderen Zeitpunkt als zu viel aufgeschatztes Geldkapital, für das Anlagemöglichkeiten fehlen, und wieder zu einem anderen Zeitpunkt als Knappheit an Produktionsmitteln oder Arbeitskräften für die weitere Akkumulation. Der Kapitalstrom kann an jedem der verschiedenen Übergangspunkte blockiert werden.

Diesen Unterbrechungen stellt Marx die »Kontinuität« gegenüber – sie »ist aber das charakteristische Merkmal der kapitalistischen Produktion und durch ihre technische Grundlage bedingt, wenn auch nicht immer unbedingt erreichbar«. Die technische und gesellschaftliche Notwendigkeit der Kontinuität der Kapitalströme ist hier weitaus wichtiger als im 1. Band. »Alle Teile des Kapitals machen den Kreislaufsprozeß der Reihe nach durch, befinden sich gleichzeitig in verschiednen Stadien desselben. So befindet sich das industrielle Kapital in der Kontinuität seines Kreislaufs gleichzeitig in allen seinen Stadien und den ihnen entsprechenden verschiednen Funktionsformen.« (106)

Wir haben es jetzt mit vier Begriffen zu tun: Geldkapital, produktives Kapital, Warenkapital und »industrielles Kapital« – Letzteres verstanden als die Einheit der drei Kreisläufe. Jedes einzelne industrielle Kapital wird zu jedem Zeitpunkt verschiedene Anteile seines Kapitals in jedem der verschiedenen Kreisläufe haben. Ein Teil wird in der Produktion beschäftigt sein, ein anderer sich in der Geldform befinden und ein weiterer in der Warenform. Aber dieses »Nebeneinander«, betont Marx, »ist selbst nur Resultat des Nacheinander« (107). Die Notwendigkeit der kontinuierlichen Bewegung durch die verschiedenen Kreisläufe hat Vorrang vor allem anderen.

> »Stockt z.B. W' – G' für einen Teil, ist die Ware unverkäuflich, so ist der Kreislauf dieses Teils unterbrochen und der Ersatz durch seine Produktionsmittel wird nicht vollzogen; die nachfolgenden Teile, die als W' aus dem Produktionsprozeß hervorgehn, finden ihren Funk-

> tionswechsel durch ihre Vorgänger gesperrt. Dauert dies einige Zeit fort, so wird die Produktion eingeschränkt und der ganze Prozeß zum Stillstand gebracht. Jede Stockung des Nacheinander bringt das Nebeneinander in Unordnung, jede Stockung in einem Stadium bewirkt größre oder geringre Stockung im gesamten Kreislauf nicht nur des stockenden Kapitalteils, sondern auch des gesamten individuellen Kapitals.« (107)

Marx erwähnt es zwar nicht, aber diese Situation verleiht den Arbeiterinnen eine potenzielle Macht. Arbeitsunterbrechungen und Streiks betreffen nicht nur das produktive Kapital, sondern auch alle anderen Momente der Zirkulation. Im Fall des Warenkapitals können sie den Strom notwendiger Produktionsmittel zu anderen Kapitalen stoppen.

> »Als Ganzes befindet sich das Kapital dann gleichzeitig, räumlich nebeneinander, in seinen verschiednen Phasen. Aber jeder Teil geht beständig der Reihe nach aus der einen Phase, aus der einen Funktionsform in die andre über, fungiert so der Reihe nach in allen. Die Formen sind so fließende Formen, deren Gleichzeitigkeit durch ihr Nacheinander vermittelt ist. Jede Form folgt der andren nach und geht ihr vorher … diese besondren Umläufe bilden nur gleichzeitige und sukzessive Momente des Gesamtverlaufs.
>
> Nur in der Einheit der drei Kreisläufe ist die Kontinuität des Gesamtprozesses verwirklicht statt der oben geschilderten Unterbrechung. Das gesellschaftliche Gesamtkapital besitzt stets diese Kontinuität und besitzt sein Prozeß stets die Einheit der drei Kreisläufe.« (108)

Dann kommt eine kritische Anmerkung von höchster Bedeutung. Aber sie kann leicht überlesen werden, weil sie in dem farblosen Stil verfasst ist, auf den wir in diesem Band immer wieder stoßen. Der einleitende Satz beinhaltet eine geradezu verblüffende Konsequenz: »Das Kapital als sich verwertender Wert *umschließt nicht nur Klassenverhältnisse*, einen bestimmten gesellschaftlichen Charakter, der auf dem Dasein der Arbeit als Lohnarbeit ruht.« (109; Hervorh. D.H.) Mit dieser Aussage nähert sich Marx der Frage, wie im Zirkulationsprozess Widersprüche und Krisen auftauchen können, die unabhängig vom Klassenkampf zwischen Kapital und Arbeit entstehen, der im 1. Band im Mittelpunkt steht. Die Beziehung zwischen Kapital und Arbeit ist nicht der einzige Ort von Widersprüchen innerhalb der Bewegungsgesetze des Kapitals. Widersprüche können im Prozess der Zirkulation und Realisierung als solchem entstehen. Irgendetwas in der Zirkulation des industriellen Kapitals ist grundsätzlich brüchig und verwundbar. Dies gilt es nun zu erkunden.

Im Weiteren untersucht Marx, wie sich die Widersprüche in dem »als Bewegung« begriffenen Zirkulationsprozess praktisch auswirken. »Diejenigen, die die Verselbständigung des Werts als bloße Abstraktion betrachten, vergessen, daß die Bewegung des industriellen Kapitals diese Abstraktion in actu ist.« Das Wort »Verselbständigung« deutet auf ein Problem besonderer Art hin. Der Wert mag eine Abstraktion sein, aber diese zeitigt ganz reale Konsequenzen (oder in der Sprache des 1. Bandes formuliert, der Wert ist immateriell und doch gegenständlich). Widersprüche im Gesamtprozess der Zirkulation machen sich selbstständig geltend, womit Marx meint, dass sie selbstständig gegenüber dem Widerspruch zwischen Kapital und Arbeit wirken. »Der Wert durchläuft hier verschiedne Formen, verschiedne Bewegungen, in denen er sich erhält und zugleich verwertet, vergrößert.« Das Moment der Verwertung (der Realisierung des Mehrwerts) ist genauso wichtig wie das der Produktion. Zur Verdeutlichung lässt Marx seine Annahme, dass keine technologischen und organisatorischen Veränderungen stattfinden, beiseite und erörtert die Rolle von »Revolutionen …, die der Kapitalwert in seinem Kreislaufsprozeß erleiden kann«. Es sei »klar, daß trotz aller Wertrevolutionen die kapitalistische Produktion nur solange existiert und fortexistieren kann, als der Kapitalwert verwertet wird, d.h. als verselbständigter Wert seinen Kreislaufsprozeß beschreibt, solange also die Wertrevolutionen in irgendeiner Art überwältigt und ausgeglichen werden« (109). Vom Standpunkt des individuellen industriellen Kapitals besteht die Hoffnung darin, dass die Folgen der im 1. Band beschriebenen Jagd nach relativem Mehrwert mittels technologischer und organisatorischer Veränderungen auf »irgendeine Art« neutralisiert, »überwältigt und ausgeglichen« werden können. Beachten wir aber die Worte »selbstständig« und »unabhängig«.

Betrachten wir nun den Zirkulationsprozess aus der Sicht des Warenkreislaufs, der im ganzen 2. Band eine ganz besondere Rolle spielt.

> »Erleidet der gesellschaftliche Kapitalwert eine Wertrevolution, so kann es vorkommen, daß sein individuelles Kapital ihr erliegt und untergeht, weil es die Bedingungen dieser Wertbewegung nicht erfüllen kann. Je akuter und häufiger die Wertrevolutionen werden, desto mehr macht sich die automatische, mit der Gewalt eines elementaren Naturprozesses wirkende Bewegung des verselbständig-

> ten Werts [d.h. ein allgemeines Gesetz der Kapitalbewegung] geltend gegenüber der Voraussicht und Berechnung des einzelnen Kapitalisten, desto mehr wird der Lauf der normalen Produktion Untertan der anormalen Spekulation, desto größer wird die Gefahr für die Existenz der Einzelkapitale. Diese periodischen Wertrevolutionen bestätigen also, was sie angeblich widerlegen sollen: die Verselbständigung, die der Wert als Kapital erfährt und durch seine Bewegung forterhält und verschärft.« (109)

Dies ist geradezu eine theoretische Beschwörung der Gefahren von Kapitalentwertungen durch solche Prozesse, die wir heute als Deindustrialisierung bezeichnen. Seit den 1980er Jahren waren ältere Industriestädte wie Detroit, Pittsburgh, Baltimore, Sheffield, Manchester, Essen, Lille oder Turin von massenhaften Fabrikschließungen betroffen. Wir sollten nicht meinen, dieses Phänomen sei auf die entwickelten kapitalistischen Länder beschränkt geblieben. Die traditionelle Textilindustrie von Mumbai und die älteren Industriegebiete in Nordchina hat es genauso hart getroffen. Ganze Gemeinden, die von der Industriearbeit lebten, wurden praktisch von heute auf morgen zerstört. In Sheffield gingen zum Beispiel in den 1980er Jahren etwa 60.000 Jobs in der Stahlindustrie innerhalb von drei Jahren verloren. Die dadurch angerichteten Verwüstungen sind überall zu besichtigen. Wenn die Menschen nach Erklärungen verlangten, wurde ihnen gesagt, das sei alles Ergebnis einer mysteriösen Kraft namens »Globalisierung«. Wenn Gewerkschaften und soziale Bewegungen protestierten und die Ausblutung ihrer wirtschaftlichen Lebensbedingungen zu stoppen versuchten, bekamen sie zu hören, diese mysteriöse Kraft sei unvermeidlich und unaufhaltbar.

Im Rückblick können wir erkennen, dass diese mysteriöse Kraft schon lange am Werk war (auch wenn sie erst seit den 1980er Jahren als »Globalisierung« bezeichnet wird). Seit den 1930er Jahren wurden ständig Arbeitsplätze in der Textilindustrie der USA aus den traditionellen Zentren der Arbeiterklasse wie New York, Boston und vielen anderen kleineren Industriestädten New Englands weiter südlich in die sogenannten »Fall Line«-Städte verlagert, die sich von Lowell bis Baltimore erstrecken (die Fall Line, an der die Flüsse aus den Bergen der Appalachen auf die atlantischen Überschwemmungsgebiete stoßen, hatte wegen der dort verfügbaren Wasserkraft zur Ansiedlung von Textilfabriken beigetragen). Die Jobs wanderten weiter in den Süden der USA, insbesondere nach Nord- und Süd-Carolina, und auch über die Grenze nach Mexiko. In England gingen in den 1960er Jahren Jobs in der Textilindustrie verloren, als sich der Konkurrenzdruck aus der britischen Kolonie Hongkong verschärfte. Die Verlagerung von Arbeitsplätzen und die Zerstörung von Gemeinden gehören schon seit langem zum Entwicklungsgang der kapitalistischen Welt.

Marx bietet uns hier einen Zugang, um all dies in ein besonderes theoretisches Licht zu rücken. Weiter ausgearbeitet kann uns die Theorie zeigen, warum derartige Krisen, die nicht das ganze System betreffen, aber zu weitverbreiteten örtlichen Zerstörungen führen, in einem kapitalistischen System unvermeidlich sind. In ihrer Konkurrenz zueinander revolutionieren die industriellen Kapitale Technologien und Organisationsformen, was wiederum Wertrevolutionen erzeugt. Darin besteht die angeblich mysteriöse Kraft, die ganze Regionen deindustrialisiert (und von der gesagt wird, sie entziehe sich so wie die Naturkräfte der menschlichen Kontrolle).

Um es formeller zu sagen: Die individuellen Kapitalisten optimieren ihre Produktion in Hinblick auf den relativen Mehrwert. Dadurch erzeugen sie neue Wertrelationen, von denen sie wiederum zerstört werden können. Das Kapital produziert nicht nur die Mittel seiner Herrschaft, es produziert auch die Mittel seiner eigenen Zerstörung. Daher die ödipale Wut, mit der die Kapitalisten in vielen Fällen auf die Krisen des Kapitalismus reagieren, die für sie zerstörerisch sind. Haben sie sich denn nicht an die Spielregeln gehalten und, wie ihnen aufgetragen wurde, die Produktion des Mehrwerts kalkuliert und geplant? Haben sie nicht im Sinne der bürgerlichen Tugenden alles richtig gemacht? Warum erhalten sie jetzt nicht ihre gerechte Belohnung und werden sogar noch in die Dunkelheit des Bankrotts gestoßen? Aber statt ihre Wut gegen den Kapitalismus – das System – zu richten, beschweren sie sich über die ausländischen Hersteller, die Einwanderer, die Spekulanten und die anderen, die tatsächlich nur die geheimen und versteckten Agenten der inneren Bewegungsgesetze des Kapitals sind.

Viele, die Marx lesen, haben ein Problem mit dem Begriff des Werts als einer Abstraktion, einer sozialen Beziehung, die immateriell, aber in ihren Konsequenzen gegenständlich ist. Aber der »Wert« ist nicht abstrakter oder mysteriöser als die allgemein anerkannte Kraft namens »Globalisierung«. Seltsamerweise wird letztere von vielen einfach hingenommen (vielleicht weil wir uns an sie gewöhnt haben), während ersterer als viel zu abstrakt abgetan wird. Aber der Vorteil des überlegenen Begriffs von Marx besteht darin, dass wir besser verstehen können, wie es zu dieser Abstraktion kommt und wie sie ihre Kraft entfaltet – wie wir, wie Marx es an anderer Stelle sagt, zu Opfern der Abstraktionen des Kapitals werden. Gleich zu Anfang des *Kapital* erfuhren wir, dass der Wert von der gesellschaftlich notwendigen Arbeit gebildet wird, die durch »die Bewegung des industriellen Kapitals« in seiner Produktion und Zirkulation zum Einsatz kommt. Die Abstraktion des Werts (und seine Darstellung in der Geldform) wird durch die unsichtbare Hand der Konkurrenz zu einer regulierenden Kraft.

Erinnern wir uns jedoch, dass Arbeit, die keinen Gebrauchswert produziert, den irgendjemand wünscht, braucht oder begehrt, keine gesellschaftlich notwendige Arbeit darstellt: Die Einheit von Produktion und Zirkulation wird schon im allerersten Abschnitt des 1. Bandes unterstellt. Daher ist der Wert eine abstrakte gesellschaftliche Beziehung, die kollektiv von den einzelnen industriellen Kapitalen produziert wird. Aber diese Kapitale müssen sich dann den Gesetzen unterwerfen, die sie selbst kollektiv geschaffen haben. Indem sie das tun, werden viele von ihnen durch eben jene Wertrevolutionen, die sie ständig hervorrufen, geschwächt oder zerstört. Faktisch sehen wir ihnen dabei zu, wie sie sich ihr eigenes Grab schaufeln. Statt einer gewissen mysteriösen Kraft namens »Globalisierung«, die mit ihrer derart zerstörerischen und unwiderstehlichen Macht vom Himmel gefallen zu sein scheint, haben wir hier eine Theorie, die auch die selbstzerstörerische Dynamik erfasst, durch die die Kapitalisten eben jene Bedingungen für ihren eigenen Niedergang produzieren. Um diese Theorie zu akzeptieren, müssen wir lediglich »die Verselbständigung, die der Wert als Kapital erfährt und durch seine Bewegung forterhält und verschärft«, begreifen. Warum sollte das schwieriger sein, als ein gedankenloses Modewort wie »Globalisierung« nachzubeten?

Aber die hier zitierte Stelle bedeutet natürlich auch, dass nicht alle industriellen Kapitale zerstört werden. Damit taucht sofort die Frage auf, welche Kapitale, von welcher Art und an welchen Orten, überleben – auch wenn Marx dem hier nicht weiter nachgeht (vermutlich, weil dies zu »besonders« und daher nicht von Belang ist). Wer sich jedoch mit der ungleichen geografischen Entwicklung, regionalen Veränderungen und unterschiedlichen Urbanisierungspfaden beschäftigt, findet Gefallen daran, dass solche Fragen durch diese kurzen Passagen aufs engste mit der politischen Ökonomie von Marx in ihrer Allgemeinheit verbunden sind.

Um sich in diese Richtung zu bewegen, muss Marx allerdings die im 2. Band vorgenommene allgemeine Ausklammerung von technologischen und organisatorischen Produktivitätssteigerungen aus seiner Theoriebildung aufgeben. Das bringt ihn zu einigen Überlegungen, warum diese Ausblendung so notwendig war. Wenn es im Zirkulationsprozess, auf den sich seine Aufmerksamkeit im 2. Band konzentriert, ständig zu Wertveränderungen kommt, hat das alle möglichen Konsequenzen. Fällt der Wert von Produktionsmitteln, dann wird selbst bei einfacher Reproduktion des produktiven Kapitals Geldkapital »freigesetzt«. Steigt ihr Preis, dann wird mehr Geldkapital benötigt, um allein das vorhandene produktive Kapital in Gang zu halten. »Ganz normal verläuft der Prozeß nur, wenn die Wertverhältnisse konstant bleiben« (111). Die Gleichmäßigkeit, Kontinuität und Flüssigkeit, die für die Zirkulation des industriellen Kapitals als Ganzes so wichtig sind, können nur unter der Bedingung gesichert werden, dass es zu keinen technologischen Veränderungen kommt. Sobald neue Technologien eingeführt werden, tauchen Wertrevolutionen und Instabilität im Zirkulationsprozess auf. Mit einer neuen Technologie verändert sich zum Beispiel der relative Bedarf an Rohstoffen und Arbeitskräften. Die bisherigen Strömungsverhältnisse werden damit gestört: Der Prozess

> »verläuft faktisch, solange sich Störungen in der Wiederholung des Kreislaufs ausgleichen; je größer die Störungen, um so größres Geldkapital muß der industrielle Kapitalist besitzen, um die Ausgleichung abwarten zu können; und da im Fortgang der kapitalistischen Produktion sich die Stufenleiter jedes individuellen Produktionsprozesses, und mit ihm die Minimalgröße des vorzuschießenden Kapitals erweitert, so kommt jener Umstand zu den andren, die die Funktion des industriellen Kapitalisten mehr und mehr in ein Monopol großer Geldkapitalisten, vereinzelter oder assoziierter, verwandeln.« (111)

Das ist ein wichtiges Argument. Es bedarf einer Reserve von Geldmacht, um mit den Unsicherheiten im Zirkulationsprozess zurechtzukommen, die sich aus technologischen Veränderungen ergeben. In Zeiten schnellen technologischen Wandels ist es daher besser, Geldkapitalist als produktiver Kapitalist zu sein. Dies könnte einer der Gründe für die in den letzten dreißig Jahren zunehmende Vorherrschaft des Finanz- und Geldkapitals gegenüber dem produktiven Kapital sein. Indem Marx hier die Figur des Geldkapitalisten einführt, entfernt er sich jedoch noch weiter von den Annahmen (keine besonderen Akteure), auf die sich bisher seine rein formale Argumentation stützte. Die Tendenz zur Monopolisierung darauf zurückzuführen, dass mit ihr die unvermeidlich aus den Wertrevolutionen entstehenden Unsicherheiten, Unterbrechungen und Störungen kontrolliert werden können, ist ebenfalls ein wichtiger Gedanke. Er geht zurück auf Marx' Überlegungen zur zunehmenden Zentralisation (im Gegensatz zur Konzentration) des Kapitals im 1. Band. Die tatsächliche Geschichte des Kapitalismus war immer wieder von solchen Tendenzen zur Zentralisierung und Monopolisierung geprägt. Auch hier lässt sich leicht sehen, wie dies den Kapitalisten dabei hilft, mit den Wechselfällen und Unsicherheiten umzugehen, die mit der destabilisierenden Jagd nach relativem Mehrwert durch technologische Veränderungen in der erbitterten Konkurrenz verbunden sind. Monopolmacht ermöglicht es dem Kapital, die Geschwindigkeit der Einführung neuer Technologien, die zu Störungen führen könnte, zu kontrollieren.

Dann lässt Marx noch eine weitere seiner stillschweigenden Annahmen beiseite: dass das Kapital sich in einer geschlossenen Wirtschaft bewegt und alle Produktionsmittel von anderen industriellen Kapitalisten produziert werden. Was geschieht, wenn Produktionsmittel aus Gegenden bezogen werden, in denen noch keine kapitalistischen Verhältnisse durchgesetzt sind? Sobald sie in die Umlaufbahn des Kapitals eingetreten sind, werden sie Waren wie alle anderen, wofür vor allem die Tätigkeit der Kaufmannskapitalisten sorgt, die sie woandersher besorgt haben. Hier

> »durchkreuzt sich der Kreislauf des industriellen Kapitals ... mit der Warenzirkulation der verschiedensten sozialen Produktionsweisen ... Ob die Ware das Produkt der auf Sklaverei gegründeten Produktion, oder von Bauern (Chinesen, indische Ryots), oder Gemeinwesen (holländisch Ostindien), oder der Staatsproduktion (wie solche, auf Leibeigenschaft gegründet, in früheren Epochen der russischen Geschichte vorkommt), oder halbwilder Jägervölker etc.: als Waren und Geld treten sie gegenüber dem Geld und den Waren, worin sich das industrielle Kapital darstellt ...«. (113)

Das Kapital kann sich mit nichtkapitalistischen Produktionsweisen kombinieren.

> »Der Charakter des Produktionsprozesses, aus dem sie herkommen, ist gleichgültig; als Waren fungieren sie auf dem Markt, als Waren gehn sie ein in den Kreislauf des industriellen Kapitals, wie in die Zirkulation des von ihm getragnen Mehrwerts. Es ist also der allseitige Charakter ihrer Herkunft, das Dasein des Markts als Weltmarkt, der den Zirkulationsprozeß des industriellen Kapitals auszeichnet.« (113)

Seit dem *Kommunistischen Manifest* waren sich Marx und Engels darüber im Klaren, dass sie zu ihrer Zeit die rasante Schaffung eines Weltmarkts erlebten – durch das Aufkommen der Eisenbahn, von Dampfschiffen und der schon bald so bedeutenden Telegrafie, mit der die Warenpreise fast unverzüglich in allen großen Hafenstädten der Welt bekannt gemacht wurden. Sie beobachteten auch sehr genau, auf welche Weise sich der Kreislauf des industriellen Kapitals mit dieser Welt durchkreuzte, sie durch die zunehmende Vorherrschaft der kapitalistischen Produktion veränderte und von ihr verändert wurde, als billige Rohstoffe und andere Waren aus nichtkapitalistischen Gesellschaftsformationen bezogen werden konnten. Zwei Dinge stellt Marx hier zu diesem Prozess fest. Erstens erfordert die Reproduktion des produktiven Kapitals die Reproduktion der Produktionsmittel »und insofern ist die kapitalistische Produktionsweise bedingt durch außerhalb ihrer Entwicklungsstufe liegende Produktionsweisen. Ihre Tendenz aber ist, alle Produktion möglichst in Warenproduktion umzuwandeln; ihr Hauptmittel hierzu ist gerade dies Hereinziehn derselben in ihren Zirkulationsprozeß ... Das Eingreifen des industriellen Kapitals befördert überall diese Umwandlung, mit ihr aber auch die Verwandlung aller unmittelbaren Produzenten in Lohnarbeiter.« (114) Ob dies auf friedliche Weise geschieht oder in welchem Maße eine imperialistische und kolonialistische Politik daran beteiligt ist, wird nicht erwähnt.

Zweitens stellt er fest: »Die in den Zirkulationsprozeß des industriellen Kapitals eingehenden Waren ..., welches immer ihre Herkunft, die gesellschaftliche Form des Produktionsprozesses, dem sie entstammen – treten dem industriellen Kapital selbst schon in der Form von Warenkapital gegenüber, in der Form von Warenhandlungs- oder Kaufmannskapital; dies aber umfaßt seiner Natur nach Waren aller Produktionsweisen.« (114) Dies veranlasst ihn zu einigen kurzen Bemerkungen über die Rolle des Kaufmannskapitals, der Groß- und Einzelhändler, in der kapitalistischen Produktionsweise (worauf wir später eingehen werden). Ebenso gerät die Rolle des Geldhandlungskapitals in den Blick, wobei in der üblichen Weise auf das Kreditsystem verwiesen wird. Wir werden später auf diese Fragen nach der Rolle von Kaufmanns- und Geldkapitalisten zurückkommen.

Später weist Marx noch auf einen dritten Punkt hin (119). Die Kontinuität der Bewegung, die für den Zirkulationsprozess des Kapitals so wesentlich ist, verlangt die regelmäßige und nicht nur sporadische Belieferung mit Waren aus nichtkapitalistischen Gesellschaften. Sobald einmal Waren aus der nichtkapitalistischen Welt in den Zirkulationsprozess des industriellen Kapital einbezogen sind, muss der ständige ungehinderte Zustrom dieser Waren sichergestellt werden. Dies ist mit Sicherheit einer der Gründe für die Etablierung gewisser Machtbeziehungen, durch die eine kontinuierliche Kooperation mit den Anbietern wichtiger Waren sichergestellt werden kann – sei es durch Kolonialismus und imperialistische Beherrschung oder durch Abkommen mit ausländischen Herrschern wie im Fall von Saudi-Arabien.

Auf derartige Fragen wird im Text kaum eingegangen. Aber wie ich schon zu Beginn gesagt habe, bietet der 2. Band eine äußerst fruchtbare Quelle der weiteren Theoriebildung, wenn wir ausgehend von Marx' Argumenten unserer eigenen Vorstellungskraft freien Lauf lassen. Auf diese Weise lässt sich zu allen möglichen Fragen weiteres erarbeiten – zur ungleichen geografischen Entwicklung, zu den Austauschbeziehungen mit nichtkapitalistischen Gesellschaftsformationen und schließlich zur Transformation des größten Teils der Welt durch Handel oder Kolonialismus und imperialistische Beherrschung in einen einzigen riesigen Markt, auf dem die Kapitalzirkulation die absolute Vorherrschaft erlangt. Das eigentliche Material im Text bleibt jedoch ziemlich trocken und kryptisch. Es scheint sich nur um beiläufig eingestreute Bemerkungen zu handeln. Aber wenn wir überlegen, wohin diese Ideen führen könnten, eröffnet sich ein erstaunliches theoretisches Gebiet. Zusammen mit Einsichten aus anderen Schriften von Marx ist es von weitreichender Bedeutung für unser Verständnis davon, wie sich das Kapital in bestimmten Verhältnissen, einschließlich denen der nichtkapitalistischen Welt, verankert.

Marx ergänzt an dieser Stelle lediglich einige historische Verallgemeinerungen. »Naturalwirtschaft, Geldwirtschaft und Kreditwirtschaft … [sind] die drei charakteristischen ökonomischen Bewegungsformen der gesellschaftlichen Produktion«. Geldwirtschaft und Kreditwirtschaft »entsprechen so nur verschiednen Entwicklungsstufen der kapitalistischen Produktion, sind aber keineswegs verschiedne selbständige Verkehrsformen gegenüber der Naturalwirtschaft« (119). Innerhalb des Kapitalismus bezieht sich die Unterscheidung zwischen Geldwirtschaft und Kreditwirtschaft im Wesentlichen auf die »Verkehrsweise« (*mode of commerce*) zwischen den Produzenten. In der Naturalwirtschaft besteht die Verkehrsweise im Tauschhandel.

Ich muss gestehen, dass ich diese Kategorien und diese Periodisierung nicht besonders erhellend finde. Die Unterscheidungen werden ohne jede kritische Kommentierung von Adam Smith übernommen und der Periodisierung fehlt jegliche historische Grundlage. Dies ist einer dieser Fälle, in denen Marx einfach unhinterfragt die bürgerliche Mythologie nachplappert. Bezeichnenderweise betont Marx jedoch, dass die Kreditwirtschaft eine besondere Untersuchungsweise erfordert. Aber er sagt rein gar nichts dazu, worin diese bestehen könnte. Die historische Beziehung zwischen den Verkehrsweisen und die historische Bedeutung von Wucher und Kredit werden von Marx an anderer Stelle sehr viel besser diskutiert (wie wir noch sehen werden).

Der letzte Abschnitt des Kapitels gibt ein Rätsel auf, das weitreichende Bedeutung für den gesamten 2. Band und damit den gesamten Korpus der politischen Ökonomie von Marx hat. Daher erfordert er eine sehr genaue Lektüre.

Wie ich in der Einleitung bemerkt habe, geht Marx nur sehr zögerlich auf Fragen von Angebot und Nachfrage ein (weil sie bei Gleichgewicht aufhören, irgendetwas zu erklären). Aber an dieser Stelle im 2. Band stößt er auf eine Situation, in der er sie nicht ignorieren kann. Das Problem ergibt sich aus einer Erörterung der Frage, wo die Nachfrage zur Realisierung des Mehrwerts herkommt.

> »Der Kapitalist wirft weniger Wert in der Form von Geld in die Zirkulation hinein, als er aus ihr herauszieht, weil er mehr Wert in der Form von Ware hineinwirft, als er ihr in Form von Ware entzogen hat. Soweit er bloß als Personifikation des Kapitals fungiert, als industrieller Kapitalist, ist seine Zufuhr von Warenwert stets größer als seine Nachfrage nach Warenwert. Deckung seiner Zufuhr und seiner Nachfrage in dieser Beziehung wäre gleich Nichtverwertung seines Kapitals; es hätte nicht als produktives Kapital fungiert ... Die Rate, worin der Kapitalist sein Kapital verwertet, ist um so größer, je größer die Differenz zwischen seiner Zufuhr und seiner Nachfrage, d.h. je größer der Überschuß des Warenwerts, den er zugeführt, über den Warenwert, den er nachfragt. Statt des Deckens beider ist das möglichste Nichtdecken, das Überdecken seiner Nachfrage durch seine Zufuhr, sein Ziel. Was von dem einzelnen Kapitalisten, gilt von der Kapitalistenklasse.« (120f.)

Die Kapitalistenklasse fragt Produktionsmittel (c) nach, was eine Quelle der Nachfrage bildet. Aber dies ist sehr viel weniger als der Wert der produzierten Waren (c + v + m). Die Kapitalistenklasse stattet die Arbeiterinnen mit Kaufkraft (v) aus. »Sofern der Arbeiter seinen Lohn allzumeist in Lebensmittel umsetzt, und zum allergrößten Teil in notwendige Lebensmittel, ist die Nachfrage des Kapitalisten nach Arbeitskraft indirekt zugleich Nachfrage nach den in den Konsum der Arbeiterklasse eingehenden Konsumtionsmitteln.« Wenn wir die Ersparnisse der Arbeiter ignorieren und »alle Kreditverhältnisse hier notwendig außer Augen« lassen (!), dann ist die »Maximalgrenze der Nachfrage des Kapitalisten = C = c + v, aber seine Zufuhr ist = c + v + m«. Je größer der produzierte Mehrwert (oder je höher die Profitrate), »um so kleiner wird seine Nachfrage im Verhältnis zu seiner Zufuhr« sein (121). Ein Gleichgewicht zwischen Angebot und Nachfrage scheint daher nicht nur unmöglich, sondern vom Standpunkt des Kapitals aus auch unerwünscht zu sein.

Dies verweist auf das, was ich als »das Problem der Absorption oder Entsorgung von überschüssigem Kapital« bezeichne. Der Kapitalist startet mit einem bestimmten Geldbetrag, der c + v entspricht, und bekommt am Ende einen Geldbetrag im Wert von c + v + m heraus. Woher stammt dann die Nachfrage, um am Ende den Mehrwert zu kaufen? Würde es nur darum gehen, mehr Geld zu beschaffen, dann könnte es einfach irgendwo von irgendjemand geliefert werden (zur Zeit von Marx zum Beispiel die Goldproduzenten, auf deren Rolle Marx noch eingehen wird, in der heutigen Zeit die Zentralbank). Aber wir müssen das Problem wertmäßig und nicht geldmäßig lösen. Wenn der Mehrwert im Austausch realisiert werden soll, dann müssen wir erklären, woher in letzter Instanz der dem Mehrwert entsprechende Wert stammt. Zur theoretischen Beantwortung dieser Frage können wir nicht außerhalb des Kapitalismus suchen (bei den nichtkapitalistischen Quellen von Nachfrage und Angebot, die Marx zuvor in diesem Kapitel behandelt hatte) oder irgendeine Klasse extravaganter Konsumenten bemühen (wie Grundherren und andere feudale Überreste wie Königshaus und Kirche), deren einzige Aufgabe darin besteht, nichts zu produzieren, aber bis zum Anschlag zu konsumieren, um Angebot und Nachfrage im Gleichgewicht zu halten. In letzterer Option sah übrigens Malthus (zusammen mit dem Außenhandel) eine Lösung für das Problem, dass die effektive Nachfrage unzureichend für die Absorption des produzierten Mehrwerts ist. Er ging so weit, die Existenz parasitärer Klassen mit Geltungskonsum – wie den Klerus, die Staatsbediensteten einschließlich der Monarchie und eine unproduktive Aristokratie – zu verteidigen, weil sie eine wichtige harmonisierende Funktion für den andernfalls brüchigen Kapitalismus erfüllen würden. Marx wollte mit einer solchen Lösung selbstverständlich nichts zu tun haben, selbst wenn sie langfristig erfolgreich wäre (was sie nicht ist).

Daher versucht er das Problem vom Standpunkt der Reproduktion des Kapitals zu lösen (nachdem er zunächst einige Komplikationen wie die der Umschlagszeit des fixen Kapitals eingeführt hat, zu denen wir später kommen werden). Wenn die Kapitalistenklasse selbst den gesamten Mehrwert konsumiert und den Wert des konstanten und variablen Kapitals in die Produktion zurückbringt, dann befinden sich Angebot und Nachfrage wieder im Gleichgewicht. Aber dies bedeutet, dass der gesamte Mehrwert von der Kapitalistenklasse gekauft und konsumiert werden muss. Die Kapitalisten müssten ihre eigenen Wertvorräte (von denen wir nicht wissen, wie sie sie erlangt haben, auch wenn es vermutlich etwas mit der ursprünglichen Akkumulation zu tun haben dürfte) nutzen, um den am Ende produzierten Mehrwert zu kaufen und damit zu realisieren.

Die dahinterstehende Logik ist in gewisser Weise korrekt. Stellen wir uns eine Gesellschaft vor, die nur aus Kapitalisten und Arbeitern besteht. Von den Arbeiterinnen kann die zusätzliche Nachfrage zur Absorption des Mehrwerts einfach nicht kommen (im Gegenteil, mit zunehmenden Ausbeutungsraten würde sich ihre Nachfrage sogar noch verringern). Die zusätzliche Nachfrage kann also nur von der Kapitalistenklasse kommen. Sie müssen zu einem bestimmten Zeitpunkt Geld-, d.h. Wertreserven besitzen, um zu einem späteren Zeitpunkt den Mehrwert zu realisieren, den sie sich aneignen wollen. Das klingt nach einem ziemlich bizarren System. Zum Beispiel unterstellt es ein unbegrenztes Verlangen der Kapitalisten nach einer ständig expandierenden Masse von Konsumgütern.

Es gibt jedoch eine mögliche Erklärung für die Auffassung von Marx. Zu Beginn des Kapitels hatte er geschrieben: »Fassen wir alle drei Formen zusammen, so erscheinen alle Voraussetzungen des Prozesses als sein Resultat, als von ihm selbst produzierte Voraussetzung. Jedes Moment erscheint als Ausgangspunkt, Durchgangspunkt und Punkt der Rückkehr.« (104) Könnten wir sagen, dass dies für die Kapitalistenklasse im Allgemeinen gilt? Bei der ersten Runde der Zirkulation müsste das Kapital den zusätzlichen Wert (Geld) vorstrecken, um den vom Arbeiter produzierten Mehrwert zu kaufen. Aber sobald das geschehen ist, gehört der von den Arbeiterinnen produzierte Mehrwert den Kapitalisten, während diese ihr ursprüngliches Kapital faktisch konsumiert haben. Bei der nächsten Runde des Zirkulationsprozesses geben die Kapitalisten nicht ihr eigenes Geld aus, sondern das monetäre Äquivalent des Mehrwerts, den sie sich zuvor von den Arbeitern angeeignet haben. Die Kapitalistenklasse wird dadurch ständig aus dem von den Arbeiterinnen produzierten Mehrwert reproduziert. Praktisch stellen die Kapitalisten die zusätzliche Nachfrage aus dem Mehrwert zur Verfügung, den die Arbeiter schon produziert haben und der dann von den Kapitalisten angeeignet wurde. Das war natürlich genau das Argument im 21. Kapitel des 1. Bandes. Das Problem, woher die zusätzliche Nachfrage stammt, scheint damit gelöst zu sein, denn die Arbeiterinnen haben sie bereits produziert und die Kapitalisten müssen sie sich nur noch aneignen. Oder, wie Marx einleitend gesagt hatte, die Voraussetzung (die effektive Nachfrage der Kapitalisten) erscheint nun als ihr Resultat (die Aneignung des Mehrwerts). Das mag bei der einfachen Reproduktion funktionieren, aber angesichts des allgemeinen Tenors der Argumentation in diesen Kapiteln ist es unwahrscheinlich, dass dieser Prozess ohne Unterbrechungen und Störungen kontinuierlich ablaufen kann.

Wenn aber der Kapitalist auf diese Weise weitermacht, dann »verzehrt er als Nichtkapitalist, nicht in seiner Funktion als Kapitalist, sondern für sein Privatbedürfnis oder Vergnügen«. Und dies vorauszusetzen, sagt Marx, »ist gleich Voraussetzung der Nichtexistenz der kapitalistischen Produktion und daher der Nichtexistenz des industriellen Kapitalisten selbst. Denn der Kapitalismus ist schon in der Grundlage aufgehoben durch die Voraussetzung, daß der Genuß als treibendes Motiv wirkt, nicht die Bereicherung selbst« (122f.). Die Unterscheidung zwischen Genuß und Bereicherung scheint hier für die Überlegungen von Marx entscheidend zu sein. Zu behaupten, der Kapitalismus beruhe auf dem persönlichen Wunsch nach Genuss, würde der Argumentation von Marx im 22. Kapitel des 1. Bandes widersprechen. Dort sagt er, der Kapitalismus beruhe auf »Akkumulation um der Akkumulation, Produktion um der Produktion willen«, unabhängig von den persönlichen Wünschen der Kapitalisten. Es kann zwar immer zu dem »faustischen Augenblick« kommen, in dem die Begierde nach Konsum und Genuss mit der Notwendigkeit der Reinvestition in Konflikt gerät, aber die Zwangsgesetze der Konkurrenz zwingen die Kapitalisten, sich wohl oder übel für letztere Option zu entscheiden.

Es reicht also nicht aus, als Triebkraft der Kapitalakkumulation ein als Person auftretendes Kapital zu unterstellen, das von der Begierde nach Konsumgütern berauscht ist. Ebenso unzulänglich wäre es, die Triebkraft in der kapitalistischen Gier nach mehr und mehr gesellschaftlicher Macht, die mit der privaten Aneignung von Geld verbunden ist, zu sehen (auch wenn diese, wie wir noch sehen werden, zum Teil daran beteiligt ist). Die historische Mission der Bourgeoisie besteht darin, unaufhörlich Kapital zu akkumulieren.

Ein System, das auf der Jagd nach purem Vergnügen und auf Gier beruht, ist Marx zufolge »technisch unmöglich. Der Kapitalist muß nicht nur ein Reservekapital bilden gegen Preisschwankungen und um die günstigsten Konjunkturen für Kauf und Verkauf abwarten zu können; er muß Kapital akkumulieren, um damit die Produktion auszudehnen und die technischen Fortschritte seinem produktiven Organismus einzuverleiben.« Die Aufschatzung von Geld, zum Beispiel für Investitionen in fixes Kapital bei Großprojekten, entzieht der Zirkulation Geld und vermindert damit die verfügbare Nachfrage: »das Geld ist immobilisiert; es entzieht dem Warenmarkt kein Äquivalent in Ware für das Geldäquivalent, das es ihm für zugeführte Ware entzogen hat« (123). Dies vergrößert die Kluft zwischen der Wertsumme, die der Kapitalist am Markt anbietet, und der verfügbaren Nachfrage.

Wenn Teile des Mehrwerts in die Ausweitung der Produktion investiert werden, steht es um die oben vorgeschlagene Lösung für das Problem der effektiven Nachfrage noch schlechter. Der Kapitalist muss nicht nur das nötige Kleingeld zur Verfügung stellen, um den in der ersten Runde produzierten Mehrwert zu kaufen und zu realisieren, sondern weitere Geldmittel finden, um den Mehrwert zu realisieren, der durch die Reinvestition produziert wurde. Und diese Verpflichtung wird in alle Ewigkeit fortbestehen.

Das eigentliche Problem bleibt also ungelöst: Wenn die Nachfrage, wie es scheint, nicht durch den Konsum der Kapitalisten geschaffen werden kann, wo in aller Welt soll sie dann herkommen? Marx gibt uns hier ein paar Hinweise, aber keine endgültige Antwort. Ich halte es jedoch für bezeichnend, dass das Kapitel mit der folgenden Bemerkung endet: »Vom Kredit wird hier abgesehn; und zum Kredit gehört, wenn der Kapitalist z.B. das Geld, im Maß wie es sich aufhäuft, bei einer Bank auf laufende Rechnung gegen Zinsen deponiert.« (123) Die für die Investition in fixes Kapital notwendige Schatzbildung kann durch das Kreditsystem organisiert werden. Auf diese Weise kann der gesamte aufgeschatzte Wert ausgegeben werden. Es handelt sich hier also um einen dieser Fälle, in denen das Kreditsystem eine entscheidende Rolle für die Freisetzung von Geldmacht zu spielen scheint. Aber zum jetzigen Zeitpunkt haben wir keine Ahnung, worin diese Rolle bestehen könnte und wie sie sich auf das deutlich erkennbare Ungleichgewicht bezieht, das sich aus der Dynamik des Akkumulationsprozesses ergibt.

Zur Lösung des Dilemmas kommen wir sehr viel später im 2. Band, in mehreren aufeinanderfolgenden Schritten, die am Ende des Buchs zu den Reproduktionsschemata führen. Statt es bei dem Mysterium zu belassen (wie Marx es zu tun scheint), will ich grob umreißen, wie ich die Argumentation von Marx verstehe. Die Konsumtion der Kapitalisten besteht aus zweierlei: dem persönlichen Konsum von Lebensmitteln und Luxusgütern und der produktiven Konsumtion. Letztere umfasst die Wiederverwertung des ursprünglichen Kapitals in einer neuen Runde der Mehrwertproduktion und die Reinvestition zur Ausweitung der Produktion, also einer zusätzlichen Nachfrage nach mehr Produktionsmitteln und mehr Lohngütern für die neu eingestellten Arbeiterinnen (vorausgesetzt, dass es zu keinen arbeitssparenden technologischen Veränderungen kommt). Die Zwangsgesetze der Konkurrenz treiben zur Ausweitung – daher die Betonung der Bereicherung statt des Vergnügens. Die Nachfrage aus der Ausweitung von morgen (und der bürgerliche Konsum) bilden den Markt für die zusätzlich produzierten Waren von gestern.

Entscheidend ist hier der zeitliche Ablauf. Wenn wir die Vorgänge zerlegen, sehen wir, dass zu jedem Zeitpunkt einige Kapitalisten Geld für die Reinvestition ausgeben, während andere Geld im Hinblick auf zukünftige Investitionen oder Reinvestitionen (zum Beispiel in fixes Kapital) aufschatzen. Erstere schaffen mit ihren Reinvestitonen eine zusätzliche Nachfrage, während letztere durch die Schatzbildung dem Markt Nachfrage entziehen, aber das Angebot ausweiten. Besteht die Möglichkeit, auf diese Weise Gesamtnachfrage und -angebot ins Gleichgewicht zu bringen? Wie es scheint nur durch das Eingreifen des Kreditsystems, mit dem das aufgeschatzte Geld freigesetzt und anderen (dank der Bankgeschäfte) für weitere Reinvestitionen zur Verfügung gestellt wird. Das Geld aus dem Verkauf des Produkts von morgen wird faktisch gebraucht, um den heute produzierten Mehrwert zu bezahlen. Diese zeitliche Lücke zwischen dem Angebot der Kapitalisten und der Nachfrage der Kapitalisten kann nur mithilfe von Kreditgeld überbrückt werden (mit dem sich Marx im 2. Band ganz bewusst nicht beschäftigen will). Dafür müssen sich die Kapitalisten nicht einmal von irgendjemandem etwas leihen. Sie können einfach Schuldscheine ausstellen und die altbekannte Methode praktizieren, jetzt zu kaufen und später zu bezahlen.

Es entsteht also eine innige Verbindung zwischen der Akkumulation von Kapital und der Akkumulation von Schulden. Die eine ist nicht möglich ohne die andere. Der Kampf um die Eindämmung der weiteren Verschuldung (wie ihn die Republikanische Partei 2011 zu führen schien) ist faktisch ein Kampf zur Beendigung des Kapitalismus. Eine endlos fortgesetzte Politik der Austerität würde daher nicht nur das

Wachstum bremsen, sonden letztlich zum Zusammenbruch des Kapitalismus führen.

In diesem Kapitel findet sich nicht mehr als ein kurzer Hinweis auf diese Lösung und die mit ihr verbundenden Probleme. Aber ich greife voraus. Da Marx sich weigert, auf die Kategorien Kredit und Zins sowie die Figuren der Bankiers und Geldgeber einzugehen, kann er im 2. Band nicht vollständig klären, wie die Kapitalisten bei einer rein kapitalistischen Produktionsweise Angebot und Nachfrage zum Ausgleich bringen können.

Überlegungen zur Definition des Kapitals

Im 2. Band trifft Marx keine politischen Aussagen. Welche politischen Einsichten könnten wir dann aus dem bisherigen Text ableiten? Eine Frage, die in diesen Kapiteln heraussticht, bezieht sich auf die Definition des Kapitals. Zu einer Zeit, in der wieder vom antikapitalistischen Kampf gesprochen wird, ist es sinnvoll, präzise zu definieren, wogegen sich der Kampf richten sollte.

Im 1. Band wurde Kapital als Wert in Bewegung definiert. »Kapital ist Geld, Kapital ist Ware«, sagt Marx.

> »In der Tat aber wird der Wert hier das Subjekt eines Prozesses, worin er unter dem beständigen Wechsel der Formen von Geld und Ware seine Größe selbst verändert, sich als Mehrwert von sich selbst als ursprünglichem Wert abstößt ... [Das Geld] bildet daher Ausgangspunkt und Schlußpunkt jedes Verwertungsprozesses. ... Der Wert wird also prozessierender Wert, prozessierendes Geld und als solches Kapital.« (K1, 169f.)

Aber, notabene, Marx bezieht sich hier darauf, wie das Kapital erscheint und nicht, was es wirklich ist. An dieser Stelle vermerkt er zum Beispiel, im Kapital habe der Wert »die okkulte Qualität erhalten, Wert zu setzen, weil er Wert ist. Er wirft lebendige Junge oder legt wenigstens goldne Eier«. Im 1. Band zeigt Marx, wie diese goldenen Eier von den Arbeitskräften gelegt werden, die unter der Auffsicht und Kontrolle des Kapitals in den verborgenen Stätten der Produktion arbeiten.

Im 2. Band wird der »Wert in Bewegung« in die Kreisläufe des Geldes, der Ware und des produktiven Kapitals zerlegt. Ist einer dieser Kreisläufe wichtiger für die Definition des Kapitals als die anderen? Und wenn dem so wäre, gibt es dann entscheidende Transformationspunkte innerhalb der verschiedenen Kreisläufe oder zwischen ihnen, die zu wichtigen Orten des politischen Kampfs werden könnten? Was können wir mit den Widersprüchen innerhalb des Zirkulationsprozesses anfangen, die sich nicht unmittelbar auf die Spannung in der Beziehung zwischen Kapital und Arbeit zurückführen lassen – und was mit der nüchternen Tatsache, dass Wert, der nicht in der Zirkulation realisiert wird, zusammen mit allem Mehrwert verlorengeht?

Marx betont in diesen Kapiteln sehr nachdrücklich, dass Geld nicht Kapital ist. Geld, so sagt er, kann nur Geldfunktionen erfüllen – das Kaufen und Verkaufen von Waren. Übrigens entstanden Geldformen, lange bevor das Kapital zur beherrschenden Macht über die menschlichen Angelegenheiten wurde. Aber auch wenn sich Kapital nicht auf Geld reduzieren lässt, gibt es gute Gründe, warum das Kapital nicht nur als Geldkapital *erscheinen*, sondern es auch wirklich *werden* kann. Geld ist eine Form von gesellschaftlicher Macht, die von Privatpersonen angeeignet werden kann. Das Verlangen nach mehr Geldmacht treibt viele Kapitalisten an, was sicherlich zu einer der Triebkräfte hinter dem Wunsch nach privater Akkumulation werden kann. Außerdem kann der Mehrwert nur in der Geldform berechnet werden. Der Kapitalist weiß, wie viel Geld er am Beginn des Kreislaufs ausgegeben hat, und kann leicht feststellen, wie viel zusätzliches Geld er zurückbekommt. Daher ist es nicht verwunderlich, dass wir bei Kapital zuerst an seine Geldform denken. Daran können wir erkennen, warum sich der fetischhafte Glaube, Geld sei Kapital, festsetzen kann. Es ist wichtig, sich die Macht dieses Fetischglaubens klarzumachen. Geldmacht ist tatsächlich äußerst wichtig und Objekt der Begierde. Aber der Fetischismus des Geldes und auch der Ware, der im 1. Band so brillant erläutert wird, verbirgt eine zugrunde liegende gesellschaftliche Realität. Geld kann nicht selbst irgendetwas schaffen – es kann nur Geldfunktionen vollziehen. Es ist daher, wie Marx zeigt, eine Illusion zu meinen, der Geldkreislauf sei der herausragende Kreislauf des Kapitals. An einem bestimmten Punkt seiner Zirkulation nimmt das industrielle Kapital jedoch die Geldform an, und wenn es das tut, produziert es Geldkapital.

Genauso können Waren nur Warenfunktionen vollziehen. Waren können existieren, ohne Produkte des Kapitals zu sein. Es muss sogar, sagt Marx, eine ganze Welt der Warenproduktion und des Warentauschs zusammen mit Geldformen und Märkten bereits existieren, bevor Kapital entstehen kann. Gäbe es nicht schon Waren auf dem Markt, wo sollten die Kapitalisten ihre Produktionsmittel und die Arbeiterinnen ihre Lebensmittel kaufen? Kapital lässt sich daher nicht durch die Kommodifizierung im Allgemeinen und auch nicht durch die unmittelbare Warenproduktion definieren. Das Besondere im Kapitalismus besteht darin, dass die Waren mit Mehrwert geschwängert sind, und Waren können sich nicht selbst schwängern. Also können auch die Waren nicht das Kapital definieren. So wichtig der Warenkreislauf im ganzen 2. Band auch ist, er definiert nicht das Kapital.

Noch überraschender ist Marx' Behauptung, dass es den Kauf und Verkauf von Arbeitskraft, der oft der Definition des Kapitals zugrunde gelegt wird, auch ohne Kapital geben kann. Die Bezahlung von Arbeitsdiensten kann völlig außerhalb der Kapitalzirkulation stattfinden. Dafür gibt es unzählige Beispiele im Feudalismus. Aus den Romanen von Dickens erfahren wir, dass dies überall in London geschah, obwohl sich der Kapitalismus bereits durchgesetzt hatte. Diese Unterscheidung ist noch heute wichtig: Wenn ich ein Kind aus meinem Haus dafür bezahle, dass es am Nachmittag meinen Hund ausführt, oder einem Nachbarn einen Kasten Bier spendiere, weil er mir stundenlang beim Ausbau meiner Veranda geholfen hat, dann unterstellt das nicht die Existenz oder Zirkulation von Kapital. Der Austausch von Arbeitsdiensten gegen Geld oder andere Waren, schreibt Marx, musste bereits existieren, bevor das Kapital Arbeitskraft als eine Ware kaufen konnte. Während also die massenhafte Proletarisierung eine notwendige Vorbedingung für den Aufstieg des Kapitals ist, definiert sie nicht das eigentliche Wesen des Kapitals.

Marx weist auch darauf hin (85), dass die kapitalistische Warenproduktion nur in derselben Weise wie die »Produktion im Allgemeinen« ausgeführt werden kann und sich daher nicht als solche durch irgendwelche besonderen materiellen Eigenschaften von »dem nichtkapitalistischen Produktionsprozeß« unterscheiden lässt. Der Anbau von Getreide ist letztlich unabhängig von der Produktionsweise immer der Anbau von Getreide. Die materielle Gestalt der Gebrauchswertproduktion kann also nicht das Kapital definieren. Derselbe stoffliche Produktionsprozess kann im Prinzip unter feudalen, kapitalistischen oder sozialistischen Gesellschaftsverhältnissen stattfinden.

Das Wesen des Kapitals, so müssen wir schlussfolgern, ist das Klassenverhältnis zwischen Kapital und Arbeit in der Produktion, das die systematische Produktion und Aneignung von Wert und Mehrwert ermöglicht. Diese Definition des Kapitals stimmt mit Marx' Argument in der Einleitung der *Grundrisse* überein, dass es die Produktion im Sinne der Produktion von Mehrwert (nicht die stoffliche Produktion) ist, die alle anderen Momente der Distribution, des Austauschs, der Konsumtion und insbesondere des materiellen Produktionsprozesses selbst beherrscht. Die Reproduktion des Kapitals muss immer als Reproduktion des Klassenverhältnisses zwischen Kapital und Arbeit verstanden werden (wie es im 21. Kapitel des 1. Bandes deutlich klargestellt wird).

Aus der Darstellung von Marx ergibt sich folgende Erzählung: Alle diese Momente des Geldes, der Waren, des Kaufs und Verkaufs von Arbeitsdiensten und eine bestimmte materielle und technische Produktionskapazität müssen vor dem Aufstieg des Kapitals vorhanden sein. Zusammen bildeten sie die notwendigen Vorbedingungen für die Entstehung dieses Klassenverhältnisses zwischen Kapital und Arbeit, das die systematische Produktion und Aneignung von Mehrwert ermöglichte. Dieses letzte entscheidende Wesensmerkmal definiert jedoch die Spezifik des Kapitals. Wenn wir über die »kommunistische Hypothese« oder antikapitalistische Politik reden wollen, muss daher die Abschaffung dieses Klassenverhältnisses in der Produktion die zentrale Zielsetzung sein.

Daraus könnte leicht gefolgert werden, dass es prinzipiell möglich sein sollte, den Sozialismus oder sogar den Kommunismus auf einer Welt der Monetarisierung, Kommodifizierung und sogar des Handels mit Arbeitsdiensten aufzubauen, solange nur das Klassenverhältnis zwischen Kapital und Arbeit in der Welt der Produktion abgeschafft ist (indem es zum Beispiel durch den »assoziierten Arbeiter« ersetzt wird, auf den sich Marx in der Regel bezieht, wenn er über Alternativen nachdenkt). Denn wenn alle diese Momente schon vor dem Aufstieg des Kapials existieren, warum könnten sie dann nicht auch im Sozialismus oder sogar im Kommunismus eine wichtige Rolle spielen?

Die Erzählung, die sich aus diesen Kapiteln ergibt, ist jedoch komplizierter. Sobald das Klassenverhältnis zwischen Kapital und Arbeit vorherrschend in der Produktion geworden ist, führt es zu einer Umwandlung der Vorbedingungen, die es entstehen ließen. Die Zirkulation von Geld und Waren und die funktionsfähigen Arbeitsmärkte werden derart umgestaltet, dass sie der Reproduktion des Klassenverhältnisses in der Produktion dienen und diese sogar erzwingen. Wir erkennen aus diesen Kapiteln, dass die drei Kreisläufe des Geldkapitals, des Warenkapitals und des produktiven Kapitals so eng miteinander verbunden sind, dass sich nicht einer verändern lässt, ohne auch alle anderen zu verändern. Das bedeutet nicht, dass eine Veränderung unmöglich ist. Gerade weil eine Unterbrechung an einem Punkt eines Kreislaufs unmittelbare Folgen für alle anderen Kreisläufe hat, wird die Veränderung möglich. Und Marx zeigt, dass es in jedem Fall unvermeidlich zu Störungen kommen muss, womit zahlreiche Möglichkeiten der politischen Intervention entstehen. Wenn wir das Gesamtsystem richtig verstehen, erweist es sich als zerbrechlich und angreifbar.

Geld, Waren und der Austausch von Arbeitsdiensten gehen dem Aufstieg des Kapitals als einem Klassenverhältnis zwar logisch und historisch voraus, aber diese Tauschvorgänge funktionierten damals unter völlig anderen gesellschaftlichen Bedingungen. Als die meisten Individuen entweder eine gewisse Kontrolle über ihre eigenen Produktionsmittel hatten oder ihnen – wie in der Sklaverei und Leibeigenschaft – eine zwar eng begrenzte, aber dauerhafte Stellung in der Gesellschaftsordnung zugesichert war, konnten sich die unmittelbaren Produzentinnen vollständig oder teilweise ohne Austausch auf Märkten reproduzieren. Durch extremen Hunger oder Missernten mögen einige gezwungen gewesen sein, Waren oder Arbeitsdienste auszutauschen, aber der größte Teil der Tauschgeschäfte betraf Überschüsse, die für die soziale Reproduktion nicht benötigt wurden. Dieser Austausch unterlag nicht den Zwängen des Tauschwerts.

Heute befinden sich noch immer große Teile der globalen Arbeitskraft in einem Zustand der »Semiproletarisierung«, d.h. sie haben Zugang zu Land und anderen familiären und verwandtschaftlichen Ressourcen, auf die sie zurückgreifen können, wenn sie arbeitslos, krank oder behindert sind. So werden im heutigen China viele Kosten der sozialen Reproduktion von den ländlichen Gebieten getragen. Auf noch brutalere Weise verlagert das Agrobusiness der USA die Kosten der sozialen Reproduktion nach Mexiko, indem es illegale Einwanderer mit krebserregenden Pestiziden arbeiten lässt, bis sie zu krank werden. Dann werden sie in die Dörfer zurückgeschickt, aus denen sie kamen, um dort gepflegt zu werden oder zu sterben.

In diesen einleitenden Kapiteln des 2. Bandes lenkt Marx unsere Aufmerksamkeit auf einen allgemeinen Punkt: Wenn das Klassenverhältnis zwischen Kapital und Arbeit vorherrschend in der Produktion wird (was schon in den Tagen von Marx in großem Umfang geschah), dann führt dies zu einer Umwandlung der Form und Funktionsweise von Geld, Waren und Arbeitsmärkten. Sobald Geld zu Geldkapital wird, schreibt Marx, ist es nicht mehr nur Objekt der fetischhaften Begierde von Kapitalisten. Es übernimmt völlig andere Funktionen und wird, insbesondere in der Form des Kreditsystems, ganz darauf ausgerichtet, die Reproduktion des Klassenverhältnisses zu unterstützen. Die verschiedenen Kreisläufe des Kapitals sind derart miteinander verstrickt und verflochten, dass jeder die anderen stützt und gelegentlich mit ihnen in Widerspruch gerät, auch wenn das Klassenverhältnis und die Produktion von Mehrwert im Mittelpunkt der kapitalistischen Produktionsweise stehen. Das Kapital »ist eine Bewegung, ein Kreislaufsprozeß durch verschiedne Stadien, der selbst wieder drei verschiedne Formen des Kreislaufsprozesses einschließt. Es kann daher nur als Bewegung und nicht als ruhendes Ding begriffen werden« (109). Dies deckt sich mit Marx' dialektischem Begriff von »Totalität«, wie er ihn in der Einleitung der *Grundrisse* entwickelt hat. Während die Spezifik des Kapitals durch das Klassenverhältnis in der Produktion bestimmt ist, das die Erzeugung von Mehrwert möglich macht, liegt seine Allgemeinheit in dem Zirkulationsprozess des industriellen Kapitals, der aus der Einheit der Kreisläufe von Geldkapital, produktivem Kapital und Warenkapital besteht.

Es wäre daher illusionär zu glauben, Veränderungen in der Produktion könnten große Folgen haben, wenn nicht zugleich auch die Funktionsweise der anderen Kreisläufe radikal verändert wird. Der Übergang zum Sozialismus oder Kommunismus beinhaltet nicht nur den erbitterten Kampf um die Abschaffung des Klassenverhältnisses zwischen Kapital und Arbeit in der Produktion. Er erfordert auch die Zurückdrängung oder vielleicht die Rekonstruktion dieser anderen Kreisläufe. Die Monetarisierung, die Kommodifizierung und der Handel mit Arbeitsdiensten müssten so umgewandelt werden, dass sie die assoziierten Arbeiterinnen in der Produktion unterstützen. Wenn zum Beispiel etwas Ähnliches wie Geld benötigt wird, um den Austausch zu ermöglichen, wie können wir dann verhindern, dass Geld zu Geldkapital wird und sich eine Klasse die mit dem Geld verbundene gesellschaftliche Macht aneignet, um damit Mehrwert zu produzieren? Der Austausch von Waren ist das eine, aber der Tauschwert als Regulator sämtlicher menschlicher Transaktionen etwas völlig anderes. Ohne solche zusätzlichen Transformationen scheint die Abschaffung der Klassenverhältnisse in der Produktion unmöglich zu sein.

Diese Schlussfolgerung findet ihre Bestätigung in der langen und oftmals aufgebauschten Geschichte der Versuche, die kapitalistische Produktion in nichtkapitalistischer Weise zu reorganisieren, was oft als assoziierte Arbeit bezeichnet wurde. Die Versuche mit Arbeiterkontrolle, Selbstverwaltung, *autogestión* und Kooperativfabriken (wie sie in Europa in den 1970er Jahren und in Argentinien nach der Krise von 2001 ins Leben gerufen wurden) litten ausnahmslos darunter, dass sie sich mit der kontrollierenden Macht des feindlich gesinnten Kaufmanns- und Finanzkapitals herumschlagen mussten und teilweise von diesem zerstört wurden. Der Traum von *autogestión* und Arbeiterkontrolle zerschellte oft an den Klippen der Macht des Geld- und Warenkapitals und an den disziplinierenden Gesetzen des Tauschwerts. Der Triebkraft der Verwertung des Werts und der dafür erforderlichen Abpressung von Mehrwert lässt sich nur schwer beikommen. Und es ist vielleicht kein Zufall, dass die am längsten bestehende Arbeiterkooperative – die Mondragón-Genossenschaft, die 1956 während der Zeit des Faschismus in Spanien im Baskenland gegründet wurde – zum Teil deswegen überlebt hat, weil sie ihre eigenen Kreditinstitutionen und Vermarktungsformen aufgebaut und damit ihre politische Strategie in allen drei Kreisläufen verankert hat. Sie überlebt und gedeiht noch immer, und in den meisten der heute von ihr kontrollierten 200 Betrieben liegen die Unterschiede in der Vergütung der Beteiligten bei 3 zu 1 – im Vergleich zu 400 zu 1 und mehr in den Unternehmen in den USA.

Die Schwierigkeiten, die den Formen der assoziierten Arbeit zu schaffen machen, resultieren zum größten Teil aus dem Fortbestehen der kapitalistischen Wertgesetze, die, wie wir bereits gesehen haben, die individuellen Kapitale beherrschen und in vielen Fällen zerstören. Sobald irgendein Unternehmen in eine Welt gerät, in der diese Gesetze des Werts herrschen, wird es ihrer disziplinierenden Macht unterworfen. Um überleben zu können, mussten Mondragón und die besetzten Fabriken in Argentinien sich auf irgendeine Weise mit dem Wertgesetz arrangieren.

Dies bringt uns zu einer allgemeinen und zumindest an der Oberfläche ernüchternden Schlussfolgerung, auf die uns Marx in seiner Analyse der Entwertung und Deindustrialisierung des Kapitals bereits vorbereitet hat: Das Klassenverhältnis zwischen Kapital und Arbeit in der Produktion lässt sich nicht abschaffen, ohne die Bewegungsgesetze des Kapitals und die immaterielle und objektive Macht des Wertgesetzes, in dem diese Bewegungsgesetze verankert sind, abzuschaffen. Aber Marx deutet immer wieder eine koevolutionäre Theorie der historischen Transformation an. Wenn wir den Grundzügen einer solchen Theorie folgen, wird in Umrissen eine Strategie für den antikapitalistischen Kampf erkennbar. Das Klassenverhältnis zwischen Kapital und Arbeit steht zwar im Mittelpunkt der Definition des Kapitals, aber es ist derart tief in andere Facetten des Zirkulationsprozesses eingebettet, dass wir es kaum loswerden können, ohne die Stützen abzuschaffen oder zu ersetzen, von denen es umgeben ist. Wir können dem Prinzip der assoziierten Arbeit, der Arbeiterautonomie und der Selbstverwaltung treu bleiben und die lange Geschichte von Versuchen zur Einführung solcher Formen des Arbeitens und Lebens würdigen, aber wir müssen uns auch mit all den anderen Facetten der Gesellschaftsveränderung auseinandersetzen, die für die Emanzipation der sozialen Welt von der Herrschaft des Kapitals erforderlich sind.

Das Klassenverhältnis von Kapital und Arbeit muss durch den Kommunismus letztlich abgeschafft werden, aber er muss nicht zwangsläufig das Geld (oder sein Äquivalent) oder den Austausch von Gütern und Arbeitsdiensten abschaffen. Er könnte, so wie es das Kapital zuvor getan hat, Möglichkeiten finden, all diese anderen Zirkulationsprozesse so umzugestalten, dass sie der assoziierten Arbeit statt dem Klassenverhältnis des Kapitals dienen. Das wirft einige sehr allgemeine und offensichtlich ziemlich schwierige Fragen zur zukünftigen Rolle und dem eigentlichen Wesen von Geld, Kommodifizierung und Märkten auf. Wie könnten zum Beispiel Arbeitsdienste gehandelt werden und wie könnten sich die Arbeitskräfte reibungslos zwischen verschiedenen Sektoren und Orten der Produktion bewegen? Und wie könnte die Arbeitsteilung für soziale Zwecke koordiniert werden? Würde es noch den Austausch von Waren und Arbeit geben? Der Übergang zum Kommunismus würde die Transformation all dieser Zirkulationsprozesse beinhalten, damit sie nicht länger als Stützen des Kapitals fungieren. Aber die Erfahrungen mit dem Versuch, durch die völlige Abschaffung all dieser ergänzenden Formen zum Kommunismus zu gelangen, wie es in Nordkorea geschehen ist, zeigen, dass dies auch nicht möglich ist.

Marx ist zwar kein Utopist, aber ihm scheint die Idee der assoziierten Arbeiter zu gefallen, die selbständig kontrollieren und entscheiden, welche Gebrauchswerte sie mit welchen Produktionsmitteln produzieren. Darin sieht er die Basis für eine revolutionäre Alternative zu einem rücksichtslosen Kapitalismus, der auf Tauschwerten und der Aneignung von Mehrwert beruht. Aber wie wir bei der Untersuchung der Bedingungen für die Gesamtreproduktion in den letzten beiden Kapiteln des 2. Bandes sehen werden, erfordert dies einen gewissen leitenden und koordinierenden Mechanismus oder eine Regierungsgewalt. Es bedarf einer bewussten Planung, um die Gebrauchswerte in koordinierter Weise zu produzieren. Damit sind wir natürlich weit abgekommen vom eigentlichen Text von Marx. Aber ich denke, der 2. Band lädt zum Nachdenken über solche Prozesse und Probleme ein, wodurch ein ziemlich langweiliges Buch zu einer sehr viel interessanteren Übung in kreativem politischem Denken wird.

Es sollte hier noch auf einen anderen wichtigen politischen Punkt hingewiesen werden. In vielen Teilen der Welt und insbesondere in den USA wird die Idee des Sozialismus oder Kommunismus in erster Linie mit diktatorischen Formen einer zentralisierten Staatsmacht verbunden. Überall ist ein völlig berechtigtes Misstrauen in den Staat und in die Ausübung von staatlicher Gewalt zu beobachten.

Marx behauptet jedoch, dass der imaginäre Kern einer alternativen kommunistischen Gesellschaft in den frei assoziierten Arbeiterinnen besteht, die ihren eigenen Produktionsprozess kontrollieren und im Rahmen einer dezentralisierten Wirtschaft ihre Autonomie am Arbeitsplatz bewahren. Wie sich herausstellt, stößt diese Idee in der Öffentlichkeit auf enorme Sympathie. Ich erinnere mich, vor einigen Jahren eine Meinungsumfrage gesehen zu haben, aus der hervorging, dass die meisten Menschen in den USA Arbeiterkontrolle für eine gute Idee halten. Als die Arbeiter der Firma *Republic Windows and Doors* in Detroit während der Wirtschaftskrise von 2008 einen Sitzstreik machten und ihren Betrieb besetzten, wurden sie sogar in den USA von der Mainstreampresse eher als lokale Helden und nicht als kommunistische Schurken behandelt. Wenn du die vehementesten Gegner des Sozialismus, einschließlich denen in der Tea Party, fragst, ob sie die Arbeiterkontrolle der Kontrolle durch den Staat oder die Regierung vorziehen, so werden sie höchstwahrscheinlich zustimmen. Wie sich zeigt, begrüßen viele Leute zumindest diese Version der kommunistischen Hypothese. Was sich aus diesen Kapiteln ergibt, ist also nicht nur eine deutlichere Definiton des Kapitals, sondern auch die Konzeption einer kommunistischen Alternative, die selbst viele Menschen in den USA bereitwillig gutheißen würden.

Kapitel 5 und 6 des 2. Bandes im Allgemeinen

Die nächsten beiden Kapitel behandeln die Zeit und die Kosten, die mit den in den vorhergehenden Kapiteln beschriebenen Zirkulationsprozessen verbunden sind. Marx lässt sich hier darauf ein, die Zeitlichkeit der kontinuierlichen Kapitalakkumulation zu untersuchen. Auch wenn er sich ausschließlich auf die Bewegungsgesetze des Kapitals konzentriert, lässt sich unschwer erkennen, wie diese Prozesse zwangsläufig die Zeitlichkeit des Alltagslebens von allen prägen, die von der kapitalistischen Produktionsweise betroffen sind. Hinter den Details in diesen Kapiteln verbirgt sich eigentlich eine grundlegende Untersuchung der herrschenden Zeitlichkeit und Räumlichkeit der kapitalistischen Produktionsweise, die beide in ständiger Veränderung begriffen sind. Wie also sieht die Raum-Zeit-Entwicklung des Kapitals aus? Welche Kräfte treiben sie an und warum kommt es zu den jeweiligen Übergängen? Diese Fragen sollten wir ständig im Kopf behalten, wenn wir uns durch die Details arbeiten.

Es gibt eine grundlegende Idee, die für das Verständnis der Argumentation von Marx in diesen Kapiteln wichtig ist. Sie ergibt sich aus seinem beharrlichen Insistieren darauf, dass Wert und Mehrwert nicht durch Tauschvorgänge produziert werden kann. Wert wird in der Produktion erzeugt, damit hat sich der Fall. Daraus folgt, dass die Zeit und Arbeit, die für die Zirkulation auf dem Markt verwendet wird, keinen Wert produziert. Diese Zirkulation kostet eine Menge an Zeit und Arbeitsaufwand. Marx betrachtet sie als verlorene Zeit und verlorene Verausgabung von Arbeit in Bezug auf die Wertproduktion. Es besteht daher der große Drang, Möglichkeiten ihrer Reduzierung zu finden. Eine Konsequenz daraus ist die historische und immer noch anhaltende Faszination des Kapitals für die Beschleunigung. Die für die Umwandlung einer Ware in Geld oder umgekehrt verausgabte Arbeit ist unproduktive Arbeit (nicht in dem Sinne, dass die Arbeit unnütz oder unnötig ist oder von faulen und unproduktiven Arbeitern ausgeführt wurde, sondern unproduktiv, weil sie keinen Wert produziert). In der Zirkulation der Waren wird natürlich eine Menge Arbeit beschäftigt und Kapitalisten wie Kaufleute, Großhändler und Einzelhändler organisieren diese Arbeit und ziehen ihren Profit aus ihr; zum Teil, weil sie die von ihnen beschäftigten Arbeiterinnen auf dieselbe Weise ausbeuten, wie es die produktiven Kapitalisten tun. Aber für Marx fallen sie nach wie vor unter die Kategorie der unproduktiven Arbeit. Diese Frage ist umstritten und Gegenstand einer zwar endlosen, aber wichtigen Debatte, von der einiges in der Einleitung von Ernest Mandel zum 2. Band gut beschrieben wird (auch wenn eine ganze Reihe von Autoren seiner Interpretation widersprechen).[1]

Ich möchte auf diese Kontroverse nicht im Detail eingehen. Aber auf einige allgemeine Probleme sollte hingewiesen werden, auch wenn sie hier nicht gelöst werden können. Eine Schwierigkeit könnte sich zum Beispiel aus der Formulierung von Marx im 1. Band ergeben. Im 14. Kapitel verlagert er sein Augenmerk vom individuellen Arbeiter auf den »Gesamtarbeiter«. Er stellt sich einfach eine Fabrik vor, in der die unmittelbar am Band beschäftigten Produzenten mit Reinigungskräften, Instandhaltungsarbeitern und anderen Hilfskräften zusammenarbeiten.

[1] Eine Kritik an Mandels Argumenten in seiner Einleitung zum 2. Band (siehe Fußnote 2 in der Einleitung, S. 19) findet sich bei Patrick Murray, »Beyond the ›Commerce and Industry‹ Picture of Capital«, in: Christopher John Arthur/ Geert A. Reuten (Hrsg.): *The Circulation of Capital: Essays on Volume Two of Marx's Capital*, London 1998, S. 57-61.

Für Marx ist es keine Frage, dass sie alle Teil des gemeinsamen Produktionsprozesses sind, auch wenn einige ihre Arbeitskraft nicht auf die zu produzierende Ware anwenden.

Wie ich in meinem *Begleiter* zum 1. Band angemerkt habe, lässt sich nur schwer präzise bestimmen, wo der Gesamtarbeiter anfängt und wo er aufhört. Umfasst er auch die Konstrukteure, Manager, Ingenieure, Instandhalter, Reinigungskräfte und Kaufleute, die im Umfeld der Fabrik arbeiten? Wenn es vor allem auf die Produktivität des Gesamtarbeiters und nicht der individuellen Arbeiterinnen ankommt, wie Marx hier betont, dann müssen wir wissen, welche Gruppe von Arbeitern der Berechnung der Produktivität zugrunde gelegt wird und wer die »assoziierten Arbeiterinnen« sind, die den Wert produzieren. Was geschieht, wenn verschiedene Funktionen, die früher Funktionen des Gesamtarbeiters in der Fabrik waren (wie Reinigung und Werbegrafik), ausgelagert werden? Gehören sie dann auf einmal nicht mehr zur produktiven Gesamtarbeit und fallen unter die Kategorie der unproduktiven Arbeit? Insbesondere in den letzten vierzig Jahren haben sich kapitalistische Firmen in systematischer Weise immer stärker auf Zulieferer gestützt. Angeblich sollte damit der Gesamtarbeiter »verschlankt« werden, um die individuelle Profitrate zu steigern (ob dadurch die Mehrwertproduktion insgesamt gesteigert wurde, ist höchst fraglich). Reinigung, Instandhaltung, Design, Vermarktung usw. werden zunehmend als »Unternehmensdienstleistungen« organisiert und es lässt sich nur schwer sagen (wie Marx selbst einräumt, wie wir noch sehen werden), welche dieser Tätigkeiten als wertproduzierend zu klassifizieren sind, und welche als notwendig, aber unproduktiv. Dieses Problem stellt sich auch in angeblich sozialistischen Formen (einer der Kritikpunkte an der Mondragón-Genossenschaft bezieht sich darauf, dass sie zunehmend auf Zulieferfirmen zurückgreift und damit auf Kosten der Ausbeutung an anderen Orten überlebt).

Ich kann an dieser Stelle nicht näher auf diese Frage eingehen, sondern nur darauf hinweisen, dass wir hier mitten in einem meiner Ansicht nach unauflösbaren buchhalterischen Albtraum und den sich daraus ergebenden zahlreichen Kontroversen feststecken (in denen sich Marxisten schon seit langem hervortun). Ich überlasse es euch, diesem Problem in eurer Freizeit weiter nachzugehen. Dabei werdet ihr feststellen, dass die Unterscheidung zwischen produktiver und unproduktiver Arbeit in den Schriften von Adam Smith eine große Rolle spielt und dass Marx einen großen Teil des 1. Bandes der *Theorien über den Mehrwert* der Analyse und Kritik der Auffassungen von Smith gewidmet hat, um seine eigene Auffassung dazu besser bestimmen zu können. Ich selbst bin nicht davon überzeugt, dass Marx eine vernünftige Antwort auf dieses Problem gefunden hat. Ich sehe auch nicht, dass sie irgendjemand anderes gefunden hätte, weshalb uns diese ganze Kontroverse hinterlassen wurde.

Angesichts des Fehlens einer eindeutigen rechnerischen Lösung für die Unterscheidung zwischen produktiver und unproduktiver Arbeit stehen wir vor einem Problem. Wie können wir im weiteren Vorgehen an den intuitiven Einsichten von Marx festhalten, obwohl wir um die Schwierigkeit (oder Unmöglichkeit?) wissen, diese Unterscheidungen zu operationalisieren? Die intuitiven Einsichten ergeben sich aus der Analyse der drei Kapitalkreisläufe. Das Moment der Produktion (des Arbeitsprozesses) begründet den produktiven Kreislauf. Aber dieser Kreislauf kann nicht vollendet werden, ohne die vom Geld und den Waren definierten Bedingungen der Zirkulation zu regeln. An allen drei Kreisläufen ist Arbeit beteiligt und die Kontinuität der Zirkulation des industriellen Kapitals (der Gesamtprozess) hängt von der Kontinuität in allen drei Kreisläufen ab. Absoluten Vorrang haben diese Notwendigkeit der Kontinuität und Geschwindigkeit (Beschleunigung) des Fließens und die dafür erforderlichen Bedingungen.

Wären dies die einzigen Überlegungen, dann könnten wir sagen, dass sämtliche an der Produktion, Zirkulation und Realisierung beteiligte Arbeit zur Gesamtarbeit für die Erhaltung und Reproduktion des Kapitals gehört (und könnten damit auch die Hausarbeit einbeziehen, die der Reproduktion der Arbeitskraft dient). Wir könnten also sagen, dass alle Arbeiterinnen, die in den Kreislauf des industriellen Kapitals einbezogen sind, als produktive Arbeiter zu betrachten sind. Aber dies würde, in der Sichtweise von Marx, etwas sehr Wichtiges vertuschen und maskieren. Wenn Wert und Mehrwert nur in der eigentlichen Produktion im produktiven Kreislauf geschaffen werden, dann müssen die Ausgaben und Arbeiten für die Zirkulation des industriellen Kapitals aus Abzügen von dem in der Produktion erzeugten Wert und Mehrwert bezahlt werden. Die Größe dieser Abzüge ist sowohl individuell wie gesellschaftlich ein gravierendes Problem für die Reproduktion des Kapitals. Würde der gesamte produzierte Wert und Mehrwert von den Zirkulationskosten verschlungen werden, wer würde sich dann noch mit der Produktion herumschlagen? Strategien zur Verringerung dieser Abzüge und zur Minimierung der in der Zirkulation verlorenen Zeit haben daher in der Geschichte des Kapitals eine große Rolle gespielt und von ihren Folgen sind wir noch heute alltäglich betroffen.

Hiervon geht der Impuls aus, permanent die Raum-Zeit-Konfigurationen des Kapitalismus durch die Beschleunigung (selbst unserer Konsumtion) und die »Vernichtung des Raums durch die Zeit« (wie Marx es in den *Grundrissen* nennt) zu revolutionieren. Umgekehrt ergibt sich daraus auch, dass eine übermäßige Macht zur Durchsetzung dieser Abzüge (oder die fehlende Möglichkeit der raschen Bewegung des Kapitals durch die Kreisläufe) Krisen auslösen kann. Was bedeutet es für die Produktion des Werts, wenn die gesamte Macht bei den Geldkapitalisten (den Finanzleuten) und den Warenkapitalisten (den Kaufleuten) liegt, die letztlich von dieser Produktion abhängig sind? Es könnte sein, dass die ab 2007 auftauchenden globalen Wirtschaftsprobleme auf die übermäßigen (und, wie wir sehen werden, größtenteils fiktiven) Profite zurückzuführen sind, die (zum Beispiel von Goldman Sachs und Walmart) aus den unproduktiven Geld- und Warenkreisläufen geschlagen wurden und damit der Durchführung produktiver Tätigkeiten die Energie raubten. Oder umgekehrt könnten die miesen Bedingungen im produktiven Kreislauf das Kapital dazu gebracht haben, in die unproduktiven Kreisläufe des Gelds und der Waren zu flüchten, in denen sich die Akkumulation durch Enteignung statt durch die Produktion fortsetzen ließ. Es ist eine interessante Frage, wie diese Hypothesen überprüft werden könnten. Aber dann stellt sich sofort folgende Frage: Warum sollte sich jemand mit der Produktion abmühen, wenn in der Zirkulation Wert erzeugt werden kann? Marx wirft die Frage hier nicht in dieser Form auf, aber implizit ist sie in seiner Analyse enthalten. Ich möchte mich lieber mit dieser Frage beschäftigen, als in irgendeinem Sumpf aus Berechnungen steckenzubleiben. Sie scheint mir am engsten mit der intuitiven Auffassung von Marx verbunden und auch von großer aktueller Bedeutung zu sein. Behalten wir all das im Kopf und schauen wir uns an, wie Marx im Einzelnen vorgeht.

Kapitel 5 des 2. Bandes

Das 5. Kapitel beginnt mit der scheinbar simplen Unterscheidung zwischen Zirkulations- oder Umlaufszeit (wie lange braucht das Kapital für seine Formwechsel zwischen Ware und Geld in der Zirkulationssphäre) und Produktionszeit (wie lange hält es sich im Produktionsprozess auf). Die Summe aus Zirkulations- und Produktionszeiten wird später als die Umschlagszeit des Kapitals definiert (128). Aber es gibt Komplikationen. Fixes Kapital (Maschinen usw.) kann eine lange Zeit in der Produktionssphäre verbringen, egal ob es gebraucht wird oder nicht. Es besteht ein wichtiger, in einem späteren Kapitel behandelter Unterschied zwischen dem gesamten in der Produktion *eingesetzten* Kapital (was sämtliches fixes Kapital wie Maschinen und Gebäude beinhaltet) und dem tatsächlich konsumierten oder *aufgebrauchten* Kapital (was nur den Teil des fixen Kapitals beinhaltet, der tatsächlich verzehrt wurde). Diese Unterscheidung ist jedoch nur sinnvoll in Bezug auf eine bestimmte Zeitperiode. Meistens geht Marx davon aus, dass diese Periode ein Jahr ist, sofern er nichts anderes angibt. Außerdem stellt er fest: »Periodische Unterbrechung des Arbeitsprozesses, nachts z.B., unterbricht zwar die Funktion dieser Arbeitsmittel, aber nicht ihren Aufenthalt in der Produktionsstätte.« (124) Die Produktion erfordert zudem eine Reserve, einen Vorrat an bereitstehenden Produktionsmitteln, für den Fall plötzlich eintretender Marktengpässe oder anderer unvorhergesehener Fluktuationen.

Das bringt Marx dazu, zwischen der Funktionszeit, die er später als »Arbeitszeit« bezeichnet (die Zeit, in der durch die produktive Konsumtion Mehrwert erzeugt wird), und der Produktionszeit (in der die Zeiten enthalten sind, in denen das Kapital in Reserve gehalten oder noch nicht aktiv im Produktionsprozess eingesetzt wird) zu unterscheiden. Um das Problem noch verwickelter zu machen, ist zu berücksichtigen, dass in vielen Fällen der Produktionsprozess auch ohne die Verausgabung von Arbeit weitergeht – zum Beispiel »das Korn, das gesät ist, der Wein, der im Keller gärt« (125). Aus all diesen Gründen ist die Produktionszeit fast immer größer als die Arbeitszeit.

Wenn Kapital nicht aktiv eingesetzt wird, ist es das, was Marx als *latentes Kapital* bezeichnet und das »im Produktionsprozeß fungiert, ohne sich im Arbeitsprozeß zu befinden«. Es ist »brachliegendes Kapital, obgleich seine Brache eine Bedingung für den ununterbrochnen Fluß des Produktionsprozesses bildet. Die Baulichkeiten, Apparate etc., nötig um als Behälter des produktiven Vorrats (des latenten Kapitals) zu dienen, sind Bedingungen des Produktionsprozesses und bilden daher Bestandteile des vorgeschoßnen produktiven Kapitals« (125). Aber brachliegendes Kapital produziert keinen Wert und Mehrwert, auch wenn es für das produktive Kapital einen notwendigen »Teil in dessen Leben« darstellt:

> »Es ist klar, daß je mehr Produktionszeit und Arbeitszeit sich decken, um so größer die Produktivität und Verwertung eines gegebnen produktiven Kapitals in gegebnem Zeitraum. Daher die Tendenz der kapitalistischen Produktion, den Überschuß der Produktionszeit über

> die Arbeitszeit möglichst zu verkürzen. Obgleich aber die Produktionszeit des Kapitals von seiner Arbeitszeit abweichen mag, so umschließt sie stets dieselbe, und ist der Überschuß selbst Bedingung des Produktionsprozesses.« (126f.)

Die Zirkulationszeit ist die Zeit, die gebraucht wird, um die Ware zu verkaufen und dann das Geldkapital wieder in Produktionsmittel und Arbeitskraft umzuwandeln. »Umlaufszeit und Produktionszeit schließen sich wechselseitig aus. Während seiner Umlaufszeit fungiert das Kapital nicht als produktives Kapital und produziert daher weder Ware noch Mehrwert.« (127) Daraus ergibt sich:

> »Die Expansion und Kontraktion der Umlaufszeit wirkt daher als negative Schranke auf die Kontraktion oder Expansion der Produktionszeit ... Je mehr die Zirkulationsmetamorphosen des Kapitals nur ideell sind, d.h. je mehr die Umlaufszeit = 0 wird oder sich Null nähert, um so mehr fungiert das Kapital, um so größer wird seine Produktivität und Selbstverwertung. Arbeitet ein Kapitalist z.B. auf Bestellung, so daß er bei Lieferung des Produkts Zahlung erhält, und erfolgt die Zahlung in seinen eignen Produktionsmitteln, so nähert sich die Zirkulationszeit Null.« (127f.)

Die klassische politische Ökonomie hat es laut Marx versäumt, die Bedeutung der Produktions- und Zirkulationszeiten zu analysieren. Daher verfallen viele ihrer Vertreter wie die Kapitalisten selbst dem Fetischglauben, Mehrwert könne »aus der Zirkulationssphäre« stammen, weil »längre Umlaufszeit als Grund der Preiserhöhung wirkt«. Dies erzeugt die Illusion, »daß das Kapital eine, von seinem Produktionsprozeß und daher von der Exploitation der Arbeit unabhängige mystische Quelle der Selbstverwertung besitzt« (128). Getäuscht von dem noch heute existierenden Fetischglauben, Wert könne in der Zirkulation entstehen, lässt sich nicht begreifen, warum dem Kapital der Trieb innewohnt, die Zirkulation zu beschleunigen und immer effektiver zu gestalten. Warum sollte darum gekämpft werden, die Zirkulationszeiten zu verkürzen, wenn durch die Zirkulation Wert produziert werden kann? Längere Zeiten würden mehr Wert abwerfen.

Leider entwickelt Marx das alles auf rein formale Weise, ohne jeglichen Versuch, auf die historische Bedeutung hinzuweisen. Aber es fällt nicht schwer, einen Zusammenhang zur historischen Entwicklung herzustellen. Marx bezieht sich zum Beispiel auf seine Darstellung im

1. Band (K1, 271ff.), um zu zeigen, wie das Kapital mit seinem »Bestreben, auch nachts arbeiten zu lassen« (125), versucht, »den Überschuß der Produktionszeit über die Arbeitszeit möglichst zu verkürzen« (127). Er hätte jedoch sehr viel ausführlicher werden können. Hätte er an dieser Stelle die »Zwangsgesetze der Konkurrenz« eingeführt, so wie er es bei der Entwicklung der Theorie des relativen Mehrwerts im 1. Band getan hat, dann hätte er ein starkes logisches Argument dafür anführen können, warum die Kapitalisten ständig bemüht sind, Wettbewerbsvorteile durch die Entwicklung von Methoden zur Verringerung der Lücke zwischen Produktions- und Arbeitszeiten zu erlangen. In ähnlicher Weise hätte er darauf hinweisen können, warum das Kapital gezwungen ist, die Zirkulationszeiten zu verkürzen und die Distribution effektiver zu gestalten (was man als Walmart-Syndrom bezeichnen könnte). Ich überlege oft, wie viel lebendiger und reizvoller der 2. Band wirken würde, wenn Marx auch nur ein kurzes Kapitel in der Art des Kapitels zum Arbeitstag im 1. Band eingefügt hätte, in dem die Geschichte der technologischen und organisatorischen Veränderungen beschrieben wird, mit denen die Lücke zwischen Produktionszeit und Arbeitszeit sowie die Zirkulationszeit verringert werden sollten. Wir würden dann besser verstehen, warum das Kapital so erbittert darum kämpft, die Zeitlichkeit von allem zu beschleunigen. Je weniger Zeit für jede dieser Phasen gebraucht wird, desto schneller kommt das Kapital an den Mehrwert.

Der ursprüngliche »natürliche« Reproduktionszyklus von Schweinen wurde zum Beispiel von einem Wurf pro Jahr auf drei Würfe beschleunigt. Das effiziente Schlachten und Zerlegen der Schweine erfolgt an einem Fließband, und das Abpacken und Verschiffen wird als ein System der Just-in-time-Belieferung von Supermärkten orchestriert, die ihrerseits mit engmaschigen elektronischen Bestandskontrollen arbeiten. Das einzige unberechenbare Moment in dem ganzen Prozess ist die Einzelnheit des Verbraucherverhaltens. Wie viele Schweinekoteletts werden die Konsumenten in New York City heute kaufen? Das ist die vom Kapital geschaffene Welt. In diesem Kapitel stoßen wir auf eine Erklärung dafür, warum die im Kapital liegenden Zwänge sie notwendigerweise zu dem machen, was sie ist.

Die grundlegende Form der Warenzirkulation wird im 1. Band als W – G – W definiert. Die Zirkulationszeit wird in »die zwei entgegengesetzten Phasen« zerlegt – die Zeit, die für die Umwandlung von Geld in die für die Produktion erforderlichen Waren benötigt wird, und »die Zeit, die es braucht, um sich aus Ware in Geld zu verwandeln« (128). Im 1. Band hatte Marx gezeigt, dass hier eine Asymmetrie besteht. Es ist leichter, von der universellen Darstellung des Werts im Geld zur Besonderheit des in der Ware verkörperten Werts zu kommen, als umgekehrt.

Aber hier präsentiert Marx diese Beziehungen in einem ganz anderen Licht. Für den Kapitalisten, der Produktionsmittel kaufen will, handelt es sich bei der Umwandlung von Geld in Waren »um seine Verwandlung in Waren, die bestimmte Elemente des produktiven Kapitals in einer gegebnen Anlage bilden« (129). Das ist eine völlig andere Situation als die der Endverbraucherin, die einfach Hemden kaufen kann, wenn sie keine Schuhe findet. Der kapitalistische Produzent muss hingegen ganz bestimmte Dinge kaufen:

> »Die Produktionsmittel sind vielleicht nicht auf dem Markt vorhanden, sondern müssen erst produziert werden, oder sie sind von entlegnen Märkten zu beziehn, oder es finden Ausfälle in ihrer gewöhnlichen Zufuhr statt, Preiswechsel usw., kurz, eine Masse von Umständen, die in dem einfachen Formwechsel G – W nicht erkennbar sind, aber auch für diesen Teil der Zirkulationsphase bald mehr, bald weniger Zeit beanspruchen. Wie W – G und G – W zeitlich, können sie auch räumlich getrennt sein, Kaufmarkt und Verkaufmarkt räumlich verschiedne Märkte sein.« (129)

Die geografischen und räumlichen Verhältnisse des Angebots von Produktionsmitteln setzen der kapitalistischen Produktion gewisse Grenzen, da es Zeit braucht, um diese Produktionsmittel an die eigentlichen Orte der Produktion zu bringen.

Aber nicht nur die erforderliche Zeit ist wichtig: »Bei Fabriken z.B. sind Einkäufer und Verkäufer sogar häufig getrennte Personen« und da »die Zirkulationsagenten [Kaufleute usw.] ebenso nötig wie die Produktionsagenten« sind, müssen beide bezahlt werden (129). Die Kapitalisten sind also mit allen möglichen Angebotsengpässen und Kosten konfrontiert, wenn es darum geht, die für die Produktion erforderlichen Gebrauchswerte zu bekommen. Sie müssen sich auch mit Einschränkungen herumschlagen, die von anderen Kapitalfraktionen oder von diversen Staatsmächten mit ihren geopolitischen Ambitionen geschaffen werden. Für die Produktion von Windkrafträdern werden Seltenerdmetalle benötigt. Aber 95 Prozent der Produktion dieser Metalle und des Welthandels mit ihnen werden von China kontrolliert. Als Japan mit China in einen Streit über die Gerichtsbarkeit in Hoheitsgewässern geriet, blockierten chinesische Zollbeamte die Verschiffung von Seltenerdmetallen nach Japan, womit die japanischen Produzenten auf dem Trockenen saßen. Unzählige derartige Schranken können die Umwandlung von Geld in Produktionsmittel behindern.

Das allgemeine Argument von Marx ist plausibel: Die Metamorphose des Gelds in Produktionsmittel kann problematisch sein. Je länger es dauert, jene Produktionsmittel zu beschaffen, desto mehr Kapital befindet sich in einem unproduktiven Zustand. Umgekehrt wird die Gesamtproduktivität des eingesetzten Kapitals gesteigert und damit die Grundlage der Mehrwertproduktion ausgeweitet, wenn der Zugang zu den Betriebsmitteln verbessert wird. Damit wird nicht die größere Bedeutung des Verkaufs bestritten, mit dem der Mehrwert realisiert wird: »G – W ist unter normalen Bedingungen notwendiger Akt für Verwertung des in G ausgedrückten Werts, aber es ist nicht Realisierung von Mehrwert; es ist Einleitung zu seiner Produktion, nicht Nachtrag dazu.« (129f.) Die Realisierung des Mehrwerts ist extrem wichtig.

Die Eigenarten der Ware spielen im 2. Band eine sehr viel größere Rolle als im 1. Band. Das gilt sowohl für den Übergang G – W wie für die Entwicklung des Endverbrauchs, W' – G'. »Für die Zirkulation des Warenkapitals W' – G' sind bestimmte Schranken durch die Existenzform der Waren selbst, ihr Dasein als Gebrauchswerte gezogen.« Werden sie »nicht in bestimmter Zeit verkauft, so verderben sie und verlieren mit ihrem Gebrauchswert die Eigenschaft, Träger des Tauschwerts zu sein. Der in ihnen enthaltene Kapitalwert, resp. der ihm angewachsne Mehrwert, geht verloren.« Hier wird der Gebrauchswert zum Problem:

> »Die Gebrauchswerte verschiedner Waren verderben rascher oder langsamer ... Die Grenze der Umlaufszeit des Warenkapitals durch den Verderb des Warenkörpers selbst ist die absolute Grenze dieses Teils der Umlaufszeit ... Je vergänglicher eine Ware, je unmittelbarer nach ihrer Produktion sie daher verzehrt, also auch verkauft werden muß, desto geringrer Entfernung von ihrem Produktionsort ist sie fähig, desto enger also ihre räumliche Zirkulationssphäre, desto lokalerer Natur ihr Absatzmarkt. Je vergänglicher daher eine Ware, ... desto weniger eignet sie sich zum Gegenstand der kapitalistischen Produktion. Letztrer kann sie nur anheimfallen an volkreichen Plätzen, oder im Maß, wie die lokalen Abstände durch Entwicklung der Transportmittel zusammenrücken. Die Konzentration der Produktion eines Artikels in wenigen Händen und an einem volkreichen Platz kann aber relativ großen Markt auch für solche Artikel schaffen, wie z.B. bei großen Bierbrauereien, Milchereien usw.« (130)

Auch hier spielen Innovationen in der Zirkulationssphäre aus naheliegenden Gründen eine entscheidende Rolle in der Geschichte des Kapitalismus. Zu den wichtigsten zählen zweifellos die Konservendose und die Kühlung (nebst Fassbier!). Diese kurzen Passagen sind natürlich reichlich Wasser auf die Mühlen unseres geografischen Wissens um die Art und Weise, in der die Kapitalakkumalation sich räumlich entfaltet und dabei bestimmte Standortstrukturen und geografische Verbindungen erzeugt. Die Lieferketten für Produktionsmittel sowie die Warenketten für den Endverbrauch an räumlich getrennten und oft weit entfernten Märkten werden beständig durch die Zwänge der Konkurrenz effektiver gestaltet und umstrukturiert. Am Ende dieses Kapitels werden wir uns mit Marx' Überlegungen zu Transport und Kommunikation im Allgemeinen und zu Fragen der Standortwahl beschäftigen.

Zum Abschluss muss noch eins erwähnt werden: Marx stieß erst sehr spät auf diese Fragen der Arbeits-, Produktions-, Zirkulations- und Umschlagszeiten. Zum Beispiel enthält der 3. Band (der größtenteils vorher geschrieben wurde) keine Berücksichtigung der Umschlagszeit. Engels sah, dass sich wechselnde Umschlagszeiten auf die Profitrate auswirken, und fügte daher ein Kapitel mit ersten Überlegungen dazu ein, was meines Erachtens völlig berechtigt war. Ich denke daher, dass es bei der Lektüre des 3. Bandes sehr wichtig ist, alle diese Fragen und das im nächsten Kapitel behandelte Problem der Zirkulationskosten gut im Kopf zu behalten.

Kapitel 6 des 2. Bandes

Für die Zirkulation von Waren ist Arbeitskraft erforderlich und mit den Zirkulationstätigkeiten sind Kosten verbunden. Die Zirkulationssphäre entwickelt sich daher zu einem eigenen Feld kapitalistischer Unternehmungen, das zum Spezialgebiet einer eigenen Klassenfraktion wird – der Kaufleute. Der Übergang G – W – G verbraucht Zeit und Energie, absorbiert Arbeit und bietet den Kaufmannskapitalisten die Möglichkeit finanziellen Gewinns. Die in dieser Zirkulationssphäre Tätigen mögen versuchen, »bei dieser Gelegenheit ein überschüssiges Quantum Wert sich anzueignen«, aber Marx betont: »Diese Arbeit, vergrößert durch die beiderseitigen böswilligen Absichten, schafft so wenig Wert, wie die Arbeit, die bei einem gerichtlichen Prozeß stattfindet, die Wertgröße des streitigen Objekts vermehrt.« Denn es handelt sich um eine »keinen Wert schaffende, sondern nur Formwechsel des Werts vermittelnde

Arbeit« (132). Dies gilt für alle, die mit dem Kauf und Verkauf von Waren beschäftigt sind, egal ob es sich um den Kapitalisten selbst oder die von ihm beschäftigten Arbeiterinnen handelt. Sie erfüllen »eine Funktion, die an und für sich unproduktiv, aber ein notwendiges Moment der Reproduktion ist ... *Ein* Kaufmann ... mag durch seine Operationen die Kauf- und Verkaufszeit für *viele* Produzenten abkürzen. Er ist dann als eine Maschine zu betrachten, die nutzlosen Kraftaufwand vermindert oder Produktionszeit freisetzen hilft.« (133) Dieser Kaufmann ist nützlich, weil »ein geringrer Teil der Arbeitskraft und Arbeitszeit der Gesellschaft in dieser unproduktiven Funktion gebunden wird« (134). Die verbleibenden notwendigen Kosten *(faux frais)* müssen von dem in der Produktion geschaffenen Wert und Mehrwert abgezogen werden.

Wie Marx andeutet, stoßen wir hier sofort auf eine ähnliche Merkwürdigkeit wie beim Einsatz von Maschinerie. Im 1. Band hatte er gezeigt, dass Maschinen keinen Wert produzieren, aber sowohl individuell wie gesellschaftlich eine Quelle von Mehrwert sein können. Kapitalisten mit einer neuen und produktiveren Maschinerie erzielen einen Extraprofit, und gesamtgesellschaftlich verringert sich der Wert der Arbeitskraft, weil die steigende Produktivität die Kosten der Lohngüter senkt. Etwas, das keine Quelle von Wert ist, kann Quelle von Mehrwert sein. Diese Feststellung scheint sich auf die Tätigkeiten in der Zirkulationssphäre übertragen zu lassen. In dieser Sphäre wird zwar kein Wert erzeugt, aber es wird Mehrwert in ihr realisiert. Er wird individuell realisiert, wenn ein Kapitalist (zum Beispiel ein Kaufmann) Arbeitskraft zu ihrem Wert beschäftigt, aber sich Mehrwert durch deren Überarbeitung verschafft. In gesellschaftlicher Form wird er realisiert, wenn die Kaufmannskapitalisten die duchschnittlich notwendigen Zirkulationskosten senken, indem sie die von ihnen beschäftigte Arbeitskraft übermäßig ausbeuten (was der Grund für die oftmals miserablen und höchst ausbeuterischen Arbeitsbedingungen in dieser Branche ist). Es muss weniger von der Wertproduktion abgezogen werden, um die *faux frais*, die »falschen Kosten«, der Zirkulation zu decken. In der gleichen Weise, in der die aus der steigenden Produktivität erzielten Gewinne zwischen Kapitalisten und Arbeitern aufgeteilt werden können, lassen sich die Gewinne, die aus der steigenden Produktivität und intensiveren Ausbeutung in der Zirkulation stammen, zwischen Kaufleuten und produktiven Kapitalisten aufteilen. Aber in diesem Fall haben wir es mit Beziehungen unter den Kapitalisten zu tun, statt mit denen zwischen Kapitalisten und Arbeitern. Tatsächlich finden wir im 2. Band sehr viel mehr zu den Beziehungen unter den Kapitalisten als zum Klassenverhältnis zwischen Kapitalisten und Arbeiterinnen. Wir haben es hier mit einem Kampf zu tun, »worin jede Seite die andre zu übervorteilen sucht, und sich Geschäftsleute gegenüberstehn, so: ›when Greek meets Greek then comes the tug of war‹« (131).[2] Achten wir im Weiteren auf dieses »Tauziehen«.

Marx wendet sich dann den Kosten der Buchhaltung zu. Sie gehören eindeutig zu den Zirkulationskosten, sind aber etwas völlig anderes als die normalen Kosten des Kaufens und Verkaufens. »Die Buchführung als Kontrolle und ideelle Zusammenfassung des Prozesses wird um so notwendiger, je mehr der Prozeß auf gesellschaftlicher Stufenleiter vorgeht und den rein individuellen Charakter verliert; also notwendiger in der kapitalistischen Produktion als in der zersplitterten des Handwerks- und Bauernbetriebs, notwendiger bei gemeinschaftlicher Produktion als bei kapitalistischer.« (137) (Bedeutet diese letzte Bemerkung, dass den Buchhaltern im Sozialismus eine Schlüsselrolle zukommt?) Notwendige Kosten sind auch mit der Bereitstellung und Erneuerung des Geldangebots verbunden:

> »Diese als Geld fungierenden Waren gehn weder in die individuelle noch in die produktive Konsumtion ein. Es ist gesellschaftliche Arbeit, in einer Form [Geld] fixiert, worin sie als bloße Zirkulationsmaschine dient. Außerdem, daß ein Teil des gesellschaftlichen Reichtums in diese unproduktive Form gebannt ist, erheischt der Verschleiß des Geldes beständigen Ersatz desselben oder Umwandlung von mehr gesellschaftlicher Arbeit – in Produktform – in mehr Gold und Silber. Diese Ersatzkosten sind bei kapitalistisch entwickelten Nationen bedeutend, weil überhaupt der in Form des Gelds gebannte Teil des Reichtums umfangreich ist.« (138)

Die notwendigen Kosten für die Bereitstellung des Geldangebots steigen mit der Zeit tendenziell an (Marx konnte den elektronischen Zahlungsverkehr noch nicht erahnen). Sie sind »ein Teil des gesellschaftlichen Reichtums, der dem Zirkulationsprozeß geopfert werden muß« (138).

---

[2] Anm. d. Ü.: »When Greek meets Greek, then comes the tug of war« (Wenn Griechen aufeinanderstoßen, kommt es zu einem harten und langwierigen Krieg) ist ein englisches Sprichwort; *tug of war* bedeutet im übertragenen Sinne auch Tauziehen. Es handelt sich um ein leicht abgewandeltes Zitat aus Nathanael Lee: »Rival Queens«, in: *The Dramatick Works*, Band 3, London 1734, S. 266 (s. http://proverbhunter.com).

Eine wichtige Frage sind jedoch die »Aufbewahrungskosten«. Sie sind für den einzelnen Kapitalisten »wertbildend« und ein »Zusatz zum Verkaufspreis seiner Ware« (138). »Kosten also, die die Ware verteuern, ohne ihr Gebrauchswert zuzusetzen, für die Gesellschaft also zu den faux frais der Produktion gehören, können für den individuellen Kapitalisten Quelle der Bereicherung bilden.« (139) Dies beruht darauf, dass diese Kosten eigentlich mit einer Fortsetzung der Produktion verbunden sind, auch wenn sie in der Zirkulation anfallen. Was Marx hier im Sinn hat, sind solche Kosten wie die für die Kühlung. Sie fügen dem Gebrauchswert nichts hinzu, verhindern aber dessen Verfall und bewahren damit Wert, der andernfalls verloren ginge. Auch diese Details – wie Walmarts optimierte Zeitplanungen, Just-in-time-Anlieferungssysteme usw. – spielen meiner Ansicht nach eine historisch wichtige Rolle und wir müssen sie als entscheidende Faktoren im Kampf um Wettbewerbsvorteile betrachten. Hier geht es um die Verwaltung der Warenbestände, die mit zwei zentralen Fragen verbunden ist: Wie viel muss vorrätig gehalten werden und wer tut es? Die Vorräte in meinem Kühlschrank sind minimal, weil ich in New York City zu jeder Tages- und Nachtzeit auf die Straße gehen und mir etwas zu Essen holen kann. Der Einzelhandel trägt die Hauptlast der Vorratshaltung (bei drohenden Wirbelstürmen kam es allerdings zu massiven Panikkäufen und die Regale der Supermärkte waren leer). Menschen, die in abgelegeneren Gegenden wohnen, haben sehr viel größere Vorräte zu Hause. In den Augen von Marx ist das alles brachliegendes Kapital, dessen Freisetzung es einer produktiven Verwendung zuführen könnte. Mit der Geschichte des Kapitalismus ist daher eine ganze Geschichte der Vorratsverwaltung verbunden (die nur darauf wartet, in einer umfangreichen Studie oder einer Doktorarbeit beschrieben zu werden).

Marx untersucht dann, welche Kosten im Zusammenhang mit der Vorratshaltung entstehen, worauf ich nicht im Detail eingehen will. Das Wichtigste ist bereits gesagt worden: Lagerhaltung und Vorräte sind aus einer Reihe von Gründen notwendig für die Kapitalakkumulation, aber sie entziehen der aktiven Produktion Kapital und lassen es brachliegen. »Der Fluß des Produktions- und Reproduktionsprozesses erheischt jedoch, daß eine Masse Waren (Produktionsmittel) sich beständig auf dem Markt vorfindet, also Vorrat bildet.« (139) In diesem Zustand ist das Kapital eindeutig unproduktiv. Verbesserungen in der Lager- oder Vorratsverwaltung befreien Kapital aus dieser unproduktiven Tätigkeit. Aus diesem Grund spielt die Verwaltung der Vorräte eine äußerst wichtige Rolle in der Geschichte des Kapitals. Firmen wie Walmart oder Ikea gehen dabei extrem effektiv vor, was ihnen Vorteile gegenüber ihren Mitbewerbern verschafft. Die japanischen Autofirmen stachen in den 1980er Jahren Detroit in der Konkurrenz aus, indem sie die Just-in-time-Belieferung einführten und damit die Lagerbestände an verschiedenen Punkten im gesamten Produktionsfluss dramatisch reduzierten.

All dies bestätigt, warum Marx so sehr die Notwendigkeit betont, den kontinuierlichen Fluss der kapitalistischen Produktion zu sichern. Dafür ist es erforderlich, dass eine Masse von Waren ständig am Markt verfügbar ist, denn »für G – W erscheint das beständige Vorhandensein der Ware auf dem Markt, der Warenvorrat, als Bedingung des Flusses des Reproduktionsprozesses wie der Anlage von neuem oder zusätzlichem Kapital« (140). Aber das

> »Verharren des Warenkapitals als Warenvorrat auf dem Markt erheischt Baulichkeiten, Magazine, Reservoirs der Waren, Warenlager, also Auslage von konstantem Kapital; ebenso Zahlung von Arbeitskräften zur Einmagazinierung der Waren in ihre Reservoirs. Außerdem verderben die Waren und sind schädlichen elementaren Einflüssen ausgesetzt. Zum Schutz davor ist zusätzliches Kapital auszulegen, teils in Arbeitsmitteln, in gegenständlicher Form, teils in Arbeitskraft.« (140)

Diese Zirkulationskosten »unterscheiden sich von den sub I aufgeführten [reinen Zirkulationskosten] dadurch, daß sie in gewissem Umfang in den Wert der Waren eingehn, also die Ware verteuern« (140). Sie sind, kurz gesagt, Ausgaben, die zur Produktion gehören, weil die Ware erst wirklich fertig ist, wenn sie in verkäuflicher Form auf den Markt kommt. Ein Teil ihres Werts kann also auch in der Phase geschaffen werden, die scheinbar zur Zirkulation gehört. Diese Porosität macht den buchhalterischen Albtraum noch schlimmer: Wird eine Ware in einen Container gepackt, so fügt ihr das Wert hinzu, aber die Zeit, die sie im Lagerhaus liegt, bildet einen Abzug von ihrem Wert (zum Beispiel in Form der Miete für das Lager).

Es ist unmöglich, sich einen in reiner Form funktionierenden Zirkulationsprozess des Kapitals ohne die entsprechenden Lagervorräte vorzustellen. Diese Vorräte können drei Formen annehmen – Vorräte von Sachmitteln für das produktive Kapital, Vorräte in den Häusern und Speisekammern der Endverbraucher und Vorräte von Warenkapital auf dem Markt (in Lagerhäusern und Geschäften), das auf den Verkauf wartet. In gewissem Maße können sich diese Formen wechselseitig ersetzen. Wenn große und leicht zugängliche Vorräte von Produktionsmitteln in Form von Warenkapital am Markt existieren, kann das produktive Kapital mit einer geringeren Lagerhaltung auskommen. Wenn die Geschäfte mit Lebensmitteln gefüllt sind, brauchen die Haushalte keine Vorräte anzulegen.

Im Zuge der kapitalistischen Entwicklung besteht jedoch die allgemeine Tendenz des Anwachsens dieser Vorräte von Kapital. Dieses Wachstum ist »sowohl Voraussetzung wie Wirkung der Entwicklung der gesellschaftlichen Produktivkraft der Arbeit«. Aber die Größe des Vorrats, der dem Kapitalisten zur Verfügung stehen muss, hängt »von verschiednen Bedingungen ab, die alle im wesentlichen hinauskommen auf die größre Geschwindigkeit, Regelmäßigkeit und Sicherheit, womit die nötige Masse von Rohstoff stets so zugeführt werden kann, daß nie Unterbrechung entsteht. Je weniger diese Bedingungen erfüllt sind, … desto größer muß der latente Teil des produktiven Kapitals … sein«. »Es macht z.B. großen Unterschied, ob der Spinner Baumwolle oder Kohlen für drei Monate oder für einen parat liegen haben muß. Man sieht, daß dieser Vorrat relativ abnehmen kann, obgleich er absolut zunimmt.« (143)

Die Entwicklung der Transportmittel spielt hier eine entscheidende Rolle. »Die Geschwindigkeit, womit das Produkt eines Prozesses als Produktionsmittel in einen andren Prozeß übergehn kann, hängt ab von der Entwicklung der Transport- und Kommunikationsmittel. Die Wohlfeilheit des Transports spielt große Rolle dabei. Der beständig erneuerte Transport z.B. von Kohlen von der Grube zur Spinnerei wäre billiger [im Text steht »teurer«, was falsch sein muss!] als die Versorgung mit einer größren Kohlenmasse für längre Zeit bei relativ wohlfeilerm Transport.« Aber es gibt noch andere Mittel, um die Materialströme zu glätten: »Je weniger der Spinner für Erneuerung seiner Vorräte an Baumwolle, Kohle etc. vom unmittelbaren Verkauf seines Garns abhängt – und je entwickelter das Kreditsystem …, desto kleiner kann die relative Größe dieser Vorräte sein, um eine von den Zufällen des Garnverkaufs unabhängige kontinuierliche Garnproduktion auf gegebener Stufenleiter zu sichern.« (144) Unausgesprochen stellt Marx hier einen Zusammenhang zwischen den Transportverhältnissen und den Kreditbedingungen für die Kontinuität und den ununterbrochen Fluss der Kapitalakkumulation her. Diese beiden Momente haben zusammen in der Tat eine entscheidende Rolle bei der Umformung der Raum-Zeit-Verhältnisse des Kapitalismus gespielt.

Aber wir stoßen hier wieder auf das Problem, dass »viele Rohstoffe, Halbfabrikate etc. längrer Zeitperioden zu ihrer Produktion« bedürfen:

> »Soll keine Unterbrechung des Produktionsprozesses stattfinden, so muß also ein bestimmter Vorrat derselben vorhanden sein für den ganzen Zeitabschnitt, worin Neuprodukt nicht die Stelle des alten ersetzen kann. Nimmt dieser Vorrat ab in der Hand des industriellen Kapitalisten, so beweist das nur, daß er in der Form des Warenvorrats in der Hand des Kaufmanns zunimmt. Die Entwicklung der Transportmittel z.B. gestattet, die im Importhafen liegende Baumwolle rasch von Liverpool nach Manchester überzuführen, so daß der Fabrikant, je nach Bedarf, in relativ kleinen Portionen seinen Baumwollvorrat erneuern kann. Aber dann liegt dieselbe Baumwolle in um so größren Massen als Warenvorrat in der Hand von Kaufleuten zu Liverpool.« (144)

Das bringt uns zu einer allgemeinen Schlussfolgerung. Erstens hängt die Größe der von den Produzenten bereitzuhaltenden Vorräte von der Leichtigkeit und den Kosten des Transports ab. Zweitens wirkt in gleicher Weise »die Entwicklung des Weltmarkts und daher die Vervielfachung der Bezugsquellen desselben Artikels. Der Artikel wird stückweis von verschiednen Ländern und in verschiednen Zeitterminen zugeführt« (145).

Es ist zum Beispiel sehr hilfreich, dass die Baumwollernte in Ägypten oder Indien zu einer anderen Jahreszeit als in den Vereinigten Staaten stattfindet.

Zum Abschluss stellt Marx weitere Überlegungen dazu an, »wieweit diese Kosten in den Wert der Waren eingehn«. Für den einzelnen Kapitalisten stellen die Lagerhaltungskosten einen Verlust dar. Der Käufer zahlt nicht für sie, weil sie nicht zur gesellschaftlich notwendigen Arbeitszeit gehören. Selbst wenn der Kapitalist spekuliert und Waren in Erwartung steigender Preise zurückhält, ist das Spiel mit der Spekulation allein Sache des Kapitalisten. Aber es besteht ein Unterschied zwischen freiwilliger und und unfreiwilliger Vorratsbildung. Letztere ergibt sich einfach daraus, dass ein gewisser Vorrat gesellschaftlich notwendig ist. Daher kann er laut Marx als konstituierender Bestandteil des Werts der Waren betrachtet werden, als Teil der gesellschaftlichen notwendigen Ausgaben, die für jede Form von kapitalistischer Produktion erforderlich sind. »So sehr die einzelnen Elemente dieses Vorrats fließen mögen, muß ein Teil derselben doch beständig stocken, damit der Vorrat stets in Fluß bleiben kann.« (146) Hier bezieht sich Marx ausdrücklich auf eine andere wichtige Frage: das Verhältnis von Fixiertheit und Beweglichkeit in der Gesamtdynamik des Kapitalismus.

Die Unterscheidung zwischen produktiver und unproduktiver Aktivität und damit zwischen produktiver und unproduktiver Arbeit ist in der Praxis noch schwerer zu treffen. Wie ich bereits mehrfach erwähnt habe, führt das zu einem buchhalterischen Albtraum, in dem ein Nachtwächter in einem Lagerhaus unproduktiv ist, während ein Arbeiter, der Container belädt, als produktiv betrachtet wird. Wer nach einer einfachen rechnerischen Lösung sucht, dürfte spätestens an diesem Punkt wahnsinnig werden. Ich selbst habe daraus den Schluss gezogen, die Rechnerei aufzugeben und mich auf die materiellen Konsequenzen der Beschleunigung, der Verwaltung von Vorratskosten usw. zu konzentrieren, die Marx als entscheidende und notwendige Faktoren für die Entwicklung des Kapitalismus ausgemacht hat. Diese Fragen treten noch stärker in den Vordergrund, wenn wir versuchen, das Problem des Transports und der Kommunikation und damit implizit das der Raumproduktion in die theoretische Darstellung von Marx zu integrieren.

Zur Frage des Transports und der Kommunikation

Die Zirkulationskosten, das Feststecken von Kapital in Vorräten und Lagerbeständen, werden in entscheidender Weise von den Transportverhältnissen beeinflusst – ein Thema, das in diesen ersten Kapiteln mehrfach zur Sprache kommt. Das Transportwesen, sagt Marx, ist ein eigentümlicher Wirtschaftszweig. Es produziert kein objektives Ding wie Getreide oder Eisenschienen und sein Produkt wird im Produktionsprozess konsumiert (seine Zirkulationszeit ist null). Aber es produziert Wert. Die Ortsveränderung ist sein Produkt; es besteht darin, »daß das Garn sich jetzt in Indien befindet statt in England ... Was aber die Transportindustrie verkauft, ist die Ortsveränderung selbst. ... Der Tauschwert dieses Nutzeffekts ist aber bestimmt, wie der jeder andern Ware, durch den Wert der in ihm verbrauchten Produktionselemente (Arbeitskraft und Produktionsmittel) plus dem Mehrwert, den die Mehrarbeit der in der Transportindustrie beschäftigten Arbeiter geschaffen hat« (60f.).

Diese Bemerkungen finden sich bereits im 1. Kapitel, aber am Ende des 6. Kapitels führt Marx seine Überlegungen weiter aus:

> »Das Zirkulieren, d.h. tatsächliche Umlaufen der Waren im Raum löst sich auf in den Transport der Ware. Die Transportindustrie bil-

det einerseits einen selbständigen Produktionszweig, und daher eine besondre Anlagesphäre des produktiven Kapitals. Andrerseits unterscheidet sie sich dadurch, daß sie als Fortdauer eines Produktionsprozesses *innerhalb* des Zirkulationsprozesses und *für* den Zirkulationsprozeß erscheint.« (153)

Denn »der Gebrauchswert von Dingen verwirklicht sich nur in ihrer Konsumtion, und ihre Konsumtion mag ihre Ortsveränderung nötig machen, also den zusätzlichen Produktionsprozeß der Transportindustrie. Das in dieser angelegte produktive Kapital setzt also den transportierten Produkten Wert zu, teils durch Wertübertragung von den Transportmitteln, teils durch Wertzusatz vermittelst der Transportarbeit. Dieser letztre Wertzusatz zerfällt, wie bei aller kapitalistischen Produktion, in Ersatz von Arbeitslohn und in Mehrwert.« (151) Ortsveränderungen können im kleinen Rahmen stattfinden, bei der »Baumwolle z.B., die aus dem Kardierraum in den Spinnraum rückt«, oder große Distanzen zu weitentfernten Verbrauchermärkten überbrücken. In all diesen Fällen steht die »absolute Wertgröße, welche der Transport den Waren zusetzt, ... unter sonst gleichbleibenden Umständen im umgekehrten Verhältnis zur Produktivkraft der Transportindustrie und im direkten Verhältnis zu den zu durchlaufenden Entfernungen«. Diese Regel wird modifiziert durch die Eigenschaften der transportierten Waren – ihre Größe und Gewicht, aber auch ihre »Zerbrechlichkeit, Vergänglichkeit, Explodierbarkeit«. Die Frachtraten können äußerst kompliziert sein: »Hier entwickeln die Eisenbahnmagnaten größres Genie in phantastischer Speziesbildung als Botaniker oder Zoologen«, wenn es um die Frage geht, wie viel pro Meile für diese oder jene Ware berechnet wird (152).

Auf die Bedeutung dieser Entwicklungen wird im Text nur beiläufig hingewiesen, weshalb ich sie etwas erläutern möchte. Die seit der Zeit von Marx erfolgten systematischen Verbesserungen im Bereich des Transports und der Kommunikation haben die Kosten und die Zeitdauer der räumlichen Bewegung von Waren reduziert und die Anforderungen an mögliche Standorte radikal verändert. Denn die zeitlichen und räumlichen Verhältnisse beeinflussen zusammen die Umschlagszeit des Kapitals im Allgemeinen und in bestimmten Industriezweigen. Hier geht Marx darauf nicht ein, aber in den *Grundrissen* hebt er besonders hervor, dass räumliche Schranken abgebaut werden müssen, um die Umschlagszeit des Gesamtkapitals zu verkürzen. Ich denke, es belegt die Unvollständigkeit des 2. Bandes, dass er hier den Begriff der beständigen Tendenz zur »Vernichtung des Raums durch die Zeit« nicht aufgreift, den wir in den *Grundrissen* finden. Auch im *Kommunistischen Manifest* wird die allgemeine Bedeutung von Innovationen im Transport- und Kommunikationswesen für die Herausbildung des Weltmarkts sehr viel stärker betont.

Wie viele der in den letzten 200 Jahren eingeführten Innovationen bezogen sich auf die Beschleunigung der Umschlagszeit? Wie viele dienten dem Abbau von Reibungsverlusten durch die Entfernung, die der räumlichen Bewegung von Waren und Informationen im Wege standen? Wie viele sollten beides zugleich bewirken? Statt diese ganze Geschichte als Zufall zu betrachten oder auf irgendeine menschliche Sehnsucht nach der Überwindung von Raum und Zeit zurückzuführen, bietet der 2. Band in Umrissen eine Erklärung, wie in den Bewegungsgesetzen des Kapitals die Notwendigkeit der ununterbrochenen Transformation von Raum und Zeit enthalten ist. Leider bemüht sich Marx nicht, seine brillanten Intuitionen im *Kommunistischen Manifest* und in den *Grundrissen* mit den im 2. Band hervorgehobenen technischen Details zu Produktion, Zirkulation und Umschlagszeiten zu verbinden.

Aber er weist auf einen Punkt hin, der sehr wichtig ist:

> »Zirkulation von Waren kann aber stattfinden ohne ihre physische Bewegung ... Ein Haus, welches A an B verkauft, zirkuliert als Ware, aber es geht nicht spazieren. Bewegliche Warenwerte, wie Baumwolle oder Roheisen, hocken auf demselben Warenlager, zur selben Zeit, wo sie Dutzende von Zirkulationsprozessen durchlaufen, gekauft und wieder verkauft werden von den Spekulanten. Was sich hier wirklich bewegt, ist der Eigentumstitel an der Sache, nicht die Sache selbst.« (150f.)

Hätte sich Marx ausführlicher mit diesen Fragen beschäftigt, wäre ihm wahrscheinlich aufgefallen, dass die Bedingungen und Möglichkeiten der räumlichen Mobilität in den Kreisläufen des Geldkapitals, des Warenkapitals und des produktiven Kapitals sehr verschieden sind und dass die Zirkulation gegenwärtiger und zukünftiger Eigentumstitel (und Ansprüche auf zukünftige Arbeit) auf dem Weltmarkt dazu bestimmt waren, eine zunehmende Bedeutung für die Bewegungsgesetze der kapitalistischen Entwicklung zu bekommen.

In der Transport- und Kommunikationsindustrie kann wie in jeder anderen Branche eine harte Konkurrenz bestehen, die zur schnellen Verbreitung von Innovationen führt, mit denen die Produktivität, Effizienz und räumliche Ausdehnung dieser Industriezweige gesteigert wird. In diesem Fall wird die Geschichte allerdings etwas komplizierter, weil die Konkurrenz in vielen Fällen auf eine »monopolistische Konkurrenz« eingeschränkt ist. Wenn zum Beispiel eine Eisenbahnstrecke zwischen Washington und New York eröffnet wurde, lässt sich nur schwer vorstellen, dass weitere Strecken gebaut werden, um mit ihr zu konkurrieren. Aber es gibt verschiedenste Innovationen, die es der Konkurrenz um den Raum ermöglichen, die geografischen Bedingungen für das Agieren des Kapitals zu verändern (wozu natürlich auch »Verkehrsverlagerungen« gehören, bei denen sich zum Beispiel der Transport mit LKWs als flexibler, effizienter und billiger erweist als der mit der Eisenbahn).

Kapitel Drei
Die Frage des fixen Kapitals (Kapitel 7-11 des 2. Bandes)

Allgemeine einleitende Bemerkungen

Für Marx ist das fixe Kapital eine wesentliche, jedoch problematische Kategorie. Einige gehen so weit zu behaupten, sie reiße ein Loch in die Arbeitswerttheorie von Marx. Ich werde später erklären, warum ich dem nicht zustimme. Da das fixe Kapital bereits in den vorstehenden Kapiteln einige Male angesprochen wurde, ist es nicht überraschend, dass er ihm hier seine besondere Aufmerksamkeit schenkt. Aber die Darstellung im 2. Band ist sehr viel weniger anregend als an anderer Stelle. Als ich zum Beispiel in meiner Schrift *The Limits to Capital* zu rekonstruieren versuchte (siehe S. 685-743), wie Marx die Bildung und Zirkulation des fixen Kapitals begreift, bezog ich mich sehr viel mehr auf die *Grundrisse* als auf den 2. Band des *Kapital.* Dort ist die Darstellung weitaus eindringlicher:

> »Die Natur baut keine Maschinen, keine Lokomotiven, Eisenbahnen, electric telegraphs, selfacting mules etc. Sie sind Produkte der menschlichen Industrie; natürliches Material, verwandelt in Organe des menschlichen Willens über die Natur oder seiner Betätigung in der Natur. Sie sind *von der menschlichen Hand geschaffne Organe des menschlichen Hirns*; vergegenständlichte Wissenskraft. Die Entwicklung des capital fixe zeigt an, bis zu welchem Grade das allgemeine gesellschaftliche Wissen, knowledge, zur *unmittelbaren Produktivkraft* geworden ist und daher die Bedingungen des gesellschaftlichen Lebensprozesses selbst unter die Kontrolle des general intellect gekommen und ihm gemäß umgeschaffen sind. Bis zu welchem Grade die gesellschaftlichen Produktivkräfte produziert sind, nicht nur in der Form des Wissens, sondern als unmittelbare Organe der gesellschaftlichen Praxis; des realen Lebensprozesses.« (*Grundrisse*, 602)

Diese Stelle kommt mir immer in den Sinn, wenn ich die Skyline von New York City betrachte oder aus dem Flugzeug den Anflug auf London, São Paulo, Buenos Aires oder andere Städte beobachte. Dann stelle ich mir diese Orte, im Guten wie im Bösen, als »von der menschlichen Hand geschaffne Organe des menschlichen Hirns, vergegenständlichte Wissenskraft« vor. Ich betrachte die Büros, Fabriken, Werkstätten, Häuser und Hütten, Schulen und Krankenhäuser, Vergnügungsorte aller Art, Straßen und Hinterhöfe, Autobahnen, Eisenbahnlinien, Flughäfen und Häfen, Parks und Denkmäler nicht nur als rein physische Objekte, sondern als eine von Menschen erbaute materielle Welt, als einen Ort, auf dem das tägliche Leben von Millionen von Menschen beruht, produziert von menschlicher Arbeit, gesättigt mit gesellschaftlicher Bedeutung, und als eine Welt, durch die jeden Tag gewaltige Summen von Kapital zirkulieren, Darlehen amortisiert werden und ein riesiger Strom von Miet- und Zinszahlungen erzeugt wird, während die spekulativen Phantasien, Träume und kühl berechneten Erwartungen von großen und kleinen Vermögensbesitzern genährt werden. Die kapitalistische Stadt ist mit Sicherheit das verblüffendste Beispiel für die vergegenständlichte Macht einer gewissen Art von Begierden, Wissen und praktischen Aktivitäten.

Aber in den *Grundrissen* zeigt Marx auch, dass diese zweifellos großartigen Errungenschaften einen grundlegenden Widerspruch beinhalten, der im 2. Band wieder aufgegriffen wird.

»Die Entwicklung des Arbeitsmittels zur Maschinerie ist nicht zufällig für das Kapital, sondern ist die historische Umgestaltung des traditionell überkommnen Arbeitsmittels als dem Kapital adäquat umgewandelt.« (Dieser Gedanke findet einen starken Widerhall im 13. Kapitel des 1. Bandes zu Maschinerie und großer Industrie, die Marx als die einzigartige und allein adäquate technologische Basis der kapitalistischen Produktionsweise begrüßt.)

> »Die Akkumulation des Wissens und des Geschicks, der allgemeinen Produktivkräfte des gesellschaftlichen Hirns, ist so der Arbeit gegenüber absorbiert in dem Kapital und erscheint daher als Eigenschaft des Kapitals, und bestimmter des *Capital fixe*, soweit es als eigentliches Produktionsmittel in den Produktionsprozeß eintritt. Die *Maschinerie* erscheint also als die adäquateste Form des *Capital fixe* und das Capital fixe, soweit das Kapital in seiner Beziehung auf sich selbst betrachtet wird, als die *adäquateste Form des Kapitals überhaupt*. Andrerseits, soweit das Capital fixe in seinem Dasein als bestimmter Gebrauchswert festgebannt, entspricht es nicht dem Begriff des Kapitals, das als Wert gleichgültig gegen jede bestimmte Form des Gebrauchswerts und jede derselben als gleichgültige Inkar-

> nation annehmen oder abstreifen kann. Nach dieser Seite hin, nach der Beziehung des Kapitals nach außen, erscheint das *Capital circulant* als die adäquate Form des Kapitals gegenüber dem capital fixe.« (*Grundrisse*, 594)

Wir haben wiederholt gesehen, wie Kontinuität, Flüssigkeit und Beschleunigung wesentliche Eigenschaften der Kapitalströme sind. Nun stoßen wir auf eine Kategorie von Kapital, die zu dieser Flüssigkeit beitragen soll, selbst aber nicht flüssig, sondern fixiert ist. Ein Teil des Kapitals muss fixiert werden, damit das übrige Kapital in Bewegung bleiben kann. Wenn wir uns von dem Bild des fixen Kapitals als bloßer Maschine lösen, entsteht vor unseren Augen ein Gemälde des Kapitals, in dem es ganze Landschaften gestaltet – aus gerodeten Feldern und Fabriken; Autobahnen und Eisenbahnstrecken; Häfen und Flughäfen; Dämmen, Kraftwerken und Überlandleitungen; gleißenden Städten und riesigen Industriekomplexen. Diese vom Kapital geschaffene Landschaft, die seinem Funktionieren dient, sperrt die Kapitalakkumulation in eine Welt der Fixiertheit, die im Verhältnis zur Flüssigkeit des zirkulierenden Kapitals zunehmend sklerotisch wird. Diese Welt und das in ihr verkörperte Kapital ist jederzeit den »Schmetterlingseigenschaften« des Geldkapitals ausgesetzt wie auch den bodenständigeren, jedoch ebenso unvorhersehbaren Verlagerungen und Strömungen des Kapitals in Warenform und in seiner produktiven Gestalt. Dies lässt eine besondere Art der Krisenentstehung erahnen. Wenn das Geldkapital davonflattert, sitzt das fixe Kapital auf dem Trockenen und wird Opfer einer erbarmungslosen Entwertung. Ich will den Widerspruch mal so formulieren: Das Kapital schafft sich eine ganze Landschaft, die seinen Bedürfnissen zu einer bestimmten Zeit entspricht, um sie dann zu einem späteren Zeitpunkt zu zerstören und durch eine andere zu ersetzen, damit es der auf unablässige Ausweitung drängenden Macht der weiteren Kapitalakkumulation gerecht werden kann. Was übrig bleibt, sind verwüstete und entwertete Landschaften der Deindustrialisierung und Verlassenheit, während sich das Kapital an anderen Orten oder auf den Ruinen der alten eine neue Landschaft aus fixem Kapital schafft. Schumpeter bezeichnete dies als »schöpferische Zerstörung«. Dieser Prozess hat immer wieder die geografischen Landschaften der Kapitalzirkulation und -akkumulation in einer buchstäblich erdbewegenden oder sogar erderschütternden Weise entwertet und revolutioniert.

Der tiefe krisenanfällige Widerspruch zwischen Fixiertheit und Beweglichkeit ist mit Händen zu greifen – und im Mittelpunkt von all dem steht das fixe Kapital. Das Problem mit ihm besteht kurz gesagt darin, dass es fixiert ist, während es beim Kapital immer um Wert in Bewegung geht. Dieser Gegensatz erzeugt ein faszinierendes Problem. Es war und ist häufig die Quelle von Krisen, die im Prinzip (nicht immer in der Praxis) unabhängig von den Krisen sind, die aus der ständig umkämpften Beziehung zwischen Kapital und Arbeit entstehen. Derartige Krisen tauchen dann auf, wenn die Fixiertheit mit der Expansionsbewegung nicht mehr vereinbar ist. Letztere muss die Schranken durchbrechen, die vom fixen Teil des Kapitals gesetzt werden. Im Ergebnis werden große Schneisen der Entwertung in das fixe Kapital geschlagen, wenn das zirkulierende und hochmobile Geldkapital an andere Orte abwandert (die Deindustrialisierung seit Mitte der 1970er Jahre hinterließ stillgelegte Fabriken und Lagerhäuser, zerfallende Infrastruktur und sogar schrumpfende Städte wie Detroit).

Diese Widersprüche werden zwar auch im 2. Band behandelt, aber in den *Grundrissen* ist ihre Darstellung sehr viel eindrücklicher. Es ist daher hilfreich, sich bei der Lektüre der Darstellung im 2. Band an diese Passagen aus den *Grundrissen* zu erinnern. Zum einen wird die Tour dadurch viel spannender. Aber es werden auch grundlegende Einsichten herausgestellt, die sonst leicht übersehen werden könnten. Es ist ein Rätsel, warum Marx diese brillanten, wenn auch etwas hochtrabenden Passagen nicht in den 2. Band aufgenommen hat, der fast zwanzig Jahre später geschrieben wurde. Es könnte daran liegen, dass er als streng wissenschaftlich und sachlich wahrgenommen werden wollte. Er scheint sehr viel mehr damit beschäftigt zu sein, sich in die Einzelheiten zum Beispiel der Unterscheidungen zwischen Reparatur und Ersatz von fixem Kapital, wie sie sich aus den damaligen technischen Handbüchern der Eisenbahnen ergeben, zu vertiefen. Aber ich vermute, dass Marx weitergehende Fragen beiseite ließ, weil er im 2. Band ein ganz spezielles und begrenztes Ziel verfolgte. Wie sich aus dem kurzen einleitenden Material des 7. Kapitels ergibt, ist der eigentliche Gegenstand seiner Untersuchung die Umschlagszeit des Kapitals. Ihm ist klar, dass er sich dafür mit den Komplikationen beschäftigen muss, die mit langfristigen Investitionen in fixes Kapital verbunden sind. Dieses Anliegen engt seinen Blick ein und bringt ihn dazu, wie ich vermute, die allgemeinere Bedeutung des fixen Kapitals für die historische Geografie der kapitalistischen Produktionsweise beiseite zu lassen.

Nichtsdestotrotz können wir mit seiner Darstellung besser verstehen, wie unsere heutige Welt zu dem wurde, was sie ist, und welche Rolle das fixe Kapital im Akkumulationsprozess tatsächlich spielt. Aber selbst auf der technischen Ebene ist der 2. Band enttäuschend: Einige wesentliche systemische Fragen, die in den *Grundrissen* und an anderen Stellen im *Kapital* aufgeworfen werden, fehlen hier. Dies dürfte zweifellos der Unvollständigkeit des 2. Bandes geschuldet sein. Ich werde daher im Folgenden darauf hinweisen, worin einige der größeren Lücken in der Analyse bestehen und wie sie sich mit Materialien aus den ergänzenden Schriften füllen ließen.

Der Gesamtrahmen der Überlegungen von Marx zum fixen Kapitel entfaltet sich erst nach und nach in diesen fünf Kapiteln. Ich kann nicht beurteilen, ob dies etwas mit der Rekonstruktion des Materials durch Engels zu tun hat, aber ich halte es deswegen für notwendig, im Text herumzuspringen – wofür ich mich im Voraus entschuldigen möchte –, statt zu versuchen, in der Darstellung einen sich klar entfaltenden Argumentationsgang zu erkennen.

Die grundlegende Position von Marx zum fixen Kapital ist zum Beispiel in den späteren Kapiteln am deutlichsten ausgesprochen, die die Auffassungen von Adam Smith und Ricardo in allen quälenden Details der Kritik unterwerfen (Kapitel, die im Übrigen eine nur kursorische Lektüre erfordern, sofern kein besonderes Interesse an der Geschichte der politischen Ökonomie und an Marx' Auffassungen zur Schule der Physiokraten besteht).

> »Man begreift daher, warum die bürgerliche politische Ökonomie A. Smiths Konfusion der Kategorien ›konstantes und variables Kapital‹ mit den Kategorien ›fixes und zirkulierendes Kapital‹ instinktmäßig festhielt und kritiklos ein Jahrhundert durch von Generation zu Generation nachplapperte. Der im Arbeitslohn ausgelegte Kapitalteil unterscheidet sich bei ihr gar nicht mehr von dem in Rohstoff ausgelegten Kapitalteil, und unterscheidet sich nur formell – ob er stückweis oder ganz durch das Produkt zirkuliert wird – vom konstanten Kapital. Damit ist die Grundlage für das Verständnis der wirklichen Bewegung der kapitalistischen Produktion, und daher der kapitalistischen Exploitation, mit einem Schlage verschüttet. Es handelt sich nur um das Wiedererscheinen vorgeschoßner Werte.« (221)

Selbst Ricardo, der eine gewisse rudimentäre Konzeption einer Theorie des Mehrwerts besaß, begeht, »infolge der Verwechslung von fixem und zirkulierendem Kapital mit konstantem und variablem, die größten Irrtümer und geht in der Tat von einer ganz falschen Basis der Untersuchung aus« (226).

Obwohl Marx diesen »Grundirrtum« bereits zu Beginn seiner Erörterung des fixen Kapitals erwähnt (162), geht er nicht weiter auf dessen Bedeutung ein. Worum geht es also dabei? Im 1. Band trifft Marx eine klare Unterscheidung zwischen variablem Kapital – dem Kauf von Arbeitskraft, die Wert und Mehrwert schaffen kann – und konstantem Kapital (den Produktionsmitteln), dessen Wertgröße sich nicht verändert, auch wenn es seine materielle Form verändert. Damit ist klargestellt, dass der Mehrwert aus der Ausbeutung von lebendiger Arbeit in der Produktion stammt.

Aber für die Untersuchung des fixen Kapitals müssen die Elemente, die in die Produktion eingehen, in anderer Weise kategorisiert werden. Es gibt solche Elemente, die ihren Wert in einer bestimmten Umschlagszeit vollständig auf die produzierte Ware übertragen. Dazu gehören die Arbeitskraft (das Subjekt der Arbeit), die Rohstoffe (die Gegenstände der Arbeit) und Hilfsstoffe wie Energie (die Mittel der Arbeit). Alle diese Elemente werden als »zirkulierendes Kapital« zusammengefasst. Ihre Werte gehen innerhalb einer bestimmten Umschlagsperiode vollständig in den Produktionsprozess ein und kommen vollständig wieder aus ihm heraus. Dann gibt es Maschinen, Gebäude und andere Elemente, die auch nach dem ersten Umschlag im Produktionsprozess verbleiben und über mehrere Umschlagperioden immer wieder gebraucht werden können. In einer bestimmten Umschlagszeit wird nur ein Teil des Werts dieser Arbeitsmittel auf das Endprodukt übertragen. Diese Elemente werden »fixes Kapital« genannt. Abbildung 3 zeigt, in welcher Beziehung diese Kategorien zu denen des variablen und konstanten Kapitals stehen.

Aus den Kategorien des fixen und zirkulierenden Kapitals lässt sich keine Theorie des Mehrwerts ableiten. Die Fixierung der bürgerlichen Ökonomen auf diese Kategorien hat daher – bewusst oder unbewusst – den Effekt, dass die Rolle der Arbeit bei der Produktion des Mehrwerts (des Profits) verschleiert wird. Dies bedeutet jedoch nicht, dass die Unterscheidung zwischen fixem und zirkulierendem Kapital für Marx unwichtig ist. Sie betrifft die Gesamtumschlagszeit des Kapitals im Allgemeinen und damit die gesamtgesellschaftliche Dynamik der Akkumulation. Aber bei Marx kann dies nie dazu führen, dass damit die Theorie der Mehrwertproduktion »verschüttet« wird.

Es gibt noch eine andere potenzielle Quelle sprachlicher Verwirrung, für die Marx Adam Smith verantwortlich macht, obwohl er sie selbst teilweise reproduziert. »Zirkulierendes Kapital« bedeutet in diesen Kapiteln all das Kapital, das in einer bestimmten Umschlagszeit aufgebraucht wird, in Abgrenzung zum fixen Kapital, das für den weiteren

Abbildung 3

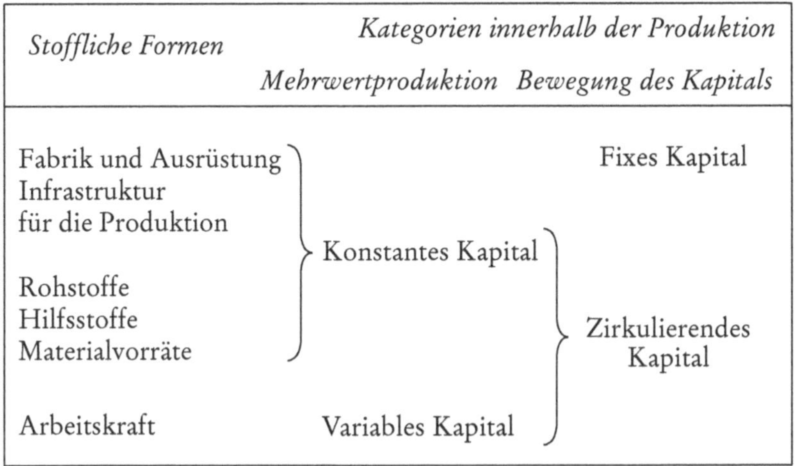

Gebrauch im Produktionsprozess verbleibt. In den früheren Kapiteln zu den Kapitalkreisläufen bezog sich »zirkulierendes Kapital« auf Kapital, das auf den Märkten zirkuliert, bevor es wieder in die Produktion eingeht. Das sind zwei völlig verschiedene Definitionen dieses Begriffs. Marx weist erst relativ spät auf diese mögliche Verwirrung hin, wiederum erst im Kontext der Kritik an Adam Smith (192f.). An dieser Stelle schlägt er daher vor, zwischen »Zirkulationskapital« auf dem Markt und »zirkulierendem und fixem Kapital in der Produktion« zu unterscheiden. Im 8. Kapitel ersetzt Marx den Begriff »zirkulierendes Kapital« oft durch »flüssiges Kapital« und benutzt den Kontrast zwischen »fix« und »flüssig« für die Entwicklung seiner Analyse. Diese Begriffe scheinen tatsächlich viel passender, aber Marx verwendet sie nicht durchgehend. Ich werde den Begriff »zirkulierendes Kapital« weiter in dem Sinn gebrauchen, den Marx ihm in diesem Kapitel gibt (und es gelegentlich als »flüssig« bezeichnen). Aber merkt euch bitte, dass zirkulierendes Kapitel hier etwas anderes bedeutet als in den früheren Kapiteln zur Produktion, Zirkulation und Realisierung des Kapitals. Die Kategorien des zirkulierenden und fixen Kapitals beziehen sich nur auf die Produktion und lassen sich nicht auf die Geld- und Warenkreisläufe des Kapitals anwenden (wie es Adam Smith irrtümlich behauptete).

Um die Definition noch einmal anders zu formulieren: Zirkulierendes Kapital ist hier alles Kapital – konstantes wie variables –, das innerhalb einer Umschlagsperiode aufgebraucht wird; fixes Kapital ist der Teil des konstanten Kapitals, der über mehrere Umschlagperioden hinweg gebraucht wird. Behalten wir alle diese Fragen und Definitionen im Kopf und wenden uns nun der genaueren Lektüre des Texts zu.

Die »Eigentümlichkeit« des fixen Kapitals

Zu Beginn des 8. Kapitels stellt Marx fest: »Ein Teil des konstanten Kapitals behält die bestimmte Gebrauchsform, worin es in den Produktionsprozeß eingeht, gegenüber den Produkten, zu deren Bildung es beiträgt. Es verrichtet also während einer kürzern oder längern Periode in stets wiederholten Arbeitsprozessen stets wieder dieselben Funktionen. So z.B. Arbeitsgebäude, Maschinen etc.« (158). Um die Zirkulation des fixen Kapitals zu beschreiben, benutzt Marx immer wieder das Wort *eigentümlich*.

Der zweite Absatz lautet: »Das Eigentümliche dieses Teils des konstanten Kapitals – der eigentlichen Arbeitsmittel – ist also dies:« (158) Und Mitte der nächsten Seite lesen wir: »Aber die Zirkulation des hier betrachteten Kapitalteils ist eigentümlich.« (159) Worin genau besteht also seine Eigentümlichkeit und warum ist sie wichtig?

> »Erstens zirkuliert er nicht in seiner Gebrauchsform, sondern nur sein Wert zirkuliert, und zwar allmählich, bruchweis, im Maß, wie er von ihm auf das Produkt übergeht, das als Ware zirkuliert.« Ein Teil des Werts bleibt immer in der Maschine oder der Fabrik fixiert, solange sie weiterhin ihre Funktion erfüllen, und das fixe Kapital existiert immer getrennt von den Waren, zu deren Produktion es beiträgt. »Durch diese Eigentümlichkeit erhält dieser Teil des konstanten Kapitals die Form: *Fixes Kapital.* Alle andern stofflichen Bestandteile des im Produktionsprozeß vorgeschoßnen Kapitals dagegen bilden im Gegensatz dazu: *Zirkulierendes* oder *flüssiges Kapital.*« (159)

Die Stofflichkeit des fixen Kapitals geht nicht in die Waren ein, aber sein Wert. Das fixe Kapital zirkuliert also nicht in seiner materiellen Form, jedoch in seiner ideellen (gesellschaftlich bestimmten) Wertform. Das fixe Kapital (z.B. Maschinerie) fungiert stofflich als *Arbeitsmittel* im Gegensatz zu den *Arbeitsgegenständen* (den Rohstoffen und anderen Produktionsmitteln), die zu den Waren umgeformt werden, die auf dem Markt verkauft werden sollen. Diesen Charakter des *Arbeitsmittels* teilt das fixe

Kapital mit bestimmten anderen Teilen des konstanten Kapitals, die als Hilfsstoffe in die Produktion eingehen. Energie – Kohle für die Dampfmaschine oder Gas für die Beleuchtung – geht auch nicht in den stofflichen Gebrauchswert der produzierten Ware ein. Aber das fixe Kapital wird erst über viele Umschlagszyklen hinweg aufgebraucht, während die Energie in jedem Arbeitsprozess, in den sie eingeht, »ganz konsumiert« wird (159f.). Daher ist das vorhergehende Kapitel zur Umschlagszeit des Kapitals so wichtig. Das fixe Kapital ist »fix« in Bezug auf die Umschlagszeit, und die kann je nach Branche höchst unterschiedlich sein.

Die physische Lebensdauer des fixen Kapitals

»Dieser Teil des konstanten Kapitals gibt Wert an das Produkt ab im Verhältnis, worin er mit seinem eignen Gebrauchswert seinen eignen Tauschwert verliert.« Dies unterstellt eine – wie sich zeigen wird ziemlich problematische – Beziehung zwischen dem auf das Produkt übertragenen Wert und der sich verändernden Nützlichkeit z.B. einer Maschine. Wie und warum sollte sich die Nützlichkeit der Maschine verändern? Wie sich heraustellt, kann es sowohl materielle wie gesellschaftliche Gründe für solche Veränderungen geben.

> »Diese Wertabgabe oder dies Übergehn des Werts eines solchen Produktionsmittels auf das Produkt, zu dessen Bildung es mitwirkt, wird bestimmt durch eine Durchschnittsrechnung; es wird gemessen durch die Durchschnittsdauer seiner Funktion von dem Augenblick, worin das Produktionsmittel in den Produktionsprozeß eingeht, bis zu dem Augenblick, wo es ganz abgenutzt, verstorben ist, und durch ein neues Exemplar derselben Art ersetzt oder reproduziert werden muß.« (158)

Marx scheint hier an eine Maschine zu denken, die eine durchschnittliche Lebensdauer von z.B. zehn Jahren hat. Einige Kapitalisten haben vielleicht das Glück, ihre Maschine elf Jahre benutzen zu können, während andere sie schon früher ersetzen müssen. Für die Wertübertragung auf die Maschine kommt es nicht auf die individuelle Lebenszeit an, sondern auf ihre gesellschaftlich durchschnittliche Nutzungsdauer. Kein Kunde würde mir mehr für die von mir produzierte Ware zahlen, nur weil die Lebenszeit meiner Maschine unter dem gesellschaftlichen Durchschnitt geblieben ist.

Im Verlauf seiner Nutzungsdauer nimmt der Wert des fixen Kapitals

> »beständig ab, bis das Arbeitsmittel ausgedient und daher auch sein Wert sich in einer längern oder kürzern Periode über eine Masse von Produkten verteilt hat, die aus einer Reihe beständig wiederholter Arbeitsprozesse hervorgehn. *Solange es aber noch als Arbeitsmittel wirksam ist*, also nicht durch ein neues Exemplar derselben Art ersetzt werden muß, bleibt stets konstanter Kapitalwert in ihm fixiert, während ein andrer Teil des ursprünglich in ihm fixierten Werts auf das Produkt übergeht und daher als Bestandteil des Warenvorrats zirkuliert. Je länger das Arbeitsmittel ausdauert, je langsamer es verschleißt, desto länger bleibt der konstante Kapitalwert in dieser Gebrauchsform fixiert. Welches aber immer der Grad seiner Dauerhaftigkeit, die Proportion, worin es Wert abgibt, steht immer im umgekehrten Verhältnis zu seiner gesamten Funktionszeit. Wenn von zwei Maschinen von gleichem Wert die eine in fünf Jahren verschleißt, die andre in zehn, so gibt die erste in gleichem Zeitraum doppelt soviel Wert ab wie die zweite.« (159; Hervorh. D.H.)

Aber Marx erklärt nicht gleich, was mit »noch wirksam« gemeint ist, oder was passiert, wenn Maschinen aus diesem oder jenem Grund nicht mehr wirksam sind, bevor ihr Wert gänzlich verbraucht ist. Zu Beginn dieses Kapitels sieht es so aus, als würde »wirksam« rein physikalisch verstanden – als ginge es um die Rate des physischen Zerfalls und der Abnutzung –, aber später bekommt es eine stärker gesellschaftliche Bedeutung. Merkwürdigerweise erwähnt Marx nicht gleich das Problem des »moralischen Verschleißes«, auf das er im 1. Band hingewiesen hatte. Es tritt auf, wenn die Anwender einer älteren Maschine mit anderen konkurrieren müssen, die neuere und »wirksamere« sowie billigere Maschinen besitzen. Nur auf Seite 170 und im folgenden Kapitel auf Seite 185 wird der Ausdruck »moralischer Verschleiß« in die Diskussion eingebracht, ohne genauer erläutert zu werden. Es handelt sich hierbei um eine entscheidende Frage, auf die wir noch zurückkommen werden.

Dahinter steckt die schwierige Frage: Wann und warum muss eine Maschine ersetzt werden? Wenn sie materiell verschlissen ist? Oder muss sie vielleicht schon früher ersetzt werden, weil wirksamere und billigere Maschinen auf dem Markt sind? Ständig stehen wir vor dieser Frage. Wie oft müssen wir unsere Computer wechseln? Alle zwei Jahre? Tauschen wir sie aus, weil sie nicht mehr funktionieren oder weil sie veraltet sind? Bei den meisten Beispielen, die Marx in diesem Kapitel anführt, geht es um den materiellen Verschleiß, auch wenn andere gesellschaftliche Fragen auftauchen. Ich vermute, eine große Rolle spielt hier die Sorge von Marx, nicht über die formalen Beziehungen hinauszugehen, die er ableiten kann. Dadurch fehlt natürlich viel gesellschaftlicher und historischer Stoff.

Wenn er genauer auf die formalen Aspekte des Gebrauchs und der Zirkulation von fixem Kapital eingeht, stößt er auf außergewöhnliche Umstände und Abgrenzungsprobleme zwischen fixem und flüssigem Kapital. Die Arbeitsmittel als stoffliche Träger des fixen Kapitals zum Beispiel

> »werden nur produktiv verzehrt und können nicht in die individuelle Konsumtion eingehn, weil sie nicht in das Produkt oder den Gebrauchswert eingehn, den sie bilden helfen, vielmehr ihm gegenüber ihre selbständige Gestalt bis zu ihrem völligen Verschleiß bewahren. Eine Ausnahme bilden Transportmittel. Der Nutzeffekt, den sie während ihrer produktiven Funktion, also während ihres Aufenthalts in der Produktionssphäre hervorbringen, die Ortsveränderung, geht gleichzeitig in die individuelle Konsumtion, z.B. des Reisenden, ein. Er zahlt den Gebrauch dann auch, wie er den Gebrauch andrer Konsumtionsmittel zahlt.« (160)

Diese Ausnahme ist für mich von besonderem Interesse, weil damit gesagt wird, dass sich der nützliche Effekt der »Ortsveränderung« (und damit die Produktion von räumlichen Beziehungen) nicht nur auf die Produktion, die Bewegung von Rohstoffen, sondern auch auf die Konsumtion, die Bewegung von Menschen, bezieht. Die Produktion der »Ortsveränderung« ist selbst eine Ware, von wem auch immer sie zu welchem Zweck gebraucht wird (für die weitere Produktion oder für den Endverbrauch). Und natürlich ist das Transportwesen ein Wirtschaftszweig, der riesige Summen von fixem Kapital absorbiert, von dem ein großer Teil sehr langfristig genutzt wird (wie Eisenbahnstrecken und Unterführungen, sofern sie gewartet und repariert werden). Und da Transport und Kommunikation in ihrer Produktion konsumiert werden, existiert viel von ihrem Wert ideell in der Form der Zirkulation von fixem Kapital. Sowohl die Lokomotiven wie die Schienen, auf denen sie fahren, sind Formen des fixen Kapitals (allerdings mit unterschiedlichen Eigenschaften, wie wir sehen werden).

Die Unterscheidung zwischen fixem Kapital und dem Einsatz von Hilfsstoffen wie Energie »verschwimmt« auch, wenn die Hilfsstoffe erst nach und nach und nicht auf einmal verbraucht werden: »Man hat gesehn, daß z.B. in der chemischen Fabrikation Rohmaterial und Hilfsstoffe ineinander verschwimmen. So auch Arbeitsmittel und Hilfsstoff und Rohmaterial. So gehn im Ackerbau z.B. die in Bodenmeliorationen zugesetzten Stoffe zum Teil als Produktbildner in das Pflanzenprodukt ein. Andrerseits ist ihre Wirkung über eine längre Periode, z.B. 4-5 Jahre verteilt.« (160) Während zum Beispiel Bewässerungsgräben eindeutig eine Form von fixem Kapital in der Landwirtschaft sind, kann sich eine Portion Guanodünger über mehrere Produktionszyklen hinweg auf die Erträge auswirken, obwohl er wie eine Form von flüssigem Kapital aussieht.

Doppelter Gebrauch und die Beziehungen zwischen fixem Kapital und Konsumtionsfonds

Dann gibt es das schwierige, aber interessante Problem des doppelten Gebrauchs (das in der Sprache der heutigen Ökonomie als »Kuppelprodukte« firmiert). »Als Arbeitsvieh ist ein Ochse fixes Kapital. Wird er gegessen, so fungiert er nicht als Arbeitsmittel, also auch nicht als fixes Kapital.« (160) Bei der Zucht von Ochsen werden gleichzeitig beide Warenformen produziert. Die gesellschaftliche Entscheidung über den Gebrauch der Ochsen definiert, ob sie fixes Kapital sind oder nicht:

> »Damit spiegelt sich der in der Natur des Arbeitsprozesses begründete Unterschied von Arbeitsmittel und Arbeitsgegenstand wider in der neuen Form des Unterschieds von fixem Kapital und zirkulierendem Kapital. Erst hiermit wird ein Ding, das als Arbeitsmittel fungiert, fixes Kapital. Kann es seinen stofflichen Eigenschaften nach auch in andren Funktionen als der des Arbeitsmittels dienen, so ist es fixes Kapital oder nicht, je nach Verschiedenheit seiner Funktion. Vieh als Arbeitsvieh ist fixes Kapital; als Mastvieh ist es Rohmaterial, das schließlich als Produkt in die Zirkulation tritt, also nicht fixes, sondern zirkulierendes Kapital.« (162)

Sehr viel später kommt Marx auf diese Frage zurück und rückt sie in einen größeren Zusammenhang:

> »Andrerseits kann dasselbe Ding bald als Bestandteil des produktiven Kapitals fungieren, bald zum unmittelbaren Konsumtionsfonds

> gehören. Ein Haus z.B., wenn als Arbeitslokal fungierend, ist fixer Bestandteil des produktiven Kapitals; wenn als Wohnhaus, gar keine Form des Kapitals qua Wohnhaus. Dieselben Arbeitsmittel können in vielen Fällen bald als Produktionsmittel, bald als Konsumtionsmittel fungieren.« (205)

Das wird besonders knifflig, wenn wir an Straßen denken, die für die Produktion oder einfach zum Spazierengehen gebraucht werden können.

Marx bringt hier die Idee eines Konsumtionsfonds auf. Aber er geht in keiner Weise näher auf sie ein. Einfach gesprochen erfordert die Konsumtion in gleicher Weise wie die Produktion langlebige Hilfsmittel – Häuser, Geschirr, Messer und Gabeln und all die Sachen, die sich normalerweise in einem Haus befinden und es den Menschen ermöglichen zu konsumieren, zusammen mit Autos und Zügen und Flugzeugen, die auch zu unserem Konsum beitragen. Der Gebrauchswert dieser Dinge im Konsumtionsfonds wird wie das fixe Kapital in der Produktion erst nach und nach, manchmal über viele Jahre hinweg, konsumiert. Der Restwert dieser Vermögen im Konsumtionsfonds ist in den heutigen Gesellschaften enorm und viele dieser Dinge (wie Autos, Häuser und Messer und Gabeln) können noch lange nach ihrer ursprünglichen Produktion auf Gebrauchtwarenmärkten ge- und verkauft werden.

Marx weist hier darauf hin, dass solche Dinge in einem komplizierten Verhältnis zum fixen Kapital stehen, weil viele von ihnen im Prinzip jederzeit aus der Konsumtion in die Produktion übergehen können. Marx beschwert sich, dass »Ricardo … das Haus [vergißt], worin der Arbeiter wohnt, seine Möbel, seine Konsumtionswerkzeuge, wie Messer, Gabeln, Gefäße etc., die alle denselben Charakter der Dauerhaftigkeit besitzen, wie die Arbeitsmittel. Dieselben Dinge, dieselben Klassen von Dingen erscheinen hier als Konsumtionsmittel, dort als Arbeitsmittel.« (225)

Für Marx stellt das fixe Kapital eine höchst flexible Kategorie dar, die sich auf die Gebrauchsweise von Dingen und nicht auf ihre physikalischen Eigenschaften bezieht. In aller Schärfe kritisiert er daher die Verwechslung: »Ferner vollendet sich damit der der bürgerlichen Ökonomie eigentümliche Fetischismus, der den gesellschaftlichen, ökonomischen Charakter, welchen Dinge im gesellschaftlichen Produktionsprozeß aufgeprägt erhalten, in einen natürlichen, aus der stofflichen Natur dieser Dinge entspringenden Charakter verwandelt.« (228)

Im Boden verankertes fixes Kapital

Die irrigen »physikalistischen« oder »naturalistischen« Auffassungen haben noch eine andere wichtige Dimension, die zu erörtern ist und die auch zur »Eigentümlichkeit« des fixen Kapitals als einer Kategorie beiträgt. Eine wichtige Unterscheidung ist an der Kategorie des fixen Kapitals selbst zu treffen. »Man macht bestimmte Eigenschaften, die den Arbeitsmitteln stofflich zukommen, zu unmittelbaren Eigenschaften des fixen Kapitals, z.B. die physische Unbeweglichkeit, etwa eines Hauses. Es ist dann stets leicht nachzuweisen, daß andre Arbeitsmittel, die als solche auch fixes Kapital sind, die entgegengesetzte Eigenschaft haben, z.B. die physische Beweglichkeit, etwa eines Schiffs.« (162) Diese Unterscheidung zwischen beweglichen und unbeweglichen Formen des fixen Kapitals ist nicht absolut. Während Nähmaschinen leicht an einen anderen Ort gebracht werden können, werden Hochöfen selten verlagert, was dann mit enormen Geldausgaben verbunden ist (die Zerlegung eines kompletten Stahlwerks in Deutschland und seine anschließende Verschiffung nach China ist das jüngste Beispiel solcher Bemühungen).

> »Ein Teil der Arbeitsmittel … wird entweder örtlich befestigt, sobald er als Arbeitsmittel in den Produktionsprozeß eintritt, … wie z.B. Maschinen. Oder er wird von vornherein in dieser stehenden, an den Ort gebundnen Form produziert, wie z.B. Bodenmeliorationen, Fabrikgebäude, Hochöfen, Kanäle, Eisenbahnen usw. … Andrerseits kann ein Arbeitsmittel physisch beständig den Ort verändern, sich bewegen, und dennoch beständig sich im Produktionsprozeß befinden, wie eine Lokomotive, ein Schiff, Arbeitsvieh etc. Weder gibt ihm, in dem einen Fall, die Unbeweglichkeit den Charakter des fixen Kapitals, noch nimmt ihm, in dem andern, die Beweglichkeit diesen Charakter. Der Umstand jedoch, daß Arbeitsmittel lokal fixiert sind, mit ihren Wurzeln im Grund und Boden feststecken, weist diesem Teil des fixen Kapitals eine eigne Rolle in der Ökonomie der Nationen zu. Sie können nicht ins Ausland geschickt werden, nicht als Waren auf dem Weltmarkt zirkulieren. Die Eigentumstitel an diesem fixen Kapital können wechseln, es kann gekauft und verkauft werden und sofern ideell zirkulieren. Diese Eigentumstitel können sogar auf fremden Märkten zirkulieren, z.B. in der Form von Aktien. Aber durch den Wechsel der Personen, welche Eigentümer dieser Art von fixem Kapital sind, wechselt nicht das Verhältnis des stehenden, ma-

> teriell fixierten Teils des Reichtums in einem Land zu dem beweglichen Teil desselben.« (163)

Später, im 10. Kapitel, wird diese Frage noch genauer analysiert. Ein Element zukünftigen fixen Kapitals, wie eine Spinnmaschine, »kann aus dem Land, worin sie produziert ist, exportiert und im fremden Land, sei es gegen Rohstoffe etc., sei es gegen Champagner, direkt oder indirekt verkauft werden. In dem Land, worin sie produziert wurde, hat sie dann nur als Warenkapital fungiert, nie aber, auch nicht nach ihrem Verkauf, als fixes Kapital.« Dasselbe würde für Werkzeugmaschinen, Stahlträger und vorgefertigte Baumaterialien gelten. Sie sind Warenkapital, bis sie schließlich in irgendeinem Produktionsprozess fixiert werden. »Dagegen Produkte, die durch Einverleibung mit dem Boden lokalisiert sind, und daher auch nur lokal vernutzt werden können, z.B. Fabrikgebäude, Eisenbahnen, Brücken, Tunnels, Docks usw., Bodenverbesserungen usw., können nicht körperlich, mit Haut und Haaren, exportiert werden. Sie sind nicht beweglich. Entweder sind sie nutzlos, oder sie müssen, sobald sie verkauft sind, als fixes Kapital fungieren in dem Land, worin sie produziert sind. Für ihren kapitalistischen Produzenten, der auf Spekulation Fabriken baut oder Ländereien verbessert, um sie zu verkaufen, sind diese Dinge Form seines Warenkapitals … Aber gesellschaftlich betrachtet, müssen diese Dinge – sollen sie nicht nutzlos sein – schließlich im Land selbst in einem durch ihre eigne Lokalität fixierten Produktionsprozeß als fixes Kapital fungieren« (212).

Diese örtliche Fixiertheit wirkt sich auf die geografische Strukturierung der kapitalistischen Aktivitäten aus. Wenn diese Waren an den Orten, an die sie gebunden sind, nicht gebraucht werden können, dann sind sie nutzlos und haben daher keinen Wert. Es ist bemerkenswert, wie sich hier das Kriterium der Nützlichkeit in die Diskussion einschleicht. Sie ist eine dieser wichtigen Kategorien der herkömmlichen Ökonomie, von denen Marx so wie von Angebot und Nachfrage in der Regel ziemlichen Abstand hält. Die Anwendung des Nützlichkeitsprinzips beschränkt sich nicht auf die Welt der Produktion: »woraus keineswegs folgt, daß unbewegliche Dinge als solche ohne weiteres fixes Kapital sind; sie können als Wohnhäuser etc. dem Konsumtionsfonds angehören und also überhaupt nicht zum gesellschaftlichen Kapital gehören, obgleich sie ein Element des gesellschaftlichen Reichtums bilden, wovon das Kapital nur ein Teil« (212). Häuser sind meistens im Raum an einen Ort fixiert, aber wie wir in den letzten Jahren erlebt haben, macht es die Verbriefung von Hypotheken und deren Bündelung in besicherte Schuldverschreibungen (CDOs) möglich, dass gewisse Rechtsansprüche auf sie (deren tatsächliche Bedeutung und rechtliche Gültigkeit sich mittlerweile als recht obskur erwiesen hat) international zirkulieren können, was alle möglichen verheerenden Folgen hat. Im Fall des Transportwesens kann die Lokomotive beweglich sein, während die Schienen, auf denen sie fährt, es nicht sind. »Eigentumstitel, an einer Eisenbahn z.B., können täglich die Hände wechseln, und ihre Besitzer durch den Verkauf dieser Titel sogar im Auslande – so daß die Eigentumstitel exportierbar, obgleich nicht die Eisenbahn selbst – einen Profit machen.« (212f.)

In allen diesen Passagen stoßen wir immer wieder auf die Spannung zwischen Fixiertheit und Bewegung in der geografischen Landschaft der kapitalistischen Aktivitäten. Flugzeuge, Schiffe und Lokomotiven, die sich durch den Raum bewegen, sind völlig abhängig von Flughäfen, Seehäfen und Eisenbahnstationen, die das nicht können. Der Wert des unbeweglichen fixen Kapitals hängt wesentlich von seinem Gebrauch ab: Ein Flughafen, der von keinem Flugzeug angeflogen wird, hat keinen Wert. Aber Flugzeuge ohne Flughäfen, die sie anfliegen können, haben auch keinen Wert. An diesem Fall wird deutlich, wie die geografischen Bewegungsmuster der beweglichen Formen des fixen Kapitals (wie auch der Waren, die sie als das auf dem Markt zirkulierende Warenkapital transportieren) dadurch eingeschränkt werden, dass die oftmals enormen Mengen an unbeweglichem und örtlich gebundenem fixen Kapital verwertet werden müssen. Die Rückgewinnung des Werts von unbeweglichem fixen Kapital ist darauf angewiesen, dass das Kapital in Bewegung dazu gebracht werden kann, das unbewegliche Kapital an seinem jeweiligen Ort zu gebrauchen. Das führt zu solchen Problemen wie dem Standortwettbewerb zwischen Städten, in dem hochmobiles Kapital in die Stadt gelockt oder in ihr gehalten werden soll (was am Ende oft mit massiven öffentlichen Subventionen an private Unternehmen verbunden ist).

Nicht selten kommt es zu örtlichen Wertsteigerungen von unbeweglichen Formen des fixen Kapitals, die besonders dann stürmisch verlaufen können, wenn sich die geografischen Bewegungen von Waren und Menschen insgesamt radikal verändern. Auch wenn Marx auf den Charakter dieses Problems hier nur hinweist, lässt sich die allgemeine Frage von regionalen und lokalen Krisen der Deindustrialisierung und Entwertung insbesondere von unbeweglichen Formen des fixen Kapitals ausgehend von diesen Passagen aufschlüsseln. Außerdem besteht eine von Marx hier nicht erwähnte Beziehung zu Grundrenten und Bodenpreisen, die an verschiedenen Orten sehr unterschiedlich sein können, je nachdem wie es um das im Boden verankerte Vermögen an fixem Kapital bestellt ist. Dies bringt die ganze Geschichte der kapitalistischen Urbanisierung in einen gewissen Zusammenhang zu den Bewegungsgesetzen des Kapitals.

Umgekehrt können wir dadurch besser verstehen, wie sich die Urbanisierung in ganz konkreter Weise auf das Funktionieren dieser Gesetze auswirken kann. Dies ist im Laufe der Jahre zu einem meiner Hauptinteressen geworden und solche Passagen zur Rolle des unbeweglichen fixen Kapitals haben es mir ermöglicht, die allgemeine Theorie von Marx auf Fragen des Städtebaus und der Urbanisierung auszuweiten. Aber von Marx selbst wird die Existenz solcher Zusammenhänge nur schwach angedeutet.

Die Produktion des Raums

In Marx' Darstellung taucht ein spezielles Problem auf, dem ich (vielleicht zu Unrecht) aufgrund meiner persönlichen Forschungsinteressen auf dem Gebiet der Urbanisierung besondere Bedeutung beimesse. Wenn Marx überlegt, wie der Ersatz des im Boden verankerten fixen Kapitals in dessen Expansion übergeht, macht er die folgende Bemerkung. Es hängt alles, schreibt er,

> »vom verfügbaren Raum ab. Bei einigen Gebäuden kann man Stockwerke in der Höhe zusetzen, bei andren ist Seitenausdehnung, also mehr Boden nötig. Innerhalb der kapitalistischen Produktion werden einerseits viele Mittel verschwendet, findet andrerseits viel zweckwidrige Seitenausdehnung dieser Art (zum Teil zum Schaden der Arbeitskraft) bei der allmählichen Ausdehnung des Geschäfts statt, weil nichts nach gesellschaftlichem Plan geschieht, sondern von den unendlich verschiednen Umständen, Mitteln etc. abhängt, womit der einzelne Kapitalist agiert. Hieraus entsteht große Verschwendung der Produktivkräfte. Diese stückweise Wiederanlage des Geldreservefonds (d.h. des in Geld rückverwandelten Teils des fixen Kapitals) ist am leichtesten im Landbau. Ein räumlich gegebnes Produktionsfeld ist hier der größten allmählichen Absorption von Kapital fähig. Ebenso wo natürliche Reproduktion stattfindet, wie bei der Viehzucht.« (173)

In meiner Arbeit beziehe ich mich oft auf die Notwendigkeit der Absorption von Kapital durch Raumproduktion (mit besonderer Betonung darauf, wie sie mit Spekulation und Verschwendung verbunden sein kann, wie es bei der kapitalistischen Suburbanisierung der Fall ist). Und hier spricht auch Marx von den räumlichen Aspekten der Kapitalabsorption – die aufgrund der kapitalistischen Konkurrenz und der fehlenden gesellschaftlichen Planung oft mit Verschwendung verbunden ist. Mit dem Hinweis auf diese Passagen will ich nicht behaupten, dass Marx ein brillanter Vorläufer von allem, was seitdem zur Raumfrage geschrieben wurde, gewesen sei. Ebensowenig will ich sagen, dass sich die Theorie der Raumproduktion in marxistischer Tradition, wie sie sich in den Arbeiten von Henri Lefebvre und bei radikalen Geografen aus jüngerer Zeit findet, auf diese Stelle stützen kann.[1] Aber wenn wir daran interessiert sind, was wir meiner Ansicht nach sein sollten, die Theorien der Raumproduktion in Marx' allgemeine Theorie der kapitalistischen Akkumulation zu integrieren, dann müssen wir vor allem in systematischer Weise von den Materialien ausgehen, die sich hier und in den *Grundrissen* zur Bildung und Zirkulation von fixem Kapital finden lassen, insbesondere zu dem im Boden verankerten Teil des fixen Kapitals. Die Prozesse, die Marx hier beschreibt, sind zum Beispiel nicht auf die Landwirtschaft beschränkt. Sie sind für die theoretische Frage, wie überschüssiges Kapital durch den Bau von Eigentumswohnungen absorbiert werden kann, genauso wichtig wie für den Anbau von Kohl. Krisen in der Produktion des Raums, deren Folgen wir ständig zu spüren bekommen, resultieren letztlich aus den Widersprüchen zwischen Fixiertheit und Bewegung, die Marx so klar herausarbeitet.

Konsumiertes versus angewandtes Kapital

Die in diesen Kapiteln aufgeworfenen Ideen können noch in anderer Hinsicht fruchtbar sein. Da gibt es zum Beispiel »die Differenz zwischen dem im Produktionsprozeß angewandten und dem in ihm konsumierten Kapital« (161). Marx macht daraus nicht viel, außer auf diesen Unterschied hinzuweisen und darauf, dass ersteres Kapital im Zuge

[1] Henri Lefebvre: *The Production of Space*. Translated by Donald Nicholson-Smith, afterword by David Harvey, Oxford 1991 (frz. *La production de l'espace*, Paris 1974); Neil Smith: *Uneven Development*, Oxford 1984; David Harvey: *Spaces of Capital: Towards a Critical Geography*, Edinburgh 2001.

der kapitalistischen Entwicklung meistens schneller als letzteres wächst. Insbesondere geht er nicht darauf ein, was diese Unterscheidung für die Messung der Wertzusammensetzung des Kapitals bedeutet, die doch für seine Theorie des tendenziellen Falls der Profitrate so wichtig ist. Offensichtlich ist die Wertzusammensetzung (und bei ansonsten unveränderten Bedingungen auch die Profitrate) des Kapitals sehr viel höher, wenn das angewandte Kapital als die entscheidende Größe betrachtet wird. Die meisten Fachleute würden von dem konsumierten Kapital ausgehen, aber die riesige und zunehmende Masse an angewandtem Kapital verleiht der Theorie des tendenziellen Falls der Profitrate eine intuitive Glaubwürdigkeit (»schau dir nur die enorme Menge an stofflichem fixen Kapital in unserer Gesellschaft im Vergleich zu früheren Zeiten an«, lautet das Argument; und: »es ist offensichtlich, dass die Wertzusammensetzung rasant anwächst«). Massive Investitionen in fixes Kapital können die Summe des angewandten Kapitals erhöhen, aber sie wirken sich nicht auf das in einer bestimmten Umschlagszeit konsumierte Kapital aus. Wenn diese Investitionen dazu beitragen, den Einsatz des flüssigen konstanten Kapitals wirtschaftlicher zu gestalten, können sie sogar mit einer sinkenden Wertzusammensetzung des konsumierten Kapitals und einer steigenden Profitrate verbunden sein. Aber die Unterscheidung zwischen angewandtem und konsumiertem Kapital wird auch von Veränderungen der Umschlagszeiten betroffen. Engels erkannte die Bedeutung dieser Zusammhänge für die Größe der Profitrate und fügte daher in den 3. Band ein Kapitel mit ersten Überlegungen zu den Auswirkungen der Umschlagszeiten auf die Profitrate ein.

Die Kategorie des fixen Kapitals hängt, wie wir gesehen haben, von der Verwendungsweise durch den Benutzer ab: »Z.B. eine Maschine, als Produkt resp. Ware des Maschinenfabrikanten, gehört zu seinem Warenkapital. Fixes Kapital wird sie erst in der Hand ihres Käufers, des Kapitalisten, der sie produktiv anwendet.« (161) Sobald eine neue Ware produziert ist, verschwindet außerdem die Unterscheidung zwischen dem Wert der fixen und dem Wert der zirkulierenden Komponenten, die in ihre Produktion eingegangen sind. Verändert sich der Gebrauch, kann fixes Kapital entweder beseitigt oder umgehend geschaffen werden. Zum Beispiel ist ein bewohntes Haus kein fixes Kapital, aber eine Fabrik ist es. Wenn ich jedoch anfange, in meinem Haus Dinge herzustellen – Nähmaschinen aufstelle und ein paar Immigranten für die Produktion von Hemden einstelle –, dann wird das Haus plötzlich zu fixem Kapital. Wenn ein Dachboden, auf dem einst Textilien hergestellt wurden, in Wohnraum verwandelt wird, wechselt er von der Kategorie des fixen Kapitals zu der des Konsumtionsfonds. Zudem ist das Kapital fix nur im Verhältnis zur Umschlagszeit des Kapitalteils, der als flüssig bestimmt ist. Eine Maschine zur täglichen Herstellung von Eiscreme ist fixes Kapital, aber eine ähnliche Maschine, die in der zwei Jahre dauernden Produktion eines Hochseetankers eingesetzt wird, ist kein fixes Kapital, wenn sie in der Produktionsperiode vollständig verbraucht wird.

Die historische Bedeutung von Marx' relationalen Definitionen

Alle diese Möglichkeiten ergeben sich aus der relationalen Art, in der Marx grundlegende Kategorien wie das fixe Kapital definiert. Er unternimmt hier keinen Versuch, die historische Bedeutung veränderlicher relationaler Bestimmungen auszuloten. Für meine eigene theoretische Arbeit waren sie sehr wichtig. In Walt Rostows Theorie der »Stadien wirtschaftlichen Wachstums«, die er in den 1950er Jahren als »nichtkommunistisches Manifest« verfasst hatte – ein damals sehr einflussreicher Text, den alle Studierenden lesen mussten –, wird zum Beispiel eine Phase der starken Entwicklung des fixen Kapitals (vor allem in Form von grundlegender Infrastruktur wie Straßen, Dämmen und Häfen) als der entscheidende Hebel für die Schaffung der »Voraussetzungen« für das anschließende Wirtschaftswachstum in einem Land dargestellt. Der Aufbau dieser Infrastruktur sei die Grundlage für den anschließenden »take-off« zu einem Wirtschaftswachstum, das dann den »Massenkonsum« antreiben würde. Der Aufbau der Wohlstandsgesellschaft würde den kapitalistischen Formen der Entwicklung überall auf der Welt Rückhalt in der Bevölkerung verschaffen und damit die Gefahr des Kommunismus eindämmen. Dieses Stufenmodell könne laut Rostow mit dem Kommunismus konkurrieren, der Wohlstand für alle in der sogenannten unterentwickelten Welt versprach. Das vorbereitende Stadium der massiven Investition in infrastrukturelles fixes Kapital würde jedoch Opfer verlangen. Zunächst müsse der Konsum gedrosselt und der Gürtel enger geschnallt werden, um den Aufbau des fixen Kapitals zu ermöglichen. Außerdem sei Hilfe aus dem Ausland wichtig (die vorrangige Aufgabe der Weltbank war und ist es zu einem großen Teil noch heute, eben solche Infrastrukturinvestitionen zu fördern und zu unterstützen).

Als Beleg für seine Entwicklungstheorie führte Rostow historische Daten an. Jedes Land wurde als ein Entwicklungsort behandelt und die von ihm gesammelten historischen Daten zeigten, wie wichtig für alle eine Phase des starken Aufbaus von fixem Kapital als Vorläufer eines kräftigen Wirtschaftswachstums gewesen war. Ganz abgesehen von der merkwürdigen Vorstellung, Länder seien die »natürlichen« und unabhängigen Einheiten kapitalistischer Entwicklung, ignorierte Rostow das Problem der internationalen Kapitalströme, die mit imperialistischen Formen der Expansion verbunden sind, wie sie bereits von Lenin beschrieben worden waren. Außerdem entsprach England, das Land, in dem es zum ersten Mal zum kapitalistischen »take-off« gekommen war, nicht dem Modell von Rostow. Es lässt sich dort keine Phase des verstärkten Aufbaus von fixem Kapital ausmachen. Hier waren koloniale und imperiale Enteignung und Raubzüge des Kaufmannskapitals die wichtigen Vorläufer. Wie verschiedene Wirtschaftshistoriker wie Postan aufgezeigt haben, bestand das eigentliche Problem in England (ähnlich wie heute in China) in riesigen Kapitalüberschüssen, die sich seit dem 17. Jahrhundert aufgebaut hatten.[2] Für diese Überschüsse musste eine profitable Verwendung gefunden werden. Die Bildung von fixem Kapital in der Infrastruktur (im Ausland wie im Inland) war eine praktische Methode, um solche Überschüsse zu absorbieren. Außerdem konnte ein großer Teil der für die Konsumtion errichteten Infrastruktur recht einfach in fixes Kapital für die Produktion umgewandelt werden. Mit dem Verlagssystem, bei dem die Händler das zu bearbeitende Material zu den Bauernhäusern brachten, wurden diese Häuser faktisch in Fabriken verwandelt (was heute in fast der gleichen Weise durch Mikrokredite geschieht, die aus Bauernhütten fixes Kapital für die Produktion machen). Mit der »antikommunistischen« Entwicklungstheorie von Rostow stimmte also ganz grundsätzlich etwas nicht, insbesondere nicht mit seiner Betonung der Opfer und der Austerität im Hier und Jetzt zugunsten der zukünftigen kapitalistischen Entwicklung. Worum es im Programm von Rostow wirklich ging, das war die Öffnung der Welt für Ströme von überschüssigem Kapital, das von den imperialistischen Mächten geschaffen worden war, und die Legitimierung von »Austerität«, mit der sich die für die zukünftige Prosperität notwendige hohe Ausbeutungsrate der Arbeitskraft durchsetzen ließ. Kapitalexporte und internationale Kapitalströme tauchen daher in den Daten von Rostow nicht auf.

---

[2] W.W. Rostow: *The Stages of Economic Growth: A Non-Communist Manifesto*, London 1960 (dtsch.: *Stadien wirtschaftlichen Wachstums. Eine Alternative zur marxistischen Entwicklungstheorie*, übersetzt von Elisabeth Müller, Göttingen 1960); M.M. Postan: *Medieval Trade and Finance*, Cambridge 1973.

Die alternative Darstellung von Marx in den *Grundrissen* (die leider im 2. Band fehlt) ist sehr viel überzeugender:

> »*Nach einer andren Seite noch zeigt die Entwicklung des capital fixe den Grad der Entwicklung des Reichtums überhaupt an oder der Entwicklung des Kapitals.* ... Der auf die Produktion des capital fixe gerichtete Teil der Produktion produziert nicht unmittelbare Gegenstände des Genusses noch unmittelbare Tauschwerte; wenigstens nicht unmittelbar realisierbare Tauschwerte. *Es hängt also von dem schon erreichten Grad der Produktivität ab – davon, daß ein Teil der Produktionszeit hinreicht für die unmittelbare Produktion –, daß ein wachsend großer auf die Produktion der Mittel der Produktion verwandt wird.* Es gehört dazu, daß die Gesellschaft abwarten kann; einen großen Teil des schon geschaffnen Reichtums entziehn kann, sowohl dem unmittelbaren Genuß wie der für den unmittelbaren Genuß bestimmten Produktion, um diesen Teil für *nicht unmittelbar produktive* Arbeit zu verwenden (innerhalb des materiellen Produktionsprozesses selbst). Dies erfordert Höhe der schon erreichten Produktivität und relativen Überflusses, und zwar solche Höhe direkt im Verhältnis zur Verwandlung von capital circulant in capital fixe. Wie die *Größe der relativen Surplusarbeit abhängt von der Produktivität der notwendigen Arbeit, so die Größe der auf die Produktion des Capital fixe* verwandten Arbeitszeit – lebendiger, wie vergegenständlichter – *von der Produktivität der für die direkte Produktion von Produkten bestimmten Arbeitszeit. Surplusbevölkerung* (von diesem Standpunkt aus) wie *Surplusproduktion* ist hierfür Bedingung. ... *Je weniger das Capital fixe* unmittelbar Früchte bringt, in den *unmittelbaren Produktionsprozeß* eingreift, desto größer muß diese relative *Surpluspopulation und Surplusproduktion* sein; also mehr, um Eisenbahnen zu bauen, Kanäle, Wasserleitungen, Telegraphen etc., als um direkt in dem unmittelbaren Produktionsprozeß tätige Maschinerie. Daher – worauf wir später zurückkommen werden – in der beständigen Über- und Unterproduktion der modernen Industrie – beständige Schwankungen und Krämpfe von dem Mißverhältnis, worin bald zu wenig, bald zu viel Capital circulant in Capital fixe verwandelt wird.« (*Grundrisse*, 602f.)

Dies erklärt nicht nur auf hervorragende Weise, wie es in England zur kapitalistischen Entwicklung kommen konnte, sondern erinnert auch sehr präzise an den Entwicklungsprozess, den China im Laufe der letzten dreißig Jahre durchgemacht hat. Außerdem wird auf die möglichen Gefahren von Zyklen der Überinvestition in Infrastruktur hingewiesen, die eine weitere Art der Krisenbildung in kapitalistischen Ökonomien darstellen. Die mit dem Aufbau von fixem Kapital verbundenen Krisen werden jedoch im 2. Band kurz erwähnt, vor allem im Zusammenhang mit Marx' Untersuchung des »moralischen Verschleißes«, zu der wir gleich kommen werden. Aber auch zu diesem Thema müsste sehr viel mehr erarbeitet werden.

Es gibt jedoch auch etwas einfachere Anwendungen für diese Ideen. In seiner Lobrede auf die kapitalistischen Formen der Entwicklung feiert Milton Friedman bekanntlich die Sweatshops als den Beginn des Kapitalismus. Aus Häusern und Hütten wurde durch die bloße Änderung ihrer Nutzung fixes Kapital. Das erzeugt einen sehr interessanten Kontrast zu den heutigen Verhältnissen: Im Laufe der letzten vierzig Jahre wurde das teure fixe Kapital der Textilfabriken in Boston und Manchester in Wohneigentum umgewandelt, während von Los Angeles bis Manila Hinterzimmer und Kellergeschosse zu fixem Kapital für die Sweatshop-Produktion werden. Wenn Bäuerinnen in Mexiko und Indien Mikrokredite für den Kauf einer Nähmaschine bekommen, werden Bauernhütten auf einen Schlag und ohne jegliche Kosten in fixes Kapital für die Produktion verwandelt. Das ist eine geschickte Methode, um jeglicher Tendenz einer fallenden Profitrate zu begegnen, weil sich damit der Wert des konstanten fixen Kapitals im Verhältnis zu den Arbeitskosten drastisch verringert.

Ich halte die relationale Weise, in der Marx die Bildung des fixen Kapitals behandelt, für überaus hilfreich, um die Geschichte des Kapitals zu verstehen. Seine Darstellung eröffnet zahlreiche theoretische Möglichkeiten. An Marx' scheinbar beiläufiger Beobachtung, dass ein Ochse entweder für die Konsumtion gebraucht oder in der Produktion als fixes Kapital eingesetzt werden kann, lässt sich vieles festmachen. Denn wir sind ständig von allen möglichen Dingen umgeben, auf die das zutrifft – von Bleistiften über Häuser und Straßen bis hin zu ganzen Städten. Wichtig ist diese Flüssigkeit der Definitionen, mit der die Funktionen auf andere Weise erfasst werden können. Eine solche Vorgehensweise ist der herkömmlichen bürgerlichen Wirtschaftstheorie fremd, die mit einer flexiblen Definition von Kategorien nicht umgehen kann. Für sie muss das fixe Kapital auch eine fixe Definition haben. Wie wir noch sehen werden, verstehen leider auch nicht alle marxistischen Ökonomen, wie Marx seine Kategorien relational definiert. Daher reproduzieren sie im Endeffekt die Fehler der bürgerlichen Theorie.

Wartung, Ersatz und Reparaturen

Marx beschäftigt sich sehr ausführlich mit den anscheinend banalen Problemen, die aus der unterschiedlichen Lebensdauer verschiedener Teile des fixen Kapitals (zum Beispiel einer Eisenbahn) erwachsen, und mit Fragen des Ersatzes, der Reparaturen und der Kosten der Wartung. Ohne zu sehr ins Detail zu gehen, sollten doch einige wichtige allgemeine Punkte beachtet werden.

Die Lebensdauer des fixen Kapitals ist durch die Abnutzung bedingt, die sowohl vom Gebrauch (viel benutzte Autobahnen, Eisenbahnen, Autos etc. verschleißen schneller) wie von Umweltbedingungen und Witterungsverhältnissen abhängt. Was noch wichtiger ist: »In derselben Kapitalanlage haben die einzelnen Elemente des fixen Kapitals eine verschiedne Lebenszeit, daher auch verschiedne Umschlagszeiten. In einer Eisenbahn z.B. haben Schienen, Schwellen, Erdarbeiten, Bahnhofsgebäude, Brücken, Tunnels, Lokomotiven und Wagen verschiedne Funktionsdauer und Reproduktionszeit, also auch das in ihnen vorgeschoßne Kapital verschiedne Umschlagszeiten.« (169) Wir haben alle Erfahrungen mit Häusern, Autos und allen möglichen anderen Bestandteilen des Konsumtionsfonds, bei denen die einzelnen Teile zu ganz verschiedenen Zeiten erneuert werden müssen. Daher fällt es oft schwer, wie Marx betont, zwischen Ersatz auf der einen und Reinvestition und Expansion auf der anderen Seite zu unterscheiden. Wenn ein Haus ein neues und sehr viel besseres Dach bekommt, handelt es sich dann um Ersatz oder um die Reinvestition in ein faktisch völlig neues Haus? Außerdem muss fixes Kapital gewartet werden. Zum Teil geschieht dies gratis durch die Arbeiterinnen, die die von ihnen bedienten Maschinen einfach dadurch in einem guten Zustand halten, dass sie pfleglich mit ihnen umgehen. Aber es erfordert auch ständig »zusätzliche Arbeit, die ihr Gebrauch nötig macht«, was Marx als flüssiges Kapital berachtet (174). Reparaturen hingegen seien »ein zuschüssiger Wertbestandteil«, der »je nach Bedürfnis« zum ursprünglichen fixen Kapital hinzukomme. »Solche spätere, dosenweise, zusätzliche Kapitalauslage in Arbeitsmitteln und Arbeitskraft erheischt alles fixe Kapital.« (175) Was das für die Umschlagszeit bedeutet (um die es, wie bereits erwähnt, Marx hier in erster Linie geht), formuliert er so:

> »Andrerseits ist bei Schätzung der durchschnittlichen Lebensperiode des fixen Kapitals unterstellt, daß es beständig in werktätigem Zustand erhalten wird, teils durch Reinigung (wozu auch die Rein-

> haltung der Lokale gehört), teils durch Reparatur ... Die Wertübertragung durch Verschleiß des fixen Kapitals ist auf dessen durchschnittliche Lebensperiode berechnet, aber diese durchschnittliche Lebensperiode selbst ist darauf berechnet, daß das zur Instandhaltung erheischte Zusatzkapital fortwährend vorgeschossen wird.« (175f.)

Das lässt natürlich die Frage offen, was passiert, wenn das Kapital in seinem verzweifelten Bemühen um Kosteneinsparungen beim konstanten Kapital die Reparaturen und Wartungsarbeiten an seinem fixen Kapital hinauszögert. Insbesondere bei Gebäuden und Infrastruktur geschieht das sehr oft, was weitreichende Konsequenzen für die alltägliche Lebensqualität und auch für die allgemeine *Wirksamkeit* des eingesetzten fixen Kapitals hat. Dass in New York City zwanzig Jahre lang Wartungsarbeiten an der U-Bahn, den Brücken und Tunneln und auch den öffentlichen Schulgebäuden aufgeschoben wurden, hat zu einer für die weitere Kapitalakkumulation ziemlich ineffektiven Infrastruktur geführt. Entscheidend ist auch die Frage, wer die Kosten für Wartung und Reparatur trägt. Marx zieht dafür das Beispiel der Häuser heran:

> »Die Gesetzgebung hat überall bei Mietkontrakten von Häusern und andren Dingen, die für ihren Eigentümer fixes Kapital sind und als solches vermietet werden, den Unterschied anerkannt zwischen dem normalen Verschleiß, der durch die Zeit, den Einfluß der Elemente und die normale Vernutzung selbst herbeigeführt wird, und zwischen den gelegentlichen Reparaturen, die zur Instandhaltung während der normalen Lebensdauer des Hauses und seiner normalen Benutzung zeitweise erforderlich sind. In der Regel fallen die ersten auf den Eigentümer, die zweiten auf den Mieter. Die Reparaturen unterscheiden sich ferner in gewöhnliche und substantielle. Die letztren sind teilweise Erneuerung des fixen Kapitals in seiner Naturalform und fallen ebenfalls auf den Eigentümer, wo der Kontrakt nicht ausdrücklich das Gegenteil sagt.« (177)

Im Anschluss daran zitiert Marx die Einzelheiten der diesbezüglichen englischen Gesetzgebung.

Auch wenn Marx dazu neigt, sich in technischen Details zu verlieren, halte ich es für wichtig, den allgemeinen Punkt hervorzuheben: Mit der Weiterentwicklung einer Gesellschaft absorbiert die gesamte Wartung, Reparatur und Erneuerung des vorhandenen fixen Kapital nicht nur zunehmende Mengen an Kapital, sondern sie erfordert auch immer mehr Arbeit. In großen städtischen Ballungsräumen wie New York City kann es dazu kommen, dass mehr Kapital und Arbeit für Wartung, Erneuerung und Reparatur eingesetzt werden als für die Schaffung neuer Produkte (selbst wenn wir berücksichtigen, dass die Abgrenzung zwischen dem Austausch von Teilen und der Erneuerung des Ganzen nicht immer klar ist). Wie sich all dies in der Produktion und Zirkulation von Werten berechnen lässt, ist eine offene Frage (oder, wie es bei Marx meistens der Fall ist, ein rechnerischer Albtraum). Aber letztlich kann es eine enorme Belastung für die Gesellschaft sein, dass große Summen von neuem fixem Kapital für Erneuerungen und Reparaturen investiert und steigende Betriebskosten für die Wartung aufgebracht werden müssen (denken wir nur an die New Yorker U-Bahn oder all die Menschen, die Baugerüste auf- und wieder abbauen). Für die einzelnen Kapitalisten geht das in die Berechnung ihrer Umschlagszeit ein. Ab einem bestimmten Punkt kann es wirtschaftlich sinnvoller sein, eine (bewegliche oder unbewegliche) Investition in fixes Kapital aufgrund der ausufernden Reparatur- und Wartungskosten aufzugeben und mit einer anderen Ausrüstung, vielleicht an einem anderen Ort, neu zu beginnen.

Monetäre Aspekte der Zirkulation des fixen Kapitals

Die monetären Aspekte der Zirkulation des fixen Kapitals geht Marx in der folgenden Weise an:

> »Die eigentümliche Zirkulation des fixen Kapitals ergibt einen eigentümlichen Umschlag. Der Wertteil, den es in seiner Naturalform durch Abnutzung verliert, zirkuliert als Wertteil des Produkts. Das Produkt verwandelt sich durch seine Zirkulation aus Ware in Geld; also auch der vom Produkt zirkulierte Wertteil des Arbeitsmittels, und zwar tropft sein Wert aus dem Zirkulationsprozeß als Geld nieder, in derselben Proportion, worin dies Arbeitsmittel aufhört, Wertträger im Produktionsprozeß zu sein. Sein Wert erhält also jetzt Doppelexistenz. Ein Teil desselben bleibt an seine, dem Produktionsprozeß angehörige Gebrauchs- oder Naturalform gebunden, ein andrer Teil löst sich von ihr ab als Geld.« (163f.)

Im Folgenden werde ich dieser Idee der »Doppelexistenz« des Werts von fixem Kapital besondere Bedeutung beimessen – ein Teil von ihm wird in den aufeinanderfolgenden Umschlagsperioden zunehmend in

Geldform aus der Produktion zurückgewonnen, während der andere Teil als abnehmender Restwert des noch nicht völlig verbrauchten fixen Kapitals (z.B. einer Maschine) existiert.

Das zurückgewonnene Geld wird während der Lebensdauer des fixen Kapitals nach und nach in einem Reservefonds akkumuliert. Ohne ein Bank- und Kreditsystem muss der Kapitalist das Geldkapital als Schatz halten, bis die Zeit zum Ersatz der Maschine gekommen ist. Erst durch den Kauf des Ersatzes kehrt das Geld wieder in die Zirkulation zurück (164). Würden alle Kapitalisten im selben Zeitplan operieren, käme es abwechselnd zu Perioden der Überschwemmung und solchen des Mangels in der monetären Zirkulation. Glücklicherweise tun sie das nicht, aber es gibt auch keinerlei Garantie dafür, dass sie durch ihr Verhalten die Geldzirkulation ausgleichen. Phasen massiver technologischer Innovationen könnten ohne ein Kreditsystem durchaus zu Geldschwemmen und Geldknappheiten führen.

Die monetäre Umschlagszeit des fixen Kapitals hat daher ganz besondere Eigenschaften im Unterschied zum flüssigen (zirkulierenden) Kapital. Hilfsstoffe wie Energie werden während der für die Produktion und Vermarktung der Ware notwendigen Umschlagszeit vollständig verbraucht, sodass der Wert dieser Stoffe regelmäßig in Geldform zurückfließt. Das gleiche gilt für die Elemente des konstanten Kapitals, die den Arbeitsgegenstand bilden und in der Ware wiederauftauchen. Und im Fall der Arbeit wird das variable Kapital regelmäßig (z.B. wöchentlich) an die Arbeiterinnen gezahlt, die mit dem Geld die Waren ihres Bedarfs kaufen. Diese letztere Transaktion verläuft, wie Marx im Weiteren mehrmals betont, »nicht mehr zwischen Arbeiter und Kapitalist, sondern zwischen dem Arbeiter als Käufer von Ware und dem Kapitalisten als Verkäufer von Ware«. Denn es »ist der Arbeiter selbst, der das für seine Arbeitskraft erhaltne Geld in Lebensmittel umsetzt« (166). Dieser Punkt wird uns im Folgenden noch begegnen, weil die Arbeiterin in ihrer Funktion als Käuferin über eine relative Autonomie in ihrem Konsumverhalten verfügt, auch wenn ihre Wahlmöglichkeiten in gewissem Maße durch die Tatsache eingeschränkt sind, dass sie kaufen muss, um leben zu können.

Halten wir fest, dass sich der Unterschied zwischen fixem und flüssigem Kapital nur auf das produktive Kapital beziehen kann: »Er existiert nur *für das produktive Kapital und innerhalb desselben.*« (167f.) Während der Umschlagszeit des fixen Kapitals wird das flüssige Kapital mehrmals umgeschlagen. Der Wert des fixen Kapitals wird »ganz, auf einmal vorgeschossen … Dieser Wert [in Geldform] wird also auf einmal vom Kapitalisten in die Zirkulation geworfen; er wird aber der Zirkulation nur stückweis und allmählich wieder entzogen« (168). Während der Lebensdauer des fixen Kapitals muss der Kapitalist jedoch in der Regel von diesem für die Erneuerung bestimmten Geld keinen Gebrauch machen: »Diese Rückverwandlung des Gelds in die Naturalform des Produktionsmittels findet erst statt am Schluß seiner Funktionsperiode, wenn das Produktionsmittel gänzlich verbraucht ist.« (169)

Aber der Zeitplan für den Ersatz von fixem Kapital wird auch von Naturgesetzen beeinflusst. »Für die lebendigen Arbeitsmittel, z.B. Pferde, ist die Reproduktionszeit durch die Natur selbst vorgeschrieben. Ihre durchschnittliche Lebenszeit als Arbeitsmittel ist durch Naturgesetze bestimmt. Sobald dieser Termin abgelaufen, müssen die abgenutzten Exemplare durch neue ersetzt werden. Ein Pferd kann nicht stückweis, sondern nur durch ein andres Pferd ersetzt werden.« (171) Diese »Klumpenhaftigkeit« der Investitionen in fixes Kapital, die gleichermaßen den Erstkauf wie den Ersatz betrifft, ist daher zu beachten. Sie hat monetäre Konsequenzen für die Frage, wie viel Geldkapital zu bestimmten Zeitpunkten der Zirkulation entzogen oder in sie zurückgeworfen werden muss:

> »Außerdem, wo die Reproduktion stückweis in der Weise geschieht, daß in kürzern Intervallen dem entwerteten Bestand neuer zugefügt wird, ist je nach dem spezifischen Charakter des Produktionszweigs eine vorherige Geldakkumulation von größrem oder geringrem Umfang nötig, bevor dieser Ersatz stattfinden kann. Nicht jede beliebige Geldsumme reicht dazu hin, es wird eine Geldsumme von bestimmtem Umfang dazu erheischt.« (182)

Hier sind alle denkbaren Kombinationen möglich. Eine Eisenbahn kann erst funktionieren, wenn die ganze Strecke gebaut ist. Dafür muss das Geld vorgeschossen werden. Aber die Schienen können, anders als das Pferd, stückweise erneuert werden.

Die monetären Konsequenzen daraus werden am Ende des 8. Kapitels wieder kurz angesprochen, wobei Marx wie üblich abschließend anmerkt, dass alles anders aussehen würde, wenn das Kreditsystem ins Spiel käme. Ohne Kreditsystem verhält es sich so, dass »ein Teil des in einer Gesellschaft vorhandnen Geldes stets als Schatz brachliegt, während ein andrer als Zirkulationsmittel, resp. als unmittelbarer Reservefonds des direkt zirkulierenden Geldes fungiert«. Daher wechselt ständig die Proportion,

> »worin sich die Gesamtmasse des Geldes auf Schatz und auf Zirkulationsmittel verteilt. In unserm Fall wird nun Geld, das als Schatz in der Hand eines größern Kapitalisten in größrem Umfang aufgehäuft sein muß, beim Einkauf des fixen Kapitals auf einmal in Zirkulation geworfen. ... Durch den Amortisationsfonds, worin nach Maßgabe des Verschleißes des fixen Kapitals dessen Wert zu seinem Ausgangspunkt zurückfließt, bildet ein Teil des zirkulierenden Geldes wieder Schatz ... Es ist eine beständig wechselnde Verteilung des in der Gesellschaft existierenden Schatzes, der abwechselnd als Zirkulationsmittel fungiert, und dann wieder als Schatz aus der Masse des zirkulierenden Geldes abgeschieden wird. Mit der Entwicklung des Kreditwesens, welche der Entwicklung der großen Industrie und der kapitalistischen Produktion *notwendig parallel geht*, fungiert dies Geld nicht als Schatz, sondern als Kapital, aber in der Hand nicht seines Eigentümers, sondern andrer Kapitalisten, denen es zur Verfügung gestellt ist.« (182, Hervorh. D.H.)

Der »Doppelcharakter« von monetären und stofflichen Aspekten der Zirkulation des fixen Kapitals wird dadurch grundlegend modifiziert. Die monetären Aspekte werden von ihrer Fesselung an den Prozess des materiellen Verschleißes gelöst und als mögliches Geldkapital freigesetzt.

»Moralischer Verschleiß«

Das wichtige Problem des »moralischen Verschleißes«, den Marx im 1. Band eingeführt hatte, wird im 2. Band nur sehr oberflächlich behandelt. Umwälzungen in der Produktion verbilligen entweder im Laufe der Zeit das fixe Kapital oder sie führen zur Herstellung von besseren Maschinen, die die existierenden ersetzen, noch bevor deren Lebenszeit abgelaufen ist. Dadurch wird die Entwertung der alten Maschinen beschleunigt oder, was auf dasselbe hinausläuft, ihre Wirksamkeit – ihre Nützlichkeit – verringert. Daher hätten wir an dieser Stelle eine ausführliche Beschäftigung mit dem schwierigen Problem des fixen Kapitals, das »noch wirksam ist«, erwarten können, auf das wir zu Beginn dieses Kapitels hingewiesen hatten. Leider trägt Marx nicht viel zur Aufklärung bei, sondern bemerkt nur, dass »die Masse des fixen Kapitals, die ... eine bestimmte Durchschnittslebenszeit auszudauern hat, ... ein Hindernis gegen die rasche allgemeine Einführung der verbesserten Arbeitsmittel« darstellt (171). Daher rührt die verständliche Zurückhaltung, veränderte Technologien und neue Formen des fixen Kapitals einzuführen, solange sich das alte fixe Kapital noch nicht vollständig amortisiert hat. Unter monopolistischen Bedingungen kann diese Verzögerung zur Stagnation führen (was Marx allerdings nicht erwähnt). Im Gegensatz dazu »zwingt der Konkurrenzkampf, namentlich bei entscheidenden Umwälzungen, die alten Arbeitsmittel vor ihrem natürlichen Lebensende durch die neuen zu ersetzen. Es sind hauptsächlich Katastrophen, Krisen, die solche vorzeitige Erneuerung des Betriebsgeräts auf größrer gesellschaftlicher Stufenleiter erzwingen.« (171) Im 9. Kapitel wird dieses Thema wieder aufgegriffen. Die Lebenszeit des fixen Kapitals wird

> »abgekürzt durch die beständige Umwälzung der Produktionsmittel, die ebenfalls mit der Entwicklung der kapitalistischen Produktionsweise beständig zunimmt. Mit ihr daher auch der Wechsel der Produktionsmittel und die Notwendigkeit ihres beständigen Ersatzes infolge des moralischen Verschleißes, lange bevor sie physisch ausgelebt sind. ... Soviel ergibt sich: Durch diesen eine Reihe von Jahren umfassenden Zyklus von zusammenhängenden Umschlägen, in welchen das Kapital durch seinen fixen Bestandteil gebannt ist, ergibt sich eine materielle Grundlage der periodischen Krisen, worin das Geschäft aufeinanderfolgende Perioden der Abspannung, mittleren Lebendigkeit, Überstürzung, Krise durchmacht. Es sind zwar die Perioden, worin Kapital angelegt wird, sehr verschiedne und auseinanderfallende. Indessen bildet die Krise immer den Ausgangspunkt einer großen Neuanlage. Also auch – die ganze Gesellschaft betrachtet – mehr oder minder eine neue materielle Grundlage für den nächsten Umschlagszyklus.« (185f.)

Der beschleunigte Verschleiß ist mit der Entwertung des vorhandenen fixen Kapitals verbunden, dessen Wert noch nicht vollständig durch die Produktion und den Verkauf von Waren zurückgewonnen wurde. Geschieht dies in hinreichend großem Umfang, kann es offensichtlich zu Krisen führen. Wie Marx im 1. Band bemerkt hatte, bedeutet dies für die Arbeiter Schicht- und Nachtarbeit. Auf diese Weise soll der Wert des fixen Kapitals so schnell wie möglich zurückgewonnen werden, um das Risiko des moralischen Verschleißes zu vermeiden. Aber der allgemeinen Bedeutung der Entwertung von großen Mengen fixen Kapitals durch »moralischen Verschleiß« oder durch andere gesellschaftliche Kräfte (wie Verlagerungen, die fixes Kapital vor Ort wertlos machen) wird im

2. Band keinerlei Beachtung geschenkt. In den *Grundrissen* wird sie sowohl theoretisch wie historisch untersucht. Es bleibt also uns überlassen herauszufinden, welche Folgen solche Entwertungen zeitigen können.

Verallgemeinerte Krisen (die offensichtlich mit Wertverlusten des Kapitals verbunden sind) können laut Marx günstige Gelegenheiten für die Erneuerung oder den Austausch des vorhandenen fixen Kapitals sein. Diesem Gedanken sollten wir nachgehen. Da in einer Krise ohnehin schon ein großer Teil des fixen Kapitals ohne Beschäftigung und entwertet ist (die Kapazitätsauslastung ist sehr gering), können diejenigen Kapitalisten mit ausreichenden Geldreserven es genausogut verschrotten und neu anfangen – zumal die Kosten für neues fixes Kapital zu diesem Zeitpunkt gering sein dürften. Ein jüngstes Beispiel aus dem Bereich der Politik ist das »cash for clunkers«-Programm,[3] eine Abwrackprämie, die 2008 von der Bundesregierung der USA eingeführt wurde. Die Konsumenten bekamen Geld, wenn sie ihr altes Auto vorzeitig stilllegten und ein neues kauften. Damit sollte der Automobilmarkt belebt und die Industrie am Laufen gehalten werden. Steuererleichterungen für beschleunigte Abwertungen sind eine weitere Methode, mit der Regierungen die Erneuerung des fixen Kapitals und Reinvestitionen ankurbeln können. Anfang der 1980er Jahre bediente sich Ronald Reagan dieser Politik. Es handelte sich um öffentliche Subventionen, die die beschleunigte Abschreibung eines großen Teils des existierenden und des neuen fixen Kapitals ermöglichten. Tatsächlich wurden damit die Verlagerung von Kapital nach Süden und Westen und die Deindustrialisierung des Nordostens und Mittleren Westens der USA gefördert. Die allgemeine »Wirksamkeit« solcher Maßnahmen hängt natürlich davon ab, ob neue Technologien und Standortoptionen zur Verfügung stehen. Die Große Depression der 1930er Jahre war eine bemerkenswerte Phase der technologischen und institutionellen Erneuerung inmitten der krisenhaften Verhältnisse in den USA. Das Ergebnis war ein völlig neues Modell des Einsatzes von fixem Kapital, das auf dem Automobil, der Elektrifizierung und der Erschließung Kaliforniens beruhte und nach dem Zweiten Weltkrieg Früchte trug. Es schuf »eine neue materielle Grundlage für den nächsten Umschlagszyklus«. Erleben wir heute, mitten in der Rezession, einen ähnlichen Prozess der Reorganisation des Milieus für fixes Kapital? Und wo findet er dann statt? In China? Die von Marx aufgeworfene theoretische Frage sollte genauer untersucht werden.

---

[3] Anm. d. Ü.: Wörtlich übersetzt: »Kohle für die Klapperkiste«.

Die allgemeine Bedeutung dieser Aspekte von Marx' Theorie zur Entstehung und Überwindung von Krisen wird in der marxistischen Literatur nur selten erwähnt, obwohl es deutliche historische Hinweise auf Konjunkturzyklen gibt, die mit Wellen der Einführung neuer Technologien und den damit einhergehenden Wellen von massivem »moralischen Verschleiß« im Sinne von Marx verbunden sind. Das Niveau der Kapazitätsauslastung (also vor allem der Nutzung des fixen Kapitals) gilt schließlich als ein entscheidender Indikator der Wirtschaftsentwicklung. Wir müssen uns nur die gigantischen Investitionen in fixes Kapital anschauen, mit denen China auf die Krise von 2008-2009 reagierte, um die Bedeutung dieser Zusammenhänge zu erkennen. Auf der einen Seite besteht die ständige Notwendigkeit der Überproduktion: »Oder, vom Standpunkt der ganzen Gesellschaft betrachtet: Es muß eine beständige Überproduktion stattfinden, d.h. Produktion auf größrer Stufenleiter, als zu einfachem Ersatz und Reproduktion des vorhandnen Reichtums nötig – ganz abgesehn von Zunahme der Bevölkerung –, um die Produktionsmittel zur Verfügung zu haben, zur Ausgleichung der außerordentlichen Zerstörung, welche Zufälle und Naturkräfte anrichten.« (178) Marx denkt hier wahrscheinlich an die Folgen von Erdbeben oder Tsunamis, aber es besteht kein Grund, diesen Gedanken nicht auch auf einen Zusammenbruch von Exportmärkten, wie ihn China 2009 erlebte, anzuwenden. China verfügt über enorme Kapitalüberschüsse – wie England vom 17. bis zum Ende des 19. Jahrhunderts. Es muss nicht auf eine Politik der Austerität zurückgreifen (wie es Rostow und heute die Republikaner in den USA empfehlen), um diese massiven Investitionen in fixes Kapital zu finanzieren. Aber auf der anderen Seite weist Marx sehr vorausschauend darauf hin, dass dies auch »eine materielle Grundlage der periodischen Krisen« bildet, »worin das Geschäft aufeinanderfolgende Perioden der Abspannung, mittleren Lebendigkeit, Überstürzung, Krise durchmacht« (185f.). Auf unzählige Weisen kann der »moralische Verschleiß« von fixem Kapital aller Arten (einschließlich des im Boden und in riesigen Infrastrukturprojekten verankerten) zu größeren Störungen und Krisen (insbesondere in Bezug auf die Vermögenswerte) im Zentrum der kapitalistischen Produktionsweise führen. Zu meinem großen Bedauern deutet Marx nur auf die allgemeine Möglichkeit solcher Krisen hin, ohne sie eingehender zu untersuchen. Die eigentliche Arbeit bleibt uns überlassen, auch wenn er einige sehr aufschlussreiche Ideen dazu beiträgt.

Fixes Kapital und Werttheorie

In der marxistischen wie der bürgerlichen Wirtschaftstheorie ist äußerst umstritten, wie sich der Wert von fixem Kapital bemessen lässt. Es handelt sich um ein sehr verzwicktes und schwieriges Problem, für das wir bei Marx drei Lösungsmöglichkeiten finden. Zunächst schlägt er eine lineare Abschreibung vor. Eine Maschine, die zehn Jahre genutzt werden kann, gibt jedes Jahr ein Zehntel ihres Werts ab, bis sich ihr Wert vollständig realisiert und ihr Gebrauchswert völlig verbraucht hat. Mit dem aufgeschatzten Geld kauft der Kapitalist dann eine neue Maschine. Die zweite Methode zur Bewertung des fixen Kapitals orientiert sich an den Wiederbeschaffungskosten. Der Restwert der Maschine ist zu jedem Zeitpunkt ihrer Lebensdauer dadurch bestimmt, was ihre Ersetzung durch eine entsprechende Maschine kosten würde. Im dritten Ansatz hängt der Wert der Maschine von der gesellschaftlich durchschnittlichen Lebensdauer und dem allgemeinen Niveau der Wirksamkeit des fixen Kapitals ab, das von miteinander konkurrierenden Kapitalisten in einer bestimmten Branche angewandt wird. Hier kommt vor allem das Argument des »moralischen Verschleißes« und der »Wirksamkeit« oder »Nützlichkeit« (ein Ausdruck, der von Marx allerdings nicht benutzt wird) des fixen Kapitals zum Tragen. Technologische Revolutionen machen neue Maschinen billiger und/oder wirksamer. Das beeinflusst den Wert der produzierten Güter. Steigende Produktivität bedeutet geringere Warenwerte, womit der dem existierenden fixen Kapital zugerechnete gesellschaftliche Durchschnittswert sinkt, weil das »Niveau der Wirksamkeit« oder die Brauchbarkeit dieses vorhandenen fixen Kapitals (wie einer Maschine) sinkt. Wenn die Warenwerte aufgrund von Produktivitätssteigerungen absacken, da billigere und wirksamere Ausrüstungsgüter des fixen Kapitals vorhanden sind, dann können die einzelnen Kapitalisten am Markt nicht mehr den gesamten Wert ihres fixen Kapitals zurückbekommen. Ein Käufer dürfte nichts darauf geben, wenn ich ihm sage: »Bitte zahl mir mehr für diese Ware, weil sich mein veraltetes fixes Kapital noch nicht amortisiert hat.«

Aber Marx geht auf diesen Bestimmungsfaktor nicht weiter ein. Die Frage des versunkenen Kapitals und der Bewertung des materiellen fixen Kapitals bleibt offen. In der bürgerlichen Ökonomie ist die Bewertung des fixen Kapitals eine Horrorgeschichte und viele sind der Ansicht, dass sie auch bei Marx äußerst problematisch ist. Einigen gilt diese Frage als die Achillesferse der Arbeitswerttheorie von Marx. Für bestimmte Konzeptionen dieser Theorie stellen die »Besonderheiten«

dieser Frage zweifellos ein Problem dar. Wenn der Wert als die verkörperte gesellschaftlich notwendige Arbeit begriffen wird, die den »wahren« Wert einer Ware für alle Zeit bestimmt und den am Markt zu beobachtenden »natürlichen« Preis oder Gleichgewichtspreis reguliert, dann untergräbt natürlich der relationale Ansatz von Marx für die Entscheidung darüber, ob etwas fixes Kapital ist oder nicht (gegenüber Dingen im Konsumtionsfonds oder bei Kuppelproduktion), diese gesamte Konzeption. Es ist schlüssig nachgewiesen worden, dass sich die Zirkulation des fixen Kapitals nicht mit einer Werttheorie vereinbaren lässt, die allein auf der verkörperten vergangenen und gegenwärtigen Arbeitszeit als einer feststehenden Größe beruht. Aber wie ich in *The Limits to Capital* gezeigt habe, ist dies die Arbeitswerttheorie von Ricardo und nicht die von Marx:

> »Auch wenn Marx an vielen Stellen die gesellschaftlich notwendige Arbeit einfachheitshalber mit der vergegenständlichten Arbeit gleichsetzt, erfasst letztere nicht alle Aspekte des Werts als einer gesellschaftlichen Beziehung. Erinnern wir uns: ›Wert ... existiert nur in einem Gebrauchswert ... Geht daher der Gebrauchswert verloren, so geht auch der Wert verloren.‹ (K1, 217) Denn die Waren müssen ›sich als Gebrauchswerte bewähren, bevor sie sich als Werte realisieren können‹ (K1, 100). Ist das Ding ›nutzlos, so ist auch die in ihm enthaltene Arbeit nutzlos, zählt nicht als Arbeit und bildet daher keinen Wert‹ (K1, 55).«[4]

Aus Gründen, die ich eingangs erläutert hatte, beschäftigt sich Marx nur zögerlich mit solchen Besonderheiten wie Angebot und Nachfrage und will sich schon gar nicht auf irgendeine Art von Nutzentheorie einlassen. Im Allgemeinen wird also angenommen, dass ein Gegenstand entweder nützlich ist oder nicht. Aber offensichtlich verändert sich der Gebrauchswert von fixem Kapital während seiner Lebensdauer in Abhängigkeit von seiner »Wirksamkeit« (weshalb ich dieses Wort zu Beginn so betont habe). Allgemeiner gesprochen, schrieb ich, »ist der Wert kein fester Maßstab, mit dem eine sich verändernde Welt beschrieben werden kann, sondern eine gesellschaftliche Beziehung, die selbst we-

[4] David Harvey: *The Limits to Capital*, Oxford 1982, Kap. 8, S. 215.; John E. Roemer: »Continuing Controversy on the Falling Rate of Profit: Fixed Capital and Other Issues«, in: *Cambridge Journal of Economics* 3 (1979), S. 379-398; Ian Steedman: *Marx After Sraffa*, London 1977.

sentlich durch Widersprüche und Ungewissheiten geprägt ist. Es besteht daher keinerlei Widerspruch zwischen dem Wertbegriff von Marx und den ›Besonderheiten‹ der Zirkulation des fixen Kapitals. Der Widerspruch ist im Begriff des Werts als solchem enthalten.«[5]

Es besteht eine interessante Möglichkeit, die ganze Diskussion konkreter zu machen. Marx weist sogar auf sie hin, aber er beschäftigt sich nicht eingehender mit der Theorie der Kuppelprodukte. Am Ende einer Umschlagsperiode von z.B. einem Jahr sind zwei gekoppelte Produkte erzeugt worden – die Ware und das restliche fixe Kapital (sagen wir in Form einer Nähmaschine). Ich habe dann die Option, sowohl die Hemden wie die Nähmaschine als Warenkapital zu behandeln und den Wert von beiden zu realisieren. Die gebrauchte Nähmaschine hat auf dem Markt einen Wert. Aber mit Gebäuden gibt es ein Problem. Der Wert einer kompletten Industrielandschaft auf dem Gebrauchtwarenmarkt lässt sich nur schwer abschätzen. Es gibt zwar jetzt erstaunliche Geschichten von ganzen Fabrikanlagen, die in Deutschland zerlegt und in China wieder aufgebaut wurden, aber aufgrund der hohen Transportkosten dürfte der Anschaffungspreis für dieses abgewertete fixe Kapital sehr niedrig gewesen sein. Es kann jedoch der erwartete zukünftige Wert eine Rolle spielen (eine Form des fiktiven Kapitals, zu dem wir später kommen werden). Das ist mit einem erheblichen Risiko für den Kapitalisten verbunden, der das alte und teilweise entwertete Kapital, das im Boden verankert ist, kauft – in der Hoffung, es unmittelbar gebrauchen oder einer anderen Verwendung zuführen zu können (indem zum Beispiel eine stillgelegte Baumwollfabrik in Eigentumswohnungen umgewandelt wird).

Bei der Bewertung der Investitionen in fixes Kapital, altes wie neues, treten also die verschiedensten Probleme auf. Zur Bewältigung dieser Schwierigkeiten werden eigene Strategien entwickelt wie die geplante Obsoleszenz oder das Leasing von fixem Kapital auf Jahresbasis, mit dem sich das Risiko von dem Produzenten, der es nutzt, auf den Eigentümer, der es verleast, verlagert (wofür er oftmals nur einen Zins erhält). In der Praxis springen häufig der Staat und lokale Behörden ein, indem sie bestimmte Teile des im Boden fixierten Kapitals günstig zur Verfügung stellen und damit die Lasten und das Risiko solcher Investitionen sozialisieren.

Ich erwähne alle diese Probleme und Eventualitäten, um die Komplexität zu veranschaulichen, die mit der zunächst recht einfach er-

---

[5] David Harvey, a.a.O.

scheinenden Kategorie des fixen Kapitals verbunden ist. Marx geht auf viele, aber nicht alle, dieser Komplexitäten ein. Seine relationale Vorgehensweise unterstreicht, wie fließend und instabil sich diese Kategorie in der und durch die Zirkulation und Akkumulation des Kapitals im Allgemeinen darstellt. Der unvollständige Charakter des 2. Bandes bedeutet, dass hier noch eine ganze Menge zu tun ist, und es ist etwas merkwürdig, dass Marx nicht auf seine früheren Erkenntnisse in den *Grundrissen* und anderen Schriften zurückgreift. Aber trotz all dieser einzelnen Mängel bildet die Frage der Zirkulation des fixen Kapitals in allen seinen Formen (insbesondere den beweglichen und den unbeweglichen) und mit allen seinen Relationalitäten (vor allem hinsichtlich des Konsumtionsfonds) ein wichtiges Merkmal von Marx' kritischem Bemühen, die Bewegungsgesetze des Kapitals in seiner »reinen Form« zu verstehen. Dass Marx dabei immer stärker auf die Frage stößt, wie sich das Kreditsystem auf die Bildung, Zirkulation und Nutzung des fixen Kapitals bezieht, liefert uns einen triftigen Grund, genauer zu untersuchen, wie das Kreditsystem überhaupt im Rahmen einer rein kapitalistischen Produktionsweise funktioniert.

Kapitel Vier
Das Kaufmannskapital (Kapitel 16-20 des 3. Bandes)

Wir kommen nun zu dem »großen Experiment«, mit dem wir erkunden wollen, wie Marx' Theorie aussehen würde, wenn wir versuchen, die im 2. Band dargestellte technische Analyse des Zirkulationsprozesses mit den entsprechenden Verteilungsformen zu verbinden, die im 3. Band dargestellt werden. Wenn wir uns zum 3. Band vorwagen, stoßen wir sofort auf einige Probleme, die sich aus dem Charakter dieses Texts ergeben.

Engels musste ihn zum größten Teil aus den Marxschen Manuskripten rekonstruieren, was ihn vor große Probleme stellte. Der IV. Abschnitt zum Kaufmannskapital befand sich in einer akzeptablen Form, aber der V. Abschnitt zum Geldkapital, Finanzwesen und Kredit machte die »Hauptschwierigkeit«, zumal er »auch den verwickeltsten Gegenstand des ganzen Buchs behandelt« (K3, 12). Ich denke, dieser Eindruck von Engels ist keinesfalls von nebensächlicher Bedeutung. Ich halte ihn für sehr wichtig und bedauere es, dass er in der marxistischen Tradition der politischen Ökonomie nicht zum Gegenstand einer weitreichenderen Analyse und Debatte geworden ist.

Wie Engels sein Problem schildert, lag hier kein »fertiger Entwurf vor, nicht einmal ein Schema, dessen Umrisse auszufüllen wären, sondern nur ein Ansatz von Ausarbeitung, der mehr als einmal in einen ungeordneten Haufen von Notizen, Bemerkungen, Materialien in Auszugsform ausläuft«. Nach drei Versuchen der Umformulierung gab Engels auf und beschränkte sich »auf möglichste Ordnung des Vorhandenen« und »die notdürftigsten Ergänzungen«. Die »eigentliche Schwierigkeit«, berichtet Engels, begann mit dem 30. Kapitel über »Geldkapital und wirkliches Kapital«: »Von hier an galt es, nicht nur das Material von Belegstellen, sondern auch den jeden Augenblick durch Zwischensätze, Abschweifungen usw. unterbrochnen und an andrer Stelle, oft ganz beiläufig, weiter verfolgten Gedankengang in die richtige Ordnung zu bringen. ... Aber nun folgt im Ms. ein langer Abschnitt, überschrieben: ›Die Konfusion‹« (K3, 13). Die dort gebotenen Materialien sind kurz gesagt ziemlich schlecht aufbereitet.

Über weite Strecken von Marx' Erörterungen lässt sich nur schwer ein allgemeiner Gedankengang rekonstruieren, sofern das überhaupt möglich ist. An einigen Stellen mag es gelingen, aber an anderen scheint es mir das Beste, möglicherweise wichtige Einsichten und Ideen aus längeren Passagen herauszuziehen und zu schauen, ob sich daraus ein allgemeinerer Rahmen für die Analyse ergibt – so bieten etwa die Materialien zur Spekulation keine andere Option, als sie spekulativ zu lesen.

Marx beginnt den IV. Abschnitt des 3. Bandes mit folgender Beobachtung: »Das kaufmännische oder Handelskapital zerfällt in zwei Formen oder Unterarten, Warenhandlungskapital und Geldhandlungskapital« (K3, 278). Auch wenn es offensichtliche Überschneidungen von Waren- und Geldhandel gibt (zum Beispiel sind Handelsgeschäfte oft mit Kreditvergabe verbunden), trennt Marx beide in derselben Weise, wie er im 2. Band zwischen den Kreisläufen des Geld- und Warenkapitals unterscheidet. Es ist aber zu beachten, dass Marx den Ausdruck »Kaufmannskapital« sowohl für das kommerzielle Kapital (dessen Geschäfte wir üblicherweise als die eines Kaufmanns bezeichnen) wie für das Kapital von Bankiers und Geldhändlern verwendet.

Und Marx zeigt sich fest entschlossen, nicht von seiner in der Einleitung der *Grundrisse* beschriebenen Mission abzuweichen, d.h. sich auch dann auf die allgemeinen Bewegungsgesetze des Kapitals zu konzentrieren, wenn er sich mit den Besonderheiten der Verteilung beschäftigt. Letztere werden wir, wie er mehrfach erklärt, »jetzt näher charakterisieren«, doch nur »soweit es zur Analyse des Kapitals in seiner Kernstruktur nötig ist« (K3, 278). Er will die Tätigkeiten der Kaufleute und Geldhändler im Verhältnis zu diesen allgemeinen Gesetzen bestimmen. Das Dumme ist nur, dass sich Marx nicht immer sicher ist, was für die allgemeinen Gesetze von Bedeutung ist und was nicht. Das sollten wir bei der weiteren Lektüre kritisch im Auge behalten.

Im Zusammenhang mit diesem Problem steht noch ein anderes, auf das wir auch unsere Aufmerksamkeit richten müssen:

> »Wenn, wie der Leser zu seinem Leidwesen erkannt hat, die Analyse der wirklichen, innern Zusammenhänge des kapitalistischen Produktionsprozesses ein sehr verwickeltes Ding und eine sehr ausführliche Arbeit ist; wenn es ein Werk der Wissenschaft ist, die sichtbare, bloß erscheinende Bewegung auf die innere wirkliche Bewegung zu reduzieren, so versteht es sich ganz von selbst, daß in den Köpfen der kapitalistischen Produktions- und Zirkulationsagenten sich Vorstellungen über die Produktionsgesetze bilden müssen, die von diesen

> Gesetzen ganz abweichen, und nur der bewußte Ausdruck der scheinbaren Bewegung sind. Die Vorstellungen eines Kaufmanns, Börsenspekulanten, Bankiers sind notwendig ganz verkehrt. Die der Fabrikanten sind verfälscht durch die Zirkulationsakte, denen ihr Kapital unterworfen ist, und durch die Ausgleichung der allgemeinen Profitrate. Die Konkurrenz spielt in diesen Köpfen notwendig auch eine ganz verkehrte Rolle.« (K3, 324f.)

Beachten wir, was das bedeutet. Die Selbstdarstellungen, Selbstwahrnehmungen und Vorstellungen der Akteure in der Finanzwelt (wie der Kapitalisten im Allgemeinen) sind wahnhaft – nicht in dem Sinne, dass sie verrückt sind (was sie, wie wir sehen werden, auch oft sind). Sie sind in der Weise illusionär, wie Marx es in seiner Theorie des Fetischismus darstellt. Ihr zufolge verschleiern die an der Oberfläche erscheinenden Marktsignale (wie Preise und Profite), auf die wir alle zwangsläufig reagieren müssen, den wirklichen Inhalt unserer sozialen Beziehungen. Wir müssen ausgehend von diesen Signalen handeln, egal ob wir erkennen, dass sie etwas anderes maskieren, oder nicht. Es überrascht daher nicht, dass in den bürgerlichen Vorstellungen und Theorien die irreführenden Signale auf der Ebene des Bewusstseins und Denkens reproduziert werden. Im ganzen *Kapital* bemüht sich Marx, hinter die Fetischismen des Warentauschs zu gelangen und die Welt »richtig herum« zu verstehen. Dies war, wie Engels im Vorwort vermutet, auch sein Ziel bei der Untersuchung der »Konfusion«. Das erklärt auch, warum die von Marx im V. Abschnitt ab dem 30. Kapitel zusammengestellten Materialien lediglich »aus lauter Auszügen aus den Parlamentsberichten über die Krisen von 1848 und 1857« bestehen, »worin die Aussagen von dreiundzwanzig Geschäftsleuten und ökonomischen Schriftstellern, namentlich über Geld und Kapital, Goldabfluß, Überspekulation etc. zusammengestellt und stellenweise humoristisch kurz glossiert sind« (K3, 13). Diese Aussagen bilden nur das Rohmaterial, das noch »richtig herum« gewendet werden müsste. Deshalb ist es nicht verwunderlich, dass im V. Abschnitt die Theorie des Warenfetischismus wieder explizit benannt wird, wenn wir uns auf dem Weg zur Ableitung der überaus wichtigen Kategorie des »fiktiven Kapitals« befinden.

Marx' Auffassung von all dem ist von höchst aktueller Bedeutung. Uns liegen heute nicht nur unzählige Berichte zu den Vorgängen an der Wall Street vor (einschließlich der Anhörungen im Kongress), die wir für glaubhaft halten sollen; uns wird auch ständig eingeredet, das Bankwesen sei so kompliziert, dass nur die erfahrenen Bankiers verstehen, was sie da tun. Wir müssten uns daher auf ihre Expertise verlassen, um mit den von ihnen geschaffenen Problemen fertig zu werden. Wenn aber Marx recht hat, dann sollten wir diesen Berichten der Bankiers nicht glauben – auch wenn sie im fetischistischen Sinne »glaubhaft« sind. Und schon gar nicht sollten wir ihnen die Gestaltung der institutionellen Regelungen überlassen, mit denen die inneren und meistens unerkannten Widersprüche innerhalb der Bewegungsgesetze des Kapitals unter Kontrolle gehalten werden sollen. Die Bankiers und Finanzleute sind in gewisser Hinsicht die Allerletzten, denen zu trauen wäre – nicht weil sie alle Betrüger und Lügner sind (auch wenn das für einige von ihnen sicherlich zutrifft), sondern weil sie vermutlich Gefangene ihrer eigenen Mystifikationen und Fetischismen sind. Wir können uns leicht ausmalen, was Marx von einem Lloyd Blankfein gedacht hätte, der vor einem Kongressausschuss aussagen musste und erklärte, seine Bank, Goldman Sachs, habe lediglich Gottes Werk verrichtet.

Marx räumt ein, dass es sich beim Bank- und Finanzwesen um eine sehr komplizierte Angelegenheit handelt. Seine beharrliche Forderung, nur jene Aspekte zu berücksichtigen, die mit den allgemeinen Bewegungsgesetzen des Kapitals verbunden sind, erweist sich als hilfreich und zugleich frustrierend. Marx versucht, auf wissenschaftliche Weise die wirkliche innere Bewegung in all dem oberflächlichen Chaos und den unzähligen Komplikationen zu ergründen. Das sollten auch wir versuchen. Es bewahrt uns davor, im Morast der Details zur Funktionsweise von diesem oder jenem neuen Finanzinstrument stecken zu bleiben. Aber es ist frustrierend, weil Marx seine Untersuchung nicht abgeschlossen hat und nicht klären konnte, was von Bedeutung ist und was nicht. Wie wir noch sehen werden, gerät er bei seinen Versuchen dazu in einige ziemlich grundlegende Schwierigkeiten. Und er hat nie sein Ziel erreicht, die Auffassungen der Banker vom Kopf auf die Füße zu stellen.

Erinnern wir uns zunächst an den bisherigen Gang der Argumentation. Aus der Analyse zu Beginn des 2. Bandes wissen wir, dass der Kreislauf des industriellen Kapitals drei miteinander verwobene, aber zu unterscheidende Zirkulationsprozesse umfasst: die des Geld-, Waren- und Produktionskapitals. Die Geld- und Warenkreisläufe (die Monetarisierung und Kommodifizierung der Tauschverhältnisse) müssen dem Aufstieg der eigentümlichen kapitalistischen Produktionsweise vorausgehen, die von der Logik der Produktion und Aneignung von Mehrwert angetrieben wird, wie sie im 1. Band dargestellt wurde.

Die entscheidende Bedeutung und die Besonderheiten des Warenkapitals in der Gesamtzirkulation des industriellen Kapitals werden im

3. Kapitel des 2. Bandes genauer untersucht. Aber Marx achtet in diesem Kapitel penibel darauf, nicht über das hinauszugehen, was zur Bestimmung der formellen Stellung des Warenkapitals in der Gesamtdynamik des Zirkulationsprozesses erforderlich ist. Hier, im 3. Band, ist er bereit, weiter zu gehen und tiefer zu graben – obwohl er sich auch hier, wie wir sehen werden, nur zögerlich mit den Machtbeziehungen zwischen Kaufleuten und Produzenten in irgendeiner real existierenden kapitalistischen Gesellschaft auseinandersetzt.

Im ganzen *Kapital* bezeichnet Marx diese vorhergehenden Formen des Kapitals als »antediluvianisch« (siehe 1. Band, S. 178, und die Kapitel 20 und 36 im 3. Band). Wie werden dann diese antediluvianischen Formen – insbesondere Kaufmannskapital und Wucher –, die unabhängig und selbstständig die Geschäfte und den Austausch nach ihren eigenen Regeln (oder ohne Regeln) betreiben, den Erfordernissen und Regeln der kapitalistischen Produktionsweise unterworfen? Die theoretische Antwort besteht darin, die besonderen und notwendigen Rollen des Warenhandlungs- und Geldhandlungskapitals in einer rein kapitalistischen Produktionsweise zu bestimmen und zu zeigen, wie ihre (wie immer von bestimmten Widersprüchen geprägte) Operationsweise die Bewegungsgesetze des Kapitals modifizieren kann. Dies führt dann zu der weiteren offensichtlichen und bereits im Kapitel zum Geld im 1. Band aufgeworfenen Frage nach der Rolle von Handels- und Finanzkrisen, wie sie Marx selbst 1848 und 1857 erlebte (und wie wir sie seit 2007 erleben), und ihrer Beziehung zur Werttheorie und zur gesamten Dynamik der Kapitalakkumulation. Diesen Fragen werde ich mich nun zuwenden.

Zum 20. Kapitel des 3. Bandes: Geschichtliches über das Kaufmannskapital

Ich finde es hilfreich, mit der Lektüre des 20. Kapitels zu beginnen, das einen Überblick zur historischen Rolle der »antediluvianischen« Formen des Kaufmannskapitals beim Aufstieg der kapitalistischen Produktionsweise bietet. Wie wir gesehen haben, sind Marx' historische Rekonstruktionen oft fraglich, aber in diesem Fall ist seine Darstellung anregend oder sogar informativ.

Marx beginnt das Kapitel mit einer Kritik all jener Ökonomen, die das Kaufmannskapital lediglich als eine Branche von vielen in der gesellschaftlichen Arbeitsteilung betrachten:

> »Im Warenhandlungskapital und Geldhandlungskapital sind umgekehrt die Unterschiede zwischen dem industriellen Kapital als produktivem, und demselben Kapital in der Zirkulationssphäre dadurch verselbständigt, daß die bestimmten Formen und Funktionen, die das Kapital hier zeitweilig annimmt, als selbständige Formen und Funktionen eines abgelösten Teils des Kapitals erscheinen und ausschließlich darin eingepfercht sind.« (K3, 335)

Achten wir auf die Wortwahl: Das Kaufmannskapital »verselbständigt« sich, indem es als eine »unabhängige« und »abgelöste« Form des Kapitals »erscheint«. Selbst wenn Marx hier von der Unabhängigkeit und Selbstständigkeit in Bezug auf die feudalen Gesellschaftsverhältnisse sprechen sollte, bleibt die Frage nach der bereits erwähnten Verselbständigung gegenüber den Bewegungsgesetzen des Kapitals.

Es wäre jedoch sicherlich falsch, das Bankwesen und den Groß- und Einzelhandel als eine im Prinzip gleiche wirtschaftliche Tätigkeit im System der Arbeitsteilung zu betrachten wie den Bergbau, das Hüttenwesen und die Landwirtschaft. Aber in der klassichen politischen Ökonomie wurden diese Sektoren üblicherweise so dargestellt und bis heute tauchen sie so in der volkswirtschaftlichen Gesamtrechnung auf. Marx betont, dass es sich um eine grundlegend andere Wirtschaftstätigkeit handelt, die sich aus ihrer Beziehung zum Kapitalfluss in der Zirkulations- und nicht der Produktionssphäre ergibt. Die »Verwechslung« der klassischen politischen Ökonomie zeigt sich erstens in der »Unfähigkeit, den merkantilen Profit in seiner Eigentümlichkeit zu erklären«, und zweitens als ihr »apologetisches Bestreben, die … Formen von Warenkapital und Geldkapital … als aus dem Produktionsprozeß als solchem notwendig hervorgehende Gestalten abzuleiten«.

»Die großen Ökonomen wie Smith, Ricardo etc., da sie die Grundform des Kapitals betrachten, das Kapital als industrielles Kapital …, sind in Verlegenheit mit dem merkantilen Kapital als einer eignen Sorte«, denn »Wertbildung, Profit etc. passen nicht direkt auf das Kaufmannskapital. Sie lassen dies daher in der Tat ganz beiseite liegen« (K3, 335ff.). Zur Frage, wie die Rolle des Kaufmannskapitals zu betrachten sei, herrscht heute noch die gleiche Verwirrung wie zur Zeit von Marx. Wir haben jetzt also die große Chance, diese Verwirrung aufzulösen und einige grundlegende Fragen zu stellen. Woher kommt der Profit des Warenhandlungs- und Geldhandlungskapitals – und wie lässt er sich in Bezug auf die Bewegungsgesetze des Kapitals rechtfertigen –, wenn es sich bei ihm nicht um eine Branche handelt, die selbst Wert produziert? In den wesentlichen Kapiteln dieses Abschnitts wird versucht, dieses Problem einzig und allein »vom Standpunkt und innerhalb der Grenzen der kapitalistischen Produktionsweise« (K3, 337) zu behandeln.

Aber »das Handelskapital ist ... älter als die kapitalistische Produktionsweise, ist in der Tat die historisch älteste freie Existenzweise des Kapitals«. Für seine Existenz bedarf es lediglich der einfachen Waren- und Geldzirkulation. »Auf Basis welcher Produktionsweise auch immer die Produkte produziert wurden, die als Waren in die Zirkulation eingehn – ob auf Basis des urwüchsigen Gemeinwesens oder der Sklavenproduktion oder der kleinbäuerlichen und kleinbürgerlichen oder der kapitalistischen –, es ändert dies nichts an ihrem Charakter als Waren ... Das Kaufmannskapital vermittelt nur die Bewegung dieser Extreme, der Waren, als ihm gegebner Voraussetzungen.« (K3, 337) Der Umfang des Handels hängt natürlich von der Produktionsweise ab. In einer überwiegend sich selbstversorgenden bäuerlichen Gesellschaft werden nur Überschüsse gehandelt werden, die den Grundbedarf übersteigen. Das Geschäft der Kaufleute wird sich dann auf diese Überschüsse beschränken. Ihre Rolle erweitert sich und erreicht ein »Maximum in der vollen Entwicklung der kapitalistischen Produktion, wo das Produkt nur noch als Ware, nicht als unmittelbares Subsistenzmittel produziert wird« (K3, 337f.). Das Kaufmannskapital »vermittelt also bloß den Warenaustausch«, aber es »kauft und verkauft für viele. In seiner Hand konzentrieren sich Käufe und Verkäufe, wodurch Kauf und Verkauf aufhört, an das unmittelbare Bedürfnis des Käufers (als Kaufmann) gebunden zu sein.« (K3, 338) Auch wenn Marx es hier nicht sagt, der Kaufmann versucht, die Skaleneffekte seiner Tätigkeit gewinnbringend zu nutzen.

Der Reichtum des Kaufmanns »existiert immer als Geldvermögen und sein Geld fungiert stets als Kapital«. Dessen Form ist immer G – W – G', und das Ziel der Tätigkeiten des Kaufmanns muss daher die Beschaffung des ΔG sein (K3, 338). Die Frage ist also, woher dieses ΔG stammt und was seine Aneignung durch den Kaufmann bedeutet.

Es mache, versichert Marx,

> »nicht die geringste Schwierigkeit einzusehn, warum das Kaufmannskapital als historische Form des Kapitals erscheint, lange bevor das Kapital sich die Produktion selbst unterworfen hat. Seine Existenz und Entwicklung zu einer gewissen Höhe ist selbst historische Voraussetzung für die Entwicklung der kapitalistischen Produktionsweise, 1. als Vorbedingung der Konzentration von Geldvermögen, und 2. weil die kapitalistische Produktionsweise Produktion für den

> Handel voraussetzt ... Andrerseits wirkt alle Entwicklung des Kaufmannskapitals darauf hin, der Produktion einen mehr und mehr auf den Tauschwert gerichteten Charakter zu geben, die Produkte mehr und mehr in Waren zu verwandeln.« (K3, 339)

Die Existenz des Handelskapitals mag eine notwendige Bedingung für den Übergang zur kapitalistischen Produktionsweise sein, aber es ist »für sich genommen ... unzureichend, um den Übergang einer Produktionsweise in die andre zu vermitteln und zu erklären« (K3, 339).

Im Rahmen der kapitalistischen Produktion »wird das Kaufmannskapital von seiner frühern selbständigen Existenz herabgesetzt zu einem besondern Moment der Kapitalanlage überhaupt, und die Ausgleichung der Profite reduziert seine Profitrate auf den allgemeinen Durchschnitt. Es fungiert nur noch als der Agent des produktiven Kapitals« (K3, 339).

Wie ich gleich zeigen werde, müssen wir sehr genau überlegen, wie diese Feststellung zu verstehen ist. Marx' folgende Bemerkungen könnten in die Irre führen. So sagt er zum Beispiel über das Kaufmannskapital: »wo es vorherrscht, herrschen veraltete Zustände«, und: »Dies gilt sogar innerhalb desselben Landes, wo z.B. die reinen Handelsstädte ganz andre Analogien mit vergangnen Zuständen bilden, als die Fabrikstädte.« (K3, 339) Dies ist in der Tat eine sehr scharfsinnige historische Beobachtung. So entwickelte sich die kapitalistische Produktion zum Beispiel in England nicht in großen Handelsstädten wie Bristol und Norwich, die von konservativen Korporationen und Zünften beherrscht wurden, sondern auf der »grünen Wiese«, in Dörfern namens Manchester oder Birmingham, die solche Organisationsformen nicht kannten. Das bringt Marx zu der Schlussfolgerung, dass die »selbständige und vorwiegende Entwicklung des Kapitals als Kaufmannskapital ... gleichbedeutend mit Nichtunterwerfung der Produktion unter das Kapital« ist und »im umgekehrten Verhältnis zur allgemeinen ökonomischen Entwicklung der Gesellschaft« steht (K3, 340). Anders gesagt, eine hegemoniale Kaufmannsklasse würde versuchen, den Aufstieg des industriellen Kapitals zu verhindern, um nicht die Möglichkeit zu verlieren, Ultraprofite mit der Ausbeutung schwacher und widerstandsloser Produzenten zu machen.

Die Geschichte vom Übergang, die Marx uns erzählt, liest sich so: »Kapital als Kapital tritt hier also zuerst im Zirkulationsprozeß auf. Im Zirkulationsprozeß entwickelt sich das Geld zu Kapital. In der Zirkulation entwickelt sich das Produkt zuerst als Tauschwert, als Ware und Geld. Das Kapital kann sich im Zirkulationsprozeß bilden, und muß sich in ihm bilden, bevor es seine Extreme beherrschen lernt, die verschiednen Produktionssphären, zwischen denen die Zirkulation vermittelt.« Sobald es die Extreme beherrscht, beruht der »Produktionsprozeß ... ganz auf der Zirkulation, und die Zirkulation ist ein bloßes Moment, eine Durchgangsphase der Produktion« (K3, 340), wie es in den ersten Kapiteln des 2. Bandes beschrieben wird. Dies führt zu dem »Gesetz, daß die selbständige Entwicklung des Kaufmannskapitals im umgekehrten Verhältnis steht zum Entwicklungsgrad der kapitalistischen Produktion«. Es kommt zum »Verfall des Übergewichts reiner Handelsvölker und ihres kommerziellen Reichtums ..., worin die Unterordnung des kommerziellen Kapitals unter das industrielle im Fortschritt der Entwicklung der kapitalistischen Produktion sich ausdrückt« (K3, 341).

Die Macht dieses Gesetzes illustriert Marx mit ein paar Hinweisen auf das Transportgewerbe, wie es von den Venetianern, den Genuesen und den Holländern organisiert wurde, die alle vorrangig auf dem Kaufmannskapital in reiner Form beruhten und sich erfolgreich ihren Reichtum sicherten, indem sie als Vermittler des Austauschs und Ansammler von Geldkapital auftraten – billig kaufen und teuer verkaufen. Die ausgetauschten Waren stellen zwar menschliche Arbeit dar und haben einen Wert, aber »sie sind nicht gleiche Wertgrößen«. In dem Maße, in dem die Kaufleute die Welt des Warentauschs in eine verwandeln, in der – wie er an früherer Stelle erklärt hatte – das Tauschen zu »einem regelmäßigen sozialen Prozeß« (K1, 103) wird, wird jedoch auch die Wertgröße zunehmend bestimmend. Das ist ein wichtiger Punkt. Die Bedeutung des Wertbegriffs und der gesamten Theorie, die Marx darauf aufbaut, beruht historisch auf den von den Kaufmannskapitalisten geschaffenen kommerziellen Netzwerken auf dem Weltmarkt.

Historisch mag dies zutreffend sein, aber mit der angeblichen Existenz eines solchen »Gesetzes« haben wir ein Problem. Der Aufstieg von mächtigen Formen des Kaufmannskapitals wie Walmart, Ikea, Nike, Bennetton, Gap usw. in den letzten dreißig Jahren würde dann entweder bedeuten, dass dieses »Gesetz« nicht mehr gilt, oder dass es einer differenzierteren Interpretation bedarf. Oder lassen wir uns nur vom Schein der Oberfläche täuschen? Wir werden gleich darauf zurückkommen.

»In den Vorstufen der kapitalistischen Gesellschaft«, fährt Marx fort,

> »beherrscht der Handel die Industrie; in der modernen Gesellschaft umgekehrt. Der Handel wird natürlich mehr oder weniger zurückwirken auf die Gemeinwesen, zwischen denen er getrieben wird; er wird die Produktion mehr und mehr dem Tauschwert unterwerfen

> ... Er löst dadurch die alten Verhältnisse auf. Er vermehrt die Geldzirkulation. Er ergreift nicht mehr bloß den Überschuß der Produktion, sondern frißt nach und nach diese selbst an, und macht ganze Produktionszweige von sich abhängig.« (K3, 342f.)

In seinen Anfängen bezieht das Kaufmannskapital einen großen Teil seines Reichtums aus »Übervorteilung und Prellerei«. Befindet es sich »in überwiegender Herrschaft«, bildet es »überall ein System der Plünderung« (K3, 343), was den Regeln eines freien und gerechten Tauschs auf dem Markt, wie sie im Allgemeinen im *Kapital* unterstellt werden, völlig zuwiderläuft und uns zurückführt in die im 1. Band dargestellte Welt der »ursprünglichen Akkumulation«. Aber mit zunehmender Regelmäßigkeit seiner Operationen wird es auch stärker Regeln unterworfen. Und die Regeln werden, zumindest in der Theorie, von dem bestimmt, was die kapitalistische Produktionsweise erfordert, zumal die Entwicklung des Handels diese Erfordernisse bestärkt.

> »Die Entwicklung des Handels und des Handelskapitals entwickelt überall die Richtung der Produktion auf Tauschwert, vergrößert ihren Umfang, vermannigfacht und kosmopolisiert sie, entwickelt das Geld zum Weltgeld. Der Handel wirkt deshalb überall mehr oder minder auflösend auf die vorgefundenen Organisationen der Produktion, die in allen ihren verschiednen Formen hauptsächlich auf den Gebrauchswert gerichtet sind. Wieweit er aber die Auflösung der alten Produktionsweise bewirkt, hängt zunächst ab von ihrer Festigkeit und innern Gliederung. Und wohin dieser Prozeß der Auflösung ausläuft, d.h. welche neue Produktionsweise an Stelle der alten tritt, hängt nicht vom Handel ab, sondern vom Charakter der alten Produktionsweise selbst.« (K3, 344)

Es besteht also keine notwendige Bewegung hin zur kapitalistischen Produktionsweise. Wie das Geld das antike Gemeinwesen »auflöst«, um zum Gemeinwesen zu werden, wird ausführlich und sehr leidenschaftlich in den *Grundrissen* dargestellt (siehe z.B. S. 151-155). Marx hält jedoch fest:

> »Es unterliegt keinem Zweifel ..., daß im 16. und im 17. Jahrhundert die großen Revolutionen, die mit den geographischen Entdeckungen im Handel vorgingen und die Entwicklung des Kaufmannskapitals rasch steigerten, ein Hauptmoment bilden in der Förderung

> des Übergangs der feudalen Produktionsweise in die kapitalistische. Die plötzliche Ausdehnung des Weltmarkts, die Vervielfältigung der umlaufenden Waren, der Wetteifer unter den europäischen Nationen, sich der asiatischen Produkte und der amerikanischen Schätze zu bemächtigen, das Kolonialsystem, trugen wesentlich bei zur Sprengung der feudalen Schranken der Produktion.« (K3, 345)

Aber während »die plötzliche Ausdehnung des Handels und die Schöpfung eines neuen Weltmarkts einen überwiegenden Einfluß auf den Untergang der alten und den Aufschwung der kapitalistischen Produktionsweise ausübten« (K3, 345), kommt es an gewissen Punkten zu einer historischen Umkehr. Dann schiebt nicht mehr die Ausweitung des Handels und der Weltmarkt die kapitalistische Produktion an, sondern durch eine Verlagerung wird letztere zur Triebkraft, wodurch eine sich industrialisierende Nation (England) die hegemoniale Rolle in der kapitalistischen Entwicklung übernimmt und die Handelsmacht (von Holland) ersetzt. Wer mit Giovanni Arrighis Geschichte der Verschiebungen von Hegemonie im globalen Kapitalismus vertraut ist, wird sofort die historische Gültigkeit dieses Punkts verstehen.[1] Dies brachte auch die Händler dazu, an vorderster Front eine koloniale und imperialistische Politik durchzusetzen, mit der das indische Handwerk zerstört wurde, um einen Markt für die in England produzierten Güter zu schaffen.

»Der Übergang aus der feudalen Produktionsweise macht sich doppelt. Der Produzent wird Kaufmann und Kapitalist«, was »der wirklich revolutionierende Weg« ist. »Oder aber, der Kaufmann bemächtigt sich der Produktion unmittelbar.« (K3, 347) Später ergänzt Marx noch einen dritten Weg, bei dem »der Kaufmann ... die kleinen Meister zu seinen Zwischenschiebern (middlemen)« macht; oder er »kauft auch direkt vom Selbstproduzenten; er läßt ihn nominell selbständig und läßt seine Produktionsweise unverändert« (K3, 348).

Wir haben hier zwei Gesichtspunkte. Erstens blockiert die überwältigende Macht des Kaufmannskapitals genauso oft die Entwicklung zu einem ausgereiften Industriekapitalismus, wie sie diese in anderen Fällen befördert. Dafür finden sich hinreichend viele historische Belege. Der andere Gesichtspunkt hat eine aktuellere Bedeutung. Wenn die

---

[1] Giovanni Arrighi: *The Long Twentieth Century. Money, Power and the Origins of Our Times*, London 1994.

Kaufleute die Kontrolle behalten, erhalten und bewahren sie oftmals alte, rückständige Produktionsformen in ihrer traditionellen Gestalt:

> »Diese Manier steht überall der wirklichen kapitalistischen Produktionsweise im Wege, und geht unter mit deren Entwicklung. Ohne die Produktionsweise umzuwälzen, verschlechtert sie nur die Lage der unmittelbaren Produzenten, verwandelt sie in bloße Lohnarbeiter und Proletarier unter schlechtern Bedingungen, als die direkt unter das Kapital subsumierten, und eignet sich ihre Mehrarbeit auf Basis der alten Produktionsweise an. Etwas modifiziert besteht dasselbe Verhältnis bei einem Teil der Londoner handwerksmäßig betriebnen Möbelfabrikation. Sie wird namentlich in den Tower Hamlets auf sehr ausgebreitetem Fuß betrieben.« (K3, 347)

Der Fall der Tower Hamlets liefert einige sehr wichtige Einblicke:

> »Die ganze Produktion ist in sehr viele voneinander unabhängige Geschäftszweige geteilt. Das eine Geschäft macht bloß Stühle, das andre bloß Tische, das dritte bloß Schränke usw. Aber diese Geschäfte selbst werden mehr oder weniger handwerksmäßig betrieben, von einem kleinen Meister mit wenigen Gesellen. Dennoch ist die Produktion zu massenhaft, um direkt für Private zu arbeiten. Ihre Käufer sind die Besitzer von Möbelmagazinen. Am Sonnabend begibt sich der Meister zu ihnen und verkauft sein Produkt, wobei ganz so über den Preis geschachert wird, wie im Pfandhaus über den Vorschuß auf dies oder jenes Stück. Diese Meister bedürfen des wöchentlichen Verkaufs, schon um für die nächste Woche wieder Rohmaterial kaufen und Arbeitslohn auszahlen zu können. Unter diesen Umständen sind sie eigentlich nur Zwischenschieber zwischen dem Kaufmann und ihren eignen Arbeitern. Der Kaufmann ist der eigentliche Kapitalist, der den größtenTeil des Mehrwerts in die Tasche steckt.« (K3, 347f.)

Derartige Produktionssysteme existieren in der Geschichte des Kapitalismus schon seit langem und haben sich, in moderner Gestalt, in den letzten vierzig Jahren stark verbreitet, seit kapitalistische Handelsorganisationen wie Benetton, Walmart, Ikea, Nike usw. sich ganz gewiss »den größtenTeil des Mehrwerts in die Tasche« stecken, den ihre Zulieferer produzieren. In welchem Sinne können wir dann noch davon sprechen, dass »die Produktion vorherrscht«?

Im 1. Band räumt Marx ein, dass das Kapital zu seiner Zeit auf allen möglichen verschiedenen oder »hybriden« Arbeitssystemen beruhte – von der Fabrik bis zur Heimarbeit. Aber Marx scheint in einer sehr teleologischen Weise davon auszugehen, dass gemischte und hybride Arbeitssysteme wie die der Tower Hamlets nur Übergangsformen auf dem Weg zu einem überall vorherrschenden Fabriksystem seien. In dem *Begleiter* zum 1. Band habe ich diese teleologische Annahme infrage gestellt. In meinen eigenen Untersuchungen zur industriellen Organisation in Paris während des Zweiten Kaiserreichs habe ich festgestellt, dass sich Organisationsformen wie in den Tower Hamlets weiter ausbreiteten und nicht zurückgingen. Allerdings stellt Marx ganz zu Recht die brutale Ausbeutung heraus, die mit solchen Formen der Arbeitsorganisation verbunden ist. In seinem Roman *L'Assommoir* (dtsch. *Der Totschläger*) beschreibt Zola auf erschütternde Weise die bedrückenden Bedingungen, unter denen ein Mann und seine Frau leben, die in ihrer Wohnung Goldkettchen für einen Kaufmann herstellen, der ihnen monatlich das Gold liefert und die Produkte abholt. Und es finden sich zahlreiche Belege dafür, dass viele der in der heutigen Welt vom Kaufmannskapital ins Leben gerufenen und organisierten Zulieferketten von Überausbeutung geprägt sind – daher die regelmäßigen Skandalberichte in den Mainstreammedien zu Kleidung von Liz Claiborne, Schuhen von Nike und Kindern, die Teppiche und Fußbälle (die von Fußballern mit Millionengehältern gekickt werden) produzieren und Kakao ernten.

Aber die hier anzutreffende Überausbeutung ist in anderer Hinsicht bedeutsam. Als sich das Fabriksystem tatsächlich ausbreitete und anwuchs und dadurch diese anderen Produktionssysteme unter einen enormen Wettbewebsdruck gerieten, begannen die Arbeiterinnen und Arbeiter, sich ausgehend von der Fabrik zu organisieren, so wie Marx es vorausgesagt hatte. Sie bildeten Gewerkschaften und übten politischen Druck aus, der Ende der 1960er Jahre in vielen Teilen der entwickelten kapitalistischen Welt zu spüren war. Angesichts dieser politischen Verhältnisse wurde die Rückkehr zu älteren kommerziellen Formen der Überausbeutung wieder attraktiv. Darauf beruhte die Wiedergeburt der Kaufmannskapitalisten (und sogar eine Erneuerung von merkantilistischer Theorie und Praxis) und die starke Ausbreitung ihrer Netzwerke und Ketten von verstreuter Produktion bei Zulieferern mit Überausbeutung. In bestimmten Bereichen und Gebieten der Produktion waren diese Formen jedoch nie verschwunden, sondern hatten immer ihren Wettbewerbsvorsprung vor der Fabrik behalten. Zum Beispiel wird Hongkong für solche Formen der Klitschen- und Familienproduktion gerühmt, im Gegensatz etwa zu Singapur, das stärker von Konzernen geprägt ist, oder zu Südkorea, das den klassischen Weg zur Massenproduktion in der Fabrik einschlug und sich dafür eine starke Arbeiterbewegung einhandelte, wie sie in Hongkong undenkbar wäre. Die teleologische Annahme lässt sich meiner Ansicht nach nicht aufrechterhalten. Ich würde sagen, dass die Konkurrenz zwischen verschiedenen Arbeitssystemen für den heutigen globalen Kapitalismus unverzichtbar bleibt, woraus sich wiederum verschiedene relative Positionen der Produzenten gegenüber den Kaufleuten ergeben. In bestimmten Sektoren und an gewissen Orten der globalen Ökonomie scheinen die Produzenten tatsächlich die Kaufleute zu beherrschen. Aber in anderen Branchen und an anderen Orten ist das Gegenteil der Fall. Zum Beispiel dominieren in der Automobilindustrie die Produzenten tendenziell den Handel, während es in der heutigen Textilindustrie fast immer umgekehrt ist. Im Fall von General Motors entwickelte sich jedoch eine hybride Form in Gestalt der General Motors Acceptance Corporation, die als Kreditvermittlerin zu einer unabhängigen und selbstständigen Abteilung von General Motors wurde (und sich in der Krise von 2008/2009 sogar als Bank qualifizierte).

Trotzdem bleibt Marx' These, dass »die Produktion vorherrscht« und die Tätigkeiten der Kaufleute den Erfordernissen der kapitalistischen Produktionsweise »untergeordnet« werden, in einem grundlegenden Sinne richtig. Während die Kaufmannskapitalisten einstmals von betrügerischen und räuberischen Praktiken des billig Kaufens (oder Beschaffens) und des teuer Verkaufens lebten, müssen sie nun die unmittelbaren Produzenten unter ihrem Einfluss organisieren, um die Produktion von Mehrwert zu maximieren, auch wenn sie, die Kaufleute, sich den Löwenanteil dieses Werts aneignen. Marx' These von der Unterordnung des Kaufmannskapitals unter die Erfordernisse der Mehrwertproduktion ist daher nach wie vor gültig. Damit ist nicht gesagt, dass die Kaufmannskapitalisten der Macht der Produzenten unterworfen sein müssen oder sind. Ebensowenig bedeutet es, dass die Kaufleute ihre betrügerischen Praktiken der Akkumulation durch Enteignung aufgeben, bei denen sie über reichlich historische Erfahrungen verfügen. In der jüngsten Krise der Zwangsversteigerungen in den USA stellte sich zum Beispiel heraus, dass eine Hypothekenbank wie Countrywide Millionen von Menschen während des Immobilienbooms von 2000 bis 2007 um Milliarden von Dollar an Vermögenswerten betrogen hatte.

Marx weiß sehr wohl, dass solche Praktiken andauern und periodisch wiederkehren, aber er will die Quelle des kommerziellen Profits im Rahmen einer rein kapitalistischen Produktionsweise aufzeigen. Dafür muss er die Stellung des Kaufmannskapitals logisch bestimmen und zeigen, welchen Beitrag es und die von ihm beschäftigten Arbeitskräfte zur Produktion und Realisierung des Mehrwerts in einer rein kapitalistisch funktionierenden Produktionsweise leisten. Dies steht im Mittelpunkt der wesentlich analytischen Kapitel zum Kaufmannskapital, denen wir uns nun zuwenden.

Zum 16. Kapitel des 3. Bandes: Das Warenhandlungskapital

Zu Anfang des Kapitels zum Warenhandlungskapital, das er als den vorrangig mit Waren beschäftigten Teil des Kaufmannskapitals definiert, erinnert uns Marx an dessen Zusammenhang mit dem im 2. Band dargestellten Kreislauf des Warenkapitals. Ein Teil des Gesamtkapitals der Gesellschaft

> »befindet sich stets … als Ware auf dem Markt, um in Geld überzugehn; ein andrer Teil in Geld auf dem Markt, um in Ware überzugehn. Es ist stets in der Bewegung dieses Übergehns, dieser formellen Metamorphose begriffen. Sofern diese Funktion des im Zirkulationsprozeß befindlichen Kapitals überhaupt als besondre Funktion eines besondren Kapitals verselbständigt wird, sich fixiert als eine durch die Teilung der Arbeit einer besondren Gattung von Kapitalisten zugewiesene Funktion, wird das Warenkapital zum Warenhandlungskapital oder kommerziellen Kapital.« (K3, 278)

Unsere Aufgabe besteht dann darin zu verstehen, welche Rolle diese »besondre Gattung« von Kapitalisten bei der Akkumulation des Kapitals spielt.

Um das kommerzielle Kapital in Reinform zu betrachten, müssen wir – so erinnert uns Marx – von bestimmten Tätigkeiten absehen, die wie insbesondere der Transport zur Wertproduktion gehören, aber oft vom kommerziellen Kapital ausgeführt werden (K3, 279). Damit gelangt er zu der puren Unterscheidung zwischen zirkulierendem (oder flüssigem) Kapital und dem an der Produktion beteiligten Kapital in der Gesamtzirkulation des industriellen Kapitals. Das »Warenhandlungskapital« ist

> »nichts als die verwandelte Form eines Teils dieses beständig auf dem Markt befindlichen … Zirkulationskapitals. Wir sagen eines Teils, weil

> ein Teil des Warenverkaufs und -kaufs beständig direkt zwischen den industriellen Kapitalisten selbst vorgeht. Von diesem Teil abstrahieren wir ganz in dieser Untersuchung, da er zur Begriffsbestimmung, zur Einsicht in die spezifische Natur des Kaufmannskapitals nichts beiträgt, und andrerseits für unsern Zweck erschöpfend bereits im Buch II dargestellt worden.« (K3, 279f.)

Der kommerzielle Kapitalist »tritt zunächst auf den Markt als Repräsentant einer gewissen Geldsumme, die er als Kapitalist vorschießt«, um einen Profit zu machen. Für den Handel mit Waren »muß er sie zuerst kaufen, also Besitzer von Geldkapital sein. ... Welches ist nun das Verhältnis dieses Warenhandlungskapitals zum Warenkapital als einer bloßen Existenzform des industriellen Kapitals?« (K3, 280) Das ist die Frage.

»Was den Leinwandfabrikanten betrifft, so hat er mit dem Geld des Kaufmanns den Wert seiner Leinwand realisiert, die erste Phase der Metamorphose seines Warenkapitals, dessen Verwandlung in Geld, vollzogen« (K3, 280). Er kann nun mit dem erhaltenen Geld die Produktion fortsetzen oder sie ausweiten. Aber die Leinwand selbst befindet sich noch immer als Ware auf dem Markt. Sie hat lediglich ihren Eigentümer gewechselt und befindet sich nun in den Händen des Kaufmanns, dessen besonderes Geschäft darin besteht, den Wert der Leinwand am Markt zu realisieren. Diese Operation gestaltet sich »als eignes, von den übrigen Funktionen des industriellen Kapitals getrenntes, und daher verselbständigtes Geschäft ... Es ist eine besondre Form der gesellschaftlichen Teilung der Arbeit, so daß ein Teil der sonst in einer besondren Phase des Reproduktionsprozesses des Kapitals, hier der Zirkulation, zu verrichtenden Funktion *als die ausschließliche Funktion eines eignen, vom Produzenten unterschiednen Zirkulationsagenten* erscheint« (K3, 283; Hervorh. D.H.). Damit wird also die historisch so wichtige »Selbstständigkeit« des Kaufmanns- oder Handelskapitals im Rahmen der kapitalistischen Produktionsweise beibehalten. Aber wie weit genau reicht diese »Selbstständigkeit«?

Beachten wir zunächst den Formwechsel. Was für den Produzenten als einfacher Austausch W – G erscheint, erhält nun als Geschäft des Kaufmanns die Form G – W – G' (K3, 284f.). »Das Warenkapital nimmt also im Warenhandlungskapital dadurch die Gestalt einer selbständigen Sorte von Kapital an, daß der Kaufmann Geldkapital vorschießt, das sich nur als Kapital verwertet, nur als Kapital fungiert, indem es ausschließlich damit beschäftigt ist, die Metamorphose des Warenkapitals, seine

Funktion als Warenkapital, d.h. seine Verwandlung in Geld zu vermitteln, und es tut dies durch beständigen Kauf und Verkauf von Waren.« Das Besondere des vom Kaufmann vorgeschossenen Geldkapitals besteht darin, dass es »stets in der Zirkulationssphäre des Kapitals eingepfercht bleibt« (K3, 285).

Für den industriellen Kapitalisten wird dadurch die Umschlagszeit seines Kapitals verkürzt. Sein »Produktionsprozeß kontinuiert, geht ununterbrochen fort. Für ihn hat die Verwandlung seiner Ware in Geld stattgefunden« (K3, 285). Das Problem der Zirkulationszeit ist damit nicht aus der Welt. Aber ohne die Intervention des Kaufmanns »müßte der in Form von Geldreserve vorhandne Teil des Zirkulationskapitals stets größer sein im Verhältnis zu dem in Form von produktivem Kapital beschäftigten Teil und dementsprechend die Stufenleiter der Reproduktion beschränkt werden. Stattdessen kann der Produzent nun einen größern Teil seines Kapitals beständig im eigentlichen Produktionsprozeß anwenden, einen geringern als Geldreserve.« Außerdem, »wenn der Kaufmann Kaufmann bleibt, so spart der Produzent Zeit im Verkaufen, die er zur Überwachung des Produktionsprozesses anwenden kann, während der Kaufmann seine ganze Zeit im Verkaufen verwenden muß« (K3, 286). Auf diese Weise ordnet sich die Tätigkeit des Kaufmanns logisch in die Regeln einer rein kapitalistischen Produktionsweise ein. Oder präziser formuliert, dadurch wird die Herausbildung einer selbstständigen Klasse von Handelskapitalisten innerhalb der kapitalistischen Produktionsweise sowohl vorteilhaft wie logisch notwendig.

Marx zählt dann einige der wichtigen Funktionen auf, die durch die Entstehung einer ausschließlich dem Kaufen und Verkaufen gewidmeten Form des Kapitals erfüllt werden können. Indem die Produkte mehrerer verschiedener Produzenten oder arbeitsteiliger Produktionszweige verkauft werden, können unterschiedliche Umschlagszeiten kompensiert und ausgeglichen werden. Ebenso können damit gewisse Skaleneffekte erzielt werden. Je effizienter die Handelskapitalisten operieren und je schneller ihr eigener Umschlag ist, desto geringer ist das von ihnen benötigte Kapital. Zu ihren Aufgaben gehört es auch, die Zirkulationsgeschwindigkeit ihres eigenen Geldkapitals zu erhöhen und den Konsum zu beschleunigen. Ich denke, Letzteres ist in unserer heutigen Konsumgesellschaft von großer Bedeutung und sollte genauer untersucht werden. Aber:

> »Das Kaufmannskapital ist nichts als innerhalb der Zirkulationssphäre fungierendes Kapital. Der Zirkulationsprozeß ist eine Phase

> des gesamten Reproduktionsprozesses. Aber im Zirkulationsprozeß wird kein Wert produziert, also auch kein Mehrwert. Es gehn nur Formveränderungen derselben Wertmasse vor. Es geht in der Tat nichts vor als die Metamorphose der Waren, die als solche mit Wertschöpfung oder Wertveränderung nichts zu tun hat. Wird beim Verkauf der produzierten Ware ein Mehrwert realisiert, so, weil dieser bereits in ihr existiert ... *Das Kaufmannskapital schafft daher weder Wert noch Mehrwert*, d.h. nicht direkt.« (K3, 290f.; Hervorh. D.H.)

Aber die indirekten Effekte, die in diesem Kapitel beschrieben werden, sind äußerst wichtig.

> »Sofern es [das Kaufmannskapital] zur Abkürzung der Zirkulationszeit beiträgt, kann es indirekt den vom industriellen Kapitalisten produzierten Mehrwert vermehren helfen. Soweit es den Markt ausdehnen hilft und die Teilung der Arbeit zwischen den Kapitalen vermittelt, also das Kapital befähigt, auf größrer Stufenleiter zu arbeiten, befördert seine Funktion die Produktivität des industriellen Kapitals und dessen Akkumulation. Soweit es die Umlaufszeit abkürzt, erhöht es das Verhältnis des Mehrwerts zum vorgeschoßnen Kapital, also die Profitrate. Soweit es einen geringern Teil des Kapitals als Geldkapital in die Zirkulationssphäre einbannt, vermehrt es den direkt in der Produktion angewandten Teil des Kapitals.« (K3, 290f.)

Wie wir die ganze Zeit über gesehen haben, ist es für das Kapital sehr wichtig, die Kontinuität, Gleichmäßigkeit und Flüssigkeit der Bewegung zu sichern. Dazu trägt das Kaufmannskapital in entscheidender Weise bei.

Zum 17. Kapitel des 3. Bandes: Der kommerzielle Profit

Im 2. Band war gezeigt worden, und im 16. Kapitel des 3. Bandes werden wir eindrücklich daran erinnert, dass »die reinen Funktionen des Kapitals in der Zirkulationssphäre ... weder Wert noch Mehrwert« erzeugen. Aber ein Teil des Geldkapitals des industriellen Kapitalisten steckt ständig in der Zirkulation fest. »Umgekehrt zeigte es sich, daß die Zeit, die hierfür erheischt, objektiv mit Bezug auf die Waren und subjektiv mit Bezug auf den Kapitalisten, Grenzen erzeugt für die Bildung von Wert und Mehrwert.« (K3, 292) Daraus ergibt sich umgekehrt, dass jegliche

Lockerung dieser Grenzen die Produktion von Mehrwert steigern kann, wie wir in den vorhergehenden Kapiteln gesehen haben. Jetzt haben wir es mit einem besonderen Kapital zu tun, das diese Funktionen erfüllt:

> »Das Warenhandlungskapital also – abgestreift alle heterogenen Funktionen, wie Aufbewahren, Spedieren, Transportieren, Einteilen, Detaillieren, die damit verknüpft sein mögen, und beschränkt auf seine wahre Funktion des Kaufens, um zu verkaufen – schafft weder Wert noch Mehrwert, sondern vermittelt nur ihre Realisation und damit zugleich den wirklichen Austausch der Waren, ihr Übergehn aus einer Hand in die andre, den gesellschaftlichen Stoffwechsel.« (K3, 293)

Aber dieses Warenhandlungskapital ist immer noch Kapital und muss wie jedes Kapital »den jährlichen Durchschnittsprofit abwerfen«. Würde es eine höhere Profitrate als das industrielle Kapital erzielen, dann würde ein Teil des Letzteren zum Handel wechseln (und umgekehrt, wenn die Profitrate niedriger wäre). »Keine Kapitalgattung hat größre Leichtigkeit, ihre Bestimmung, ihre Funktion zu ändern, als das Kaufmannskapital.« (K3, 293)

Marx bezieht sich hier auf das Prinzip der Ausgleichung zur Durchschittsprofitrate, das er im II. Abschnitt des 3. Bandes ausführlich behandelt hat. Da wir uns mit diesem Prinzip nicht beschäftigt haben, möchte ich kurz seine Bedeutung erläutern. Das Kapital strömt Marx zufolge immer dorthin, wo die Profitrate am höchsten ist (sofern der Wettbewerb es erlaubt). Auf den ersten Blick scheint das logisch. Im Ergebnis entsteht eine Tendenz zur Ausgleichung der Profitrate zwischen sämtlichen Wirtschaftszweigen, von der Textilindustrie über die Landwirtschaft bis zur Ölförderung. Das Problem besteht darin, dass diese Tendenz das Kapital nicht in die Sektoren mit der höchsten Mehrwertproduktion lenkt. Kapitalintensive Sektoren (mit einer hohen organischen Zusammensetzung des Kapitals) eignen sich Mehrwert aus kapitalarmen Sektoren (mit geringer organischer Zusammensetzung) an. Diese Fehlallokation von Investitionen in Bezug auf die Wert- und Mehrwertproduktion ist mit allen möglichen komplizierten Konsequenzen verbunden (einschließlich eines tendenziellen Falls der Profitrate, weil die Kapitalisten unter Marktverhältnissen auf die Profitrate als Anreiz reagieren und nicht auf die Mehrwertproduktion). Auf diese Tendenz bezieht sich Marx gelegentlich in den folgenden Kapiteln. Hier jedoch hält Marx nur fest, dass sich die Profitrate des Kaufmannskapitals tendenziell mit der des industriellen Kapitals ausgleichen wird. An späteren Stellen verweist er darauf, dass mit der allgemeinen Tendenz zum Fall der Profitrate auch die Profitrate des Kaufmannskapitals tendenziell fallen muss. Mit der Frage, ob sich auch die Zinsrate des Geldkapitals mit der Profitrate des industriellen Kapitals ausgleicht, wird er sich in den Kapiteln des nächsten Abschnitts beschäftigen.

Kehren wir zum Text zurück. Wenn sich die Profitrate des Handelskapitals mit der des industriellen Kapitals ausgleicht, aber Investitionen in kaufmännische Operationen keinen Wert oder Mehrwert erzeugen können, dann ist für Marx klar, »daß der Mehrwert, der in der Form des Durchschnittsprofits auf es fällt, einen Teil des von dem gesamten produktiven Kapital erzeugten Mehrwerts bildet«. Die Frage ist dann: »Wie zieht das Kaufmannskapital den ihm zufallenden Teil des vom produktiven Kapital erzeugten Mehrwerts oder Profits an sich?« (K3, 293)

Nach den üblichen langwierigen und langweiligen Berechnungen entlarvt Marx als »bloßen Schein«, wie diese Frage vom Standpunkt des Kaufmannskapitals aus beantwortet wird – es füge Wert hinzu, weil es billig vom industriellen Kapitalisten kauft und teuer an die Konsumenten verkauft. Die Wertdifferenz zwischen dem Einkaufs- und dem Verkaufspreis wird als der plausible Maßstab für den Wert genommen, den es selber produziert.

Es zeigt sich, »daß, die kapitalistische Produktionsweise als die herrschende vorausgesetzt, der kommerzielle Profit sich nicht in dieser Weise realisiert«. Es scheint zwar so, als würde »der Kaufmann alle Waren über ihren Werten verkaufen« (K3, 295), aber tatsächlich geht das Kaufmannskapital in »die Bildung der allgemeinen Profitrate ... bestimmend ein pro rata des Teils, den es vom Gesamtkapital bildet« (K3, 296). Oder »wenn wir die Gesamtheit der Waren betrachten, so sind die Preise, wozu die industrielle Kapitalistenklasse sie verkauft, kleiner als ihre Werte«. »Der Verkaufspreis des Kaufmanns steht so über dem Einkaufspreis, nicht weil jener über, sondern weil dieser unter demTotalwert steht.« Anders ausgedrückt: »In der Durchschnittsprofitrate ist bereits der auf das Handelskapital fallende Teil des Gesamtprofits eingerechnet.« (K3, 297)

»Das Kaufmannskapital geht also ein in die Ausgleichung des Mehrwerts zum Durchschnittsprofit, obgleich nicht in die Produktion dieses Mehrwerts. Daher enthält die allgemeine Profitrate bereits den Abzug vom Mehrwert, der dem Kaufmannskapital zukommt, also einen Abzug vom Profit des industriellen Kapitals.« Daraus folgt: »Je größer das Kaufmannskapital im Verhältnis zum industriellen Kapital, desto kleiner die Rate des industriellen Profits und umgekehrt.« (K3, 297) Das ist ein wichtiger Punkt, um die zunehmende Bedeutung und Macht des Kaufmannskapitals in der jüngsten Zeit zu verstehen. Wenn zugestanden wird, dass das Verhältnis zwischen kommerziellen und industriellen Profiten in einem gewissen Sinn zufällig ist, dann kann es zu allen möglichen einseitigen Machtkonstellationen kommen, die das Gleichgewicht verzerren und stören, von dem Marx annimmt, dass es durch die Ausgleichung der Profitrate zustandekommt. Außerdem bedeutet es, dass die Investitionen des industriellen und des kommerziellen Kapitals zusammengenommen eine niedrigere Profitrate erzielen als die des industriellen Kapitals alleine (letztere wurde bei Berechnungen weiter oben im 3. Band verwendet).

»Alle andren Umstände gleichbleibend vorausgesetzt«, hebt Marx dann hervor, »wird der relative Umfang des Kaufmannskapitals (wobei aber das der Kleinhändler, eine Zwittergattung, Ausnahme bildet) in umgekehrtem Verhältnis stehn zur Geschwindigkeit seines Umschlags, also im umgekehrten Verhältnis zur Energie des Reproduktionsprozesses überhaupt.« Historisch war das nicht der Fall, denn wie wir im Kapitel »Geschichtliches über das Kaufmannskapital« gesehen haben, war es zunächst »das kommerzielle Kapital, das zuerst die Preise der Waren mehr oder minder durch ihre Werte bestimmt, und es ist die Sphäre der den Reproduktionsprozeß vermittelnden Zirkulation, worin zuerst eine allgemeine Profitrate sich bildet. Der kommerzielle Profit bestimmt ursprünglich den industriellen Profit.« (K3, 298) Mit der Herausbildung der kapitalistischen Produktionsweise kehrte sich aber diese Beziehung um. Diese Vorgänge haben wir bereits beim historischen Kapitel beschrieben. Es handelt sich hier um die Externalisierung einer ganzen Reihe von internen Kosten und Belastungen, die sich für den industriellen Kapitalisten aus dem Umstand ergeben, dass ein Teil seines Gesamtkapitals von Zirkulationszeiten und -kosten blockiert wird. Faktisch übergibt der industrielle Kapitalist alle diese Kosten und Zeitprobleme einem anderen Kapital, das sie bestmöglich verwaltet, um dafür einen Teil des produzierten Mehrwerts in Form der Durchschnittsprofitrate zu erhalten.

Weiter unten bringt Marx diesen Gedanken deutlicher zum Ausdruck:

> »Da das Kaufmannskapital absolut nichts ist als eine verselbständigte Form eines Teils des im Zirkulationsprozeß fungierenden industriellen Kapitals, so müssen alle auf dasselbe bezüglichen Fragen dadurch gelöst werden, daß man sich das Problem zunächst in der Form stellt,

> worin die dem kaufmännischen Kapital eigentümlichen Phänomene noch nicht selbständig erscheinen, sondern noch in direktem Zusammenhang mit dem industriellen Kapital, als dessen Zweig.« (K3, 309f.)

Das kommerzielle Kapital lädt sich natürlich Kosten auf. Viele von ihnen entsprechen den im 2. Band behandelten *faux frais* (falschen Kosten) der Zirkulation, was auch fixes Kapital wie die Büroräume einschließt. »Preisberechnung, Buchführung, Kassenführung, Korrespondenz gehört alles hierher.« Am Anfang »ist dies Kontor immer verschwindend klein gegen die industrielle Werkstatt«. Aber je »entwickelter die Produktionsleiter, desto größer, wenn auch keineswegs im Verhältnis, sind die kaufmännischen Operationen des industriellen Kapitals, also auch die Arbeit und die sonstigen Zirkulationskosten für die Realisierung des Werts und Mehrwerts« (K3, 310).

Die wichtigste Frage ist aber: »Wie verhält es sich mit den kommerziellen Lohnarbeitern, die der kaufmännische Kapitalist, hier der Warenhändler, beschäftigt?« (K3, 303) Natürlich könnten der Kaufmann oder die Kauffrau ganz alleine arbeiten. Aber mit der Entwicklung der Akkumulation ist das nicht mehr möglich und es müssen Lohnarbeiterinnen beschäftigt werden. »Nach einer Seite hin ist ein solcher kommerzieller Arbeiter Lohnarbeiter wie ein andrer.« Die Arbeitskräfte werden als variables Kapital und nicht als aus der Revenue bezahlte Dienstleistung gekauft. Deren Wert ist ganz normal durch den Wert der Arbeitskraft bestimmt. Aber dann gibt es einen Unterschied: Die »merkantilen Arbeiter« können »unmöglich unmittelbar Mehrwert für ihn [den kommerziellen Kapitalisten] schaffen«. Der kommerzielle Kapitalist könnte einen zusätzlichen Gewinn machen, indem er den Arbeiterinnen weniger als den Wert ihrer Arbeitskraft bezahlt (und das geschieht in der Praxis oftmals). Aber zur Analyse der rein kapitalistisch funktionierenden Produktionsweise sehen wir von solchen Betrügereien ab. Der kommerzielle Kapitalist zahlt nicht für die unbezahlte Arbeit, die der industrielle Kapitalist beschäftigt, und ist damit Komplize dieser Ausbeutung von Arbeit. Das Kaufmannskapital »eignet sich einen Teil dieses Mehrwerts an, indem es diesen Teil vom industriellen Kapital auf sich übertragen läßt« (K3, 304). Aber:

> »Die Masse seines Profits hängt ab für den einzelnen Kaufmann von der Masse Kapital, die er in diesem Prozeß anwenden kann, und er kann um so mehr davon anwenden, im Kaufen und Verkaufen, je größer die unbezahlte Arbeit seiner Kommis. … Die unbezahlte Arbeit

> dieser Kommis, obgleich sie nicht Mehrwert schafft, schafft ihm aber Aneignung von Mehrwert, was für dies Kapital dem Resultat nach ganz dasselbe; sie ist also für es Quelle des Profits. Das kaufmännische Geschäft könnte sonst nie auf großer Stufenleiter, nie kapitalistisch betrieben werden. Wie die unbezahlte Arbeit des Arbeiters dem produktiven Kapital direkt Mehrwert, schafft die unbezahlte Arbeit der kommerziellen Lohnarbeiter dem Handelskapital einen Anteil an jenem Mehrwert.« (K3, 305)

Je größer die Ausbeutungsrate des kommerziellen Kapitals, desto größer ist der Anteil am Mehrwert, den es sich vom industriellen Kapital aneignen kann.

Es bleibt aber eine Restschwierigkeit: Als was zählt das variable Kapital, das der kommerzielle Kapitalist für den Kauf von Arbeitskraft ausgegeben hat? Gehört es zu dem gesamten variablen Kapital des Gesamtkapitals, obwohl es keinen Mehrwert produziert? Handelt es sich um produktive oder unproduktive Arbeit? Marx räumt ein, dass zur Klärung dieser Fragen noch einiges zu tun ist. Durch die akribische Zergliederung des Problems versucht er in seiner üblichen Art zu einer Antwort zu gelangen, was ich hier nicht wiedergeben will. Seine provisorische Schlussfolgerung lautet:

> »Was der Kaufmann mit b [seinem variablen Kapital] kauft, ist der Unterstellung nach bloß kaufmännische Arbeit, also Arbeit, notwendig, um die Funktionen der Kapitalzirkulation, W – G und G – W zu vermitteln. Aber die kaufmännische Arbeit ist die Arbeit, die überhaupt notwendig ist, damit ein Kapital als Kaufmannskapital fungiere, damit es die Verwandlung von Ware in Geld und Geld in Ware vermittle. Es ist Arbeit, die Werte realisiert, aber keine Werte schafft. Und nur sofern ein Kapital diese Funktionen verrichtet – also ein Kapitalist diese Operationen, diese Arbeit mit seinem Kapital verrichtet –, fungiert dies Kapital als kaufmännisches Kapital und nimmt es teil an der Regelung der allgemeinen Profitrate, d.h. zieht es seine Dividende aus dem Gesamtprofit.« (K3, 308f.)

Das Fazit zur Bedeutung der an diese kommerziellen Arbeiterinnen gezahlten Löhne lautet:

> »Sein Lohn steht daher in keinem notwendigen Verhältnis zu der Masse des Profits, die er dem Kapitalisten realisieren hilft. Was er

dem Kapitalisten kostet und was er ihm einbringt, sind verschiedne Größen. Er bringt ihm ein, nicht indem er direkt Mehrwert schafft, aber indem er die Kosten der Realisierung des Mehrwerts vermindern hilft, soweit er, zum Teil unbezahlte, Arbeit verrichtet.« (K3, 311)

Diese Betonung der Kostensenkung erklärt, warum auch das Kaufmannskapital enormen Druck auf die Effektivität, die Organisationsformen, die Löhne und die Ausbeutungsraten ausübt.

Zur allgemeinen Tendenz schreibt Marx: »Der eigentlich kommerzielle Arbeiter gehört zu der besser bezahlten Klasse von Lohnarbeitern, zu denen, deren Arbeit geschickte Arbeit ist, über der Durchschnittsarbeit steht. Indes hat der Lohn die Tendenz zu fallen ... Teils durch Teilung der Arbeit innerhalb des Kontors; daher nur einseitige Entwicklung der Arbeitsfähigkeit zu produzieren ist ... Zweitens, weil die Vorbildung, Handels- und Sprachkenntnisse usw. mit dem Fortschritt der Wissenschaft und Volksbildung immer rascher, leichter, allgemeiner, wohlfeiler reproduziert werden, je mehr die kapitalistische Produktionsweise die Lehrmethoden usw. aufs Praktische richtet. Die Verallgemeinerung des Volksunterrichts erlaubt, diese Sorte aus Klassen zu rekrutieren, die früher davon ausgeschlossen, an schlechtre Lebensweise gewöhnt waren. ... Mit einigen Ausnahmen entwertet sich daher im Fortgang der kapitalistischen Produktion die Arbeitskraft dieser Leute« (K3, 311f.).

Was danach aus dieser Klasse von Arbeitern geworden ist und was ihr heutiger Status ist, müsste auf jeden Fall genauer untersucht werden. Es ist klar, dass sich ihre Situation seit der Zeit von Marx verändert hat.

Dessen ungeachtet bleibt immer festzuhalten, und das ist der wichtige Punkt: »Die Zunahme dieser Arbeit ist stets Wirkung, nie Ursache der Vermehrung des Mehrwerts.« (K3, 312)

Zum 18. Kapitel des 3. Bandes: Der Umschlag des Kaufmannskapitals

»Der Kaufmann kauft, verwandelt sein Geld in Ware, verkauft dann, verwandelt dieselbe Ware wieder in Geld; und so fort in beständiger Wiederholung.« (K3, 314) Der Kaufmann ist kurz gesagt an zwei Metamorphosen beteiligt, G – W und W – G, aber er bewegt sich dabei allein in der Zirkulationssphäre. Daraus ergibt sich, dass für ihn die Umschlagszeit entscheidend ist. »Wie derselbe Taler, der zehnmal umläuft, zehnmal seinen Wert in Waren kauft, so kauft dasselbe Geldkapital des Kaufmanns ... zehnmal seinen Wert in Waren oder realisiert ein gesamtes Warenkapital von zehnfachem Wert« (K3, 314f.). Der einzige Unterschied besteht darin, dass »dasselbe Geldkapital, gleichgültig aus welchen Geldstücken zusammengesetzt, ... wiederholt zum Betrag seines Werts Warenkapital kauft und verkauft, und daher in dieselbe Hand wiederholt als $G + \Delta G$, zu seinem Ausgangspunkt als Wert plus Mehrwert zurückfließt« (K3, 315).

Es bestehen jedoch Schranken und Grenzen für diesen Umschlagprozess:

> »Nun vermittelt zwar das Kaufmannskapital den Umschlag des produktiven Kapitals; aber nur soweit es dessen Umlaufszeit verkürzt. Es wirkt nicht direkt auf die Produktionszeit, die ebenfalls eine Schranke für die Umschlagszeit des industriellen Kapitals bildet. Dies ist die erste Grenze für den Umschlag des Kaufmannskapitals. Zweitens aber ... ist dieser Umschlag schließlich beschränkt durch die Geschwindigkeit und den Umfang der gesamten individuellen Konsumtion« (K3, 315).

In dem, was folgt, wird dieser letzte Punkt größtenteils ignoriert – ich vermute, weil diese »Einzelnheit« für Marx nicht mehr in den Bereich der politischen Ökonomie fällt, wie er in den *Grundrissen* behauptet (einen anderen Grund kann ich dafür nicht erkennen). In der Geschichte war es jedoch vor allem die Aufgabe des kommerziellen Kapitalisten, Konsumwünsche anzuregen und die Öffentlichkeit mit dem Reiz von Waren zu kitzeln, die der industrielle Kapitalist anbieten könnte. Außerdem hatte er nach Möglichkeit dafür zu sorgen, dass die potenziellen Kunden über genügend Geld (in der Regel Kredit) verfügten, um die Produkte schnell kaufen zu können, und damit die Geschwindigkeit der expansiven Konsumdynamik der vom industriellen Kapital angestrebten endlosen Akkumulation anzupassen. Marx benennt diese Umschlagszeit des Konsums ausdrücklich als eine »Schranke«. Daher wundert es mich, dass er daraus nicht mehr gemacht hat.

Einiges davon kommt in den folgenden Passagen zur Sprache. Aber es geht vor allem um technische Fragen und die Selbstständigkeit des kommerziellen Kapitals innerhalb der Zirkulationssphäre. »Bei der ungeheuren Elastizität des Reproduktionsprozesses, der beständig über jede gegebne Schranke hinausgetrieben werden kann, findet er [der kommerzielle Kapitalist] keine Schranke an der Produktion selbst, oder nur eine sehr elastische. ... Zweitens, bei dem modernen Kreditsystem, verfügt es [das kommerzielle Kapital] über einen großen Teil des Gesamtgeldkapitals der Gesellschaft, so daß es seine Einkäufe wiederholen kann, bevor es das schon Gekaufte definitiv verkauft hat«. Daher kann es »kraft seiner Verselbständigung« ständig über die am Markt vorhandene Nachfrage hinausgehen und damit den Reproduktionsprozess »über seine Schranken hinaus« erweitern (K3, 316), d.h. über die vom Endverbrauch der Produkte gesetzte Schranke hinaus.

> »Trotz ihrer Verselbständigung ist die Bewegung des Kaufmannskapitals nie etwas andres als die Bewegung des industriellen Kapitals innerhalb der Zirkulationssphäre. Aber kraft seiner Verselbständigung bewegt es sich innerhalb gewisser Grenzen unabhängig von den Schranken des Reproduktionsprozesses und treibt ihn daher selbst über seine Schranken hinaus. Die innere Abhängigkeit, die äußere Selbständigkeit treiben es bis zu einem Punkt, wo der innere Zusammenhang gewaltsam, durch eine Krise, wiederhergestellt wird.« (K3, 316)

Es kommt hier auf die Formulierungen an. Das kommerzielle Kapital ist selbstständig und kann das gesamte System weit über seine Grenzen hinaustreiben (insbesondere mithilfe des Kredits). Aber es besteht ein innerer Zusammenhang zu den Gesetzen des Werts und der Produktion und Realisierung von Mehrwert, der sich in Handels- und Finanzkrisen geltend macht. Das ist die allgemeine These, von der Marx ausgeht. Ihre praktische Bedeutung werden wir noch deutlicher in den folgenden Kapiteln sehen, die sich mit der Zirkulation des zinstragenden Kapitals beschäftigen. Hier tasten wir uns an die Frage heran, warum sich Krisen im Kapitalismus in vielen Fällen zunächst als Handels- und Finanzkrisen darstellen.

In den folgenden Absätzen führt Marx einige Belege dafür an. Zum Beispiel verweist er darauf, dass Handelskrisen in der Regel vom Großhandel und Bankwesen ausgehen und nicht vom Einzelhandel (ich bin mir nicht sicher, ob das empirisch stimmt). Die Vollbeschäftigung des Kapitals wie der Arbeitskräfte führt zu einer Überschuldung, die zunächst unproblematisch ist:

> »Dies kann jedoch eine Zeitlang ruhig seinen Weg gehn, durch die prospektive Nachfrage gereizt, und in diesen Zweigen geht das Geschäft bei Kaufleuten und Industriellen daher sehr flott voran. Die

> Krise tritt ein, sobald die Rückflüsse der Kaufleute, die fernab verkaufen (oder deren Vorräte auch im Inlande sich gehäuft haben), so langsam und spärlich werden, daß die Banken auf Zahlung dringen oder die Wechsel gegen die gekauften Waren verfallen, ehe Wiederverkauf stattgefunden. Dann beginnen Zwangsverkäufe, Verkäufe, um zu zahlen. Und damit ist der Krach da, der der scheinbaren Prosperität auf einmal ein Ende macht.« (K3, 317)

Damit verschiebt sich das Problem eigentlich zu der Frage, warum die Banken auf einmal nach Zahlung verlangen (wozu wir später kommen werden). Aber ich denke, es ist klar, was hier im Text passiert: Wir geraten in den Bereich, in dem die Entstehung und Bedeutung von Handels- und Finanzkrisen zögerlich damit in Zusammenhang gebracht wird, wie die Selbstständigkeit des Kaufmannskapitals (kommerzielles und Geldkapital) auf komplizierte Weise und durch einen gewissen inneren Zusammenhang mit der Produktion und Realisierung von Wert und Mehrwert verbunden ist.

Die Ausgleichung der Profitrate ist einer der Mechanismen, durch den sich der innere Zusammenhang geltend macht. Aber sie ist anfällig für die unterschiedlichen Umschlagszeiten des industriellen und kommerziellen Kapitals, »weil der Umschlag desselben Kaufmannskapitals die Umschläge sehr verschiedner produktiver Kapitale gleichzeitig oder der Reihe nach vermitteln kann« (K3, 317).

Der Umschlag des industriellen Kapitals ist auf der anderen Seite durch die Periodizität der Produktion und Reproduktion bestimmt, für die »die Umlaufszeit eine Grenze« bildet, »und zwar eine dehnbare, welche mehr oder weniger beschränkend auf die Bildung von Wert und Mehrwert, weil auf den Umfang des Produktionsprozesses wirkt«. Die Senkung der Umschlagszeit des industriellen Kapitals durch die Senkung der Zirkulationszeit kann die Profitrate erhöhen. Rein theoretisch steht dem kommerziellen Kapital die allgemeine Profitrate unabhängig von seiner Umschlagszeit zu.

Während also das kommerzielle Kapital seine eigene Profitrate nicht durch die Beschleunigung des Umschlags erhöhen kann, beeinflusst es dadurch die allgemeine Profitrate, weil weniger kommerzielles Kapital für die Realisierung erforderlich ist. Dies bedeutet, »daß absolute Größe des notwendigen Kaufmannskapitals und Umschlagsgeschwindigkeit desselben im umgekehrten Verhältnis stehn« (K3, 321). Und »Umstände, welche den Durchschnittsumschlag des Kaufmannskapitals verkürzen, z.B. Entwicklung der Transportmittel, vermindern pro tanto die absolute Größe des Kaufmannskapitals, erhöhen daher die allgemeine Profitrate« (K3, 322).

Die entwickelte kapitalistische Produktionsweise, sagt Marx, »wirkt doppelt auf das Kaufmannskapital«. Der schnellere Umschlag reduziert das benötigte kommerzielle Kapital, während die allgemeine Ausweitung und Diversifizierung des Warenangebots die Nachfrage nach kommerziellem Kapital erhöht, das die schnell zunehmende Masse an produzierten Waren vermarkten muss. »Infolge hiervon wächst übrigens nicht nur die Masse des Kaufmannskapitals, sondern überhaupt alles Kapital, das in der Zirkulation angelegt ist, z.B. in Schiffahrt, Eisenbahnen, Telegraphie etc.« (K3, 322)

Und Marx ergänzt: »das nicht oder halb fungierende Kaufmannskapital wächst mit dem Fortschritt der kapitalistischen Produktionsweise, mit der Leichtigkeit der Einschiebung in den Kleinhandel, mit der Spekulation und dem Überfluß an freigesetztem Kapital« (K3, 323). Die Rolle des überschüssigen Kapitals im *Kapital* hat mich schon immer fasziniert. Es taucht immer wieder als ein Problem auf, wird aber selten als grundlegendes Problem hervorgehoben (was ich hier nur zu Protokoll gebe).

Marx beschließt dieses Kapitel mit einigen bissigen Beobachtungen dazu, wie sich aus der komplizierten Verflechtung von kaufmännischen und produktiven Aktivitäten nur allzu leicht fetischhafte Begriffe und Vorstellungen konstruieren lassen. »Alle oberflächlichen und verkehrten Anschauungen des Gesamtprozesses der Reproduktion sind der Betrachtung des Kaufmannskapitals entnommen, und den Vorstellungen, die seine eigentümlichen Bewegungen in den Köpfen der Zirkulationsagenten hervorrufen.« Er geht sogar so weit zu behaupten, »daß in den Köpfen der kapitalistischen Produktions- und Zirkulationsagenten sich Vorstellungen über die Produktionsgesetze bilden müssen, die von diesen [wirklichen] Gesetzen ganz abweichen ... Die Vorstellungen eines Kaufmanns, Börsenspekulanten, Bankiers sind notwendig ganz verkehrt.« Und selbst die Konkurrenz »spielt in diesen Köpfen notwendig auch eine ganz verkehrte Rolle« (K3, 324f.).

»Vom Standpunkt des Kaufmannskapitals erscheint also der Umschlag selbst als preisbestimmend. Andrerseits, während die Umschlagsgeschwindigkeit des industriellen Kapitals, soweit sie ein gegebnes Kapital zur Exploitation von mehr oder weniger Arbeit befähigt, bestimmend und begrenzend auf die Profitmasse und daher auf die allgemeine Rate des Profits wirkt, ist dem merkantilen Kapital die Profitrate äußerlich gegeben und der innere Zusammenhang derselben mit der Bildung von

Mehrwert gänzlich verlöscht.« (K3, 325) Dies erweist sich als ein allgemeines Problem, sobald wir den Bereich der Distribution betreten, und wir werden erneut auf dieses Phänomen stoßen, wenn wir uns mit der Zirkulation des zinstragenden Kapitals beschäftigen. Sämtliche Spuren des Zusammenhangs zur Mehrwertproduktion sind an der Oberfläche der Gesellschaft ausgelöscht, woraus sich alle möglichen fetischhaften Vorstellungen speisen.

Die Macht dieser Welt des Scheins wird noch dadurch verdoppelt, dass die individuellen kommerziellen Kapitalisten im Wettbewerb tatsächlich einen Extraprofit erzielen können, wenn sie ihre Umschlagsgeschwindigkeit über den gesellschaftlichen Durchschnitt heben. »Er macht in diesem Fall einen Mehrprofit, ganz wie industrielle Kapitalisten Mehrprofite machen, wenn sie unter günstigern als den Durchschnittsbedingungen produzieren. Zwingt die Konkurrenz dazu, so kann er wohlfeiler verkaufen als seine Kumpane, ohne seinen Profit unter den Durchschnitt zu senken. Sind die Bedingungen, die ihn zu rascherm Umschlag befähigen, selbst käufliche Bedingungen, z.B. Lage der Verkaufsstätte, so kann er extra Rente dafür zahlen, d.h. ein Teil seines Surplusprofits verwandelt sich in Grundrente.« (K3, 326) Das bringt uns zu den Beziehungen zwischen kommerziellem Kapital und Grundrente und der Art, wie sie vom städtischen Raum geprägt sind (ein Blick auf die Geschäfte an der Madison Avenue oder in der Oxford Street genügt, um zu verstehen, was Marx hier meint).

Das 19. Kapitel bildet einen Übergang zum V. Abschnitt, der sich mit dem Geld- und Finanzkapital und dem Kreditsystem beschäftigt. Es handelt vor allem von den »rein technischen Bewegungen, die das Geld durchmacht im Zirkulationsprozeß des industriellen Kapitals«, hebt aber hervor: »diese Bewegungen, verselbständigt zur Funktion eines besondren Kapitals, das sie, und nur sie, als ihm eigentümliche Operationen ausübt, verwandeln dies Kapital in Geldhandlungskapital« (K3, 327). Das Ergebnis fasst Marx so zusammen:

> »Von dem Gesamtkapital sondert sich nun ab und verselbständigt sich ein bestimmter Teil in Form von Geldkapital, dessen kapitalistische Funktion ausschließlich darin besteht, für die gesamte Klasse der industriellen und kommerziellen Kapitalisten diese Operationen auszuführen. … Die Bewegungen dieses Geldkapitals sind also wiederum nur Bewegungen eines verselbständigten Teils des in seinem Reproduktionsprozeß begriffnen industriellen Kapitals.« (K3, 327)

Die Rede von der »Selbstständigkeit« dieser Form des Kapitals ist von entscheidender Bedeutung und wird in der nun folgenden Analyse in vielerlei Hinsicht eine Rolle spielen. Aber da die wichtigsten Thesen in diesem Kapitel später in Marx' Untersuchungen zum Geldkapital und Finanzwesen ausgearbeitet werden, will ich hier nicht weiter auf sie eingehen.

Kapitel Fünf

Zins, Kredit und Finanzwesen (Kapitel 21-26 des 3. Bandes)

Allgemeine Bemerkungen

Ich beginne mit einem Überblick über die Argumentation von Marx in diesen ersten Kapiteln zum Geldkapital, weil es hier – wie so oft bei Marx – schwierig ist, den Wald vor lauter Bäumen zu sehen. Der gesamte Argumentationsgang ist in der Tat sehr interessant und diese Kapitel sind auf deutliche Weise miteinander verbunden.

Ich muss jedoch zunächst daran erinnern, dass der uns vorliegende Text von Engels in mühevoller Kleinarbeit aus den Marxschen Manuskripten rekonstruiert wurde. Auch wenn die meisten zugestehen würden, dass es sich um den rührenden Versuch handelt, die Intention von Marx korrekt wiederzugeben, haben spätere Untersuchungen zu den Originalmanuskripten gezeigt, dass Engels vielleicht nicht immer richtiglag. Engels selbst fügte zum Beispiel die Kapitelüberschriften in einen durchlaufenden Text ein. Daher ist es kaum verwunderlich, dass die Verbindungen zwischen den Kapiteln so deutlich sind. Ebenso wird euch auffallen, dass einige längere Passagen von Engels eingefügt wurden, um die Arbeit von Marx zu vervollständigen, zu korrigieren oder zu aktualisieren. Ich werde mich mit diesen Problemen hier nicht weiter beschäftigen, sondern so tun, als handele es sich bei dem vorliegenden Text um eine zutreffende, wenn auch unvollkommene, Skizze der Ansichten von Marx.

Marx beginnt mit der Beobachtung, dass es bei Geld in seiner Rolle als Kapital um mehr geht, als bisher beachtet wurde. Der Besitz von Geld eröffnet die Möglichkeit (und ist eine notwendige Voraussetzung dafür), Mehrwert und damit Kapital zu produzieren. Geldkapital (definiert als Geld, das zur Produktion von Mehrwert eingesetzt wird), kann daher Warenform annehmen. Es hat sowohl einen Tauschwert (einen Preis) wie einen Gebrauchswert. Sein Gebrauchswert besteht darin, die Produktion von Mehrwert zu ermöglichen. Sein Tauschwert (Preis) ist der Zins. Dies unterscheidet sich deutlich von der Lesart im 2. Band, in dem Marx betont, dass Geld als Kapital nur das tun kann, was Geld tut, d.h. zum Kaufen und Verkaufen benutzt werden. Diese begriffliche Verschiebung ist bemerkenswert. Ich denke nicht, dass Marx hier einfach seine Auffassung ändert oder inkonsistent ist. Auch handelt es sich nicht um einen dieser Fälle, in denen sich die relative Bedeutung verändert, wenn sich im Fortgang der Untersuchung der Kontext verändert. Was also geschieht hier?

Wenn wir mit derartigen Fragen konfrontiert sind, erscheint es mir immer ratsam, den Gesamtzusammenhang der Argumentation von Marx zu beachten. Den entscheidenden Hinweis in diesen Kapiteln finden wir in seinem expliziten Bezug auf den Begriff des Fetischismus, der eine zentrale Rolle im allerersten Kapitel des 1. Bandes spielt. Dort hatte er gezeigt, dass die wirklichen Grundlagen des Kapitals, also der Mehrwertproduktion, unter Erscheinungen der Oberfläche begraben liegen, die zwar real sind, aber in die Irre führen. Wir gehen tatsächlich auf den Markt und gebrauchen Geld, um Waren (einschließlich der Arbeitskraft) zu kaufen. Aber diese Marktbeziehungen verdecken die Gesellschaftlichkeit und Sinnlichkeit der in der Produktion von Waren geronnenen Arbeit und den gesamten Prozess, der diese Waren auf den Markt gebracht hat. Marx' Projekt besteht darin, hinter diese Erscheinungen der Oberfläche zu kommen.

Warum also kehrt Marx an dieser Stelle des 3. Bandes zum Fetischcharakter der oberflächlichen Erscheinungen zurück?[1] An keiner anderen Stelle im *Kapital* tut er dies so explizit. Hier, sagt er, »ist die Fetischgestalt des Kapitals und die Vorstellung vom Kapitalfetisch fertig«. Er klingt fast hämisch und triumphierend. Das zinstragende Geldkapital sei »die Kapitalmystifikation in der grellsten Form« (K3, 405).

Ich messe diesen Bemerkungen große Bedeutung zu. Mir scheint es, als ob Marx nun, nachdem er den Fetisch zu Beginn als eine äußerliche, objektive und reale Schranke für das wirkliche Verständnis bestimmt hat, auf seinen eigentlichen Kern zurückkommen kann, der mit einem tiefgehenden und subjektiven Verständnis seiner destruktiven und potenziell gewaltsamen Mächte verbunden ist. Wir dürfen nun, salopp formuliert, hoffen, in den Kopf des Wall-Street-Spekulanten hineinschauen zu können.

Aber wer von uns könnte wirklich behaupten, dass wir selbst immun sind gegen die fetischhaften Sirenen der reinen Gier nach Geld und sei-

[1] Diese Frage spielt eine zentrale Rolle in dem äußerst lesenswerten Buch *Towards an Unknown Marx. A Commentary on the Manuscripts of 1861-63* (New York 2001) von Enrique Dussel.

ner scheinbar grenzenlosen Macht der endlosen Akkumulation? Dürfen wir hoffen, jetzt auch zu verstehen, was in unseren eigenen Köpfen herumspukt?

Nüchterner formuliert geht es darum: Im 1. Band wird Geld als vollendeter Fetisch dargestellt – gleichzeitig repräsentiert und versteckt es die Gesellschaftlichkeit der Arbeit. Im 2. Band wird untersucht, wie Geld als Kapital zirkuliert. Jetzt, im 3. Band, kehren wir zur Fetischform zurück, aber nun erweist sich die Zirkulation des zinstragenden Kapitals als die vollendete Fetischform der Zirkulation des Kapitals. Denn nun können wir verstehen, warum das Geldkapital die magische und okkulte Macht zu haben scheint, immer mehr Geld aus sich selbst heraus zu erzeugen. Diese Macht hat ganz reale Folgen. Sie »verkehrt« und »mystifiziert« – so die von Marx bevorzugten Charakterisierungen – die Bewegungsgesetze des Kapitals, was verwirrende und fatale Konsequenzen hat. Das Kapital schwebt daher ständig in der Gefahr, selbst Opfer seiner eigenen Fetischformen und der daraus abgeleiteten Irrtümer und Fiktionen zu werden.

Wie konkretisiert Marx nun dieses abstrakte Argument?

Der Preis (Tauschwert) der Geldkapitalware wird Zins genannt, und der Kreislauf des Geldkapitals erscheint nun als der Kreislauf des zinstragenden Geldkapitals. Es gibt jedoch keine »natürliche Zinsrate«, wie es von der bürgerlichen Theorie angenommen wird. Erinnern wir uns daran, dass Marx den »natürlichen« Preis (den Preis der Ware bei einem Gleichgewicht von Zufuhr und Nachfrage auf dem Markt) als eine Annäherung an den Wert betrachtete. Aber in diesem Fall kann kein »natürlicher Preis« existieren.

Was bestimmt dann den Zinsfuß, wenn es keinen inhärenten Wert des Geldkapitals als Ware gibt, keine »natürliche« Zinsrate? Sie wird, so Marx, in erster Linie durch die Nachfrage nach und das Angebot an Geldkapital festgelegt. Aber bisher hatte Marx im ganzen *Kapital* betont, dass Angebot und Nachfrage, die »Besonderheiten« sind, nichts mehr erklären können, wenn sie sich im Gleichgewicht befinden. Hier aber gibt es keinen »natürlichen« Gleichgewichtspunkt. Alles andere würde auf die Tautologie hinauslaufen, einem Wert einen Wert zu geben. Die Zinsrate wird außerdem Marx zufolge durch die Konkurrenz bestimmt. Aber auch die Zwangsgesetze der Konkurrenz werden als »Besonderheiten« betrachtet, als bloße Vollstrecker der inneren Bewegungsgesetze des Kapitals, die ihrerseits nicht von der Konkurrenz bestimmt werden. Sowohl Angebot und Nachfrage wie die Konkurrenz wurden bislang als »Besonderheiten«, wie seine Formulierung aus den

Grundrissen besagt, beiseitegelassen. Und nun stehen sie im Zentrum und erklären alles. Das ist eine enorme begriffliche Verschiebung.

Ich denke, wir haben es hier mit einem ernsthaften Spannungspunkt in Marx' Analyse zu tun. Seine Zurückhaltung oder fast zwanghafte Weigerung, sich im 2. Band mit den Besonderheiten zu beschäftigen, steht im Gegensatz zu der Notwendigkeit, sich nun mit ihnen auseinanderzusetzen, um die Zirkulation des zinstragenden Kapitals verstehen zu können.

Das wirft die Frage auf, in welchem Verhältnis diese Besonderheiten zu den allgemeinen Bewegungsgesetzen des Kapitals stehen. Erst in diesem Kontext ergibt der Wechsel von der im 2. Band untersuchten zugrunde liegenden Realität zum Fetisch der Oberflächenphänomene im 3. Band einen Sinn. Wir erkennen, warum das Kapital nicht ohne seine Fetischformen überleben kann und wie diese Fetischformen die allgemeinen Bewegungsgesetze verkehren und mystifizieren. Wenn aber, wie einige bürgerliche Kritiker angemerkt haben, der Kapitalismus eigentlich auf der Basis seiner Erscheinungsformen funktioniert, warum beschreiben wir dann nicht einfach diese Formen und vergessen dieses ganze komplizierte Zeugs über zugrunde liegende Realitäten, Werttheorie usw.?

Marx hätte darauf vermutlich geantwortet, dass sich die in der oberflächlichen Bewegung zeigenden gewaltsamen Widersprüchlichkeiten nur voraussehen und verstehen lassen, wenn wir die tieferliegende Dynamik untersuchen, die sowohl die Fetischformen erzeugt wie deren Einwirken auf die Bewegungsgesetze des Kapitals untermauert. Unser Ziel bei der Lektüre dieser Kapitel ist es daher, aufzudecken, wie diese Beziehungen zwischen zugrunde liegenden Gesetzen und Erscheinungsformen tatsächlich funktionieren.

Marx behandelt den Zins als gleichermaßen »selbstständig und unabhängig« (seine Worte) und der Welt der Produktion von Wert und Mehrwert unterworfen. Zu klären ist hier, was »unterworfen« bedeuten soll. Oder formulieren wir es anders: Die Zinsrate und die Zirkulation des zinstragenden Kapitals können sich selbstständig und unabhängig bewegen, weil sie Besonderheiten sind, die den Launen von Angebot und Nachfrage und der Konkurrenz ausgesetzt sind. Können diese Besonderheiten, um in der Sprache der Einleitung der *Grundrisse* zu bleiben, irgendwie ihrerseits die Allgemeinheit der Produktion auf eine bestimmte und nicht nur zufällige Weise beeinflussen? Und wenn dem so ist, wie funktionieren dann die allgemeinen Bewegungsgesetze des Kapitals, wenn diese Besonderheiten sich frei entfalten? Oder bleiben die Besonderheiten auf irgendeine Weise an die allgemeinen Bewegungsgesetze gebunden?

Diese Frage tritt in den Vordergrund, weil für Marx ganz klar ist, dass die Masse des Geldkapitals, die auf dem Geldmarkt zusammenkommt, als »an sich gemeinsames Kapital der Klasse« (K3, 381) wirken kann und wirkt. Als solches erzeugte es die enormen finanziellen und kommerziellen Zusammenbrüche von 1847-1848 und 1857 und auf ganz ähnliche Weise erschütterte in unserer Gegenwart die Krise von 2007-2009 das Kapital tiefgreifend. Wie können wir überhaupt die Zirkulation des zinstragenden Kapitals aus irgendeiner näheren Bestimmung der allgemeinen Bewegungsgesetze des Kapitals heraushalten, wenn sie als »an sich gemeinsames Kapital der Klasse« fungiert? Ich versuche, diese Frage so scharf wie möglich zu formulieren, weil jede mögliche Antwort äußerst folgenreich dafür ist, wie wir die Entstehung von Krisen im Kapitalismus im Allgemeinen begreifen und im Besonderen die Einsichten von Marx gebrauchen könnten, um die jüngsten Entwicklungen zu analysieren.

Im ersten Schritt müssen wir untersuchen, wie die Zirkulation des zinstragenden Kapitals seine Selbstständigkeit und Unabhängigkeit gegenüber dem Mehrwert (Profit) gewinnt, der in der Zirkulation des industriellen Kapitals erzeugt wird. Zunächst unterscheidet Marx zwischen Geldkapitalisten, in deren Hand sich die Geldmacht befindet, und industriellen Kapitalisten, die die Produktion des Mehrwerts organisieren. Die Zinsrate wird durch die Konkurrenz zwischen diesen beiden Klassenfraktionen bestimmt. Damit bekommt die Machtbeziehung zwischen Geldkapitalisten und industriellen Kapitalisten historisch, wenn nicht sogar theoretisch, eine zentrale Bedeutung.

Die Geschichte dieser Beziehung wird zuweilen teleologisch interpretiert. Seit etwa den 1980er Jahren habe das Finanzkapital notwendigerweise eine zunehmend vorherrschende Stellung gegenüber dem industriellen Kapital gewonnen und dies habe zu einer anderen Art von Kapitalismus – Finanzkapital – geführt, mit anderen Bewegungsgesetzen als bei einer Vorherrschaft des industriellen Kapitals, wie sie angeblich zur Zeit von Marx existiert habe. Marx argumentiert im Allgemeinen nicht so, auch wenn einige Passagen den Anschein erwecken könnten. Auch ich kann mich dieser Argumentation nicht anschließen. Es steht aber außer Frage, dass das Machtverhältnis zwischen diesen beiden Klassenfraktionen (wie auch zu anderen großen Klassenfraktionen wie den Kaufleuten und den Grundbesitzern) nie stabil war und es immer wieder zu Verschiebungen der Hegemonie kam. Auf sehr einleuchtende Weise hat zum Beispiel Giovanni Arrighi gezeigt, dass Hegemonieverschiebungen, wie der von England hin zu den USA in der ersten Hälfte des 20. Jahrhunderts, Phasen der Finanzialisierung vorausgingen, wie sie von Hilferding, Hobson und Lenin zu Beginn der 1900er Jahre beschrieben wurden.[2] Die Welle der Finanzialisierung, die unbestreitbar seit den 1970er Jahren zu beobachten ist, könnte dann Vorbote einer erneuten Verschiebung der Hegemonie (von den USA nach Ostasien?) sein. Um die Geschichte des Kapitalismus zu verstehen, müssen wir uns daher über die heute existierenden Machtverhältnisse zwischen diesen verschiedenen Klassenfraktionen an verschiedenen Orten und zu verschiedenen Zeiten und die Folgen der Konkurrenz zwischen ihnen klarwerden.

Doch Marx geht noch weiter. Was zunächst als Beziehung zwischen Klassenfraktionen erscheint, ist eigentlich schon innerhalb der Person des individuellen Kapitalisten enthalten. Alle Kapitalisten spielen zwei sehr unterschiedliche Rollen. Der industrielle Kapitalist muss immer einen gewissen Teil seines Kapitals in Geldform halten. Daher steht es ihm jederzeit offen, sein Geld in die Steigerung der Mehrwertproduktion durch Produktionsausweitung zu stecken oder es einfach an jemand anderen gegen Zins zu verleihen. Die Logik dieser Entscheidung bietet dem individuellen Kapitalisten verlockende Möglichkeiten. Was würdest du lieber tun? Den ganzen Ärger mit der eigentlichen Mehrwertproduktion auf dich nehmen – dich mit lästigen Arbeiterinnen, unzuverlässiger Maschinerie und launischen Märkten herumschlagen –, oder das Geld einfach verleihen, die Zinsen einstreichen und dir davon ein schönes Leben auf den Bahamas machen? Wie Marx beschreibt, war es das Ziel vieler industrieller Kapitalisten in England, sich nur solange mit der Produktion zu beschäftigen, bis sie Rentier oder Finanzier werden konnten, um sich dann auf einem Landsitz zur Ruhe zu setzen und bequem von der Rente leben zu können. Aber wenn alle Rentiers werden und von ihren Zinsen oder Renten leben wollen und niemand mehr den Mehrwert produziert, würde Marx zufolge der Zinsfuß gegen Null fallen und der mögliche Profit einer Reinvestition in die Produktion in die Höhe schnellen (K3, 390f.). Zumindest hier stoßen wir auf einen Punkt, an dem die Zirkulation des zinstragenden Kapitals der Mehrwertproduktion untergeordnet und ihr unterworfen ist.

---

[2] Rudolf Hilferding: *Das Finanzkapital. Eine Studie über die jüngste Entwicklung des Kapitalismus*, Wien 1910; John Atkinson Hobson: *Der Imperialismus*, Köln 1968 (engl. Orig. 1905).

Das führt sofort zu einer anderen Frage: Besteht ein irgendwie geartetes Gleichgewicht zwischen der Profitrate des industriellen Kapitals und der Zinsrate des Geldkapitals? Geht der Zins, so wie der Profit des Kaufmannskapitals, in den Ausgleich der Profitrate ein? Im Fall des kommerziellen Kapitals findet eine Metamorphose, eine tatsächliche Transaktion, statt, bei der Kapital in Warenform als Geld realisiert wird.

Aber der Zins ist etwas ganz anderes, weil er eine Beziehung von Geld auf Geld ist. Daran ist überhaupt keine Metamorphose beteiligt. Außerdem kann Geld, wie Marx im 1. Band (K1, 167) betont, unbeschränkt und maßlos akkumuliert werden. Das zinstragende Kapital scheint einfach die magische und fetischhafte Macht zu besitzen, sich mit einer jährlichen Wachstumsrate zu vergrößern – wie die Gans, die in der Lage zu sein scheint, ihre eigenen goldenen Eier zu legen, von der Marx im 1. Band spricht. Ich lege mein Geld auf ein Sparkonto und es vermehrt sich auf magische Weise. Wenn sich Geld unbeschränkt anhäufen lässt, dann kann auch Geldkapital unbeschränkt akkumuliert werden. Das ist die Phantasie des vollendeten Kapitalfetischs.

Zur Hervorhebung dieser Phantasie des unaufhörlichen kumulierten Wachstums zitiert Marx ein wundervolles Bild aus einem 1772 veröffentlichten Traktat: »1 sh. [shilling] ausgelegt bei der Geburt unsers Erlösers zu 6% Zinseszinsen, würde angewachsen sein zu einer größern Summe als das ganze Sonnensystem einbegreifen könnte« (K3, 408). Das könnte, nebenbei gesagt, erklären, warum wir uns vom Goldstandard verabschieden und schließlich auf jegliche Deckung des Papiergelds durch irgendeine Ware verzichten mussten. Das globale Geldangebot ist dann unbeschränkt, weil es einfach nur aus Zahlen besteht. Im Handumdrehen kann die Zentralbank dem Geldangebot Billionen hinzufügen, was mit Goldbarren nicht zu machen wäre. Während die Vorstellung einer grenzenlosen Akkumulation »jeder Phantasie spottet«, war sie doch, wie Marx zeigt, grundlegend für die monetären und kommerziellen Explosionen der Krisenjahre 1847-1848 und 1857-1858. Die Verhältnisse des Verleihens und Borgens können zunehmend außer Kontrolle geraten und immer mehr Geld in Kreditform erzeugen (als Proliferation von Schuldscheinen). Dies verleiht notwendigerweise allen Kreditmärkten einen fiktiven Charakter.

An dieser Stelle bezieht sich Marx daher auf den äußerst wichtigen, aber unzureichend ausgearbeiteten Begriff des fiktiven Kapitals. Das gibt dem Fetisch des Geldkapitals eine konkretere Gestalt und Form. Seiner Rolle wird in einer unvollständigen und teilweise verwirrenden Untersuchung der kommerziellen und monetären Krise von 1847-1848 nachgegangen, alles vermischt mit der Kritik an den Ideen eines Menschen namens Overstone. Ich betone nochmals, dass der Fetischismus, so wie er im 1. Band bestimmt wird, real und objektiv ist, auch wenn er die zugrunde liegenden Wertverhältnisse verschleiert. Die Ware wird ganz real im Supermarkt gegen Geld getauscht, aber auf diese Weise bleibt die Information über die Arbeit (den Wert) verborgen, die sie erzeugte. In gleicher Weise müssen wir das fiktive Kapital begreifen. Es ist nicht das Produkt des delirierenden Hirns eines zugekoksten Wall-Street-Bankers, sondern eine reale Form des Kapitals – Geld, das zu einer Ware mit einem Preis geworden ist. Der Preis mag fiktiv sein, aber trotzdem sind wir alle gezwungen, uns auf ihn zu beziehen – sei es, dass wir eine Hypothek bedienen müssen, Zinsen für unsere Ersparnisse bekommen wollen oder Geld für eine Geschäftseröffnung leihen.

Zu den Details kommen wir später. Aber eine nette Illustration seiner Bedeutung ergibt sich daraus, wie Marx den Unterschied zwischen Leihkapital (geliehenem Geld für die Ausweitung der Produktion) und zusätzlichem Geld für die Diskontierung von Wechseln (wodurch die Realisierung des Werts am Markt erleichtert wird) diskutiert. Geldkapital kommt im Kreislauf des industriellen Kapitals an zwei verschiedenen Punkten ins Spiel – zu Beginn und am Ende seines Kreislaufs. Derselbe Finanzier kann Bauunternehmen Geld für die Errichtung von Reihenhaussiedlungen leihen und dann den Absatzmarkt für diese Häuser sichern, indem er Kaufinteressenten Geld für deren Kauf borgt. Auf diese Weise kann Geldkapital gleichermaßen das Angebot von Waren wie die Nachfrage nach ihnen befördern. Es ist leicht zu verstehen, wie daraus ein geschlossener Kreislauf werden kann, eine Vermögensblase der Produktion und Realisierung von z.B. Immobilien. Hier interagieren Zinsrate und Profitrate und durchkreuzen sich heftig auf eine Weise, die nur allzu oft spekulativer Natur ist.

Die Argumentation in diesen Kapiteln entwickelt sich daher von den technischen Aspekten der Zirkulation zu sehr viel grundlegenderen Fragen, bei denen all die im 2. Band ausgemachten Verwundbarkeiten, Unsicherheiten und möglichen Bruchpunkte zunehmend konkreter werden. Geldkapital und, was noch wichtiger ist, die Geldkapitalisten werden selbstständig und unabhängig, bleiben aber auf irgendeine Weise der Mehrwertproduktion unterworfen. Der Fetischcharakter der Geldform erlaubt die Erzeugung von Phantasien und Fiktionen, die in regelmäßigen Abständen als unkontrollierbare und gewaltsame Finanz- und Handelskrisen explodieren.

Aber die beiden Rollen des Geldkapitalisten und des produktiven Kapitalisten sind in derselben Person internalisiert. Für das Verständnis der Dynamik der Kapitalakkumulation ist es also von großer Bedeutung, wie die einzelnen Personen ihre Situation begreifen und entsprechend handeln. Marx hatte keine große Lust, sich mit solchen »Besonderheiten« wie dem seelischen Innenleben des Unternehmertums, der Psychologie der Erwartungen und der Rolle des Vertrauens bei Finanzgeschäften zu beschäftigen, aber wir finden in diesen Kapiteln genügend Nebenbemerkungen, um sagen zu können, dass er sich der Bedeutung solcher Fragen für eine vollständige Untersuchung durchaus bewusst war. (Die psychologischen Aspekte sind später natürlich von Keynes aufgegriffen worden und »Erwartungen« bilden heute einen ganzen Forschungszweig der bürgerlichen Ökonomie.)

Die hier vorgelegte Analyse ist hilfreich, um die Finanz- und Wirtschaftskrise von 2007-2009 sowie die ganze Reihe der ihr vorhergehenden Krisen zu verstehen. Aber wir müssen vorsichtig sein, Marx nicht misszuverstehen oder zu viel in das zu legen, was wir möglicherweise aus seiner unvollständigen und oftmals nebulösen Theoriebildung in Bezug auf die Krisen von 1847-1848 und 1857-1858 lernen könnten.

Die philosophische Achse, um die Marx' eher technische Argumentation kreist, findet sich meines Erachtens in der folgenden Äußerung:

> »Will man den Zins den Preis des Geldkapitals nennen, so ist dies eine irrationelle Form des Preises, durchaus im Widerspruch mit dem Begriff des Preises der Ware. Der Preis ist hier auf seine rein abstrakte und inhaltslose Form reduziert, daß er eine bestimmte Geldsumme ist, die für irgend etwas, was so oder so als Gebrauchswert figuriert, gezahlt wird; während seinem Begriff nach der Preis gleich ist dem in Geld ausgedrückten Wert dieses Gebrauchswerts.
>
> Zins als Preis des Kapitals ist von vornherein ein durchaus irrationeller Ausdruck. Hier hat eine Ware einen doppelten Wert, einmal einen Wert, und dann einen von diesem Wert verschiednen Preis, während Preis der Geldausdruck des Wertes ist.« (K3, 366)

Was wir hier vor uns haben, ist nichts anderes als die Tautologie des Werts eines Werts. In ganz ähnlicher Weise hatte Marx schon im 1. Band argumentiert:

> »Dinge, die an und für sich keine Waren sind, z.B. Gewissen, Ehre usw., können ihren Besitzern für Geld feil sein und so durch ih-

> ren Preis die Warenform erhalten. Ein Ding kann daher formell einen Preis haben, ohne einen Wert zu haben. Der Preisausdruck wird hier imaginär wie gewisse Größen der Mathematik. Andrerseits kann auch die imaginäre Preisform, wie z.B. der Preis des unkultivierten Bodens, der keinen Wert hat, weil keine menschliche Arbeit in ihm vergegenständlicht ist, ein wirkliches Wertverhältnis oder von ihm abgeleitete Beziehung verbergen.« (K1, 117)

Das hier von Marx angeführte Paradebeispiel ist die Rente und der Preis von unkultiviertem Land. Er hätte ebenso darauf hinweisen können, dass dies auch für das Geld gilt. Aber im Kapitel zum Geld im 1. Band, das ohnehin schon verwirrend genug ist, wäre das viel zu irritierend gewesen. Nun können wir sehen, dass die imaginäre Preisform auf das Geld selbst angewandt werden kann. Das wirft einige grundlegende und eigentümliche Fragen auf: Was verbirgt dieser Fetisch der »imaginären Preisform« in Bezug auf die »Wertverhältnisse«? Und wie können wir seine Rolle verstehen?

Und was genau meint Marx hier mit »irrationell und widersprüchlich«? Er meint nicht, dass der Zins auf die Weise irrationell und widersprüchlich ist, wie es eine Rede von Sarah Palin oder ein Monolog von Groucho Marx sind. Wäre dem so, dann müssten wir die Kategorie des Zinses als skurril und willkürlich verwerfen, frustriert die Hände heben und einfach lachen oder weinen, je nach den Umständen. Ich denke, Marx bemüht hier eine Analogie zur Zahlentheorie – daher die Anspielung auf »gewisse Größen der Mathematik« in dem angeführten Zitat aus dem 1. Band. Irrational sind jene Zahlen, die nicht als Bruch ausgedrückt werden können, wozu so bekannte Beispiele wie $\sqrt{2}$ oder π gehören, die keineswegs skurril oder willkürlich sind – π ist eine der wichtigsten Konstanten in der mathematischen Theorie, die das Verhältnis des Umfangs eines Kreises zu seinem Durchmesser bestimmt.

Letztlich sagt Marx, dass es bei der Bestimmung der Zinsrate etwas Inkommensurables gibt, das daher irrationell und widersprüchlich bleibt. Als ich mich bei Wikipedia zu den irrationalen Zahlen schlau machte, denn ich bin keineswegs ein Experte auf diesem Gebiet, stieß ich auf etwas Interessantes. Der griechische Pythagoreer Hippasos bewies die Existenz von irrationalen Zahlen und zeigte, dass sie (wie die Zinsrate) »inkommensurabel, irrational und widersprüchlich« sind. Da die Position der Pythagoreer im Allgemeinen besagte, dass alle Verhältnisse auf ganze Zahlen und ihre Brüche zurückgeführt werden könnten, war dieser Nachweis ein regelrechter Schock für seine pythagoreischen Kollegen. Einer Legende zufolge befanden sie sich auf offener See, als Hippasos seine Entdeckung machte, und er wurde sofort über Bord geworfen. Das ist natürlich die typische Reaktion von Akademikern, wenn jemand ihre Lieblingstheorie widerlegt. Marx wurde schon vor langer Zeit von den Ökonomen über Bord geworfen, die wahrscheinlich noch heute entsetzt wären zu hören, dass eine ihre grundlegendsten Kategorien – der Zinsfuß – inkommensurabel, irrational und widersprüchlich ist.

Aber Marx ist ein guter Schwimmer in den Gezeiten der Geschichte. Immer wieder klettert er an Bord, um jede und jeden daran zu erinnern, dass es tatsächlich so ist – was allen klar sein dürfte, die die Ereignisse von 2007-2009 auch nur auf die flüchtigste Weise beobachtet haben. Ob er erneut über Bord geworfen wird, hängt davon ab, ob sich die Lage soweit beruhigt, dass es wieder zu einem grenzenlosen kumulativen Wachstum von Kapital und Reichtum kommen kann.

Der irrationelle und widersprüchliche Charakter der Verzinsung des Kapitals muss in diesem Sinne der Zahlentheorie verstanden werden. Wir können dann leichter verstehen, wie und mit welchen Folgen die fiktiven Formen auf ähnliche Weise erzeugt werden, wie die Konstante π von Ingenieuren verwendet werden kann. Auf diese Weise können wir die praktischen wie die theoretischen Konsequenzen besser verstehen, die sich daraus ergeben.

Es gibt jedoch zwei große, miteinander verbundene Probleme, mit denen wir uns dann auseinandersetzen müssen. Erstens stellt sich die Frage, in welchem Maße Marx' Insistieren auf dem Fetischcharakter des Zinses, auf dem die Kategorie des fiktiven Kapitals beruht, unsere Auffassung von der Funktionsweise der allgemeinen Bewegungsgesetze des Kapitals verändert. Während die Verteilungskategorie des kommerziellen Kapitals mit dem bisher von Marx entwickelten allgemeinen theoretischen Rahmen vereinbar zu sein scheint, kann das von den Auswirkungen der Zirkulation des zinstragenden Kapitals im Verhältnis zur Zirkulation des industriellen Kapitals wohl kaum gesagt werden. Und ebensowenig lässt sich das meiner Ansicht nach, auch wenn Marx heftig widersprechen würde, von der anderen entscheidenden »irrationalen Zahl« in seiner Theorie sagen – der Bodenrente. Wie der Zins ist sie eine Form des fiktiven Kapitals, die real ist und reale Folgen hat. Wenn du nach Manhattan kommst, um dort zu leben, kannst du nicht sagen, dass Bodenrente und Immobilienpreise fiktiv sind und du für solche Fiktionen nicht bezahlen wirst. Und die meisten Leute, die kaufen, zahlen dafür Zinsen auf eine Hypothek – also eine Form von fiktivem Kapital.

Was sagt uns das nun über die Kräfte, die die Zinsrate der Produktion von Wert und Mehrwert unterordnen und unterwerfen? Es ist zwar klar, dass wir nicht alle von Zinsen leben können, wenn niemand Wert produziert. Und ebenso eindrücklich belegen kommerzielle und monetäre Krisen wie 1847-1848 und 1857-1858 damals oder die Krise 2007-2009 heute, dass eine gewisse disziplinierende Macht am Werk ist, mit der alle diese Phantasien und Fiktionen der spekulativen Finanzgeschäfte wieder auf den Boden der wirklichen Produktion geholt werden. Aber in der Analyse von Marx finden sich auch verstörende Hinweise darauf, dass sich die Machtbeziehung zwischen Finanzwelt und Produktion durchaus umkehren kann. Einen dieser Hinweise liefert eine aufschlussreiche Randbemerkung in seiner Analyse. Wenn ein industrieller Kapitalist Kapital in Geldform akkumuliert und es zur Bank bringt, um Zinsen zu bekommen (was, wie wir sahen, im Kreislauf des fixen Kapitals geschieht, weil der Kapitalist Rücklagen an Geldkapital für den Ersatz bilden muss), dann erscheint dieser Zins als bloße Rendite auf sein Eigentumsrecht. Dieser passive Gewinn aus dem bloßen Eigentumsrecht steht im Gegensatz zu der aktiven Schaffung von Mehrwert durch die Organisierung und Überwachung der Produktion. Warum sollte der Kapitalist also nicht jemandem einen Lohn dafür bezahlen, dass er sich um die Produktion kümmert, während er von den Gewinnen aus dem bloßen Eigentumsrecht lebt? In der Geschichte des Kapitalismus ergibt sich daraus die interessante und wichtige Unterscheidung zwischen Eigentum auf der einen und Überwachung und Management auf der anderen Seite. Behalten wir diese allgemeinen Punkte im Kopf und wenden uns nun dem Text im Einzelnen zu.

Zum 21. Kapitel des 3. Bandes: Das zinstragende Kapital

Einleitend erinnert uns Marx daran, dass die allgemeine Profitrate aus den Aktivitäten sowohl des industriellen wie des kommerziellen Kapitals entsteht und sich die Profitrate unter ihnen ausgleicht. »Ob das Kapital innerhalb der Produktionssphäre industriell oder in der Zirkulationssphäre merkantil angelegt, es wirft pro rata seiner Größe denselben jährlichen Durchschnittsprofit ab.« (K3, 350) Geld ist jedoch etwas anderes. Es erhält

> »einen zusätzlichen Gebrauchswert, nämlich den, als Kapital zu fungieren. Sein Gebrauchswert besteht hier eben in dem Profit, den es,

> in Kapital verwandelt, produziert. In dieser Eigenschaft als mögliches Kapital, als Mittel zur Produktion des Profits, wird es Ware, aber eine Ware sui generis. Oder was auf dasselbe herauskommt, Kapital als Kapital wird zur Ware.« (K3, 350f.)

Der Geldbesitzer verfügt über die Mittel, um Mehrwert zu erzeugen, und kann dieses Geld gegen Zins an jemand anderen verleihen. Der Geldkapitalist und der Produzent teilen sich den Mehrwert, der durch den Einsatz des Geldkapitals produziert wurde. Zins ist »also nichts ist als ein besondrer Name, eine besondre Rubrik für einen Teil des Profits, den das fungierende Kapital, statt in die eigne Tasche zu stecken, an den Eigner des Kapitals wegzuzahlen hat« (K3, 351). Damit konstatiert Marx, dass der bloße Eigentumstitel an Kapital das Recht beinhaltet, eine Kapitalverzinsung zu fordern.

Im Kreislauf des industriellen Kapitals werden ständig Waren und Geld bewegt und getauscht, und zu jedem Zeitpunkt können beide dafür eingesetzt werden, noch mehr Mehrwert zu machen. Aber bei diesen Transaktionen kann Geld nur als Geld fungieren, d.h. den Kauf und Verkauf vermitteln, und die Ware ist nur Ware, d.h. sie wird für die individuelle oder produktive Konsumtion verkauft.

> »Anders aber verhält es sich mit dem zinstragenden Kapital, und grade dies bildet seinen spezifischen Charakter. Der Geldbesitzer, der sein Geld als zinstragendes Kapital verwerten will, veräußert es an einen dritten, wirft es in Zirkulation, macht es zur Ware *als Kapital*; nicht nur als Kapital für ihn selbst, sondern auch für andre; es ist nicht bloß Kapital für den, der es veräußert, sondern es wird dem dritten von vornherein als Kapital ausgehändigt«,

um als solches gebraucht zu werden, als Wert, der den Gebrauchswert besitzt, Mehrwert oder Profit schaffen zu können. Es ist ein Wert, der »weder weggezahlt noch verkauft, sondern nur ausgeliehen wird; nur entäußert wird, unter der Bedingung, nach einer bestimmten Zeitfrist erstens zu seinem Ausgangspunkt zurückzukehren, zweitens aber als realisiertes Kapital zurückzukehren, so daß es seinen Gebrauchswert, Mehrwert zu produzieren, realisiert hat« (K3, 355f.).

Zur Verwirrung kann führen, dass Kapital gleichermaßen in Geld- wie in Warenform verliehen werden kann. Fabriken und Maschinen können genauso gut gegen Zinszahlungen verliehen werden wie Geld. Gewisse Waren können sogar »der Natur ihres Gebrauchswerts nach immer nur als fixes Kapital verliehen werden, wie Häuser, Schiffe, Maschinen usw. Aber alles verliehene Kapital, welches immer seine Form, und wie die Rückzahlung durch die Natur seines Gebrauchswerts modifiziert sein mag, ist immer nur eine besondre Form des Geldkapitals« (K3, 356). Demzufolge subsumiert Marx das Verleihen in Warenform unter die allgemeine Form der Zirkulation des zinstragenden Kapitals. Eine sehr wichtige Folgerung ergibt sich jedoch daraus. Wenn Immobilien wie z.B. Häuser und Boden auch verliehen werden können, dann besteht eine wesentliche Beziehung zwischen Rente und der Zirkulation des zinstragenden Kapitals. Marx erwähnt diesen Zusammenhang hier nicht, aber ich bin ihm an anderer Stelle nachgegangen, und je mehr ich mich mit ihm beschäftigt habe, desto mehr erscheint er mir als ein zentrales, aber fehlendes Verbindungsstück in der politischen Ökonomie von Marx.

Einige Seiten später schließt Marx diesen Schritt seiner Argumentation ab (nachdem er abgeschweift ist, um die Auffassungen von Proudhon zu kritisieren):

> »Der verleihende Kapitalist gibt sein Kapital weg, überträgt es an den industriellen Kapitalisten, ohne ein Äquivalent zu erhalten. Sein Weggeben ist überhaupt kein Akt des wirklichen Kreislaufsprozesses des Kapitals, sondern leitet nur diesen, durch den industriellen Kapitalisten zu bewirkenden Kreislauf ein. Dieser erste Stellenwechsel des Geldes drückt keinen Akt der Metamorphose, weder Kauf noch Verkauf aus. Das Eigentum wird nicht abgetreten, weil kein Austausch vorgeht, kein Äquivalent empfangen wird.« (K3, 359)

Nachdem der industrielle Kapitalist es gebraucht hat, um Mehrwert zu produzieren, muss das Geld dem Verleiher zurückgegeben werden. Bei all dem handelt es sich nur um juristische Transaktionen:

> »Die erste Verausgabung, die das Kapital aus der Hand des Verleihers in die des Anleihers überträgt, ist eine juristische Transaktion, die mit dem wirklichen Reproduktionsprozeß des Kapitals [d.h. dem Arbeitsprozess] nichts zu tun hat, ihn nur einleitet. Die Rückzahlung, die das zurückgefloßne Kapital wieder aus der Hand des Anleihers in die des Verleihers überträgt, ist eine zweite juristische Transaktion, die Ergänzung der ersten; die eine leitet den wirklichen Prozeß ein, die andre ist ein nachträglicher Akt nach demselben. Ausgangspunkt und Rückkehrpunkt, Weggabe und Rückerstattung des verliehenen

> Kapitals erscheinen also als willkürliche, durch juristische Transaktionen vermittelte Bewegungen« (K3, 360).

Worin besteht dann die Beziehung zwischen diesen juristischen Transaktionen und der realen Grundlage der Mehrwertproduktion?

> »Als Ware eigner Art besitzt das Kapital auch eine eigentümliche Art der Veräußerung. Die Rückkehr drückt sich daher hier auch nicht aus als Konsequenz und Resultat einer bestimmten Reihe ökonomischer Vorgänge, sondern als Folge einer speziellen juristischen Abmachung zwischen Käufer und Verkäufer. Die Zeit des Rückflusses hängt ab vom Verlauf des Reproduktionsprozesses; beim zinstragenden Kapital *scheint* seine Rückkehr als Kapital von der bloßen Übereinkunft zwischen Verleiher und Anleiher abzuhängen. So daß der Rückfluß des Kapitals mit Bezug auf diese Transaktion nicht mehr als durch den Produktionsprozeß bestimmtes Resultat erscheint, sondern so, als ob die Form des Geldes dem ausgeliehenen Kapital nie verlorengegangen wäre. Allerdings sind tatsächlich diese Transaktionen durch die wirklichen Rückflüsse bestimmt. Aber dies erscheint nicht in der Transaktion selbst.« (K3, 361)

Die juristischen Beziehungen und Verträge verschleiern also mit anderen Worten die Beziehung zwischen der Zirkulation des zinstragenden Kapitals auf der einen und der Produktion des Mehrwerts auf der anderen Seite. Aber in diesen Passagen taucht immer wieder das Wort »erscheint« auf, was in der Regel darauf hinweist, dass noch etwas anderes, nicht so leicht Erkennbares passiert:

> »In der wirklichen Bewegung des Kapitals ist die Rückkehr ein Moment des Zirkulationsprozesses. Erst wird das Geld in Produktionsmittel verwandelt; der Produktionsprozeß verwandelt es in Ware; durch den Verkauf der Ware wird es rückverwandelt in Geld und kehrt in dieser Form zurück in die Hand des Kapitalisten, der das Kapital zuerst in Geldform vorgeschossen hatte.« (K3, 361)

Aber alle diese vermittelnden Schritte sind in dem juristischen Vertrag unsichtbar geworden, der die Bewegung G – G' definiert und sonst nichts. »Die wirkliche Kreislaufsbewegung des Geldes als Kapital ist also Voraussetzung der juristischen Transaktion, wonach der Anleiher das Geld an den Verleiher zurückzugeben hat.«

Marx schlussfolgert daher: »Dies Verleihen ist also die entsprechende Form, um es *als Kapital* zu veräußern, statt als Geld oder Ware.« (K3, 362)

Im nächsten Schritt wenden wir uns dem Zins im Besonderen zu. Der hier betrachtete Zirkulationsprozess hat die Form G – G + ΔG, wobei ΔG der Zins ist oder »der Teil des Durchschnittsprofits, der nicht in der Hand des fungierenden Kapitalisten bleibt, sondern dem Geldkapitalisten zufällt ... Bei den übrigen Waren wird in der letzten Hand der Gebrauchswert konsumiert, und damit verschwindet die Substanz der Ware und mit ihr ihr Wert. Die Ware Kapital dagegen hat das Eigentümliche, daß durch die Konsumtion ihres Gebrauchswerts ihr Wert und ihr Gebrauchswert nicht nur erhalten, sondern vermehrt wird. ... Und so erscheint ebenfalls der Gebrauchswert des geliehenen Geldkapitals als seine Wert setzende und vermehrende Fähigkeit. ... Aber im Unterschied zur gewöhnlichen Ware ist dieser Gebrauchswert selbst Wert, nämlich der Überschuß der Wertgröße, die durch den Gebrauch des Geldes als Kapital sich ergibt, über seine ursprüngliche Wertgröße. Der Profit ist dieser Gebrauchswert.« (K3, 363f.)

Das ist eine sehr wichtige Feststellung. Im 1. Band hatte Marx gezeigt, dass Geld im Unterschied zu anderen Waren die Zirkulation nie verlässt, nachdem es in sie hineingekommen ist (»Die Zirkulation schwitzt beständig Geld aus«, war seine charmante Formulierung). In gleicher Weise kann das zinstragende Kapital endlos zirkulieren. Aber wir sehen hier auch, wie es endlos anwachsen kann.

Im Einzelnen: »Der Gebrauchswert des ausgeliehenen Geldes ist: als Kapital fungieren zu können und als solches unter durchschnittlichen Umständen den Durchschnittsprofit zu produzieren. ... Die Wertsumme, das Geld, wird fortgegeben ohne Äquivalent« – wieder ein Umstand, der diese Transaktion von anderen Formen des Warentauschs unterscheidet – »und wird nach einer gewissen Zeit zurückgegeben. Der Verleiher bleibt immer Eigentümer desselben Werts, auch nachdem dieser aus seiner Hand in die des Borgers übergegangen ist.« (K3, 364f.) Der Zins ist also letztlich ein Gewinn aus der bloßen Eigentümerschaft im Gegensatz zum tatsächlichen Gebrauch. Aber erst »durch seinen Gebrauch verwertet es sich, realisiert es sich als Kapital. Aber als *realisiertes* Kapital hat der Borger es zurückzuzahlen, also als Wert plus Mehrwert (Zins); und der letztre kann nur ein Teil des von ihm realisierten Profits sein. Nur ein Teil, nicht das Ganze.« (K3, 365)

Es handelt sich hier um die Beziehung »zwischen zwei Sorten Kapitalisten, dem Geldkapitalisten und dem industriellen oder merkantilen Kapitalisten« (K3, 366). Damit wird die Vorstellung von verschiedenen, aufeinander bezogenen Kapitalfraktionen eingeführt, von denen jedoch jede ihre ganz eigenen Anliegen, Interessen und Bedürfnisse hat. Was folgt, ist eine Abhandlung über die Irrationalität und widersprüchlichen Eigenschaften eines Preises von Geld, was wir bereits skizziert haben. Abschließend stellt er fest, dass trotz allem ein »Preis, der qualitativ verschieden vom Wert, ... ein absurder Widerspruch« ist (K3, 367).

Was sind dann die inneren Zusammenhänge, die die Zinsrate an die Wertproduktion koppeln? Marx kehrt zum Ausgangspunkt seiner Analyse zurück:

> »Geld, resp. Ware, ist an sich, potentiell Kapital, ganz wie die Arbeitskraft potentiell Kapital ist. Denn 1. kann das Geld in die Produktionselemente verwandelt werden und ist, wie es ist, bloß abstrakter Ausdruck derselben, ihr Dasein als Wert; 2. besitzen die stofflichen Elemente des Reichtums die Eigenschaft, potentiell schon Kapital zu sein, weil ihr sie ergänzender Gegensatz, das, was sie zu Kapital macht – die Lohnarbeit –, auf Basis der kapitalistischen Produktion vorhanden ist.« (K3, 368)

Dies drückt sich darin aus, »daß Geld, und ebenso Ware, an sich, latent, potentiell, Kapital sind, daß sie als Kapital verkauft werden können, und daß sie in dieser Form Kommando über fremde Arbeit sind, Anspruch auf Aneignung fremder Arbeit geben, daher sich verwertender Wert sind« (K3, 368). Dann kommt der eigentliche Clou:

> »Als Ware erscheint das Kapital ferner, soweit die Teilung des Profits in Zins und eigentlichen Profit durch Nachfrage und Angebot, also durch die Konkurrenz, reguliert wird, ganz wie die Marktpreise der Waren. Der Unterschied tritt hier aber ebenso schlagend hervor wie die Analogie. Decken sich Nachfrage und Angebot, so *entspricht* der Marktpreis der Ware *ihrem Produktionspreis* [Hervorh. D.H.; siehe unten], d.h. ihr Preis erscheint dann geregelt durch die innern Gesetze der kapitalistischen Produktion, unabhängig von der Konkurrenz, da die Schwankungen von Nachfrage und Angebot nichts erklären als die Abweichungen der Marktpreise von den Produktionspreisen.« (K3, 368)

Dieses Argument kennen wir aus dem 1. Band – Angebot und Nachfrage können nichts mehr erklären, wenn sie sich im Gleichgewicht befinden. Das gilt sogar für den Lohn:

> »Decken sich Nachfrage und Angebot, so hebt sich ihre Wirkung auf, und der Arbeitslohn ist gleich dem Wert der Arbeitskraft. Anders aber mit dem Zins vom Geldkapital. Die Konkurrenz bestimmt hier nicht die Abweichungen vom Gesetz, sondern es existiert kein Gesetz der Teilung, außer dem von der Konkurrenz diktierten, weil, wie wir noch weiter sehn werden, keine ›natürliche‹ Rate des Zinsfußes existiert. Unter der natürlichen Rate des Zinsfußes versteht man vielmehr die durch die freie Konkurrenz festgesetzte Rate. Es gibt keine ›natürlichen‹ Grenzen der Rate des Zinsfußes. Wo die Konkurrenz nicht nur die Abweichungen und Schwankungen bestimmt, wo also beim Gleichgewicht ihrer gegeneinander wirkenden Kräfte überhaupt alle Bestimmung aufhört, ist das zu Bestimmende etwas an und für sich Gesetzloses und Willkürliches.« (K3, 368f.)

Das ist starker Tobak: Die Dynamik der Kapitalakkumulation wird gesetzlos und willkürlich. Das ganze Gebäude aus Gesetzmäßigkeiten für das Handeln, das Marx in den *Grundrissen* entworfen und an dem er sich bisher im *Kapital* orientiert hat, scheint hier bis an seine Belastungsgrenze überspannt zu werden. Ob damit das ganze Gebäude zusammenbricht, hängt davon ab, was in den folgenden Kapiteln geschieht. Wie Marx sagt: »Weiteres hierüber im nächsten Kapitel«!

Auf jeden Fall ist klar, dass das Ausweichen vor den Besonderheiten, das die Analyse im 2. Band einschränkte, hier aufgegeben wird. Wenn aber das Ergebnis davon »gesetzlos und willkürlich« ist, was wird dann aus den allgemeinen Bewegungsgesetzen, die bisher für Marx im Mittelpunkt standen? Wir befinden uns in einer paradoxen Situation. Die Konkurrenz wurde durchgehend als Vollstrecker der inneren Bewegungsgesetze des Kapitals betrachtet; jetzt werden die Durchsetzungsmechanismen bestimmend für die Zirkulation des zinstragenden Kapitals in seiner Rolle als gemeinsames Kapital der Klasse – aber der Vollstrecker ist gesetzlos und willkürlich.

Das ist ein klarer Bruch mit dem theoretischen Rahmen in den *Grundrissen*. Marx erkennt, dass sich die Zirkulation des zinstragenden Kapitals nicht in das Gerüst von Annahmen einpassen lässt, das bisher seine Studien geleitet hatte. Auch wenn sich vielleicht verstehen ließe, wie und warum diese Divergenz im Fall des zinstragenden Kapitals auftaucht (im Gegensatz zu anderen Aspekten der Verteilung wie der Rente oder dem Profit des Kaufmannskapitals, von denen Marx glaubte, er habe sie erfolgreich in den Rahmen einordnen können), drängt sich mir der Gedanke auf, dass es für ihn sehr schwierig und aufreibend gewesen sein muss, sich damit auseinanderzusetzen, wohin ihn dieser Bruch führen könnte. Auf der einen Seite verrät die in diesen Kapiteln sichtbar werdende nervöse Energie ein gewisses Hochgefühl, die Beschränkungen dieses Rahmens hinter sich lassen zu können, aber auf der anderen Seite gefährdet der Kontrollverlust (die Unbestimmtheit und Selbstständigkeit) das bisher errichtete theoretische Gebäude. Es ist kein Wunder, dass Marx' Gesundheit beim Schreiben dieser Kapitel merklich in Mitleidenschaft gezogen wurde, wie Engels in der Einleitung berichtet. Ich kann das gut nachempfinden, denn ich brauchte über zwei Jahre, um die beiden Kapitel zu Marx' Auffassung vom Geldkapital und Finanzwesen in meinem Buch *The Limits to Capital* (1982) zu schreiben, und bin dabei fast verrückt geworden.

Noch ein anderes Problem verbirgt sich in diesen Absätzen. Marx spricht von »Produktionspreisen« statt von »Werten«. Diese sprachliche Verschiebung ist bezeichnend, aber wir können sie im Moment noch nicht verstehen. Sie ergibt sich aus den vorhergehenden Kapiteln 9 und 10 im 3. Band, in denen er die durch die Konkurrenz bewirkte Ausgleichung der Profitrate zwischen Sektoren mit unterschiedlichen Wertzusammensetzungen analysiert. Diese Ausgleichung führt kurz gesagt dazu, dass die Waren zu Produktionspreisen gehandelt werden, die sich aus der Summe des Werts von konstantem und variablen Kapital zuzüglich dem Wert der durchschnittlichen Profitrate ergeben (c + v + p) und nicht, wie bisher unterstellt, zu ihrem Wert aus c + v + m. Im Ergebnis bezuschussen also Sektoren mit geringer Wertzusammensetzung (einem hohen Anteil an Arbeitskraft) die Sektoren mit hoher Wertzusammensetzung (einem großen Anteil an konstantem Kapital). Wir können hier nicht näher darauf eingehen. Ich glaube zwar nicht, dass dies einen großen Einfluss auf die Zirkulation des zinstragenden Kapitals hat, aber es verweist auf eine weitere grundlegende Verschiebung in der Analyse von Marx.

Was bedeutet es nun, wenn die Konkurrenz nicht nur Vollstrecker der inneren Bewegungsgesetze des Kapitals ist, sondern zu einer aktiven Bestimmungsgröße der Gesetzlosigkeit der Kapitalakkumulation wird? In den verschiedenen Planentwürfen zum *Kapital* als einer Reihe von Büchern vermerkt Marx, dass ein Buch über die Konkurrenz für die Vollständigkeit der Analyse logisch notwendig wäre. Dieses Buch wurde nie geschrieben (allerdings findet sich am Ende des 3. Bandes ein unfertiges Kapitel zum »Schein der Konkurrenz«). Aus dem hier Entwickelten ist nun ganz klargeworden, warum solch ein Buch notwendig wäre und immer noch notwendig ist.

Es gibt noch einige kleinere Randbemerkungen in diesem Kapitel, auf die es sich lohnt, einzugehen. Gleich zu Beginn kritisiert Marx die Auffassung von Gilbart zur »Gerechtigkeit der Transaktionen, die zwischen den Produktionsagenten« vorgehen (K3, 351f.). Diese Frage taucht auf, weil die Zinsrate ein juristischer Vertrag ist und kein Warentausch. Marx zufolge ist die Gerechtigkeit eine »natürliche Konsequenz« aus den »Produktionsverhältnissen«. Während die »juristischen Formen ... als Willenshandlungen der Beteiligten, als Äußerungen ihres gemeinsamen Willens und als der Einzelpartei gegenüber von Staats wegen erzwingbare Kontrakte erscheinen«, gilt ihr *Inhalt* als gerecht, »sobald er der Produktionsweise entspricht, ihr adäquat ist«. Daher können vom Standpunkt der kapitalistischen Produktionsweise aus Sklaverei und Produktfälschungen als ungerecht beurteilt werden, was für die Lohnarbeit nicht gilt (K3, 351f.).

An mehreren Stellen im *Kapital* wendet sich Marx gegen die Auffassung, es könne eine ideale, abstrakte Vorstellung von Gerechtigkeit unabhängig von den existierenden gesellschaftlichen Verhältnissen geben. Er schließt sich nicht umstandslos der Auffassung an, die Platon in seinen Dialogen dem Thrasymachos zuschreibt – dass Gerechtigkeit das ist, was von den Mächtigsten in der Gesellschaft vorgeschrieben wird (was Platon widerlegen will, um die Vorstellung von einer perfekten idealen Gerechtigkeit stark zu machen).

Ganz entschieden lehnt Marx es jedoch ab, das platonische universelle Ideal zu akzeptieren. Gerechtigkeit ist eingebettet in die gesellschaftlichen Verhältnisse der jeweiligen Produktionsweise – die liberale Theorie der Gerechtigkeit ergibt sich daher aus dem Aufstieg des Kapitals zur vorherrschenden Macht in den sozialen Verhältnissen. »Gerecht« ist die Zinsrate, die mit der beständigen Reproduktion des Kapitals vereinbar ist. Sie lässt sich klar vom Wucher abgrenzen. Das soll nicht heißen, dass die bürgerlichen Gerechtigkeitsvorstellungen keinerlei Widersprüche enthalten, die im Verlauf von Klassenkämpfen eine Rolle spielen können. Aber Marx lehnt die Vorstellung ab, es könne irgendeinen archimedischen Punkt geben, von dem aus die Welt durch Anwendung einer perfektionierten Version von Gerechtigkeit und Moral beurteilt werden könnte. Eben darin besteht seiner Ansicht nach der Hauptfehler von Proudhon.

Die zweite Randbemerkung besteht in einer expliziten Kritik an Proudhons Auffassung von Zins und Kredit. Wie ich an anderer Stelle erwähnt habe, geht Marx nicht immer fair mit Proudhon um. Aber hier weist er meiner Ansicht nach ganz zu Recht darauf hin, dass Proudhon aufgrund seines mangelnden Verständnisses vom Mehrwert und dessen Beziehung zur Zirkulation des zinstragenden Kapitals auf die Idee kommt, mit einer Art von freier Kreditbank ließe sich die Ausbeutung abschaffen (K3, 357f.). Für Marx steht die Ausbeutung der lebendigen Arbeit in der Produktion im Mittelpunkt, nicht das Abzweigen von Zins. An der Zinsrate herumzutüfteln, ohne die Ausbeutung der lebendigen Arbeit in der Produktion zu berücksichtigen, war für ihn politisch albern.

Zum 22. Kapitel des 3. Bandes: Teilung des Profits und Rate des Zinsfußes

Marx stellt fest, dass die Zinsrate kurzfristig aus allen möglichen Gründen schwanken kann. Er abstrahiert von all diesen Schwankungen sowie von der tendenziellen Ausgleichung der Zinsrate auf dem Weltmarkt, um sich auf »die Verselbständigung des Zinses gegen den Profit« (K3, 370) zu konzentrieren. Er beginnt mit der Annahme, »es existiere ein fixes Verhältnis zwischen dem Gesamtprofit und dem Teil desselben, der als Zins an den Geldkapitalisten wegzuzahlen ist« (K3, 371). Das bedeutet, dass die Durchschnittsrate des Profits »die endgültig bestimmende Maximalgrenze des Zinses« darstellt (K3, 372). Wenn die Profitrate, wie Marx immer wieder behauptet, tendenziell fällt, dann muss offensichtlich auch die Zinsrate tendenziell fallen. Wenn aber die Zinsrate vom Verhältnis von Angebot an und Nachfrage nach Geldkapital abhängt, wie verändert sich dann dieses Verhältnis im Verlauf des industriellen Zyklus? »Wenn man die Umschlagszyklen betrachtet, worin sich die moderne Industrie bewegt – Zustand der Ruhe, wachsende Belebung, Prosperität, Überproduktion, Krach, Stagnation, Zustand der Ruhe etc., Zyklen, deren weitere Analyse außerhalb unserer Betrachtung fällt –, so wird man finden, daß meist niedriger Stand des Zinses den Perioden der Prosperität oder des Extraprofits entspricht, Steigen des Zinses der Scheide zwischen der Prosperität und ihrem Umschlag, Maximum des Zinses bis zur äußersten Wucherhöhe aber der Krisis.« (K3, 372) Hierbei handelt es sich jedoch um eine empirische Verallgemeinerung und nicht um eine theoretische Feststellung. Außerdem wird unterstellt, dass es keinerlei Einmischung des Staats in das Geldangebot gibt, durch die die Zinsrate auf dem Höhepunkt der Krise auf nahezu Null gesenkt werden könnte (wie wir es in den USA seit 2007 erlebt haben). Ich sage das, weil es Marx offensichtlich schwerfällt, die Schwankungen des Angebots an und der Nachfrage nach Geldkapital in den Griff zu bekommen. Ihm bleibt nichts anderes übrig, als auf die empirische Verallgemeinerung des wechselnden Verhältnisses von Profitrate und Zinsrate zurückzugreifen.

Es gibt, wie er anmerkt, noch andere, vom tendenziellen Fall der Profitrate unabhängige Gründe für das Sinken der Profitrate. Zunächst einmal sind jene, die ihr Geld mit der Mehrwertproduktion machen, ständig und insbesondere mit zunehmendem Alter der Versuchung ausgesetzt, sich zur Ruhe zu setzen und von den Zinsen des Geldkapitals zu leben, statt den ganzen Ärger mit den Ungewissheiten der Produktion zu ertragen. Marx zitiert hier George Ramsay: »Wie zahlreich ist nicht die Klasse der Rentiers in England! Im Verhältnis wie die Klasse der Rentiers wächst, wächst auch die der Kapitalverleiher, denn sie sind beides dieselben.« Diese Tendenz wird noch verstärkt durch die »Entwicklung des Kreditsystems und die damit beständig wachsende, durch die Bankiers vermittelte, Verfügung der Industriellen und Kaufleute über alle Geldersparnisse aller Klassen der Gesellschaft und die fortschreitende Konzentration dieser Ersparnisse zu den Massen, worin sie als Geldkapital wirken können«. Dies »muß ebenfalls auf den Zinsfuß drücken« (K3, 374). Zum ersten Mal kommt Marx hier auf eine entscheidende Frage zu sprechen: die Rolle des Finanzwesens bei der Einsammlung des Startkapitals für die Zirkulation (mit dem üblichen Versprechen: »Mehr hierüber später«). In der Geschichte des Kapitalismus ist die Rolle des Finanzwesens für die Mobilisierung der Ersparnisse aller Klassen und deren Einsatz als Geldkapital zunehmend wichtiger geworden.

Aber wir stehen vor einem Problem: »Die in einem Lande herrschende Durchschnittsrate des Zinses – im Unterschied von den beständig schwankenden Marktraten – ist durchaus durch kein Gesetz bestimmbar. Es gibt in dieser Art keine natürliche Rate des Zinses, in dem Sinn, wie die Ökonomen von einer natürlichen Profitrate und einer natürlichen Rate des Arbeitslohns sprechen.« (K3, 374) Und daraus lässt sich folgern: »Wo hier die Konkurrenz als solche entscheidet, ist die Bestimmung an und für sich zufällig, rein empirisch, und nur Pedanterie oder Phantasterei kann diese Zufälligkeit als etwas Notwendiges entwickeln wollen.« (K3, 375) Das Wirken der Konkurrenz wird jedoch dadurch abgeschwächt, dass »Gewohnheit, gesetzliche Tradition etc. ... ebensosehr« eine Rolle spielen. »Wie sich die beiden Personen darin teilen, die Ansprüche auf diesen Profit haben [die industriellen Kapitalisten und die Geldgeber], ist an und für sich eine ebenso rein empirische, dem Reich des Zufälligen angehörige Tatsache wie die Teilung der Prozentanteile des gemeinschaftlichen Profits eines Kompaniegeschäfts unter die verschiednen Teilhaber.« (K3, 376) Dies ist eine grundlegend andere Beziehung als die zwischen Löhnen und Profit (und Marx zufolge auch als die zwischen Rente und Profit): »Bei dem Zins ... geht die *qualitative Unterscheidung*, wie wir gleich sehn werden, umgekehrt aus der *rein quantitativen Teilung* desselben Stücks des Mehrwerts hervor« (K3, 377), während es bei Löhnen und Rente umgekehrt ist. Der Grundbesitzer stellt eine handgreifliche Ware, den Boden, zur Verfügung und die Arbeiterin ihre Arbeitskraft, aber der Geldkapitalist liefert nur Geldkapital, das die Repräsentation von Wert ist und nichts Konkretes zur Produktion beisteuert.

Die allgemeine Profitrate ist natürlich durch die Faktoren bestimmt, die den Mehrwert bestimmen (die Masse des Mehrwerts, die Größe des vorgeschossenen Kapitals und die Konkurrenzsituation). Der Zins ist hingegen durch Angebot und Nachfrage bestimmt. Marx spricht allerdings von zwei

> »die Konsolidation des Zinsfußes begünstigenden Umständen: 1. der historischen Präexistenz des zinstragenden Kapitals und der Existenz eines traditionell überlieferten allgemeinen Zinsfußes; 2. dem viel größern unmittelbaren Einfluß, den der Weltmarkt, unabhängig von den Produktionsbedingungen eines Landes, auf die Feststellung des Zinsfußes ausübt, verglichen mit seinem Einfluß auf die Profitrate« (K3, 380).

Das Geld ist, wie ich bereits erwähnte, insbesondere in seiner Kreditgestalt die »Schmetterlings«-Form des Kapitals, in der es nach Belieben herumflattern kann. Die Meldungen zur Bewegung der Zinsrate an den Börsen sind gleichermaßen »Wetterberichte«, aber es findet eine gewisse Konvergenz zu einem allgemeinen Preis für Leihkapital statt:

> »Auf dem Geldmarkt stehn sich nur Verleiher und Borger gegenüber. Die Ware hat dieselbe Form, Geld. Alle besondren Gestalten des Kapitals, je nach seiner Anlage in besondren Produktions- oder Zirkulationssphären, sind hier ausgelöscht. Es existiert hier in der unterschiedslosen, sich selbst gleichen Gestalt des selbständigen Werts, des

> Geldes. Die Konkurrenz der besondren Sphären hört hier auf; sie sind alle zusammengeworfen als Geldborger, und das Kapital steht allen auch gegenüber in der Form, worin es noch gleichgültig gegen die bestimmte Art und Weise seiner Anwendung ist. Als was das industrielle Kapital nur in der Bewegung und Konkurrenz zwischen den besondren Sphären erscheint, als *an sich gemeinsames Kapital der Klasse*, tritt es hier wirklich, der Wucht nach, in der Nachfrage und Angebot von Kapital auf.« (K3, 380f.)

Das ist ein wirklich erstaunlicher Gedanke. Wie um alles in der Welt können wir überhaupt die allgemeinen Bewegungsgesetze des Kapitals aufdecken, ohne zu begreifen, wie das Geldkapital als gemeinsames Kapital der Klasse fungiert?

> »Andrerseits besitzt das Geldkapital auf dem Geldmarkt wirklich die Gestalt, worin es als gemeinsames Element, gleichgültig gegen seine besondre Anwendung, sich unter die verschiednen Sphären, unter die Kapitalistenklasse verteilt, je nach den Produktionsbedürfnissen jeder besondren Sphäre. Es kommt hinzu, daß mit Entwicklung der großen Industrie das Geldkapital mehr und mehr, soweit es auf dem Markt erscheint, nicht vom einzelnen Kapitalisten vertreten wird, dem Eigentümer dieses oder jenes Bruchteils des auf dem Markt befindlichen Kapitals, sondern als konzentrierte, organisierte Masse auftritt, die ganz anders als die reelle Produktion unter die Kontrolle der das gesellschaftliche Kapital vertretenden Bankiers gestellt ist. So daß sowohl, was die Form der Nachfrage angeht, dem verleihbaren Kapital die Wucht einer Klasse gegenübertritt; wie, was das Angebot angeht, es selbst als Leihkapital en masse auftritt.« (K3, 381)

Trotz aller Versuche von Marx, die »willkürlichen und gesetzlosen« Bewegungen der Zinsraten, wie sie sich aus der Konkurrenz und dem Verhältnis von Angebot und Nachfrage ergeben, auf empirische Regelmäßigkeiten und Gewohnheiten zu reduzieren, existiert im Inneren alldessen eine grundlegende Asymmetrie in der Funktionsweise des Finanz- und Geldsystems: Individuelle Kapitalisten müssen sich für ihre jeweiligen Projekte Geld von Bankiers besorgen, die die Masse des allgemeinen Äquivalents kontrollieren. (Hierin spiegelt sich die Asymmetrie der Bewegungen G – W und W – G, von der im 1. Band die Rede war.)

Zum 23. Kapitel des 3. Bandes: Zins und Unternehmergewinn

Die Kapitalistenklasse ist gespalten in Geldkapitalisten und industrielle Kapitalisten, und die Konkurrenz zwischen ihnen erzeugt die Zinsrate (K3, 383). »Wie kommt es«, fragt Marx, »daß diese rein quantitative Teilung des Profits in Nettoprofit und Zins in eine qualitative umschlägt? In andren Worten, wie kommt es, daß auch der Kapitalist, der nur sein eignes, kein geliehenes Kapital anwendet, einen Teil seines Bruttoprofits unter die besondre Kategorie des Zinses rangiert und als solchen besonders berechnet? Und daher weiter, daß alles Kapital, geliehenes oder nicht, als zinstragendes von sich selbst als Nettoprofit bringendem unterschieden wird?« (K3, 385) Um diese Frage zu beantworten,

> »müssen wir noch etwas länger verweilen bei dem wirklichen Ausgangspunkt der Zinsbildung; d.h. ausgehn von der Unterstellung, daß Geldkapitalist und produktiver Kapitalist sich wirklich gegenüberstehn, nicht nur als juristisch verschiedne Personen, sondern als Personen, die ganz verschiedne Rollen im Reproduktionsprozeß spielen, oder in deren Hand dasselbe Kapital wirklich eine doppelte und gänzlich verschiedne Bewegung durchmacht. Der eine verleiht es nur, der andre wendet es produktiv an.« (K3, 385)

Damit gerät die Bedeutung des juristischen Status der Eigentümerschaft in den Blick. »Der Zins, den er an diesen zahlt, erscheint also als der Teil des Rohprofits, der dem *Kapitaleigentum als solchem* zukommt.« (K3, 387; Hervorh. D.H.) Der Zins erscheint daher

> »als bloße Frucht des Kapitaleigentums, des Kapitals an sich, abstrahiert vom Reproduktionsprozeß des Kapitals, soweit es nicht ›arbeitet‹, nicht fungiert; während ihm der Unternehmergewinn erscheint als ausschließliche Frucht der Funktionen, die er mit dem Kapital verrichtet, als Frucht der Bewegung und des Prozessierens des Kapitals, eines Prozessierens, das ihm nun als seine eigne Tätigkeit erscheint im Gegensatz zur Nichttätigkeit, zur Nichtbeteiligung des Geldkapitalisten am Produktionsprozeß« (K3, 387).

Der Zins »fließt dem Geldkapitalisten, dem Leiher zu, der bloßer Eigentümer des Kapitals ist, also das bloße Kapitaleigentum vertritt vor dem Produktionsprozeß und außerhalb des Produktionsprozesses« (K3, 387). Diese »Verknöcherung und Verselbständigung« – man beachte hier das Thema der Autonomie – »der beiden Teile des Rohprofits gegeneinander, als wenn sie aus zwei wesentlich verschiednen Quellen herrührten, muß sich nun für die gesamte Kapitalistenklasse und für das Gesamtkapital festsetzen. Und zwar einerlei, ob das vom aktiven Kapitalisten angewandte Kapital geborgt sei oder nicht, oder ob das dem Geldkapitalisten gehörende Kapital von ihm selbst angewandt werde oder nicht« (K3, 388). Und weiter noch:

> »Der Anwender des Kapitals, auch wenn er mit eignem Kapital arbeitet, zerfällt in zwei Personen, den bloßen Eigentümer des Kapitals und den Anwender des Kapitals; sein Kapital selbst, mit Bezug auf die Kategorien von Profit, die es abwirft, zerfällt in Kapital*eigentum*, Kapital *außer* dem Produktionsprozeß, das an sich Zins abwirft, und Kapital *im* Produktionsprozeß, das als prozessierend Unternehmergewinn abwirft.« (K3, 388)

Dies entwickelt sich dann zu »einer qualitativen Teilung für das Gesamtkapital und die Gesamtklasse der Kapitalisten« (K3, 389).

Der Passivität des Geldkapitals als dem Zins diktierenden Eigentum steht der Aktivismus des kapitalistischen Produzenten gegenüber, der das Geldkapital für die Produktion von Mehrwert einsetzt und einen Unternehmensgewinn erhält. Diese Unterscheidung betrifft nicht nur die gesamte Kapitalistenklasse, sondern existiert auch innerhalb des Kapitalisten als Person.

»Ob der industrielle Kapitalist mit eignem oder geborgtem Kapital arbeitet, ändert nichts an dem Umstand, daß ihm die Klasse der Geldkapitalisten als eine besondre Sorte Kapitalisten, das Geldkapital als eine selbständige Sorte des Kapitals, und der Zins als die diesem spezifischen Kapital entsprechende selbständige Form des Mehrwerts gegenübersteht.« Aber der einzelne Kapitalist »hat die Wahl, ob er sein Kapital, sei es, daß es im Ausgangspunkt schon als Geldkapital existiert, oder daß es erst in Geldkapital zu verwandeln ist, als zinstragendes Kapital verleihen oder als produktives Kapital selbst verwerten will« (K3, 390). Ein Unternehmer mag sein Geschäft mit geliehenem Kapital starten, aber sobald Mehrwert produziert ist, kann sich dieser Unternehmer dazu entscheiden, einen Teil dieses Mehrwerts jemand anderem zu leihen, statt es zu reinvestieren.

Die Vorstellung von der »Verwandlung des sämtlichen Kapitals in Geldkapital … ist natürlich Unsinn. Es steckt der noch größre Unsinn darin, daß auf Basis der kapitalistischen Produktionsweise das Kapital

Zins abwerfen würde, ohne als produktives Kapital zu fungieren, d.h. ohne Mehrwert zu schaffen, wovon der Zins nur ein Teil« (K3, 391).

> »Wollte ein ungebührlich großer Teil der Kapitalisten sein Kapital in Geldkapital verwandeln, so wäre die Folge ungeheure Entwertung des Geldkapitals und ungeheurer Fall des Zinsfußes; viele würden sofort in die Unmöglichkeit versetzt, von ihren Zinsen zu leben, also gezwungen, sich in industrielle Kapitalisten rückzuverwandeln.« (K3, 391)

Hier ist ganz klar, dass die Zirkulation des zinstragenden Kapitals der Produktion des Mehrwerts untergeordnet ist und von ihr beherrscht wird.

Es gibt zwar keine »natürliche Zinsrate«, aber es scheint ein gewisses Kräftegleichgewicht (oder im Falle der Individuen ein gewisses Gleichgewicht der Gesinnungen) zwischen den Geldkapitalisten auf der einen und den Tätigkeiten der Mehrwertproduktion auf der anderen Seite erforderlich zu sein. Wo dieses Gleichgewicht liegen könnte, lässt sich im Moment noch nicht beurteilen. (Ist es allein konjunkturell und zufällig?) Aber es gibt deutliche Hinweise, dass ein chronisches Ungleichgewicht, etwa zugunsten des Geldkapitals, zu seiner Entwertung führen würde. Weisen die äußerst geringen Zinsraten, die seit 1990 in Japan und seit 2007 in den USA vorherrschen, auf ein derartiges Ungleichgewicht hin?

Marx untersucht dann, wie sich dies auf die Klassenverhältnisse auswirkt. Die Antithese und der Gegensatz zwischen Arbeit und Kapital zeigen sich in der Produktion des Mehrwerts. Aber jetzt haben wir es mit der Beziehung zwischen Geldkapitalisten und Produktionskapitalisten zu tun. Im Ergebnis

> »ist in der Form des Zinses dieser Gegensatz gegen die Lohnarbeit ausgelöscht; denn das zinstragende Kapital hat als solches nicht die Lohnarbeit, sondern das fungierende Kapital zu seinem Gegensatz; der verleihende Kapitalist steht als solcher direkt dem im Reproduktionsprozeß wirklich fungierenden Kapitalisten gegenüber, nicht aber dem Lohnarbeiter, der gerade auf Grundlage der kapitalistischen Produktion von den Produktionsmitteln expropriiert ist. Das zinstragende Kapital ist das Kapital *als Eigentum* gegenüber dem Kapital *als Funktion*. Aber soweit das Kapital nicht fungiert, exploitiert es nicht die Arbeiter und tritt in keinen Gegensatz zur Arbeit.« (K3, 392)

Die Bedeutung dieser Überlegungen für die Beschäftigung mit der Dynamik des Klassenkampfs kann gar nicht überbetont werden. Während der Gegensatz und die Kämpfe zwischen Arbeiterinnen und fungierenden Kapitalisten sowohl im Arbeitsprozess wie auf dem Arbeitsmarkt klare Konturen aufweisen, bleibt die Beziehung zwischen Arbeitern und Geldkapital als Eigentum sehr viel abstrakter und undurchsichtiger. Die Mobilisierung der Arbeiter gegen die Macht des Geldkapitals und seine Zirkulationsweise ist sehr viel problematischer. Kleinunternehmen lassen sich leichter gegen die Macht der Banken und der Finanzwelt mobilisieren als Arbeiter. In der Geschichte zeigte sich (und zeigt sich noch immer) die Tendenz, dass Kämpfe gegen die Geldkapitalisten und gegen die Rentiers im Allgemeinen eine populistische Form annehmen. Ein treffendes jüngeres Beispiel dafür ist der instinktive Populismus, der in der »Occupy Wall Street«-Bewegung auftauchte.

Aber das zinstragende Kapital setzt das produktive Kapital unter Druck, Mehrwert zu produzieren. Und je höher die Zinsrate ist, desto mehr Druck übt es aus. Die Produzenten können dann den Arbeitern sagen, sie müssten sie wegen der hohen Zinsraten so extrem ausbeuten, und damit von sich selbst ablenken und der Gier und Macht der Bankiers die Schuld zuschreiben. Dadurch kann die Dynamik des Klassenkampfs verzerrt und fehlgeleitet werden.

Es kommt noch zu einer weitgehenderen Verwirrung. Aufgrund der Internalisierung der zwei verschiedenen Rollen des Geldkapitalisten und des Produktionskapitalisten in ein und derselben Person stellt sich dem fungierenden Kapitalisten sein Unternehmergewinn

> »dar als unabhängig vom Kapitaleigentum, vielmehr als Resultat seiner Funktionen als Nichteigentümer, als – *Arbeiter*.
>
> Es entwickelt sich daher notwendig in seinem Hirnkasten die Vorstellung, daß sein Unternehmergewinn – weit entfernt, irgendeinen Gegensatz zur Lohnarbeit zu bilden und nur unbezahlte fremde Arbeit zu sein – vielmehr selbst *Arbeitslohn* ist, Aufsichtslohn, wages of superintendence of labour, höherer Lohn als der des gewöhnlichen Lohnarbeiters, 1. weil sie kompliziertere Arbeit, 2. weil er sich selbst den Arbeitslohn auszahlt.« (K3, 393)

Wenn die Sache so begriffen wird, kann es sich der Kapitalist jedoch aussuchen, ob er diese Arbeit selbst macht (und sich selbst den Lohn für die Überwachung zahlt) oder jemand anderen dafür bezahlt. Nur allzu leicht kann dann vergessen werden, dass Zins und Unternehmergewinn

»beide bloß Teile des Mehrwerts sind, und daß seine Teilung [in Löhne im Allgemeinen und Löhne für die Oberaufsicht] nichts an seiner Natur, seinem Ursprung und seinen Existenzbedingungen ändern kann« (K3, 393f.). Auf den letzten Seiten dieses Kapitels geht Marx der Frage nach, was sich alles aus dieser Entscheidung ergeben kann.

Die Logik des Kapitalisten sieht so aus: Wenn der Zins »das bloße Kapitaleigentum« darstellt (K3, 395), dann ist er in Bezug auf die Mehrwertproduktion »ein Verhältnis zwischen zwei Kapitalisten, nicht zwischen Kapitalist und Arbeiter« (K3, 396). Damit

> »gibt diese Form des Zinses dem andern Teil des Profits die qualitative Form des Unternehmergewinns, weiter des Aufsichtslohns. Die besondren Funktionen, die der Kapitalist als solcher zu verrichten hat, und die ihm gerade im Unterschied von, und Gegensatz zu den Arbeitern zukommen, werden als bloße Arbeitsfunktionen dargestellt. Er schafft Mehrwert, nicht weil er *als Kapitalist* arbeitet, sondern weil er, abgesehn von seiner Eigenschaft als Kapitalist, *auch* arbeitet. Dieser Teil des Mehrwerts ist also gar nicht mehr Mehrwert, sondern sein Gegenteil, Äquivalent für vollbrachte Arbeit. Da der entfremdete Charakter des Kapitals, sein Gegensatz zur Arbeit, jenseits des wirklichen Exploitationsprozesses verlegt wird, nämlich ins zinstragende Kapital, so erscheint dieser Exploitationsprozeß selbst als ein bloßer Arbeitsprozeß, wo der fungierende Kapitalist nur andre Arbeit verrichtet als der Arbeiter. So daß die Arbeit des Exploitierens und die exploitierte Arbeit, beide als Arbeit, identisch sind.« (K3, 396)

All dies spiegelt sich natürlich »im Bewußtsein des Kapitalisten« (K3, 396).

Auf diese Weise kann »ein Teil des Profits als Arbeitslohn abgesondert werden« (K3, 396). In Großunternehmen mit einer komplizierten und weitverzweigten Arbeitsteilung kann dieser Lohn einem Manager gezahlt werden. Diese »Arbeit der Oberaufsicht und Leitung entspringt notwendig [!] überall, wo der unmittelbare Produktionsprozeß die Gestalt eines gesellschaftlich kombinierten Prozesses hat und nicht als vereinzelte Arbeit der selbständigen Produzenten auftritt« (K3, 397). Die komplizierten Kooperationsbeziehungen in einem Unternehmen benötigen den »Direktor eines Orchesters« – ein Bild, das bereits im Kapitel zur Kooperation im 1. Band bemüht wurde –, und diese Art von produktiver Arbeit kann eine höhere Vergütung beanspruchen. Aber die Verwaltung der Ausbeutung durch despotische Herrschaft erfordert auch eine leitende Autorität. Marx zitiert hier Aristoteles dahingehend, dass »die Herrschaft, wie im politischen, so im ökonomischen Gebiet, den Gewalthabern die Funktionen des Herrschens auferlegt, d.h. auf ökonomischem Gebiet also, daß sie verstehen müssen, die Arbeitskraft zu konsumieren«. Sobald sie reich genug sind, überlassen sie »die ›Ehre‹ dieser Plackerei einem Aufseher« (K3, 398). Die Figur des Aufsehers wurde bereits im Kapitel zur Kooperation im 1. Band erwähnt. Das Problem der Überwachung der Arbeit stellt sich jedoch bei vielen Produktionsweisen.

Marx' Beispiele verdeutlichen, dass die Verwaltung von Sklavenarbeit ein wichtiger Vorläufer für die Methoden des kapitalistischen Managements war. Doktrinen der rassischen Unterlegenheit spielten eine wichtige Rolle, um die Organisation der Arbeit von bestimmten »Anderen« zu rechtfertigen. Dem »Advokaten O'Connor« zufolge, der »unter großem Applaus« in New York sprach, sollte der Herr durchaus von seinem Sklaven verlangen, ihm »eine gerechte Entschädigung zu liefern für die Arbeit und Talente, die er anwendet, um ihn zu regieren und ihn für sich selbst und für die Gesellschaft nützlich zu machen« (K3, 399). Mittlerweile ist gut belegt, wie die in England eingeführten Methoden des Fabrikmanagements auf die Erfahrungen mit der Verwaltung massenhafter Sklavenarbeit auf den Zuckerplantagen in der Karibik zurückgreifen konnten.

Marx fährt fort: »Daß nicht die industriellen Kapitalisten, sondern die industriellen managers ›die Seele unsres Industriesystems‹ sind, hat schon Herr Ure bemerkt.« Wie dem auch sei, die »kapitalistische Produktion selbst hat es dahin gebracht, daß die Arbeit der Oberleitung, ganz getrennt vom Kapitaleigentum, auf der Straße herumläuft. Es ist daher nutzlos geworden, daß diese Arbeit der Oberleitung vom Kapitalisten ausgeübt werde« (K3, 400). Der Lohn für diese Verwaltungsarbeit »erscheint vollständig getrennt vom Unternehmergewinn sowohl in den Kooperativfabriken der Arbeiter, wie in den kapitalistischen Aktienunternehmungen« (K3, 401). Aber die in diesen beiden Fällen angewandten Methoden, die Marx kurz beschreibt, sind offensichtlich grundverschieden:

> »Bei der Kooperativfabrik fällt der gegensätzliche Charakter der Aufsichtsarbeit weg, indem der Dirigent von den Arbeitern bezahlt wird, statt ihnen gegenüber das Kapital zu vertreten. Die Aktienunternehmungen überhaupt – entwickelt mit dem Kreditwesen – haben die Tendenz, diese Verwaltungsarbeit als Funktion mehr und mehr

> zu trennen von dem Besitz des Kapitals, sei es eignes oder geborgtes …« (K3, 401)

Das führt zu seiner interessanten Schlussfolgerung:

> »Die Verwechslung des Unternehmergewinns mit dem Aufsichts- oder Verwaltungslohn entstand ursprünglich aus der gegensätzlichen Form, die der Überschuß des Profits über den Zins im Gegensatz zum Zins annimmt. Sie wurde weiter entwickelt aus der apologetischen Absicht, den Profit nicht als Mehrwert, d.h. als unbezahlte Arbeit, sondern als Arbeitslohn des Kapitalisten selbst für verrichtete Arbeit darzustellen. Dem stellte sich dann von seiten der Sozialisten die Forderung gegenüber, den Profit faktisch auf das zu reduzieren, was er theoretisch zu sein vorgab, nämlich auf bloßen Aufsichtslohn.« (K3, 402)

Aber als mit der Dequalifikation der Verwaltungsarbeit die Löhne zu fallen begannen, geriet die irrige Theorie stärker unter Druck. Mit der Bildung von Arbeiterkooperativen und dem Aufstieg der Aktiengesellschaften »wurde auch der letzte Vorwand zur Verwechslung des Unternehmergewinns mit dem Verwaltungslohn unter den Füßen weggezogen und erschien der Profit auch praktisch, als was er theoretisch unleugbar war, als bloßer Mehrwert« (K3, 403).

Am Schluss des Kapitels nehmen diese Überlegungen noch eine äußerst vorausschauende Wendung: »Auf Basis der kapitalistischen Produktion entwickelt sich bei Aktienunternehmungen ein neuer Schwindel mit dem Verwaltungslohn, indem neben und über dem wirklichen Dirigenten eine Anzahl Verwaltungs- und Aufsichtsräte auftritt, bei denen in der Tat Verwaltung und Aufsicht bloßer Vorwand zur Plünderung der Aktionäre und zur Selbstbereicherung wird.« (K3, 403)

Die heutige Bedeutung all dieser Entwicklungen lädt zu einer Kommentierung ein. Zur Zeit von Marx dürften die Löhne für die Oberaufsicht sehr viel geringer als der tatsächliche Unternehmergewinn gewesen sein. Aber wenn diese Unterscheidung einmal etabliert ist, kann sich das Kräfteverhältnis zwischen Eigentümern und Oberaufsehern in verschiedenster Weise verändern. Im Fall der Aktiengesellschaften ist es den Verwaltern – den Geschäftsführern und Managern – zunehmend gelungen, ihre Schäfchen auf Kosten der Eigentümer ins Trockene zu bringen. In einem 1930 veröffentlichten und äußerst einflussreichen Buch haben Berle und Means dargestellt, wie der Aufstieg einer besonderen

Schicht von Managern auf radikale Weise die vorherrschenden Klassenverhältnisse des Kapitalismus veränderte.[3] Marx sieht (unter Bezug auf Ure) die potenzielle Bedeutung der Trennung von Eigentum und Verwaltung und die Möglichkeit der Entstehung einer Managerklasse voraus. Er kann nicht ahnen, zu welcher Blüte sie noch kommen würde, da die neue Unternehmensform der Aktiengesellschaft noch in ihren Anfängen steckte. Jedenfalls erkennt er die Möglichkeit der verschiedensten »Betrügereien« mithilfe der neuen Formen, die im Rahmen dessen geschaffen werden, was später als »Finanzmanagementkapitalismus« (»money manager capitalism«) bezeichnet werden sollte.[4]

Auch in Kooperativfabriken wie der von Robert Owen, die damals eine weitverbreitete sozialistische Idee waren, tauchte die Frage der Entlohnung von Verwaltungstätigkeiten auf. Kurz gesagt, würden heute alle Institutionen und Unternehmen nach dem oben beschriebenen Modell von Mondragón arbeiten, dann würden wir in einer völlig anderen Welt leben. Universitätspräsidenten würden in den USA statt ihrem Gehalt von deutlich über einer Million US-Dollar höchstens 150.000 pro Jahr bekommen und dafür Hilfslehrer 50.000 US-Dollar statt den 20.000, die sie heute bestenfalls erhalten.

Heutzutage hat der Konflikt zwischen den Eigentümern und den Managern der Konzerne eine enorme ökonomische, gesellschaftliche und politische Bedeutung. Dass es im Kapitalismus eigentlich um »das Geld anderer Leute« geht, ahnte man auf spöttische Weise bereits in der zweiten Hälfte des 19. Jahrhunderts, worauf Marx sich bezieht. Aber heute ist das zu einem realen Problem geworden, woran auch die jüngste Angewohnheit, Manager mit Aktienoptionen zu bezahlen, nichts ändern kann. Sie verwischt lediglich die Unterscheidung zwischen Eigentum und Management. Marx' Anmerkungen dazu sind von aktueller Bedeutung. Noch wichtiger ist heute seine grundlegende Kritik, dass durch die Verwandlung von Kapitaleinkünften in Lohn für die Oberaufsicht die Abpressung von Mehrwert aus den im Produktionsprozess beschäftigten Arbeiterinnen maskiert wird.

---

[3] Adolf A. Berle/Gardiner C. Means: *The Modern Corporation and Private Property*, New York 1932.

[4] Anm. d. Ü.: Der Begriff »money manager capitalism« wurde in den 1980er Jahren von Hyman Philip Minsky (1919-1996) geprägt, um den durch die zunehmende Finanzialisierung verursachten grundlegenden Wandel zu charakterisieren.

Zum 24. Kapitel des 3. Bandes: Vom Fetischismus zum fiktiven Kapital

»Im zinstragenden Kapital erreicht das Kapitalverhältnis seine äußerlichste und fetischartigste Form.« Mit diesen Worten beginnt das 24. Kapitel, dem ein Kapitel mit der Überschrift »Kredit und fiktives Kapital« folgt. Es beginnt also hier ein Übergang in der Argumentation von Marx. Der vollendete Fetisch – das Kreditgeld – bemächtigt sich der Bewegungsgesetze des Kapitals, um fiktive Formen zu erzeugen, durch die die Bewegungsgesetze der Kapitalakkumulation, auf die sich Marx bisher konzentriert hatte, mystifiziert, verzerrt und letztlich untergraben werden. Die Sprache ist hier beeindruckend.

> »Das Kapital erscheint als mysteriöse und selbstschöpferische Quelle des Zinses, seiner eignen Vermehrung. Das Ding (Geld, Ware, Wert) ist nun als bloßes Ding schon Kapital, und das Kapital erscheint als bloßes Ding; das Resultat des gesamten Reproduktionsprozesses erscheint als eine, einem Ding von selbst zukommende Eigenschaft … Im zinstragenden Kapital ist daher dieser automatische Fetisch rein herausgearbeitet, der sich selbst verwertende Wert, Geld heckendes Geld, und trägt es in dieser Form keine Narben seiner Entstehung mehr. Das gesellschaftliche Verhältnis ist vollendet als Verhältnis eines Dings, des Geldes, zu sich selbst. …
>
> Es verdreht sich auch dies: Während der Zins nur ein Teil des Profits ist, … erscheint jetzt umgekehrt der Zins als die eigentliche Frucht des Kapitals, als das Ursprüngliche, und der Profit, nun in die Form des Unternehmergewinns verwandelt, als bloßes im Reproduktionsprozeß hinzukommendes Accessorium und Zutat. *Hier ist die Fetischgestalt des Kapitals und die Vorstellung vom Kapitalfetisch fertig.* In G – G' haben wir die begriffslose Form des Kapitals, die Verkehrung und Versachlichung der Produktionsverhältnisse in der höchsten Potenz: zinstragende Gestalt, die einfache Gestalt des Kapitals, worin es seinem eignen Reproduktionsprozeß vorausgesetzt ist; Fähigkeit des Geldes, resp. der Ware, ihren eignen Wert zu verwerten, unabhängig von der Reproduktion – die Kapitalmystifikation in der grellsten Form.« (K3, 405; Hervorh. D.H.)

Für die Vulgärökonomie ist diese Mystifikation ein »gefundnes Fressen«, weil sie »das Kapital als selbständige Quelle des Werts, der Wertschöpfung, darstellen will«, das ein »selbständiges Dasein« hat (K3,

405f.). Aber die viel größere Frage ist: In welchem Maße geraten die Kapitalisten in den Bann der Verzerrungen durch die Fetischformen und verhalten sich entsprechend irrational zu ihrer eigenen Reproduktion? Wenn die Zwangsgesetze der Konkurrenz und sämtliche Marktanreize sie in die falsche Richtung lenken, wie sollte dann das sich selbst überlassene Kapital etwas anderes tun können, als sich selbst eine immer tiefere Grube, wenn nicht sogar ein Grab, zu schaufeln?

Das Problem hat uns schon im ganzen *Kapital* beschäftigt. Zum ersten Mal tauchte es in drastischer Weise im Kapitel über den »Arbeitstag« im 1. Band auf. Durch die Konkurrenz wird das Kapital dazu getrieben, den Arbeitstag dermaßen zu verlängern, dass es das Leben derjenigen gefährdet, die den Mehrwert produzieren. In diesem Fall wurden die Kapitalisten durch die staatliche Regulierung der Arbeitszeit vor ihrer »Nach-mir-die-Sintflut«-Politik gerettet. Daher ist es interessant, dass Marx hier ausdrücklich davon spricht, wie »die Fetischgestalt des Kapitals und die Vorstellung vom Kapitalfetisch fertig« sind. Es klingt so, als habe Marx im ganzen *Kapital* das Ziel verfolgt, die das kapitalistische System prägenden Fetischformen aufzudecken, und als sei dieses Projekt nun zum Abschluss gekommen.

Zahlreiche Folgerungen ergeben sich. Eine der wichtigsten bezieht sich darauf, wie diese Fetischform (der Marx einige markant formulierte Passagen widmet, in denen er, Goethe zitierend, schreibt: »Das Geld hat jetzt Lieb' im Leibe«) die verrücktesten Phantasien des Zinseszins erzeugt. Ein gewisser Dr. Price, hören wir, »wurde einfach geblendet durch die Ungeheuerlichkeit der Zahl, die aus geometrischer Progression entsteht« (K3, 409), und verstieg sich 1772 zu der Aussage: »1 sh. ausgelegt bei der Geburt unsers Erlösers ... zu 6% Zinseszinsen, würde angewachsen sein zu einer größern Summe [Gold] als das ganze Sonnensystem einbegreifen könnte« (K3, 408). Dies brachte den *Economist* 1851 zu der Beobachtung: »Kapital mit Zinseszins auf jeden Teil des gesparten Kapitals reißt so sehr alles an sich, daß aller Reichtum der Welt, aus dem man Einkommen zieht, längst zu Zins von Kapital geworden ist«, mit dem bezeichnenden Zusatz: »alle Rente ist jetzt die Zinszahlung auf Kapital, das früher im Boden angelegt wurde«. Bissig bemerkt Marx dazu: »Nach seinen eingebornen Gesetzen gehört ihm« – in seiner »Eigenschaft als zinstragendes Kapital« – »alle Surplusarbeit, die das Menschengeschlecht je liefern kann. Moloch.« (K3, 410)

Marx holt diesen »haarsträubenden Unsinn« eines automatischen kumulativen Wachstums in alle Ewigkeit auf den Boden der Tatsachen zurück: »Der Akkumulationsprozeß des Kapitals kann insofern als Akkumulation von Zinseszins aufgefaßt werden, als der Teil des Profits (Mehrwerts), der in Kapital rückverwandelt wird, d.h. zur Aufsaugung von neuer Mehrarbeit dient, Zins genannt werden kann.« In der schnöden Wirklichkeit jedoch »wird im Lauf des Reproduktionsprozesses beständig ein großer Teil des vorhandnen Kapitals mehr oder weniger entwertet« (K3, 411), was zum Teil auf der steigenden Produktivität der gesellschaftlichen Arbeit beruht, die Produkte vergangener Arbeit entwertet und außerdem einen Fall der Profitrate verursachen kann, der weiter oben im 3. Band behandelt wurde. Wo finden Schöpfung und Zerstörung ihr Gleichgewicht? In Wirklichkeit verhält es sich so:

> »Durch die Identität des Mehrwerts mit der Mehrarbeit ist eine qualitative Grenze für die Akkumulation des Kapitals gesetzt: der *Gesamtarbeitstag*, die jedesmal vorhandne Entwicklung der Produktivkräfte und der Bevölkerung, welche die Anzahl der gleichzeitig exploitierbaren Arbeitstage begrenzt. Wird dagegen der Mehrwert in der begriffslosen Form des Zinses gefaßt, so ist die Grenze nur quantitativ und spottet jeder Phantasie.« (K3, 412)

Die Macht des Fetischs besteht darin, dass die Welt aus dieser Phantasie konstruiert wird. Im zinstragenden Kapital ist »die Vorstellung vom Kapitalfetisch vollendet, die Vorstellung, die dem aufgehäuften Arbeitsprodukt, und noch dazu fixiert als Geld, die Kraft zuschreibt, durch eine eingeborne geheime Qualität, als reiner Automat, in geometrischer Progression Mehrwert zu erzeugen« (K3, 412). Dies zeitigt Folgen, wenn das Kapital versucht, den Gebrauch von vergangener und gegenwärtiger Arbeit an diese Fetischvorstellung und den damit verbundenen Imperativ eines endlosen kumulativen Wachstums zu ketten. Es fällt nicht schwer, die möglichen Widersprüche darin auszumachen. Während das im Geldsystem zirkulierende zinstragende Kapital sich ohne Grenzen immer weiter in die Stratosphäre von kumulierten Vermögenswerten und fiktivem Kapital schrauben kann, bleibt die Größe der wirklichen Mehrwertproduktion bald weit dahinter zurück und macht sich im Verlauf einer Krise gewaltsam als Grenze geltend.

Zum 25. Kapitel des 3. Bandes: Kredit und fiktives Kapital

Nach den wirklich atemberaubenden Enthüllungen des 24. Kapitels wirken die beiden folgenden Kapitel etwas enttäuschend, insbesondere gemessen an der im Titel des 25. Kapitels versprochenen Aufdeckung der Mysterien der Kategorie des fiktiven Kapitals. Das liegt zum Teil an der Entscheidung von Marx, auf eine »eingehende Analyse des Kreditwesens und der Instrumente, die es sich schafft«, einschließlich der Entwicklung des öffentlichen Kredits, zu verzichten. Er beschränkt sich auf die Untersuchung des kommerziellen und Bankierkredits, weil diese »notwendig zur Charakteristik der kapitalistischen Produktionsweise überhaupt« seien (K3, 413).

Er kehrt also mit anderen Worten wieder auf die Ebene der Allgemeinheit zurück und schließt alles andere aus. Die wilden Behauptungen des vorhergehenden Kapitels werden durch den Versuch einer nüchternen Analyse wieder zurückgedrängt.

Mit der Zunahme des Warenhandels in der kapitalistischen Entwicklung wird das Kreditsystem »erweitert, verallgemeinert, ausgearbeitet«. Geld wird zunehmend als »Rechengeld« verwendet, wenn es zur Gewohnheit wird, jetzt zu kaufen und später zu bezahlen. Auch Zahlungsversprechen können zirkulieren und Marx fasst alle diese Praktiken unter dem Begriff des »Wechsels« zusammen. Da sich viele dieser Wechsel durch den Ausgleich von Schuld und Forderung aufheben, fungieren sie auch ganz ohne die Zirkulation von Metall- oder Staatspapiergeld als Geld (K3, 413).

Marx zitiert einen Banker, W. Leatham (ich denke zustimmend, was aber nicht ganz klar ist), der versucht hatte, das Volumen derartiger Wechsel zu berechnen, die sich in England im Umlauf befanden. Offensichtlich überstieg der nominelle Wert dieser Wechsel bei weitem die zur Verfügung stehende Goldmenge. Leatham schrieb:

> »Die Wechsel können nicht unter Kontrolle gestellt werden, es sei denn, daß man den Geldüberfluß und den niedrigen Zinsfuß oder Diskonto verhindert, der einen Teil davon erzeugt und diese große und gefährliche Expansion ermuntert. Es ist unmöglich zu entscheiden, wieviel davon von wirklichen Geschäften herrührt, z.B. von wirklichen Käufen und Verkäufen, und welcher Teil künstlich gemacht (fictitious) ist, und nur aus Reitwechseln besteht, d.h. wo ein Wechsel gezogen wird, um einen laufenden vor Verfall aufzunehmen, und so durch Herstellung bloßer Umlaufsmittel fingiertes Kapital zu

> kreieren. In Zeiten überflüssigen und wohlfeilen Geldes weiß ich, daß dies bis zu einem enormen Grade geschieht.« (K3, 414)

Verblüffender Weise ist dies die einzige Stelle in diesem Kapitel, an der die Kategorie des fiktiven Kapitals explizit genannt wird.[5] Erst im 29. Kapitel benutzt Marx selbst diese Kategorie. Allerdings untersucht er hier einige der Praktiken beim Handel mit Schuldscheinen, durch die Eigentumsrechte ohne die Hilfe von herkömmlichem Geld übertragen werden.

Dieser Handel definiert eine neue und ganz besondere ökonomische Rolle, nämlich die des Geldhändlers – oder Bankiers –, der sich als Vermittler nicht nur auf das Diskontieren von Wechseln, sondern auch auf »die Verwaltung des zinstragenden Kapitals« und das Leihen und Verleihen von Geld spezialisiert. »Allgemein ausgedrückt besteht das Bankiergeschäft ... darin, das verleihbare Geldkapital in seiner Hand zu großen Massen zu konzentrieren, so daß statt des einzelnen Geldverleihers die Bankiers als Repräsentanten aller Geldverleiher den industriellen und kommerziellen Kapitalisten gegenübertreten. Sie werden die allgemeinen Verwalter des Geldkapitals« – das, wie wir uns erinnern, das gemeinsame Kapital der Kapitalistenklasse ist. »Eine Bank stellt auf der einen Seite die Zentralisation des Geldkapitals, der Verleiher, auf der andern die Zentralisation der Borger dar. Ihr Profit besteht im allgemeinen darin, daß sie zu niedrigern Zinsen borgt, als sie ausleiht.« (K3, 416) Marx beschreibt kurz die vielfältigen Funktionen der verschiedenen Banktypen und schließt mit der Bemerkung, dass die Bank faktisch ihre eigene Kreditwürdigkeit zwischen alle Verleiher und Leiher stellt. In manchen Fällen kann sie auch Banknoten ausgeben, die »nichts als ein Wechsel auf den Bankier [sind], zahlbar jederzeit an den Inhaber, und vom Bankier den Privatwechseln substituiert«. Banken, die Noten ausgeben, sind in der Regel ein »sonderbarer Mischmasch zwischen Nationalbank und Privatbank«, da sie »in der Tat den Nationalkredit hinter sich haben und ihre Noten mehr oder minder gesetzliches Zahlungsmittel sind« (K3, 417). Auch wenn Marx auf diesen Punkt nicht näher eingeht, so haben wir doch hier ein Bankensystem und Bankfunktionen vor uns, wie sie aus der Handelstätigkeit hervorgehen, aber private und staatliche Funktionen in eigentümlichen Kombinationen »vermi-

[5] Anm. d. Ü.: Dem Ausdruck »fingiertes Kapital« in diesem Zitat entspricht im englischen Original, das Marx in seinem Manuskript in einer Fußnote zitiert, der Begriff »fictitious capital«; siehe MEGA^2, II.4.2, S. 196.

schen«. Es blieb Engels überlassen, eine Reihe von Fällen anzuführen, in denen dies ziemlich schiefging und zu Finanz- und Handelskrisen wie 1847-1848 oder 1857-1858 führte.

Zum 26. Kapitel des 3. Bandes: Akkumulation von Geldkapital

Dieses Kapitel besteht zum größten Teil aus längeren Zitaten anderer Experten und jeder Menge Zeugenaussagen aus dem Bericht des parlamentarischen Untersuchungsausschusses zu den Bankgesetzen (wobei die Aussagen von Overstone im Mittelpunkt stehen). Hin und wieder streut Marx zwar einige kritische Bemerkungen ein, aber es lässt sich kaum irgendeine systematische Kritik ausmachen. Es wird nicht klar, ob Marx einigen der wiedergegebenen Auffassungen völlig zustimmt, oder ob er sich lediglich Stellen herausschreibt, um sie später der Kritik zu unterziehen.

Er beginnt z.B. mit einem längeren Zitat von Corbet, das ich besonders interessant finde. Dass in England beständig Reichtum in Geldform akkumuliert wird, stellt für Corbet ein Problem dar:

> »Nach dem Wunsch, Geld zu erwerben, ist aber der nächstdringliche Wunsch der, sich seiner wieder zu entledigen durch irgendeine Art Anlage, die Zins oder Profit bringt; denn Geld als Geld bringt nichts ein. Wenn daher nicht, gleichzeitig mit diesem steten Zufluß von überschüssigem Kapital, eine allmähliche und hinreichende Ausdehnung des Beschäftigungsfeldes dafür stattfindet, so müssen wir periodischen Akkumulationen von Anlage suchendem Geld ausgesetzt sein, die je nach den Umständen von größrer oder geringrer Bedeutung sind. Für eine lange Reihe von Jahren war die Staatsschuld das große Aufsaugemittel des überschüssigen Reichtums von England. ... Unternehmungen, die zu ihrer Ausführung großes Kapital bedürfen und von Zeit zu Zeit den Überschuß von unbeschäftigtem Kapital ableiten ... sind wenigstens in unserm Lande absolut notwendig, um die periodischen Anhäufungen des überschüssigen Reichtums der Gesellschaft abzuführen, die in den gewöhnlichen Anlagezweigen keinen Raum finden können.« (K3, 429)

Marx kommentiert diese Passage in keiner Weise, weder zustimmend noch ablehnend. Aber im *Kapital* taucht an verschiedenen Stellen immer wieder das auf, was ich als »das Problem der Entsorgung überschüssigen Kapitals« bezeichne. Ich finde es interessant, dass die Staatsschuld für Corbet keineswegs die schreckliche Belastung darstellt, von der so oft die Rede ist, sondern ein willkommener Abflusskanal. Ebenso hält er große Unternehmungen wie umfangreiche öffentliche Arbeiten, Infrastrukturmaßnahmen und Urbanisierungsprojekte für »absolut notwendig«, um Kapitalüberschüsse absorbieren zu können. Das passt alles sehr gut zu der allgemeinen Idee, die ich persönlich sehr schätze, dass die Akkumulation von Reichtum mit einer Akkumulation von Schulden einhergehen muss. Ich kann nicht sagen, ob Marx sich dieser Auffassung explizit angeschlossen hätte. Aber er hätte ihr sicherlich nicht widersprochen.

Klar wird aus diesem Kapitel jedoch, dass Marx ganz sicher das »currency principle« ablehnte, wie es von Herrn Norman, dem damaligen Direktor der Bank of England vertreten wurde.[6] Außerdem hatte er nur Verachtung übrig für die Ansichten des Bankiers und »Wucherlogikers« Lord Overstone. Aber da die eigentlichen Probleme erst später im Text von Marx behandelt werden, will ich auf sie erst in meinem nächsten Kapitel eingehen.

[6] Anm. d. Ü.: Im Kontext der englischen Bankreform von 1844 hatte sich ein Streit zwischen den beiden Schulen des »currency principle« und des »banking principle« entwickelt. Das »currency principle« orientierte sich an der Quantitätstheorie des Geldes und verlangte eine metallische Deckung des Papiergelds, um eine inflationäre Geldentwertung zu verhindern.

Kapitel Sechs
Marx' Auffassungen vom Kreditsystem (Kapitel 27-37 des 3. Bandes)

Nach dem 28. Kapitel verliert der Text von Marx zur Rolle des Kredits im Verhältnis zum Kapital schnell an Qualität. Wie bereits erwähnt, fing für Engels mit Kapitel 30 »die eigentliche Schwierigkeit« an:

> »Von hier an galt es, nicht nur das Material von Belegstellen, sondern auch den jeden Augenblick durch Zwischensätze, Abschweifungen usw. unterbrochnen und an andrer Stelle, oft ganz beiläufig, weiter verfolgten Gedankengang in die richtige Ordnung zu bringen. [So kam das 30. Kapitel zustande durch Umstellungen und Ausschaltungen, für die sich an andrer Stelle Verwendung fand. Kap. 31 war wieder mehr im Zusammenhang ausgearbeitet.][1] Aber nun folgt im Ms. ein langer Abschnitt, überschrieben: ›Die Konfusion‹, bestehend aus lauter Auszügen aus den Parlamentsberichten über die Krisen von 1848 und 1857, worin die Aussagen von dreiundzwanzig Geschäftsleuten und ökonomischen Schriftstellern, namentlich über Geld und Kapital, Goldabfluß, Überspekulation etc. zusammengestellt und stellenweise humoristisch kurz glossiert sind.« (K3, 13)

Nach mehreren Anläufen gab Engels seinen Versuch auf, die Marxsche Auffassung von der »Konfusion« zu rekonstruieren. Er beschränkte sich darauf, die Auszüge wiederzugeben und die gelegentlichen kritischen Einschübe hervorzuheben.

Ich kann nur davon abraten, sich bei einem ersten Durchgang durch den 3. Band mit einer gründlichen Lektüre der Kapitel 30 bis 35 abzumühen. Aber die Frage steht im Raum, worum es bei der »Konfusion« überhaupt geht. Meint Marx, dass das bürgerliche Denken verwirrt ist und seines nicht? Dann hätte er bei der Klärung der Sache einen schlechten Job gemacht. Oder meint er, die mit der Welt des Kreditgelds verbundenen Widersprüche seien so tiefgreifend, dass sie überall zu zer-

[1] Anm. d. Ü.: Die eingeklammerten Sätze fehlen in der englischen Übersetzung des 3. Bandes und daher auch in der Wiedergabe bei D.H.

störerischen Konfusionen und Krisen führen? So wie wir Marx kennen, meint er wahrscheinlich beides. Eine gewisse Kommentierung scheint angebracht. Daher werde ich zunächst einen Überblick dazu geben, worum es meiner Ansicht nach geht, bevor ich auf einzelne Kapitel eingehe und zu wichtigeren Passagen etwas sage. Klarzustellen möchte ich dabei, dass ich damit in keiner Weise beanspruche, eine definitive oder gar richtige Interpretation liefern zu können.

Der Grundgedanke

Nachdem er im 27. Kapitel kurz die allgemeine Rolle des Kredits für die kapitalistische Produktion beleuchtet hat, widmet Marx zwei Kapitel (28 und 29) seinen Überlegungen zur Aufgabe von Banken und Bankiers bei der Bereitstellung von Liquidität (in Bargeld oder Banknoten) für die Produktion oder die Realisierung des Kapitals. Die folgenden drei Kapitel (30 bis 32) zu Geldkapital und wirklichem Kapital konzentrieren sich vor allem darauf, was bei der Verselbständigung des fiktiven Kapitals passiert. Sie erlaubt alle möglichen Formen der Spekulation und der Umkehrung von Machtverhältnissen, die wenig mit der tatsächlichen Produktion von Mehrwert zu tun haben, auch wenn letztere eine gewisse disziplinierende Schattenmacht auf die Exzesse im Finanzsystem auszuüben scheint. Die nächsten drei Kapitel (33 bis 35) sind mehr technischer Natur und wurden zum größten Teil aus offiziellen Berichten zusammengestellt. Es lässt sich kaum entschlüsseln, was hier Marx' eigene Ansichten sind, weshalb ich nicht versuchen werde, diese Materialien zusammenzufassen oder zu interpretieren. Das letzte Kapitel zu den vorkapitalistischen Verhältnissen (36) enthält einen interessanten Abriss der Geschichte des Kredits als Wucher sowie einige anregende Gedanken zu den politischen Optionen.

Einige zentrale Gedankengänge ziehen sich durch diese Kapitel. Marx war ganz klar, dass sich aus der Konsolidierung des Kreditsystems zum »gemeinsamen Kapital der Klasse«, wie sie bereits im 22. Kapitel und in der allgemeinen Einleitung zum Kaufmannskapital angesprochen wurde, schwerwiegende Konsequenzen ergeben. Ich kann nicht genug betonen, wie wichtig dieser Gedanke ist. Die Zirkulation des Geldkapitals wird damit als eine Art von zentralem Nervensystem begriffen, das die Kapitalströme lenkt, die das Kapital im Allgemeinen reproduzieren. Außerdem ist damit eine Vergesellschaftung des Kapitals verbunden, was auf eine radikale Veränderung seines Charakters hindeutet.

Aktiengesellschaften ermöglichen zum Beispiel Formen des kollektiven und assoziierten Kapitals.

Auf der einen Seite ermöglichen diese eine enorme Ausweitung der Größe, des Umfangs und der Form kapitalistischer Unternehmungen, während sie zugleich den Weg zu einem Weltmarkt eröffnen, auf dem assoziierte Arbeit und kollektive Eigentumsrechte zunehmend wichtiger werden. Marx meinte sogar, Aktiengesellschaften könnten aufgrund ihres assoziativen Charakters die Basis für den Übergang zu einer nichtkapitalistischen Produktionsweise bilden. Das mag uns heute als eine bizarre und erstaunlich irrtümliche Idee erscheinen, aber zur damaligen Zeit gab es durchaus einige Gründe, solche Möglichkeiten ins Auge zu fassen.

Die im Aufstieg des kapitalistischen Kreditsystems enthaltenen positiven und negativen Möglichkeiten verkörperten sich laut Marx in der Person des französischen Bankiers Isaak Péreire mit seinem »angenehmen Mischcharakter von Schwindler und Prophet« (K3, 457). Erlaubt mir daher eine kleine Abschweifung zu diesem eigentümlichen »Charakter«, wie sie Marx im 36. Kapitel unternimmt.

Die Péreire-Brüder – Isaak und Émile – hatten in den 1830er Jahren in Frankreich die utopischen Ideen von Saint-Simon kennengelernt, von denen sie einige, insbesondere die zur Macht des assoziierten Kapitals, während des Zweiten Kaiserreichs (1852-1870) zur praktischen Anwendung brachten. Saint-Simon (1760-1825), dessen »Genie und enzyklopädischen Kopf« Marx laut Engels so sehr bewunderte (K3, 619), versuchte, den Kaiser zu beraten. Er verfasste viele offene Briefe, in denen er diverse Vorschläge zur Verbesserung des Gemeinschaftslebens machte, um gewaltsame Veränderungen wie in der Französischen Revolution zu vermeiden, deren Exzesse Saint-Simon verabscheute. Wahrscheinlich gehörte er zu den ersten Denkern, die so etwas wie die Europäische Union vorschlugen. Hätte man auf ihn gehört, so wären vielleicht zwei Weltkriege vermeidbar gewesen. Er schlug eine rationalisierte und repräsentative Regierungsform vor, die unter einer gütigen königlichen Herrschaft zum Wohle aller Klassen gesetzgeberisch tätig sein sollte. Außerdem betonte er die Bedeutung der Zusammenarbeit von Kapital und Arbeit (wozu er auch Handwerker und selbstarbeitende Kleinkapitalisten zählte) bei der Durchführung von sehr großen und in gewissem Maße geplanten Projekten und öffentlichen Arbeiten, die zum Wohlergehen aller beitragen sollten. Dafür war es erforderlich, die in der Gesellschaft verstreuten kleinen Summen von brachliegendem Geldkapital in einer assoziierten Form zu bündeln.

Louis Napoleon, der sich nach dem Staatsstreich von 1851 im Jahr 1852 zum Kaiser ernannt hatte, war ein Anhänger der Ideen von Saint-Simon. Gelegentlich wurde er als »Saint-Simon zu Pferde« bezeichnet. Louis bemühte sich um Großprojekte, um Kapital und Arbeitskräfte zu mobiliseren, die nach dem Zusammenbruch und den revolutionären Bewegungen von 1848 brachlagen. Dabei spielten die Péreire-Brüder eine wichtige Rolle. Sie entwickelten neue Kreditanstalten und brachten kleine Kapitalbeträge in assoziierten Formen zusammen, wie sie Saint-Simon vorgeschlagen hatte. Damit beherrschten sie die Finanzwelt des Zweiten Kaiserreichs. Durch ihre Kontrolle des auf Kredit basierenden Papiergelds wurden sie zu den wichtigsten Mitspielern bei dem Großprojekt von Haussmann, durch den Umbau und die Stadterneuerung von Paris überschüssiges Kapitel und überschüssige Arbeitskräfte zu absorbieren. Sie beteiligten sich am Bau von Wohnhäusern und neuen Kaufhäusern, während sie eine Monopolstellung in öffentlichen Versorgungsbereichen (wie der Gasbeleuchtung) und bei neuen Transport- und Kommunikationsstrukturen in der Stadt erlangten. Aber der Boom der 1850er und 1860er Jahre, der von der legendären Rivalität zwischen den Péreires und dem konservativen Bankhaus Rothschild begleitet war (die im Mittelpunkt des Romans *Das Geld* von Émile Zola steht), fand im Finanzcrash von 1867 sein Ende, der das spekulative Kreditimperium der Péreires zerstörte. Es kann gut sein, dass Marx diese Rivalität vor Augen hatte, als er schrieb:

> »Das Monetarsystem ist wesentlich katholisch, das Kreditsystem wesentlich protestantisch. ›The Scotch hate gold.‹ [Die Schotten hassen das Gold.] Als Papier hat das Gelddasein der Waren ein nur gesellschaftliches Dasein. Es ist der Glaube, der selig macht. Der Glaube in den Geldwert als immanenten Geist der Waren, der Glaube in die Produktionsweise und ihre prädestinierte Ordnung, der Glaube in die einzelnen Agenten der Produktion als bloße Personifikationen des sich selbst verwertenden Kapitals. So wenig aber der Protestantismus von den Grundlagen des Katholizismus sich emanzipiert, so wenig das Kreditsystem von der Basis des Monetarsystems.« (K3, 606)

Rothschild, obzwar Jude, glaubte an den »Katholizismus« des Goldes als der monetären Grundlage, während die Péreires, ebenfalls jüdisch, dem Papier ihr Vertrauen schenkten. Als es zum Crash kam, stellte sich das Papier als wertlos heraus. Gold hingegen verlor nie seinen Glanz, es glitzerte nun sogar verlockender als je zuvor.

Die Spannung zwischen papierenem Kredit und einem Warengeld wie Gold ist in diesen Kapiteln ständig gegenwärtig. Explizit kommt Marx erst recht spät auf sie zu sprechen, mitten in einem ansonsten ständig abschweifenden Kapitel zu Edelmetall und Wechselkurs:

> »Es ist aber eben die Entwicklung des Kredit- und Banksystems, das einerseits dahin treibt, alles Geldkapital in den Dienst der Produktion zu pressen ..., und das andrerseits in einer gewissen Phase des Zyklus die Metallreserve auf ein Minimum reduziert, worin sie die ihr zukommenden Funktionen nicht mehr vollziehn kann – es ist dies ausgebildete Kredit- und Banksystem, das diese Überempfindlichkeit des ganzen Organismus erzeugt.« (K3, 587)

Die Metallreserve fungiert »als Angelpunkt des ganzen Kreditsystems«, indem sie die Konvertibilität der Banknoten garantiert. Daraus entsteht folgende Struktur:

> »Die Zentralbank ist Angelpunkt des Kreditsystems. Und die Metallreserve ihrerseits ist Angelpunkt der Bank. Der Umschlag des Kreditsystems in das Monetarsystem ist notwendig, wie ich schon in Buch I, Kap. III, beim Zahlungsmittel dargestellt habe. ... Ein gewisses, im Vergleich mit der Gesamtproduktion unbedeutendes Quantum Metall ist als Angelpunkt des Systems anerkannt. Daher, abgesehn von der erschreckenden Exemplifikation dieses seines Charakters als Angelpunkt in den Krisen, der schöne theoretische Dualismus.« (K3, 587f.)

Anfang der 1970er Jahre wurde auch noch die Vortäuschung einer metallischen Grundlage oder Warenbasis des globalen Kredit- und Geldsystems fallengelassen (auch wenn immer noch viele Goldkäufer, die »gold bugs«, eine Rückkehr zum Goldstandard fordern). Trotzdem scheint die Idee einer hierarchischen Struktur von Angelpunkten, in deren Mittelpunkt der US-Dollar steht, eine immer noch angemessene Konzeption für das globale Finanzsystem zu sein. Noch mehr als zur Zeit von Marx gilt heute, was er damals schrieb:

> »Der Kredit, als ebenfalls gesellschaftliche Form des Reichtums, verdrängt das Geld und usurpiert seine Stelle. Es ist das Vertrauen in den gesellschaftlichen Charakter der Produktion, welches die Geldform der Produkte als etwas nur Verschwindendes und Ideales, als

Abbildung 4

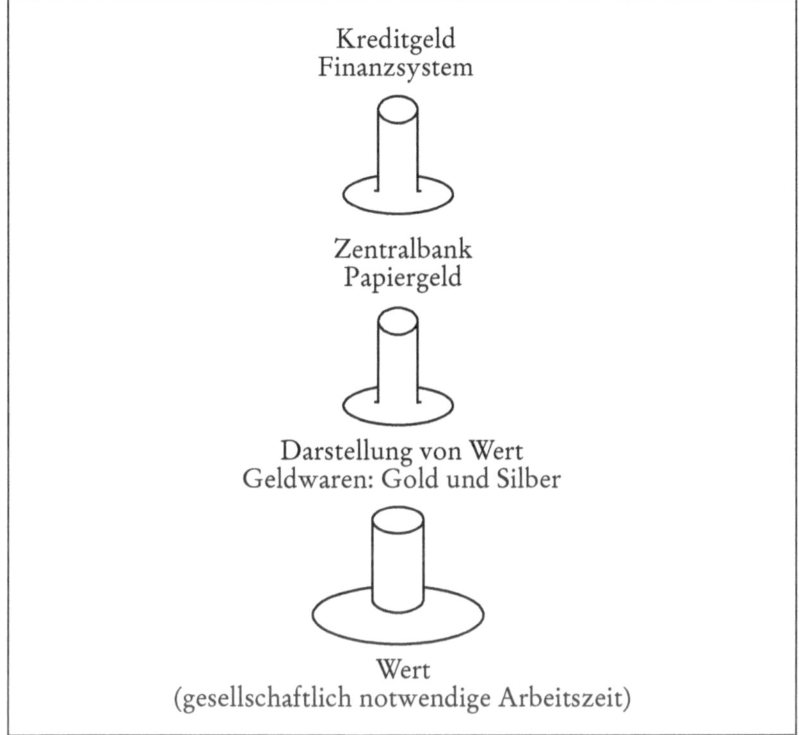

> bloße Vorstellung erscheinen läßt. Aber sobald der Kredit erschüttert wird – und diese Phase tritt immer notwendig ein im Zyklus der modernen Industrie –, soll nun aller reale Reichtum wirklich und plötzlich in Geld verwandelt werden, in Gold und Silber, eine verrückte Forderung, die aber notwendig aus dem System selbst hervorwächst. Und alles Gold und Silber, das diesen ungeheuren Ansprüchen genügen soll, beläuft sich auf ein paar Millionen in den Kellern der Bank.« (K3, 588f.)

Weiter oben hatte Marx diese Verhältnisse noch ausführlicher dargestellt: »Es ist Grundlage der kapitalistischen Produktion, daß das Geld als selbständige Form des Werts der Ware gegenübertritt, oder daß der Tauschwert selbständige Form im Geld erhalten muß«. Die Geldware als allgemeines Äquivalent ist diese selbstständige Form. Was passiert nun, wenn Kreditgeld und Kreditoperationen die Geldware ersetzen? »In Zeiten der Klemme, wo der Kredit einschrumpft oder ganz aufhört, tritt plötzlich Geld als einziges Zahlungsmittel und wahres Dasein des Werts absolut den Waren gegenüber. Daher die allgemeine Entwertung der Waren, die Schwierigkeit, ja die Unmöglichkeit, sie in Geld zu verwandeln, d.h. in ihre eigne rein phantastische Form.« (K3, 532)

Die Anspielung auf die Theorie des Fetischismus ist hier nicht zu übersehen. Zweitens aber: »Das Kreditgeld selbst ist nur Geld, soweit es im Betrage seines Nominalwerts absolut das wirkliche Geld vertritt.« Mit dem Abfluss des Goldes wird die Konvertibilität des Kredits in Gold

> »problematisch ... Daher Zwangsmaßregeln, Heraufsetzung des Zinsfußes etc., um die Bedingungen dieser Konvertibilität zu sichern. ... Eine Entwertung des Kreditgeldes (gar nicht zu sprechen von einer übrigens nur imaginären Entgeldung desselben) würde alle bestehenden Verhältnisse erschüttern. Der Wert der Waren wird daher geopfert, um das phantastische und selbständige Dasein dieses Werts im Geld zu sichern. ... Für ein paar Millionen Geld müssen daher viele Millionen Waren zum Opfer gebracht werden. Dies ist unvermeidlich in der kapitalistischen Produktion und bildet eine ihrer Schönheiten. ... Solange der *gesellschaftliche* Charakter der Arbeit als das *Gelddasein* der Ware, und daher als ein *Ding* außer der wirklichen Produktion erscheint, sind Geldkrisen, unabhängig oder als Verschärfung wirklicher Krisen, unvermeidlich.« (K3, 532f.)

Ist es das, was in der Depression der 1930er Jahre in großem Stil passierte? Und ist es diese »Unvermeidlichkeit«, die der Keynesianismus zu korrigieren versuchte? Während diese Spannung zwischen Kredit und »wirklichem« Geld schon seit langem zu beobachten ist, tritt sie erst im Kapitalismus

> »am schlagendsten und in der groteskesten Form des absurden Widerspruchs und Widersinns hervor, weil 1. im kapitalistischen System am vollständigsten die Produktion für den unmittelbaren Gebrauchswert, für den Selbstgebrauch der Produzenten aufgehoben ist, also der Reichtum nur als gesellschaftlicher Prozeß existiert, der sich als Verschlingung von Produktion und Zirkulation ausdrückt; 2. weil mit der Entwicklung des Kreditsystems die kapitalistische Produktion diese metallne Schranke, zugleich dingliche und phantasti-

> sche Schranke des Reichtums und seiner Bewegung, beständig aufzuheben strebt, sich aber immer wieder den Kopf an dieser Schranke einstößt.« (K3, 589)

Die Form des Warengelds behindert also die Expansion und muss durch Formen des Kreditgelds überwunden oder umgangen werden. Aber an gewissen Punkten kann die Qualität und Verlässlichkeit des Kreditgelds nur durch seine Austauschbarkeit gegen Warengeld geprüft werden.

Allen Theoretikern, einschließlich Marx, bereitet es Schwierigkeiten, sich mit der Differenz zwischen dem im Finanz- und Kreditsystem zirkulierenden Reichtum auf der einen und der angeblich »wirklichen« Reichtumsproduktion auf der anderen Seite auseinanderzusetzen. Die Beziehung zwischen der Wall Street und der Main Street (oder britisch gesagt, zwischen der City und der High Street) verwirrt jede und jeden. Die aktuelle Diskussion darüber, wie es mit dem Euro weitergehen soll, ist ein glänzendes Beispiel für die hier herrschende Konfusion. Marx zufolge bildet ein Geldsystem, das nur auf Warengeld beruht, eine Schranke der weiteren Kapitalakkumulation, weil die jeweils verfügbare Goldmenge begrenzt ist. Es besteht offensichtlich ständig die Gefahr einer »finanziellen Repression«, die eintritt, wenn nicht genügend Geld, egal in welcher Form, vorhanden ist, um die im Verlauf der Kapitalakkukmulation produzierte vergrößerte Menge an Waren zirkulieren zu lassen. Formen des Kreditgelds sind daher eine absolute Notwendigkeit für die ununterbrochene Expansion des Kapitalismus. Dem ersten Anschein nach liegt die Vermutung nahe (auch wenn dies meines Wissens noch nie empirisch untersucht worden ist), dass die Geschichte der Akkumulation von Kapital einhergeht mit einer Akkumulation von Kreditgeld und den damit verbundenen Schulden. Nur so kann Kapital »grenzenlos« akkumuliert werden. Wenn aber die Kapitalakkumulation von einer parallelen Akkumulation von Kreditgeld und Kreditinstrumenten abhängig ist, dann erschafft sie notwendigerweise ein nur auf Glauben, Vertrauen und Erwartungen beruhendes fetischhaftes Monster nach ihrem eigenen Bild, das in regelmäßigen Abständen außer Kontrolle gerät. Kreditgeld ersetzt nicht einfach metallisches Geld: Es hebt das Geldsystem und die Auffassung von Geld auf eine völlig neue Ebene, die den im Kreditgeld enthaltenen Fetischismus nicht ankratzt, sondern vervollständigt. Kredit-»Schaum«, Vermögensblasen und spekulative Berg- und Talfahrten sind der Preis, den das Kapital für seine vorübergehende Befreiung von den Beschränkungen der Geldware zu zahlen hat.

In Krisenzeiten machen sich diese Beschränkungen jedoch wieder geltend. Das Volumen der Kreditverpflichtungen übersteigt in regelmäßigen Abständen die wirkliche Wertproduktion (wie auch immer sie gemessen wird) bei weitem; dann bringt das Warengeld, die Darstellung des Werts, die Verrücktheit des Kreditgelds im Verlauf einer Finanzkreise zurück auf den Boden der Tatsachen. Die Disziplin des wirklichen harten Geldes verbindet Wall Street und Main Street. Das ist der »Katholizismus« der monetären Basis in Aktion. Der Bezug auf die Religion ist übrigens eine Anspielung auf das traditionsreiche Zinsverbot der katholischen Kirche (das es noch heute im islamischen Recht gibt und das die katholische Kirche erst zum Ende des 19. Jahrhunderts aufgab). Martin Luthers berühmte Abgrenzung einer gerechtfertigten »fairen« Zinsrate von den Sünden des Wuchers war entscheidend für den Bruch der protestantischen Bewegung mit Rom.

Die große Bedeutung des Kreditsystems besteht darin, dass mit ihm sämtliche monetären Schranken der Akkumulation, die einer Welt des grenzenlosen Wachstums entgegenstehen, durchbrochen werden können. Die Möglichkeiten zur Schaffung von Papiergeld (Schuldverschreibungen) sind unbegrenzt – wie in der nach 2001 in den USA aufgepumpten Immobilienblase. Die Preise stiegen und alle konnten sich auf Basis der steigenden Immobilienwerte weiter verschulden; und das dadurch verfügbare Geld trieb wiederum die Preise nach oben. Häuser schienen eine Art von Geldautomaten ohne Abhebelimit zu sein – bis die Leute realisierten, dass sich die Immobilienpreise völlig von der Einkommensentwicklung gelöst hatten. Dann folgte der Crash. Dasselbe war im japanischen Grundstücksboom der 1980er Jahre geschehen. Wenn es zum Crash kommt, zählt nur noch die Liquidität der Besitzer in harter Währung. In dem Maße, wie es an dieser fehlt, kommt es zu massenhaften Zwangsräumungen, Verlusten und Vermögensentwertungen.

Was bedeutet das nun im Allgemeinen für heute? Anfang der 1970er Jahre wurde die metallische Basis des weltweiten Geldsystems formell aufgegeben. Damit scheinen die Überlegungen von Marx bedeutungslos geworden zu sein. Sagt er nicht, dass »das Geld – in der Form der edlen Metalle – die Unterlage bleibt, wovon das Kreditwesen der Natur der Sache nach *nie* loskommen kann«? Sicherlich spielt Gold am Rande immer noch eine wichtige Rolle. Wenn der Glaube an Papier- und Kreditgeld schwerwiegend erschüttert wird, steigt der Goldpreis, wie es in den letzten Jahren geschehen ist. Eine Minderheit meint immer noch, Gold sei das Sicherste, um reale Geldwerte zu bunkern. Überall wird dafür geworben, in die Sicherheit des Golds zu investieren. Möglicherweise ist das nicht ganz falsch (und wenn sich der Goldpreis in den nächsten fünf Jahren verdreifacht, werden wir uns alle noch dafür ohrfeigen, nicht investiert zu haben). Aber die Wahrscheinlichkeit einer Rückkehr zum Goldstandard ist zum jetzigen Zeitpunkt sehr gering. Der landläufigen Meinung zufolge wäre das eine absolute Katastrophe für die weitere Expansion des Welthandels und würde die Welt in eine permanente Depression stürzen. Die Weltwirtschaft spielt sich auf der Ebene einer Kreditwirtschaft ab, aus der sie nicht aussteigen kann.

Aber durch was wird der metallische »Angelpunkt« des gesamten Geldsystems ersetzt, wenn er verschwindet? Durch die Zentralbanken der Welt in Verbindung mit staatlichen Aufsichtsbehörden – also durch das, was ich als den »Staat-Finanzwelt-Nexus« bezeichne. Zusammen bilden sie nun den »Angelpunkt« des globalen Geld- und Kreditsystems. Für Marx war dieser Angelpunkt die Bank of England, für uns sind es die Federal Reserve Bank der USA (verbunden mit dem US-Finanzministerium) und die übrigen Zentralbanken und Aufsichtsbehörden der Welt, wie die von England, Japan und der Europäischen Union. Im Endeffekt wird damit jedoch ein Regulationsmechanismus, der auf wirklicher Warenproduktion (von Gold und Silber) beruht, durch eine menschliche Institution ersetzt. Die Disziplinierung der Kreditschöpfung unterliegt damit nur noch dem menschlichen Ermessen. Aber wird sich diese menschliche Institution richtig verhalten? In den Mittelpunkt rückt damit die Frage, wie die Zentralbanken strukturiert sind und reguliert werden, und wie innerhalb des Staatsapparats politische Entscheidungen getroffen werden, mit denen auf die periodischen Exzesse im Kreditsystem reagiert werden kann.

Wenn die Zentralbanken und Aufsichtsbehörden schlecht strukturiert sind oder bei ihren Entscheidungen von irgendwelchen irrigen Wirtschaftstheorien (wie dem Monetarismus) ausgehen, dann kann die Politik in gravierender Weise in die Prozesse der Bildung und/oder Lösung von Krisen einbezogen sein. Viele sind der Meinung, dass die Politik der Zentralbank massiv zur Verschärfung der großen Depression der 1930er Jahre beigetragen hat (wie ebenfalls die katastrophale Entscheidung von Winston Churchill in seiner Funktion als Finanzminister, Großbritannien in den 1920er Jahren wieder an den Goldstandard zu binden). Heute [2013] behaupten einige, Bernankes Zentralbankpolitik lenke die USA in eine völlig falsche Richtung und die einst so glorreichen Jahre, als Alan Greenspan die Fed leitete, hätten zu dem verheerenden Crash von 2007-2008 beigetragen. Jetzt spricht natürlich alle Welt davon, dass die fehlende Regulierung zu den jüngsten Ereignissen beigetragen habe, und manche preisen eine verbesserte Aufsichtsstruktur als wichtige Antwort auf die Krise in den USA oder sogar die internationale Krise an. Aber was sollen wir mit einer Europäischen Zentralbank anstellen, deren Auftrag es ist, ohne jede Rücksicht auf die Arbeitslosigkeit die Inflation unter Kontrolle zu halten, und die daher auf die griechische Schuldenkrise nicht anders reagieren kann, als eine die Wirtschaft schwächende und sich ständig verschärfende Austeritätspolitik zu propagieren? Menschliche Institutionen sind fehlbar und allen möglichen gesellschaftlichen Kräften und Kontroversen ausgesetzt. Sie schaffen einen völlig anderen Regulationsmechanismus im Vergleich zu der Zeit, als die Politik der Zentralbank noch um einen Angelpunkt aus Warengeld kreisen musste.

Selbst zur Zeit von Marx spielte die Fehlbarkeit der Finanzinstitutionen und ihrer Politik eine wichtige Rolle. Als Musterbeispiel führt Marx den »verkehrten« britischen Bank Act von 1844 an. Mit diesem Gesetz wurde die Bank of England »in ein Notenausgabe-Departement und ein Bankdepartement« geteilt (K3, 569). Die erste Abteilung hielt Regierungsschulden und die Metallreserve und gab für den Gesamtbetrag dieser Sicherheiten Banknoten aus. Sie tauschte Gold gegen ihre Noten ein (die für den Handel viel praktischer waren), und umgekehrt versprachen die Noten, bei Bedarf Gold »an den Überbringer zu zahlen« (das Versprechen »to pay the bearer« findet sich noch heute auf britischen Banknoten). Ich konnte also jederzeit meine Noten zur Bank bringen und das Gold zurückbekommen. Die Noten waren kurz gesagt »konvertibel«. (Die Aussetzung der Konvertibilität war immer eine politische Option, von der in England bereits zur Zeit der Napoleonischen Kriege einmal Gebrauch gemacht wurde.) Die andere Abteilung der Bank diskontierte Wechsel, löste Schecks ein, vergab Anleihen und betrieb andere übliche Bankgeschäfte. Das Gesetz von 1844 schuf eine Brandmauer zwischen den beiden Teilen der Bank. Aber in der Vertrauenskrise von 1848 traf es die zweite Abteilung. Es kam zu einem Run auf die Bank, da die Leute das Vertrauen in diskontierbare Schuldtitel und Anleihen verloren. Dem Bankdepartement ging das Gold aus, während die Keller des Notenausgabe-Departements übervoll waren:

> »In Wirklichkeit aber entzog die Trennung der Bank in zwei unabhängige Departements der Direktion die Möglichkeit, in entscheidenden Momenten über ihre gesamten disponiblen Mittel frei zu verfügen, so daß Fälle eintreten konnten, wo das Bankdepartement vor dem Bankerott stand, während das Ausgabe-Departement mehrere Mil-

> lionen in Gold ... besaß. ... Der Bankakt von 1844 provoziert also die sämtliche Handelswelt direkt dazu, bei hereinbrechender Krise sich einen Reserveschatz von Banknoten beizeiten anzulegen, also die Krise zu beschleunigen und zu verschärfen; er treibt durch diese ... künstliche Steigerung der Nachfrage nach Geldakkommodation ... den Zinsfuß in Krisen zu bisher unerhörter Höhe« (K3, 570f.).

Dies ähnelt in verblüffender Weise dem, was in der Krise von 2011 mit der Zinsrate griechischer Anleihen passierte:

> »... statt also die Krisen zu beseitigen, steigert er [der Bankakt von 1844] sie vielmehr bis auf den Punkt, wo entweder die ganze industrielle Welt in die Brüche gehn muß oder der Bankakt. Zweimal, am 25. Okt. 1847 und am 12. Nov. 1857, war die Krisis auf diese Höhe gestiegen; da befreite die Regierung die Bank von der Beschränkung ihrer Notenausgabe, indem sie den Akt von 1844 suspendierte, und dies reichte beidemal hin, die Krise zu brechen.« (K3, 571)

Ich verstehe Marx hier nicht so, als würde er im Bank Act von 1844 den Grund für eine Krise sehen. Der Act trug jedoch zur Verschärfung und Beschleunigung einer Krise bei, die aus anderen Gründen (über die sich Marx ausschweigt) entstanden war. Aber mit welcher Art von institutionellen Arrangements haben wir es zu tun, die nicht angemessen auf die Unvermeidlichkeit periodischer Krisen reagieren können? Das ist sicherlich die grundlegende Frage, die der Europäischen Zentralbank während der Schuldenkrise gestellt wurde, die 2011 nicht nur Griechenland, sondern auch Irland, Portugal, Spanien und Italien erfasste. Wenn Marx den Bank Act von 1844 als »verkehrt« bezeichnet, muss ihm logischerweise eine Bankgesetzgebung vorgeschwebt haben, die nicht zur Verschärfung der Krise beigetragen hätte. Möglicherweise ließen sich menschliche Kredit- und Bankinstitutionen schaffen, die sich auf flexible Weise den Veränderungen der Produktion und der Preise, und noch wichtiger, der schwankenden Stimmung der Investoren anpassen könnten.

Aber lassen sich mit Finanzinstitutionen die grundlegenden Widersprüche in Schach halten, die zum Ausbruch von Krisen führen? Für Keynesianer war das der Heilige Gral der Regierungspolitik. Marx hielt es nicht für möglich. »Unwissende und verkehrte Bankgesetzgebung, wie die von 1844/45, kann diese Geldkrise erschweren. Aber keine Art Bankgesetzgebung kann die Krise beseitigen.« (K3, 507)

Was hat es dann zu bedeuten, dass die Verankerung des Kredits in Geldwaren seit Anfang der 1970er Jahre offiziell vollständig aufgegeben wurde (nachdem sie informell bereits nach den 1930er Jahren durch eine keynesianistische Politik umgangen wurde)? Es ist schwer zu beurteilen, was Marx zu diesen gegenwärtigen Veränderungen gesagt hätte. Er hätte sicherlich den Keynesianern deutlich nähergestanden als den Monetaristen – schließlich hat er immer wieder die Quantitätstheorie des Geldes, wie sie von Ricardo vorgebracht wurde, kritisiert. Aber ich denke, es wäre ihm nie in den Sinn gekommen, dass sich die Krisentendenzen des Kapitalismus durch Finanzreformen eindämmen oder gar überwinden lassen. Ich glaube, das ergibt sich aus einer genauen Lektüre dieser Kapitel. Diese Fragen müssen hier aufgeworfen werden, weil Marx mit der Analyse des Kredits seinem Begriff des Kapitals eine völlig neue Dimension verleiht.

Dass es im Finanzsystem immer wieder zu offensichtlichen Verrücktheiten kommt, provoziert die Frage: Warum um alles in der Welt lässt sich eine Gesellschaft das gefallen? Die Antwort von Marx ist eindeutig. Der Kredit ist absolut notwendig, um den monetären Spielraum für den Expansionsdrang der ununterbrochenen Kapitalakkumulation zu schaffen. Die Schranke der metallischen Basis (und der in Gold konvertiblen Banknoten) muss überwunden werden, weil die Menge an Gold und Silber aufgrund ihrer Endlichkeit unangemessen (weil relativ unflexibel in Bezug auf die Schwankungen des Warenausstoßes) und letztlich unzureichend ist. Außerdem ist der spekulative Charakter sämtlicher Kapitalinvestitionen, die alle eine Expansion in Form einer Vergrößerung der Mehrwertproduktion unterstellen, unvermeidlich in die Zirkulation des zinstragenden Kapitals eingebettet. Und schließlich haben wir im 2. Band des *Kapital* immer wieder gesehen, dass die Wechselfälle unterschiedlicher Zirkulationszeiten (insbesondere des fixen Kapitals) nur durch ein aktives Kreditsystem ausgeglichen werden können. Die Freisetzung von »totem Kapital« in Schatzform, das ansonsten erforderlich wäre, trägt maßgeblich zur Beschleunigung der andernfalls gebremsten Akkumulation bei. Für all dieses standen die Péreire-Brüder. Zum Entsetzen des konservativen Hauses Rothschild, dem die Kontrolle eines Großteils des Goldes unterlag, durchbrachen sie die Beschränkungen der metallischen Basis. Der Crash von 1867 zeigte jedoch die Schwäche der Position der Péreires und schien daher den Glauben von Rothschild (und von Marx?) an die ultimative Macht des Goldes zu bestätigen. Aber fünfzehn Jahre lang hatten die Péreires erfolgreich dazu beigetragen, überschüssiges Kapital und überschüssige Arbeitskraft zu absorbieren. Außerdem hatten sie eine radikal umgestaltete Stadtlandschaft hinterlassen, die wir noch heute bewundern können, wenn wir in Paris über die Boulevards schlendern, uns in den Parks vergnügen oder von der Wasserversorgung und Abwasserentsorgung für die zwar standardisierten, aber prachtvollen Wohnhäuser profitieren, die immer noch die Pariser Innenstadt charakterisieren. Die Péreires waren die Visionäre und die Abenteurer, die Kapitalisten mit dem wahren Unternehmergeist; sie hatten Vertrauen und brachten Sachen in Gang, während das Haus Rothschild trödelte.

Das wirft einige interessante Fragen zur Psychologie von Vertrauen und Glauben auf. Zolas Roman *Das Geld*, in dessen Mittelpunkt die Rivalität zwischen Saccard (den Péreires) und Gunderman (Rothschild) während des Zweiten Kaiserreichs steht, kreist um den Zusammenprall der Gefühle und Mentalitäten, die mit der Finanzspekulation verbunden sind. Mit den folgenden Worten versucht Saccard, seine sittsame, ehrenwerte und nachdenkliche Nichte Madame Caroline von der Rechtmäßigkeit dessen zu überzeugen, was sie für seine zwielichtigen Spekulationsgeschäfte hält und daher beunruhigt:

> »›Schauen Sie‹, rief Saccard … ›in diesen verödeten Ebenen, in diesen einsamen Gebirgspässen, über welche unsre Eisenbahnen fahren sollen, werden Sie eine gewaltige Auferstehung erleben; ja, die Brachfelder werden wieder angebaut werden, Straßen und Kanäle entstehen, neue Städte aus dem Boden sprießen, kurz, das Leben wieder zurückkehren wie in einen kranken Körper, wenn man durch die blutleeren Adern den Kreislauf eines neuen Geblütes beschleunigt … Ja, das Geld wird diese Wunder wirken.‹ …
>
> ›Begreifen Sie doch, daß gerade Spekulation und Spiel die Haupttriebfedern, ja das Herz eines großartigen Unternehmens wie das unsrige sind. Ja! Dadurch wird das Blut herbeigezogen, überallher in kleinen Bächlein gesammelt und nach allen Richtungen hin in Strömen wieder ausgesandt, wird ein ungeheurer Kreislauf des Geldes hervorgebracht, der geradezu das Leben der großen Unternehmungen ist.‹
>
> ›Jawohl, die Spekulation. Weshalb haben Sie Angst vor diesem Wort? … Die Spekulation ist eben die Lockspeise des Lebens, das ewige Verlangen, das zum Kampf und zum Leben zwingt … Nun, ohne die Spekulation könnte man keine Geschäfte machen …‹[2]

[2] Émile Zola: *Das Geld*. Aus dem Französischen von Leopold Rosenzweig, Frankfurt a.M. und Leipzig 2001, S. 106f., 163f. und 195.

Im Kontext solcher Gefühle wird sehr viel besser verständlich, worauf sich Marx bezog, als er Isaak Péreire einen »angenehmen Mischcharakter von Schwindler und Prophet« bescheinigte.

An der Oberfläche scheint das Kreditsystem gesetzlos und chaotisch zu sein und in keiner Weise daran gehindert zu werden, Spekulationsfieber und periodische Zusammenbrüche auszubrüten. Dies wäre zu erwarten gewesen, weil es sich beim Zins – in der Sprache der *Grundrisse* – um eine Besonderheit handelt, die (sofern überhaupt) von anderen Besonderheiten reguliert wird, insbesondere dem Angebot an und der Nachfrage nach Geldkapital sowie der Konkurrenz zwischen verschiedenen Kapitalfraktionen. Er ist daher zwangsläufig zufällig, gesetzlos und konjunkturbedingt. Außerdem hängt er vom Vertrauen ab. Die Psychologie des Ganzen wird entscheidend, worauf später von Keynes so eindringlich hingewiesen wurde (und was Zola so brillant schilderte). Für Marx stellt sich die Frage aber auf ganz andere Weise: Wie operieren die Einzelkapitale und die Kapitalisten, wenn sie in den Fetischformen gefangen sind, die den Oberflächenformen des Kapitals anhaften? Wie sollten die Kapitalisten die Wurzel ihrer eigenen Zwangslage erahnen, geschweige denn aus ihr herausfinden können, wenn sie im Labyrinth ihrer eigenen fetischhaften Konstrukte feststecken? Ich vermute, dies ist die »Konfusion«, die Marx bloßlegen wollte. Für ihre Entschlüsselung benötigen wir ein genaueres Verständnis der Kategorie des fiktiven Kapitals, wozu ich gleich kommen werde.

Marx deutet auch an, dass die Tendenz zur Überproduktion und die Überakkumulation von Kapital – auf die er sich später als die »Plethora« von Kapital bezieht –, die er weiter oben als grundlegende Momente der allgemeinen Bewegungsgesetze des Kapitals ausgemacht hatte, als Auslöser oder sogar tieferliegende Ursachen für die Vertrauenskrisen wirken, von denen das Kreditsystem regelmäßig heimgesucht wird. Der »Katholizismus« der metallischen Basis, bei der wirklicher Wert von den Geldwaren Gold und Silber repräsentiert wird, ist bei Marx der ultimative Realitätscheck für das Spekulationsfieber. Auch wenn die Warengeldsorten, die Edelmetalle, ihre vermittelnde Rolle als Darstellung von Wert verlieren, wäre Marx daher wohl kaum damit einverstanden, die zentrale Funktion des Werts für die Bewegungsgesetze des Kapitals aufzugeben. Die Frage nach der Beziehung zwischen der immateriellen, aber objektiven Macht des Werts und der Effloreszenz des Kreditsystems rückt dann in den Mittelpunkt des theoretischen Interesses.

Marx kann diese Fragen zwar nicht endgültig beantworten, aber er gelangt in diesen Kapiteln zu einigen Erkenntnissen, von denen ausgegangen werden könnte. Die wichtigsten beziehen sich darauf, wie fiktive und spekulative Formen des Kapitals die tatsächlich wirksamen im Unterschied zu den allgemeinen Bewegungsgesetzen des Kapitals ausprägen (oder besser gesagt, die allgemeinen Gesetze »stören«). Aber die Beziehungen zwischen der Wall Street und der Main Street sind heute immer noch so undurchsichtig und umstritten, wie sie es für Marx waren. Kann Marx' intuitive Fähigkeit, die richtigen und entscheidenden Fragen zu stellen, hilfreich für die weitere Untersuchung sein? Diese Frage sollten wir im Hinterkopf behalten, wenn wir uns die einzelnen Kapitel etwas genauer ansehen. Ich werde jedoch zunächst mit dem 36. Kapitel beginnen, das die Vorgeschichte des Kreditsystems behandelt.

Zum 36. Kapitel: Die Vorgeschichte des Kreditsystems

»Das zinstragende Kapital, oder wie wir es in seiner altertümlichen Form bezeichnen können, das Wucherkapital, gehört mit seinem Zwillingsbruder, dem kaufmännischen Kapital, zu den antediluvianischen Formen des Kapitals, die der kapitalistischen Produktionsweise lange vorhergehn und sich in den verschiedensten ökonomischen Gesellschaftsformationen vorfinden.« (K3, 607) Ähnliche Formulierungen finden wir auch an anderen Stellen (zum Beispiel K1, 179). Zu beachten ist, dass zinstragendes Kapital schon vor der kapitalistischen Produktionsweise existierte. Dies widerspricht eindeutig der irrtümlichen Erzählung, die Marx an einigen Stellen von Adam Smith übernimmt, es habe eine natürliche Evolution von der Naturalwirtschaft zur Geldwirtschaft und schließlich zur Kreditwirtschaft gegeben (siehe K2, 119). Die Verallgemeinerung der Warenform, das Geld und der Kauf und Verkauf von Arbeitskraft mussten schon vor der kapitalistischen Produktionsweise existieren (wie wir in den ersten Kapiteln des 2. Bandes gesehen haben). Jetzt wird deutlich, dass sogar Geld als zinstragendes Kapital dem Aufstieg seiner spezifischen Produktionsweise vorausgehen musste.

Überschüssiges Geld (Schatz) finden wir überall und notwendigerweise in vorkapitalistischen Gesellschaften. Aber es wird nur zu Kapital, wenn der Schatzbildner »sich in den Wucherer verwandelt« (K3, 607). Dazu muss »Kapital verwertbar« werden, indem es verliehen wird, um die Arbeit von anderen anzueignen (K3, 608). »Die Entwicklung des Wucherkapitals schließt sich an die des Kaufmannskapitals und speziell an die des Geldhandlungskapitals. Im alten Rom … war Kaufmannskapital, Geldhandlungskapital und Wucherkapital … auf den höchsten

Punkt entwickelt« (K3, 607). Im Kapitel zum kaufmännischen Kapital hatte sich Marx über die »Verwirrung« der Ökonomen beschwert, die Geld- und Handelskapital in gleicher Weise wie Landwirtschaft, Industrie und andere Sektoren der Arbeitsteilung als Produktionsbranchen behandeln, statt als reine Zirkulationskategorien.

In vorkapitalistischer Zeit existierte der wucherische Geldverleih in zwei Formen – »*erstens*, der Wucher durch Geldverleihen an verschwenderische Große, wesentlich Grundeigentümer; *zweitens*, Wucher durch Geldverleihen an den kleinen, im Besitz seiner eignen Arbeitsbedingungen befindlichen Produzenten, worin der Handwerker eingeschlossen ist, aber ganz spezifisch der Bauer« (K3, 608). Der Wucher »wirkt so einerseits untergrabend und zerstörend auf den antiken und feudalen Reichtum und auf das antike und feudale Eigentum. Andrerseits untergräbt und ruiniert er die kleinbäuerliche und kleinbürgerliche Produktion« (K3, 610).

Kurz gesagt vervollständigt Marx also den im 1. Band beschriebenen Prozess der ursprünglichen Akkumulation (auch wenn er diesen Begriff hier nicht verwendet): »Wucherkapital und Kaufmannsvermögen vermitteln die Bildung eines vom Grundeigentum unabhängigen Geldvermögens.« (K3, 611) Dies erinnert an das Argument aus dem *Kommunistischen Manifest*, dass die größere Mobilität des Geldes (der »Schmetterlingsform« des Kapitals) und der Waren zur Vorherrschaft des Kaufmannskapitals über die an den Grundbesitz gebundenen feudalen Mächte beiträgt.

Ob die sich daraus ergebende »Konzentration großer Geldkapitalien« jedoch »an ihrer Stelle die kapitalistische Produktionsweise setzt, hängt ganz von der historischen Entwicklungsstufe und den damit gegebnen Umständen ab« (K3, 608). Der Wucher mag dazu beigetragen haben, antike und feudale Produktionsweisen zu untergraben und zu zerstören, aber er hat nicht als solcher der kapitalistischen Produktionsweise zu ihrem Durchbruch verholfen. Das Wucherkapital konzentriert die Geldmacht, aber es »verelendet diese Produktionsweise, lähmt die Produktivkräfte, statt sie zu entwickeln, und verewigt zugleich diese jammervollen Zustände, in denen nicht, wie in der kapitalistischen Produktion, die gesellschaftliche Produktivität der Arbeit auf Kosten der Arbeit selbst entwickelt wird« (K3, 609). Es »ändert die Produktionsweise nicht, sondern saugt sich an sie als Parasit fest und macht sie miserabel. Er saugt sie aus, entnervt sie, und zwingt die Reproduktion, unter immer erbärmlichern Bedingungen vorzugehn«, selbst wenn die Produktionsweise unverändert bestehen bleibt (K3, 610).

Die zerstörerischen Kräfte des Wuchers riefen den populären Hass und den Widerstand seitens vieler einflussreicher Institutionen hervor – z.B. der katholischen Kirche, die bis Ende des 19. Jahrhunderts Wucher und auch Zins ächtete. Am Ende des Kapitels wird richtigerweise darauf hingewiesen, dass Martin Luther die Unterscheidung zwischen Wucher und einer »fairen und gerechten« Zinsrate vornahm – eine Dimension des Bruchs mit Rom, der die protestantische Reformation bildete.

Marx hält es für

> »höchst abgeschmackt, die Höhe *dieses* Zinses [des Wucherzinses] da, wo er, mit Ausnahme dessen, was dem Staat zukommt, *allen* Mehrwert sich aneignet, zu vergleichen mit der Höhe des modernen Zinsfußes, wo der Zins, wenigstens der normale, nur einen Teil dieses Mehrwerts bildet. Es wird dabei vergessen, daß der Lohnarbeiter dem Kapitalisten, der ihn anwendet, Profit, Zins und Grundrente, kurz den gesamten Mehrwert produziert und abgibt« (K3, 609).

Lohnarbeiterinnen können daher im Kapitalismus in ihrer Rolle als Produzenten keine Schuldsklaven sein. Sehr wohl können sie es aber, wie Marx vorausschauend anmerkt, in ihrer »Eigenschaft als Konsument« (K3, 609). Dies ist eine der wenigen Stellen, an denen Marx die Möglichkeit erwähnt, dass sich Arbeiter als Konsumenten verschulden können.

»Revolutionär wirkt der Wucher in allen vorkapitalistischen Produktionsweisen nur, indem er die Eigentumsformen zerstört und auflöst, auf deren fester Basis und beständiger Reproduktion in derselben Form die politische Gliederung ruht. ... Erst wo und wann die übrigen Bedingungen der kapitalistischen Produktionsweise vorhanden, erscheint der Wucher als eines der Bildungsmittel der neuen Produktionsweise, durch Ruin der Feudalherrn und der Kleinproduktion einerseits, durch Zentralisation der Arbeitsbedingungen zu Kapital andrerseits.« (K3, 610f.) Marx führt nicht weiter aus, was diese »übrigen Bedingungen« sein könnten, aber sein bewusster Verzicht darauf, nur eine Bedingung (wie etwa die Revolutionierung der Produktivkräfte oder eine radikale Veränderung des geistigen Weltbilds) herauszuheben, legen es nahe, dass ihm eine Vielzahl von Bedingungen statt einer monokausalen Erklärung für den Übergang vom Feudalismus zum Kapitalismus vorschwebte. Der Wucher spielte dabei eine möglicherweise wichtige Rolle.

»Die Entwicklung des Kreditwesens vollbringt sich als Reaktion gegen den Wucher. Man muß dies aber nicht mißverstehn, und keineswegs im Sinn der antiken Schriftsteller, der Kirchenväter, Luthers oder der älteren Sozialisten nehmen. Es bedeutet nichts mehr und nichts weniger als die Unterordnung des zinstragenden Kapitals unter die Bedingungen und Bedürfnisse der kapitalistischen Produktionsweise.« (K3, 613) Was bedeutet das?

> »Das zinstragende Kapital behält die Form von Wucherkapital gegenüber Personen und Klassen, oder in Verhältnissen, wo nicht im Sinn der kapitalistischen Produktionsweise geborgt wird und geborgt werden kann; wo aus individueller Not geborgt wird wie im Pfandhaus; wo dem genießenden Reichtum für Verschwendung geborgt wird; oder wo der Produzent nichtkapitalistischer Produzent ist, kleiner Bauer, Handwerker etc., ... endlich wo der kapitalistische Produzent selbst auf so kleiner Stufenleiter operiert, daß er sich jenen selbst arbeitenden Produzenten nähert.« (K3, 613f.)

Wir können also davon ausgehen, dass die Methode des Wuchers im Kapitalismus andauern wird – von den heute verelendeten Innenstädten der USA, in denen das Pfandhaus eine wichtige Einrichtung darstellt, bis zu den in Indien allgegenwärtigen Geldverleihern, die auf parasitäre Weise von der bäuerlichen Bevölkerung leben.

Was das zinstragende Kapital im Kapitalismus vom Wucher unterscheidet, sind »die veränderten Bedingungen, unter denen es fungiert«, und »die total verwandelte Gestalt des Borgers, der dem Geldverleiher gegenübertritt«. Diesem Borger wird »als potentiellem Kapitalisten« Kredit gegeben, selbst wenn er mittellos ist. Ein Mann ohne Vermögen, aber mit Energie, Entschlossenheit, Fähigkeit und Geschäftssinn kann sich auf diese Weise in einen Kapitalisten verwandeln. Dies wird von den ökonomischen Apologeten bewundert, denn es »befestigt die Herrschaft des Kapitals selbst, erweitert ihre Basis und erlaubt ihr, sich mit stets neuen Kräften aus der gesellschaftlichen Unterlage zu rekrutieren. ... Je mehr eine herrschende Klasse fähig ist, die bedeutendsten Männer der beherrschten Klassen in sich aufzunehmen, desto solider und gefährlicher ist ihre Herrschaft.« (K3, 614) Der Mythos des Kapitals, jeder könne »vom Tellerwäscher zum Millionär werden«, dient als überzeugende ideologische Rechtfertigung für die Verewigung dieses Klassenverhältnisses, und zugleich kann die Kapitalistenklasse sich dadurch verjüngen und ihre Macht und Energie erhalten. Fehlende oder verringerte Aufstiegschancen, wie sie in jüngster Zeit in den USA zu beobachten sind, werden daher von vielen als Bedrohung für die Aufrechterhaltung der kapitalistischen Gesellschaftsordnung betrachtet. In dem Maße, in dem das moderne Kreditsystem diese Mobilität und Flexibilität befördert, wurde und wird es in einem positiven Licht gesehen.

Im Folgenden beschreibt Marx in groben Zügen, wie der Wucher gezähmt wurde, »um das zinstragende Kapital dem kommerziellen und industriellen unterzuordnen statt umgekehrt«. Die im 12. und 14. Jahrhundert in Venedig und Genua gebildeten Kreditassoziationen spielten eine wichtige Vorreiterrolle, gefolgt von den Entwicklungen in Holland im 17. Jahrhundert. Dort »hatte sich mit dem Handel und der Manufaktur der kommerzielle Kredit und der Geldhandel entwickelt, und war das zinstragende Kapital durch den Gang der Entwicklung selbst dem industriellen und kommerziellen Kapital untergeordnet worden« (K3, 616).

Dies entspricht in etwa der heute gültigen Lehrmeinung in der Wirtschaftsgeschichte, und wer mit Giovanni Arrighis Darstellung der wichtigen Rolle der Finanzialisierung für die Übergänge der Hegemonie im globalen Kapitalismus von den italienischen Stadtstaaten zu Holland, Großbritannien und später den USA vertraut ist, wird die Parallelen erkennen. Aber ein Aspekt in der Darstellung von Marx ist von besonderer Bedeutung. In Bezug auf Venedig und Genua vermerkt er:

> »Wenn die eigentlichen Banken, die in diesen Stadtrepubliken gestiftet wurden, zugleich als Anstalten für den öffentlichen Kredit sich darstellen, von denen der Staat Vorschüsse auf einzunehmende Steuern erhielt, so darf nicht vergessen werden, daß die Kaufleute, die jene Assoziationen bildeten, selbst die ersten Leute jener Staaten, und ebenso interessiert waren, ihre Regierung wie sich selbst vom Wucher zu emanzipieren, und zugleich sich den Staat dadurch mehr und sicherer zu unterwerfen.« (K3, 615)

Dies deutet auf die grundlegende Bedeutung der Verbindung von Staat und Finanzwesen für den Aufstieg des Kapitals als einer spezifischen Produktionsweise hin. Ich habe diese Verbindung als den »Staat-Finanzwelt-Nexus« bezeichnet, dessen wichtige Rolle in der Geschichte des Kapitals bisher noch nicht ausreichend zur Kenntnis genommen wurde. Zur Herausbildung dessen, was als militär-fiskalischer Staat (fiscal-military state) bezeichnet wird, gibt es mittlerweile eine umfangreiche Literatur. Sie bezieht sich darauf, wie staatliche Macht und Finanzwesen während der ständigen Kriege des Spätmittelalters verschmolzen und wie diese Form des Staats zu einem wichtigen Akteur bei der Durchsetzung jener »Bedingungen« wurde, auf die Marx vage als notwendige Voraussetzungen für den Übergang zur kapitalistischen Produktionsweise hinweist. Wer an einer literarischen Darstellung dieses Prozesses interessiert ist, sei auf den historischen Roman *Wolf Hall* (dtsch. *Wölfe*) von Hilary Mantel verwiesen. Er schildert das Leben von Thomas Cromwell, der zum Finanzberater von Heinrich VIII. wurde und eine zentrale Rolle bei der Verschmelzung von Staat und Kapital in dieser Zeit spielte. Natürlich geht es in diesem Roman um die ganzen Intrigen am königlichen Hof, von der Heirat und Hinrichtung von Anne Boleyn bis zur Hinrichtung von Thomas Morus. Aber unter dieser Oberfläche wird sichtbar, wie sich der Charakter des britischen Staats grundlegend verändert. Auch heute noch müssen in entscheidenden Momenten die Spitzen des Bankensystems (in den USA heute die US-Notenbank) und die für monetäre Fragen zuständigen Bereiche der Staatsmacht (heute das Finanzministerium) zusammenkommen, um mit einer gemeinsam entwickelten Politik auf krisenhafte Bedingungen zu reagieren, die Staat und Kapital gleichermaßen bedrohen. Diese gemeinsamen Maßnahmen müssen sich sowohl auf die kommerziellen als auch die staatlichen Schulden und deren Verhältnis beziehen. Es war kein Zufall, dass nach dem Zusammenbruch von Lehman Brothers Finanzminister Hank Paulson und Notenbankchef Ben Bernanke die in der Öffentlichkeit tonangebenden Figuren waren, während der Präsident wenig oder nichts zu sagen hatte. Dies war der Staat-Finanzwelt-Nexus in Aktion – diesmal personifiziert und offen zur Schau gestellt, während er sich üblicherweise im Hintergrund hält. Die Krise des Euro war aus eben dem Grund so tiefgreifend, weil sich in der Europäischen Union als Ganzer dieser Staat-Finanzwelt-Nexus erst noch entwickeln und handlungsfähig werden muss. Allerdings weist die Ernennung von »technokratischen« Regierungen in Italien und Griechenland, die zeitweilig die demokratisch gewählten Regierungen ablösten, auf die Durchsetzung der unmittelbaren Herrschaft seitens des Staat-Finanzwelt-Nexus hin. Dem französischen Präsidenten und der deutschen Kanzlerin scheint nun klar geworden zu sein, dass sie von ihren bisherigen politischen Standpunkten abrücken und die Unionsverträge verändern oder neu verhandeln müssen (einschließlich der Machtbefugnisse der Europäischen Zentralbank), um auf ganz ähnliche Probleme, wie sie sich vor so langer Zeit in Vendig und Genua zeigten, reagieren zu können (vielleicht sogar mit denselben Methoden).

Wie dem auch sei,

> »diese gewaltsame Bekämpfung des Wuchers, diese Forderung der Unterordnung des zinstragenden unter das industrielle Kapital ist nur

> der Vorläufer der organischen Schöpfungen, die diese Bedingungen der kapitalistischen Produktion im modernen Bankwesen herstellen, das einerseits das Wucherkapital seines Monopols beraubt, indem es alle totliegenden Geldreserven konzentriert und auf den Geldmarkt wirft, andrerseits das Monopol der edlen Metalle selbst durch Schöpfung des Kreditgelds beschränkt.« (K3, 617)

In England wurde dieser Übergang begleitet vom »Wutgeheul« der Goldschmiede (die sich ihre Monopolmacht über die Edelmetalle erhalten wollten) und der Pfandverleiher gegen die Gründung der Bank of England, mit der ein funktionierender offener Geldmarkt etabliert werden sollte. Hegemonial war damals »die Forderung der Unterordnung des zinstragenden Kapitals, überhaupt der verleihbaren Produktionsmittel, unter die kapitalistische Produktionsweise als eine ihrer Bedingungen«. Amüsiert vermerkt Marx: »Hält man sich an die bloße Phrase, so wird die Übereinstimmung, bis auf den Ausdruck herab, mit den Bank- und Kreditillusionen der St. Simonisten oft in Erstaunen setzen.« (K3, 618) Dies bringt ihn zu einigen Anmerkungen zur »Religion Saint-Simonienne« und zu den Péreire-Brüdern, auf die ich bereits eingegangen bin.

> »Es muß aber nie vergessen werden, daß erstens das Geld – in der Form der edlen Metalle – die Unterlage bleibt, wovon das Kreditwesen der Natur der Sache nach *nie* loskommen kann. Zweitens, daß das Kreditsystem das Monopol der gesellschaftlichen Produktionsmittel (in der Form von Kapital und Grundeigentum) in den Händen von Privaten zur Voraussetzung hat, daß es selbst einerseits eine immanente Form der kapitalistischen Produktionsweise ist, und andrerseits eine treibende Kraft ihrer Entwicklung zu ihrer höchst- und letztmöglichen Form.« (K3, 620)

Offenbar vergaß Marx hier die goldene Regel »Sag niemals nie«, denn heute haben wir ein monetäres System ohne metallische Basis. Auch die von Lenin vor hundert Jahren vorgetragene teleologische Idee, das Finanzkapital sei die »höchste und letzte Form«, die die kapitalistische Produktionsweise annehmen kann, sollten wir skeptisch betrachten. Obwohl das Finanzkapital in bestimmten historischen Phasen einflussreicher oder sogar hegemonial werden kann, glaube ich nicht, dass sich das Kräfteverhältnis zwischen den Kapitalfraktionen zwangsläufig nur in eine Richtung entwickeln muss.

Aber möglicherweise ist die »immanente Beziehung« zwischen Geld und Staat heute derart eng geworden, dass eine staatliche Regulierung und Kontrolle der Finanzialisierung von außen gar nicht mehr denkbar ist. Ein Beleg dafür ist der 2010 in den USA verabschiedete Dodd-Frank Act zur Regulierung der Finanzmärkte. Er wurde im Wesentlichen von Bankiers verfasst und jede einzelne seiner Regelungen kann ganz im Sinne der Bankenlobby unterlaufen werden, weil er keine genauen Durchführungsbestimmungen enthält. Aber wenn ich mit meiner Vermutung zu der in der Geschichte des Kapitalismus schon lange bestehenden Rolle des Staat-Finanzwelt-Nexus richtig liege, dann reicht diese »Immanenz« bis zu den Ursprüngen des Kapitals selbst zurück. Ist der Staat also einfach nur ein Werkzeug des Kapitals – oder hat sich die langandauernde Verschmelzung von Staat und Finanzkapital (nicht Kapital im Allgemeinen!) in den letzten Jahren in etwas völlig Neues verwandelt? Sicher, die offen ausgeübte Macht der Wertpapierhändler gegenüber der Regierungspolitik scheint heute größer als zuvor. Aber ich kann mich noch daran erinnern, wie sich Harold Wilson, der britische Premierminister der Labour Party, bereits in den 1960er Jahren über die Macht der »Gnomes of Zürich« beschwerte, die ihm seine Wirtschaftspolitik vorschreiben würden. Dabei hatte er der City of London bereits Zugeständnisse gemacht, die den Interessen des produktiven Kapitals in England zuwiderliefen.

Ähnliches geht aus der berühmten frustrierten Reaktion von Bill Clinton bei dem Gespräch mit seinen Wirtschaftsberatern vor seiner ersten Amtseinführung hervor: »Wollen Sie mir damit sagen, dass meine Wirtschaftspolitik und die Aussichten auf meine Wiederwahl von einem Haufen verdammter Wertpapierhändler abhängen?« Jeder im Raum bestätigte, dass die Antwort »Ja!« war. Ich denke, es fehlt uns noch eine hinreichend ausgearbeitete Geschichte der Machtverflechtungen zwischen Staat und Finanzwelt, um beurteilen zu können, ob wir uns heute in einer anderen Situation befinden. Allerdings lässt sich mit Sicherheit sagen, dass sich die Probleme der Finanzregulierung und von institutionellen Reformen heute auf internationaler Ebene stellen und von keinem Staat im Alleingang bewältigt werden können.

Aber Marx gibt der Frage nach der »immanenten Macht« des Kreditsystems eine eigentümliche Wendung. Der »gesellschaftliche Charakter des Kapitals wird erst vermittelt und vollauf verwirklicht durch volle Entwicklung des Kredit- und Banksystems. ... Es hebt damit den Privatcharakter des Kapitals auf, und enthält so an sich, aber auch nur an sich, die Aufhebung des Kapitals selbst«. Das ist eine erstaunliche

Feststellung, aber wir werden auf sie noch an anderer Stelle stoßen. »Bank und Kredit werden aber dadurch zugleich das kräftigste Mittel, die kapitalistische Produktion über ihre eignen Schranken hinauszutreiben, und eins der wirksamsten Vehikel der Krisen und des Schwindels.« (K3, 620f.) Welche Richtung wird das Kapital nun einschlagen? Dies ist die eigentliche Frage, die der Charakterisierung des Isaak Péreire als »Schwindler und Prophet« zugrunde liegt.

Der prophetische Aspekt ist für Marx wichtig:

> »Endlich unterliegt es keinem Zweifel, daß das Kreditsystem als ein mächtiger Hebel dienen wird während des Übergangs aus der kapitalistischen Produktionsweise in die Produktionsweise der assoziierten Arbeit; jedoch nur als ein Element im Zusammenhang mit andren großen organischen Umwälzungen der Produktionsweise selbst. Dagegen entspringen die Illusionen über die wunderwirkende Macht des Kredit- und Bankwesens, im sozialistischen Sinn, aus völliger Unkenntnis der kapitalistischen Produktionsweise und des Kreditwesens als einer ihrer Formen.« (K3, 621)

Wie bald klar wird, ist mit dem Ignoranten hier Proudhon mit seinem Vorschlag eines kostenlosen Kredits als sozialistischem Allheilmittel gemeint.

Marx scheint hier vorzuschweben, dass die Zirkulation des zinstragenden Kapitals in gleicher Weise eine vorbereitende Funktion beim Übergang zum Sozialismus haben könnte, wie der Wucher trotz seiner Altertümlichkeit eine wichtige Rolle für den Aufstieg des Kapitalismus spielte – wobei er selbst radikal umgestaltet und zur Gesellschaftlichkeit des Geldmarkts und des zinstragenden Kapitals weiterentwickelt werden musste. Der »organische Übergang« zum Sozialismus wird jedoch von vielen anderen Bedingungen und Faktoren abhängen. Was uns hier bleibt, ist eine Reihe von quälenden offenen Fragen zur Rolle des Gelds, des Bankwesens und des Kredits nicht nur für den Übergang, sondern auch innerhalb einer sozialistischen oder kommunistischen Gesellschaft.

Noch ein weiterer Punkt in diesem Kapitel verdient Beachtung.

> »Wir haben gesehn, daß das Kaufmannskapital und das zinstragende Kapital die ältesten Formen des Kapitals sind. Es liegt aber in der Natur der Sache, daß das zinstragende Kapital in der Volksvorstellung sich als die Form des Kapitals par excellence darstellt. … stellt sich im zinstragenden Kapital der selbstreproduzierende Charakter des

> Kapitals, der sich verwertende Wert, die Produktion des Mehrwerts, als okkulte Qualität rein dar.« (K3, 622)

Alles scheint sich daher aus ihm abzuleiten. Im Ergebnis »wird dadurch die innere Gliederung der kapitalistischen Produktionsweise völlig verkannt« (K3, 623). Das zinstragende Kapital kann andere Wege einschlagen, als sie von der Produktion des Mehrwerts unmittelbar vorgegeben werden, und tut dies auch. Diese anderen Wege werden später unter der Rubrik fiktives Kapital untersucht werden. An dieser Stelle hält Marx fest:

> »Noch ungehöriger und begriffsloser ist es, das Verleihen von Häusern etc. für den individuellen Konsum hierherzuziehn. Daß die Arbeiterklasse auch in dieser Form beschwindelt wird, und zwar himmelschreiend, ist klare Tatsache; aber dies geschieht ebenso von dem Kleinhändler, der ihr die Lebensmittel liefert. Es ist dies eine sekundäre Ausbeutung, die neben der ursprünglichen herläuft, die im Produktionsprozeß selbst unmittelbar vor sich geht.« (K3, 623)

Nur selten kommt Marx auf diese »sekundären« Formen der Ausbeutung zu sprechen, wie grausam sie auch sein mögen. Hier haben wir eine der wenigen Stellen, an denen sie wenigstens erwähnt werden. Sie setzen voraus, dass weitgehend auseinanderfallen kann, wo der Mehrwert produziert und wie und wo er von der Kapitalistenklasse als Ganzer angeeignet und realisiert wird.

Kapitel Sieben
Die Rolle von Kredit und Bankensystem (ab Kapitel 27 des 3. Bandes)

Warum ist also Kredit notwendig für die Produktion und Reproduktion des Kapitals? In welchem Sinne können wir davon sprechen, dass die Aktivitäten des Finanzsektors Wert und/oder Mehrwert produzieren? Im 27. Kapitel listet Marx einige der wichtigsten Funktionen des Kredits auf. Zusammengefasst sind es die folgenden:

1. Er ermöglicht den reibungslosen Fluss von Geldkapital zwischen Sektoren und Branchen, sodass es überall zum Ausgleich der Profitrate kommen kann. Ich denke, vor allem daran hat Marx gedacht, als er weiter oben davon sprach, der Kredit fungiere als »das gemeinsame Kapital der Klasse«. Durch die Beweglichkeit in seiner »Schmetterlingsform« kann das Kapital die Rentabilität in verschiedenen Branchen und Regionen vereinheitlichen.
2. Er verringert erheblich (a) die Zirkulationskosten durch den Wegfall von Warengeld, den Ersatz von Gold durch Papier und das geringere Erfordernis eines Reservefonds (Schatz) für die Vermittlung schwankender Warenbewegungen und (b) die Umschlagszeiten – d.h. im Bankwesen »beschleunigt der Kredit die Geschwindigkeit der Warenmetamorphose und hiermit die Geschwindigkeit der Geldzirkulation« (K3, 452). Diese Beschleunigung der Zirkulation überträgt sich auf den Reproduktionsprozess des Kapitals im Allgemeinen. Die Produktion kann beschleunigt werden (was sich aus der Analyse der Umschlagszeiten ergibt).
3. Er erlaubt die Bildung von Aktiengesellschaften, die eine ungeheure Ausdehnung der Stufenleiter der Produktion und der Unternehmungen herbeiführen, die Privatisierung früherer Regierungsfunktionen ermöglichen und zur Zentralisierung des Kapitals (wie sie im 1. Band dargestellt wurde) beitragen. Viele kapitalistische Unternehmungen verlieren damit ihren privaten und individuellen Charakter und nehmen eine gesellschaftliche Form an. Etwas überraschend zieht Marx daraus den Schluss, es handele sich um »die Aufhebung des Kapitals als Privateigentum innerhalb der Grenzen der kapitalistischen Produktionsweise selbst« – »Verwandlung des wirklich fungieren-

den Kapitalisten in einen bloßen Dirigenten, Verwalter fremdes Kapitals, und der Kapitaleigentümer in bloße Eigentümer, bloße Geldkapitalisten« (K3, 452).

Aus dieser »Verwandlung« ergibt sich eine ganze Reihe von Konsequenzen. Wenn der Manager tatsächlich nur noch einen Lohn für die Oberaufsicht erhält, dann erscheint nun das Kapital »gegenüber allen wirklich in der Produktion tätigen Individuen, vom Dirigenten bis herab zum letzten Taglöhner« als das Eigentumsrecht, das mit dem Besitz von bloßem Geldkapital auf der Suche nach Verzinsung gegeben ist (K3, 453). Die Produktion des Mehrwerts scheint nur noch ein Mittel zur Befriedigung dieses Rechtsanspruchs zu sein. Als unmittelbarer Produzent wird der Kapitalist zum Manager des Geldkapitals von anderen:

> »In den Aktiengesellschaften ist die Funktion getrennt vom Kapitaleigentum, also auch die Arbeit gänzlich getrennt vom Eigentum an den Produktionsmitteln und an der Mehrarbeit. Es ist dies Resultat der höchsten Entwicklung der kapitalistischen Produktion ein notwendiger Durchgangspunkt zur Rückverwandlung des Kapitals in Eigentum der Produzenten, aber nicht mehr als das Privateigentum vereinzelter Produzenten, sondern als das Eigentum ihrer als assoziierter, als unmittelbares Gesellschaftseigentum. Es ist andrerseits Durchgangspunkt zur Verwandlung aller mit dem Kapitaleigentum bisher noch verknüpften Funktionen im Reproduktionsprozeß in bloße Funktionen der assoziierten Produzenten, in gesellschaftliche Funktionen.« (K3, 453)

Immer wenn in der Argumentation von Marx der Begriff des »assoziierten Produzenten« auftaucht, knüpfen sich an ihn in der Regel gewisse progressive Optionen. Die »Vergesellschaftung« des Kapitals durch die Bildung von Aktiengesellschaften deutet auf eine Übergangsphase hin, von der aus die Entwicklung verschiedene Wege einschlagen kann. Dies wirkt sich auch darauf aus, wie die Bewegungsgesetze des Kapitals funktionieren:

> »Da der Profit hier rein die Form des Zinses annimmt, sind solche Unternehmungen noch möglich, wenn sie bloßen Zins abwerfen, und es ist dies einer der Gründe, die das Fallen der allgemeinen Profitrate aufhalten, indem diese Unternehmungen, wo das konstante Kapital in so ungeheurem Verhältnis zum variablen steht, nicht notwendig in die Ausgleichung der allgemeinen Profitrate eingehn.« (K3, 453)

Paul Boccara, der Ende der 1960er Jahre der Cheftheoretiker der Kommunistischen Partei Frankreichs war, sah darin die wichtigste entgegenwirkende Ursache zum tendenziellen Fall der Profitrate in der damaligen Zeit.

Das in riesige Infrastrukturmaßnahmen investierte Kapital (egal ob durch den Staat oder Aktiengesellschaften finanziert) kann in der Tat auf diese Weise, nur Zins abwerfend, zirkulieren und damit faktisch die Profite in anderen Bereichen subventionieren. Ebenso können einzelne Kapitalisten einen großen Teil ihres konstanten Kapitals (wie Gabelstapler und andere Maschinerie) mieten und damit ihre Kosten für dieses konstante Kapital deutlich verringern. Sie zahlen nur den Zins für das in Warenform geborgte Kapital statt den vollen Wert dieser Waren (Zins und Profit).

Die physikalische Masse an fixem Kapital, die heute im bebauten Raum steckt (deren gewaltiger Umfang die Vorstellung von einem starken Anstieg des Verhältnisses von konstantem zu variablem Kapital in der Produktion glaubwürdig erscheinen lässt), zirkuliert zum größten Teil als zinstragendes Kapital, das sich Rente aneignet, und nicht durch den unmittelbaren Kauf und Verkauf der damit produzierten Waren. Die Beziehung zwischen der Gewinnung von Rente und der Zirkulation des zinstragenden Kapitals, die sich am deutlichsten an der Existenz eines riesigen Hypothekenmarkts zeigt, würde damit zu einem wichtigen Moment der kapitalistischen Dynamik. Mit dieser Frage hat sich Marx kaum beschäftigt – auch wenn er, wie wir gleich sehen werden, Hypotheken als eine Form von »fiktivem Kapital« bestimmt.

Aber es gibt eine weitreichendere Option. Die Verwandlung des produktiven Kapitalisten in einen bloßen Manager ist »die Aufhebung der kapitalistischen Produktionsweise innerhalb der kapitalistischen Produktionsweise selbst, und daher ein sich selbst aufhebender Widerspruch, der prima facie als bloßer Übergangspunkt zu einer neuen Produktionsform sich darstellt« (K3, 454). Das ist eine wirklich erstaunliche Feststellung. Was hat sie zu bedeuten? Diese Transformation muss nicht zwangsläufig eine progressive Richtung einschlagen. Dieser Widerspruch

> »stellt in gewissen Sphären das Monopol her und fordert daher die Staatseinmischung heraus. Er reproduziert eine neue Finanzaristokratie, eine neue Sorte Parasiten in Gestalt von Projektenmachern, Gründern und bloß nominellen Direktoren; ein ganzes System des Schwindels und Betrugs mit Bezug auf Gründungen, Aktienausgabe

> und Aktienhandel. Es ist Privatproduktion ohne die Kontrolle des Privateigentums.« (K3, 454)

Genau das passiert, wenn Kapital zum Geschäft mit dem »Geld anderer Leute« wird, wie es geistreiche Kommentatoren im Paris des Zweiten Kaiserreichs gerne nannten. Es war die von den Péreire-Brüdern geschaffene Welt: Die Utopie von Saint-Simon wird zur Dystopie. Heute spielt die »Finanzaristokratie«, auf die Marx verweist, eine noch größere Rolle.

Der Kredit bietet »dem einzelnen Kapitalisten, oder dem, der für einen Kapitalisten gilt, eine ... absolute Verfügung über fremdes Kapital und fremdes Eigentum, und dadurch über fremde Arbeit. Verfügung über gesellschaftliches, nicht eignes Kapital, gibt ihm Verfügung über gesellschaftliche Arbeit«. Diese Gesellschaftlichkeit ist für Marx von großer potenzieller Bedeutung. »Das Kapital selbst, das man wirklich oder in der Meinung des Publikums besitzt, wird nur noch die Basis zum Kreditüberbau. ... Alle Maßstäbe, alle mehr oder minder innerhalb der kapitalistischen Produktionsweise noch berechtigten Explikationsgründe verschwinden hier. Was der spekulierende Großhändler riskiert, ist gesellschaftliches, nicht *sein* Eigentum. Ebenso abgeschmackt wird die Phrase vom Ursprung des Kapitals aus der Ersparung, da jener gerade verlangt, daß *andre* für ihn sparen sollen.« (K3, 454f.)

Das war es dann mit dem Weberschen Mythos von der protestantischen Ethik der Enthaltsamkeit und dem Aufstieg des Kapitalismus – die »Illusion ... als ob Kapital der Sprößling eigner Arbeit und Ersparung wäre, geht damit in die Brüche« (K3, 524). Die Theorie der Abstinenz wird Lügen gestraft und die moralische Rechtfertigung des Profits als Belohnung für bürgerliche Tugendhaftigkeit wird unglaubwürdig. Der Kapitalist borgt sich einfach Geld und zieht seinen Gewinn aus den Ersparnissen anderer.

> »Vorstellungen, die auf einer minder entwickelten Stufe der kapitalistischen Produktion noch einen Sinn haben, werden hier völlig sinnlos. Das Gelingen und Mißlingen führen hier gleichzeitig zur Zentralisation der Kapitale und daher zur Expropriation auf der enormsten Stufenleiter. Die Expropriation erstreckt sich hier von den unmittelbaren Produzenten auf die kleineren und mittleren Kapitalisten selbst. Diese Expropriation ist der Ausgangspunkt der kapitalistischen Produktionsweise; ihre Durchführung ist ihr Ziel, und zwar in letzter Instanz die Expropriation aller einzelnen von den Produktionsmitteln ... Diese Expropriation stellt sich aber innerhalb des kapitalis-

> tischen Systems selbst in gegensätzlicher Gestalt dar, als Aneignung des gesellschaftlichen Eigentums durch wenige; und der Kredit gibt diesen wenigen immer mehr den Charakter reiner Glücksritter. Da das Eigentum hier in der Form der Aktie existiert, wird seine Bewegung und Übertragung reines Resultat des Börsenspiels, wo die kleinen Fische von den Haifischen und die Schafe von den Börsenwölfen verschlungen werden.« (K3, 455f.)

Das Kreditsystem wird also kurz gesagt zum wichtigsten Instrument der Form von ursprünglicher Akkumulation, die ich als »Akkumulation durch Enteignung« bezeichne. Wie viel des heutigen Reichtums der Finanzaristokratie wurde durch die mit den Machenschaften des Finanzsystems betriebene Enteignung des Reichtums anderer (einschließlich anderer Kapitalisten) akkumuliert?

Aber in diesen ganzen Beziehungen steckt eine grundlegende Zwiespältigkeit, die Marx nicht ausdrücklich anspricht. Der von ihm in der Geschichte des Geldhandlungskapitals hervorgehobene Grundgedanke besagt, dass Wucher und Zins diszipliniert und den Bedürfnissen der kapitalistischen Produktionsweise im Allgemeinen und der Zirkulation des industriellen Kapitals im Besonderen untergeordnet werden müssen. Aber nun deutet er in seinem Text an, dass das kapitalistische Kreditsystem völlig außer Kontrolle gerät und die Welt des Kapitals und der Mehrwertproduktion wieder auf katastrophale Weise gefährdet. Es stellt die Ökonomie der Akkumulation durch Enteignung in den Mittelpunkt statt die Ökonomie der Ausbeutung von Arbeit in der Produktion. Es führt wieder Methoden des Wuchers ins Wirtschaftsleben ein, auch wenn sich diese vom damaligen Wucher stark unterscheiden. Stellt dies eine Bedrohung für die Zukunftsfähigkeit der Kapitalakkumulation dar? Marx gibt keine eindeutige Antwort auf diese Frage, aber mit Sicherheit hat er diese Möglichkeit nicht ausgeschlossen.

Diese Frage scheint sich durch die folgenden Untersuchungen hindurchzuziehen. Das Ergebnis ist eine interessante analytische Beschreibung, die für das Verständnis unserer heutigen globalen Situation und ihrer Widersprüche von einiger Bedeutung ist. »Wenn das Kreditwesen als Haupthebel der Überproduktion und Überspekulation im Handel erscheint, so nur, weil der Reproduktionsprozeß, der seiner Natur nach elastisch ist, hier bis zur äußersten Grenze forciert wird, und zwar deshalb forciert wird, weil ein großer Teil des gesellschaftlichen Kapitals von den Nichteigentümern desselben angewandt wird«. Aus diesem Grund missbilligte Adam Smith natürlich die Aktiengesellschaften, außer zur Finanzierung von großen Transportunternehmungen wie dem Kanalbau oder von öffentlichen Einrichtungen, die sich nicht anders bewerkstelligen ließen. Der Aufstieg des Kreditsystems zeigt ganz klar, »daß die auf den gegensätzlichen Charakter der kapitalistischen Produktion gegründete Verwertung des Kapitals die wirkliche, freie Entwicklung nur bis zu einem gewissen Punkt erlaubt, also in der Tat eine immanente Fessel und Schranke der Produktion bildet, die beständig durch das Kreditwesen durchbrochen wird«. Der Kredit ist also das wichtigste Mittel, mit dem die Akkumulation des Kapitals sämtliche Schranken umgehen kann, denn Kreditgeld kann unbegrenzt erzeugt werden. Marx fährt fort: »Das Kreditwesen beschleunigt daher die materielle Entwicklung der Produktivkräfte und die Herstellung des Weltmarkts, die als materielle Grundlagen der neuen Produktionsform bis auf einen gewissen Höhegrad herzustellen, die historische Aufgabe der kapitalistischen Produktionsweise ist.« (Man beachte die Teleologie in dieser Formulierung, aber auch den Umstand, dass es keinen direkten Hinweis darauf gibt, wie diese neue Produktionsform aussehen könnte.) So gesehen trägt das Kreditsystem in erheblicher Weise zur Produktion von Wert und Mehrwert bei: »Gleichzeitig beschleunigt der Kredit die gewaltsamen Ausbrüche dieses Widerspruchs, die Krisen, und damit die Elemente der Auflösung der alten Produktionsweise.« Das Kreditsystem hat die Tendenz, »einerseits die Triebfeder der kapitalistischen Produktion, Bereicherung durch Ausbeutung fremder Arbeit, zum reinsten und kolossalsten Spiel- und Schwindelsystem zu entwickeln und die Zahl der den gesellschaftlichen Reichtum ausbeutenden wenigen immer mehr zu beschränken; andrerseits aber die Übergangsform zu einer neuen Produktionsweise zu bilden« (K3, 457).

Was also war es, was der »Schwindler« Isaak Péreire prophezeite? Marx behandelt einige der positiven Möglichkeiten. Aktiengesellschaften machen die Gesellschaftlichkeit der Produktion deutlich und damit den »Gegensatz zwischen dem Reichtum als gesellschaftlichem« und der Art und Weise, wie der Reichtum »befangen in den kapitalistischen Schranken« des Privateigentums bleibt. Kann diese Gesellschaftlichkeit befreit werden? Können wir an diesem Widerspruch ansetzen? Marx scheint das vorzuschweben:

> »Die Kooperativfabriken der Arbeiter selbst sind, innerhalb der alten Form, das erste Durchbrechen der alten Form, obgleich sie natürlich überall, in ihrer wirklichen Organisation, alle Mängel des bestehenden Systems reproduzieren und reproduzieren müssen. Aber

> der Gegensatz zwischen Kapital und Arbeit ist innerhalb derselben aufgehoben, wenn auch zuerst nur in der Form, daß die Arbeiter als Assoziation ihr eigner Kapitalist sind ... Sie zeigen, wie, auf einer gewissen Entwicklungsstufe der materiellen Produktivkräfte und der ihr entsprechenden gesellschaftlichen Produktionsformen, naturgemäß aus einer Produktionsweise sich eine neue Produktionsweise entwickelt und herausbildet.« (K3, 456)

Zu dieser Entwicklung wäre es nicht gekommen, wenn nicht zuvor das Fabriksystem die Kooperation und eine minutiös organisierte Arbeitsteilung in den Mittelpunkt gestellt hätte. Und ebenso bietet das Kreditsystem

> »die Mittel zur allmählichen Ausdehnung der Kooperativunternehmungen auf mehr oder minder nationaler Stufenleiter. Die kapitalistischen Aktienunternehmungen sind ebensosehr wie die Kooperativfabriken als Übergangsformen aus der kapitalistischen Produktionsweise in die assoziierte zu betrachten, nur daß in den einen der Gegensatz negativ, und in den andren positiv aufgehoben ist.« (K3, 456)

In regelmäßigen Abständen wird diese positive Potenzialität von sozialistischen Denkern wieder aufgegriffen – zum Beispiel in Peter Druckers Kommentar zum »Pensionsfonds-Sozialismus« oder auf aktivere Weise im Rudolf-Meidner-Plan, der die allmähliche Ablösung des Kapitalismus durch genossenschaftliches Eigentum der Arbeiter vorsah. Indem die Arbeiterinnen zum Teil mit Aktien bezahlt werden sollten, würden sie schließlich zu Eigentümerinnen der Unternehmen werden, von denen sie jetzt noch beschäftigt werden.[1] Hoffnungen auf derartige Übergänge tauchen zwar immer wieder auf, aber leider besteht kein Zweifel, dass der vorherrschende historische Trend in die andere, die negative Richtung geht.

---

[1] Peter Drucker: *The Unseen Revolution: How Pension Fund Socialism Came to America*, New York 1976 (dtsch. *Die unsichtbare Revolution. Die Mitarbeiter-Gesellschaft und ihre Probleme*. Aus dem Amerikanischen von Gerti von Rabenau, Düsseldorf 1977); Robin Blackburn: »Rudolf Meidner: A Visionary Pragmatist«, *Counterpunch*, December 22, 2005, online: www.counterpunch.org/2005/12/22/a-visonary-pragmatist/.

Das bringt uns wieder zu der, in allen drei Bänden des *Kapital* immer mal wieder angesprochenen Idee, die kollektive und assoziierte Arbeit könne die Grundlage für den Aufbau einer antikapitalistischen Alternative bilden. Da die hier besprochenen Passagen zu den wenigen Stellen gehören, an denen Marx tatsächlich einen Mechanismus des Übergangs vom Kapitalismus zum Sozialismus und Kommunismus beschreibt, sollte ich etwas näher darauf eingehen. Nachdem Marx dieses Kapitel geschrieben hatte, fügte Engels ein paar Seiten ein, auf denen er die Entwicklung der Macht des Gesellschaftskapitals beschreibt. Daraus lässt sich schließen, dass Engels meinte, der Moment sei längst vorbei, an dem sich irgendetwas Progessives aus dieser Entwicklung hätte ergeben können. An anderer Stelle vermerkt Engels, dass Marx großen Respekt vor den Ideen von Saint-Simon hatte, die sich auf den Einsatz der Macht des assoziierten Kapitals für progressive Zwecke konzentrierten. Hier schmückt Marx diese Idee aus und erörtert die Möglichkeit, das assoziierte Kapital der kooperativen Kontrolle der Arbeiterinnen zu unterstellen. Er räumt zwar ein, dass solche Arbeiterkooperativen viele Mängel des existierenden Systems reproduzieren müssen, aber sie seien zumindest eine Grundlage, um durch die Ausbreitung einer Bewegung von Kooperativen und deren Praxis einen nationalen Raum zu erobern. Marx scheint dies in den 1850er und 1860er Jahren für eine durchaus realistische Möglichkeit gehalten zu haben. Für Engels war diese historische Möglichkeit schon bald wieder verbaut. Aber bestand sie damals tatsächlich?

Diese Frage ist wichtig, weil heute in vielen sozialen Bewegungen der Glaube existiert, es bestehe nun wieder diese Möglichkeit – dass schon die Demokratisierung der Produktion durch Fabrikbesetzungen, den Aufbau einer alternativen solidarischen Ökonomie, Tauschringe und andere Kooperationsformen den Weg zu einem radikal antikapitalistischen Neuaufbau des politischen und wirtschaftlichen Lebens eröffnen könne. Auch wenn viele in diesen Bewegungen das Problem der Selbstausbeutung und der unvermeidlichen Reproduktion vieler Mängel des zu überwindenden kapitalistischen Systems in den kooperativen Formen erkennen, wird dieser Weg oft als der einzig mögliche für eine demokratische antikapitalistische Bewegung dargestellt. Es scheint, als ob der Aufstieg des Kreditsystems und die Vergesellschaftung des Kapitals der »natürliche« Boden sei, auf dem Kooperativen und Arbeiterkontrolle gedeihen könnten. Dabei wird allerdings nie erwähnt, dass aller Kredit in den Händen eines Staats unter Arbeiterkontrolle zentraliert werden soll, wie es im *Kommunistischen Manifest* gefordert wurde.

Kommen wir auf Mondragón als ein überzeugendes Beispiel in der heutigen Zeit zurück. Diese Kooperative war ohne staatliche Hilfe erfolgreich. Aber wie wir gesehen haben, beruhte dies zum Teil darauf, dass sie die Zirkulation des Produktions-, Geld- und Warenkapitals über eigene Beziehungen vermittelte. Sie hat ihre eigenen Kredit- und Einzelhandelsstrukturen. Es bestehen kaum Unterschiede in der Vergütung der Anteilseigner und es gibt eine demokratische Entscheidungsstruktur. Ironischerweise wird von linker Seite an Mondragón vor allem kritisiert, dass sie wie ein Unternehmen und wie eine Aktiengesellschaft operiere. Marx' intuitives Gespür scheint also nicht ganz falsch zu sein, dass gewisse Kontinuitätslinien zwischen der von Saint-Simon beschworenen Vergesellschaftung des Kapitals und dem Aufbau und Überleben von alternativen Arbeiterkooperativen im Rahmen des Kapitalismus bestehen. Wenn es überall auf der Welt Mondragóns gäbe und sich die unter Arbeiterkontrolle angeeigneten Betriebe in Argentinien am Leben erhalten und vermehren könnten (auch wenn sie notwendigerweise kapitalistische Formen der Konkurrenz und der Selbstausbeutung reproduzieren), dann würden wir in einer völlig anderen und möglicherweise sehr viel progressiveren Welt leben. Ist es das, was Marx meint, wenn er von der Aufhebung der kapitalistischen Produktionsweise innerhalb der kapitalistischen Produktionsweise selbst spricht und dies als einen sich selbst aufhebenden Widerspruch bezeichnet? Dies sind interessante Fragen.

Aber es gibt auch viele warnende Beispiele. In ihrem einflussreichen Buch *Das Ende der Massenproduktion* vertraten Piore und Sabel 1984 die These, dass die neuen Arbeitsformen der flexiblen Spezialisierung und der Kleinserienfertigung einen Raum (ähnlich dem, der 1848 existierte) eröffnen würden, in dem kooperative Kleinbetriebe unter Arbeiterkontrolle (wie sie bereits im Dritten Italien in der Emilia-Romagna zu sehen seien) die von Konzernen beherrschte Fabrikform verdrängen und den Übergangsmechanismus zu einem dezentralen Sozialismus bilden würden.[2] Piore und Sabel lancierten eine, inbesondere in Europa, durchaus erfolgreiche Kampagne, um die organisierte Arbeiterbewegung davon zu überzeugen, ihren Widerstand gegen diese neuen technologischen und organisatorischen Formen aufzugeben und die flexible

[2] Michael J. Piore und Charles F. Sabel: *The Second Industrial Divide: Possibilities for Prosperity*, New York: 1984, dtsch. *Das Ende der Massenproduktion. Studie über die Requalifizierung der Arbeit und die Rückkehr der Ökonomie in die Gesellschaft*. Aus dem Amerikanischen von Jürgen Behrens, Westberlin 1985.

Spezialisierung als eine Befreiung zu begrüßen (sie waren geradezu vernarrt in die Ideen von Proudhon, die für Marx natürlich ein rotes Tuch waren). Piore und Sabel hatten nicht gesehen, dass die flexible Spezialisierung zu den brutalen Ausbeutungsmethoden der flexiblen Akkumulation beitrug, die von zentraler Bedeutung für das neoliberale Projekt war. Die flexible Spezialisierung wurde zum wichtigsten Instrument, um die Arbeitskräfte an allen Orten ihrer Beschäftigung zu disziplinieren und zu unterdrücken. Heute spricht niemand mehr von ihren emanzipatorischen Potenzialen. Leider gibt es eine lange Geschichte von scheinbar befreienden Optionen, die für die vorherrschenden Methoden der kapitalistischen Ausbeutung nutzbar gemacht werden konnten. Seien wir also vorsichtig mit dem, was wir uns wünschen.

Zum 28. Kapitel des 3. Bandes: Umlaufsmittel und Kapital

Im 28. Kapitel geht es zum größten Teil um die Auffassungen von Tooke und anderen, die zwischen Geld als Kapital und Geld als Zirkulationsmittel unterscheiden. Ich will die Kritik von Marx (und Engels' Ergänzungen) nicht im Einzelnen behandeln. Für Marx ist der wichtigere Unterschied der zwischen Geld, das von den Kapitalisten zum Kauf der Waren für die Produktion benutzt wird, und Geld, das zum Kauf der produzierten Waren geliehen wird. »Der Unterschied ist also in der Tat der *von Geldform der Revenue* und *Geldform des Kapitals*« (K3, 459). Beide Gebrauchsweisen des Geldes sind in die Zirkulation des industriellen Kapitals eingebunden. Marx bezeichnet manchmal die für die Produktion vergebenen Kredite als »Geldkapital« im Unterschied zum »Geldhandlungskapital«, das an die Konsumenten geht und dazu beiträgt, Wert und Mehrwert am Markt zu realisieren.

Bankiers können Leihkapital für die Produktion zur Verfügung stellen, und sie können Konsumenten Kredite geben, mit denen diese die produzierten Waren kaufen können. Zum Beispiel kann derselbe Bankier sowohl Bauunternehmern Geld für den Bau von Reihenhäusern leihen als auch Konsumenten den Kauf dieser Häuser durch Hypotheken ermöglichen. Die Nachfrage nach Zahlungsmitteln (Konsumentenkrediten) und nach Kaufmitteln (Leihkapital) ist weder synchron noch ausgeglichen. Aber fehlt es an einem der beiden, kann dies zur Schranke für die Zirkulation des industriellen Kapitals werden. Daraus ergibt sich auch die Möglichkeit – worauf Marx allerdings nicht eingeht –, dass in Zeiten günstiger Kredite und großer Liquiditätsüberschüsse sowohl das Angebot an wie die Nachfrage nach einer wichtigen Ware (wie Häuser) zu einer »Investitionsblase« führen kann – eben weil das zinstragende Kapital so ungehindert die Angebots- wie die Nachfragebedingungen beeinflussen kann. »Beide Zirkulationssphären stehn in einem innern Zusammenhang, indem einerseits die Masse der zu verausgabenden Revenuen den Umfang der Konsumtion, und andrerseits die Größe der in Produktion und Handel zirkulierenden Kapitalmassen den Umfang und die Geschwindigkeit des Reproduktionsprozesses ausdrücken.« (K3, 462)

Es taucht hier noch eine Reihe von Nebenaspekten auf, wie die Geschwindigkeit des Geldumlaufs und die Rolle des Kreditsystems für die Anpassungsbewegungen. Es ist klar, dass Veränderungen in der Verfügbarkeit zu zyklischen Schwankungen zwischen scheinbarer Prosperität und regelrechter Austrocknung führen können. Marx gibt einen kurzen Überblick, wie sich das Geld- und Kreditwesen bei solchen Schwankungen normalerweise verhält. In den Jahren 2005-2012 erlebten wir auf den Immobilienmärkten vieler Länder, von den USA über Irland bis Spanien, die Entstehung einer Vermögenswertblase, der ein drastischer Zusammenbruch der Finanzströme folgte, als die Häuserpreise sich von den Einkommen völlig entkoppelt hatten.

Zum 29. Kapitel des 3. Bandes: Das Problem des Bankwesens und des fiktiven Kapitals

Worum geht es eigentlich beim Bankkapital und wie zirkuliert es? Dies sind die zentralen Fragen im 29. Kapitel, das uns zur Erörterung einer sehr wichtigen Kategorie bringt, die Marx als »fiktives Kapital« bezeichnet.

Das eigentliche Bankkapital besteht »1. aus barem Geld, Gold oder Noten, 2. Wertpapieren«. Letztere bestehen aus zwei Arten: »Handelspapiere, Wechsel, die schwebend sind, von Zeit zu Zeit verfallen und in deren Diskontierung das eigentliche Geschäft des Bankiers gemacht wird; und öffentliche Wertpapiere, wie Staatspapiere, Schatzscheine, Aktien aller Art« sowie Hypotheken (K3, 481). Das von der Bank gehaltene Kapital lässt sich einteilen in das Eigenkapital des Bankiers und das Geld von anderen Leuten – d.h. Depositen und Ersparnisse zusammen mit allen Noten, die die Bank ausgeben darf.

Marx untersucht, was bei dem Verleihen dieses Bankkapitals gegen Zins geschieht. Er weist darauf hin, dass jedes regelmäßige Einkommen, jede Revenue als Zins betrachtet werden kann. Wenn die Zinsrate 5 Prozent beträgt, dann wird jede »feste jährliche Einnahme von 25 Pfd. St. ... daher als Zins eines Kapitals von 500 Pfd. St. betrachtet«. Aber das ist »eine rein illusorische Vorstellung«, wie Marx anmerkt (K3, 482). Hinter dem Einkommensstrom muss kein wirkliches Geldkapital stehen. Viele US-Bürgerinnen erhalten z.B. monatlich einen Sozialhilfescheck, aber es wäre illusorisch zu meinen, dieser Geldfluss sei der Zins auf irgendeine Menge von Kapital im Staatsbesitz. Wenn aber der Leistungsempfänger der Bank verspricht, ihr die jährlich vom Sozialamt bezogenen 25.000 US-Dollar zu geben, kann er 500.000 US-Dollar Geldkapital für den Kauf eines Hauses erhalten. Der jährliche Geldfluss von 25.000 US-Dollar wird in ein Kapital von 500.000 US-Dollar kapitalisiert, obwohl hinter den Sozialhilfezahlungen kein ursprünglich vorgeschossenes Geldkapital steht (es gibt nur das Versprechen des Staates, monatliche Zahlungen zu leisten, die er aus der Besteuerung der Löhne finanziert). Damit kommen wir zu einem der wichtigsten Begriffe von Marx, dem des fiktiven Kapitals.

»Der Staat hat seinen Gläubigern jährlich ein gewisses Quantum Zins für das geborgte Kapital zu zahlen. Der Gläubiger kann hier nicht seinem Schuldner aufkündigen, sondern nur die Forderung, seinen Besitztitel darüber, verkaufen. Das Kapital selbst ist aufgegessen, verausgabt vom Staat. Es existiert nicht mehr.« (K3, 482) Es ist z.B. ausgegeben worden, um Krieg gegen den Irak und Afghanistan zu führen.

> »Was der Staatsgläubiger besitzt, ist 1. ein Schuldschein auf den Staat, sage von 100 Pfd. St.; 2. gibt dieser Schuldschein ihm den Anspruch auf die jährlichen Staatseinnahmen, d.h. das jährliche Produkt der Steuern, für einen gewissen Betrag, sage 5 Pfd. St. oder 5%; 3. kann er diesen Schuldschein von 100 Pfd. St. beliebig an andre Personen verkaufen. Ist der Zinsfuß 5%, und dazu Sicherheit des Staats vorausgesetzt, so kann der Besitzer A den Schuldschein in der Regel zu 100 Pfd. St. an B verkaufen; denn für B ist es dasselbe, ob er 100 Pfd. St. zu 5% jährlich ausleiht, oder ob er durch Zahlung von 100 Pfd. St. sich einen jährlichen Tribut vom Staat zum Betrage von 5 Pfd. St. sichert. *Aber in allen diesen Fällen bleibt das Kapital, als dessen Abkömmling (Zins) die Staatszahlung betrachtet wird, illusorisch, fiktives Kapital.*« (K3, 482f.; Hervorh. D.H.)

Dies ist also Marx' erste Definition des fiktiven Kapitals. Er erläutert weiter: »Nicht nur, daß die Summe, die dem Staat geliehen wurde, überhaupt nicht mehr existiert«, weil sie ausgegeben wurde. »Sie war überhaupt nie bestimmt, als Kapital verausgabt, angelegt zu werden, und nur durch ihre Anlage als Kapital hätte sie in einen sich erhaltenden Wert verwandelt werden können.« (K3, 483) Es wurde also durch das staatliche Handeln überhaupt kein Mehrwert produziert, aber es hat den Anschein, als sei ein zusätzlicher Wert entstanden, weil der Staat auf das von ihm geliehene Geld einen Zins zahlt (von dem angenommen wird, er sei Teil von einem irgendwo produzierten Mehrwert). Außerdem scheint der Handel mit den staatlichen Schuldbriefen zu beweisen, dass sich das ursprüngliche Kapital zurückgewinnen ließe – manchmal sogar mit einem Extraprofit, wenn die Nachfrage nach Schuldbriefen das Angebot übersteigt. Aber: »Diese Transaktionen mögen sich noch so sehr vervielfältigen, das Kapital der Staatsschuld bleibt ein rein fiktives, und von dem Moment an, wo die Schuldscheine unverkaufbar würden, fiele der Schein dieses Kapitals weg. Nichtsdestoweniger, wie wir gleich sehn werden, hat dies fiktive Kapital seine eigne Bewegung.« (K3, 483) Diese »eigene Bewegung«, von der Marx spricht, können wir an den täglichen oder sogar stündlichen Schwankungen der Werte an den Aktien- und Anleihemärkten erkennen.

Das zinstragende Kapital erscheint daher als die »Mutter aller verrückten Formen« (K3, 483). Noch verrückter wird es, wenn bürgerliche Theoretiker aus den regelmäßigen Lohnzahlungen an die Arbeiter die Fiktion eines in der Arbeiterin verkörperten Kapitals konstruieren. Der Wert des Arbeiters wird dann als kapitalisierter Wert aus dem jährlichen Lohneinkommen berechnet. Der Wert des Humankapitals kann dann dieser Theorie zufolge gesteigert werden, indem die Arbeiterin in ihre Ausbildung und die Aneignung von Fähigkeiten investiert, was sich in Gestalt höherer Löhne auszahlen sollte. In der Theorie des Humankapitals sind Arbeiter – Kapitalisten! »Die Verrücktheit der kapitalistischen Vorstellungsweise erreicht hier ihre Spitze, indem statt die Verwertung des Kapitals aus der Exploitation der Arbeitskraft zu erklären, umgekehrt die Produktivität der Arbeitskraft daraus erklärt wird, daß Arbeitskraft selbst dies mystische Ding, zinstragendes Kapital ist.« (K3, 483)

Diese sehr zweckdienliche Betrachtung der Arbeit ist in unserer neoliberal pervertierten Zeit zur herrschenden Lehrmeinung geworden. Wenn die Löhne niedrig sind, liegt es angeblich an den Arbeitern selbst, weil sie sich nicht die Mühe machen, in ihr eigenes Humankapital zu investieren. Würden sie nur alle ordentlich investieren, könnten jede und jeder sehr viele höhere Löhne bekommen. Es fragt sich dann nur, warum wir heutzutage Taxifahrern mit Doktortitel begegnen. Wie dem auch sei, wären die Arbeiterinnen wirklich Kapitalistinnen, dann könnten sie sich wie die normalen Kapitalisten frei entscheiden, ob sie tatsächlich für Lohn arbeiten oder sich in der Hängematte räkeln und von den Zinsen auf ihr Kapital leben.

Hinter all dem steckt ein einfaches, aber entscheidendes Prinzip – das der Kapitalisierung: »Die Bildung des fiktiven Kapitals nennt man kapitalisieren. Man kapitalisiert jede regelmäßig sich wiederholende Einnahme, indem man sie nach dem Durchschnittszinsfuß berechnet, als Ertrag, den ein Kapital, zu diesem Zinsfuß ausgeliehen, abwerfen würde«. Der Rechtstitel auf diesen Einkommensstrom kann dann zu diesem kapitalisierten Preis gehandelt werden. »Aller Zusammenhang mit dem wirklichen Verwertungsprozeß des Kapitals geht so bis auf die letzte Spur verloren, *und die Vorstellung vom Kapital als einem sich durch sich selbst verwertenden Automaten befestigt sich.*« (K3, 484; Hervorh. D.H.)

Ich kann nicht genug betonen, wie wichtig dieses Argument ist. Im 1. Band hatte Marx am Begriff des Kapitals gezeigt, wie es als eine Gans, die ihre eigenen goldenen Eier legt, erscheint. Hier sehen wir nun, wie dieser Fetischcharakter der Selbstverwertung eine sehr spezifische Form, die des fiktiven Kapitals, annimmt. Es macht sich selbst zu einem mysteriösen Wesen, das zugleich höchst real an den Märkten für Anleihen, Wertpapiere usw. existiert, an denen die Eigentumstitel verschiedener Einkommensströme kapitalisiert und als Kapital verkauft werden.

> »Auch da, wo der Schuldschein – das Wertpapier – nicht wie bei den Staatsschulden rein illusorisches Kapital vorstellt, ist der Kapitalwert dieses Papiers rein illusorisch. Man hat vorhin gesehn, wie das Kreditwesen assoziiertes Kapital erzeugt. Die Papiere gelten als Eigentumstitel, die dies Kapital vorstellen. Die Aktien von Eisenbahn-, Bergwerks-, Schiffahrts- etc. Gesellschaften stellen wirkliches Kapital vor, nämlich das in diesen Unternehmungen angelegte und fungierende Kapital oder die Geldsumme, welche von den Teilhabern vorgeschossen ist, um als Kapital in solchen Unternehmungen verausgabt zu werden. Wobei keineswegs ausgeschlossen ist, daß sie auch bloßen Schwindel vorstellen. Aber dies Kapital existiert nicht doppelt, einmal als Kapitalwert der Eigentumstitel, der Aktien, und das andre Mal als das in jenen Unternehmungen wirklich angelegte oder anzulegende Kapital. Es existiert nur in jener letztern Form, und die Aktie ist nichts als ein Eigentumstitel, pro rata, auf den durch jenes zu realisierenden Mehrwert.« (K3, 484f.)

Es ist letztlich ein Anspruch auf zukünftige Arbeit, die den Mehrwert produzieren soll, von dem der Zins (eine Rendite auf die bloße Eigentümerschaft) abgezweigt werden kann. Auf diesen Märkten für Anleihen, Aktien und Beteiligungen kommt es natürlich zu Schwankungen: »Die selbständige Bewegung des Werts dieser Eigentumstitel … bestätigt den Schein, als bildeten sie wirkliches Kapital neben dem Kapital oder dem Anspruch, worauf sie möglicherweise Titel sind. … Der Marktwert dieser Papiere ist zum Teil spekulativ, da er nicht nur durch die wirkliche Einnahme, sondern durch die erwartete, vorweg berechnete bestimmt ist.« (K3, 485) Die Preise können nach oben oder nach unten gehen, je nachdem wie die zukünftige Mehrwertproduktion eingeschätzt wird. Fallende Preise und Krisen führen zur Entwertung von Vermögenstiteln, aber »sobald der Sturm vorüber ist, steigen diese Papiere wieder auf ihre frühere Höhe, soweit sie nicht verunglückte oder Schwindelunternehmungen vorstellen«. Nach 2007 kam es in den USA zu gigantischen Verlusten an Immobilienwerten, die sich auch fünf Jahre später noch nicht erholt zu haben scheinen. Aber voraussehend hält Marx fest, dass die Entwertung dieser Vermögenswerte in der Krise »als kräftiges Mittel zur Zentralisation des Geldvermögens« wirkt (K3, 486). Oder wie es der Bankier Andrew Mellon vor langer Zeit sagte, »in der Krise kehrt das Vermögen zu seinen rechtmäßigen Besitzern zurück«, also zu ihm. Die zunehmende Zentralisierung von Reichtum und Macht im Verlauf einer Krise ist eine wichtige historische Tatsache, was auch die Finanzkrise von 2007-2012 eindrucksvoll belegt hat.

Spekulationsgeschäfte müssen nicht zwangsläufig schädlich sein. »Soweit ihre Entwertung nicht wirklichen Stillstand der Produktion und des Verkehrs auf Eisenbahnen und Kanälen, oder Aufgeben von angefangnen Unternehmungen ausdrückte, oder Wegwerfen von Kapital in positiv wertlosen Unternehmungen, wurde die Nation um keinen Heller ärmer durch das Zerplatzen dieser Seifenblasen von nominellem Geldkapital.« Denn

> »alle diese Papiere stellen in der Tat nichts vor als akkumulierte Ansprüche, Rechtstitel, auf künftige Produktion …. In allen Ländern kapitalistischer Produktion existiert eine ungeheure Masse des sog. zinstragenden Kapitals oder moneyed capital in dieser Form. Und unter Akkumulation des Geldkapitals ist zum großen Teil nichts zu verstehn als Akkumulation dieser Ansprüche auf die Produktion, Akkumulation des Marktpreises, des illusorischen Kapitalwerts dieser Ansprüche.« (K3, 486)

Wenn diese Art von umherfließendem Kapital schon zur Zeit von Marx eine »ungeheure Masse« bildete, mit welchem Adjektiv müssten wir es heute beschreiben?

»Mit der Entwicklung des zinstragenden Kapitals und des Kreditsystems scheint sich alles Kapital zu verdoppeln und stellenweis zu verdreifachen durch die verschiedne Weise, worin dasselbe Kapital oder auch nur dieselbe Schuldforderung in verschiednen Händen unter verschiednen Formen erscheint. Der größte Teil dieses ›Geldkapitals‹ ist rein fiktiv.« (K3, 488) Nirgends zeigt sich dies schlagender als im Banksystem selbst:

> »Der größte Teil des Bankierkapitals ist daher rein fiktiv und besteht aus Schuldforderungen (Wechseln), Staatspapieren (die vergangnes Kapital repräsentieren) und Aktien (Anweisungen auf künftigen Ertrag). Wobei nicht vergessen werden muß, daß der Geldwert des Kapitals, den diese Papiere in den Panzerschränken des Bankiers vorstellen, selbst soweit sie Anweisungen auf sichre Erträge (wie bei den Staatspapieren) oder soweit sie Eigentumstitel auf wirkliches Kapital (wie bei den Aktien), durchaus fiktiv ist und von dem Wert des wirklichen Kapitals, das sie wenigstens teilweise vorstellen, abweichend reguliert wird; oder wo sie bloße Forderung auf Erträge vorstellen und kein Kapital, die Forderung auf denselben Ertrag in beständig wechselndem fiktivem Geldkapital sich ausdrückt. Außerdem kommt noch hinzu, daß dies fiktive Bankierkapital großenteils nicht sein Kapital, sondern das des Publikums vorstellt, das bei ihm deponiert, sei es mit, sei es ohne Zinsen.« (K3, 487)

Marx' Auffassung vom Kreditsystem – ein Überblick

Wie ließe sich Marx' allgemeine Auffassung von der Rolle des Kreditsystems im Rahmen der kapitalistischen Produktionsweise zusammenfassen? Stellen wir uns einen großen Topf voll Geld vor, der von Bankiers, Börsenmaklern, Geldhändlern usw. verwaltet wird und sich in einer geschlossenen Einheit namens Kreditsystem befindet. An der Basis des Kreditsystems steht die Zentralbank und darunter liegt Warengeld, insbesondere Gold und Silber. Dieses Warengeld repräsentiert Wert, der wiederum auf der Gesellschaftlichkeit menschlicher Arbeit auf dem Weltmarkt beruht. Marx geht von einer derartigen vertikalen hierarchischen Struktur des Geldsystems aus.

In welchem Maße wird jede Schicht dieser Struktur durch die Operationen der anderen diszipliniert? In einem eng verzahnten System würde das Kreditsystem durch die vermittelnden Schichten der Geldwaren und der Zentralbank sehr strikt von den Erfordernissen des Werts kontrolliert werden. Marx hatte offensichtlich ein nur locker verzahntes System vor Augen. Kreditoperationen sind selbständig und unabhängig von der Wertproduktion. Sie entziehen sich auch der Kontolle der Zentralbank, so sehr sich diese auch bemühen mag, sie zu disziplinieren. Die Ausgestaltung und das Handeln der Zentralbank können dem zuwiderlaufen, was für die Sicherung der »wirklichen«, von den Geldwaren repräsentierten Werte erforderlich wäre (wie Marx mit Bezug auf die Bankgesetzgebung von 1844 zeigt).

Aber im 1. Band hat Marx auch einige grundlegende Widersprüche in der Art und Weise ausgemacht, in der Geldwaren den Wert darstellen – zum Beispiel wird ein besonderer konkreter Gebrauchswert wie Gold dazu benutzt, abstrakte, allgemeine und gesellschaftlich notwendige Arbeitszeit zu messen. In dem Maße, in dem die Gesellschaftlichkeit der Arbeit ständigen Veränderungen unterliegt, sind auch die Wertverhältnisse instabil. Die disziplinierenden Anstöße, die in diesem hierarchisch organisierten Geldsystem jede Schicht von einer anderen erhält, sind allgegenwärtig, aber schwach artikuliert. Ich meine damit, dass zwar ständig starke Einflüsse durch die verschiedenen Schichten sickern, aber die von ihnen ausgehenden Signale oft verwirrend und widersprüchlich sind.

Ich denke, aus diesem Grund begreift Marx das Kreditsystem als »selbstständig« und »unabhängig«, und doch zugleich den allgemeinen Bewegungsgesetzen des Kapitals unterworfen. Wir sind schon zuvor auf diese Formulierung »selbstständig und unabhängig, aber unterworfen« gestoßen und gerade im Fall der Angelpunkte, die das Geld- und Kreditsystem strukturieren, müssen wir uns darauf irgendwie einen Reim machen können. Am liebsten vergleiche ich es mit dem Verhalten von Teenagern: Auf der einen Seite fordern und beanspruchen sie ständig ihr Recht auf Selbstständigkeit und Unabhängigkeit, während sie auf der anderen Seite ihre finanzielle und rechtliche Sicherheit im Haushalt finden. Wenn mal was schief läuft, kommen sie zu Mama und Papa gerannt. In gewisser Weise scheint dies eine treffende Analogie zu der gesamten Funktionsweise des Geld- und Kreditsystems zu sein. Jede Schicht in den Angelpunkten ist mit zunehmend ungestümeren Teenagern bevölkert und am wildesten treiben es die »Herren des Universums« an der äußersten Spitze. Wenn das System zusammenbricht, kommen alle zurück zum elterlichen Staat gerannt, in der Hoffnung, dass er sie raushaut, was der Staat – wie die gütigen und liebenden Eltern – auch stets tut.

Allerdings strömen die disziplinierenden Effekte in dieser Hierarchie von Angelpunkten nicht nur in eine Richtung. Die grundlegende Basis der Gesellschaftlichkeit menschlicher Arbeit bestimmt nicht in irgendeiner versteckten Weise die Vorgänge in dem »verrückten« Überbau des Kredits. Warengeld, das für Marx eine letzte unüberwindbare und nie aufzuhebende Schranke darstellte, ist nun zugunsten eines ungezügelten Kreditsystems abgeschafft worden, um ein endloses kumuliertes Wachstum zu ermöglichen. In regelmäßigen Abständen erzeugen Vorgänge sowohl im Kreditsystem wie im Bereich der Wertproduktion einen Druck, der zu radikalen Reformen und Umstrukturierungen der Zentralbanken und anderer regulierender Instanzen im Geldsystem führt. (Vielleicht erleben wir zurzeit einen solchen Prozess.) Jede Schicht dreht sich zwar um die in der unter ihr liegenden Schicht vorherrschenden Verhältnisse als ihrem »Angelpunkt«, um Marx' Ausdruck zu verwenden. Aber nichts berechtigt zu der Vermutung, dass es sich um mechanische Angelpunkte handelt, die eine dauerhafte und unveränderliche Form aufweisen.

Insbesondere in Krisenzeiten scheint jedoch eine gewisse disziplinierende Macht am Werk zu sein, die ausgehend von den Wertverhältnissen das System wieder in Ordnung bringt. Marx räumt allerdings auch ein, dass Krisen des Vertrauens und der Zukunftserwartungen im Kreditsystem Chaos und Verwüstung im Bereich der Wert- und Mehrwertproduktion anrichten können.

Dies ist grob umrissen die hierarchische Struktur des Geld- und Kreditsystems, wie sie von Marx rekonstruiert wird. Marx scheint sich in einem großen Zwiespalt zu befinden, wie die Funktionsweise dieser Struktur am besten zu begreifen ist. Wir finden hier keine klare Theorie, an der wir uns orientieren könnten. Das Problem besteht darin, in der jeweiligen konjunkturellen Situation herauszufinden, was in welchen Bereichen tatsächlich passiert. Jede Schicht scheint wie ein doppelschneidiges Schwert zu funktionieren. Auf der einen Seite stellt das Warengeld eine beengende Schranke für die endlose Akkumulation dar. Auf der anderen Seite übt es eine starke disziplinierende Macht gegenüber der Verrücktheit der Spekulation und der Ströme von fiktivem Kapital aus. Die Abschaffung des Warengelds (die Marx wohl kaum überrascht hätte, wenn er sie für technisch machbar gehalten hätte) befreit die endlose Kapitalakkumulation von ihren monetären Fesseln, aber sie verlagert die Last der Kreditdisziplin auf fehlbare und manchmal launenhafte menschliche Institutionen wie die Zentralbanken. Diese (und andere Facetten des staatlichen Regulierungsapparats) stehen dann vor dem Problem, die Ordnung im Kreditsystem wiederherzustellen, ohne die Bedingungen der Mehrwertproduktion zu zerstören. Dies scheint unmöglich zu sein, auch wenn Keynesianer immer noch von einer solchen Möglichkeit phantasieren. Die hierarchische Struktur ist alles andere als stabil.

Wir müssen uns aber auch genauer anschauen, wie das zinstragende Kapital horizontal zirkuliert. Die Ströme des zinstragenden Kapitals kommen irgendwoher und verzweigen sich dann in alle möglichen unterschiedlichen Kanäle, von denen nicht alle etwas mit der Produktion von Mehrwert zu tun haben müssen.

Die Geldkapitalisten, die das Kreditsystem bevölkern, arbeiten nur in geringem Maße mit ihren eigenen Geldern. Die Hauptquelle ihrer Geldmacht beziehen sie aus den Geldüberschüssen anderer, die die Bank entweder zur Vermittlung von Geldtransfers benutzen oder als sicheren

Abbildung 5

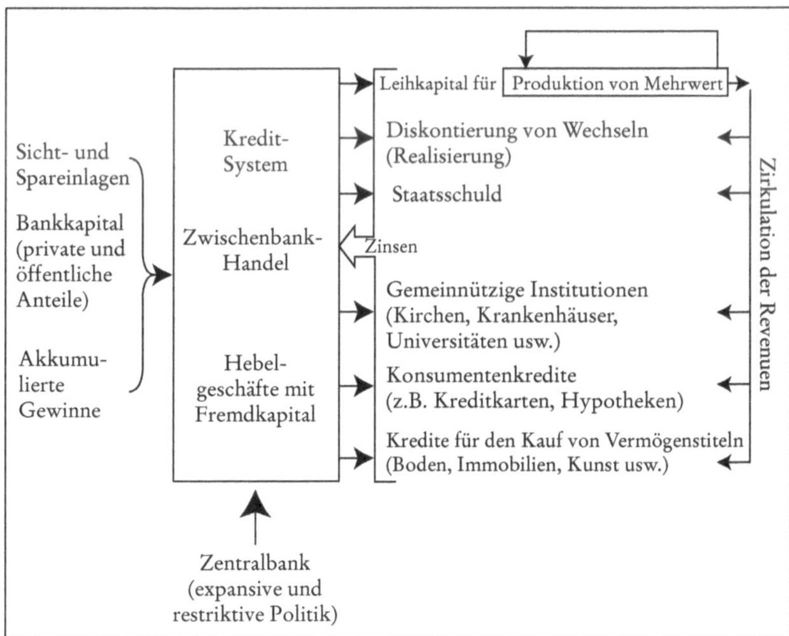

Ort, an dem sie ihre brachliegenden Geldreserven kurz- oder langfristig gegen Zinszahlungen hinterlegen können (die andernfalls zum Schatz erstarren würden). Diese Geldüberschüsse stammen von allen möglichen Konsumenten und von Kapitalisten, die – wie wir im 2. Band gesehen haben – Geldreserven zum Ausgleich unterschiedlicher Umschlagszeiten und für den Ersatz und die Anschaffung von fixem Kapital benötigen. Die Bank verdient ihr Geld damit, dass sie z.B. 3 Prozent Zins auf das geliehene Geld zahlt und es für 5 Prozent verleiht. Auf diese Weise fließt ständig Geld in den Pool verfügbarer Kredite und vergrößert ihn. Aber wohin geht das so eingesammelte Geld?

Es wird in den verschiedensten Formen verliehen:

1. Leihkapital

Geld wird an Produzenten verliehen, die damit das für die Mehrwertproduktion erforderliche konstante und variable Kapital kaufen. Nehmen wir an, der Kapitalist kauft mit dem geliehenen Geld seine Maschinen. Das Geld wird dann im Verlauf der gesamten Nutzungsdauer der Maschine zusammen mit einem Zins zurückgezahlt. Das Leihkapital wird dadurch verbraucht und fließt an den ursprünglichen Eigentümer zurück. Dieses Geld wird für wirkliche Wert- und Mehrwertproduktion verliehen. Daran ist nichts Fiktives (auch wenn natürlich jede derartige Investition definitionsgemäß spekulativ ist). Anders sieht es jedoch aus, wenn das Geld aus der Ausgabe von Aktien stammt. Eine Aktie ist faktisch ein Eigentumsrecht, das an den bloßen Geldbesitz gebunden ist. Sie ist der Rechtsanspruch auf einen Anteil an der zukünftigen Mehrwertproduktion, der auch nicht verfällt, wenn das Geld durch die produktive Konsumtion verbraucht ist. Die Aktie kann gekauft und verkauft werden, auch wenn die mit dem Geld gekaufte Maschine sich schon längst amortisiert hat oder verschlissen ist (siehe K3, 494). Der Preis der Aktie hängt von den Erwartungen auf die zukünftige Mehrwertproduktion ab. Die Bewegung ihres Werts ist allen möglichen spekulativen Einflüssen ausgesetzt und kann auf verschiedenste Weise manipuliert werden, bis hin zu regelrechtem Betrug. Aktien sind daher eine Form von fiktivem Kapital, aber ihr fiktiver Charakter wird dadurch abgemildert, dass ein loser Zusammenhang zur Wert- und Mehrwertproduktion bestehen bleibt – die Einkünfte des Unternehmens untermauern den Wert der Aktie. Im Fall einer Firma wie Enron stellte sich jedoch heraus, dass in Wirklichkeit überhaupt kein Mehrwert produziert worden war, obwohl der Börsenkurs stieg. Die ausgewiesenen Gewinne waren reiner Betrug.

2. Realisierungskredite

Geld kann verliehen werden, um den Wert der bereits produzierten Waren zu realisieren (oder der noch zu produzierenden, wie im Fall einer noch nicht eingebrachten Ernte oder eines noch zu bauenden Hauses). Der Diskontsatz entspricht der Verzinsung von Wechseln, die zu einem späteren Zeitpunkt fällig werden. Der Bankier stellt das Geld für die Realisierung des Warenwerts (mit einem Abschlag, dem Diskont) zur Verfügung und erhält dafür einen Wechsel, in der Hoffnung, dessen vollen Wert bei Fälligwerden realisieren zu können. Ähnliche Geschäfte machen Kaufleute, die auch als Geldhändler auftreten. Wie notwendig diese Operationen für die produzierenden Kapitalisten auch sein mögen, um die Umschlagszeiten auszugleichen und zu verkürzen, sie bieten, wie Marx betont, auch jede Menge Gelegenheit für Täuschungen und Betrügereien. Wenn sich Wechsel, die wiederum auf Wechsel gezogen wurden, anhäufen, kann es zum Kollaps und einer eigenständigen Handelskrise kommen, die wiederum in manchen Fällen auf die Bedingungen der Zirkulation und Realisierung des Kapitals durchschlägt. Darlehen für die Realisierung (Kaufmittel) können mit Darlehen für die Produktion (Zahlungsmittel) verbunden werden, wodurch das Kreditsystem das Angebot an einer bestimmten Ware (wie Häuser) *und* die Nachfrage nach ihr steuern kann. Es ist leicht zu sehen, wie dies immer wieder zu derartigen Vermögensblasen führen kann, wie sie sich ab 2000 an den Immobilienmärkten der USA aufgebaut hatten.

3. Staatsanleihen und Staatsverschuldung

Der Staat kann sich Kapital leihen, weil er die Macht hat, durch Steuern und Abgaben Einnahmen zu erzielen. Den Kapitalgebern verspricht er einen Anteil an den zu erwartenden zukünftigen Einnahmen. Die Titel auf die Staatsschuld können gehandelt werden, auch wenn das geliehene Geld schon längst verbraucht ist. Das Meiste, wofür der Staat Geld ausgibt, hat unmittelbar nichts oder wenig mit der Mehrwertproduktion zu tun (auch wenn oft ein indirekter Zusammenhang besteht, indem ein profitabler Markt z.B. für Militärgüter geschaffen wird). Dies ist fiktives Kapital par excellence. In der Regel produziert der Staat keinen Wert oder Mehrwert (er unterhält z.B. eine Monarchie oder führt Kriege). Die Besteuerung der Einkommen wird in einen Strom von Zinszahlungen verwandelt, der zu einer Geldsumme kapitalisiert und dann als Anspruch auf zukünftige Zahlungen gehandelt werden kann. Einige Bereiche der Staatsausgaben betreffen aber durchaus die Mehrwertproduktion. Staatsunternehmen spielten in vielen Teilen der Welt eine wichtige Rolle, bevor ab etwa 1980 die neoliberale Privatisierungswelle einsetzte. In China sind sie noch heute von einiger Bedeutung. Diese Unternehmen müssen zwar nicht unbedingt einen Profit erwirtschaften, aber indem sie anderen Firmen Vorprodukte zu geringeren Kosten anbieten, stützen sie insgesamt die Profitraten. Außerdem investiert der Staat in die für die Produktion benötigte Infrastruktur wie Autobahnen, öffentliche Einrichtungen, die Wasserver- und -entsorgung usw. Er kann diese Vorleistungen von konstantem Kapital gegen bloße Zinseinnahmen liefern und trägt damit zur Abmilderung des tendenziellen Falls der Profitrate bei. Die Kategorie der schuldenfinanzierten »produktiven Staatsausgaben« spielte schon früh eine große Rolle, zum Beispiel in Form der von Haussmann durchgeführten Stadtsanierung von Paris im Zweiten Kaiserreich. Aber der größte Teil der Staatsschuld ist rein fiktiv.

4. Kredite an gemeinnützige Institutionen

Hierzu zählen private Krankenhäuser, Universitäten, Kirchen, Museen und alle möglichen kulturellen Einrichtungen. Die Kredite an sie dürften auch in die Kategorie des fiktiven Kapitals fallen, denn im Wesentlichen produzieren sie keinen Wert oder Mehrwert (auch wenn einige Abteilungen von Universitäten und Krankenhäusern durch Forschung und Entwicklung unmittelbar an der Mehrwertproduktion beteiligt sein können). Die Einkünfte, aus denen die Zinsen der Kredite bedient werden, können aus den verschiedensten Quellen stammen; heute bestehen sie zum größten Teil aus Benutzungsgebühren und Spenden.

5. Konsumentenkredite

Die mit Abstand wichtigsten Konsumentenkredite sind in den USA Hypotheken auf Häuser, die Marx explizit als eine Form des fiktiven Kapitals benennt. Auf seinem Höhepunkt belief sich der dortige Hypothekenmarkt im Jahr 2007 auf 14 Billionen US-Dollar (im Vergleich dazu betrug das damalige gesamte Bruttosozialprodukt der USA etwa 15 Billionen). Bei diesen Krediten besteht der Einkommensstrom, aus dem die Zinsen bezahlt werden, aus Löhnen, Gehältern und staatlichen Transferleistungen. Im Allgemeinen wird das Haus nicht für die Wert- und Mehrwertproduktion genutzt, weshalb die Hypothekenfinanzierung als eine Form des fiktiven Kapitals bezeichnet werden kann. Falls ich aus meinem Haus einen Sweatshop mache, zählt es natürlich als fixes Kapital im Produktionsprozess. Und auch wenn keine unmittelbare Wert- oder Mehrwertproduktion im Haus stattfindet, wirkt sich die Hausarbeit auf den Wert der Arbeitskraft und damit auf die Mehrwertproduktion aus. Konsumentenkredite sind heute ein riesiges Geschäft und spielen eine wichtige Rolle für die Steuerung der gesamtwirtschaftlichen Nachfrage. Zudem bieten sie reichlich Gelegenheit für sekundäre Formen der Ausbeutung, die von Marx gelegentlich erwähnt, aber im Allgemeinen als nebensächlich ignoriert werden.

6. Kredite für den Kauf von Vermögenstiteln
und anderen Papieren auf Revenueansprüche (wie Lizenzgebühren auf Naturressourcen, Patente und Grundrenten)

Das Anschwellen der Vermögensmärkte (alles Mögliche von Investitionen in Kunst bis zu Landnahme und Ressourcenaneignung) ist ein kennzeichnendes Merkmal der jüngsten Geschichte des Kapitalismus. Ein großer Teil des überschüssigen Geldhandlungskapitals fließt in diese Märkte.

Bankiers machen in der Regel keinen Unterschied zwischen den verschiedenen Anlagemöglichkeiten; höchstens spezialisieren sie sich auf eine. Ihr Kapital fließt dorthin, wo die größte Nachfrage, die höchste Gewinnmarge und die beste Absicherung der Kredite gegeben sind und die Zukunftsaussichten am besten erscheinen. Erwartungen – das Vertrauen in die Zukunft – spielen eine entscheidende Rolle für die Bewegungen auf diesen Märkten. Es kann auch vorkommen, dass Investitionsmöglichkeiten von anderen durch die hohe Nachfrage (und Erwartungshaltung) »verdrängt« werden. (Das ist eine oft zu hörende Kritik an einer starken Kreditaufnahme des Staates und damit verbundenen Vermögensblasen: Dies würde zu einer Verdrängung von Investitionen in die Produktion führen und die Zinslast für andere erhöhen.) Normalerweise unterscheidet das Kreditsystem nicht zwischen verschiedenen Anlageformen und schon gar nicht zwischen solchen, die rein fiktiv sind, jenen, die zum Teil fiktiv sind, weil noch ein loser Zusammenhang zur Mehrwertproduktion besteht, und jenen, die als geliehenes Geldkapital unmittelbar in den Kreislauf des industriellen Kapitals eingehen. In den Strömen des zinstragenden Kapitals kommt es ständig zu Ungleichgewichten. Eben weil diese Ströme unabhängig und selbstständig sind, können sie sich auf die allgemeinen Bewegungsgesetze der kapitalistischen Entwicklung auswirken und immer wieder eigenständige Auslöser von Krisen werden. Wenn zum Beispiel große Mengen von überschüssigem Geldhandlungskapital in die Märkte für Grund und Boden fließen (wie es Ende der 1980er Jahre in Japan und nach 2000 in den USA, Spanien, Irland usw. geschah), kann es zu enormen Verzerrungen der Kreditströme und Spekulationswellen bei solchen Vermögenswerten kommen, deren Korrektur erst durch den folgenden Crash erzwungen wird.

Wenn wir einen kaleidoskopischen Blick auf all diese Kreditströme werfen, wird schnell klar, dass die Bank- und Kreditfraktionen (oder -klassen, wie Marx sie gelegentlich nennt) sehr daran interessiert sind, die verschiedenen Märkte für die Ströme von fiktivem Kapital aufrechtzuerhalten und möglichst auszuweiten, insbesondere wenn sich die Zugänge zu ihnen leicht manipulieren und ausnutzen lassen. Selbst wenn es keine Anzeichen von Blasenbildung gibt, wird zum Beispiel in den USA viel dafür getan, die Kredite für Hauseigentum auszuweiten. Denn gerade dadurch kann das Kapital den Reichtum von den Konsumenten im Allgemeinen und den Arbeiterinnen im Besonderen wieder zurückgewinnen. Auf diesen Märkten überwiegt schon seit langem das Abschöpfen von Wert im Gegensatz zu seiner Produktion. Im Bankensystem gibt es keine Brandmauern zwischen dem Verleihen für die Mehrwertproduktion, dem Verleihen für die Realisierung des Mehrwerts und dem Verleihen für den Handel mit fiktivem Kapital. Die Geldkapitalisten, die in ihrem eigenen Interesse auf Märkten aktiv sind, deren Signale nicht die Erfordernisse der Mehrwertproduktion widerspiegeln, treffen individuelle Entscheidungen, die in ihrer Gesamtheit völlig sinnlos sein können. Daher werden aus dem Inneren des Kreditsystems Instabilitäten und periodische Krisen erzeugt.

Geldkapital, wirkliches Kapital und der Konjunkturzyklus

Ich will mich nicht an einer genaueren Lektüre oder Interpretation der übrigen Kapitel zu Geld und Kredit versuchen. Aber einige der dort, insbesondere im 30. und 31. Kapitel, aufgeworfenen Fragen verdienen unsere Aufmerksamkeit.

Marx stand zwar geradezu fassungslos vor der Volatilität und spekulativen Ungewissheit, die für die Welt des Geldes, der Banken und des Kredits charakteristisch sind. Er versuchte aber, die Logik hinter den zyklischen Aufschwüngen und Zusammenbrüchen in dieser Welt zu verstehen (sofern es eine geben sollte). Diese Konjunkturen stellten offensichtlich eine ernsthafte Bedrohung für die Reproduktion des Kapitals dar und erzwangen periodische Entwertungen eines Großteils des zirkulierenden Kapitals. Die im 2. Band so stark betonte Kontinuität des Zirkulationsprozesses des Kapitals kann auf diese Weise ernsthaft gestört werden. Aber dort geht er darauf nicht näher ein.

Durch die hier behandelten Kapitel des 3. Bandes zieht sich die Frage, warum solche Störungen aufgrund der Widersprüche in der Zirkulation des industriellen Kapitals unvermeidlich und notwendig sein könnten und wie sich die »wahnsinnigen« und »verrückten« Aspekte dieses Finanzsystems insgesamt auf die Bewegungsgesetze des Kapitals auswirken. In welchem Maße ist zum Beispiel die Akkumulation von Geldkapital

> »Anzeichen von wirklicher Akkumulation des Kapitals, d.h. von Reproduktion auf erweiterter Stufenleiter? Die sog. Plethora des Kapitals, ein Ausdruck, der immer nur vom zinstragenden, i.e. Geldkapital gebraucht wird, ist sie nur eine besondre Manier, die industrielle Überproduktion auszudrücken, oder bildet sie ein besondres Phänomen neben ihr? Fällt diese Plethora, dies Überangebot von Geldkapital, zusammen mit Vorhandensein stagnanter Geldmassen ..., so daß dieser Überfluß an wirklichem Geld Ausdruck und Erscheinungsform jener Plethora von Leihkapital ist?« (K3, 493)

Wenn die Welt »in überschüssigem Geld schwimmt«, wie es im heutigen Jargon heißt (und vom IWF vor dem Kollaps von 2008 immer wieder behauptet wurde), weist dies auf die Überakkumulation von wirklichem Kapital hin oder nur auf einen Überschuss von Geld als möglichem Leihkapital? Und umgekehrt: »Wieweit drückt Geldklemme, d.h. Mangel an Leihkapital, einen Mangel an wirklichem Kapital (Warenkapital und produktivem Kapital) aus?« Oder ist sie nur der Hinweis auf einen »Mangel an Zirkulationsmitteln?« (K3, 493)

Wiederum im heutigen Sprachgebrauch formuliert: Sind eine schrumpfende Geldmenge und das Einfrieren der zwischenbanklichen Kreditgeschäfte Ausdruck einer von den Zentralbanken und staatlichen Behörden durchgesetzten finanziellen Repression, oder weisen sie auf den Mangel an profitablen Investitionsmöglichkeiten hin?

Dahinter steckt eine allgemeinere Frage: In welchem Maße sind die Akkumulation von Schulden und die Akkumulation von Reichtum miteinander verkoppelt? Diese Frage ergibt sich aus der zunehmenden Verbreitung von Formen des fiktiven Kapitals. »Die Akkumulation des Kapitals der Staatsschuld heißt« zum Beispiel »weiter nichts als Vermehrung einer Klasse von Staatsgläubigern, die gewisse Summen auf den Betrag der Steuern für sich vorwegzunehmen berechtigt sind.« Daher kann »sogar eine Akkumulation von Schulden als Akkumulation von Kapital erscheinen« (K3, 493f.). Auch hier deutet das Wort »erscheinen«

darauf hin, dass hinter der fetischhaften Maske wahrscheinlich noch etwas anderes passiert. Aber was? Das Problem besteht darin, dass die akkumulierten Schuldscheine (fiktives Kapital) in wirkliches Geldkapital verwandelt werden können und das fiktive Kapital damit real wird. Dies unterstellt jedoch, dass die Schuldscheine gehandelt werden können, was wiederum voraussetzt, dass das fiktive Kapital nach wie vor zirkuliert. Das Gleiche gilt für Aktien und Anleihen, die »nominellen Repräsentanten nicht existierender Kapitale«:

> »Soweit die Akkumulation dieser Papiere die Akkumulation von Eisenbahnen, Bergwerken, Dampfschiffen etc. ausdrückt, drückt sie Erweiterung des wirklichen Reproduktionsprozesses aus, ganz wie die Erweiterung einer Steuerliste z.B. auf Mobilareigentum die Expansion dieses Mobilars anzeigt. Aber als Duplikate, die selbst als Waren verhandelbar sind und daher selbst als Kapitalwerte zirkulieren, sind sie illusorisch, und ihr Wertbetrag kann fallen und steigen ganz unabhängig von der Wertbewegung des wirklichen Kapitals, auf das sie Titel sind.« (K3, 494)

Es gibt in der jüngsten Zeit viele Beispiele für genau diesen Prozess: Während des Immobilienbooms refinanzierten viele die Hypotheken auf ihre eigenen Häuser, um das für eine Geschäftsgründung benötigte Kapital zu bekommen. Nach dem Crash mussten sie feststellen, dass das fiktive Kapital, das sie in Investitionskapital verwandelt hatten, nicht mehr existierte und die Schulden auf ihrem Haus nun dessen Marktpreis überstiegen. Wenn aber ihr Geschäft in der Zwischenzeit erfolgreich gewesen war, hatten sie vielleicht genug herausbekommen, um die frühere Umwandlung des, wie sich jetzt zeigte, fiktiven Kapitals in wirkliches Geldkapital zu kompensieren. Viele Leute, die sich an den betrügerischen Geschäften auf den Hypothekenmärkten beteiligten, wurden enorm reich, weil sie ihre betrügerischen Ansprüche in wirkliche Geldmacht verwandeln konnten.

Hier zeigt sich, wie Marx die Kategorien in einer relationalen und flüssigen Weise verwendet. So wie ein bestimmter Gebrauchswert durch einen Wechsel in seiner Verwendung über Nacht von fixem zu zirkulierendem Kapital oder zu einem Bestandteil des Konsumtionsfonds werden kann, lässt sich fiktives Kapital von einem Moment auf den anderen in wirkliche Geldmacht (für das Kapital oder für den Konsum) transformieren. Wenn Hypotheken zu besicherten Schuldverschreibungen (*collateralized debt obligations*, CDOs) gebündelt werden, existieren sie gewissermaßen auf doppelt fiktive Weise; aber wenn sie dann von einem Hedgefondsmanager für eine schlappe Milliarde an ahnungslose und gutgläubige Investoren verkauft werden, eignet sich dieser wirkliche Geldmacht an, die leider überhaupt nicht fiktiv ist.

Zu den Auswirkungen dieser Form der Reichtumsakkumulation auf die Klassensituation macht Marx einige scharfsinnige und verbitterte Beobachtungen:

> »Gewinnen und Verlieren durch Preisschwankungen dieser Eigentumstitel, sowie deren Zentralisation in den Händen von Eisenbahnkönigen usw. wird der Natur der Sache nach mehr und mehr Resultat des Spiels, das an der Stelle der Arbeit als die ursprüngliche Erwerbsart von Kapitaleigentum erscheint und auch an die Stelle der direkten Gewalt tritt. Diese Sorte imaginären Geldvermögens bildet nicht nur einen sehr bedeutenden Teil des Geldvermögens der Privaten, sondern auch des Bankierkapitals …
>
> … indem die ganze ungeheure Ausdehnung des Kreditsystems, überhaupt der gesamte Kredit, von ihnen als ihr Privatkapital exploitiert wird. Diese Burschen besitzen das Kapital und die Einnahme stets in Geldform oder in direkten Forderungen auf Geld. Die Akkumulation des Vermögens dieser Klasse kann vor sich gehn in sehr verschiedner Richtung mit der wirklichen Akkumulation, beweist aber jedenfalls, daß diese Klasse einen guten Teil von dieser letzteren einsteckt.« (K3, 495)

Auf das Verhalten dieser »Klasse« von Kapitalisten – den betrügerischen und spekulativen Schwindel durch den Gebrauch des »Gelds anderer Leute« und sogar durch die Ausbeutung der industriellen Kapitalisten – wird in diesen Kapiteln gehörig eingedroschen. Aber während die Bedeutung für die Klassenverhältnisse auf der Hand liegt, ist es sehr viel schwieriger, den Zusammenhang zur gesamten Reichtumserzeugung und den Bewegungsgesetzen des Kapitals auf Basis der Mehrwertproduktion zu begreifen.

In den folgenden Passagen versucht Marx zu ergründen, welche internen und externen Grenzen dem Operieren des Kreditsystems gesetzt sein könnten, insbesondere im Hinblick auf die kommerziellen Kredite, die sich die Kapitalisten untereinander gewähren. Die Grenzen sind vom »Reichtum der Industriellen und Kaufleute« bestimmt und von der Geschwindigkeit des Rückflusses (K3, 497). Wenn »die Märkte sich ausdehnen und vom Produktionsort sich entfernen«, müssen »die Kredite sich verlängern«, wodurch wiederum »das spekulative Element mehr und mehr die Transaktionen beherrschen muß«. »Die Produktion auf großer Stufenleiter und für entfernte Märkte« macht den Kredit »unerläßlich«. In der Tat ist der Kredit »dem Umfang nach wachsend mit dem wachsenden Wertumfang der Produktion, und der Zeitdauer nach mit der zunehmenden Entfernung der Märkte« (K3, 498). Marx sieht hier eine Wechselwirkung. Die Zunahme des Kredits begünstigt die Schaffung eines Weltmarkts, und die geografische Ausweitung des Handels erfordert das Anwachsen des Kreditsystems. Auf diese Weise sind die Produktion und Revolutionierung des globalen Raums aufs engste mit dem Wachstum des Kreditsystems verbunden. In der Sprache der *Grundrisse* ist das Kreditsystem das wichtigste Mittel für die vom Kapital betriebene »Vernichtung des Raums durch die Zeit«.

Aber vor allem versucht Marx in diesen Kapiteln, die Bedeutung des Kredits als einer Triebkraft der Auf- und Abschwünge im Konjunkturzyklus zu begreifen. Solche, etwa zehn Jahre dauernde Zyklen waren zur Zeit von Marx ein offensichtliches Merkmal der Kapitalentwicklung – 1836-1837, 1847-1848 und 1857 waren alles dramatische Jahre von Überhitzung und Crash. An keiner Stelle entwickelt Marx eine kohärente Theorie dieser Fluktuationen, die von seiner Auffassung der allgemeinen Bewegungsgesetze des Kapials ausgeht, auch wenn er die periodische »Plethora« von Geldkapital mit seiner zuvor im 3. Band dargestellten Theorie der Überakkumulation des Kapitals in Zusammenhang bringt. Aber er gibt uns eine allgemeine Beschreibung des typischen Verlaufs eines Konjunkturzyklus, die zeigt, wie die Nachfrage nach und das Angebot an Geldkapital sowie die jeweiligen Handlungen und Absichten der Geldkapitalisten (Bankiers und andere Zwischenhändler) den Verlauf dieses Zyklus beeinflussen. Dabei berücksichtigt er auch, wie die verschiedenen »Angelpunkte« im Geld- und Kreditsystem (die Rolle der Zentralbankpolitik und des Warengelds) ins Spiel kommen. Wir gelangen so zu einer etwas anderen Herangehensweise an Krisentheorie, weil die aufgezeigten Einzelheiten die zugrunde liegenden Widersprüche deutlicher hervortreten lassen.

Marx unternimmt mehrere Versuche, den Zyklus zu beschreiben. Die beste Darstellung findet sich meiner Ansicht nach auf den Seiten 500-501, die ich hier einfach wiedergeben will:

> »Solange der Reproduktionsprozeß flüssig und damit der Rückfluß gesichert bleibt, dauert dieser Kredit und dehnt sich aus, und seine Ausdehnung ist basiert auf die Ausdehnung des Reproduktionspro-

> zesses selbst. Sobald eine Stockung eintritt, infolge verzögerter Rückflüsse, überführter Märkte, gefallner Preise, ist Überfluß von industriellem Kapital vorhanden, aber in einer Form, worin es seine Funktion nicht vollziehn kann. Masse von Warenkapital, aber unverkäuflich. Masse von fixem Kapital, aber durch Stockung der Reproduktion großenteils unbeschäftigt.« (K3, 500)

Dies ist eine getreue Wiedergabe der möglichen Bruchpunkte, die in den ersten Kapiteln des 2. Bandes ausgemacht worden waren. Es stellt sich dann die Frage, was innerhalb des Geldkreislaufs geschieht. Das allgemeine Muster läuft in etwa darauf hinaus, dass, »sobald die neue Krisis hereinbricht, der Kredit plötzlich aufhört, die Zahlungen stocken, der Reproduktionsprozeß gelähmt wird und ... neben fast absolutem Mangel von Leihkapital, Überfluß von unbeschäftigtem industriellem Kapital eintritt« (K3, 505). All dies beschreibt ziemlich genau, was nach dem Zusammenbruch von Lehman Brothers im September 2008 geschah.

Aus der normalen Kapitalakkumulation kann sich eine Akkumulation von Leihkapital »niederschlagen«. »Bei beständiger Erweiterung der wirklichen Akkumulation, kann diese erweiterte Akkumulation von Geldkapital teils ihr Resultat sein, teils das Resultat von Momenten, die sie begleiten, aber ganz von ihr verschieden sind« – zum Beispiel steigende Aktienkurse von Industrieunternehmen –, »teils endlich auch das Resultat sogar von Stockungen der wirklichen Akkumulation« – Warenüberschüsse, die nicht verkauft wurden, aber deren abgezinster Wert durch Wechsel realisiert wird. Aber auch diese »Akkumulation kann ... Momente ausdrücken, die von der wirklichen Akkumulation sehr verschieden sind« – zum Beispiel in Form von steigenden Vermögenswerten durch Kapitalisierung und die Bildung von fiktivem Kapital durch staatliche und private Verschuldung. Insgesamt ist das Ergebnis eine »Plethora von Geldkapital« in »bestimmten Phasen des Zyklus« (K3, 523).

Das Kreditvolumen kann sich dann verringern, »1. weil dies Kapital unbeschäftigt ist ...; 2. weil das Vertrauen in die Flüssigkeit des Reproduktionsprozesses gebrochen ist; 3. weil die Nachfrage nach diesem kommerziellen Kredit abnimmt.« Mit dem Kreditmangel sind

> »Waren ... schwerer auf Kredit zu erhalten. ... In der Krisis selbst, da jeder zu verkaufen hat und nicht verkaufen kann und doch verkaufen muß, um zu zahlen, ist die Masse, nicht des unbeschäftigten, unterzubringenden Kapitals, sondern die des in seinem Reproduk-

> tionsprozeß gehemmten Kapitals gerade dann am größten, wenn auch der Kreditmangel am größten ist … Das schon ausgelegte Kapital ist dann in der Tat massenweis unbeschäftigt, weil der Reproduktionsprozeß stockt. Fabriken stehn still, Rohstoffe häufen sich auf, fertige Produkte überfüllen als Waren den Markt. Es ist also nichts falscher, als solchen Zustand einem Mangel an produktivem Kapital zuzuschreiben. Es ist gerade dann Überfluß von produktivem Kapital vorhanden, teils in bezug auf den normalen, aber augenblicklich kontrahierten Maßstab der Reproduktion, teils in bezug auf die gelähmte Konsumtion.« (K3, 500)

Die Rolle der Kapitalüberschüsse und die Probleme, profitable Anlagensphären für sie zu finden, werden hier in den Mittelpunkt gerückt. Mit dem Hinweis auf die »gelähmte Konsumtion« greift Marx eine Frage auf, deren entscheidende Bedeutung im 2. Band allmählich klar wird. Hier, im 3. Band, entwirft er ein recht einfaches Modell der dynamischen Beziehungen zwischen den Klassen im zyklischen Verlauf.

»Denken wir uns die ganze Gesellschaft bloß aus industriellen Kapitalisten und Lohnarbeitern zusammengesetzt« – sehen wir also ab von allen anderen Umständen wie Preiswechseln und

> »Scheingeschäften und spekulativen Umsätzen, die das Kreditwesen fördert. Dann wäre eine Krise nur erklärlich aus Mißverhältnis der Produktion in verschiednen Zweigen, und aus einem Mißverhältnis, worin der Konsum der Kapitalisten selbst zu ihrer Akkumulation stände. Wie aber die Dinge liegen, hängt der Ersatz der in der Produktion angelegten Kapitale großenteils ab von der Konsumtionsfähigkeit der nicht produktiven Klassen; während die Konsumtionsfähigkeit der Arbeiter teils durch die Gesetze des Arbeitslohns, teils dadurch beschränkt ist, daß sie nur solange angewandt werden, als sie mit Profit für die Kapitalistenklasse angewandt werden können. Der letzte Grund aller wirklichen Krisen bleibt immer die Armut und Konsumtionsbeschränkung der Massen gegenüber dem Trieb der kapitalistischen Produktion, die Produktivkräfte so zu entwickeln, als ob nur die absolute Konsumtionsfähigkeit der Gesellschaft ihre Grenze bilde.« (K3, 500f.)

Dies ist natürlich eine dieser berühmten Aussagen (siehe auch 2. Band, 318, Fußnote), ähnlich seiner Behauptung, dass es sich bei der fallenden Profitrate um »das wichtigste Gesetz der modernen politischen Ökonomie« handele, die erst in ihrem Kontext verständlich werden. Die Untersuchung des Konjunkturzyklus zeigt, dass sich diese beiden Aussagen nicht widersprechen müssen. Kurzfristig können die Profitraten aufgrund der Konsumtionsbeschränkungen der Massen fallen. Das ist eine völlig andere Erklärung für den Fall der Profitraten als der Mechanismus, auf den er sich zuvor im 3. Band in der Regel bezogen hatte. Aber die Entlassung von Arbeiterinnen führt zu einer sinkenden Nachfrage, wodurch Waren unverkäuflich bleiben und produktives Kapital brachliegt. In der Folge wird das Kapital die Löhne senken und noch mehr Arbeiter entlassen. Marx sieht ganz klar, dass es im Konjunkturzyklus zu einer solchen Abwärtsspirale kommen kann. Ob sich daraus ein langfristiger säkularer Trend ergibt, ist eine völlig andere Frage. Das Kreditsystem ermöglicht dem Kapital, derartige unmittelbare Konsumtionsbeschränkungen zumindest zeitweilig zu überwinden. »Das Maximum des Kredits ist hier gleich der vollsten Beschäftigung des industriellen Kapitals ... ohne Rücksicht auf die Grenzen der Konsumtion.« (K3, 499) In den neoliberalen Jahren der Lohnkürzungen nach 1980 wurde der persönliche Verbrauch vor allem durch die Ausweitung der Konsumentenkredite aufrechterhalten.

Marx erkennt auch, wie die Abwärtsspirale mithilfe des Kredits umgekehrt werden kann. Die enorme Reserve an brachliegendem Leih- und Geldkapital, die sich während der Krise gebildet hat, wird zusammen mit den niedrigen Zinsraten entscheidend für den Aufschwung. »Dagegen in Zeiten der Wiederbelebung nach der Krise wird Leihkapital verlangt, um zu kaufen, und um das Geldkapital in produktives oder kommerzielles Kapital zu verwandeln. Und dann wird es verlangt entweder vom industriellen Kapitalisten oder vom Kaufmann. Der industrielle Kapitalist legt es aus in Produktionsmitteln und in Arbeitskraft.« (K3, 529) Die geringen Zinsraten machen langfristige Investitionen in fixes Kapital und völlig neue Unternehmungen attraktiver als sonst (K3, 505). In der Regel bleiben die Zinsraten niedrig in der Anfangsphase des Aufschwungs, in der günstige Kredite ihre konstruktivste Wirkung haben – was, wie wir gesehen haben, die weitere Ausdehnung und Integration des Weltmarkts befördert.

Marx konzentriert sich dann darauf, seine Argumentation in vielerlei Hinsicht zu einem Abschluss zu bringen. Vor allem will er den zyklischen Charakter aufdecken, der sich unvermeidlich aus der Vermittlungsfunktion des Kreditsystems vor dem Hintergrund der ständigen Tendenz zu Überakkumulation und Überproduktion ergibt. Es scheint mir das Beste, hier Marx selbst ausführlich zu Wort kommen zu lassen.

Bei seinem ersten Versuch, das Zustandekommen der zyklischen Bewegung zu erklären, schreibt er Folgendes:

> »Hat der Reproduktionsprozeß wieder den Stand der Blüte erreicht, der dem der Überanspannung vorhergeht, so erreicht der kommerzielle Kredit eine sehr große Ausdehnung, die dann in der Tat wieder die ›gesunde‹ Basis leicht eingehender Rückflüsse und ausgedehnter Produktion hat. In diesem Zustand ist der Zinsfuß immer noch niedrig ... Die Leichtigkeit und Regelmäßigkeit der Rückflüsse, verknüpft mit einem ausgedehnten kommerziellen Kredit, sichert das Angebot von Leihkapital trotz der gesteigerten Nachfrage, und verhindert das Niveau des Zinsfußes zu steigen. Andrerseits kommen jetzt erst in merklichem Grad die Ritter herein, die ohne Reservekapital oder überhaupt ohne Kapital arbeiten und daher ganz auf den Geldkredit hin operieren. Es kommt jetzt auch hinzu die große Ausdehnung des fixen Kapitals in allen Formen und die massenhafte Eröffnung neuer weitreichender Unternehmungen. Der Zins steigt jetzt auf seine Durchschnittshöhe. Sein Maximum erreicht er wieder, sobald die neue Krisis hereinbricht, der Kredit plötzlich aufhört, die Zahlungen stocken, der Reproduktionsprozeß gelähmt wird und ... neben fast absolutem Mangel von Leihkapital, Überfluß von unbeschäftigtem industriellem Kapital eintritt. ... Es verhält sich mit diesem industriellen Zyklus so, daß derselbe Kreislauf, nachdem der erste Anstoß einmal gegeben, sich periodisch reproduzieren muß.« (K3, 505f.)

Marx berücksichtigt hier natürlich nicht, dass dieser Ablauf durch staatliche Eingriffe auf der Ebene der Geld- und Finanzpolitik modifiziert werden könnte – aber letztlich steht für ihn fest: »keine Art Bankgesetzgebung kann die Krise beseitigen«. Der gesamte Prozess wird dann in einer sehr aufschlussreichen Passage zusammengefasst, in der es um die Frage geht, wie sich die Spannung zwischen Kredit und monetärer Basis in Bezug auf die Tendenz zur Überakkumulation geltend macht.

> »In einem Produktionssystem, wo der ganze Zusammenhang des Reproduktionsprozesses auf dem Kredit beruht, wenn da der Kredit plötzlich aufhört und nur noch bare Zahlung gilt, muß augenscheinlich eine Krise eintreten, ein gewaltsamer Andrang nach Zahlungsmitteln. Auf den ersten Blick stellt sich daher die ganze Krise nur als Kreditkrise und Geldkrise dar. Und in der Tat handelt es sich nur um die Konvertibilität der Wechsel in Geld. Aber diese Wechsel

> repräsentieren der Mehrzahl nach wirkliche Käufe und Verkäufe, *deren das gesellschaftliche Bedürfnis weit überschreitende Ausdehnung schließlich der ganzen Krisis zugrunde liegt.* Daneben aber stellt auch eine ungeheure Masse dieser Wechsel bloße Schwindelgeschäfte vor, die jetzt ans Tageslicht kommen und platzen; ferner mit fremdem Kapital getriebne, aber verunglückte Spekulationen; endlich Warenkapitale, die entwertet oder gar unverkäuflich sind, oder Rückflüsse, die nie mehr einkommen können. Das ganze künstliche System gewaltsamer Ausdehnung des Reproduktionsprozesses kann natürlich nicht dadurch kuriert werden, daß nun etwa eine Bank, z.B. die Bank von England, in ihrem Papier allen Schwindlern das fehlende Kapital gibt und die sämtlichen entwerteten Waren zu ihren alten Nominalwerten kauft. Übrigens erscheint hier alles verdreht, da in dieser papiernen Welt nirgendswo der reale Preis und seine realen Momente erscheinen, sondern nur Barren, Hartgeld, Noten, Wechsel, Wertpapiere. Namentlich in den Zentren, wo das ganze Geldgeschäft des Landes zusammengedrängt, wie London, erscheint diese Verkehrung; der ganze Vorgang wird unbegreiflich«. (K3, 507; Hervorh. D.H.)

Zum Schluss wendet sich Marx der Frage zu, wie sich diese zyklischen Anstöße geografisch ausprägen. In Bezug auf Importe und Exporte bemerkt er,

> »daß der Reihe nach alle Länder in die Krisis verwickelt werden, und daß es sich dann zeigt, daß sie alle, mit wenigen Ausnahmen, zuviel exportiert und importiert haben, also die *Zahlungsbilanz gegen alle* ist, die Sache also in der Tat nicht an der Zahlungsbilanz liegt. Z.B. England laboriert an Goldabfluß. Es hat überimportiert. Aber zugleich sind alle andren Länder mit englischen Waren überladen. Sie haben also auch überimportiert oder sind überimportiert worden.« (K3, 508)

Der Kredit verändert dieses Bild, aber nicht das zugrunde liegende Problem:

> »Die Krise mag zuerst in England ausbrechen, in dem Lande, das den meisten Kredit gibt und den wenigsten nimmt, weil die Zahlungsbilanz ... *gegen es*, obgleich die allgemeine Handelsbilanz *für es* ist. ... Der Krach in England, eingeleitet und begleitet von Goldabfluß, saldiert Englands Zahlungsbilanz, teils durch den Bankrott seiner Importeurs ..., teils durch Wegtreiben eines Teils seines Warenkapi-

tals zu wohlfeilen Preisen ins Ausland, teils durch Verkauf fremder Wertpapiere, Ankauf von englischen etc. Nun kommt die Reihe an ein andres Land. …

1857 brach die Krisis in den Vereinigten Staaten aus. Es erfolgte Goldabfluß aus England nach Amerika. Aber sobald die Aufblähung in Amerika geplatzt, erfolgte Krise in England und Goldabfluß von Amerika nach England. Ebenso zwischen England und dem Kontinent. Die Zahlungsbilanz ist in Zeiten der allgemeinen Krise gegen jede Nation, wenigstens gegen jede kommerziell entwickelte Nation, aber stets bei einer nach der andern, wie in einem Rottenfeuer,[3] sobald die Reihe der Zahlung an sie kommt«. (K3, 508f., cf. 533f.)

Im Gefolge der Krise, die 2007-2008 in den USA ausgebrochen war und von dort aus auf andere Teile der Welt übergriff, waren derartige geografische Verschiebungen nur zu deutlich zu erkennen. Es war tatsächlich »wie in einem Rottenfeuer« – auch wenn sich nur schwer ausmachen lässt, wo die Krise als nächstes zuschlägt. Wie ich an anderer Stelle erläutert habe, löst das Kapital nie seine krisenhafte Tendenz: Es verlagert sie nur, von einer Branche zu nächsten und von einer Region der Welt zur nächsten. Für Marx zeigen diese Erscheinungen »eben durch ihre Allgemeinheit 1., daß der Goldabfluß bloßes Phänomen der Krise, nicht ihr Grund ist; 2., daß die Reihenfolge, worin er bei den verschiednen Nationen eintritt, nur anzeigt, wann die Reihe an sie gekommen, ihre Rechnung mit dem Himmel zu schließen, wann der Termin der Krise bei ihnen eingetreten …« (K3, 509). Trotz Marx' Anspruch auf Allgemeinheit handelt es sich bei dieser, um den »Goldabfluss« kreisenden Abfolge nur um eines der möglichen Szenarien, wie die Krise sich geografisch entfalten kann. In der heutigen Zeit spielen die Staatsschulden eine ähnliche Rolle – zum Beispiel die von Griechenland, die zum Teil durch eine übermäßige Verschuldung gegenüber deutschen und fran-

---

3 Anm. d. Ü.: Militärische Taktik aus der Zeit der Bogenschützen und Vorderlader, bei der mehrere Reihen Soldaten, die Rotten, abwechselnd und ohne jedesmaliges Kommando in Salven feuern und ihre Waffen nachladen. Im Originalmanuskript verwendet Marx die französische Bezeichnung »feu de mousqueterie«, was Engels in seiner Zusammenstellung des 3. Bandes als »Rottenfeuer« übersetzt hat (s. MEGA^2, Bd. II/4.2, S. 545). In der englischen Übersetzung des *Kapital* wird »Rottenfeuer« mit »volley firing« wiedergegeben, von »volley« = »Salve« (s. en.wikipedia.org/wiki/Volley_fire), was im Englischen noch geläufiger ist als das im Deutschen nahezu unbekannt gewordene Wort »Rottenfeuer«, weshalb D.H. es im Folgenden als prägnantes Bild gebrauchen kann.

zösischen Banken entstanden waren und insbesondere dem Import von in Deutschland produzierten Gütern dienten. Diese Entwicklung war durch die Einführung des Euros begünstigt worden, weil produktivere Unternehmen wie in Deutschland von ihm profitierten, während die unproduktiveren Wirtschaften Südeuropas durch ihn geschwächt wurden. Im Ergebnis gerät der Wert des fiktiven Kapitals, das von den französischen und deutschen Banken gehalten wird, in Gefahr, was wiederum die Staatsschulden Frankreichs und letztlich auch Deutschlands bedrohen kann. Zur Abwehr wäre eine konzertierte Aktion der gesamten Eurozone nötig, die angesichts der »verkehrten« Verfasstheit der Europäischen Zentralbank nur schwer zu realisieren sein dürfte. Fürwahr, Rottenfeuer.

Die mit den Kreditmärkten verbundene Bewegung ist mit Händen zu greifen. Aber Marx glaubt nicht, dass diese Bewegungen der tiefere Grund der Krise sind. Dieser findet sich vielmehr in dem Zusammenwirken der allgemeinen Tendenz zur Überakkumulation von Kapital mit der unabhängigen und selbstständigen Produktion einer Plethora von Geldkapital, das sich von alleine auftürmt. Erinnern wir uns:

> »Schon weil die Akkumulation von Leihkapital angeschwellt wird durch solche, von der wirklichen Akkumulation unabhängige, aber dennoch sie begleitende Momente, muß in bestimmten Phasen des Zyklus beständig Plethora von Geldkapital stattfinden, und diese Plethora mit der Ausbildung des Kredits sich entwickeln. Mit ihr muß sich also zugleich die Notwendigkeit entwickeln, den Produktionsprozeß über seine kapitalistischen Schranken hinauszutreiben: Überhandel, Überproduktion, Überkredit. Gleichzeitig muß dies stets in Formen geschehn, die einen Rückschlag hervorrufen.« (K3, 523f.)

Dieses Zusammenwirken macht das aus, was ich im Allgemeinen als »das Problem der Entsorgung überschüssigen Kapitals« bezeichne. Die These, dass allen Krisen diese Tendenz zur Produktion von Kapitalüberschüssen und insbesondere von Überschüssen in Geldform zugrunde liegt, sollte unbedingt weiter untersucht werden. Dass sich diese Überschüsse so leicht in die Bildung und Zirkulation von fiktivem Kapital lenken lassen, wird dann zu einem zentralen Problem, das sich weder vermeiden noch unterdrücken lässt. Denn das Kapital in Geldform, hinter dem die nackte Macht der Geldkapitalisten steht, hat eine positive Funktion bei der Vermeidung der sonst notwendigen Schatzbildung zu erfüllen.

Vom 2. zum 3. Band und wieder zurück: Eine abschließende Bemerkung

Für Marx wäre es albern gewesen, dem heiligen Gral einer vollständigen Präzisierung der Bewegungsgesetze des Kapitals in Reinform nachzujagen, ohne die Kenntnis dieser Gesetze dafür zu nutzen, die zwei großen Krisen zu sezieren, die er selbst erlebte und an deren geschichtlichem Verlauf er sowohl praktisch wie theoretisch Anteil nahm. Die Finanz- und Handelskrisen der Jahre 1847-1848 und 1857 schrien förmlich nach einer angemessenen Interpretation (wie auch der Crash von 1873, bei dessen Eintreten Marx allerdings seine theoretische Produktion zum größten Teil bereits abgeschlossen hatte). Es liegt daher nahe, das im 3. Band dargebotene Material als ein konsequentes Fortschreiten von der Analyse im 2. Band aufzufassen, weil erst in diesen Kapiteln zum Finanzwesen eine explizite Beschäftigung mit den Krisen dieser Jahre stattfindet. Damit war Marx gezwungen, die im 2. Band so offensichtlichen rigorosen (und in nicht geringem Maße starren) Selbstbeschränkungen aufzugeben, um den Fetischismus und die Fiktionen, den Wahnsinn und die Verrücktheit zur Sprache zu bringen, von denen die Finanz- und Handelswelt in jenen Krisenjahren augenscheinlich beherrscht wurde. Daher unterscheidet sich die Sprache des 3. Bandes meistens stark von der zurückhaltenden und technischen Ausdrucksweise im 2. Band. Auf den ersten Blick scheint es, als habe Marx sich von den öden wissenschaftlichen Einschränkungen befreit, die den 2. Band prägen. Indem er zum Beispiel das Konzept des Fetischismus wiederaufleben lässt, kommt er sehr viel näher an die brodelnde Unruhe der Oberflächenerscheinungen des Kapitals und die vielfältigen Möglichkeiten, die sich in negativer wie positiver Weise aus ihnen für zukünftige Umwälzungen ergeben.

Dummerweise passt diese Interpretation nicht zur zeitlichen Reihenfolge, in der diese Texte verfasst wurden. Der größte Teil des 2. Bandes wurde geschrieben, nachdem der 3. Band verfasst worden war. Warum kehrte Marx dann aber zu dem trockenen und technokratischen Buchhalterstil der Argumentation im 2. Band zurück, nachdem er in dramatischer und emotional beteiligter Weise (wenn auch enttäuschend unvollständig und bisweilen zusammenhangslos) über das Kaufmannskapital und die Finanzwelt geschrieben hatte?

Ich habe keine endgültige Antwort auf diese Frage und kann auch nicht mit irgendwelchen einzigartigen Erkenntnissen aufwarten. Aber ich habe eine Hypothese, die ich favorisiere. Für Marx war natürlich klar, dass er den Ereignissen von 1847-1848 und von 1857 auf den Grund gehen musste (so wie wir herausfinden wollen, was es mit 2007-2012 auf sich hatte). Marx' Untersuchung dieser Krisen zeigte, wie sehr die Ereignisse selbst und auch deren Interpretationen durch zeitgenössische Beobachter von fetischhaften Auffassungen durchzogen waren. Damit stellt sich das Problem, wie der offensichtliche Wahnsinn der spekulativen Geschäfte, insbesondere mit fiktivem Kapital, vor dem Hintergrund der Bewegungsgesetze des Kapitals zu verstehen ist, über die sich Marx allmählich Klarheit verschaffte. Marx war keineswegs irritiert durch die Fetischismen, auf die er in der Theorie wie in der Praxis stieß. Im Gegenteil, ihn reizte die Aussicht, das von ihnen Verborgene enthüllen zu können. Seine übliche Reaktion bestand darin, tiefer zu graben, um die zugrunde liegenden Notwendigkeiten und Widersprüche ans Licht zu holen. Er hielt es für möglich, sich dadurch einen besseren Reim auf all die oberflächlichen Turbulenzen und offenkundigen Widersprüche machen zu können, die charakteristisch für die Welt der Finanzen und des Kredits waren, und auf die mit ihnen verbundenen Krisen.

In diesem Kontext ergibt seine Rückkehr zur Frage nach dem inneren Wesen des Kapitals im 2. Band einen Sinn. Marx sucht nach einer Art Röntgenbild dieses inneren Wesens, das uns Aufschluss darüber geben kann, wie und warum die widersprüchliche Verrücktheit des Kreditsystems notwendigerweise entstehen muss. Woran liegt es, dass die elementaren und grundlegenden Widersprüche des Kapitals immer die Form von Finanz- und Handelskrisen annehmen? Um diesen ganzen Zusammenhang aufzudecken, schließt er das Kreditsystem und die Zirkulation des zinstragenden Kapitals von seiner Untersuchung der Kapitalakkumulation und -zirkulation im 2. Band aus. Auf diese Weise will er verstehen, warum die Zirkulation und Akkumulation des Kapitals den Kredit und das »selbstständige und unabhängige« Wirken des Geldkapitals derart notwendig machen. Kurz gesagt zeigt uns der 2. Band, warum das Kapital ohne ein Kreditsystem nicht existieren kann, warum die Akkumulation des Reichtums notwendigerweise von einer Akkumulation von Schulden begleitet wird, und warum der zentrale Widerspruch zwischen dem Wert und seiner monetären Darstellung das nie aufhebbare und notwendige Ungleichgewicht von Angebot und Nachfrage in einem kapitalistischen System der Mehrwertproduktion beinhaltet. Die zitierten längeren Passagen ab Seite 508 im 3. Band scheinen mir genau das zum Ausdruck zu bringen.

Für Adam Smith waren das Bank- und Finanzwesen unproduktive Tätigkeiten. Die Ausführungen im 3. Band könnten den Eindruck erwecken, als würde Marx diesem Urteil zustimmen. Auch er scheint in den parasitären Auswüchsen des Geldkapitals und dem auf die Spitze getriebenen Wahnsinn im Finanzsystem eine sich selbst entlarvende gigantische Störung (oder sogar eine schädliche Besteuerung) der wirklichen Reichtums- und Wertproduktion zu sehen. Ein großer Teil der öffentlichen Meinung neigt heute zu dieser Auffassung. Damit taucht sofort die Frage auf: Warum toleriert der Kapitalismus das? Der 2. Band macht jedoch klar, dass der Kredit nicht nur für die Wertproduktion, sondern auch für die Erweiterung der Möglichkeit, Mehrwert zu produzieren und anzueignen, eine absolute Notwendigkeit darstellt. Die Analogie zur Rolle der Maschinerie im 1. Band ist hilfreich. Maschinerie ist konstantes (in der Regel fixes) Kapital und kann daher keinen Wert produzieren. Marx zeigt aber dann, wie sie eine Quelle des relativen Mehrwerts sein kann – sowohl für den einzelnen Kapitalisten, der sich durch eine neue Technologie einen Extraprofit verschafft, wie für die gesamte Kapitalistenklasse, weil die steigende Produktivität in der Herstellung von Lohngütern den Wert der Arbeitskraft senkt und den Mehrwert für den Kapitalisten vergrößert. Auch der Kredit produziert keinen Wert, kann aber die enorme Ausweitung der Produktion und Realisierung von Mehrwert befördern, indem er zum Beispiel die Notwendigkeit der Schatzbildung verringert.

Die Frage der Schatzbildung ist in der Tat entscheidend. Die Analyse im 2. Band macht klar, dass ohne ein Kreditsystem eine Unmenge von Kapital aufgeschatzt werden müsste, um all das zu erfüllen, was von der Zirkulation des fixen Kapitals bis zum Ausgleich unterschiedlicher Zirkulationszeiten erforderlich ist. Die Kapitalakkumulation wäre bestenfalls stark eingeschränkt oder würde schlimmstenfalls durch diese Verkrustungen ganz zum Stillstand kommen. Ob das aus seiner Schatzform befreite Geld in Geldkapital verwandelt werden kann, hängt natürlich von der Verfügbarkeit von Arbeitskräften und Produktionsmitteln und den jeweiligen Bedingungen in allen anderen Kapitalkreisläufen, einschließlich einer lebhaften effektiven Nachfrage, ab. Aber ohne die Freisetzung des aufgeschatzten Geldes würde nur wenig potenzielles Geldkapital zur Verfügung stehen. Das ergibt sich eindeutig aus der Analyse im 2. Band.

Ob es Marx gelungen ist, die Rolle des Kredits und der Finanzwelt (sowie des Kaufmannskapitals) im Verhältnis zu den Bewegungsgesetzen des Kapitals zu bestimmen, bleibt Ansichtssache und wäre sicherlich zu diskutieren. (Ich habe den Eindruck, dass es ihm nur zum Teil gelungen ist und er sich unnötigerweise eingeschränkt hat, um einer gewissen Vorstellung von Wissenschaftlichkeit zu genügen, an die er seine Glaubwürdigkeit gebunden sah.) Aber wenn meine Vermutung zutrifft, dass eines der wichtigsten Ziele des 2. Bandes darin besteht, hinter die in den Kapiteln zum Finanzwesen des 3. Bandes so bissig dargestellten Fetischismen zu gelangen, dann erhält der 2. Band im Werk von Marx eine Bedeutung, die eine sehr viel gründlichere Lektüre gebietet, als sie üblicherweise betrieben wird. Marx war sich völlig im Klaren darüber, dass er vom Standpunkt der Zirkulation aus ein ebenso mächtiges Modell der Bewegungsgesetze des Kapitals entwickeln musste, wie er es im 1. Band vom Standpunkt der Produktion aus geliefert hatte. Die Tragik besteht darin, dass er diese Arbeit nicht abgeschlossen hat und es ihm nicht mehr gelungen ist, die beiden Perspektiven der Produktion und der Zirkulation in einem funktionierenden Ganzen zusammenzufassen.

Kapitel Acht
Raum und Zeit des Kapitals (Kapitel 12-14 des 2. Bandes)

Die Kapitel 12 bis 14 des 2. Bandes sind zum Glück recht einfach und gut verständlich geschrieben. Sie enthalten keine besonderen Schwierigkeiten und wiederholen mehr oder weniger, was wir schon aus dem 5. und 6. Kapitel kennen. Sie bilden daher einen guten Ausgangspunkt, um wieder in die Welt des 2. Bandes hineinzufinden, nachdem wir uns mit den Turbulenzen und Wirrungen der Finanzspekulation im 3. Band gequält haben.

Marx beschäftigt sich hier mit einigen augenfälligen Merkmalen der Produktion und Zirkulation, die sich auf die gesamte Umschlagszeit des Kapitals auswirken. Die Gesamtumschlagszeit setzt sich aus der Produktionszeit und der Zirkulations- oder Umlaufszeit zusammen, wobei sich die Produktionszeit wiederum aufteilt in die Arbeitsperiode, während der wertschaffende Arbeit in der Produktion von Waren tatsächlich zum Einsatz kommt, und die Zeit, die der Produktionsprozess zu seiner Vollendung benötigt, ohne dass gearbeitet wird (die zum Beispiel in der Landwirtschaft eine große Rolle spielt). Das 12. Kapitel behandelt die »Arbeitsperiode«, die als die »Aufeinanderfolge mehr oder minder zahlreicher zusammenhängender Arbeitstage« definiert wird, die erforderlich sind, um Wert und Mehrwert in einer bestimmten Ware wie einer Lokomotive oder Baumwolle gerinnen zu lassen (233). Im 13. Kapitel wird die »Produktionszeit« erörtert; sie besteht aus der Arbeitszeit plus der Zeit, die ohne Verausgabung von Arbeit für die Fertigstellung nötig ist (wie Zeit für die Fermentierung, die Reifung oder das Wachstum). Das 14. Kapitel beschäftigt sich mit der »Umlaufszeit« als der Zeit, die es braucht, um die Ware dem Endverbrauch zuzuführen. Dieses Kapitel ist für mich von besonderem Interesse, weil die Zirkulationszeit stark von der Dauer und den Kosten des Transports (womit wir uns bereits zuvor auseinandergesetzt haben) und von Standortentscheidungen (zum Beispiel der Tendenz der Zulieferer, sich in der Umgebung der großen Fertigungsstätten anzusiedeln, um die Zeiten und Kosten für den Transport zu minimieren) beeinflusst wird. Das eröffnet die Frage nach der Rolle von räumlichen Beziehungen, von Agglomerationseffekten und der Raumproduktion in der Zirkulation und Akkumulation des Kapitals.

Die zeitliche Unterschiedlichkeit von Arbeitsperioden, Produktionszeiten und Umlaufszeiten ist »unendlich mannigfaltig«, wie Marx schreibt. Das kann zu Problemen bei der Koordinierung zwischen den verschiedenen, arbeitsteilig aufeinander bezogenen Branchen führen. Während Baumwolle kontinuierlich das ganze Jahr über versponnen werden kann, findet ihre Ernte nur einmal im Jahr statt. Daraus ergeben sich komplizierte Fragen: Wie viel Kapital muss als Geld- oder Warenschatz gebunden werden, um die Unstimmigkeiten zwischen verschiedenen Umschlagszeiten auszugleichen. Aufgeschatztes Kapital ist untätig und daher unproduktiv für die Mehrwertproduktion. Große Vorräte und Lagerbestände von Rohbaumwolle lassen einen großen Teil dieses Warenkapitals unbeschäftigt. Wie Marx betont, ist solches Kapital technisch gesehen »entwertetes« oder »brachliegendes« Kapital. Dies ist, wie wir gesehen haben, ein ernsthaftes Problem, das entweder durch das Kreditsystem oder mit anderen Mitteln angegangen werden muss.

Es besteht daher ein zunehmender Druck, nach Möglichkeiten der Verringerung des stillliegenden Kapitals zu suchen. Hier kommen solche Techniken wie die Beschleunigung der Umschlagszeiten und Vorratsverwaltung sowie institutionelle Vorkehrungen wie das Kreditsystem ins Spiel. Die durch die Konkurrenz erzwungene Verkürzung der Arbeitsperioden und der Produktionszeiten hat weitreichende Folgen. Zum Beispiel konnten die Vorräte an Warenkapital durch technologische und organisatorische Innovationen (wie das von den Japanern in den 1980er Jahren auf den Weg gebrachte »just-in-time«-System) auf ein Minimum reduziert werden. Baumwolle wird zwar nur einmal im Jahr geerntet, aber unterschiedliche Erntezeiten in verschiedenen Teilen der Welt führen zu einem im Jahresverlauf ausgeglicheneren Angebot an Baumwolle und verringern die Notwendigkeit großer Vorräte. Die ganze Geschichte des Kapitalismus ist von dem ununterbrochenen Bemühen geprägt, die Zeiten und Kosten für Bewegung zu verringern.

Zum 12. Kapitel des 2. Bandes: Die Arbeitsperiode

Nehmen wir zwei Produktionszweige, Baumwollspinnerei und die Herstellung von Lokomotiven, in denen jeweils täglich zehn Stunden gearbeitet wird. In dem ersten Zweig »wird täglich, wöchentlich ein bestimmtes Quantum fertiges Produkt geliefert, Baumwollengarn; in dem andren muß der Arbeitsprozeß vielleicht während drei Monaten wiederholt werden, um ein fertiges Produkt, eine Lokomotive, herzustellen«. Es besteht also zunächst ein Kontrast zwischen Produktionsprozessen mit einem kontinuierlichen und solchen mit einem diskreten Charakter. Und letztere unterscheiden sich wiederum in der Zeit, die es dauert, bis ein Produkt fertiggestellt ist. »Diese Unterschiede in der Dauer des Produktionsakts finden statt, nicht nur zwischen verschiednen Produktionssphären, sondern auch innerhalb derselben Produktionssphäre, je nach dem Umfang des zu liefernden Produkts.« Marx führt ein aufschlussreiches Beispiel an. »Ein gewöhnliches Wohnhaus wird in kürzrer Zeit gebaut als eine größre Fabrik ... Wenn der Bau einer Lokomotive drei Monate, kostet der eines Panzerschiffes ein oder mehrere Jahre. ... ein Landweg [kann] vielleicht in einigen Monaten gebaut werden, wo eine Eisenbahn Jahre erfordert« usw. »Die Unterschiede in der Dauer des Produktionsakts sind also unendlich mannigfaltig.« (231f.)

Diese Unterschiede wirken sich auf die Umschlagszeiten aus. Und je länger die Umschlagszeit ist, desto mehr zirkulierendes Kapital muss vorgeschossen werden, bevor die Ware fertig ist. Die »Geschwindigkeit des Umschlags« beeinflusst die Profitabilität (232).

Marx definiert die »Arbeitsperiode« als »Aufeinanderfolge mehr oder minder zahlreicher zusammenhängender Arbeitstage«, die für die Herstellung eines fertigen Produkts benötigt werden. Hundert zehnstündige Arbeitstage ergeben eine Arbeitsperiode von 1000 Stunden. »Unterbrechungen, Störungen des gesellschaftlichen Produktionsprozesses, z.B. infolge von Krisen, wirken daher sehr verschieden auf Arbeitsprodukte, die diskreter Natur sind, und auf solche, die zu ihrer Produktion eine längere, zusammenhängende Periode erheischen.« (233) Im Fall von kontinuierlicher Produktion wird der Prozess angehalten und es geht nicht viel zirkulierendes Kapital verloren. Aber im Fall einer Lokomotive ist das gesamte bereits im Produkt verkörperte zirkulierende Kapital lahmgelegt oder verloren. Diese Formen der Produktion sind also mit einem sehr viel höheren Risiko verbunden.

An diesen unterschiedlichen Umschlagsprozessen ist natürlich auch fixes Kapital wie z.B. eine Dampfmaschine beteiligt, aber deren Umschlag ist nicht von den unterschiedlichen Umschlagszeiten der Produkte betroffen, die mit ihrer Hilfe produziert werden. Die Ausgaben für zirkulierendes Kapital sind es hingegen schon. Löhne müssen z.B. wöchentlich vorgeschossen werden und Produktionsmittel während der Wochen oder Monate, die die Herstellung des fertigen Produkts dauert, regelmäßig gekauft werden. Je länger die Arbeitsperiode, desto mehr zirkulierendes Kapital muss vorgeschossen werden, bevor durch den Verkauf des Endprodukts das Kapital zurückgewonnen und der Mehrwert realisiert werden kann. Das kann für den individuellen Kapitalisten eine erhebliche Belastung darstellen. »Auf den unentwickelteren Stufen der kapitalistischen Produktion«, schreibt Marx,

> »werden Unternehmungen, die eine lange Arbeitsperiode, also große Kapitalauslage für längre Zeit bedingen, namentlich wenn nur auf großer Stufenleiter ausführbar, entweder gar nicht kapitalistisch betrieben, wie z.B. Straßen, Kanäle etc. auf Gemeinde- oder Staatskosten (in ältren Zeiten meist durch Zwangsarbeit ...). Oder solche Produkte, deren Herstellung eine längre Arbeitsperiode bedingt, werden nur zum geringsten Teil durch das Vermögen des Kapitalisten selbst fabriziert.« (236)

Sie werden also in anderen Worten mithilfe von Kredit hergestellt. Marx führt dann als Beispiel den Hausbau an. Bei ihm

> »zahlt die Privatperson, für welche das Haus gebaut wird, portionsweis Vorschüsse an den Bauunternehmer. Sie zahlt daher in der Tat das Haus stückweis, im Maß, wie sein Produktionsprozeß vorangeht. In der entwickelten kapitalistischen Ära dagegen, wo einerseits massenhafte Kapitale in den Händen einzelner konzentriert sind, andrerseits neben den Einzelkapitalisten der assoziierte Kapitalist (Aktiengesellschaften) tritt und gleichzeitig das Kreditwesen entwickelt ist, baut ein kapitalistischer Bauunternehmer nur noch ausnahmsweis auf Bestellung für einzelne Privatpersonen. Er macht ein Geschäft daraus, Häuserreihen und Stadtviertel für den Markt zu bauen, wie einzelne Kapitalisten ein Geschäft daraus machen, Eisenbahnen als Kontraktoren zu bauen.« (236)

Aus den Aussagen vor dem Bankkomitee von 1857 zitiert Marx die Strategien des spekulativen Hausbaus, bei dem alles durch Hypotheken, Grunderwerb und Fremdkapitalaufnahme finanziert wird. »Ohne Spekulationsbau, und das auf großer Stufenleiter, kann heute kein Unternehmer mehr vorankommen. Der Profit aus dem Bauen selbst ist äußerst gering; sein Hauptgewinn besteht in Steigerung der Grundrente, in geschickter Auswahl und Ausnutzung des Bauterrains.« (237) Als Beispiel nennt er die vornehme Wohngegend Belgravia in London. Ich denke, dieser Prozess ist sehr viel wichtiger, als allgemein angenommen wird. Aber da er mit der Gewinnung und Aneignung von Grundrente verbunden ist, geht Marx hier nicht näher auf ihn ein, was ich auch nicht tun werde. Aber es ist interessant zu sehen, dass viele der von Marx bemühten Beispiele etwas mit der Investition in die Bebauung zu tun haben (ein Thema, das so wie hier gelegentlich auftaucht, ohne dass er es zum Gegenstand einer gesonderten Untersuchung macht).

In jüngster Zeit haben wir überaus deutlich gesehen, dass derartige Prozesse immer krisenanfällig sind:[1]

> »Der Unternehmer arbeitet nicht mehr für den Kunden, sondern für den Markt ... Während früher ein Unternehmer vielleicht drei oder vier Häuser gleichzeitig auf Spekulation im Bau hatte, muß er jetzt ein ausgedehntes Grundstück kaufen ..., bis zu 100 oder 200 Häuser darauf errichten und sich so auf eine Unternehmung einlassen, die sein Vermögen um das zwanzig- bis fünfzigfache übersteigt. Die Fonds werden beschafft durch Aufnahme von Hypotheken, und das Geld dem Unternehmer zur Verfügung gestellt im Maß, wie der Bau der einzelnen Häuser fortschreitet. Kommt dann eine Krisis, die die Einzahlung der Vorschußraten zum Stocken bringt, so scheitert gewöhnlich die ganze Unternehmung; im besten Fall bleiben die Häuser unvollendet bis auf beßre Zeiten, im schlimmsten kommen sie unter den Hammer und werden zum halben Preis losgeschlagen.« (236f.)

In großen Teilen der USA, Spaniens und Irlands entfaltete sich ab 2008 das Worst-Case-Szenario überaus heftig. In diesem Fall hatte die Immobilienspekulation zu einer Vermögensblase geführt, die bei ihrem Platzen die Krise auslöste. Marx geht dagegen von einem Zusammenbruch des Häusermarkts aus, der von einer Handels- und Finanzkrise verursacht wird, die ihre Wurzeln woanders hat.

»Die Ausführung von Werken von bedeutend langer Arbeitsperiode und großer Stufenleiter fällt erst vollständig der kapitalistischen Produktion anheim, wenn die Konzentration des Kapitals bereits sehr bedeutend ist, andrerseits die Entwicklung des Kreditsystems dem Kapitalisten das bequeme Auskunftsmittel bietet, fremdes statt sein eignes Kapital vorzuschießen und daher auch zu riskieren.« (237) Der Wechsel vom einzelunternehmerischen Handeln zum Geschäftemachen mit

---

[1] Immobilienspekulation scheint bei der Krise von 1857 eine Rolle gespielt zu haben, was erklären dürfte, warum sie zum Gegenstand einer parlamentarischen Untersuchung wurde.

dem »Geld anderer Leute«, das wir in den Kapiteln zum Finanz- und Kreditwesen kennengelernt haben, hat wichtige Konsequenzen für die Funktionsweise des Kapitals. Ich halte es für keinen Zufall, dass Marx' Musterbeispiele die großen Investitionen in Städtebau und Infrastruktur sind. Auch wenn er es hier nicht erwähnt, so liegt doch auf der Hand, dass daran fiktives Kapital beteiligt sein dürfte.

Das Interesse von Marx konzentriert sich jedoch auf die »Umstände, welche das Produkt des einzelnen Arbeitstags vergrößern, wie Kooperation, Teilung der Arbeit, Anwendung der Maschinerie«. Sie »verkürzen zugleich die Arbeitsperiode ... So verkürzt Maschinerie die Bauzeit von Häusern, Brücken etc. ... Verbesserter Schiffsbau verkürzt mit vermehrter Geschwindigkeit die Umschlagszeit des in der Schiffahrt ausgelegten Kapitals.« (237)

Viele dieser Verbesserungen hängen von dem Einsatz von mehr fixem Kapital ab. Schon dies erzeugt eine deutliche Spannung (oder einen Widerspruch?), weil der Umschlag eines Teils des Kapitals verlangsamt werden muss, um den beschleunigten Umschlag des übrigen Kapitals zu ermöglichen. Die latente Spannung zwischen Stillstand und Bewegung ist im 2. Band nahezu allgegenwärtig.

Für denselben Zweck kann die Kooperation entwickelt werden: Die »Fertigstellung einer Eisenbahn wird dadurch verkürzt, daß große Arbeiterarmeen auf die Beine gestellt werden und das Werk daher vielseitig im Raum angegriffen wird« (238). Einige der spektakulärsten Beispiele der gleichzeitigen Mobilisierung von Technologien und Massenarbeit stammen in den letzten Jahren aus China. Bei den Vorlesungen, auf denen dieses Buch beruht, zeige ich als Illustration des Arguments von Marx die beeindruckende Videoaufnahme vom Bau eines 15-stöckigen Hotels in China in nur 90 Stunden. Es findet sich bei youtube unter dem Titel »Build a Hotel 15 Floors in China in 90 Hours«. Dort ist jetzt noch ein anderes Video eingestellt: »30-Story Building Built In 15 Days«. In beiden Fällen sind die Bauteile natürlich vorgefertigt, aber es ist interessant, sich den Arbeitsprozess anzusehen und über seinen Charakter nachzudenken. Es geht nicht nur um Kooperation, Mechanisierung und Koordinierung der Arbeitsteilung, sondern auch um die Intensität, die sich im 1. Band des *Kapital* nach und nach als ein Schlüsselfaktor der Mehrwertproduktion herausstellt. Und die Arbeit muss natürlich nur für die 90 Stunden (Schichtarbeit) bezahlt werden.

Dahinter steht die Frage, ob das Kapital ausreichend konzentriert und sofort verfügbar ist, um solche Prozesse in Gang zu setzen. Marx betont, dass

> »es darauf ankommt, in welchem Grade die Produktions- und Lebensmittel … zersplittert oder in den Händen individueller Kapitalisten vereinigt sind, also welchen Umfang die Konzentration der Kapitale bereits erreicht hat. Insofern der Kredit die Konzentration von Kapital in einer Hand vermittelt, beschleunigt und steigert, trägt er dazu bei, die Arbeitsperiode, und damit die Umschlagszeit, abzukürzen.« (238)

Es ist wichtig, sich den Zusammenhang zwischen der Beschleunigung der Umschlagszeiten und der Zentralisation des Kapitals, staatlichen Eingriffen und der Entwicklung des Kreditsystems klarzumachen. Meine gelegentlichen Beobachtungen zu dieser Frage im Rahmen meiner Studien zur Geschichte der Urbanisierung deuten darauf hin, dass Marx ganz zu Recht auf die zunehmende Bedeutung dieser Zusammenhänge für das Streben nach immer kürzeren Umschlagszeiten hinweist.

Das Ausmaß der ganzen Versuche zur Verkürzung der Umschlagszeit veranschaulicht für Marx auf dramatischste Weise die Schafzucht. »Früher waren englische Schafe, wie die französischen noch 1855, vor dem vierten oder fünften Jahre nicht schlachtfertig.« Daher aßen die meisten Leute Schaf- und kein Lammfleisch (in den Romanen von Dickens lesen wir immer wieder von Festessen mit Schafskoteletts). Aber dann kam Bakewell mit seiner Züchtung des »New Leicester«-Schafs. Bei ihm »kann schon ein einjähriges Schaf gemästet werden, und in jedem Fall ist es vor Ablauf des zweiten Jahres vollständig ausgewachsen«. Die Produktionszeit verringert sich damit um über die Hälfte (240). Daher essen wir heute Lamm- und nicht mehr Schaffleisch. Und Frühlingslamm braucht weniger als ein Jahr. Derartige Eingriffe in den »natürlichen« Lebenszyklus lassen sich überall in der Landwirtschaft finden. Selbst die Aufzucht von Hummern konnte beschleunigt werden, indem die Hummerfangkörbe in Gebiete mit einem anderen Temperaturprofil versetzt wurden. »Natürliche« Reproduktionszyklen sind in der Welt der kapitalistischen Produktion keineswegs sakrosankt.

Zum 13. Kapitel des 2. Bandes: Die Produktionszeit

Bei Produktionsprozessen kommt es oft zu »von der Länge des Arbeitsprozesses unabhängigen« Unterbrechungen. Marx führt eine Reihe von Beispielen an: Wein, der einen Gärungsprozess durchmacht; Töpferware, die trocknen muss; zeitaufwendige chemische Prozesse wie das

Bleichen – und vor allem in der Landwirtschaft, in der über lange Zeit überhaupt kein Arbeitseinsatz erfolgt (in der Waldwirtschaft kann es ein ganzes Jahrhundert dauern, bevor die Bäume gefällt werden).

Ich habe jedes Jahr einige Zeit in Argentinien auf dem Land verbracht. An einem bestimmten Tag im Januar tauchte eine riesige Maschine mit einem Lastwagen und drei Arbeitern auf, die 20 Hektar Weizen in nur einem Tag ernteten. Am nächsten Tag erschien eine andere Maschine mit drei Leuten, die an einem Tag 20 Hektar Sojabohnen pflanzten. Zwei Monate später kam eine weitere Maschine, um die Sojabohnen mit fürchterlichen Insektiziden zu besprühen, und nach weiteren drei Monaten wurde das ganze Soja von einer anderen Maschine geerntet. Ein paar Monate später kam eine Maschine und düngte das Land und darauf eine andere, die Weizen aussäte. Das hier beteiligte fixe Kapital ist ganz erheblich, aber der Einsatz von Arbeit und die Arbeitsperiode sind im Vergleich zur Produktionszeit sehr kurz. »In allen diesen Fällen wird während eines großen Teils der Produktionszeit nur stellenweis zuschüssige Arbeit zugesetzt.« (242)

Es bestehen also starke Anreize, die Produktionszeiten so weit zu verkürzen, wie es physikalisch nur möglich ist. Marx führt hier die in der Geschichte der Eisenproduktion gemachten Fortschritte an, »von dem um 1780 entdeckten Puddling bis zu dem modernen Bessemerprozeß und den seitdem eingeführten neuesten Verfahrungsweisen. Die Produktionszeit ist enorm abgekürzt worden, aber in demselben Maß auch die Anlage von fixem Kapital vergrößert.« (242) Auch dies unterstreicht wieder den möglichen Widerspruch zwischen Verlangsamung und Beschleunigung.

Wie zu erwarten wäre, ist es in der Landwirtschaft am schwierigsten, die Produktionszeiten zu verkürzen, was Folgen für das Kapital und noch gravierendere für die Arbeit hat. Marx zitiert ausführlich aus einer Schrift von Kirchhof, der die unterschiedlichen Auswirkungen für Kapital und Arbeit hervorhebt. Für letztere stellt der saisonale Charakter der Arbeitsmöglichkeiten in der Landwirtschaft ein größeres Problem dar. In Russland ist landwirtschaftliche Arbeit zum Beispiel nur an 130 bis 150 Tagen im Jahr möglich, was nur dadurch ausgeglichen wird, dass die Bauern in der Hausindustrie als »Weber, Gerber, Schuhmacher, Schlosser, Messerschmiede etc.« arbeiten (243). Die »Vereinigung der Agrikultur mit ländlicher Nebenindustrie« war eine effektive Methode, um mit der naturbedingten saisonalen Struktur der Beschäftigung umzugehen. »Indem die kapitalistische Produktion dann später die Scheidung zwischen Manufaktur und Agrikultur vollzieht, wird der Landarbeiter immer mehr von bloß zufälliger Nebenbeschäftigung abhängig und seine Lage dadurch verschlechtert. Für das Kapital, wie man später sehn wird, gleichen sich alle Verschiedenheiten im Umschlag aus. Für den Arbeiter nicht.« (244) Das Problem der Saisonarbeit in der Landwirtschaft ist keineswegs überwunden. In den USA durchqueren jedes Jahr migrantische Arbeiterinnen die landwirtschaftlichen Gebiete an der Ost- und Westküste, um in Arbeitskolonnen Früchte und Gemüse zu ernten. Meistens leben sie unter haarsträubenden Bedingungen und sind allen möglichen toxischen Pestiziden ausgesetzt, bevor sie in der erntefreien Zeit nach Mexiko oder in die Karibik zurückkehren.

Marx räumt ein, dass es in vielen Branchen dieses Problem der Saisonabhängigkeit oder große Abweichungen zwischen Arbeitsperioden und Produktionszeiten (abgesehen von Zeiten der Krise) nicht gibt. Aber verschiedene Investitionsformen leiden unter diesem Problem und haben damit zu kämpfen, dass »im Laufe der verschiednen Perioden des Jahrs die größte Ungleichmäßigkeit in der Auslage von zirkulierendem Kapital« stattfindet (244). Das eingesetzte fixe Kapital wird für einen Teil des Jahres nicht gebraucht. Seine Zirkulation ist daher unterbrochen, was »eine gewisse Entwertung« bedeutet. Der interessanteste Fall ist die Waldwirtschaft. Der enorme Unterschied zwischen Produktionszeit und Arbeitszeit »macht die Waldzucht zu einem ungünstigen Privat- und daher kapitalistischen Betriebszweig ... Die Entwicklung der Kultur und Industrie überhaupt hat sich von jeher so tätig in der Zerstörung der Waldungen gezeigt, daß dagegen alles, was sie umgekehrt zu deren Erhaltung und Produktion getan hat, eine vollständig verschwindende Größe ist.« (246f.) Was schon zur Zeit von Marx ein Problem war, geschieht heute in weit größerem Maßstab – die Zerstörung der tropischen Regenwälder geht in ganz Lateinamerika, Südostasien und Afrika rasant voran, nur dass sie heute neben dem Verlust der Wälder auch nachweislich zur Klimaerwärmung und zum Rückgang der Artenvielfalt beiträgt.

Zum Abschluss kommt Marx auf das schon im 6. Kapitel behandelte Problem der durch Lagerhaltung und Vorräte verursachten Zirkulationskosten zurück, aber diesmal als ein Problem der Zeitlichkeit. Jedes Produktionssystem bedarf einer gewissen Menge an »Produktionsmitteln, die in größren oder kleinren Massen vorrätig sein müssen, um nach und nach in den Produktionsprozeß einzugehn«. Wie groß muss dieser Vorrat sein? Seine Größe, sagt Marx, hängt ab »von der größren oder geringren Schwierigkeit seiner Erneuerung, relativer Nähe der Bezugsmärkte, Entwicklung der Transport- und Kommunikationsmittel etc.« Aber sie verändert sich auch aufgrund von »Umständen, die der Zirkulationssphäre angehören« (248). Marx sagt nicht, worin diese bestehen könnten, aber das markanteste Beispiel aus jüngster Zeit sind die sogenannten »Just-in-time«-Produktionssysteme und ihre Varianten, die zuerst Ende der 1970er Jahre in der japanischen Industrie eingeführt wurden. Optimierte Zeitpläne für die Anlieferungen, die durch ein vernetztes und später computerisiertes Informationssystem und ein zuverlässiges Transportwesen ermöglicht wurden, reduzierten die erforderlichen Vorräte auf ein Minimum und setzten damit eine enorme Masse an »totem« oder »brachliegendem« Kapital für seine aktive Nutzung frei. Dieses System fand schnell weite Verbreitung in sämtlichen Bereichen der kapitalistischen Wirtschaftstätigkeit.

Dass die Differenz von Produktions- und Arbeitszeit »sehr verschiedne Fälle« zulässt (249), ergibt sich laut Marx zum Teil aus dem Charakter des Produktionsprozesses als solchem, zum Teil aber auch aus den wechselnden Bedingungen in der Zirkulationssphäre (wie der Leichtigkeit des Zugangs zum Angebot und zu den Märkten). Daher kommen wir nun zum letzteren Teil des Problems.

Zum 14. Kapitel des 2. Bandes: Die Umlaufszeit

In diesem Kapitel beschäftigt sich Marx am ausdrücklichsten damit, welche Rolle räumliche Strukturen und Dynamiken in den Bewegungsgesetzen des Kapitals spielen. Diese Frage taucht in den Schriften von Marx zwar immer wieder auf, aber in der Regel nur sehr verkürzt und meistens etwas kryptisch. Ihre Bedeutung wird keinesfalls bestritten und an einigen Stellen sogar betont, doch gibt es außer in diesem Kapitel wenige Versuche einer systematischen Darstellung. Und auch hier finden wir nur ein paar Seiten dazu. Wir müssen uns also auf dieses Kapitel im *Kapital*, das wie der gesamte 2. Band sehr technisch argumentiert, und einige andere Stellen stützen, wenn wir Marx' Auffassung von der räumlichen und geografischen Dynamik der Kapitalakkumulation und ihren inneren Widersprüchen rekonstruieren wollen. Ich hatte das schon 1975 in einem Artikel für die Zeitschrift *Antipode* versucht, die damals das führende Organ der radikalen Geografie war. Natürlich wurde der Text kaum beachtet, woran sich auch nichts änderte, als ich vieles von ihm in den letzten Teil von *The Limits to Capital* übernahm, um auf die große Bedeutung der Produktion des Raums und der räumlichen (und territorialen) Beziehungen für die historische Geografie des Kapitalismus hinzuweisen.[2] Bedauerlicherweise ist die Frage der Produktion des Raums, der räumlichen Beziehungen und der territorialen Formen (»Orte«) bis vor kurzem in Darstellungen der Theorie von Marx kaum berücksichtigt worden. Oder sie galt als dermaßen selbstverständlich, dass sich jede weitere Beschäftigung mit ihr erübrigt. Erst in jüngster Zeit ist dieser Aspekt der Kapitalakkumulation und der Veränderungen im Alltagsleben stärker als grundlegender und nicht nur nebensächlicher Faktor beachtet worden. Wenn Marx auf ihn zu sprechen kommt, findet er bemerkenswert eindringliche Worte.

Denken wir zum Beispiel daran, wie im *Kommunistischen Manifest* sehr treffend beschrieben wird, was wir heute als Globalisierung bezeichnen:

> »Das Bedürfnis nach einem stets ausgedehnteren Absatz für ihre Produkte jagt die Bourgeoisie über die ganze Erdkugel. Überall muß sie sich einnisten, überall anbauen, überall Verbindungen herstellen. Die Bourgeoisie hat durch ihre Exploitation des Weltmarkts die Produktion und Konsumtion aller Länder kosmopolitisch gestaltet. Sie hat zum großen Bedauern der Reaktionäre den nationalen Boden der Industrie unter den Füßen weggezogen. Die uralten nationalen Industrien sind vernichtet worden und werden noch täglich vernichtet. Sie werden verdrängt durch neue Industrien, deren Einführung eine Lebensfrage für alle zivilisierten Nationen wird, durch Industrien, die nicht mehr einheimische Rohstoffe, sondern den entlegensten Zonen angehörige Rohstoffe verarbeiten und deren Fabrikate nicht nur im Lande selbst, sondern in allen Weltteilen zugleich verbraucht werden. An die Stelle der alten, durch Landeserzeugnisse befriedigten Bedürfnisse treten neue, welche die Produkte der entferntesten Länder und Klimate zu ihrer Befriedigung erheischen. An die Stelle der alten lokalen und nationalen Selbstgenügsamkeit und Abgeschlossenheit tritt ein allseitiger Verkehr, eine allseitige Abhängigkeit der Nationen voneinander. Und wie in der materiellen, so auch in der geistigen Produktion. Die geistigen Erzeugnisse der einzelnen Nationen werden Gemeingut. Die nationale Einseitigkeit und Beschränktheit

---

[2] David Harvey: »The Geography of Capitalist Accumulation: A Reconstruction of the Marxian Theory«, in: *Antipode*, Vol. 7, No. 2 (1975), S. 9-21; nachgedruckt in: David Harvey: *Spaces of Capital: Towards a Critical Geography*, Edinburgh 2001.

wird mehr und mehr unmöglich, und aus den vielen nationalen und lokalen Literaturen bildet sich eine Weltliteratur.

Die Bourgeoisie reißt durch die rasche Verbesserung aller Produktionsinstrumente, durch die unendlich erleichterten Kommunikationen alle, auch die barbarischsten Nationen in die Zivilisation. Die wohlfeilen Preise ihrer Waren sind die schwere Artillerie, mit der sie alle chinesischen Mauern in den Grund schießt, mit der sie den hartnäckigsten Fremdenhaß der Barbaren zur Kapitulation zwingt. Sie zwingt alle Nationen, die Produktionsweise der Bourgeoisie sich anzueignen, wenn sie nicht zugrunde gehn wollen; sie zwingt sie, die sogenannte Zivilisation bei sich selbst einzuführen, d.h. Bourgeois zu werden. Mit einem Wort, sie schafft sich eine Welt nach ihrem eigenen Bilde.« (MEW 4, 465f.)

Es wundert daher nicht, wenn der internationale Nachrichtenkanal CNN, der sich an die Wirtschaftselite richtet, als sein Motto verkündet, dass er »über Grenzen hinausgeht« (natürlich, ohne jemals von Klasse zu sprechen!). Die vom Kapitalismus erzeugte »kosmopolitische« Gesinnung, nämlich die des »Vielfliegers«, ist dort im Übermaß zu sehen.

Oder nehmen wir das Folgende, das sich in einer von vielen ähnlichen Passagen in den *Grundrissen* findet:

»Es ist ebensosehr örtliche Bewegung, ob ich Metalle aus den Minen schaffe oder Waren in den Ort ihres Konsums. Die Verbeßrung der Transport- und Kommunikationsmittel fällt ebenfalls in die Kategorie der Entwicklung der Produktivkräfte überhaupt. ... Je mehr die Produktion auf dem Tauschwert, daher auf dem Austausch beruht, desto wichtiger werden für sie die physischen Bedingungen des Austauschs – Kommunikations- und Transportmittel. Das Kapital treibt seiner Natur nach über jede räumliche Schranke hinaus. Die Schöpfung der physischen Bedingungen des Austauschs – von Kommunikations- und Transportmitteln wird also für es in ganz andrem Maße zur Notwendigkeit – die Vernichtung des Raums durch die Zeit.« (*Grundrisse*, 429f.)

»Die *Zirkulationszeit* bestimmt daher nur den Wert, insofern sie *als natürliche Schranke* für die Verwertung der Arbeitszeit erscheint. ... Die Zirkulationszeit erscheint also als Schranke der Produktivität der Arbeit ... Während das Kapital also einerseits dahin streben muß, jede örtliche Schranke des Verkehrs, i.e. des Austauschs niederzureißen, die ganze Erde als seinen Markt zu erobern, strebt es andrerseits danach, den Raum zu vernichten durch die Zeit; d.h. die Zeit, die die Bewegung von einem Ort zum andren kostet, auf ein Minimum zu reduzieren. Je entwickelter das Kapital, je ausgedehnter daher der Markt, auf dem es zirkuliert, der die räumliche Bahn seiner Zirkulation bildet, desto mehr strebt es zugleich nach größrer räumlicher Ausdehnung des Markts und nach größrer Vernichtung des Raums durch die Zeit.« (*Grundrisse*, 444f.)

Denn die »*beständige Kontinuität* des Prozesses, das ungehinderte und flüssige Übergehn des Werts aus einer Form in die andre oder einer Phase des Prozesses in die andre erscheint als Grundbedingung für die auf das Kapital gegründete Produktion in einem ganz andren Grade als bei allen frühren Formen der Produktion« (*Grundrisse*, 441).

Es ist wichtig, der Erörterung der Zirkulationszeit im 14. Kapitel diese Ausführungen in anderen Schriften voranzustellen; auch um zu verdeutlichen, dass es sich bei dem in diesem Kapitel ziemlich oberflächlich zusammengestellten Material keineswegs um beiläufige und einmalige Beobachtungen handelt. Vielmehr werden hier Grundlagen entwickelt, von denen aus sich die räumliche Dynamik der kapitalistischen Produktionsweise begreifen lässt. Sie verdienen daher ein genaues Studium oder gegebenenfalls eine weitere Ausarbeitung. Im Mittelpunkt des Interesses von Marx steht das Prinzip, dass »mit der Entwicklung der Transportmittel ... die Geschwindigkeit der Raumbewegung beschleunigt und damit die räumliche Entfernung zeitlich verkürzt« wird (252f.).

Marx beginnt jedoch das 14. Kapitel mit einer schlichten Feststellung: »Eine stetig wirkende Ursache in der Differenzierung der Verkaufszeit, und daher der Umschlagszeit überhaupt, ist die Entfernung des Markts, wo die Ware verkauft wird, von ihrem Produktionsplatz. Während der ganzen Zeit seiner Reise zum Markt befindet sich das Kapital gebannt in den Zustand des Warenkapitals« (252). Das Kapital kann daher erst in die Geldform übergehen, wenn, wie wir bei der Behandlung des Kreditsystems gesehen haben, ein Geldkapitalist bereit ist, die mit der Bewegung der Ware verbundenen Wechsel zu diskontieren (daraus erklärt sich der enge historische Zusammenhang zwischen Fernhandel und Kreditsystem). Was Marx als die »Verkaufszeit« bezeichnet, ist die allerwichtigste Komponente der Zirkulationszeit. Durch die Konkurrenz besteht offensichtlich ein starker Anreiz, die Verkaufszeit nach Möglichkeit auf ein Minimum zu reduzieren (wie wir bei der Untersuchung des Kaufmannskapitals im 3. Band gesehen haben, nur dass Marx hier davon ausgeht, dass der Produzent selbst als Verkaufsagent fungiert).

Wie lange es dauert, um die Ware auf den Markt zu bringen, hängt von ihren Eigenschaften (z.B. ihrem Gewicht und ihrer Verderblichkeit) und den verfügbaren Transport- und Kommunikationsmitteln ab. Unterschiede in der Verkaufszeit bestehen nicht nur zwischen verschiedenen Waren, sondern auch zwischen Produzenten ähnlicher Waren.

> »Verbeßrung der Kommunikations- und Transportmittel kürzt die Wandrungsperiode der Waren absolut ab, hebt aber nicht die aus der Wandrung entspringende relative Differenz in der Umlaufszeit verschiedner Warenkapitale auf ... Die verbesserten Segelschiffe und Dampfschiffe z.B., welche die Reise verkürzen, verkürzen sie ebensowohl für nahe gelegne wie ferne Häfen. ... Die relativen Differenzen können aber infolge der Entwicklung der Transport- und Kommunikationsmittel verschoben werden in einer Weise, die nicht den natürlichen Entfernungen entspricht. Z.B. eine Eisenbahn, die von dem Produktionsplatz nach einem inländischen Hauptzentrum der Bevölkrung führt, mag die Entfernung nach einem näher gelegnen Punkt des Inlands, wohin keine Eisenbahn führt, absolut oder relativ verlängern im Vergleich zu dem natürlich entferntern; ebenso mag infolge desselben Umstands die relative Entfernung der Produktionsplätze von den größern Absatzmärkten selbst verschoben werden, woraus sich der Verfall alter und das Aufkommen neuer Produktionszentren mit veränderten Transport- und Kommunikationsmitteln erklärt.« (252)

Auf der nächsten Seite erläutert Marx weiter:

> »Ein Produktionsplatz, der durch seine Lage an Landstraße oder Kanal besondren Positionsvorteil besaß, befindet sich jetzt an der Seite einer einzigen Zweigbahn, die nur in relativ großen Intervallen fungiert, während ein andrer Punkt, der ganz von den Hauptverkehrswegen ablag, nun am Kreuzpunkt mehrerer Bahnen liegt. Der zweite Ort kommt auf, der erste verkommt.« (253)

Dies kann weitreichende Folgen für Kapital und Arbeit haben. Am ersten Ort verankertes Kapital kann entwertet werden, während sich die Beschäftigungsmöglichkeiten vom ersten zum zweiten Ort verlagern.

Örtliche Krisen der Entwertung von Kapital und der Zersetzung von Arbeitermacht sind allgegenwärtig. Die von der Konkurrenz erzeugten Erschütterungen der geografischen Landschaft des Kapitalismus geraten hier deutlich ins Blickfeld. Aber Marx bemüht sich nicht um eine genauere Analyse der Prozesse und Folgen solcher ungleichen geografischen Entwicklungen.

Innovationen und Investitionen im Bereich der Kommunikations- und Transportmittel revolutionieren beständig die vom Kapital geschaffene geografische Landschaft. Die relativen Räume der Raumökonomie befinden sich ununterbrochen in Veränderung. Ganze Städte voll kapitalistischer Aktivitäten werden geschaffen, nur um wieder zu verschwinden, sobald sich die Standortvorteile in der Landschaft der kapitalistischen Konkurrenz verschieben. Riesige Summen von fixem Kapital werden im Boden verankert, deren Wert gesteigert oder gefährdet wird, wenn durch die Schaffung von neuen Kommunikationsverbindungen und Transportmöglichkeiten die Geschäftstätigkeit an anderen Orten beflügelt wird. Marx beschäftigt sich mit solchen Fragen nicht im Detail, aber die ständige Gefahr der Neubewertung oder Entwertung dieser Vermögenswerte von fixem Kapital trägt massiv zur Instabilität in der Geschichte des Kapitalismus bei: Betrachten wir nur die unglaublich schmerzhaften Prozesse der um 1980 einsetzenden Deindustrialisierung in vielen Kerngebieten der kapitalistischen Entwicklung – alten Industriestädten wie Detroit, Baltimore, Manchester, Sheffield, Essen, Lille und vielen anderen. Damals hatte der schon lange andauernde Globalisierungsprozess eine radikale Richtungsänderung erfahren, mit dem sich die Produktion im großen Stil nicht ausschließlich, aber vorrangig nach Ostasien verlagerte. Für die Schaffung der instabilen und ungleichen geografischen Entwicklungen des Kapitalismus spielen Verlagerungen innerhalb einzelner Länder – wie die vom Mittleren Westen und Nordosten in den Süden und Südwesten der USA – eine genauso große Rolle wie die im internationalen Maßstab.

Nichts von dem wird hier in der Analyse von Marx explizit aufgegriffen. Ganz im Einklang mit dem Gesamtkonzept des 2. Bandes bietet uns der Text eine rein theoretische und technische Grundlage für eine solche Untersuchung. Den Ausgangspunkt bilden einfach die Zirkulationszeit (und die Kosten der Bewegung) des Warenkapitals und die Abhängigkeit dieser Zirkulationszeit und -kosten von den räumlichen Bedingungen der Produktion und Realisierung von Mehrwert.

Die schlichten Prinzipien bestehen darin, »daß die durch Entfernung des Markts bewirkte Verlängrung der Zeit, in der das Kapital in die Form des Warenkapitals gebannt ist, direkt verspäteten Rückfluß des Geldes bewirkt, also auch die Verwandlung des Kapitals aus Geldkapital in produktives Kapital verzögert« (257). Und: »Gleichzeitig mit der Entwicklung der Transportmittel wird ... die Geschwindigkeit der Raumbewegung beschleunigt und damit die räumliche Entfernung zeitlich verkürzt.« (252f.) Der Bezug auf die in den *Grundrissen* entwickelte Idee der »Vernichtung des Raums durch die Zeit« ist klar. Die Größenordnung und Häufigkeit der Transporte verringert die Kosten. Die »größre relative Wohlfeilheit des Transports für längre als für kürzre Distanzen« (252) ist ein wichtiger Faktor für die geografische Ausweitung der Warenzirkulation. Den wichtigsten Grund dafür, den Marx nicht erwähnt, bilden die im Vergleich zu den Bewegungskosten relativ hohen Kosten der Be- und Entladung der Fracht. Diese hohen Umschlagkosten konnten ab den 1960er Jahren durch die Containerisierung radikal gesenkt werden. Mit dieser Schlüsselinnovation wurden die Formen und Pfade der Globalisierung von Warenbewegungen in neue Richtungen gelenkt.

Die Häufigkeit und Zuverlässigkeit der Transporte verringern die Lagerbestände von Warenkapital, die von den Produzenten bereit gehalten werden müssen (Marx erkennt hier die Tendenz zur Schaffung dessen, was später als »Just-in-time«-Belieferung der Produktion bekannt wurde und der japanischen Industrie in den 1980er Jahren einen enormen Wettbewerbsvorteil verschaffte, bevor die übrige Welt nachgezogen hatte). Außerdem erkennt Marx die Bedeutung von sogenannten Agglomerationsvorteilen, die auf der Zusammenballung von vielen Herstellern der gleichen Güter und allen ihren Zulieferern am selben Ort beruhen.

> »Zunächst entwickelt sich die größre oder geringre Häufigkeit, worin die Transportmittel fungieren, z.B. die Anzahl der Züge einer Eisenbahn, einerseits mit dem Grade, worin ein Produktionsplatz mehr produziert, ein größres Produktionszentrum wird, und nach der Richtung auf den bereits vorhandnen Absatzmarkt hin, also nach den großen Produktions- und Bevölkrungszentren, nach Exporthäfen usw. Andrerseits bewirkt aber umgekehrt diese besondre Verkehrsleichtigkeit und der dadurch beschleunigte Umschlag des Kapitals (soweit er von der Umlaufszeit bedingt wird) eine beschleunigte Konzentration einerseits des Produktionszentrums, andrerseits seines Marktplatzes. Mit der so beschleunigten Konzentration von Menschen- und Kapitalmassen an gegebnen Punkten schreitet fort die Konzentration dieser Kapitalmassen in wenigen Händen.« (253)

Marx formuliert hier eine Theorie dessen, was wir Geografen als die Verhältnisse des relativen Raums bezeichnen.[3] Dieser Raum ist nicht durch den Abstand im physikalischen Sinne fixiert, sondern durch den Reibungsabstand, der sich an den jeweiligen Kosten und Zeiten für Bewegungen im physikalischen Raum bemisst. Der räumliche Abstand als solcher spielt für das Kapital keine Rolle. Es interessiert sich nur für die Kosten und die Zeitdauer der Bewegung, und es wird alles in seiner Macht Stehende tun, um diese Kosten und Zeiten zu minimieren und räumliche Schranken der Bewegung abzubauen. Dafür muss es die Raumbeziehungen ununterbrochen in radikaler Weise umwälzen. Das meint Marx, wenn er in den *Grundrissen* von der »Vernichtung des Raums durch die Zeit« spricht. Die Geschichte der Innovationen im Kapitalismus, mit denen dieses Ziel der Beseitigung von räumlichen Schranken und der Verringerung des Reibungsabstands verfolgt wird, ist einfach atemberaubend. Aber die Schranken sind nicht nur räumlicher, sondern auch gesellschaftlicher und politischer Art. Der Abbau von Zollschranken und anderen politischen Hindernissen für die Bewegung des Kapitals (nicht zwangsläufig auch der Menschen) ist zum Bestandteil des Heiligen Grals der aufkommenden kapitalistischen Weltordnung geworden – ein Prozess, der nicht frei von Widersprüchen und häufig der Gegenstand von politischen Konflikten und sozialen Kämpfen ist. Aber es lässt sich nur schwer vorstellen, in welchem Maße die Kapitalakkumulation gebremst worden wäre, wenn es den ab etwa 1950 einsetzenden schrittweisen Abbau von Handelshindernissen im europäischen Raum nicht gegeben hätte. Die langen Reihen von LKWs, die sich vor den Zollkontrollstellen an den innereuropäischen Grenzen stauten, waren Mitte der 1970er Jahre nicht mehr tragbar.

Es gibt also einen Unterschied zwischen absolutem und relativem Raum. Die territorialen Einheiten, die sich mit der Organisierung des kapitalistischen Raums herausbildeten – von den durch Einzäunung festgelegten individuellen und kollektiven Eigentumsrechten bis hin zu ganzen Staaten – tendieren dazu, Dinge im Raum zu fixieren, was im Gegensatz zur flüssigen räumlichen Bewegung des Kapitals in allen seinen Formen (als Geld, Waren und Produktionstätigkeiten) steht.

---

[3] Siehe David Harvey: »Space as a Key Word«, in: *Spaces of Global Capitalism: Towards a Theory of Uneven Geographical Development*, London 2006 (dtsch. »Raum als Schlüsselbegriff«, in: David Harvey: *Räume der Neoliberalisierung. Zur Theorie der ungleichen Entwicklung*, aus dem Amerikanischen von Jürgen Pelzer, Hamburg 2007, S. 125-157).

Soweit meine Randbemerkungen zu den von Marx nur angerissenen Überlegungen.

Etwas später greift Marx diese Frage vom Gesichtspunkt der produktiven Konsumtion – der Versorgung mit Materialien für die Produktion – wieder auf:

> »Man hat ferner gesehn (Kap. VI), wie mit Bezug auf den Einkauf der Waren die Kaufzeit, die größre oder geringre Entfernung von den Hauptbezugsquellen des Rohmaterials es nötig macht, für längre Perioden Rohmaterial einzukaufen und in der Form von produktivem Vorrat, latentem oder potentiellem produktivem Kapital, verwendbar zu halten; daß sie also die Masse des Kapitals, das auf einmal vorgeschossen werden muß, und die Zeit, für die es vorgeschossen werden muß, ... vergrößert.« (257)

Wenn weniger Rohstoffe und Vorprodukte als Vorrat bereitgestellt werden müssen, dann verringert sich die Masse des vorgeschossenen im Verhältnis zu dem des angewandten Kapitals.

Standortverlagerungen, mit denen Produzenten in die Nähe von Rohstoffen, verfügbarer Arbeitskraft und Endverbrauchermärkten kommen wollen, tauchen im Text zwar nur kurz auf, aber sie dürften eine große Rolle spielen. Da Marx die Brauereien in Großstädten erwähnt, möchte ich das etwas ausführen. Im 18. Jahrhundert war Bier in England ein sehr lokales und oft zuhause gebrautes Getränk. Nur in großen Städten waren Brauereien zu finden, wie Marx schreibt. Dort konnten sie sich tendenziell ein örtliches Monopol verschaffen, da sie durch die hohen Transportkosten vor Konkurrenz geschützt waren. Aber mit der Einführung von konservierenden Zutaten, insbesondere von Hopfen, konnte Bier über sehr viel größere Entfernungen transportiert werden.[4] Durch den Zusatz von Hopfen war es möglich geworden, Bier länger auf dem Markt als eine Ware anzubieten. Eine Folge davon war die Entstehung der Hopfenproduktion als einem eigenen Zweig der Landwirtschaft im 19. Jahrhundert, vor allem in der Grafschaft Kent, aus der ich stamme – was mir den Stoff für meine Doktorarbeit liefer-

[4] Allerdings mussten die Menschen dafür an den bitteren Geschmack gewöhnt werden – der uns heute zu einer kulturellen Gewohnheit geworden ist, obwohl der Hopfen längst durch chemische Konservierungsstoffe ersetzt wurde. Die sehr viel süßeren Malzbiere, die früher als Hausbier verkauft wurden, hatten den Nachteil, dass sie schnell schlecht wurden.

te.[5] Die meisten Leute, denen ich das erzähle, zeigen sich erstaunt: Wie konntest du dich die ganze Zeit mit so einem trivialen Thema beschäftigen? Eigentlich stellte sich heraus, dass es sehr faszinierend und auch eine großartige Lernerfahrung war, von der ich noch heute zehre. Der Hopfenanbau war eine kapitalintensive Form der Landwirtschaft, die durch Kaufleute und Brauereien mit den Londoner Finanz- und Kreditmärkten in Verbindung stand. Die Größe der Anbauflächen für Hopfen variierte in Abhängigkeit von der Verfügbarkeit von Krediten und dem Konjunkturzyklus. Der Hopfenanbau erfordert eine große Menge an Dünger, weshalb Fäkalien aus London zusammen mit Lumpen und anderen Abfällen nach Kent verschifft wurden, was wiederum Arbeitsplätze in der Londoner Abfallwirtschaft schuf. Zu bestimmten Zeiten im Jahr wurden außerdem massenhaft Arbeitskräfte benötigt. Die jährliche Wanderung verarmter Arbeiterklassen aus dem Londoner Eastend zur Hopfenernte war ein beeindruckendes Schauspiel. Ich kann mich aus meiner Kindheit noch an sie erinnern. Zu meiner großen Freude erzählte mir noch letztes Jahr der ältere Fahrer eines Taxis, das ich in London genommen hatte, von seinen vielen schönen Erinnerungen, die er mit dem Hopfenpflücken in seiner Jugend verband (heute geschieht dies alles mechanisch).

Mitte des 19. Jahrhunderts wurden sogar einige stark gehopfte Biere nach Indien für die dort lebenden Engländer exportiert (die »India Pale Ales«, die von einigen Brauereien wie Bass am River Trent in den Midlands noch heute produziert werden). Aber in den 1950er Jahren reisten die meisten Biere nicht weit. Der Transport war zu teuer und die Monopole auf den lokalen Märkten hatten sich gehalten. Daher trank ich örtliches gezapftes Bier – um einmal gezapftes Guiness zu probieren, musste ich in meiner Kindheit in die nächste Stadt gehen. Mit meinem Umzug von Kent nach Cambridge, wo ich studierte, musste ich meinen Bierkonsum von Courage auf Flowers umstellen! Das wiederholte sich in den 1960er Jahren in den USA. Wenn du in Baltimore lebst, trinkst du National Bohemian, und in Pittsburgh trinkst du Iron City. Als sich die Transportkosten ab Mitte der 1960er Jahre verringerten, kam das Bier von überall her. Durch die Containerisierung des Überseetransports und das Aufkommen von kleinen Fässchen statt den großen Holzfässern in den 1960er Jahren konnten importierte Biere auf den nationa-

[5] Anm. d. Ü.: David W. Harvey: *Aspects of Agricultural and Rural Change in Kent, 1800-1900*, PhD dissertation, Department of Geography, University of Cambridge 1961.

len Märkten konkurrieren. Durch Übernahmen konzentrierte sich die Bierproduktion in Großkonzernen – auch wenn es später zu einer Gegenbewegung hin zu lokalen Bieren kam. Aber heute kannst du Biere trinken, die von überall her kommen; in New York gibt es eine Bar, die lokale Biere aus der ganzen Welt anbietet.

Die Einführung der Kühlung und die sinkenden Transportkosten machten alle möglichen neuen lokalen Strukturen des Nahrungsmittelangebots möglich. Die Auswirkungen der Kühlung auf das Angebot von frischem Gemüse aus Kalifornien und die Belieferung der Städte an der Ostküste mit tiefgefrorenem Fleisch aus dem Mittleren Westen werden in William Cronons Buch *Nature's Metropolis* über das Detroit des 19. Jahrhunderts auf wunderbare Weise beschrieben.[6] Mit dem Telegrafen wurde es außerdem möglich, Warenpreise weltweit zu kommunizieren und damit die globalen Märkte auf zunehmend effektivere Weise zu koordinieren. Die nach 1945 entstandenen Muster der Urbanisierung wären nicht möglich gewesen ohne die Sicherstellung eines ständigen Angebots an verderblichen Nahrungsmitteln, was sich der Kühlung und einem System der effizienten, schnellen und relativ preiswerten Belieferung verdankte. Nichts davon wäre entstanden, wenn es nicht unter dem Einfluss der Konkurrenz unter den Kapitalisten zur Kolonisierung des Raums und der Umwälzung der Raumbeziehungen gekommen wäre. Selbst wenn die Innovationen im Transport- und Kommunikationswesen ihren Ursprung in militärischen Zielen hatten (was oft der Fall war), spielte ihre sofortige Anwendung durch das Kapital eine entscheidende Rolle bei der Umgestaltung der Urbanisierung und der Produktion von Raum und Alltagsleben. Meine eigenen Überlegungen haben sich auch immer darauf gestützt, dass die Absorption von Mehrwert und Mehrprodukt durch die Produktion des Raums im Allgemeinen und die Urbanisierung im Besonderen eine entscheidende Bedeutung für die Sicherung der Kapitalakkumulation hat. Dies sind für mich einige der spannenden Projektionen, die sich aus den kurzen Bemerkungen von Marx zur Entwicklung von Transport und Kommunikation im 2. Band ergeben.

Aber Marx weist auf mögliche Widersprüche hin, die sich aus dem Streben nach verkürzten Zirkulationszeiten ergeben können:

---

[6] William Cronon: *Nature's Metropolis: Chicago and the Great West*, New York 1992.

> »Wenn einerseits mit dem Fortschritt der kapitalistischen Produktion die Entwicklung der Transport- und Kommunikationsmittel die Umlaufszeit für ein gegebnes Quantum Waren abkürzt, so führt derselbe Fortschritt und die mit der Entwicklung der Transport- und Kommunikationsmittel gegebne Möglichkeit – umgekehrt die Notwendigkeit herbei, für immer entferntere Märkte, mit einem Wort, für den Weltmarkt zu arbeiten. Die Masse der auf Reise befindlichen und nach entfernten Punkten reisenden Waren wächst enorm, und daher absolut und relativ auch der Teil des gesellschaftlichen Kapitals, der sich beständig für längre Fristen im Stadium des Warenkapitals, innerhalb der Umlaufszeit befindet.« (254)

Verkehrsplaner haben schon seit langem bemerkt, dass der Verkehr die Tendenz hat, sich bis zur Kapazitätsgrenze des Netzwerks auszuweiten. Alle Versuche, die Verstopfung von Verkehrsnetzen zu verhindern, sind daher langfristig zwecklos (einige Untersuchungen kommen zu dem Ergebnis, dass sich der Verkehr im London der Pferde und Kutschen mit einer Durchschnittsgeschwindigkeit von 11 Meilen pro Stunde bewegte und dass sich daran im Automobilzeitalter nicht viel geändert hat).

Auf den zweiten Widerspruch sind wir bereits zuvor gestoßen: »Damit wächst gleichzeitig auch der Teil des gesellschaftlichen Reichtums, der, statt als direktes Produktionsmittel zu dienen, in Transport- und Kommunikationsmitteln und in dem für ihren Betrieb erheischten fixen und zirkulierenden Kapital ausgelegt wird.« (254)

Weitere Komplikationen ergeben sich aus dem System der Geldströme, die aufgrund verschiedener Berechnungsmethoden nicht notwendig mit den Warenströmen übereinstimmen müssen. »Die so hervorgebrachten Verschiedenheiten im Umschlag bilden eine der materiellen Grundlagen der verschiednen Kredittermine, wie denn der überseeische Handel z.B. in Venedig und Genua überhaupt eine der Quellen des eigentlichen Kreditwesens bildet.« (254f.) In den Kapiteln zum Kreditsystem im 3. Band setzt sich Marx ausführlicher mit diesen Phänomenen auseinander, aber hier erwähnt er sie nur beiläufig.

Während ein großer Teil dieses Kapitels dem Zirkulationsprozess vom Standpunkt der Umwandlung der Ware in die Geldform gewidmet ist, beendet Marx es mit einigen kurzen Bemerkungen zu den Problemen, die sich aus der Verwandlung von Geld in die für die Produktion benötigten Waren ergeben:

> »Man hat ferner gesehn (Kap. VI), wie mit Bezug auf den Einkauf der Waren die Kaufzeit, die größre oder geringre Entfernung von den Hauptbezugsquellen des Rohmaterials es nötig macht, für längre Perioden Rohmaterial einzukaufen und in der Form von produktivem Vorrat, latentem oder potentiellem produktivem Kapital, verwendbar zu halten; daß sie also die Masse des Kapitals, das auf einmal vorgeschossen werden muß, und die Zeit, für die es vorgeschossen werden muß, bei sonst gleicher Stufenleiter der Produktion vergrößert.« (257)

Das bringt Marx zurück zur Saisonabhängigkeit des Angebots und den besonderen Zeiten, zu denen bestimmte Waren auf den Markt geworfen werden.

Am Schluss erinnert uns Marx daran, dass sich alle diese Überlegungen auf eine Welt von Kreisläufen beziehen, in der sich dieselben Kapitalteile abwechselnd in der Form des Geldkapitals, des Warenkapitals und des produktiven Kapitals befinden, und dass das Kapital nicht ohne diese beständige Bewegung durch seine verschiedenen Formen existieren kann, die in Raum und Zeit stattfindet. Die verschiedenen Formen des Kapitals sind in unterschiedlicher Weise räumlich mobil und die Bewegungen dieser drei Formen stimmen nie völlig miteinander überein. Von einigen dieser Widersprüche wird in den nächsten Kapiteln des 2. Bandes die Rede sein.

Kapitel Neun
Zirkulation und Umschlagszeiten (Kapitel 15-17 des 2. Bandes)

Diese drei Kapitel sind schwierig zu verstehen und zu beurteilen. Ich bin mir immer noch nicht sicher, wie sie am besten zu lesen wären. Wie es nur zu oft bei Marx der Fall ist, lässt sich schwer auseinanderhalten, was zu seinem ständigen kritischen Dialog mit den damaligen Ökonomen gehört und worin seine eigenen theoretischen Erkenntnisfortschritte bestehen. Wie wir wissen, verliert sich Marx außerdem oft in belanglosen Rechnereien – und hier ist es am schlimmsten, wie selbst Engels als Herausgeber konstatieren muss. Zur Verwirrung kommt noch hinzu, dass Marx an einigen Stellen seine übliche politische Zurückhaltung, die den 2. Band kennzeichnet, aufgibt, um darüber zu spekulieren, in welche Richtung sich das Kapital im Allgemeinen entwickelt und was Kommunismus bedeuten könnte (wie er es auch im 3. Band tut). Entweder bleibt uns damit eine ganze Menge Arbeit überlassen, die wir auf eigene Faust anpacken müssen, oder wir können uns eingeladen fühlen, die Belanglosigkeiten und Dispute nur flüchtig zu behandeln, um uns genauer mit den Stellen auseinanderzusetzen, an denen er sich mit wichtigeren Fragen beschäftigt.

Zum 15. Kapitel des 2. Bandes: Umschlagszeit und Größe des Kapitalvorschusses

Dieses Kapitel könnte vielleicht den Anspruch darauf erheben, das langweiligste im ganzen 2. Band zu sein – obwohl natürlich auch hier einige interessante Fragen aufgeworfen werden und ein oder zwei wichtige Erkenntnisse zu gewinnen sind. Die Sache könnte Engels zufolge noch viel schlimmer sein, denn Marx hinterließ »ein dickes Konvolut Hefte ..., worin er sämtliche kaufmännische Rechnungsarten selbst in vielen Exempeln durchgerechnet hat«. Engels hat uns deren Lektüre erspart und bemerkt etwas kryptisch, »das Rechnen mit Zahlen« sei Marx »ungeläufig« geblieben. Daher »verwickelte er sich in den Umschlagsberechnungen derart, daß neben Unvollendetem schließlich manches Unrichtige und Widersprechende herauskam. ... Die unsichern Resultate dieser mühsamen Rechnerei haben Marx veranlaßt, einem – nach meiner Ansicht – tatsächlich wenig wichtigen Umstand eine unverdiente Wichtigkeit beizulegen.« (286)

Worum geht es hier also? Einleitend beklagt sich Marx: »Die Ökonomen, bei denen überhaupt nichts Klares über den Mechanismus des Umschlags zu finden, übersehn fortwährend dies Hauptmoment, daß stets nur ein Teil des industriellen Kapitals tatsächlich im Produktionsprozeß engagiert sein kann, wenn die Produktion *ununterbrochen* vorangehn soll.« Dann fügt er die wichtige Bemerkung hinzu: »Indem dies übersehn wird, wird überhaupt die Bedeutung und Rolle des Geldkapitals übersehn.« (269, Hervorh. D.H.) Dies ist zumindest eine der wichtigen Einsichten, die – wie ich bereits bei der Zirkulation des zinstragenden Kapitals hervorgehoben habe – von zentraler Bedeutung für das Verständnis der Bewegungsgesetze des Kapitals im Allgemeinen ist.

Und Marx wiederholt: »Diese Kontinuität ist selbst eine Produktivkraft der Arbeit.« (283) Es ist äußerst wichtig, sie aufrechtzuerhalten. Jede Unterbrechung oder Verzögerung der Kapitalströme ist kostspielig und muss auf alle Fälle vermieden werden. Die Schwierigkeiten bei der Gewährleistung der Kontinuität als einer Produktivkraft verleihen dem Geldmarkt und dem Kreditsystem eine wichtige Rolle (wie wir bei der Untersuchung des Finanzkapitals und Kreditsystems im 3. Band gesehen haben). Übrigens wird bei Eröterungen zum Charakter der Produktivkräfte in der marxistischen Literatur nur sehr selten die »Kontinuität« erwähnt und ihre weitreichende Bedeutung in der Regel ignoriert.

Die Ausgleichung und Glättung der Umschlagsprozesse verringert das Kapital, das vorgeschossen werden muss:

> »Das so durch den bloßen Mechanismus der Umschlagsbewegung freigesetzte Geldkapital (neben dem durch den sukzessiven Rückfluß des fixen Kapitals und dem in jedem Arbeitsprozeß für variables Kapital nötigem Geldkapital) muß eine bedeutende Rolle spielen, sobald sich das Kreditsystem entwickelt, *und muß zugleich eine der Grundlagen desselben bilden.*« (284, Hervorh. D.H.)

Marx sagt damit nicht, dass diese Umschlagsbewegung die Entwicklung der Zirkulation des zinstragenden Kapitals und des Kreditsystems verursacht. Vielmehr muss der schon lange existierende Kredit diesen drängenden Erfordernissen unterworfen und ihnen gemäß umgestaltet und umgelenkt werden (was in dem Kapitel zur Geschichte des Kredits im 3. Band explizit ausgeführt wird).

Wenn es sich hier um eine grundsätzliche Aussage handelt (wovon ich ausgehe) und nicht nur um einen dieser beiläufigen Einfälle, die wir auch manchmal in den unvollständigen Schriften von Marx finden, dann dürfte dies die bei weitem wichtigste Beobachtung sein, die wir diesem Kapitel entnehmen können. Sie ist von enormer Bedeutung für die gesamte Architektur des Projekts von Marx. Seine Untersuchungen zu den Bewegungsgesetzen des Kapitals haben ihn (recht spät) zu dem Schluss kommen lassen, dass eben diese Gesetze die Existenz eines in spezifischer Weise funktionierenden Geldmarkts und Kreditsystems diktieren (und ich wähle bewusst dieses Wort). Würden der Geldmarkt und das Kreditsystem, die auf diese Weise funktionieren, nicht bereits bestehen, so müssten sie geschaffen werden. Wie wir zudem im 3. Band gesehen haben, sind der Geldmarkt und das Kreditsystem nicht bloß ein oberflächlicher spekulativer Schaum, der auf der zugrunde liegenden Mehrwertproduktion schwimmt – auch wenn durchaus viel von solchem Schaum vorhanden ist. Vielmehr bekommen Geldmarkt und Kreditsystem eine zentrale Bedeutung für die Erklärung, wie die kontinuierliche Kapitalakkumulation im Allgemeinen tatsächlich funktioniert. Das zwingt Marx, den in den *Grundrissen* formulierten strikten Rahmen zu verlassen: Die Besonderheiten der Distribution gewinnen hier einen mächtigen Einfluss innerhalb der Bewegungsgesetze des Kapitals.

Engels' Einwände, dass die von Marx gewählten Zahlenbeispiele von relativ geringer Bedeutung für seine These sind, richten sich nicht gegen diese These selbst. Die »Freisetzung« von Kapital in Geldform erfolgt in sehr viel allgemeinerer und umfassenderer Weise (und wir müssen uns nur an das Kapitel zum fixen Kapital erinnern, auf das Marx selbst hinweist, um das zu erkennen). »Worauf es im Text ankommt, ist der Nachweis, daß einerseits ein beträchtlicher Teil des industriellen Kapitals stets in Geldform vorhanden sein, andrerseits ein noch beträchtlicherer zeitweilig Geldform annehmen muß.« (287)

Was ist also das Argument von Marx zur notwendigen »Freisetzung« von Geldkapital innerhalb der Logik der Umschlagszeit? Es läuft auf Folgendes hinaus:

Der Kapitalist produziert in einer Arbeitsperiode von neun Wochen eine Ware und schießt dafür 900 Pfd. St. vor. Wöchentlich werden also 100 Pfd. St. für Arbeitskräfte und Produktionsmittel ausgegeben (das Problem des fixen Kapitals wird zwar erwähnt, aber meistens außer Acht gelassen). Außerdem gehen wir davon aus, dass die Arbeitsperiode der Produktionszeit entspricht. Die Zirkulationszeit, während der sich die Ware auf dem Markt befindet, beträgt drei Wochen. Für diese

Zeit verfügt der Kapitalist über kein Geld, mit dem er die Produktion fortführen könnte. Die Kontinuität der Wertproduktion ist unterbrochen. Wie kann die dreiwöchige Lücke geschlossen werden? Es gibt zwei mögliche Lösungen. Erstens könnten die wöchentlichen Ausgaben gekürzt werden, um mit dem eingesparten Geld die Produktion während der dreiwöchigen Zirkulationszeit in Gang zu halten (was daran scheitern könnte, dass der Kapitalist auf einer gewissen Stufenleiter operieren muss, um effektiv produzieren zu können). Zweitens könnte er versuchen, weitere 300 Pfd. St. aufzutreiben, um die Zirkulationszeit zu überbrücken. Mir ist nicht begreiflich, warum Marx einen solchen Wirbel um den Unterschied zwischen diesen beiden Strategien macht, weil beide im Wesentlichen auf dasselbe hinauslaufen und er sich im Weiteren nur auf Letztere bezieht. Nach den drei Wochen in der Zirkulation wird die Ware in Geld verwandelt und der Kapitalist erhält seine 900 Pfd. St. zurück. Aber er braucht nur 600 Pfd. St. für die nächste Arbeitsperiode, weil er bereits 300 Pfd. St. zur Überbrückung der toten Zirkulationszeit ausgegeben hat. Damit sind 300 Pfd. St. freigesetzt, die bis zur nächsten Zirkulationsperiode untätig herumliegen. Wie Engels hervorhebt, besteht der allgemeine Punkt darin, dass für einen Produktionsprozess immer mehr Geld benötigt wird, als tatsächlich verbraucht wird, und dass die Größe dieses Geldbetrags von den Verhältnissen zwischen Produktions- und Zirkulationszeit abhängt. Warum also nicht das überschüssige Geld am Geldmarkt anlegen, bis es gebraucht wird – oder die zur Überbrückung der dreiwöchigen Zirkulationszeit benötigten 300 Pfd. St. leihen und sie zurückzahlen, wenn die 900 Pfd. St. am Ende der Zirkulationszeit wieder verfügbar sind? Es gibt natürlich noch eine weitere Option, die Marx nicht oder nur beiläufig berücksichtigt: Der Kapitalist verkauft mit einem Abschlag, der geringer als 300 Pfd. St. ist, an einen Kaufmann und reduziert damit seine effektive Zirkulationszeit auf null.

Marx spielt drei verschiedene Fälle durch, in denen die Zirkulationszeit von kürzerer, längerer oder gleicher Dauer wie die Arbeitsperiode ist. Er tut das in allen qualvollen Einzelheiten und stößt dabei natürlich auf einige Merkwürdigkeiten (immer unter der Voraussetzung, dass das Kreditsystem keine Rolle spielt). Insbesondere kann er zeigen, dass in bestimmten Fällen – wenn zum Beispiel die Zirkulationszeit gleich der Arbeitsperiode oder ein ganzzahliges Vielfaches von ihr ist – überhaupt kein Kapital freigesetzt wird. Aber das sind Sonderfälle. In allen anderen Fällen wechselt die Summe des freigesetzten Kapitals in Abhängigkeit von der Umschlagszeit und dem Verhältnis zwischen Arbeitsperiode und Zirkulationszeit. Außerdem wird sie von der Überlappung der Umschlagsprozesse beeinflusst, mit der die Kontinuität der Produktion gesichert wird.

Aber der wichtige Punkt stand schon vorher fest und ist eigentlich offensichtlich, auch wenn er von den bürgerlichen Ökonomen übersehen wurde: »Das gesellschaftliche Gesamtkapital betrachtet, wird sich stets ein mehr oder minder bedeutender Teil dieses zuschüssigen Kapitals für längre Zeit im Zustand des Geldkapitals befinden.« Für das individuelle Kapital vermehrt dies

> »Hereinkommen des zur Verwandlung der Umlaufszeit von Kapital I in Produktionszeit erheischten Zuschußkapitals ... also nicht nur die Größe des vorgeschoßnen Kapitals und die Länge der Zeit, wofür das Gesamtkapital notwendig vorgeschossen wird, sondern es vermehrt auch spezifisch den Teil des vorgeschoßnen Kapitals, der als Geldvorrat existiert, also sich im Zustand von Geldkapital befindet und die Form von potentiellem Geldkapital besitzt« (267).

Auch hier kann sich Marx seine Kritik nicht verkneifen:

> »Die Ökonomen, bei denen überhaupt nichts Klares über den Mechanismus des Umschlags zu finden, übersehn fortwährend dies Hauptmoment, daß stets nur ein Teil des industriellen Kapitals tatsächlich im Produktionsprozeß engagiert sein kann, wenn die Produktion ununterbrochen vorangehn soll. Während der eine Teil sich in der Produktionsperiode, muß stets ein andrer Teil sich in der Zirkulationsperiode befinden. Oder mit andern Worten, der eine Teil kann nur als produktives Kapital fungieren unter der Bedingung, daß ein andrer Teil in der Form von Waren- oder Geldkapital der eigentlichen Produktion entzogen bleibt. Indem dies übersehn wird, wird überhaupt die Bedeutung und Rolle des Geldkapitals übersehn.« (269)

Diese Kritik ließe sich natürlich auch auf die Geldmärkte und den Kredit ausweiten, auch wenn diese Fragen hier nicht aufgegriffen werden.

Bei jeder Verkürzung der Zirkulationszeit (zum Beispiel durch Verbesserungen im Transport und in der Vermarktung) im Verhältnis zur Produktionszeit wird also auch überschüssiges Geldkapital für eine anderweitige Verwendung freigesetzt. Unter dieser Bedingung wird ein Teil

> »des ursprünglich vorgeschoßnen Werts ... ausgeschieden in der Form von Geldkapital. Als solches tritt es in den Geldmarkt ein und bildet zuschüssigen Teil der hier fungierenden Kapitale. Man ersieht hieraus, wie eine Plethora von Geldkapital entstehn kann – und zwar nicht nur in dem Sinn, daß das Angebot von Geldkapital größer ist als die Nachfrage; dies ist immer nur eine relative Plethora, die z.B. stattfindet in der ›melancholischen Periode‹, welche nach Ende der Krise den neuen Zyklus eröffnet. Sondern in dem Sinn, daß für die Betreibung des gesamten gesellschaftlichen Reproduktionsprozesses (welcher den Zirkulationsprozeß einschließt) ein bestimmter Teil des vorgeschoßnen Kapitalwerts überflüssig und daher in der Form von Geldkapital ausgeschieden ist; eine Plethora, entstanden ... durch bloße Kontraktion der Umschlagsperiode.« (285)

Wir können uns also ein Szenario vorstellen, in dem die im letzten Kapitel angesprochenen Verkürzungen der Transportzeiten die Zirkulationszeiten drastisch verringern und damit eine Flut von überschüssigem Geldkapital auf die Geldmärkte spülen, wodurch die Zinsraten abstürzen würden. Wird umgekehrt die Zirkulationszeit aus irgendeinem Grund verlängert (weil z.B. der Suezkanal blockiert wird), dann muss »Zusatzkapital ... dem Geldmarkt entnommen werden. Gilt die Verlängerung der Zirkulationsperiode für einen oder mehrere große Geschäftszweige, so kann sie daher einen Druck auf den Geldmarkt herbeiführen«. Damit dürfte Marx meinen, dass die zusätzliche Nachfrage nach Geldkapital unter sonst gleichen Umständen die Zinsraten nach oben treiben wird (286).

Ich denke, das ist alles, was sich über die konstruktiven Aspekte dieses Kapitels sagen lässt. Die einzelnen Details halte ich eigentlich nicht für besonders wichtig. Aber wir sehen, wie sich hier allmählich ein innerer Zusammenhang entwickelt zwischen der Umschlagszeit und ihren Komponenten Arbeitsperiode, Produktionszeit und Umlaufszeit auf der einen Seite und der Funktionsweise des Geldkapitals auf der anderen, und zwar sowohl innerhalb der Produktion wie außerhalb von ihr auf der Ebene der Geldmärkte und des Kreditsystems. Dieser Zusammenhang ist äußerst wichtig, um zu verstehen, wie sich das Projekt von Marx entfaltet. Und dessen Ziel ist es natürlich, die allgemeinen Bewegungsgesetze des Kapitals zu entschlüsseln.

Zum 16. Kapitel des 2. Bandes: Der Umschlag des variablen Kapitals

Dies ist ein ähnlich frustrierendes Kapitel. Aber es enthält auch einige substantielle Erkenntnisse. »Das während der Produktion verausgabte variable zirkulierende Kapital kann nur von neuem im Zirkulationsprozeß dienen, soweit das Produkt, worin sein Wert reproduziert ist, verkauft, aus Warenkapital in Geldkapital verwandelt ist, um von neuem in Zahlung von Arbeitskraft ausgelegt zu werden.« (296) Das gleiche gilt für das zirkulierende konstante Kapital. Um der Frage nachzugehen, wie das variable Kapital zirkuliert und wie es Mehrwert produziert, trennt Marx es vom konstanten Kapital und behandelt »den variablen Teil des zirkulierenden Kapitals so ..., als ob er ausschließlich das zirkulierende Kapital bilde« (297). Das ist eine ganz schön krasse Abstraktion: Das variable Kapital ist die einzige Form von Kapital, die existiert.

Dann definiert Marx die Jahresrate des Mehrwerts. Nehmen wir an, es werden 500 Pfd. St. variables Kapital für eine Umschlagszeit von fünf Wochen vorgeschossen und jede Woche werden 100 Pfd. St. Mehrwert produziert. Am Ende des Jahres (von dem wir annehmen, dass es nur 50 Wochen hat) ist mit den alle fünf Wochen vorgeschossenen 500 Pfd. St. ein jährlicher Mehrwert von 5000 Pfd. St. erzeugt worden, was 1000 Prozent entspricht. Das ist Fall A. Zu einem völlig anderen Ergebnis kommen wir, wenn die gesamten 5000 Pfd. St. für das Jahr auf einmal und nicht in Raten von jeweils 500 Pfd. St. vorgeschossen werden müssen. Bei gleicher wöchentlicher Ausbeutungsrate erhalten wir dann eine Jahresrate des Mehrwerts von nur 100 Prozent. Das ist Fall B. Die Jahresrate des Mehrwerts (und damit die Profitrate) wird in dramatischer Weise von der Umschlagszeit beeinflusst. Die Bedeutung dieser Erkenntnis kann gar nicht unterschätzt werden. Kürzere Umschlagszeiten können dem Kapital in vielfältiger Weise zugutekommen. Je schneller das vorgeschossene variable Kapital in eine Ware und dann zurück in die Geldform verwandelt wird, »desto kürzer ist also die Zeit, wofür der Kapitalist Geld aus seinem eignen Fonds vorschießen muß« und »desto kleiner ist, im Verhältnis zu gegebnem Umfang der Produktionsleiter, das Kapital, das er überhaupt vorschießt; und desto größer ist im Verhältnis die Masse Mehrwert, die er ... während des Jahrs herausschlägt« (315f.).

Aber warum ist das wichtig? Zunächst müssen wir die ständige Kritik von Marx an der klassischen politischen Ökonomie im Auge behalten. Diese Unterschiede in der Jahresrate des Mehrwerts erzeugen den

Schein, »als hinge die Rate des Mehrwerts nicht nur ab von der Masse und dem Exploitationsgrad der vom variablen Kapital in Bewegung gesetzten Arbeitskraft, sondern außerdem von, aus dem Zirkulationsprozeß entspringenden, unerklärlichen Einflüssen«. Dieses »Phänomen« (das wir am besten als eine fetischhafte Verknüpfung des Mehrwerts mit Zirkulationsverhältnissen statt mit der Produktion beschreiben könnten) habe »eine völlige Deroute [Verwirrung] in der Ricardoschen Schule seit Anfang der [18]20er Jahre hervorgerufen« (300).

Für Marx kann Mehrwert nicht der Zirkulation entspringen und jegliche Theorie, die so wie die genannten Ricardianer davon ausgeht, muss völlig irrig sein. Aber das »Wunderliche des Phänomens«, auf das Marx stößt, stellt ein Problem dar. Um sich gegen die Position der Ricardianer zu verteidigen, muss er seine eigene Theorie irgendwie mit der Tatsache in Einklang bringen, dass die Jahresraten der Ausbeutung von den Umschlagszeiten abhängen und dass eine Verkürzung der Umschlagszeit die Jahresrate des Mehrwerts tatsächlich erhöht. Marx' Antwort besteht darin, zwischen vorgeschossenem und angewandtem Kapital zu unterscheiden. Beide Kapitale, A und B, setzen pro Woche genauso viel variables Kapital ein und erhalten wöchentlich denselben Mehrwert. Der Unterschied besteht in dem Kapital, das vorgeschossen werden muss. Kapital A kann die 500 Pfd. St. Kapitalvorschuss alle fünf Wochen zurückbekommen und wieder einsetzen, während Kapital B erst im Verlauf des ganzen Jahres nach und nach die ursprünglich vorgeschossenen 5000 Pfd. St. wieder einnimmt. Nach den ersten fünf Wochen hat Kapital B noch eine Reserve, faktisch einen Schatz, von 4500 Pfd.St, mit der es die Arbeiterinnen im restlichen Jahr bezahlen kann. Der Punkt, der schon in den vorhergehenden Kapiteln betont wurde, ist offensichtlich – eine ganze Menge überschüssiges Geld muss in der Produktion vorhanden sein, um Unterschiede der Umschlagszeit auszugleichen.

Der Unterschied zwischen den Fällen A und B besteht nicht darin, dass schnellere Umschlagszeiten eine höhere Mehrwertrate erzeugen, sondern dass durch diese Beschleunigung im Verlauf der Umschlagsperiode weniger aufgeschatztes und inaktives Geldkapital gebunden wird. Werden den Arbeiterinnen wöchentlich 100 Pfd. St. bezahlt, dann muss Kapital A wöchentlich nur diesen Betrag vorschießen, während Kapital B das Fünfzigfache des wöchentlichen Lohns bereitstellen muss. Auch dies ist wieder ein Grund, den Kredit zur Hilfe zu holen, auch wenn Marx das hier aus bestimmten Gründen nicht erwähnt. Das im Fall B brachliegende Geld könnte dem Geldmarkt zur Verfügung gestellt werden, bis es tatsächlich gebraucht wird. Aber das

> »vorgeschoßne variable Kapital fungiert nur als variables Kapital, soweit wie und während der Zeit, worin es wirklich angewandt wird; nicht während der Zeit, worin es vorrätig vorgeschossen bleibt, ohne angewandt zu werden. Alle Umstände aber, welche das Verhältnis zwischen vorgeschoßnem und angewandtem variablem Kapital differenzieren, fassen sich zusammen in der Differenz der Umschlagsperioden … Das Gesetz der Mehrwertsproduktion ist, daß bei gleicher Rate des Mehrwerts gleiche Massen von fungierendem variablem Kapital gleiche Massen Mehrwert erzeugen.« (302)

Die gleichen Massen von variablem Kapital, die von A und B angewandt werden, erzeugen die gleichen Massen von Mehrwert, egal wie unterschiedlich das Verhältnis von vorgeschossenem und angewandtem Kapital ist. »Die Verschiedenheit dieses Verhältnisses, statt den über die Produktion des Mehrwerts entwickelten Gesetzen zu widersprechen, bestätigt sie vielmehr und ist eine unerläßliche Konsequenz derselben.« (302) Es läuft also alles auf den Unterschied zwischen vorgeschossenem und angewandtem Kapital hinaus.

Nach der Vertiefung in einige langwierige Rechenbeispiele gelangt Marx zu einer Formel für die Jahresrate des Mehrwerts: »Die jährliche Rate des Mehrwerts ist immer = m'n, d.h. gleich der wirklichen Rate des Mehrwerts, produziert in einer Umschlagsperiode durch das während der Periode verzehrte variable Kapital, multipliziert mit der Zahl der Umschläge«. Für Marx sind die Unterschiede in der Jahresrate des Mehrwerts nicht illusorisch oder »bloß subjektive, sondern die wirkliche Bewegung des Kapitals bringt selbst diese Gegeneinanderstellung hervor« (308). Marx betrachtet daher die Jahresrate des Mehrwerts nicht als unwichtig, aber er zeigt, wie sie mit den zugrunde liegenden Gesetzen der Mehrwertproduktion in Einklang gebracht werden kann. Wenn wir verstehen, wie es zu den verschiedenen Jahresraten kommt, dann wird klar, dass ihre Unterschiede nichts mit bloßen Phänomenen der Zirkulation zu tun haben, sondern nach wie vor auf den Verhältnissen der Produktion und Realisierung von Mehrwert beruhen.

Die Bedeutung der Jahresrate des Umschlags muss betont werden, weil sie die Profitraten beeinflusst. Sie ist daher auch in jeder Diskussion über den tendenziellen Fall der Profitrate zu berücksichtigen. Für den 3. Band hatte Marx dazu ein Kapitel vorgesehen, das er aber nicht geschrieben hat. So fühlte sich Engels bemüßigt, ausgehend vom Stoff im 2. Band dieses Kapitel selbst zu schreiben. Dort stellt er eindeutig fest, dass sich »die Profitraten zweier [ähnlicher] Kapitale umgekehrt wie ihre Umschlagszeiten« verhalten. Außerdem bestehe die »direkte Wirkung der verkürzten Umschlagszeit [wie sie zu seiner Zeit auf spektakulärste Weise durch die Revolutionierung von Transport und Kommunikation erzielt wurde] auf die Produktion von Mehrwert, also auch von Profit, ... in der gesteigerten Wirksamkeit, die dem variablen Kapitalteil dadurch gegeben wird, worüber nachzusehn Buch II, Kap. XVI: Der Umschlag des variablen Kapitals« (K3, 82).

Das könnte weitreichende Folgen für Marx' eigene Argumentation haben. Marx wird bekanntlich eine Theorie des tendenziellen Falls der Profitrate zugeschrieben. Aber hier tauchen zwei direkte Kräfte und eine indirekte Kraft auf, die zu einem Anstieg der Profitrate führen können. Die Frage dabei ist, ob die Profitrate auf Basis des angewandten oder des vorgeschossenen Kapitals berechnet wird. Für den Kapitalisten kommt es natürlich auf letzteres an. Aus der Argumentation in diesem und dem vorhergehenden Kapitel ergibt sich, dass jede Verkürzung der Zirkulationszeiten im Verhältnis zur Arbeitsperiode die Summe des überschüssigen Geldkapitals verringert, das für die kontinuierliche Produktion von Mehrwert gebraucht wird. Es muss weniger Geld vorgeschossen werden und bei gleichbleibender Ausbeutungsrate in der Produktion wird die Profitrate steigen. Das gleiche Resultat ergibt sich, wenn die Umschlagszeit durch kürzere Arbeitsperioden und/oder kürzere Umlaufszeiten verringert wird. In seinem Kapitel im 3. Band konstatiert Engels eindeutig, dass kürzere Umschlagszeiten (bei ansonsten gleichen Bedingungen) höhere Profite bedeuten. Außerdem führt er die beeindruckenden Verkürzungen der Umschlagszeiten an, zu denen die Umwälzungen im Transport- und Kommunikationswesen geführt hatten, was zu einer deutlichen Steigerung der Profitraten geführt haben dürfte. Wir vergessen leicht, wie dramatisch einige dieser Innovationen waren. Durch den Telegrafen verkürzte sich zum Beispiel die Übermittlungszeit von Informationen im Vergleich zum Versand von Briefen mit der Post um den Faktor 2500 (das Internet beschleunigte die Übermittlung im Verhältnis zum Fax lediglich um den Faktor 5). Das Aufkommen von Eisenbahn und Dampfschiff im 19. Jahrhundert hatte eine sehr viel größere Bedeutung als die Einführung des Transports mit Düsenflugzeugen im 20. Jahrhundert.

Wir erkennen hier ein zusätzliches Motiv, das den einzelnen Kapitalisten durchaus bewusst ist, nach Möglichkeiten zur weiteren Vernichtung des Raums durch die Zeit zu suchen und die aktive Beteiligung an der Raum-Zeit-Kompression zu einem Ziel ihrer Geschäftsstrategien zu machen. Diejenigen Kapitalisten, denen es gelingt, ihre Arbeitsperioden und/oder Zirkulationszeiten zu verkürzen (indem sie zum Beispiel ihre Waren schneller auf den Markt bringen), erzielen einen höheren Profit auf ihr vorgeschossenes Kapital, selbst wenn der Profit auf das angewandte Kapital gleich bleibt – natürlich nur unter der Voraussetzung, dass die mit den neuen Produktions- und Zirkulationsstrategien verbundenen Kosten die höheren Profite nicht aufwiegen.

Die indirekte Methode, um mit diesen Problemen der Zirkulations- und Umschlagszeiten umzugehen, besteht in der Entwicklung des Geldmarkts und des Kreditsystems, was in diesem Kapitel immer mal wieder anklingt. Der industrielle Kapitalist kann den für den Ausgleich disparater Zirkulationszeiten notwendigen Kapitalvorschuss verringern, indem er entweder die Dienste der Kaufmannskapitalisten und Bankiers in Anspruch nimmt, die seine Wechsel diskontieren, oder indem er auf dem direkteren Weg am Geldmarkt kurzfristige Kredite aufnimmt und überschüssiges Kapital dort anlegt. Ersteres würde seine Zirkulationszeit auf null senken, während Letzteres ihn des Problems entledigen würde, Kapital für die gesamte Umschlagszeit vorschießen zu müssen. Marx weist hier im 2. Band ganz eindeutig nach, dass eine Menge überschüssiges Geldkapital frei verfügbar sein muss, um die Kontinuität der Produktion zu gewährleisten. Und mehr oder weniger beiläufig stellt er fest, dass eben deswegen der Geldmarkt und das Kreditsystem so unverzichtbar für das einwandfreie Funktionieren des Kapitalismus sind. Im 3. Band entwickelt er diesen Gedanken weiter, wie wir bereits gesehen haben. Dort wird das System der industriellen Zirkulation in die Dualität von Geld und zinstragendem Kapital auf der einen und die Extraktion des Mehrwerts aus der Produktion auf der anderen Seite zerlegt. Wie sich all dies auf die Profitraten auswirkt, bleibt unklar. Es hängt stark von der Beziehung zwischen Zinsrate und Profitrate ab – und diese, so wird im 3. Band behauptet, wird durch die Besonderheiten des Verhältnisses von Angebot und Nachfrage und der Konkurrenz bestimmt. Dies ist die Richtung, in die sich Marx' eigene Erkenntnisfortschritte in diesem Kapitel bewegen, aber leider führt er diese Gedanken nicht zuende. Dadurch bleibt eine Menge von Problemen im Rahmen der allgemeinen Theorie ungelöst.

Gegen Ende des 16. Kapitels kommt Marx jedoch auf einige der allgemeineren gesellschaftlichen und politischen Implikationen zu sprechen, indem er sich anschaut, wie sich die Zirkulation des variablen Kapitals auf den Markt auswirkt. Die in seinem Beispiel als variables Kapital vorgeschossenen 500 Pfd. St. hören auf, Kapital zu sein, sobald die Arbeiterinnen sie als Lohn erhalten haben. »Die Arbeiter zahlen sie ihrerseits weg in Ankauf ihrer Lebensmittel, verzehren also Lebensmittel zum Wert von 500 Pfd. St. Eine Warenmasse zu diesem Wertbetrag ist also vernichtet ... Diese Warenmasse ist unproduktiv verzehrt für den Arbeiter, außer soweit sie seine Arbeitskraft, also ein unentbehrliches Instrument des Kapitalisten, wirkungsfähig erhält.« (311) Wieder einmal stoßen wir auf den Begriff einer »unproduktiven« Tätigkeit, der merkwürdig klingt, da doch die Reproduktion der Arbeiterinnen und Arbeiter für das Kapital unverzichtbar ist. Aber diese Bezeichnung ist völlig logisch, da es laut Marx für das Kapital einzig und allein auf die Produktion von Mehrwert ankommt. Und die findet nicht statt, wenn die Arbeiter ihr Geld für Waren ausgeben und zu Hause essen und schlafen. Erst wenn die Arbeiterinnen an den Arbeitsplatz zurückkehren, wird wieder Mehrwert produziert. Die 500 Pfd. St., die der Kapitalist am Ende der ersten Umschlagsperiode zurückbekommt, sind von den Arbeitern selbst produziert worden. Daher sind die 500 Pfd. St., die der Kapitalist für die zweite Periode als variables Produkt vorschießt, faktisch das Äquivalent des eigenen Produkts der Arbeiterinnen. Marx wiederholt hier, was er schon im 1. Band ausgeführt hat: Eigentlich gehört das Produkt den unmittelbaren Produzenten, also den Arbeiterinnen, und nur nach bürgerlichem Recht ist es das Eigentum des Kapitalisten. Wie im 1. Band geht es hier darum, die allgemeine Theorie des bürgerlichen Eigentumsrechts infrage zu stellen und auf die innere Widersprüchlichkeit ihrer Begründung durch Locke hinzuweisen. Dieser hatte das Recht auf Privateigentum daraus abgeleitet, dass Arbeit in fruchtbarer Weise mit dem Boden vermischt wird, aber zugleich wird das Recht anerkannt, Arbeitskraft unter der Herrschaft des Kapitals auszubeuten.

Zudem sind die allgemeineren Auswirkungen auf den Markt zu bedenken. Kapitalist A, der das variable Kapital in fünf Wochen umschlägt, erzeugt wöchentlich eine Nachfrage von 100 Pfd. St. an Lohngütern am Markt und alle fünf Wochen ein Angebot von 500 Pfd. St. Kapitalist B stellt dieselbe wöchentliche Nachfrage nach Lohngütern, aber erst am Ende des Jahres ein Angebot von Waren im Wert von 5000 Pfd. St. Das monetäre Ungleichgewicht von Angebot und Nachfrage kann zu Problemen führen, mit denen wir uns gleich noch ausführlich beschäftigen werden.

Marx selbst kommentiert dieses Problem auf etwas ungewöhnliche Weise, die wir uns genauer anschauen sollten:

> »Denken wir die Gesellschaft nicht kapitalistisch, sondern kommunistisch, so fällt zunächst das Geldkapital ganz fort, also auch die

> Verkleidungen der Transaktionen, die durch es hineinkommen. Die Sache reduziert sich einfach darauf, daß die Gesellschaft im voraus berechnen muß, wieviel Arbeit, Produktionsmittel und Lebensmittel sie ohne irgendwelchen Abbruch auf Geschäftszweige verwenden kann, die, wie Bau von Eisenbahnen z.B., für längre Zeit, ein Jahr oder mehr, weder Produktionsmittel noch Lebensmittel, noch irgendeinen Nutzeffekt liefern, aber wohl Arbeit, Produktionsmittel und Lebensmittel der jährlichen Gesamtproduktion entziehn.« (316f.)

Bisher hatte sich die Idee des Kommunismus vor allem darauf bezogen, dass die assoziierten Arbeiterinnen ihre eigene Arbeit zwanglos für das gesellschaftliche Wohl verwalten und organisieren. Aber hier deutet sich ein größeres Problem an. Wie lässt sich die Produktion von langfristigen Verbesserungen und von Infrastruktur koordinieren, die für einen erheblichen Zeitraum enorme Mengen an Arbeit und Produktionsmitteln absorbiert, ohne von unmittelbarem Nutzen zu sein? Bemerkenswerterweise bezieht sich Marx nicht auf den Staat, sondern etwas undeutlich darauf, »daß die Gesellschaft im voraus berechnen« und vermutlich entscheiden muss, wie derartig große Infrastrukturprojekte durchzuführen sind. Außerdem behauptet er, dass unter dem Kommunismus das Geldkapital sofort verschwindet. Es muss also irgendeine andere Form der Bestimmung von Werten (wie gesellschaftlichen Gebrauchwerten) geben, zu der hier nichts gesagt wird. Und dieser Kommentar weist darauf hin, dass ein zentrales Problem der kapitalistischen Produktionsweise in der Monetarisierung der Zirkulation und der profitorientierten Zirkulation des Geldkapitals besteht (eine Auffassung, die auch an einigen anderen Stellen zum Ausdruck gebracht wird).

Engels mag sich zwar ganz zu Recht darüber beschwert haben, dass der 2. Band »nicht viel Agitatorisches enthält«, aber diese Passage deutet eine wichtige Weiterentwicklung von Marx' politischer Idee des Kommunismus an. Dies wird im 3. Abschnitt des 2. Bandes noch deutlicher werden, auch wenn es meistens nicht ausdrücklich gesagt wird. Damit taucht die Frage auf, wie eine »Gesellschaft« einerseits ohne Marktsignale auf rationelle[1] Weise die arbeitsteilige Produktion koordinieren und

[1] Anm. d. Ü.: Während heute im Deutschen laut Duden zwischen »rational« (mit der Vernunft übereinstimmend, vernunftgemäß) und »rationell« (auf Wirtschaftlichkeit bedacht, zweckmäßig) unterschieden wird, verwendet Marx vorzugsweise den Ausdruck »rationell« zur Kennzeichnung des Vernünftigen, während er »rational« und »Rationalismus« eher abwertend für den »flachen

»im voraus berechnen« und langfristige Bauprojekte verwalten kann, und andererseits dabei die Freiheit der assoziierten Arbeiterinnen bei der Verfolgung ihrer kollektiven Interessen fördert und nicht einschränkt. Zum ersten, aber nicht zum letzten Mal wird hier im *Kapital* auf einen wesentlichen Widerspruch im kommunistischen Projekt selbst hingewiesen. Die bürgerliche Freiheit und Unabhängigkeit des Individuums wurde erst möglich im Rahmen eines Disziplinarapparats, der auf der drakonischen Durchsetzung des Privateigentums beruht und für die kapitalistische Produktionsweise unverzichtbar ist. In gleicher Weise muss der Kommunismus eine Lösung finden, wie die Freiheit und Unabhängigkeit der assoziierten Arbeit in einem gesamtgesellschaftlichen Rahmen der Berechnung und Koordinierung neu definiert und geschützt werden kann, der die Ausrichtung der Produktion auf die notwendige soziale und physische Infrastruktur festlegen und erzwingen kann, um die menschliche Emanzipation zu fördern.

> »In der kapitalistischen Gesellschaft dagegen, wo der gesellschaftliche Verstand sich immer erst post festum geltend macht, können und müssen so beständig große Störungen eintreten. Einerseits Druck auf den Geldmarkt, während umgekehrt die Leichtigkeit des Geldmarkts ihrerseits solche Unternehmungen in Masse hervorruft, also gerade die Umstände, welche später den Druck auf den Geldmarkt hervorrufen. Der Geldmarkt wird gedrückt, da Vorschuß von Geldkapital auf großer Stufenleiter hier beständig während langen Zeitraums nötig ist. Ganz abgesehn davon, daß Industrielle und Kaufleute das für den Betrieb ihres Geschäfts nötige Geldkapital in Eisenbahnspekulationen etc. werfen und durch Anleihen auf dem Geldmarkt ersetzen.« (317)

Dieser Prozess bildet die technische Basis für all die »verrückten Formen« und irrsinnigen Verhaltensweisen, auf die wir bei der Untersuchung des Finanzkapitals und Kreditsystems im 3. Band gestoßen sind:

> »Da beständig Elemente des produktiven Kapitals dem Markt entzogen werden und für dieselben nur ein Geldäquivalent in den Markt geworfen wird, so steigt die zahlungsfähige Nachfrage, ohne aus

Rationalismus« (96) des bürgerlichen Verstandesdenkens gebraucht. Abweichend vom modernen Sprachgebrauch wird daher in dieser Übersetzung »rationell« im Sinne von Marx als Kennzeichnung des Vernünftigen genommen.

> sich selbst irgendein Element der Zufuhr zu liefern. Daher Steigen der Preise, sowohl der Lebensmittel wie der Produktionsstoffe. Es kommt hinzu, daß während dieser Zeit regelmäßig geschwindelt wird, große Übertragung von Kapital stattfindet. Eine Bande von Spekulanten, Kontraktoren, Ingenieuren, Advokaten etc. bereichert sich. Sie verursachen starke konsumtive Nachfrage auf dem Markt, daneben steigen die Arbeitslöhne. Mit Bezug auf Nahrungsmittel wird dadurch allerdings auch der Landwirtschaft ein Sporn gegeben. Da jedoch diese Nahrungsmittel nicht plötzlich, innerhalb des Jahres zu vermehren sind, wächst ihre Einfuhr, wie überhaupt die Einfuhr der exotischen Nahrungsmittel (Kaffee, Zucker, Wein etc.) und der Luxusgegenstände. Daher Übereinfuhr und Spekulation in diesem Teil des Importgeschäfts. Andrerseits in den Industriezweigen, worin die Produktion rasch vermehrt werden kann (eigentliche Manufaktur, Bergbau etc.), bewirkt das Steigen der Preise plötzliche Ausdehnung, der bald der Zusammenbruch folgt.« (317)

Das ist eine radikale Abkehr von der üblichen Sprache des 2. Bandes und stellt sehr schön einen direkten Zusammenhang zu den Kapiteln über Kredit und Finanzwesen im 3. Band dar, was die Einheit der beiden Bände unterstreicht. Aber Marx geht noch weiter, wenn er die Auswirkungen auf die Arbeitskräfte untersucht:

> »Dieselbe Wirkung findet statt auf dem Arbeitsmarkt, um große Massen der latenten relativen Übervölkerung, und selbst der beschäftigten Arbeiter, für die neuen Geschäftszweige heranzuziehn. Überhaupt entziehn solche Unternehmungen auf großer Stufenleiter, wie Eisenbahnen, dem Arbeitsmarkt ein bestimmtes Quantum Kräfte, das nur aus gewissen Zweigen, wie Landwirtschaft etc., herkommen kann, wo ausschließlich starke Burschen gebraucht werden. Dies findet noch statt, selbst nachdem die neuen Unternehmungen schon stehender Betriebszweig geworden sind und daher die für sie nötige wandernde Arbeiterklasse bereits gebildet ist. Sobald z.B. der Eisenbahnbau momentan auf einer größern als der Durchschnittsstufenleiter betrieben wird. Ein Teil der Arbeiterreservearmee wird absorbiert, deren Druck den Lohn niedriger hielt. Die Löhne steigen allgemein, selbst in den bisher gut beschäftigten Teilen des Arbeitsmarkts. Dies dauert solange, bis der unvermeidliche Krach die Reservearmee von Arbeitern wieder freisetzt und die Löhne wieder auf ihr Minimum und darunter herabgedrückt werden.« (317f.)

Die Übereinstimmung mit den Thesen aus dem 23. Kapitel des 1. Bandes liegt auf der Hand. Aber in einer Fußnote ergänzt Marx eine noch wichtigere und möglicherweise explosive theoretische Beobachtung:

> »Widerspruch in der kapitalistischen Produktionsweise: Die Arbeiter als Käufer von Ware sind wichtig für den Markt. Aber als Verkäufer ihrer Ware – der Arbeitskraft – hat die kapitalistische Gesellschaft die Tendenz, sie auf das Minimum des Preises zu beschränken. – Fernerer Widerspruch: Die Epochen, worin die kapitalistische Produktion alle ihre Potenzen anstrengt, erweisen sich regelmäßig als Epochen der Überproduktion; weil die Produktionspotenzen nie so weit angewandt werden können, daß dadurch mehr Wert nicht nur produziert, sondern realisiert werden kann; der Verkauf der Waren, die Realisation des Warenkapitals, also auch des Mehrwerts, ist aber begrenzt, nicht durch die konsumtiven Bedürfnisse der Gesellschaft überhaupt, sondern durch die konsumtiven Bedürfnisse einer Gesellschaft, wovon die große Mehrzahl stets arm ist und stets arm bleiben muß.« (318, Fußnote 32)

Dass Lohnkürzungen im Interesse der Mehrwertproduktion das Kapital mit dem Problem der fehlenden effektiven Nachfrage konfrontieren, ist schon seit langem einer der zentralen Widersprüche in den Bewegungsgesetzen des Kapitals. Hier wird er explizit als solcher angesprochen. Die Bedeutung der Arbeiter als Konsumenten und damit als Agenten der Realisierung des Werts des Warenkapitals auf dem Markt ist ein wichtiges Thema, das im 2. Band immer wieder zur Sprache kommt. Im 1. Band wurde das Problem einfach durch die Annahme ignoriert, dass alle Waren zu ihrem Wert gehandelt werden. Dies ist eine dieser Stellen im *Kapital*, an denen die Löhne – ein Aspekt der Distribution, der meistens als eine Besonderheit außer Acht gelassen wird – in den Mittelpunkt des Zirkulationsprozesses des industriellen Kapitals im Allgemeinen geraten, was zu erheblichen Widersprüchen innerhalb der Bewegungsgesetze des Kapitals führt.

Zum Abschluss dieses Kapitels geht Marx in seinen Überlegungen über seine übliche Annahme eines geschlossenen Handelssystems hinaus. Die Entfernung vom Absatzmarkt sei »als eigentliche materielle Basis zu betrachten« für längere Zirkulations- und damit Umschlagszeiten (319). Als Beispiel nimmt er Baumwollgewebe und Garn, das nach Indien verkauft wird. Der Produzent verkauft an den Kaufmann, der sich am Geldmarkt die Zahlungsmittel beschafft. Später verkauft der Exporteur auf dem indischen Markt. Erst dann kann der entsprechende Wert (in Geld- oder Warenform) nach England zurückfließen, um die für die erneute Produktion erforderlichen Zahlungsmittel zu liefern (das Geld kehrt natürlich zum Geldmarkt zurück). Die Lücken zwischen Angebot und effektiver Nachfrage sind ähnlich denen, die bereits beim jährlichen Umschlag von Kapital B beschrieben wurden. Die Lücke zwischen Angebot und Nachfrage muss durch Zuflucht zum Geldmarkt oder Kredit geschlossen werden. Aber hier kann vieles schiefgehen:

> »Es ist nun möglich, daß in Indien selbst wieder das Garn auf Kredit verkauft wird. Mit diesem Kredit wird in Indien Produkt gekauft und als Retour nach England geschickt oder Wechsel für den Betrag remittiert. Verlängert sich dieser Zustand, so tritt ein Druck auf den indischen Geldmarkt ein, dessen Rückschlag auf England hier eine Krise hervorrufen mag. Die Krise ihrerseits, selbst wenn verbunden mit Export edler Metalle nach Indien, ruft in letztrem Lande eine neue Krise hervor, wegen des Bankrotts englischer Geschäftshäuser und ihrer indischen Zweighäuser, denen von den indischen Banken Kredit gegeben war. So entsteht eine gleichzeitige Krise sowohl auf dem Markt, *gegen* den, wie auf dem Markt, *für* den die Handelsbilanz ist. Dies Phänomen kann noch komplizierter sein. England hat z.B. Silberbarren nach Indien geschickt, aber die englischen Gläubiger von Indien treiben jetzt ihre Forderungen dort ein, und Indien wird kurz nachher seine Silberbarren nach England zurückzuschicken haben.« (319f.)

Der entscheidende Punkt ist natürlich dies: »Was daher als Krise auf dem Geldmarkt erscheint, drückt in der Tat Anomalien im Produktions- und Reproduktionsprozeß selbst aus.« (320) Das ist die eigentliche Erkenntnis, die sich aus der Untersuchung unterschiedlicher Umschlagszeiten ergibt, insbesondere wenn sie mit dem Fernhandel verbunden sind.

Ich führe das hier an, um zwei Dinge zu zeigen. Erstens ist es keineswegs ein neues Phänomen, dass Geldkrisen auf ansteckende Weise zwischen verschiedenen Orten und Momenten des Zirkulationsprozesses herumspringen. Man könnte sagen, es liegt ganz in der Natur des Kapitals, sich so zu benehmen. Zweitens geht es um den inneren Zusammenhang der Theoriebildung von Marx. Zwischen allen drei, oft sehr disparat erscheinenden, Bänden des *Kapital* besteht ein sehr starker innerer Zusammenhang. Es gibt unzählige Fäden, durch die »sich das Ganze zusammenschließt« und diese »organische Totalität« bildet, die ihm in der Einleitung der *Grundrisse* vorschwebt. Diese Beziehungen werden nur zaghaft und in diesem Kapitel ziemlich schwach hergestellt. Aber dass Marx es geschafft hat, sie während seiner über mehr als ein Vierteljahrhundert andauernden unablässigen Studien ständig im Kopf zu behalten, finde ich schlicht beeindruckend.

Zum 17. Kapitel des 2. Bandes: Die Zirkulation des Mehrwerts

In diesem Kapitel greift Marx die Zirkulation des Mehrwerts heraus, um sie genauer zu untersuchen. Das Kapitel weckt große Erwartungen, die es aber nicht wirklich befriedigt. Es wird zwar ein drängendes theoretisches Problem deutlich gemacht, aber wir kommen zu keiner eindeutigen Lösung. Die zentrale Frage wird im Text klar formuliert. Sie ist »nicht: Wo kommt der Mehrwert her? Sondern: Wo kommt das Geld her, um ihn zu versilbern?« (331). Kann die Produktion von Gold als der vorzugsweisen Geldware das zusätzliche Geld bereitstellen, das für die Realisierung des Mehrwerts gebraucht wird? Marx schließt diese Möglichkeit ziemlich eindeutig aus, ohne damit die besondere Rolle der Goldproduzenten zu ignorieren. Aber dann stehen wir vor der schwierigen Frage, wo die effektive Nachfrage herkommen könnte, um den ununterbrochen auf den Markt geworfenen Mehrwert zu realisieren.

Marx kehrt zunächst zu den beiden Kapitalisten A und B zurück, von denen Letzterer den Gesamtwert von 5000 Pfd. St. erst am Ende des Jahres realisiert: Sein »Mehrwert ist nicht realisiert und kann daher weder individuell verzehrt werden noch produktiv. Soweit der individuelle Verzehr in Betracht kommt, wird der Mehrwert antizipiert. Fonds dafür muß vorgeschossen werden.« (321) Diese Vorschüsse müssen nicht nur den Konsum des Kapitalisten decken, sondern auch sämtliche Reparaturen und Wartungskosten am fixen Kapital. Für den Kapitalisten, der mit einer sehr kurzen Umschlagszeit operiert, kommen diese Gelder aus dem bereits realisierten Mehrwert und müssen nicht vorgeschossen werden. Die entscheidende Frage ist daher, *wann* der Mehrwert als Kapital realisiert wird – oder »kapitalisiert« wird, wie Marx sagt. Je länger der Kapitalist warten muss, bevor er die Ware auf den Markt bringen kann, desto mehr Geld muss er in Reserve haben, um die Kosten seines Konsums und anfallender Reparatur- und Wartungsarbeiten decken zu können.

»Sobald die Entwicklung des Kredits dazwischen kommt, verwickelt sich das Verhältnis von ursprünglich vorgeschoßnem Kapital und kapitalisiertem Mehrwert noch mehr.« (322) Aber darauf geht Marx, wie im 2. Band üblich, nicht näher ein. Die Hauptfrage ist, was mit dem einmal kapitalisierten Mehrwert geschieht. Marx bezieht sich auf das 22. Kapitel im 1. Band, um uns daran zu erinnern, dass sich das Kapital auf immer größer werdender Stufenleiter reproduzieren muss –»Akkumulation um der Akkumulation willen«, hieß es dort. Ein Teil des Mehrwerts muss also in die Expansion gesteckt werden, »ob diese Erweiterung extensiv in Gestalt der Zufügung neuer Fabriken zu den alten oder in der intensiven Ausdehnung der bisherigen Stufenleiter des Betriebs sich ausdrücke« (322).

Marx beschreibt verschiedene Formen, in denen diese Erweiterung ablaufen kann. Aber in jedem Fall schränkt das Verhältnis zwischen der Summe des kapitalisierten Mehrwerts und der Summe, die für die Erweiterung der Produktion nötig ist, die Möglichkeit der sofortigen Expansion ein.

Unter Umständen muss der kapitalisierte Mehrwert über mehrere Umschlagsperioden hinweg aufgeschatzt werden, bevor die Gelder ausreichen, um bei einer bestimmten Stufenleiter der Produktion in die Erweiterung investieren zu können – zum Beispiel in den Bau einer zusätzlichen neuen Fabrik und ihre Maschinerie. Während dieser Zeit wird das »Geldkapital, das der Kapitalist noch nicht in seinem eignen Geschäft anwenden kann, ... von andren angewandt, von denen er Zinsen dafür erhält. Es fungiert für ihn als Geldkapital im spezifischen Sinn, als eine vom produktiven Kapital unterschiedne Sorte Kapital. Aber es wirkt als Kapital in andrer Hand.« Mit der Zeit wird die auf dem Geldmarkt verfügbare Geldsumme tendenziell größer werden, sodass ein großer Teil des produzierten Mehrwerts vom Geldmarkt »wieder für erweiterte Produktion absorbiert wird« (323). Marx erwähnt es nicht, aber das zunehmende Angebot an Geld auf dem Geldmarkt vergrößert das Angebot an verleihbarem Kapital, was zu einer Senkung der Zinsraten führen dürfte.

Nachdem er kurz auf das Problem der Schatzbildung zurückgekommen ist, zitiert Marx über zwei Seiten hinweg lange Ausführungen des politischen Philosophen William Thompson, der 1824 das Buch *An Inquiry into the Principles of the Distribution of Wealth* veröffentlicht hatte. Ich will auf sie nicht eingehen, aber es lohnt sich zu lesen, was Thompson zu sagen hat. Es zeigt, wie scharfsinnig und höchst kritisch sich auch bürgerliche Theoretiker mit der kapitalistischen Entwicklung auseinandersetzten, die sich unter ihren Augen vollzog. Bezeichnenderweise enthält sich Marx hier (und meines Wissens auch an allen anderen Stellen, an denen er Thompson zitiert) jeglicher kritischen Kommentierung.

Im ganzen *Kapital* bedient sich Marx bei Fragen der Reproduktion in der Regel der Taktik, dass er zunächst so tut, als würde sich das Kapital in einfacher Reproduktion befinden, um dann erst den weitaus realistischeren Fall der kontinuierlich erweiterten Reproduktion zu untersuchen. So hatte er es im 1. Band gemacht und so wird er auch im 3. Abschnitt des 2. Bandes vorgehen. Der Grund für diese Trennung besteht darin, dass sich grundlegende Beziehungen sehr viel leichter am Fall der einfachen Reproduktion ausmachen lassen.

Also betrachtet er auch die Zirkulation des Mehrwerts zunächst durch die Linse der einfachen Reproduktion. Bei ihr wird der über mehrere Umschläge produzierte und realisierte Mehrwert »individuell, d.h. unproduktiv, konsumiert von seinen Eignern, den Kapitalisten« (326). Ein Teil des Mehrwerts muss Geldform annehmen, weil sonst kein Geld da wäre, mit dem die Waren für den Konsum der Arbeiter und Kapitalisten gekauft werden können. Mit Rückblick auf das Kapitel zum Geld im 1. Band können wir feststellen, dass »die Masse des im Lande vorhandenen Metallgelds nicht nur hinreichen [muß], um die Waren zu zirkulieren. Sie muß hinreichen für die Schwankungen des Geldumlaufs«, zu denen es aus verschiedenen Gründen kommen kann (Fluktuationen im Angebot und Preisniveau der Waren usw.). Wachstum in der Wirtschaft im Allgemeinen erfordert Wachstum der jährlichen Produktion von Gold und Silber, soweit keine Anpassung durch eine Beschleunigung der Zirkulation oder verstärkten Gebrauch des Geldes als Zahlungsmittel stattfindet. »Ein Teil der gesellschaftlichen Arbeitskraft und ein Teil der gesellschaftlichen Produktionsmittel muß also in der Produktion von Gold und Silber jährlich verausgabt werden.« (327) Das bringt Marx dazu, den Ablauf der Goldproduktion im Detail zu untersuchen. Ich will darauf nicht näher eingehen, weil es für die allgemeinen Fragen der Geldschöpfung und des Geldgebrauchs im heutigen Kapitalismus bedeutungslos ist. Im Übrigen trägt es nichts zur Beantwortung der eigentlichen Frage bei: Wo kommt das Geld her, in das der Mehrwert verwandelt wird?

Das Problem ist, »daß der Kapitalist ... mit seinem Produkt einen Überschuß über sein Kapital in die Zirkulation wirft und ihr diesen Überschuß auch wieder entzieht. Das Warenkapital, das der Kapitalist in die Zirkulation wirft, ist von größerm Wert ... als das produktive Kapital, das er in Arbeitskraft plus Produktionsmitteln der Zirkulation entzogen hat« (331). »Aber das Warenkapital, vor seiner Rückverwandlung in produktives Kapital und vor der Verausgabung des in ihm steckenden Mehrwerts, muß versilbert werden. Wo kommt das Geld dazu her?« (332) Auf diese Frage, behauptet Marx, habe niemand in der klassischen politischen Ökonomie eine angemessene Antwort geben können.

Ich will auf einfache Weise die Struktur dieses Problems erklären. Im *Kapital* wird von Marx immer unterstellt, dass sich Angebot und Nachfrage im Gleichgewicht befinden (zumindest bis zu den Kapiteln über Geldkapital und Finanzwesen). Aber hier stoßen wir auf eine Situation, in der dies nicht nur nicht der Fall ist, sondern in der die Kapitalisten geradezu darum ringen, die Lücke zwischen Angebot und Nachfrage so groß wie möglich werden zu lassen. Die Nachfrage des Kapitalisten besteht aus den Produktionsmitteln (c) und der Arbeitskraft (v), aber der Wert der Waren, die er auf den Markt bringt, entspricht c + v + m. Der Wert der von ihm angebotenen Waren übersteigt also in systematischer Weise seine Nachfrage. Und der Wunsch, den Mehrwert zu maximieren, treibt diese Diskrepanz auf ein Maximum. Woher stammt die zusätzliche effektive Nachfrage, die dem Mehrwert entspricht? Ohne sie würde die Kapitalzirkulation an ihr Ende kommen.

Der zuschüssige Mehrwert »ist in Warenform in die Zirkulation geworfen. ... Aber durch dieselbe Operation ist nicht das zuschüssige Geld für die Zirkulation dieses zuschüssigen Warenwerts gegeben.« Diese Schwierigkeit, warnt Marx, sollte man »nicht durch plausible Ausflüchte zu umgehn suchen« (332).

Marx spielt dann einige dieser »plausiblen Ausflüchte« durch. Die meisten von ihnen stützen sich auf die unterschiedlichen Zeitpunkte, zu denen verschiedene Kapitale den Markt betreten, auf die Beziehungen zwischen den Strömen von konstantem und fixem Kapital oder auf den zeitlichen Ablauf, in dem die Einkünfte der Arbeiterinnen und der Kapitalisten ausgegeben werden. Aber: »Die allgemeine Antwort ist bereits gegeben.« Das ist eine dieser Stellen, an denen geklärt werden muss, ob damit die allgemeine Antwort von Marx gemeint ist – oder die allgemeine Antwort der Ökonomen, die lediglich nach »plausiblen Ausflüchten« suchen. »Wenn eine Warenmasse von x × 1000 Pfd. St. zu zirkulieren, so ändert es absolut nichts am Quantum der zu dieser Zirkulation nötigen Geldsumme, ob der Wert dieser Warenmasse Mehrwert enthält oder nicht, ob die Warenmasse kapitalistisch produziert ist oder nicht. *Das Problem selbst existiert also nicht.*« (334) Es wird dann darauf reduziert, in einem Land die Geldmenge so zu regulieren, dass alle Waren getauscht werden können. Ich denke, Marx will damit sagen, dass dies die größte und plausibelste von allen Ausflüchten ist: Sie entspricht dem »kindlichen Geschwätz« des Sayschen Gesetzes, das im 1. Band so heftig kritisiert wird.

Es bleibt allerdings »der Schein eines besondren Problems. Es ist nämlich hier der Kapitalist, welcher als der Ausgangspunkt erscheint, von dem das Geld in die Zirkulation geworfen wird«. Der Kapitalist zahlt das variable Kapital (v) und Geld für fixes und flüssiges konstantes Kapital (c):

> »Aber über dies hinaus erscheint der Kapitalist nicht weiter als Ausgangspunkt der in der Zirkulation befindlichen Geldmasse. Nun aber existieren nur zwei Ausgangspunkte: der Kapitalist und der Arbeiter. Alle dritten Personenrubriken müssen entweder für Dienstleistungen Geld von diesen beiden Klassen erhalten, oder soweit sie es ohne Gegenleistung erhalten, sind sie Mitbesitzer des Mehrwerts in der Form von Rente, Zins etc.« (334f.)

In kühner Weise entwirft Marx hier ein schlichtes Zwei-Klassen-Modell der kapitalistischen Produktionsweise, das nur aus Arbeitern und Kapitalisten besteht, um dann die Frage zu stellen, von wem in einer solchen Welt die zusätzliche Nachfrage für die Realisierung des Mehrwerts stammen kann. »Was aber den Arbeiter betrifft, so ist bereits gesagt, daß er nur sekundärer Ausgangspunkt, der Kapitalist aber der primäre Ausgangspunkt des vom Arbeiter in die Zirkulation geworfnen Gelds ist.« Also muss die Lösung des Problems bei den Kapitalisten zu finden sein. »Wie kann sie [die Kapitalistenklasse] 600 Pfd. St. aus der Zirkulation beständig herausziehn, wenn sie beständig nur 500 Pfd. St. hineinwirft? Aus nichts wird nichts. Die Gesamtklasse der Kapitalisten kann nichts aus der Zirkulation herausziehn, was nicht vorher hineingeworfen war.« (335) Die Antwort ist einfach verblüffend:

> »In der Tat, so paradox es auf den ersten Blick scheint, die Kapitalistenklasse selbst wirft das Geld in Zirkulation, das zur Realisierung des in den Waren steckenden Mehrwerts dient. Aber notabene: sie wirft es hinein nicht als vorgeschoßnes Geld, also nicht als Kapital. Sie verausgabt es als Kaufmittel für ihre individuelle Konsumtion. Es ist also nicht von ihr vorgeschossen, obgleich sie der Ausgangspunkt seiner Zirkulation ist.« (335)

Marx illustriert dies am Fall des Kapitalisten, der ein Geldkapital von 5000 Pfd. St. vorschießt, von dem 1000 Pfd. St. für variables Kapital ausgegeben werden, mit dem im Verlauf eines Jahres ein Mehrwert von 1000 Pfd. St. produziert wird. Für den Kapitalisten bedeutet dies, »daß er das erste Jahr seine individuelle Konsumtion aus eigner Tasche, statt aus der Gratisproduktion seiner Arbeiter bestreiten muß. Er schießt dies Geld nicht vor als Kapital. Er verausgabt es« für Waren, deren Wert er konsumiert, bis er am Ende des Jahres seinen Mehrwert erhält (336). Marx geht hier von der Annahme aus,

> »daß die Geldsumme, die der Kapitalist bis zum ersten Rückfluß seines Kapitals zur Bestreitung seiner individuellen Konsumtion in Zirkulation wirft, exakt gleich ist dem von ihm produzierten und daher zu versilbernden Mehrwert. Dies ist offenbar, mit Bezug auf den einzelnen Kapitalisten, eine willkürliche Annahme. Aber sie muß richtig sein für die gesamte Kapitalistenklasse, bei Unterstellung einfacher Reproduktion.« (337)

Dies ist ein schönes Beispiel dafür, wie Marx in drastischer Weise durch Vereinfachung und Abstraktion wesentliche Merkmale der kapitalistischen Produktionsweise freilegt. Er bezieht sich auf dieses Ergebnis auch an anderen Stellen – zum Beispiel im 3. Band, wie wir gesehen haben, wobei er dort allerdings die Bedeutung einer selbstständigen Klasse von unproduktiven Konsumenten einräumt. Aber dieser Befund hat weitreichende Folgen. Zum einen durchlöchert er die Theorie des Aufstiegs des Kapitalismus als Resultat der Abstinenz einer Kapitalistenklasse, die sich das Kapital für ihre Investitionen tugendhaft vom Munde abgespart habe. Wenn es in der Geschichte eine solche Klasse tatsächlich gegeben hätte (wofür sich die frühen Quäker-Kapitalisten in England anbieten könnten), dann wäre eine Parallelklasse weniger tugendhafter Konsumenten notwendig gewesen, deren einzige Rolle darin bestanden hätte, bis zum Anschlag zu konsumieren, ohne irgendetwas zu produzieren. Die Existenz einer solchen Klasse im England des 18. Jahrhunderts war nicht nur völlig offensichtlich (lies nur einen Roman von Jane Austen), sie wurde von Malthus auch gerechtfertigt, als er versuchte, eine Antwort auf die Frage zu finden, woher die Nachfrage zur Absorption des ständig steigenden Mehrprodukts kommen könnte. (Eine andere Lösung bestand in der Ausweitung des Außenhandels, woraus Rosa Luxemburg in ihrer Schrift *Die Akkumulation des Kapitals* die kolonialistische und imperialistische Beherrschung ausländischer Märkte ableitete.) Das Ergebnis hat auch Folgen dafür, wie wir die Reproduktionsschemata im 3. Abschnitt des 2. Bandes interpretieren, zu denen wir gleich kommen werden. Aber in der umfangreichen und kontroversen marxistischen Literatur, die sich mittlerweile zu diesen Schemata aufgetürmt hat, finde ich selten, wenn überhaupt, eine Erwähnung dieses wichtigen Ergebnisses.

Nach der ersten Umschlagsperiode, während der der Kapitalist selbst für seinen Konsum bezahlt hat, kann er den von den Arbeiterinnen produzierten Mehrwert, der durch seine eigenen Konsumausgaben realisiert wurde, dafür benutzen, in allen nachfolgenden Umschlagsperioden als Revenue zu zirkulieren (unter der Voraussetzung einfacher Reproduktion). Das entspricht dem Argument von Marx, dass der Kapitalist eigentlich sein eigenes Geldkapital für die Produktion vorschießt und seine eigenen Geldreserven für den Konsum nutzt. Aber im Verlauf der Zeit repräsentieren diese Geldreserven zunehmend das Produkt des Arbeiters, der nicht nur das für seine eigene Reproduktion erforderliche variable Kapital produziert hat, sondern auch den Mehrwert, den sich der Kapitalist als Einkommen für seinen Konsum aneignet. Wie das im Fall der erweiterten Reproduktion funktioniert, wäre noch zu klären.

Aber statt diese Ideen weiterzuentwickeln, kehrt Marx zur Frage der Goldproduzenten zurück und zu der Komplikation, dass der in der Goldproduktion erzeugte Mehrwert bereits in der Form der Geldware existiert, sodass erst gar nicht die Frage auftauchen kann, wie er in Geld verwandelt werden muss. »Wenn ein Teil der Kapitalisten beständig mehr Geld aus der Zirkulation auspumpt, als er einschießt, so pumpt der Gold produzierende Teil beständig mehr Geld ein, als er ihr in Produktionsmitteln entzieht.« (337) Das wirkt sich auf die Handelsbeziehungen zwischen verschiedenen Ländern aus, von denen einige Gold produzieren und andere nicht. Aber selbst wenn sie mehr versilberten Wert in die Zirkulation schmeißen, als sie ihr für Produktionszwecke entziehen, kann dieser Überschuss auf keinen Fall der enormen Mehrwertmasse entsprechen, die auf dem Markt zu realisieren ist.

Marx wendet sich dann der interessanteren Frage zu, wie sich die Zirkulation des variablen Kapitals zwangsläufig mit der Zirkulation des Mehrwerts durchkreuzt. Ein bedeutender Teil der gesamten effektiven Nachfrage besteht bei kapitalistischer Produktionsweise aus dem Konsum der Arbeiterinnen, der von Lohnhöhe und Beschäftigung abhängt: »größre Auslage von variablem Geldkapital … heißt soviel als größre Masse von Geldmitteln in der Hand der Arbeiter. Hieraus folgt größre Nachfrage nach Waren von Seiten der Arbeiter. Weitre Folge ist Steigen im Preis der Waren« (340). Bürgerliche Theoretiker neigen schon seit langem dazu, die Inflation auf den Lohndruck und relative Vollbeschäftigung zurückzuführen, aber Marx scheint hier diese Auffassung etwas kritisch zu betrachten: »Infolge steigenden Arbeitslohns wird namentlich die Nachfrage der Arbeiter nach notwendigen Lebensmitteln wachsen. In einem geringren Grad wird ihre Nachfrage nach Luxusartikeln zunehmen oder sich Nachfrage einstellen für Artikel, die früher nicht in den Bereich ihrer Konsumtion fielen.« (340) Zweifellos wird es zu »momentanen Oszillationen« der Preise und des Ausstoßes kommen und der Markt wird sich diesen neuen Bedingungen anpassen. Aber Marx ist sehr skeptisch in Bezug auf irgendeinen langfristigen inflationären Trend: »Wenn es in der Hand der kapitalistischen Produzenten stände, beliebig die Preise ihrer Waren zu erhöhn, so könnten und würden sie das tun auch ohne Steigen des Arbeitslohns. Der Arbeitslohn würde nie steigen bei sinkenden Warenpreisen.« Es könnte also genausogut zur Deflation wie zur Inflation kommen: »Die Kapitalistenklasse würde sich nie den Trade-Unions widersetzen, da sie stets und unter allen Umständen tun könnte, was sie jetzt ausnahmsweis unter bestimmten, besondren, sozusagen lokalen Umständen, wirklich tut – nämlich jede Erhöhung des Arbeitslohns benutzen, um die Warenpreise in viel höherem Grade zu erhöhn, also größern Profit einzustecken.« (341) Das waren natürlich genau die »ausnahmsweisen Bedingungen«, die in der Zeit nach 1945 in den USA und großen Teilen Europas vorherrschten, als das Kapital aufgrund der politischen Umstände gezwungen war, einen größeren Einfluss der Gewerkschaften und der Macht der Arbeiterklasse hinzunehmen. Als Antwort darauf wurde die Inflation angekurbelt und damit den Konzernen die Möglichkeit geschaffen, trotz steigender Löhne und relativer Vollbeschäftigung enorme Gewinne »einzustecken«.

Für den Fall der erweiterten Reproduktion gelingt es Marx nicht, ein klares Untersuchungskonzept zu verfolgen, das von der einfachen Tatsache ausgeht, dass nun ein Teil des Mehrwerts in die produktive Konsumtion (neue Produktionsmittel und zusätzliche Arbeitskräfte) investiert werden muss, was den Umfang der bürgerlichen Konsumtion verringert. Wenn der Kapitalist seinen persönlichen Konsum einschränken muss, um Kapital in die produktive Konsumtion zu stecken, dann kann er wohl kaum den produzierten zusätzlichen Mehrwert realisieren, ohne noch stärker auf seine eigenen Geldreserven zurückzugreifen. Die Vorstellung, diese Reserven könnten unerschöpflich sein, ist offensichtlich absurd. Es bleibt die Frage, woher die erweiterte gesamtwirtschaftliche Nachfrage kommen soll, aber Marx kann sie nicht zufriedenstellend beantworten.

Ich sehe nur die Möglichkeit, dass die Kapitalisten das Problem durch die einfache und altbewährte Praxis lösen, heute zu kaufen (um den Mehrwert zu realisieren) und später zu bezahlen (nachdem der Mehrwert versilbert worden ist) – also Erweiterung durch Defizitfinanzierung. Dazu bedarf es des Geldmarkts und des Kreditsystems, womit sich Marx, wie wir gesehen haben, im ganzen 2. Band nicht weiter beschäftigen will (obwohl er deren absolute Notwendigkeit einräumt). In der Untersuchung der Rolle von Geldmärkten, Finanzkapital und Kreditsystem im 3. Band lassen sich einige Hinweise darauf finden, dass dies tatsächlich die Lösung ist. Diese Argumentationslinie würde in letzter Konsequenz auf die These hinauslaufen, dass die Akkumulation des Kapitals mithilfe der Produktion von Mehrwert von einer Akkumulation von Schulden zur Realisierung dieses Mehrwerts begleitet sein muss.

Zögerlich nähert sich Marx dieser Lösung weitgehend an. Ein Teil des Mehrwerts wird in die Erweiterung investiert, wodurch sich die Summe verringert, die als Revenue für die Realisierung zirkuliert. Zusätzlicher Mehrwert wird produziert. »Hier tritt wieder dieselbe Frage auf wie oben. Wo kommt das zuschüssige Geld her, um den jetzt in Warenform vorhandnen zuschüssigen Mehrwert zu realisieren?« (345f.) Marx spielt dann wieder einige der Antworten durch, die von der klassischen politischen Ökonomie vorgeschlagen wurden. Sie versuchen das Problem durch eine Untersuchung der Geldzirkulation zu lösen, was letztlich auf die besondere Rolle der Goldproduzenten hinausläuft. Alle diese Lösungen scheint er skeptisch zu betrachten. Nur die Zuflucht zum Kredit scheint zumindest technisch einige Möglichkeiten zu bieten: »Soweit also die mit dem Kreditwesen sich entwickelnden Aushilfsmittel diese Wirkung haben [d.h. das Problem lösen, wo das zusätzliche Geld herkommen soll], vermehren sie direkt den kapitalistischen Reichtum … Es erledigt sich damit auch die abgeschmackte Frage, ob die kapitalistische Produktion in ihrem jetzigen Umfang ohne das Kreditwesen … möglich wäre, d.h. mit bloß metallischer Zirkulation. Es ist dies offenbar nicht der Fall. Sie hätte vielmehr Schranken gefunden an dem Umfang der Edelmetallproduktion. Andrerseits muß man sich keine mystischen Vorstellungen machen über die produktive Kraft des Kreditwesens, soweit es Geldkapital zur Verfügung stellt oder flüssig macht.« Leider fügt er dann zu unserer Enttäuschung hinzu: »Die weitre Entwicklung hierüber gehört nicht hierher.« (347)

Ich denke, daraus lässt sich erschließen, dass die Akkumulation von Reichtum mit einer Akkumulation von Schulden im Kreditsystem einhergeht. Aber damit ist nicht gesagt, dass die Akkumulation dieser

Schulden zur Akkumulation von Reichtum führt. Letzere hängt immer von den Produktivkräften der Arbeit ab.

Der letzte Abschnitt des Kapitels erörtert, wie das Geld für neue Investitionen zunächst als latentes Kapital aufgeschatzt werden muss, bevor sein Umfang groß genug ist, um eine neue Fabrik oder was auch immer zu bauen – wobei das Kreditwesen »als nicht existierend vorausgesetzt« wird. Der Kapitalist, »der dies Geld aufgehäuft«, hat unter diesen Bedingungen »verkauft, ohne zu kaufen« (348). Für viele einzelne Kapitalisten stellt das kein besonderes Problem dar. »Aber die Schwierigkeit kommt dann, wenn wir nicht partielle, sondern allgemeine Akkumulation von Geldkapital in der Kapitalistenklasse voraussetzen. Außer dieser Klasse gibt es nach unsrer Unterstellung – allgemeine und ausschließliche Herrschaft der kapitalistischen Produktion – überhaupt keine andre Klasse als die Arbeiterklasse. Alles was die Arbeiterklasse kauft, ist gleich der Summe ihres Arbeitslohns, gleich der Summe des von der gesamten Kapitalistenklasse vorgeschoßnen variablen Kapitals. Dies Geld strömt der letztren zurück durch den Verkauf ihres Produkts an die Arbeiterklasse.« Aber die Arbeiterklasse ist nie in der Lage, »den Teil des Produkts zu kaufen, worin sich das konstante Kapital, geschweige den Teil, worin sich der Mehrwert der Kapitalistenklasse darstellt«. Wie bereits gezeigt muss es einen »Geldfonds« geben, der als »Zirkulationsfonds« dient, getrennt von dem für die erweiterte Reproduktion erforderlichen »latenten Geldkapital« (348f.). Als mögliche Quellen für das latente Geldkapital nennt Marx Depositen in Banken, Staatspapiere und Aktien. Aber wo ist der Zirkulationsfonds, aus dem der Mehrwert zu realisieren ist? Und was geschieht, wenn Geld dafür gebraucht und sogar aufgeschatzt werden muss? Leider gibt Marx auf diese Fragen keine Antwort.

Kapitel Zehn
Die Reproduktion des Kapitals (Kapitel 18-20 des 2. Bandes)

Im 3. Abschnitt des 2. Bandes geht Marx von einer Ökonomie aus, die aus zwei großen Abteilungen besteht. Abteilung I produziert Produktionsmittel für andere Kapitalisten (alles von Rohstoffen und Vorprodukten bis zu Maschinerie und anderen Bestandteilen des fixen Kapitals einschließlich der für die Produktion benötigten Bauwerke). Abteilung II produziert die Güter für den individuellen Konsum der Arbeiter und der Kapitalisten (wozu auch die für den Konsum bestimmte gebaute Umwelt gehört). Die Abteilung, die Konsumgüter produziert, muss ihre Produktionsmittel von Abteilung I kaufen. Die Arbeiterinnen und Kapitalisten, die in Abteilung I tätig sind, müssen ihre Konsumgüter von Abteilung II kaufen. Damit eine derartige Ökonomie reibungslos funktionieren kann, müssen sich die Tauschvorgänge zwischen den beiden Abteilungen ausgleichen. Im Fall der einfachen Reproduktion, bei der keine Produktionserweiterung stattfindet, muss der Wert der Produktionsmittel, die zur Abteilung II fließen, dem Wert der Konsumgüter entsprechen, die zu den Arbeiterinnen und Kapitalisten der Abteilung I fließen.

Dies ist das Grundmodell der Wirtschaft, das in diesen Kapiteln untersucht wird. Es ist sinnvoll, zu Beginn den allgemeinen Charakter dieses Modells zu beschreiben. Wenn uns seine allgemeine Form völlig klar ist, fällt es sehr viel leichter, der detaillierten Analyse zu folgen, mit der Marx es einkreist.

Die »Reproduktionsschemata« werden auf den Seiten 394-397 beschrieben. Marx erläutert sie an einem arithmetischen Beispiel, aber es ist leicht, sie in eine algebraische From zu bringen. Das jährliche Gesamtprodukt jeder Abteilung lässt sich in Wertausdrücken als konstantes Kapital (c) + variables Kapital (v) + Mehrwert (m) darstellen. Marx lässt die Frage des fixen Kapitals und unterschiedlicher Umschlagszeiten beiseite und unterstellt, dass alles in einem Jahr produziert und konsumiert wird. Dann gibt er ein einfaches arithmetisches Beispiel, in dem mit Werteinheiten gerechnet wird und in dem die Mehrwertrate (m/v) und die Wertzusammensetzung (das Verhältnis c/v) in beiden Abteilungen gleich sind. Auf Jahresbasis soll dann gelten:

Abteilung I: $4000_c + 1000_v + 1000_m = 6000$ Produktionsmittel
Abteilung II: $2000_c + 500_v + 500_m = 3000$ Konsumgüter

Algebraisch geschrieben lautet die Formel dafür:
Abteilung I: $c_1 + v_1 + m_1 = w_1$ (Gesamtwertprodukt an Produktionsmitteln)
Abteilung II: $c_2 + v_2 + m_2 = w_2$ (Gesamtwertprodukt an Konsumgütern)

Die Gesamtnachfrage nach Produktionsmitteln ist $c_1 + c_2$.
Die Gesamtnachfrage nach Konsumgütern ist $v_1 + v_2 + m_1 + m_2$.

Wenn wir davon ausgehen, dass sich Angebot und Nachfrage im Gleichgewicht befinden (397), dann gilt:

$w_2 = c_2 + v_2 + m_2 = v_1 + v_2 + m_1 + m_2$

was sich nach Beseitigung gleicher Ausdrücke auf beiden Seiten verkürzt zu: $c_2 = v_1 + m_1$

Die Nachfrage nach Produktionsmitteln in Abteilung II muss genauso groß sein wie die Nachfrage nach Konsumgütern, die aus Abteilung I stammt, wenn die für die kontinuierliche und ausgeglichene Reproduktion erforderlichen Wertverhältnisse erreicht werden sollen. In dem arithmetischen Beispiel sind die 2000_c, die für die Produktion von Konsumgütern in Abteilung II gebraucht werden, gleich den $1000_v + 1000_m$, die den persönlichen Verbrauch der Arbeiter und Kapitalisten in Abteilung I darstellen. »Es ergibt sich, daß bei einfacher Reproduktion die Wertsumme v + m des Warenkapitals I (also auch ein entsprechender proportioneller Teil des Gesamtwarenprodukts I) gleich sein muß dem ebenfalls als proportioneller Teil des gesamten Warenprodukts der Klasse II ausgeschiednen konstanten Kapital ...« (401)

Hieraus ergeben sich alle möglichen Fragen: Wie lassen sich zum Beispiel die Prozesse der kapitalistischen Produktion und Realisierung so einrichten, dass die korrekten Proportionalitäten (zumindest grob) eingehalten werden? Was passsiert, wenn in den beiden Abteilungen nicht im gleichen Maße fixes Kapital eingesetzt wird und wenn es zu verschiedenen Umschlagszeiten kommt? Und im 21. Kapitel wird die allerwichtigste Frage aufgeworfen, nämlich wie die Akkumulation auf ständig größer werdender Stufenleiter unter Aufrechterhaltung der Proportionalitäten fortgeführt werden kann.

In der Art, wie Marx die Schemata entwickelt, sind alle möglichen Annahmen enthalten. Es gibt, wie schon im 17. Kapitel kurz eingeführt, nur zwei Klassen – die Arbeiterklasse und die Kapitalistenklasse. Die

Produktion zerfällt in nur zwei Sektoren – die von Produktionsmitteln und die von Konsumtionsmitteln (die allerdings an einer Stelle in Güter des notwendigen Konsums und des Luxuskonsums unterteilt werden). Angebot und Nachfrage befinden sich im Gleichgewicht. Der gesamte Umschlag erfolgt in einem Jahr. Es gibt keine technologischen Veränderungen und alles wird zu seinem Wert getauscht. Und damit sind nur die wichtigsten Annahmen genannt. Obwohl Marx zunächst festhält, dass er die Reproduktionsprozesse aus der Perspektive »sowohl des Wert- wie des Stoffersatzes« (also der Gebrauchswerte) untersuchen muss (392), entwickelt er dann die proportionalen Beziehungen zwischen den zwei Abteilungen als reine Wertbeziehungen. Damit unterstellt er, dass die stofflichen quantitativen Beziehungen der Reproduktion automatisch erfüllt werden. Eine Fülle von Problemen ergibt sich aus diesen Annahmen. Würden wir auf sie verzichten, wären wir mit schwindelerregenden Komplexitäten konfrontiert.

Der 3. Abschnitt des 2. Bandes präsentiert ein Funktionsmodell dafür, wie die kapitalistische Produktionsweise als Ganze durch die kontinuierliche Zirkulation des Kapitals reproduziert wird. Der gesamte Argumentationsgang im 2. Band soll darin seinen krönenden Abschluss finden. Dieser Abschnitt findet daher seine Parallele im 7. Abschnitt des 1. Bandes, der viele zuvor in diesem Band entwickelte Erkenntnisse zusammenführt. Beide Bände enthalten vorbereitende Kapitel zur einfachen und erweiterten Reproduktion. Aber es bestehen einige wichtige Unterschiede. Im 1. Band werden viele der zuvor entwickelten Erkenntnisse in einem »allgemeinen Gesetz« zusammengefasst, auf das sich ein Funktionsmodell stützt, das die Produktion einer anschwellenden industriellen Reservearmee aus arbeitslosen und zunehmend verelendeten Arbeitern erklären soll. Im 2. Band werden zwar die in den ersten vier Kapiteln gemachten Unterscheidungen zwischen den verschiedenen Kreisläufen des Kapitals dafür herangezogen, ein vorläufiges Schema der erweiterten Reproduktion des Kapitals zu entwickeln. Aber von vielen anderen wichtigen Erkenntnissen, insbesondere denen zur Zirkulation des fixen Kapitals und den unterschiedlichen Umschlagszeiten, wird dabei abstrahiert.

Zu beachten ist, dass der Konsum der Arbeiterinnen in diesen Schemata »einen proportionell entscheidenden Anteil an der Gesamtzirkulation« bildet (413). Wenn die Schemata überhaupt eine politische Bedeutung haben, dann besteht sie darin, dass die Arbeitereinkommen stabilisiert werden müssen, um das Verhältnis zwischen der Gesamtproduktion an Produktionsmitteln und der Gesamtnachfrage nach Konsumgütern auszugleichen. Das widerspricht dem Befund von Marx aus dem 1. Band, der die zunehmende Verelendung der Arbeiterklasse als unvermeidliches Ergebnis eines Kapitalismus der freien Märkte voraussagt.

Diesen Widerspruch deutet Marx jedoch nur an, weil ein dem Kapitel zum »allgemeinen Gesetz« entsprechendes Kapitel im 2. Band fehlt. Es ist interessant sich vorzustellen, wie wir den 1. Band lesen würden, wenn er das Kapitel zum »allgemeinen Gesetz« nicht enthalten würde – und wir nur die Kapitel zur einfachen und erweiterten Reproduktion vor uns hätten.

Umgekehrt müssen wir uns ausmalen, wie das entsprechende Kapitel zum »allgemeinen Gesetz« im 2. Band hätte aussehen können. Wäre in ihm zum Beispiel beschrieben worden, wie eine beträchtliche Anzahl der Arbeiter an vielen Orten zunehmend einem endlosen und immer sinnloser werdenden Konsum verfallen, damit die Bedingungen für die Realisierung von Wert am Markt gesichert sind? Hätte es außerdem gezeigt, wie desinteressiert diese Arbeiterinnen an einer sozialistischen Revolution geworden sind, weil die verführerische kapitalistische Konsumgesellschaft sie völlig in ihren Bann gezogen hat? Welche Rolle würde in revolutionären Bewegungen die Konsumkritik spielen (in der Art, wie sie in den 1960er Jahren in einigen Teilen der Welt verbreitet war und heute ein zentrales Anliegen in großen Teilen der Umweltbewegung ist)? Es lässt sich natürlich nur schwer vorstellen, dass Marx solch ein Kapitel jemals geschrieben hätte, und viele passionierte Marxisten würden höchstwahrscheinlich schon den bloßen Gedanken daran als skandalös empfinden.

Aber das Interessante an den Reproduktionsschemata von Marx ist, dass sie solche Möglichkeiten in keiner Weise ausschließen (weshalb insbesondere Rosa Luxemburg so verärgert über ihren Inhalt war). In den USA und anderen entwickelten kapitalistischen Ländern beruhen 70 Prozent der Wirtschaftstätigkeit auf dem Konsum (im Gegensatz dazu beträgt dieser Anteil im heutigen China nur die Hälfte davon, was eher den zur Zeit von Marx vorherrschenden Bedingungen entsprechen dürfte) und viele der sogenannten »wohlhabenden« Arbeiter sind von den Konsumangeboten ihrer kapitalistischen Welt (mit all ihren offensichtlichen Mängeln) höchst fasziniert. Die Reproduktionsschemata geben uns Werkzeuge an die Hand, um eine derartige politische und ökonomische Situation zu analysieren. Der Widerspruch zur These der zunehmenden Verelendung aus dem 23. Kapitel des 1. Bandes stellt uns natürlich vor ernsthafte Probleme. Gute Marxisten sollten sich jedoch von solch einem Widerspruch nicht in die Flucht schlagen lassen, nur weil er problematisch und unangenehm ist.

Es gibt jedoch Möglichkeiten, diesen zentralen Widerspruch zu umgehen. An einigen Stellen bezieht sich Marx auf eine soziale Schicht, die wir heute als »Mittelklasse« bezeichnen (333). Die Hauptrolle dieser Klasse besteht unter den gegenwärtigen Bedingungen darin, das Rückgrat der Konsumtion zu bilden und einer funktionierenden kapitalistischen Demokratie ihren allgemeinen politischen Rückhalt zu verschaffen. Diese Bevölkerungsschicht fand sogar schon im 1. Band Erwähnung, als Marx beschrieb, wie die Regulierung des Arbeitstags durchgesetzt werden konnte, weil »die Widerstandskraft des Kapitals graduell abschwächte, während zugleich die Angriffskraft der Arbeiterklasse wuchs mit der Zahl ihrer Verbündeten in den nicht unmittelbar interessierten Gesellschaftsschichten« (K1, 313). Etwas Ähnliches wird in einem der verschiedenen Planentwürfe angedeutet, die Marx in den Grundrissen formuliert hatte: »Die Steuer oder die Existenz der unproduktiven Klassen« (*Grundrisse*, 188). Und in seiner wichtigen Schrift zu den politischen Kräften, die die Pariser Kommune von 1871 schufen, misst Marx der Rolle der verschuldeten »aufkommenden Mittelklassen« in den damaligen politischen Auseinandersetzungen eine erhebliche Bedeutung bei (dieses »Kleinbürgertum« wird auch in *Der achtzehnte Brumaire des Louis Bonaparte* im Zusammenhang mit der konterrevolutionären Bewegung nach 1848 beschrieben).[1]

Die Bedeutung solcher Gesellschaftsschichten für die Schaffung der notwendigen effektiven Nachfrage war zuerst von Malthus herausgestellt worden (auch wenn ihm eine Klasse von Konsumenten vorschwebte, die derart aristokratisch und parasitär war, dass sie heute politisch nicht mehr tragbar wäre – außer vielleicht unter besonderen Bedingungen wie etwa in den Golfstaaten). Da schon seit langem davon ausgegangen wird, dass eine anwachsende Mittelklasse, die zum größten Teil in Bereichen des Managements, der Verwaltung und der Dienstleistungen zu stabilen und angemessenen Gehältern beschäftigt ist, entscheidend zur ökonomischen, sozialen und politischen Stabilisierung des Kapitalismus beiträgt, könnte gesagt werden, dass sich der hier aufgetauchte Widerspruch lediglich aus der von Marx getroffenen Annahme eines Zwei-Klassen-Modells und nicht aus den wirklichen Verhältnissen ergibt. In einer Drei-Klassen-Gesellschaft würde sich der

---

[1] Karl Marx: »Der Bürgerkrieg in Frankreich« (1871), *Marx-Engels-Werke*, Bd. 17, S. 313-365.

Widerspruch ganz anders darstellen. Den unteren Schichten der Arbeiterklasse mit Niedriglöhnen, wie sie im 1. Band prognostiziert werden und zum Beispiel in China existieren, stände eine Mittelklasse (zu der auch eine Schicht wohlhabender Arbeiter mit eigenem Hausbesitz und suburbanem Lebensstil wie z.B. in den USA und die unproduktiven Klassen gehören) gegenüber, deren Konsum für die notwendige effektive Nachfrage sorgen würde, die im 2. Band postuliert wird. Im Rahmen der Analyse von Marx könnten die Einkommen der Mittelklasse natürlich letzten Endes nur aus der Produktion von Wert und Mehrwert stammen – auch wenn sie unter den gegenwärtigen Verhältnissen zweifellos ergänzt würden durch schuldenfinanzierte Staatsausgaben für den Konsumtionsfonds und leichteren Zugang zu Krediten für den Mittelschichtskonsum (inbesondere in Bezug auf den Hauskauf). Interessanterweise wird heute überall davon gesprochen, dass der Lebensstandard dieser Mittelklasse in den USA und in großen Teilen Europas – teilweise aufgrund ihrer übermäßigen Verschuldung – gefährdet sei. Und damit wird sofort die lautstarke Klage verbunden, die dadurch fehlende gesamtwirtschaftliche Nachfrage bedrohe die wirtschaftliche Stabilität. Eine hoffnungsvolle Kompensation wird dann darin erblickt, dass die Entstehung einer Mittelklasse in China und anderen Entwicklungsländern die Verbrauchernachfrage auf diesen Binnenmärkten steigern könne. Die politischen Entscheidungsträger in China stehen zurzeit im eigenen Land wie vom Ausland stark unter Druck, durch aktive Maßnahmen die Binnennachfrage zu fördern. Ebenso wird von einflussreichen Politikern gefordert, Länder mit Handelsüberschüssen wie Deutschland sollten ihre Politik der Lohnzurückhaltung (1. Band) aufgeben und den Konsum (2. Band) fördern – was Deutschland bislang abgelehnt hat. Ich finde es sehr hilfreich, die gegenwärtigen Verhältnisse im Licht des allgemeinen Rahmens der Reproduktionsschemata zu betrachten, sofern wir diese Schemata flexibel und umfassend anwenden.

Die andere Weise, das Problem zu umgehen, ergibt sich unmittelbar aus der Tatsache, dass die produktive Konsumtion auf der Reinvestition in Produktionserweiterungen beruht. Es gibt keine goldene Regel, nach der sich das Verhältnis zwischen der persönlichen Konsumtion der Kapitalistenklasse und ihrer Motivation oder ihrem Bedürfnis, in Erweiterung zu reinvestieren, bestimmen ließe. Im 1. Band wurde diese Entscheidung als faustischer Konflikt in der Brust jedes Kapitalisten beschrieben: Soll er seinem Wunsch nach Vergnügen nachgeben oder der Notwendigkeit zu reinvestieren gehorchen? Aber die Reinvestition hängt nicht nur von der Macht und Intensität der Zwangsgesetze der

Konkurrenz ab, sondern auch von der Hoffnung und den Aussichten auf hohe Profite – die wiederum davon abhängen, wie sich der Kapitalist den Risiken und Ungewissheiten der Zukunft stellt. Wie dem auch sei, die Zunahme der gesellschaftlichen Gesamtnachfrage kann sowohl von Wellen der Erweiterung und Reinvestition angetrieben werden, wie von der Entwicklung des persönlichen Konsums von Arbeitern, Kapitalisten und einigen anderen Bevölkerungsschichten.

Es bestehen noch andere auffällige Unterschiede zum 1. Band. Marx scheint im 1. Band sehr viel weniger an den technischen Details interessiert zu sein, als an der Reproduktion des Klassenverhältnisses zwischen Kapital und Arbeit und an der »historischen Mission« einer Bourgeoisie, die sich der endlosen Akkumulation (»Akkumulation um der Akkumulation willen«) verschrieben hat. Er ist mehr an dem *Warum* interessiert als an dem *Wie*. Im 2. Band ist die Frage nach dem Warum größtenteils verschwunden. Stattdessen entwickelt er an einem technischen Modell, *wie* das Kapital in alle Ewigkeit akkumulieren kann. Bei der Lektüre dieser Kapitel ist es wichtig, sich daran zu erinnern, dass die Reproduktion des Klassenverhältnisses, auch wenn sie selten angesprochen wird, nichts von ihrer zentralen Bedeutung verloren hat.

Angesichts der mathematischen Form der Reproduktionsschemata überrascht es nicht, dass sie hin und wieder mit den mächtigen mathematischen Werkzeugen behandelt werden, die den heutigen Ökonomen zur Verfügung stehen. Während daher ein großer Teil des 2. Bandes von der marxistischen Theorie kaum beachtet wird, sind die Reproduktionsschemata bekannter und wurden sowohl von marxistischen wie nichtmarxistischen Ökonomen genauer untersucht und weiterentwickelt. Aus dem gleichen Grund scheinen die Schemata eine versteckte Rolle bei der Entwicklung moderner bürgerlicher Wachstumstheorien gespielt zu haben. Von den Literaturwissenschaftlern, Historikerinnen, Theologen, Philosophinnen und dergleichen, die sich für die Schriften von Marx interessieren, wird selten auf die Schemata und ihre Interpretation eingegangen – aber die Ökonomen ergötzen sich an ihnen. Einige von ihnen haben daraus sogar den Schluss gezogen, Marx sei endlich zur Besinnung gekommen und habe seine alberne dialektische und relationale Untersuchungsweise zugunsten der in der herkömmlichen Wirtschaftswissenschaft angewandten Methoden aufgegeben.

Dieser Auffassung muss ich widersprechen. Es stimmt, dass im 3. Abschnitt die dialektische und relationale Vorgehensweise kaum zu erkennen ist oder fehlt (der Geist von Hegel ist verschwunden). Aber wir haben immer wieder feststellen können, dass Marx keineswegs abgeneigt ist, das allgemeine (und nicht-dialektische) Gerüst der bürgerlichen politischen Ökonomie zu akzeptieren. Häufig bedient er sich im Rahmen einer umfassenderen dialektisch-relationalen und historischen Kritik auch technischer »Modellierungen«, wie sie der bürgerlichen Ökonomie vertraut sind (wie zum Beispiel das »allgemeine Gesetz der kapitalistischen Akkumulation« im 1. Band). Dass seine umfassendere Kritik im 2. Band kaum auftaucht, sagt nichts über eine Veränderung seiner Methode aus. Indem wir die weitaus relationalere und historischere Analyse des Kaufmannskapitals und des zinstragenden Kapitals aus dem 3. Band mit den technischen Ausführungen im 2. Band in Zusammenhang gebracht haben, ist deutlich geworden, dass der Gesamtcharakter des Marxschen Projekts im *Kapital* in der eindringlichen dialektischen, sozialen und relationalen Kritik besteht, die sich aus den Widersprüchen der bürgerlichen politischen Ökonomie ergibt. Daher würde ich sagen, dass es an uns liegt, diese Kritik entweder im unvollendeten 3. Abschnitt des 2. Bandes freizulegen oder sie in unserer Interpretation dieses Abschnitts zu berücksichtigen.

Dazu müssen wir nur die Frage stellen: Wo finden sich in den Schemata, die den reibungslosen und kontinuierlichen Ablauf der Kapitalakkumulation zu beschreiben scheinen, versteckte Widersprüche und Antinomien? Ein offensichtlicher Widerspruch, auf den wir bereits gestoßen sind, ist die Kollision zwischen den beiden gegensätzlichen Tendenzen, die im 1. und 2. Band des Kapital ausgemacht werden: auf der einen Seite die zunehmende Herabdrückung der Löhne und Verelendung der Massen, auf der anderen die »entscheidende« Rolle der Konsumtion der Arbeiterklasse für die Realisierung der Werte. Ein anderer Widerspruch ergibt sich aus dem Ersatz und der Reparatur und Wartung des fixen Kapitals. Marx kann zeigen, dass sich diese nur durch Krisen mit den in den Schemata formulierten Gleichgewichtsbedingungen in Einklang bringen lassen. Wie wir sehen werden, bestehen noch weitere Widersprüche.

Es mag an dieser Stelle sinnvoll sein, ein Beispiel dafür anzuführen, wie grundlegende Ideen in den Schemata von Marx in der bürgerlichen Ökonomie weiterentwickelt wurden. Ich will damit nicht nur auf ihre spätere Bedeutung hinweisen, sondern auch eine bessere Vorstellung von dem eigentlichen Gehalt der Schemata vermitteln und auf ihre mögliche praktische Anwendbarkeit hinweisen. Gegen Ende der 1930er Jahre benutzte Wassily Leontief, ein aus Russland stammender Ökonom, der zuerst nach Deutschland und in den 1930er Jahren in die USA ausgewandert war, die Modelle von Marx, um das zu entwickeln,

Abbildung 6

Input ↓ / Output →	Landwirtschaft	Bergbau	Energie	Industrie	Bauwirtschaft	Dienstleist.	Regierung	Gesamter Output
Landwirtschaft	300	10	100	20	40	10	200	680
Bergbau	30							
Energie	50							
Industrie	150							
Bauwirtschaft	40							
Dienstleistungen	70							
Regierung	40							
Gesamter Input	680							

Leontief-Matrix der Inputs und Outputs

In den Spalten wird ausgewiesen, woher sämtliche Inputs für einen Sektor stammen (zu beachten ist, dass ein Teil der Inputs für einen Sektor aus ihm selbst stammt; die Landwirtschaft liefert z.B. Saatgut oder Viehfutter an die Landwirtschaft). In den Zeilen steht, zu welchen Sektoren der Gesamt-Output eines Sektors, hier der Landwirtschaft, geht. In dieser Tabelle sind Inputs und Outputs gleich groß, d.h. die Wirtschaft befindet sich in einfacher Reproduktion.

was wir heute als »Input-Output-Analyse« kennen. Abbildung 6 zeigt eine typische Leontief-Matrix. Die Daten der Inputs (der Verwendung) für die verschiedenen Industrien werden in den Spalten dargestellt, die Daten für die Outputs (das Aufkommen, die Produktion) dieser Industrien in den Zeilen. Mit einer solchen Input-Output-Matrix lässt sich abschätzen, wie viel zusätzliche Inputs (z.B. Kohle, Energie und Eisenerz) erforderlich wären, um den Output eines bestimmten Industriezweigs (z.B. Stahl) zu steigern. In einem iterativen Verfahren lässt sich dann zurückverfolgen, welche zusätzlichen Inputs für die Steigerung der Kohleproduktion gebraucht werden (z.B. zusätzliche Maschinen und zusätzlicher Stahl für diese Maschinen), die für die Steigerung der Stahlproduktion notwendig ist, usw. In den glücklichen Tagen des Nachkriegsbooms wurde diese Input-Output-Analyse, für die Leontief 1974 den Wirtschaftsnobelpreis erhielt, von vielen entwickelten kapitalistischen Industrieländern für die Wirtschaftsplanung benutzt und bis heute spielt sie eine wichtige Rolle in der Volkswirtschaftlichen Gesamtrechnung. Diese Methode fand auch Eingang in die Fünf- und Zehnjahrespläne, die kommunistische Regime üblicherweise aufstellten, und wurde auch von vielen demokratischen und halbkapitalistischen Ländern wie Indien nach Erreichung ihrer Unabhängigkeit benutzt. Kurz gesagt wurde sie zu einem Schlüsselinstrument zentralisierter Planung.

Leontief konstruierte vor allem Modelle der stofflichen Ströme, also von Gebrauchswerten (während Marx zum größten Teil Wertströme behandelte). Wenn genügend Daten zu den Inputs und Outputs der verschiedenen Wirtschaftsbereiche zur Verfügung stehen, können Investitionen und Arbeitskräfte im Rahmen der gesellschaftlichen Arbeitsteilung so verteilt werden, dass ein ausgeglichenes Wachstum zustande kommt. Andernfalls besteht ständig die Gefahr, dass Engpässe, z.B. in der Stahl- oder Energieproduktion, das Wachstum in anderen Bereichen blockieren. In vielen Teilen der Welt und unter ganz verschiedenen politischen Verhältnissen ist die rationelle gesellschaftliche Allokation von Investitionen und Arbeitskräften zu einem wichtigen Aspekt der öffentlichen Politik geworden. Zentralisierte Planung, die sich solcher Methoden bedient, ist zwar in Verruf geraten, aber ausgeklügeltere Versionen werden heute von Konzernen benutzt, um die Effizienz komplexer Produktionssysteme zu optimieren.

Das Hauptproblem kreist jedoch um die Frage, was Marx selbst mit den Schemata bezweckte. Er unterstellt, dass sich die Outputs und Inputs der beiden Abteilungen, die Konsumgüter und Produktionsmittel herstellen, wertmäßig im Gleichgewicht befinden (Marx benutzt nicht das Wort »Gleichgewicht«, sondern spricht von den »notwendigen Proportionalitäten«).

Soll uns das zu der Annahme verleiten, dass in der kapitalistischen Produktionsweise tatsächlich eine harmonisch verlaufende und nie endende Kapitalakkumulation möglich ist? Engels hatte sich in seinem Vorwort gesorgt, der 2. Band werde wenig für die politische Agitation bringen, und Rosa Luxemburg meinte, der politische Kampf werde sinnlos, wenn diese Schemata richtig wären. Oder wollte Marx zeigen, dass eine harmonische Akkumulation im Kapitalismus unmöglich sei, weil die Allokation durch den Markt unmöglich die richtigen Proportionalitäten herbeiführen könne? Ließe sich daraus schließen, dass eine rationelle proportionale Allokation der Arbeitskräfte im Rahmen der Arbeitsteilung im Kommunismus möglich ist? Hoffnungsvoll kündigt Marx seine Antwort auf diese Frage an: »Es ist nachher zu untersuchen, wie sich das anders darstellen würde, vorausgesetzt, die Produktion sei gemeinsam und besitze nicht die Form der Warenproduktion.« (448) Leider hat er dieses Versprechen nicht gehalten.

Selbst wenn, wie Marx zweifellos behauptet, die ihre eigenen Interessen verfolgenden und auf Marktsignale reagierenden Einzelkapitalisten höchstens »zufällig« die richtigen Proportionalitäten herstellen würden, könnten Minikrisen der »Disproportionalität« dazu beitragen, dass das System als Ganzes um einen stabilen gleichgewichtigen Wachstumspfad herum pendelt. Diese Möglichkeit hatte er schließlich im 1. Band angedeutet: »Aber diese beständige Tendenz der verschiednen Produktionssphären, sich ins Gleichgewicht zu setzen, betätigt sich nur als Reaktion gegen die beständige Aufhebung dieses Gleichgewichts.« (K1, 377) Die Zusammenbruchstendenz des im 1. Band entworfenen Akkumulationsmodells hatte nichts mit irgendwelchen funktionellen Problemen zu tun. Sie ergab sich aus der zunehmenden Verelendung der anschwellenden Massen, die sich schließlich erheben und die immer kleiner werdende Gruppe von zunehmend reicheren Ausbeutern enteignen würden. Am Ende des 2. Bandes findet sich kein vergleichbarer revolutionärer Imperativ. Insofern der 2. Band zeigt, wie die Arbeiterklasse durch ihren Konsum aktiv zur Realisierung beiträgt, wird durch ihn die Politik des 1. Bandes relativiert oder ihr sogar widersprochen.

Zu den im 3. Abschnitt des 2. Bandes dargestellten Überlegungen gelangte Marx zunächst Anfang der 1860er Jahre. Er kam aber erst in den 1870er Jahren zu ihrer Ausarbeitung, die 1878 ihren Abschluss fand, als er seine letzten theoretischen Arbeiten diesen Fragen widmete. Diese Kapitel sind daher erst geschrieben worden, nachdem er den größten Teil der Manuskripte zum 3. Band verfasst hatte und der 1. Band bereits veröffentlicht war. Außerdem fällt ihre Niederschrift in eine Zeit, in der die Löhne in England seit fast einem Vierteljahrhundert ständig gestiegen waren und die Arbeiterinnen damit einen gewissen Anteil an den Früchten der steigenden Produktivität erhalten hatten (sozusagen ein Übergang von der absoluten zur relativen Mehrwertproduktion). Die Ideen im 2. Band werden auf technische und größtenteils undialektische Weise entwickelt. Allgemeinere historische und soziale Fragen und auch das Problem der Enstehung von Krisen bleiben weitgehend unberührt (auch wenn auf viele Punkte hingewiesen wird, die zu Krisen führen können).

Spätere Untersuchungen haben die technischen Dimensionen der Schemata in vielerlei Hinsicht ausgearbeitet und die mathematische Raffinesse ihrer Darstellung enorm verfeinert. Diese Ausarbeitungen konnten jedoch nicht das von Marx hinterlassene Rätsel lösen, sondern haben es höchstens noch geheimnisvoller gemacht. So stellte zum Beispiel Andrew Trigg in einer 2006 erschienen Studie fest, dass »angesichts des Fehlens einer klaren Aussage zum Zweck der Reproduktionstabellen keine Einigkeit darüber herrscht, wozu sie dienen sollen und wie sie sich auf die übrigen Teile des 2. Bandes und das *Kapital* als Ganzes beziehen«.[2] Marx auf der Basis seiner eigenen Worte zu interpretieren, ist also in diesem Fall nahezu unmöglich.

Diese Kapitel einem Publikum vorzustellen, das größtenteils weder mit der marxistischen noch mit der heutigen ökonomischen Theorie vertraut ist, bereitet in vielerlei Hinsicht Schwierigkeiten. Diese beziehen sich keineswegs nur auf die üblichen Probleme mit diesen Texten von Marx, die unabgeschlossen und oft abschweifend sind und sich in einer schwierigen Sprache durch Kritik und Gegenkritik winden – ganz zu schweigen von Marx' Hang zu endlosen dilettantischen und nebensächlichen Rechnereien und umständlichen arithmetischen Beispielen. Die später durchgeführten mathematischen Untersuchungen der Schemata führen uns in Gefilde, die von Normalsterblichen selten betreten werden. Im Vergleich dazu wirkt die Darstellung bei Marx erbärmlich dünn. Das ist ein ernstes Problem, weil sich die Interpretation der Schemata auf grundlegende Begriffe wie Wert und Preis auswirkt. Und wenn wir ihnen die gleiche Bedeutung wie dem 1. Band geben, entsteht ein völlig anderes Bild von der Dynamik der Kapitalreproduktion. Ich halte es unter diesen Umständen für das Beste, möglichst dicht am Text und dem eigentlichen Gegenstand zu bleiben und solche Passagen, die mir ziemlich trivial und redundant erscheinen, nur zu überfliegen. Für diejenigen, die sich ausführlicher mit diesen Fragen beschäftigen wollen, habe ich eine kurze Literaturliste zusammengestellt.[3] Aber irgend-

[2] Andrew B. Trigg: *Marxian Reproduction Schema: Money and Aggregate Demand in a Capitalist Economy*, New York 2006, S. 2.

[3] Zu den Reproduktionsschemata existiert eine umfangreiche Literatur. Für einige Texte sind Kenntnisse in höherer Mathematik erforderlich und der Schwerpunkt liegt insgesamt auf der Untersuchung der technischen Aspekte des Reproduktionsprozesses und den Komplikationen, die auftreten, wenn einige der vereinfachenden Annahmen von Marx fallengelassen werden. Zu den klassischen Büchern gehören Henryk Grossmann: *Das Akkumulations- und Zusammenbruchsgesetz des kapitalistischen Systems. (Zugleich eine Krisentheorie)*, Leipzig 1929, und Paul M. Sweezy: *The Theory of Capitalist Development: Principles of Marxian Political Economy*, New York 1942 (dtsch. *Theorie der kapitalistischen Entwicklung. Eine analytische Studie über die Prinzipien der Marxschen Sozialökonomie*. Aus dem Amerikanischen von Gertrud Rittig-Baumhaus,

wann muss ich und müsst ihr eine Lösung für das vertrackte Problem finden, worum es bei den Schemata eigentlich gehen könnte.

Zum 18. Kapitel des 2. Bandes: Einleitung

Das von Marx genannte hauptsächliche Ziel dieses einleitenden Kapitels (von dem er sehr schnell abschweift) ist die Klärung der Frage, wie die Ökonomie als gesellschaftliche Totalität aus unzähligen individuellen Aktivitäten hervorgebracht wird und wie diese Totalität strukturiert ist. Einleitend erinnert er uns daran, wie wichtig die Kontinuität in der fließenden Bewegung des Kapitals ist – wie in einem Prozess der »beständigen Erneuerung« der Kreislauf des Geldkapitals den Kreislauf des produktiven Kapitals zu vermitteln scheint (und umgekehrt). Das Ergebnis ist die »beständige Wiederdarstellung des Kapitals als produktives Kapital«, die »durch seine Verwandlungen im Zirkulationsprozeß« bedingt ist (351). Es ist äußerst wichtig, diese Idee der ständigen Formwechsel – vom Geld über die Produktion und die Ware wieder zurück zum Geld – im Kopf zu behalten. Denn dieser Begriff des Kapitals als einem Prozess und einer fließenden Bewegung verleiht der Marxschen Auffassung von Ökonomie und Kapital ihren ganz besonderen Charakter.

»Jedes einzelne Kapital«, schreibt Marx, »bildet jedoch nur ein verselbständigtes, sozusagen mit individuellem Leben begabtes Bruchstück des gesellschaftlichen Gesamtkapitals, wie jeder einzelne Kapitalist nur ein individuelles Element der Kapitalistenklasse. Die Bewegung des gesellschaftlichen Kapitals besteht aus der Totalität der Bewegungen seiner verselbständigten Bruchstücke, der Umschläge der individuellen Kapitale.« (351f.)

Köln-Deutz 1959). Die Einwände von Luxemburg finden sich in Rosa Luxemburg: »Die Akkumulation des Kapitals« (1913), in: Rosa Luxemburg, *Gesammelte Werke, Bd. 5, Ökonomische Schriften*, Berlin (DDR) 1975, S. 5-411. Genauer untersucht werden die Schemata u.a. in Meghnad Desai: *Marxian Economics*, Oxford 1979; Michael C. Howard/John E. King: *The Political Economy of Marx*, London 1975; und Shinzaburo Koshimura: *Theory of Capital Reproduction and Accumulation*, Kitchener (Ontario) 1975. Wer an einer präzisen mathematischen Herleitung aus keynesianischer Perspektive interessiert ist, siehe Andrew B. Trigg, a.a.O. Eine auf hohem Niveau durchgerechnete neoklassische Untersuchung der Schemata bietet Michio Morishima: *Marx's Economics. A Dual Theory of Value and Growth*, London 1973.

Die Selbstständigkeit und Unabhängigkeit der Einzelkapitale müssen wir als grundlegendes Merkmal der kapitalistischen Produktionsweise im Auge behalten. Wir müssen uns immer wieder klarmachen, dass Individualität und Unabhängigkeit nicht auf von Natur gegebenen Rechten beruhen, sondern das historische Produkt der Entwicklung einer Marktgesellschaft, des bürgerlichen Rechts, der Monetisierung und Kommodifizierung sind. All dies waren Voraussetzungen für die Durchsetzung der kapitalistischen Produktionsweise. Ich finde es merkwürdig, dass so oft behauptet wird, Marx würde die Individualität und die Möglichkeit der Selbstständigkeit ablehnen. Denn in Wirklichkeit bezieht er sich ständig auf ihre Bedeutung und beschreibt, wie es dazu gekommen ist.

Die produktive Konsumtion »umschließt ... den Umsatz von variablem Kapital in Arbeitskraft«. Die Arbeiterin betritt die Bühne als Trägerin der Ware Arbeitskraft (noch eine weitere Voraussetzung für die Herausbildung der kapitalistischen Produktionsweise). Aber die Arbeiter kaufen auch Waren für ihre individuelle Konsumtion. »Hier tritt der Arbeiter als Verkäufer seiner Ware, der Arbeitskraft, auf und der Kapitalist als Käufer derselben.« (352) Die Individuen der beiden großen Klassen beziehen sich als Käufer und Verkäufer aufeinander, was eine völlig andere Beziehung als die zwischen Produzenten und Ausbeutern von Mehrwert ist. Die Konsumtion der Arbeiterklasse (ihr Konsumverhalten) wird zu einem wichtigen Moment der Realisierung des Werts am Markt. Und die Arbeiterin kann sich als Käuferin so wie alle anderen selbstständig entscheiden, was sie kauft.

> »Der Kreislauf der individuellen Kapitale in ihrer Zusammenfassung zum gesellschaftlichen Kapital, also in seiner Totalität betrachtet, umfaßt also nicht nur die Zirkulation des Kapitals, sondern auch die allgemeine Warenzirkulation. Die letztre kann primitiv nur aus zwei Bestandteilen bestehn: 1. dem eignen Kreislauf des Kapitals und 2. dem Kreislauf der Waren, die in die individuelle Konsumtion eingehn, also der Waren, worin der Arbeiter seinen Lohn und der Kapitalist seinen Mehrwert (oder Teil seines Mehrwerts) verausgabt.« (352)

Dann kommt Marx explizit darauf zu sprechen, wie sich die Darstellungen im 1. und im 2. Band zueinander verhalten. Im 1. Band konnte er Fragen der Zirkulation, abgesehen vom Kauf und Verkauf der Arbeitskraft, ausklammern, weil er unterstellt hatte, dass alle Waren zu ihrem Wert getauscht werden. Der 1. und 2. Abschnitt des 2. Bandes behandelten die Zirkulation statt der Produktion und machten uns mit der

Komplexität der Zirkulationszeit vertraut. Aber in dieser Analyse handelte es sich »immer nur um ein individuelles Kapital, um die Bewegung eines verselbständigten Teils des gesellschaftlichen Kapitals« (353). »Es ist nun der Zirkulationsprozeß (*der in seiner Gesamtheit Form des Reproduktionsprozesses*) der individuellen Kapitale als Bestandteile des gesellschaftlichen Gesamtkapitals, also der Zirkulationsprozeß dieses gesellschaftlichen Gesamtkapitals zu betrachten.« (354; Hervorh. D.H.) Es sollte immer daran erinnert werden, dass es sich dabei in gleicher Weise um die Reproduktion der Klassenverhältnisse wie um die Reproduktion von Waren und Kapital durch die Zirkulation handelt.

Wir müssen also jetzt untersuchen, wie sich das gesellschaftliche Gesamtkapital reproduziert. Aber zunächst folgt eine Abschweifung (oder vielleicht sollten wir es besser als einen »Einschub« bezeichnen) zur Rolle des Geldkapitals in dem ganzen Vorgang. Obwohl Marx sagt, dies gehöre in den späteren Teil des Abschnitts, will er es schon hier untersuchen. Dieser Vorgriff hat eine gewisse Bedeutung. Wenn wir Warenströme betrachten, steht der Gebrauch der Waren im Vordergrund. Bei den Geldströmen können wir vom Gebrauch abstrahieren und uns auf die quantitativen Verhältnisse konzentrieren. Ich werde später noch auf diese Differenz eingehen. Ernsthafte Probleme bei der erweiterten Reproduktion scheinen immer irgendwie mit dem Hereinkommen des Geldkapitals verbunden zu sein. Schließlich erwähnt Marx mehr als einmal, dass ein gesellschaftlicher und rationeller Gebrauch der Schemata für die Planung der Produktion zunächst die Abschaffung der Macht des Geldkapitals erfordern würde.

Vom Standpunkt des individuellen Kapitals »erscheint« das Geldkapital »als primus motor [erste Triebkraft], anstoßgebend dem ganzen Prozeß« (354). Beachten wir auch hier die Bedeutung des Worts »erscheint«. Die kapitalistische Warenproduktion, »gesellschaftlich sowohl wie individuell betrachtet«, unterstellt »das Kapital in Geldform oder das Geldkapital als primus motor für jedes neu beginnende Geschäft und als kontinuierlichen Motor. Das zirkulierende Kapital speziell unterstellt das in kürzern Zeiträumen beständig wiederholte Auftreten des Geldkapitals als Motor.« (355)

Oberflächlich betrachtet ist dies eine ganz andere Auffassung des Geldes als zu Beginn des 2. Bandes. Dort war Geld nicht als Kapital bestimmt worden, weil Geld nur die Geldfunktionen des Kaufens und Verkaufens erfüllen kann. Dass es hier nun als Kapital auftaucht, dürfte auf seinem fetischhaften Charakter beruhen (der bei der Untersuchung des Geldkapitals im 3. Band von zentraler Bedeutung ist). Außerdem kennt dieses Geldkapital, wie schon im 1. Band gezeigt wurde, keine absoluten oder immanenten Grenzen.

Das hat weitreichende Folgen. Geld ist eine Form von gesellschaftlicher Macht, die sich Privatpersonen aneignen können. Vom individuellen Standpunkt aus ist die Größe dieser Geldmacht, die ein Kapitalist akkumulieren kann, prinzipiell unbegrenzt. Aber gesamtgesellschaftlich scheint es eine Grenze zu geben, insbesondere wenn wir in einer Welt leben, in der Gold der »Angelpunkt« des ganzen Geldsystems ist. Auf verschiedene Weise kann diese vom Gold gesetzte Schranke umgangen werden – Beschleunigung des Geldumlaufs, Ausgabe von Papiergeld, Gebrauch des Geldes als Zahlungsmittel und Schaffung eines Kreditsystems. Wir sollten bei Betrachtung der Gesamtwirtschaft nie davon ausgehen, dass die Menge des verfügbaren Geldes irgendwie begrenzt ist. Da Geld heute keine metallische Basis mehr hat, kann es von den Zentralbanken in unbegrenzter Menge erzeugt werden. Es ist schon erstaunlich, dass die Federal Reserve ganz nach Gutdünken ankündigen kann, eine weitere Billion US-Dollar in die Wirtschaft zu pumpen. In der Praxis mögen politische Widerstände auftauchen (und zu finanzieller Repression führen), aber sie lassen sich immer irgendwie umgehen.

Marx verfolgt aber zunächst einen anderen Gedanken: »Dem Kapital sind Produktionselemente einverleibt, deren Dehnung, innerhalb gewisser Grenzen, von der Größe des vorgeschoßnen Geldkapitals unabhängig ist.« (355) Er bezieht sich hier auf den 4. Abschnitt des 22. Kapitels aus dem 1. Band: »Umstände, welche unabhängig von der proportionellen Teilung des Mehrwerts in Kapital und Revenue den Umfang der Akkumulation bestimmen«. Zu diesen Methoden gehören: die Intensivierung der Arbeit; die Steigerung der Produktivität mit allen möglichen Mitteln, darunter auch die Anwendung der wissenschaftlichen Fortschritte, die das Kapital »nichts kosten«; die Nutzung von Ressourcen, die »von der Natur gratis geschenkt« sind oder ebenso »gratis« aus früheren Investitionen in die bebaute Umwelt stammen und sich schon längst amortisiert haben – »Berechnet man alle unbezahlte, aber durch Grundeigentümer und Kapitalisten versilberte Arbeit, die im Boden steckt, so ist das sämtliche in den Boden gesteckte Kapital aber und abermals mit Wucherzinsen zurückgezahlt, also das Grundeigentum längst von der Gesellschaft aber und abermals zurückgekauft worden.« (356); Wissenschaft und Technologie; die Reorganisation der Kooperation; die Verringerung der Umschlagszeiten.

Es handelt sich bei alldem faktisch um freie Güter, die dem Kapitalisten einen zusätzlichen Wert verschaffen, ohne dass er dafür irgendetwas bezahlen oder zusätzliches Geldkapital vorschießen muss. »Dies alles hat offenbar jedoch mit der eigentlichen Frage des Geldkapitals nichts zu tun. Es zeigt nur, daß das vorgeschoßne Kapital ... nach seiner Verwandlung in produktives Kapital produktive Potenzen einschließt, deren Schranken nicht durch seine Wertschranken gegeben sind, sondern die innerhalb eines gewissen Spielraums extensiv oder intensiv verschieden wirken können.« Warum Marx meint, uns hier an all dies erinnern zu müssen, ist keineswegs klar. Dass das Geldkapital als erster und sich selbst am Laufen haltender Motor der Produktion von Wert und Mehrwert (und damit der Reproduktion des Kapitals) erscheint, ist offensichtlich nicht das Einzige, worauf es ankommt. So will er also auf der einen Seite anscheinend die Bedeutung des Geldkapitals relativieren, aber auf der anderen Seite muss er eingestehen, dass »ausgedehntere Operationen von längrer Dauer größre Vorschüsse von Geldkapital für längre Zeit« erfordern. »Die Produktion in solchen Sphären ist also abhängig von den Grenzen, innerhalb deren der einzelne Kapitalist über Geldkapital verfügt. Diese Schranke wird« – welch eine Überraschung! – »durchbrochen durch Kreditwesen und damit zusammenhängende Assoziation, z.B. Aktiengesellschaften. Störungen im Geldmarkt setzen daher solche Geschäfte still, während diese selben Geschäfte ihrerseits Störungen im Geldmarkt hervorrufen.« (357f.)

Die Frage von langfristigen Investitionen taucht im 2. Band immer wieder als ein ernsthaftes Problem auf. Wenn Marx hier auf einen völligen Zusammenbruch in der Dynamik der Kapitalakkumulation hinauswollte, dann hätte er sich auf das Problem der langfristigen Investitionen in fixes Kapital stützen müssen. Dummerweise bleiben solche Investitionen in den Reproduktionsschemata durch die gemachten Annahmen weitgehend unberücksichtigt. Allerdings werden wir zuvor daran erinnert, welche Störungen sie sowohl für das Kapital wie für eine alternative Organisationsform verursachen können. »Auf Basis gesellschaftlicher Produktion« – ich vermute, er meint eine sozialistische oder kommunistische Form der Produktion, obwohl es sich auch auf das assoziierte Kapital beziehen könnte –

> »ist zu bestimmen der Maßstab, worin diese Operationen, die während längrer Zeit Arbeitskraft und Produktionsmittel entziehn, ohne während dieser Zeit ein Produkt als Nutzeffekt zu liefern, ausgeführt werden können, ohne die Produktionszweige zu schädigen, die kontinuierlich oder mehrmals während des Jahrs nicht nur Arbeitskraft und Produktionsmittel entziehn, sondern auch Lebensmit-

> tel und Produktionsmittel liefern. Bei gesellschaftlicher ebenso wie bei kapitalistischer Produktion werden nach wie vor die Arbeiter in Geschäftszweigen von kürzern Arbeitsperioden nur für kürzre Zeit Produkte entziehn, ohne Produkt wieder zu geben; während die Geschäftszweige mit langen Arbeitsperioden für längre Zeit fortwährend entziehn, bevor sie zurückgeben. Dieser Umstand entspringt also aus den sachlichen Bedingungen des betreffenden Arbeitsprozesses, nicht aus seiner gesellschaftlichen Form. Das Geldkapital fällt bei gesellschaftlicher Produktion fort. Die Gesellschaft verteilt Arbeitskraft und Produktionsmittel in die verschiednen Geschäftszweige. Die Produzenten mögen meinetwegen papierne Anweisungen erhalten, wofür sie den gesellschaftlichen Konsumtionsvorräten ein ihrer Arbeitszeit entsprechendes Quantum entziehn. Diese Anweisungen sind kein Geld. Sie zirkulieren nicht.« (358)

Derartige Passagen weisen uns auf eine Idee hin, die in diesen Kapiteln immer wieder auftaucht: die mögliche Rolle dieser Schemata für den Aufbau einer alternativen sozialistischen oder kommunistischen Wirtschaftsordnung. Ich will hier nicht näher darauf eingehen und nur anmerken, dass die Frage, wie langfristige Großprojekte angegangen werden können, für jede wirklich antikapitalistische alternative Produktionsweise genauso wichtig ist, wie sie im Rahmen der Bewegungsgesetze des Kapitals Probleme verursacht. Der Text enthält auch einen wichtigen Hinweis auf den möglichen Widerspruch zwischen stofflichen und wertmäßigen Gleichgewichten – worauf ich noch eingehen werde. Eine offene Frage bleibt zudem, wie auf die Macht des Geldkapitals verzichtet werden kann. Aber an mehreren Stellen in diesen Kapiteln stellt Marx fest, dass die Warenzirkulation auch »auf Grundlage nichtkapitalistischer Produktion vorgehn kann« (354). Sie existierte schon vor der Herausbildung der kapitalistischen Produktionsweise und könnte wahrscheinlich auch noch nach ihr existieren.

Zum 19. Kapitel des 2. Bandes: Frühere Darstellungen des Gegenstandes

Es ist allgemein bekannt, dass Marx bei seinen Schemata von dem Tableau économique ausging, das der französische Chirurg und Ökonom François Quesnay entwickelt hatte (und erstmals 1757-1759 veröffentlichte). Wer war also Quesnay und warum war sein Ansatz so einmalig und wichtig? Quesnay (1694-1774) war ein Chirurg am Hofe von Ludwig XV. Als privilegierter Mediziner und Vertrauter des Königs verfolgte er nicht nur die Fortschritte des medizinischen Wissens, sondern dachte auch viel über die Natur des Staatskörpers nach. Er war stark beeindruckt von der Entdeckung des Blutkreislaufs durch William Harvey (1578-1657), die das medizinische Wissen revolutioniert hatte, und sah Parallelen zur Zirkulation des Kapitals im politischen Körper.

Die Analogie zwischen der Zirkulation des Kapitals und der Blutzirkulation hat mir immer gut gefallen (vielleicht weil ich zufälligerweise nur etwa vierzig Meilen von William Harveys Geburtsort entfernt geboren wurde!). In meinem Buch *Das Rätsel des Kapitals entschlüsseln* habe ich mich auf die grundlegende Bedeutung dieser Idee bezogen, aber ich hatte vergessen, dass diese Analogie zum ersten Mal bereits von Quesnay bemüht worden war. Erst die erneute Lektüre des 2. Bandes bei den Vorbereitungen zu diesem Buch hat mich unsanft daran erinnert.

William Harveys Theorie des Blutkreislaufs löste die Auffassung von Galen ab, die über mehrere Jahrhunderte vorherrschend gewesen war. In der Theorie von Galen bildet das Herz das Zentrum der Produktion von Blut, das von dort zu den verschiedenen Organen fließt, von denen es verbraucht wird. Dies ist das Modell einer Einbahnstraße, die von der Produktion zur Konsumtion führt. William Harvey betrachtete dagegen das Herz als eine Pumpe, die das Blut in einem ständigen Kreislauf durch den Körper bewegt, während es durch Stoffwechselprozesse mit Materie von außen aufgefrischt und gereinigt wird. Quesnay wandte die Auffassung von Harvey auf die politische Ökonomie an, und da für Marx die Flüssigkeit, die Kontinuität und das Strömen des Werts wesentlich waren, stieß die Herangehensweise von Quesnay natürlich auf sein Interesse. Aber Quesnay behauptete, nur in der Landwirtschaft werde Wert produziert und die industrielle Produktion stehe in einem parasitären Verhältnis zur Landwirtschaft. Er wagte es jedoch nicht, den Prestigekonsum in Versailles oder das Konsumverhalten der Aristokratie zu kritisieren, und stellte es daher so dar, als ob sowohl die Bauernschaft wie der Landadel an der Wertproduktion beteiligt seien, wodurch die Ausbeutung der Bauern und Bäuerinnen verschleiert wurde. Diese (überwiegend französische) »physiokratische« Vorstellung stand im Gegensatz zu dem (damals überwiegend britischen) »Merkantilismus«, der die durch Handel betriebene Anhäufung von Goldreserven als den Heiligen Gral der Wirtschaftspolitik betrachtete.

Marx widersprach beiden Theorieschulen. Aber angesichts der damaligen industriellen Strukturen in Frankreich hatten die physiokratischen

Vorstellungen von Quesnay eine gewisse Plausibilität. Denn mit den aus der Landwirtschaft gewonnenen Überschüssen wurde eine kunsthandwerkliche Gewerbestruktur finanziert, die sich deutlich von den Fabriken unterschied, die Marx vor Augen hatte. Dieses Handwerk diente größtenteils der Produktion von Luxusgütern wie Schmuck, edlen Gewändern, Töpferwaren, Teppichen usw. für die aristokratische Konsumtion (wer einmal Versailles besucht, wo Quesnay lebte, kann bestaunen, was von der damaligen sogenannten Industrie üblicherweise produziert wurde).

Während Marx aus verständlichen Gründen die physiokratische Theorie von Quesnay ablehnte, stieß das Strömungsmodell der Ökonomie auf sein Interesse. Es schien einen wissenschaftlichen Ausweg aus dem »schwachen Syllogismus« des Modells der klassischen politischen Ökonomie zu bieten, in dem wie bei Galen die Zentralität der Produktion die Besonderheiten der Distribution beherrschte, bis schließlich alles durch die einzelnen Konsumakte verzehrt war. Piero Sraffa, ein enger Mitarbeiter von Keynes und Herausgeber sämtlicher Schriften von Ricardo, hat es in einem Text, der für die hier behandelten Fragen von großer Bedeutung ist, so formuliert: »Selbstverständlich wurde in Quesnays Tableau Économique das ursprüngliche Bild eines Systems von Produktion und Konsumtion als Kreislaufprozeß gefunden; es steht in krassem Gegensatz zu dem von der modernen Theorie gezeichneten Bild einer Einbahnstraße, die von den ›Produktionsfaktoren‹ zu den ›Konsumgütern‹ führt.«[4] Ich denke, es ist erwähnenswert, dass diese Einbahnstraße purer Galen ist und bis heute das herkömmliche ökonomische Denken beherrscht.

[4] Piero Sraffa: *The Production of Commodities by Means of Commodities. Prelude to a Critique of Economic Theory*, Cambridge 1960, S. 93 (dtsch. *Warenproduktion mittels Waren. Einleitung zu einer Kritik der ökonomischen Theorie*, Frankfurt a.M. 1976, S. 125). Sraffa hatte gezeigt, dass der gesamte theoretische Rahmen der neoklassischen Ökonomie auf einer Tautologie beruhte. Aber seine Techniken wurden von einigen marxistischen Ökonomen – insbesondere von Ian Steedman: *Marx after Sraffa*, London 1977 – dazu benutzt, die vorherrschende (undialektische) Auffassung der Werttheorie von Marx zu zerstören. Die neoklassischen Theoretiker entschieden sich dagegen nach einigen Geplänkeln einfach dafür, seine mathematischen Beweise und Befunde komplett zu ignorieren! Die einzige Möglichkeit für die Neoklassiker, aus dieser Tautologie herauszukommen, bestände darin, ihre Argumentation auf dialektische Weise zu entwickeln – aber sie dürften nicht die leiseste Idee haben, wie das gehen sollte.

Mir ist klar, dass ich mich jetzt vom Marxschen Text entfernt habe. Aber ich denke, dass diese Diskussion wirklich sehr wichtig ist. Wenn die heutige ökonomische Theorie, wie Sraffa behauptet, immer noch an dem Galen-Modell festhält, Marx aber das Modell von Quesnay und William Harvey übernommen hat, dann besteht auf dem Gebiet der politischen Ökonomie eine radikale Differenz zwischen bürgerlicher Wirtschaftstheorie und Marx. In *Das Rätsel des Kapitals entschlüsseln* habe ich mit dieser radikalen Differenz nicht nur erklärt, warum die bürgerliche politische Ökonomie nicht in der Lage war, die Gefahr systemischer Risiken und möglicher Zusammenbrüche zu erkennen. Ich betrachte sie auch als entscheidend dafür, wie Marx mit seiner Theorie der Unterbrechungen in der Kontinuität der Kapitalbewegung und möglicher Blockierungen (durch alles Mögliche, von Engpässen am Arbeitsmarkt oder bei natürlichen Ressourcen bis hin zu fehlender effektiver Nachfrage) zeigen kann, an welchen Punkten Krisen entstehen können. Wenn Schranken nicht umgangen oder aufgehoben oder Blockaden nicht beseitigt werden können, führt das genauso unvermeidlich zum Zusammenbruch der Kapitalbewegung und dem Tod des kapitalistischen Staatskörpers, wie arterielle Verstopfungen das Leben einer Person beenden. Diese Metapher ist zweifellos etwas übertrieben, aber sie bietet Anlass zu einigen interessanten Vergleichen. Nach der Theorie von Galen bestand die bevorzugte Therapie im Aderlass (lies: Austerität) und wurde später durch Transfusionen ergänzt (lies: quantitative Lockerung und Bereitstellung von Liquidität durch die Zentralbanken der Welt). Nichts davon ergibt vom Standpunkt der Marxschen Theorie aus irgendeinen Sinn. Eine Stabilisierungspolitik in Krisensituationen würde ausgehend von Marx' Theorie darin bestehen, zunächst die wichtigsten Schranken und Blockaden aufzufinden, die den kontinuierlichen Fluss des Kapitals behindern, um sie dann alle gleichzeitig zu bekämpfen und damit das System wieder näher an das Gleichgewicht heranzuführen, das den Reproduktionsschemata zufolge möglich sein könnte – und ich betone »sein könnte«, denn ob es tatsächlich erreichbar ist, steht keinesfalls fest.

Aber es bleibt bei der grundlegenden These von Marx: Wenn der Fluss des Kapitals für sehr lange Zeit unterbrochen wird, dann stirbt das Kapital. Wir benötigen ein Strömungsmodell, um diese Dynamik zu verstehen, und Marx hat ausgehend von Quesnay als erster gezeigt, wie es konstruiert werden könnte. Daher überrascht es nicht, dass sich bürgerliche Theoretiker, die Versuche in diese Richtung unternommen haben (wie zum Beispiel auf dem Gebiet der Makroökonomie), in einem gewissen Maße von Marx' Schlüsselinnovationen haben inspirieren lassen – sofern sie es wagten, das einzugestehen. Im Gegenzug haben sie schwierige Fragen aufgeworfen, die den Status dieser Reproduktionsschemata in Marx' allgemeiner Theorie der Bewegungsgesetze des Kapitals betreffen.

In dem Ansatz von Quesnay ist noch ein anderer Punkt von Bedeutung. Eben weil er an der Kontinuität der Ströme interessiert war, wurde Quesnay zu einem vehementen Verfechter der Zirkulations- und Bewegungsfreiheit. Im Frankreich der damaligen Zeit waren diese Freiheiten stark eingeschränkt – nicht nur durch die physikalischen Grenzen des Transports, sondern auch durch unzählige Wegerechte und Zollschranken, mit denen örtliche Machthaber die freie Nutzung von Straßen und Brücken behinderten. Quesnay sprach sich dafür aus, alle diese sozialen und politischen Barrieren abzubauen. Als Erster benutzte er den Ausdruck »laisser-faire« – ein Schlagwort, das durch Adam Smith und daraufhin von der gesamten ricardianischen Schule der Freihändler in Umlauf gebracht wurde.

Marx selbst hält sich im 19. Kapitel nicht lange mit Quesnay auf. Im Zentrum steht hier seine Kritik an dem, was er an anderer Stelle als den »närrischen Schnitzer« von Adam Smith in seiner Interpretation von Quesnay bezeichnet hat. Smith hatte völlig richtig die irrige Auffassung von Quesnay korrigiert, dass nur in der Landwirtschaft Wert produziert werden könne. Aber dabei entwickelte er selbst die falsche Auffassung, aller Wert setze sich aus den Einkommensformen zusammen, die mit den drei von Quesnay ausgemachten Produktionsfaktoren – Boden, Arbeit und Kapital – verbunden sind. Das ist natürlich eine völlig andere Theorie des Werts als die Arbeitswerttheorie in ihren traditionellen und marxistischen Varianten. »Die abgeschmackte Formel, daß die drei Revenuen, Arbeitslohn, Profit, Rente, drei ›Bestandteile‹ des Warenwerts bilden«, beherrschte, so Marx, die ganze politische Ökonomie bis hin zu Ricardo (384-390). Smiths additive Werttheorie wurde später durch die Wende zur Neoklassik modifiziert, von der die Preise als Kombination der Grenzkosten (statt absoluter Werte) dieser grundlegenden Produktionsfaktoren Boden, Arbeit und Kapital bestimmt wurden (was ganz dem Modell von Galen entspricht). Damit geriet die relative Knappheit der verschiedenen Produktionsfaktoren ins Zentrum der bürgerlichen Ökonomie. Auf diese Weise haben wir es noch heute mit der »abgeschmackten Formel« von Smith zu tun.

Mit all dem wollte Marx nichts zu tun haben. Er zeigt sich in seinen ganzen Schriften geradezu besessen davon, Adam Smith vorzuhalten, dass ihm hier »ein unglaublicher Verstoß in der Analyse« unterlaufen sei (K3, 844). Und eines der Ziele bei der Entwicklung der Reproduktionsschemata bestand sicherlich darin, die Auffassung von Adam Smith und die von ihr beeinflussten Theorien in Misskredit zu bringen.[5] Wenn sich der Wert aus den Einkommen aus Boden, Arbeit und Kapital zusammensetzt, dann kommt das aufgebrauchte konstante Kapital in der Theorie nicht mehr vor. Die Reproduktion des Kapitals wäre damit unmöglich geworden:

> »Die Borniertheit liegt hier darin, daß Smith nicht, wie schon Quesnay, Wiedererscheinung des Werts von konstantem Kapital in erneuter Form, also wichtiges Moment des Reproduktionsprozesses sieht, sondern nur eine Illustration mehr, und noch dazu eine falsche, für seine Differenz von zirkulierendem und fixem Kapital.« (362)

Es besteht also hier ein Zusammenhang zur Kritik von Marx an der Art, wie Smith die Kategorien des fixen und zirkulierenden Kapitals bestimmt, worauf wir bereits oben im 4. Kapitel dieses Buchs eingegangen sind. Zum Abschluss stellt Marx fest: »Die Smithsche Gedankenwirre existiert fort bis zur Stunde, und sein Dogma bildet orthodoxen Glaubensartikel der politischen Ökonomie.« (390)

Zum 20. Kapitel des 2. Bandes: Einfache Reproduktion

Das 20. Kapitel entspricht dem 21. Kapitel des 1. Bandes mit der gleichen Überschrift. Erinnern wir uns daran, dass Marx im 1. Band die technischen Fragen der Reproduktion des Kapitals nur auf die Reproduktion des Klassenverhältnisses zwischen Kapital und Arbeit bezogen hatte. Wir sollten daher bei der Lektüre des 2. Bandes, in dem die technischen Aspekte der Reproduktion des Kapitals im Vordergrund stehen, immer berücksichtigen, dass auch das Klassenverhältnis als solches reproduziert werden muss.

Marx' Ziel ist es, die Zirkulation des gesellschaftlichen Gesamtkapitals zu betrachten. Er will wissen, »welche Charaktere diesen Repro-

[5] Dies ist das Hauptargument von Fred Mosley: »Marx's Reproduction Schemes and Smith's Dogma«, in: Christopher John Arthur/Geert A. Reuten (Hrsg.): *The Circulation of Capital: Essays on Volume Two of Marx's Capital*, New York 1998, S. 159-185.

duktionsprozeß [des Gesamtkapitals] vom Reproduktionsprozeß eines individuellen Kapitals unterscheiden und welche Charaktere beiden gemeinsam sind« (391). Einleitend referiert er die Position des 1. Bandes:

> »Das Jahresprodukt umschließt sowohl die Teile des gesellschaftlichen Produkts, welche Kapital ersetzen, die gesellschaftliche Reproduktion, wie die Teile, welche dem Konsumtionsfonds anheimfallen, durch Arbeiter und Kapitalisten verzehrt werden, also sowohl die produktive wie die individuelle Konsumtion. Sie umschließt ebensowohl die Reproduktion (d.h. Erhaltung) der Kapitalistenklasse und der Arbeiterklasse, daher auch die Reproduktion des kapitalistischen Charakters des gesamten Produktionsprozesses.« (391)

Wie bereits erwähnt geht Marx vom Kapital in seiner Warenform aus: »Und zwar ist der Reproduktionsprozeß für unsern vorliegenden Zweck zu betrachten vom Standpunkt sowohl des Wert- wie des Stoffersatzes der einzelnen Bestandteile von W'.« (392) Denn wir müssen nun betrachten, welche Waren wofür gebraucht werden (für die individuelle Konsumtion der Arbeiter und Kapitalisten oder für die produktive Konsumtion). Und wir können nicht mehr wie bei der Zirkulation der Einzelkapitale davon ausgehen, dass sich W' problemlos in die Geldform verwandeln lässt, um dann wieder dem Kauf von Produktionsmitteln und Arbeitskraft zu dienen. Wir müssen wissen, wie es dazu kommt, dass Produktionsmittel und Arbeitskräfte in der richtigen Menge und zur richtigen Zeit am Markt verfügbar sind. Außerdem

> »bildet die Bewegung des Teils des gesellschaftlichen Warenprodukts, das vom Arbeiter in Verausgabung seines Arbeitslohns und vom Kapitalisten in Verausgabung des Mehrwerts verzehrt wird, nicht nur ein integrierendes Glied der Bewegung des Gesamtprodukts, sondern sie verschlingt sich mit der Bewegung der individuellen Kapitale, und ihr Vorgang kann daher nicht dadurch erklärt werden, daß man ihn einfach voraussetzt« (392).

Die allgemeinen Annahmen, von denen bei der Untersuchung im 1. Band ausgegangen wurde, müssen nun aufgegeben werden. Insbesondere gerät jetzt die Konsumtion der Arbeiterklasse und der Kapitalisten auf eine Art ins Blickfeld, wie sie im 1. Band ausgeschlossen war. Ihre Bedeutung war schon zuvor an einigen Stellen im 2. Band erwähnt worden. »Die Frage, wie sie unmittelbar vorliegt, ist die: Wie wird das in der Produktion verzehrte *Kapital* seinem Wert nach aus dem jährlichen Produkt ersetzt, und wie verschlingt sich die Bewegung dieses Ersatzes mit der Konsumtion des Mehrwerts durch die Kapitalisten, und des Arbeitslohns durch die Arbeiter?« (392)

Aber bevor wir dieser Frage nachgehen können, müssen einige Annahmen getroffen werden. Da wären zunächst die allgemeinen Annahmen, von denen die Analyse im 2. Band fast immer ausgeht: »Ferner wird unterstellt nicht nur, daß die Produkte ihrem Wert nach sich austauschen, sondern auch, daß keine Wertrevolution in den Bestandteilen des produktiven Kapitals vorgehe.« (392; das heißt, es gibt keine technologischen Veränderungen.) Die Tatsache, dass Preise in systematischer Weise von den Werten abweichen können (was sich aus der Untersuchung im 3. Band ergeben wird) und dass es durch technologische und organisatorische Veränderungen ständig zu Wertrevolutionen kommt (was eine Kernthese des 1. Bandes ist), würde an seiner allgemeinen Argumentation »nichts ändern«, behauptet Marx (393). Einige stillschweigend getroffene Annahmen, die sich durch den ganzen 2. Band hindurchziehen, spielen bei den Reproduktionsschemata eine besonders wichtige Rolle. Zum Beispiel haben wir es ausschließlich mit einem Zwei-Klassen-Modell des Kapitalismus zu tun, in dem die Gesamtnachfrage und das Gesamtangebot nur von Kapitalisten und Arbeitern kommt, die sich in einem geschlossenen System befinden (nur gelegentlich werden andere Klassen oder der globale Handel mit nichtkapitalistischen Gesellschaftsformationen erwähnt). Im Folgenden gehen wir zudem insbesondere davon aus, dass sowohl die Kapitalisten wie die Arbeiterinnen ihr gesamtes verfügbares Einkommen für die Konsumtion ausgeben, dass alles auf einer jährlichen Basis umgeschlagen wird (das fixe Kapital kommt einmal kurz zur Sprache, ohne in der Argumentation wirklich berücksichtigt zu werden) und dass es keine unproduktiven Tätigkeiten gibt (wie jene, die Marx als die *faux frais* der kapitalistischen Zirkulation bezeichnet). Marx hoffte offensichtlich, dass sich mit diesem »abgespeckten« Modell der kapitalistischen Produktion und Zirkulation theoretisch untersuchen lässt, unter welchen Bedingungen ein gleichgewichtiges Wachstum möglich sein könnte.

> »Die Rückverwandlung eines Teils des Produktenwerts in Kapital, das Eingehn eines andern Teils in die individuelle Konsumtion der Kapitalisten- wie der Arbeiterklasse bildet eine Bewegung innerhalb des Produktenwerts selbst, worin das Gesamtkapital resultiert hat; und diese Bewegung ist nicht nur Wertersatz, sondern Stoffersatz,

> und ist daher ebensosehr bedingt durch das gegenseitige Verhältnis der Wertbestandteile des gesellschaftlichen Produkts wie durch ihren Gebrauchswert, ihre stoffliche Gestalt.« (393)

Hier stoßen wir auf eine Schwierigkeit. Nicht nur Werte, sondern auch Gebrauchswerte müssen in diesem Reproduktionsprozess ersetzt werden. Zum Beispiel müssen die spezifischen Gebrauchswerte, die den Wert der Arbeitskraft ausmachen, in der richtigen Menge produziert worden sein, damit sich die Arbeiterklasse reproduzieren kann. Ebenso müssen die spezifischen Gebrauchswerte, die für die produktive Konsumtion benötigt werden, reproduziert worden sein. Diese stofflichen Erfordernisse müssen der notwendigen Reproduktion der Wertverhältnisse entsprechen, was aber nicht automatisch der Fall ist. In einem typischen Leontief-Modell lassen sich die Mengen an Eisenerz und Kohle, die zur Produktion von Stahl gebraucht werden, der wiederum in die Produktion von Motoren fließt, die in Autos eingebaut werden, und alle anderen Mengenverhältnisse als eine Matrix von stofflichen Inputs und Outputs darstellen. Die finanziellen Ströme, die mit diesen Gebrauchswertverhältnissen einhergehen, sind etwas völlig anderes. Die einen können reibungslos funktionieren, während es die anderen nicht tun. Was legen wir also der Analyse zugrunde? Marx scheint beide berücksichtigen zu wollen. Im Folgenden geraten jedoch die Gebrauchswerte und die stoffliche Modellierung der gesellschaftlichen Reproduktion entweder allmählich aus dem Blick oder es wird unterstellt, dass ihr Einfluss auf die Preise und die Geld- und Wertströme unproblematisch ist. Nach einer anfänglichen groben Unterscheidung zwischen Abteilungen der Produktion, die auf ihren Gebrauchswerten beruht, gelangen wir zu einer rein wert- und geldmäßigen Analyse der Bewegung des gesellschaftlichen Gesamtkapitals, in der sich die Unterschiede und Erfordernisse von Gebrauchswerten widerspiegeln. Mögliche Widersprüche zwischen den so analysierten Wert- und Geldbewegungen und den stofflichen Gebrauchswertströmen werden nicht untersucht.

Da Marx schon ganz zu Anfang des *Kapital* den Widerspruch zwischen Gebrauchswert und Tauschwert hervorhebt und in allen drei Bänden immer wieder auf ihn zu sprechen kommt, könnte die Ausblendung dieser Spannung darauf hinweisen, dass hier ein Ausgangspunkt für die Entstehung von Krisen zu finden ist und die Reproduktionsschemata daraufhin nach möglichen Bruchpunkten zu untersuchen wären. Diese Trennung hat in der Tat zu einem Konflikt zwischen zwei verschiedenen Interpretationen der Schemata geführt. Während sie von den einen (die im Allgemeinen als Neoricardianer bezeichnet werden, zu denen auch Piero Sraffa gehört) als Darstellung stofflicher Gebrauchswerte betrachtet werden, sehen andere (die den Keynesianern näherstehen) in ihnen Geldbewegungen. Da Marx davon spricht, ein rationeller Gebrauch der Schemata für die gesellschaftliche Koordination würde zunächst die Abschaffung der Rolle des Geldkapitals erfordern, könnte vermutet werden, dass hierin der Hauptwiderspruch in den Schemata besteht. Aber die Tatsache, dass auch die stofflichen Erfordernisse für die Bildung von fixem Kapital Sand ins Getriebe der reibungslosen und kontinuierlichen monetären Reproduktion streuen können, weist darauf hin, dass ebenso Widersprüche aus dem Verhältnis zwischen den stofflichen und den monetären Bewegungen entstehen können. Ich denke, in einem gewissen Sinne hätte Marx die spätere Spaltung zwischen der neoricardianischen und der keynesianischen Lesart als ein typisches Beispiel dafür betrachtet, wie sich innere Widersprüche des Kapitals als äußerliche Gegensätze in der gedanklichen Welt darstellen. Zu all dem findet sich natürlich im Text keinerlei Hinweis.

Ich für meinen Teil würde jedoch darauf wetten, dass dort der grundlegende Widerspruch in den Schemata zu finden ist. Leider sind die Schemata vor allem von jenen untersucht worden, die in mathematischer Ökonomie geschult sind, und solche Experten können mit Dialektik und Widersprüchen wenig anfangen oder lehnen sie rundweg ab. Daher ist es kaum verwunderlich, dass dieser mögliche Ausgangspunkt für die Entstehung von Krisen kaum erforscht ist. Die Übrigen von uns haben es – zum Teil eingeschüchtert durch die mathematischen Fähigkeiten unserer Kollegen aus der Ökonomie – weitgehend versäumt, diese Frage mit Nachdruck anzugehen. Aber zurück zum Text …

Abschnitte 2 und 3: Austausch zwischen und in den Abteilungen

Auf den folgenden Seiten entwickelt Marx die notwendigen Proportionalitäten zwischen der Produktion von Produktionsmitteln und der Produktion von Konsumtionsmitteln, die oben skizziert wurden. Zunächst müssen jedoch noch ein paar Probleme ausgebügelt werden:

> »Dieser wechselseitige Umsatz [zwischen den Abteilungen] kommt aber zustande durch eine Geldzirkulation, die ihn ebensosehr vermittelt, wie sie sein Verständnis erschwert, die aber entscheidend wichtig ist, weil der variable Kapitalteil immer von neuem in Geldform auftreten muß, als Geldkapital, das sich aus Geldform in Arbeitskraft umsetzt. Das variable Kapital muß in allen auf der ganzen Pe-

> ripherie der Gesellschaft gleichzeitig nebeneinander betriebnen Geschäftszweigen, einerlei ob sie der Kategorie I oder II angehören, in Geldform vorgeschossen werden.« (397f.)

Die Arbeiterinnen in Abteilung I kaufen mit ihren Löhnen Konsumtionsmittel aus der Abteilung II und verwandeln damit die Hälfte des konstanten Kapitals von Abteilung II in die Geldform, das so zur Abteilung I zurückfließen kann, wo es erneut als Geldkapital dem Kauf von Arbeitskraft dient. Wenn die Kapitalisten die Bezahlung ihrer Arbeiter hinauszögern, dann unterbrechen sie die Geldströme, die das bereits produzierte und an Abteilung II verkaufte konstante Kapital in Geld verwandeln. Daher müssen »gewisse Geldvorräte – sei es für Kapitalvorschuß, sei es für Verausgabung von Revenue – ... unter allen Umständen neben dem produktiven Kapital in den Händen des Kapitalisten als vorhanden vorausgesetzt werden« (399). Wie im Fall der unterschiedlichen Umschlags- und Zirkulationszeiten besteht auch hier die Notwendigkeit, dass sich mehr Geld in der Zirkulation befindet, als für die eigentliche Produktion benötigt wird. Für den Austausch zwischen den beiden Abteilungen muss also von einigen Kapitalisten Kapital vorgeschossen werden, andere müssen Zahlungen vorwegnehmen. Im Endeffekt haben sie sich »wechselseitig vollständig bezahlt durch den Austausch ihrer resp. Warenäquivalente«, und das »Geld, das sie über die Wertbeträge ihrer Waren hinaus in Zirkulation geworfen, als Mittel dieses Warenumsatzes, kehrt jedem von ihnen aus der Zirkulation zurück, pro rata der Quote davon, die jedes von beiden in Zirkulation geworfen«. Aber: »Sie sind dadurch um keinen Deut reicher geworden.« (400) Außerdem ist es für diesen ganzen Austausch notwendig, dass die Arbeiter ihre Löhne so verwenden, dass ihre Ausgaben zur Produktion in Abteilung II passen, und die Bourgeoisie gleichermaßen die ihr vom Kapital auferlegte Pflicht erfüllt und ihre Einkünfte in entsprechender Weise vollständig verbraucht.

Abschnitt 4: Notwendige Lebensmittel und Luxusmittel

Dieser letzte Punkt veranlasst Marx, sich mit der Frage des Unterschieds zwischen der Konsumtion von notwendigen Lebensmitteln und von Luxusgütern zu beschäftigen. Die Arbeiterinnen in Abteilung II kaufen faktisch einen Teil der von ihnen selbst produzierten Waren zurück und verschaffen damit den Kapitalisten das Geld, das für die Fortführung der Produktion benötigt wird. Im *Kapital* kommt immer wieder das Trucksystem zur Sprache, bei dem die Arbeiter ihre Lebensmittel im Firmenladen einkaufen müssen. Wie im 1. Band beschrieben wird, werden die Arbeiterinnen dadurch nicht nur in der Produktion, sondern auch im Bereich der Konsumtion zu »Anhängseln« des Kapitals. Aber jetzt haben wir es mit einem Prozess zu tun, »worin die Arbeiterklasse als Käufer und die Kapitalistenklasse als Verkäufer erscheint« (402).

Die Abteilung II besteht faktisch aus zwei Unterabteilungen. Die eine (IIa) produziert »Konsumtionsmittel, die in den Konsum der Arbeiterklasse eingehn und, soweit sie notwendige Lebensmittel, ... auch einen Teil der Konsumtion der Kapitalistenklasse bilden«. Wobei es, wie Marx sofort hinzufügt und dabei wahrscheinlich seine eigenen Konsumgewohnheiten im Kopf hat, »ganz gleichgültig, ob ein solches Produkt, wie z.B. Tabak, vom physiologischen Standpunkt aus ein notwendiges Konsumtionsmittel ist oder nicht; genug, daß es gewohnheitsmäßig ein solches«. Luxus-Konsumtionsmittel (aus Unterabteilung IIb) gehen hingegen »nur in den Konsum der Kapitalistenklasse« ein (402). Obwohl sie von den Arbeitern produziert wurden, können sie von ihnen nicht konsumiert werden.

Die Luxusgüterproduktion weist einige Besonderheiten auf. Zum Beispiel hatte Marx im 1. Band darauf hingewiesen, dass sich Produktivitätsrevolutionen in solchen Industriezweigen nicht auf den Wert der Arbeitskraft auswirken und daher keine Quelle des relativen Mehrwerts sind. Hier im 2. Band hat Marx jedoch seinen Spaß daran, in allen vertrackten Einzelheiten und wie gewohnt mit unzähligen Rechenbeispielen zu untersuchen, durch welche Zirkulationsformen die Arbeiter und Kapitalisten in den Luxusgüterbranchen mit jenen verbunden sind, die notwendige Lebensmittel herstellen – ausgehend von der Tatsache, dass die Kapitalisten selbst ihre Einkünfte in bestimmten Proportionen zwischen Lebensmitteln und Luxusgütern aufteilen. Er entwickelt komplizierte Zirkulationsprozesse, in denen Kapitalisten für Luxusgüter bezahlen und damit deren Wert realisieren, sodass diejenigen Kapitalisten, die diese Güter produziert haben, mit einem Teil ihres Mehrwerts weitere Luxusgüter kaufen können. Währenddessen kaufen die Arbeiterinnen in der Luxusgüterproduktion von Unterabteilung IIb mit dem soeben versilberten variablen Kapital Lebensmittel, die in Unterabteilung IIa produziert worden sind. Vieles hängt natürlich davon ab, wie die Kapitalistenklasse ihre Einkünfte auf Lebensmittel und Luxusgüter verteilt.

Welches »Quotum der Arbeitskraft absorbiert wird in der Luxusproduktion«, hängt ab von der »Verschwendung der Kapitalistenklasse«, dem »Umsatz eines bedeutenden Teils ihres Mehrwerts in Luxusartikel«, was wiederum konjunkturbedingt ist. In Krisenzeiten sinkt der Luxuskonsum vorübergehend, was wiederum die Ausgaben für variables Kapital und damit die allgemeine Nachfrage nach nicht zum Luxuskonsum gehörenden Lohngütern verringert. »Umgekehrt in der Prosperitätsperiode, und namentlich während der Zeit ihrer Schwindelblüte«, in der eine vollbeschäftigte Arbeiterklasse sich mit ihren höheren Löhnen vielleicht sogar einige unbedeutendere Luxusgüter leisten kann (408f.).

Dies bringt Marx zu den folgenden äußerst wichtigen allgemeinen Beobachtungen (die ich in Kapitel Eins bereits zitiert hatte):

> »Es ist eine reine Tautologie zu sagen, daß die Krisen aus Mangel an zahlungsfähiger Konsumtion oder an zahlungsfähigen Konsumenten hervorgehn. Andre Konsumarten, als zahlende, kennt das kapitalistische System nicht, ausgenommen die sub forma pauperis [Konsumart der Armen] oder die des ›Spitzbuben‹. Daß Waren unverkäuflich sind, heißt nichts, als daß sich keine zahlungsfähigen Käufer für sie fanden, also Konsumenten (sei es nun, daß die Waren in letzter Instanz zum Behuf produktiver oder individueller Konsumtion gekauft werden). Will man aber dieser Tautologie einen Schein tiefrer Begründung dadurch geben, daß man sagt, die Arbeiterklasse erhalte einen zu geringen Teil ihres eignen Produkts, und dem Übelstand werde mithin abgeholfen, sobald sie größern Anteil davon empfängt, ihr Arbeitslohn folglich wächst, so ist nur zu bemerken, daß die Krisen jedesmal gerade vorbereitet werden durch eine Periode, worin der Arbeitslohn allgemein steigt und die Arbeiterklasse realiter größern Anteil an dem für Konsumtion bestimmten Teil des jährlichen Produkts erhält. Jene Periode müßte – von dem Gesichtspunkt dieser Ritter vom gesunden und ›einfachen‹ (!) Menschenverstand – umgekehrt die Krise entfernen. Es scheint also, daß die kapitalistische Produktion vom guten oder bösen Willen unabhängige Bedingungen einschließt, die jene relative Prosperität der Arbeiterklasse nur momentan zulassen, und zwar immer nur als Sturmvogel einer Krise.« (409f.)

Auf den ersten Blick scheint es schwierig, diese Feststellung mit der Fußnote auf Seite 318 in Einklang zu bringen. Dort hatte er geschrieben: »der Verkauf der Waren, die Realisation des Warenkapitals, also auch des Mehrwerts, ist aber begrenzt, nicht durch die konsumtiven Bedürfnisse der Gesellschaft überhaupt, sondern durch die konsumtiven Bedürfnisse einer Gesellschaft, wovon die große Mehrzahl stets arm ist und stets arm bleiben muß.« Aber wenn Marx von »Tautologie« spricht, bestreitet er damit nicht die Bedeutung der effektiven Nachfrage. Er betont lediglich, dass nur die Nachfrage zählt, die zahlungsfähig ist. Das lenkt unsere Aufmerksamkeit ein weiteres Mal darauf, wie Geld (Tauschwerte) ohne Bezug auf den wirklichen Bedarf an Gebrauchswerten zirkuliert.

Aus dem Kontext ergibt sich, dass die Kaufkraft der Arbeiterklassen von solchen Faktoren wie der Verschwendungssucht der Kapitalistenklasse und dem Auf und Ab der Beschäftigung im Konjunkturverlauf abhängt, der unter anderem von Schüben der Investition in fixes Kapital beherrscht wird. Ebenso werden systemweite Veränderungen der Arbeitsproduktivität die Zahl der an der Wert- und Mehrwertproduktion beteiligten Arbeiter verringern. Die »Unterkonsumtion«, die als unmittelbare Schranke für die Realisierung von Mehrwert erscheint, kann daher nicht als die einzige Krisenursache begriffen werden. Daher wird in diesem Kapitel der Mangel an effektiver Nachfrage als eine Tautologie bezeichnet. Aus diesem Grund sollten wir uns meiner Meinung nach von der Idee irgendeiner singulären Krisenursache verabschieden und stattdessen die ganze Vielfalt von möglichen Blockaden untersuchen, die alle in einer bestimmten historischen Situation als die unmittelbare Krisenursache erscheinen können. Wie ich in *Das Rätsel des Kapitals entschlüsseln* zu zeigen versucht habe, überwindet das Kapital seine Krisenanfälligkeit nicht, sondern verlagert sie nur immer wieder. Das Problem der effektiven Nachfrage, das Marx meiner Ansicht nach zu Recht als eine mögliche Schranke der weiteren Akkumulation beschreibt, lässt sich lösen, aber damit kann die Kapitalakkumulation nicht stabilisiert werden. Der Widerspruch wird dadurch lediglich auf eine andere Ebene verschoben.

Die These von Marx, dass Krisen durch steigende Einkommen der Arbeiterklasse vorbereitet werden, scheint mir jedoch empirisch nicht haltbar zu sein. Während dies zum Beispiel auf die Krisen der 1970er Jahre zutrifft, ließe sich das von der 2007-2008 ausgebrochenen Krise wohl kaum behaupten. Ich würde daher die allgemeine Feststellung von Marx, dass die effektive Nachfrage nichts mit den eigentlichen inneren Widersprüchen des Kapitals zu tun hat, dahingehend modifizieren, dass der Mangel an effektiver Nachfrage unter bestimmten Umständen eine Erscheinungsform dieser inneren Widersprüche sein kann. Aber das ist meine eigene persönliche Meinung, mit der sicherlich viele nicht übereinstimmen werden.

Abschnitt 5: Geldzirkulation und die Schemata

In diesem Abschnitt zur »Vermittlung der Umsätze durch die Geldzirkulation« erklärt Marx, wieso aufgrund der unterschiedlichen Termine für Käufe im Jahresverlauf im System mehr Geld vorgeschossen werden muss, als für das Volumen der Wertumsätze eigentlich gebraucht würde. Es entsteht aber sofort ein Problem, wenn das Kapital wie im 3. Band beschrieben durch das Finanzsystem als das »gemeinsame Kapital der Klasse« auftritt:

> »Woraus beiläufig folgt, daß, wenn hinter dem Warenproduzenten überhaupt ein Geldkapitalist steht, der wieder dem industriellen Kapitalisten Geldkapital (in dem strengsten Sinne des Worts, also Kapitalwert in Geldform) vorschießt, der eigentliche Rückflußpunkt dieses Geldes die Tasche dieses Geldkapitalisten ist. In dieser Weise, obgleich das Geld durch alle Hände mehr oder weniger zirkuliert, gehört die Masse des zirkulierenden Geldes der in Form von Banken etc. organisierten und konzentrierten Abteilung des Geldkapitals ...« (411)

Das Hauptproblem besteht jedoch darin, wie das Geld »durch alle Hände mehr oder weniger zirkuliert«. Umständlich werden die zeitlichen Abfolgen und Probleme beschrieben, die daraus entstehen, dass die Löhne, die in der Produktionsmittel herstellenden Abteilung (I) gezahlt werden, zunächst zu der Konsumtionsmittel produzierenden Abteilung (II) fließen, nur um dann wieder zurück zur Abteilung I zu strömen, wenn sich die Kapitalisten der Abteilung II mit ihrem Geld die benötigten Produktionsmittel beschaffen. Wie üblich spielt Marx in großer Ausführlichkeit die verschiedenen möglichen Abläufe durch, um auf die zeitlichen Komplikationen in den Wertströmen hinzuweisen. Sein Fazit lautet:

> »Das in variables Kapital verwandelte Geldkapital – also das in Arbeitslohn vorgeschoßne Geld – spielt aber eine Hauptrolle in der Geldzirkulation selbst, weil – da die Arbeiterklasse von der Hand in den Mund leben muß, also den industriellen Kapitalisten keine langen Kredite geben kann – auf zahllosen örtlich verschiednen Punkten der Gesellschaft gleichzeitig variables Kapital in Geld vorgeschossen werden muß in gewissen kurzen Terminen, wie Woche etc. ..., welches auch immer die verschiednen Umschlagsperioden der Kapitale in verschiednen Industriezweigen sein mögen. In jedem Land

> kapitalistischer Produktion bildet das so vorgeschoßne Geldkapital *einen proportionell entscheidenden Anteil* an der Gesamtzirkulation …« (413; Hervorh. D.H.)

Aber die zeitlichen Probleme (zum Beispiel die Häufigkeit der Lohnzahlungen) sind von Bedeutung, weil genügend zusätzliches Geld im System vorhanden sein muss, um die entstehenden Lücken überbrücken zu können. »Andrerseits ist die Naturalform, worin sich das in Geldform existierende variable Kapital umsetzen muß – d.h. die Arbeitskraft –, durch den Konsum erhalten, reproduziert und wieder vorhanden als derjenige einzige Handelsartikel ihrer Besitzer, den diese verkaufen müssen, wenn sie leben wollen. *Es ist also auch reproduziert das Verhältnis von Lohnarbeitern und Kapitalisten.*« (415; Hervorh. D.H.) Dies ist eine der wenigen Stellen im 2. Band, an der die Reproduktion des Klassenverhältnisses, die in der Darstellung des 1. Bandes eine so große Rolle spielt, wieder aufgegriffen wird. Möglicherweise dachte Marx, dieser Punkt sei so klar, dass er keiner weiteren Erläuterung oder Hervorhebung bedürfe.

Dann richtet Marx seine Aufmerksamkeit auf die Rolle der persönlichen Konsumtion des Kapitalisten. »Gibt ein Kapitalist … Geld aus in Konsumtionsmitteln, so ist es für ihn alle geworden, den Weg alles Fleisches gegangen.« Zu ihm zurück kehrt das Geld nur, wenn das von ihm produzierte Warenkapital in die Zirkulation geworfen und in Geldform realisiert wird. »Es ist also im gegebnen Fall wörtlich richtig, daß der Kapitalist selbst das Geld in die Zirkulation warf – und zwar bei Verausgabung desselben in Konsumtionsmitteln –, womit sein Mehrwert versilbert, alias realisiert wird. … In der Praxis geschieht dies in doppelter Weise: Ist das Geschäft erst innerhalb des laufenden Jahrs eröffnet worden, so dauert es gute Weile, im besten Fall einige Monate, bevor der Kapitalist aus der Geschäftseinnahme selbst Geld für seinen persönlichen Konsum ausgeben kann. Er suspendiert deswegen keinen Augenblick seine Konsumtion. Er schießt sich selbst … Geld auf erst zu ergatternden Mehrwert vor«. Besteht sein Geschäft hingegen schon seit längerer Zeit, dann antizipiert der Kapitalist lediglich Einkünfte aus noch zu tätigenden Verkäufen. Falls der Kapitalist in Konkurs geht, dann »untersuchen seine Gläubiger und das Gericht« möglicherweise seine Konsumgewohnheiten (418f.). Bei all dem ist das Verhältnis zwischen antizipierten Zahlungen und Geldvorschüssen auf der einen und der realen Produktion auf der anderen Seite zu beachten.

> »Mit Bezug auf die ganze Kapitalistenklasse erscheint aber der Satz, daß sie das Geld zur Realisation ihres Mehrwerts (resp. auch zur Zirkulation ihres Kapitals, konstanten und variablen) selbst in die Zirkulation werfen muß, nicht nur nicht paradox, sondern als notwendige Bedingung des ganzen Mechanismus: denn hier gibt es nur zwei Klassen: die Arbeiterklasse, die nur über ihre Arbeitskraft verfügt; die Kapitalistenklasse, die im Monopolbesitz der gesellschaftlichen Produktionsmittel wie des Geldes ist.« (419)

Der einzelne Kapitalist tut dies aber immer nur in der Form, »daß er als Käufer agiert, Geld *verausgabt* im Ankauf von Konsumtionsmitteln oder Geld *vorschießt* im Ankauf von Elementen seines produktiven Kapitals … Er schießt der Zirkulation nur Geld vor in derselben Art, wie er ihr Ware vorschießt. Er agiert beidemal als Ausgangspunkt ihrer Zirkulation.« (419) Dem größten Teil dieser Argumentation sind wir bereits im 17. Kapitel begegnet.

Aber der »wirkliche Hergang« wird verdunkelt durch das Hereinkommen »einer besondern Sorte von Kapitalisten« (Handelskapital und Geldkapital) und durch die Ansprüche der Regierung und Grundbesitzer auf Steuern und Renten. Sie alle schießen Geld vor, aber es wird »stets vergessen …, aus welcher Quelle sie es ursprünglich erhielten und stets wieder von neuem erhalten« (419f.).

Der Wert, den dieses Geld darstellt, muss letztlich aus der Produktion kommen. Es scheint mir aber einen großen Unterschied zu machen, ob dieser Wert aus der Vergangenheit stammt oder seine zukünftige Produktion (zum Beispiel durch Kredit) antizipiert wird, worauf hier nicht weiter eingegangen wird.

Abschnitte 6 und 7: Die Zirkulation von konstantem und variablem Kapital und des Mehrwerts innerhalb der jeweiligen Abteilungen

Zunächst betrachtet Marx die Zirkulation des konstanten Kapitals innerhalb von Abteilung I. Ein Teil des dortigen Outputs geht unmittelbar wieder in die Produktion in derselben Abteilung ein, wie »Korn in die Kornproduktion, Kohle in die Kohlenproduktion, Eisen in Form von Maschinen in die Eisenproduktion usw.« (422) Und natürlich wird Kohle auch für die Produktion von Stahl gebraucht, der in die Produktion jener Maschinerie eingeht, mit der Kohle gefördert wird. Es existiert also ein sehr lebhafter Austausch von Produktionsmitteln gegen Produktionsmittel, womit sich die Frage stellt, wie effektiv diese Umsätze durch den Markt koordiniert werden können. Dazu lässt Marx eine Bemerkung fallen, die Wasser auf die Mühlen derjenigen ist, die in den Schemata eine Methode gesellschaftlicher Planung erkennen wollen.

> »Wäre die Produktion gesellschaftlich, statt kapitalistisch, so ist klar, daß diese Produkte der Abteilung I unter die Produktionszweige dieser Abteilung, zum Behuf der Reproduktion, nicht minder beständig wieder als Produktionsmittel verteilt würden, ein Teil direkt in der Produktionssphäre bliebe, wo er als Produkt herauskam, ein andrer Teil dagegen nach andren Produktionsstätten entfernt würde, und so ein beständiges Hin und Her zwischen den verschiednen Produktionsstätten dieser Abteilung stattfände.« (423)

Das sind natürlich genau die Input-Output-Beziehungen, die später von Leontief in seiner Matrix modelliert wurden.

Im 7. Abschnitt werden die Bewegungen des variablen Kapitals und des Mehrwerts innerhalb der Abteilungen und zwischen ihnen unters Mikroskop gelegt. Zunächst ist klar, dass bei einfacher Reproduktion der Gesamtwert der Konsumtionsmittel dem gesamten variablen Kapital und Mehrwert entsprechen muss. Aber wie die oben angeführte Formel zeigt, kommt es zu dieser Entsprechung, weil der Wert des von Abteilung I neuproduzierten konstanten Kapitals, der in die Abteilung II fließt, durch den Einsatz von Arbeit in Abteilung II realisiert worden ist. Damit stellt sich die Frage, auf die später noch konkreter eingegangen wird, welche der beiden Abteilungen bei diesen Austauschprozessen die Zügel in der Hand hat. Es tauchen noch andere Probleme auf. Konstantes Kapital produziert als solches keinen Wert; sein Wert wird lediglich von den an der produktiven Konsumtion beteiligten Arbeiterinnen auf das Produkt übertragen. Aber in der Produktion von neuem konstantem Kapital in Abteilung I wird sowohl Wert wie Mehrwert erzeugt. Daher lag Adam Smith mit seiner Schlussfolgerung falsch, der Wert des gesellschaftlichen Gesamtprodukts löse sich in v + m auf (auch wenn nachvollziehbar ist, was ihn zu diesem Irrtum verleitet hatte). Wie Marx uns immer wieder einschärft, besteht das Gesamtprodukt aus c + v + m.

Abschnitt 8: Die Ströme des konstanten Kapitals durch beide Abteilungen

Marx wendet die üblichen Rechenmethoden an, um die Ströme des konstanten Kapitals durch die beiden Abteilungen zu beobachten. Dabei stößt er auf eine interessante Schwierigkeit, die meine These stützt, dass in den Schemata ein Widerspruch zwischen den Gebrauchswert- und den Wertbeziehungen existiert. »Die Schwierigkeit besteht also nicht in der Analyse des gesellschaftlichen Produktenwerts selbst. Sie entspringt bei Vergleichung der *Wert*bestandteile des gesellschaftlichen Produkts mit seinen *sachlichen* Bestandteilen.« (428) Vom Standpunkt des individuellen Kapitals ist diese Vergleichung bedeutungslos – es ist nur erforderlich, dass das Produkt einen Gebrauchswert hat, sonst nichts. Aber:

> »Anders verhält es sich mit dem Produkt des gesellschaftlichen Gesamtkapitals. Alle sachlichen Elemente der Reproduktion müssen in ihrer Naturalform Teile dieses Produkts selbst bilden. Der aufgezehrte konstante Kapitalteil kann durch die Gesamtproduktion nur ersetzt werden, soweit im Produkt der gesamte wiedererscheinende konstante Kapitalteil in der Naturalform neuer Produktionsmittel wiedererscheint, die wirklich als konstantes Kapital fungieren können. Einfache Reproduktion vorausgesetzt, muß daher der Wert des Teils des Produkts, der aus Produktionsmitteln besteht, gleich dem [konsumierten] konstanten Wertteil des gesellschaftlichen Kapitals sein.« (430)

Auf etwas umständliche Weise wird damit gesagt, dass Güter, die als konstantes Kapital produziert wurden, dann aber aufgrund ihrer stofflichen Beschaffenheit keine Verwendung finden, keinen Wert haben würden. Es ist äußerst wichtig, dass die Abteilung nur solche Güter produziert, die »in ihrer Naturalform« (womit Marx den stofflichen, materiellen Gebrauchswert meint) dazu dienen können, in beiden Abteilungen »den Wert des variablen Kapitals und den Mehrwert … zu realisieren« (431).

Abschnitt 10: Kapital und Revenue: Variables Kapital und Arbeitslohn

Ich überspringe den 9. Abschnitt, der einen Rückblick auf Smith, Storch und Ramsey enthält, um zum 10. Abschnitt zu kommen. Als erstes wird hier die Unterscheidung zwischen produziertem und übertragenem Wert aufgegriffen. Vom Standpunkt des individuellen Kapitalisten produziert konstantes Kapital keinen Wert. Sein Wert wird durch die Tätigkeit der Arbeit lediglich auf das Endprodukt übertragen. Vom gesellschaftlichen Standpunkt betrachtet produziert Abteilung I konstantes Kapital für Abteilung II, »sowohl seinen ganzen Wert wie seine Naturalform«. Mit »Naturalform« meint Marx immer den stofflichen Charakter des Gebrauchswerts. »Der größre Teil der gesellschaftlichen Jahresarbeit ist also verausgabt worden in Produktion von neuem konstantem Kapital … zum Ersatz des in der Produktion von Konsumtionsmitteln verausgabten konstanten Kapitalwerts.« (436) In der Produktion von Produktionsmitteln wird sowohl Wert wie Mehrwert erzeugt. Das hatten die Ökonomen im Allgemeinen und Adam Smith im Besonderen nicht verstanden. Was für den individuellen Kapitalisten stimmt – dass konstantes Kapital keinen Mehrwert produziert –, hatten sie fälschlicherweise auf die Gesellschaft als Ganze übertragen und daraus geschlossen, dass die Produktion von Produktionsmitteln keinen Wert und Mehrwert erzeugt (dass das gesellschaftliche Gesamtprodukt v + m ist). Es folgt die Kritik an einigen weiteren Missverständnissen, der nicht ganz leicht zu folgen ist.

Als erstes wird Folgendes betont: »Das variable Kapital fungiert als Kapital in der Hand des Kapitalisten und fungiert als Revenue in der Hand des Lohnarbeiters.« (437) Das variable Kapital zirkuliert also nicht durch den Körper des Arbeiters (wie ich auch zuweilen angenommen hatte). Das Geldkapital wird einfach in Geld verwandelt, das als Revenue zirkuliert, wenn die Arbeiterin ihren Lohn zum Kauf von Waren verwendet. Dasselbe Geld erscheint hier als Kapital in der Hand des Kapitalisten und nimmt dann in der Hand des Arbeiters die Form von Revenue an.

Mit dieser Herangehensweise kann Marx der Vorstellung entgegentreten, der Arbeiter könne jemals Kapital besitzen. »In der Tat ist die Arbeitskraft sein Vermögen (stets sich erneuerndes, reproduktives), nicht sein Kapital. Sie ist die einzige Ware, die er beständig verkaufen kann und muß, um zu leben, und die als Kapital (variables) nur erst in der Hand des Käufers, des Kapitalisten, wirkt.« Marx will mit dieser Idee von Ökonomen, die wir heute als Theorie des Humankapitals bezeichnen, nichts zu tun haben. »Daß ein Mann beständig gezwungen ist, stets wieder von neuem seine Arbeitskraft, d.h. sich selbst, an eine dritte Person zu verkaufen, beweist nach jenen Ökonomen, daß er ein Kapitalist ist, weil er beständig ›Ware‹ (sich selbst) zu verkaufen hat.« (438) Nach dieser Logik, bemerkt Marx ironisch, »wird auch der Sklave Kapitalist«. Auf diese Kritik der Theorie des Humankapitals sind wir bereits weiter oben gestoßen. Kapitalisten können sich immer entscheiden, ob sie sich mit der Produktion beschäftigen oder ihr Kapital einfach am Geldmarkt anlegen und von den Zinsen leben. Diese Wahl haben Arbeiter nicht. Andernfalls würden sie sich in der Hängematte räkeln und von der Verzinsung ihres Humankapitals leben! Der Arbeiter befindet sich in dem Kreislauf W – G – W, in dem der Lohn nur als Einkommen zirkuliert. »Sein Arbeitslohn realisiert sich in Konsumtionsmitteln, er wird als Revenue verausgabt und, die Arbeiterklasse im ganzen genommen, wieder beständig als Revenue verausgabt.« (439)

Damit die Ströme zwischen den Abteilungen ein Gleichgewicht von Angebot und Nachfrage erreichen, müssen alle Akteure, sowohl die Kapitalisten wie die Arbeiterinnen, am Markt in den Rollen von Käufer und Verkäufer auftreten: »Alle Träger dieses Umsatzes erscheinen nur als Käufer oder Verkäufer, oder als beides; die Arbeiter erscheinen darin nur als Warenkäufer; die Kapitalisten abwechselnd als Käufer und Verkäufer; und innerhalb bestimmter Grenzen nur als einseitig Warenkäufer oder als einseitig Warenverkäufer.« (440f.) Nur so kann sichergestellt werden, »daß [der Kapitalist aus Abteilung] I den variablen Wertteil seines Kapitals wieder in der Geldform besitzt, woraus allein er direkt in Arbeitskraft umsetzbar ist ... Andrerseits, um wieder als Warenkäufer auftreten zu können, muß der Arbeiter jetzt vorher wieder als Warenverkäufer, als Verkäufer seiner Arbeitskraft auftreten.« (441) Marx erinnert uns hier daran, dass der Austausch zwischen den beiden Abteilungen durch das Funktionieren von freien Arbeitsmärkten vermittelt wird.

Aber auf diesem Arbeitsmarkt existiert eine gewisse Asymmetrie: »Da die Arbeiterklasse von der Hand in den Mund lebt, kauft sie, solange sie kaufen kann. Anders beim Kapitalisten ... Der Kapitalist lebt nicht von der Hand in den Mund. Möglichste Verwertung seines Kapitals ist sein treibendes Motiv.« Für den Kapitalisten kann es manchmal vorteilhaft oder notwendig sein, sein Geld zu sparen (aufzuschatzen), statt es auszugeben – »wie überhaupt Reservekapital in Geld nötig ist, um ununterbrochen, ohne Rücksicht auf raschern oder langsamern Rückfluß des variablen Kapitalwerts in Geld, fortarbeiten zu können« (443).

Der Hauptpunkt ist hier, dass viele wichtige Unterscheidungen und Verflechtungen unsichtbar bleiben, wenn das jährliche Produkt als Ganzes betrachtet wird. Erst wenn wir die Ökonomie in Abteilungen zerlegen, können wir die »wirklichen« Zusammenhänge erkennen. Der Austausch zwischen den Abteilungen zeigt uns zum Beispiel, dass Arbeiter ihr ganzes Leben in einer Welt verbringen, in der Geldkapital zu Geld wird, das sie als Einkommen verwenden, um zu überleben und weiterzuarbeiten (der Zugang zu Kapital ist ihnen auf Dauer versperrt). Der Kapitalist hingegen zirkuliert das variable Kapital beständig durch seine verschiedenen Formen: Erst ist es Geldkapital, mit dem Arbeitskraft gekauft wird; dann ist es die Arbeitskraft in der Hand des Kapitalisten, die von ihm zum Arbeiten gebracht wird; und schließlich wird die in der Ware zu Wert geronnene Arbeitszeit wieder zurück in die Form des Geldkapitals verwandelt. »*Da das variable Kapital stets in irgendeiner Form in der Hand des Kapitalisten bleibt, kann in keiner Weise gesagt werden, daß es sich in Revenue für irgendjemand umsetzt.*« (445)

Es ist hilfreich, die Dinge auf diese Weise zu betrachten. Auf der Ebene der Gesamtzirkulation erscheint es zum Beispiel abwegig zu behaupten, die Kapitalisten müssten selbst die effektive Nachfrage für die Realisierung des produzierten Mehrwerts bereitstellen. Aber wenn wir die Kapitalströme und den Austausch zwischen den verschiedenen Abteilungen untersuchen, ergibt diese Aussage einen Sinn. Marx sagt das nicht so direkt, aber er hätte es tun können. Wenn zum Beispiel die Kapitalisten in Abteilung II mit ihrem Kapital Konsumgüter produzieren, dann schaffen sie einen bedeutenden Teil der effektiven Nachfrage für die Kapitalisten in Abteilung I, die Produktionsmittel herstellen, und realisieren damit den von ihnen bereits produzierten Mehrwert. Die produktive Konsumtion, die in beiden Abteilungen stattfindet, ist für die Schaffung der effektiven Nachfrage nach Produktionsmitteln weit wichtiger als die persönliche Konsumtion. Die Idee, dass die Kapitalisten selbst die Nachfrage für den produzierten Mehrwert stellen müssen, erscheint jetzt, nachdem wir die Ökonomie zerlegt haben, nicht mehr so abwegig.

Abschnitt 12: Das Angebot der Geldware

Ich überspringe die im 11. Abschnitt behandelte Frage des fixen Kapitals, zu der ich im nächsten Kapitel kommen werde, und gehe noch auf Marx' knappe Ausführungen zur Rolle der Goldproduzenten im 12. Abschnitt ein. »Es versteht sich von selbst, daß je fortgeschrittner das Lebensalter der kapitalistischen Produktion, um so größer die allerseits aufgehäufte Geldmasse, um so kleiner also die Proportion, die die jährliche neue Goldproduktion dieser Masse zufügt, obgleich dieser Zuschuß seiner absoluten Quantität nach bedeutend sein kann.« (469) Wenn dem schon zur Zeit von Marx so war, dann dürfte es erst recht auf die heutige Zeit zutreffen. Die Gold- und Silberproduktion spielt zwar eine besondere Rolle, aber sie ist nicht bestimmend für die Reproduktion der Kapitalakkumulation.

Damit bleibt immer noch die Frage unbeantwortet, auf die wir bereits gestoßen waren: Wie »ist es möglich, daß jeder Kapitalist in Geld einen Mehrwert aus dem jährlichen Produkt herauszieht, d.h. mehr Geld herauszieht aus der Zirkulation, als er hineinwirft, da in letzter Instanz die Kapitalistenklasse selbst als die Quelle betrachtet werden muß, die überhaupt das Geld in die Zirkulation wirft?« (469)

Marx hält die Frage für falsch gestellt: »Die einzige hier erforderliche Voraussetzung: daß überhaupt Geld genug vorhanden sei, um die verschiednen Elemente der jährlichen Reproduktionsmasse umzusetzen«. Das sei die eigentliche Frage und nicht: »Wo kommt das Geld zur Versilberung des Mehrwerts her?« Es muss unterschieden werden zwischen dem Geld, das als Kapital, und dem Geld, das als Revenue zirkuliert. Marx betont, »daß von der in der Hand der Kapitalistenklasse befindlichen Geldmasse, also im ganzen und großen von der innerhalb der Gesellschaft befindlichen gesamten Geldmasse, ein Teil die Revenue der Kapitalisten zirkuliert«. Zur Veranschaulichung greift er auf den Fall des Kapitalisten zurück, der ein neues Geschäft eröffnet und zunächst aus seinem eigenen Einkommen die Konsumtion bestreiten muss, bevor er später dieses Geld wieder »zurückfischt« (469f.).

Das Problem entsteht teilweise dadurch, dass wir den Kapitalisten üblicherweise als Produzenten und nicht als Konsumenten betrachten. Aber als Konsument wirft »die Kapitalistenklasse eine gewisse Geldsumme in Gestalt von Revenue in Zirkulation«. Dann »scheint es, als zahle sie ein Äquivalent für diesen Teil des jährlichen Gesamtprodukts und höre dieser somit auf, Mehrwert darzustellen. Das Mehrprodukt aber, worin sich der Mehrwert darstellt, kostet der Kapitalistenklasse nichts. Als Klasse besitzt und genießt sie es umsonst, und daran kann die Geldzirkulation nichts ändern«. Sie vermittelt nur, »daß jeder Kapitalist ... Waren aller Art bis zum Belauf des von ihm angeeigneten Mehrwerts aus dem Gesamtstock des jährlichen gesellschaftlichen Mehrprodukts herauszieht und sich aneignet«. Der »Mechanismus der Zirkulation hat gezeigt, daß wenn die Kapitalistenklasse Geld zur Verausgabung von Revenue in die Zirkulation hineinwirft, sie selbiges Geld auch wieder der Zirkulation entzieht und also denselben Prozeß stets von neuem beginnen kann; daß sie also als Kapitalistenklasse betrachtet, nach wie vor im Besitz dieser zur Versilberung des Mehrwerts nötigen Geldsumme bleibt« (470).

Es ist etwas schwer, dieser Logik zu folgen. Aber im Wesentlichen sagt Marx, dass der Kapitalist, wenn er Waren (die Mehrwert enthalten) zum Zweck der Konsumtion herauszieht und gleichzeitig produzierte Waren verkauft (die ebenfalls einen Mehrwert enthalten), etwas umsonst bekommt. »Wenn ich mit einem Pfund Sterling Waren kaufe und mir der Verkäufer der Ware das Pfund zurückgibt für Mehrprodukt, das mich nichts gekostet hat, habe ich offenbar die Waren umsonst erhalten.« (471)

Marx unterstellt hier, dass die Tauschvorgänge gleichzeitig stattfinden und es keine Probleme mit der Umschlagszeit gibt. Aber in »allen Industriezweigen, deren Produktionsperiode (als verschieden von der Arbeitsperiode) längre Zeit umfaßt, wird während derselben von den kapitalistischen Produzenten beständig Geld in die Zirkulation geworfen«, um Wert und Mehrwert zu realisieren, ohne Waren mit dem entsprechenden Wert auf den Markt zu bringen. »Sehr bedeutend wird dies Moment in entwickelter kapitalistischer Produktion bei langatmigen Unternehmungen, ausgeführt von Aktiengesellschaften etc., wie Anlage von Eisenbahnen, Kanälen, Docks, großen städtischen Bauten, Eisenschiffsbau, Drainierung von Land auf großem Umfang etc.« Nebenbei gesagt sind diese Investitionsformen attraktiv, weil sie enorme Mengen von überschüssigem Geldkapital absorbieren können und erst sehr viel später zu Warenkapital werden. Außerdem »zirkulieren zwar allerlei Dinge als Waren, die nicht innerhalb des Jahres produziert worden, Grundstücke, Häuser etc., ferner Produkte, deren Produktionsperiode sich über mehr als ein Jahr erstreckt, Vieh, Holz, Wein usw. Für diese und andre Phänomene ist es wichtig festzuhalten, daß außer der für die unmittelbare Zirkulation erheischten Geldsumme, sich stets ein gewisses Quantum in latentem, nicht fungierendem Zustand vorfindet, das bei gegebnem Anstoß in Funktion treten kann. Auch zirkuliert der Wert solcher Produkte oft stückweis und allmählich, wie der Wert von Häusern in der Miete einer Reihe von Jahren.« (472f.)

Dies führt dann schließlich zu der im 2. Band schon fast rituellen Beschwörung, wie »auf dieser Basis ein Kreditwesen und bestimmte Seiten seines Mechanismus sich entwickelt haben« (474). Alle die von ihm angeführten Komplikationen der Zirkulation »brauchen sich bloß durch Erfahrung bemerklich und auffallend gemacht zu haben, um planmäßig sowohl zu den mechanischen Hilfsmitteln des Kreditsystems den Anlaß zu geben, wie auch zu der wirklichen Auffischung der vorhandnen verleihbaren Kapitale« (476). Die hier vorliegende Analyse der Reproduktionsschemata beinhaltet keinen Versuch zu untersuchen, welche Folgen es hätte, wenn die Zirkulation des zinstragenden Kapitals zu einem wichtigen Werkzeug werden würde, mit dem der kollektive Kapitalist die Geschäfte regulieren oder, wie in diesem Fall, die Ströme zwischen den zwei Abteilungen koordinieren könnte. Wie wir bei der Untersuchung des Kreditsystems bereits gesehen haben, sind die Vorteile und die Unerlässlichkeit des Kredits zwangsläufig mit der ständigen Gefahr von zerstörerischen spekulativen Überhitzungen verbunden.

Kapitel 20 endet mit einer Kritik an den Auffassungen von Destutt de Tracy. Marx wertet diese als ein Musterbeispiel des »bürgerlichen Stumpfsinns in seiner ganzen Glückseligkeit« (484). Ich verzichte auf einen Kommentar.

Kapitel Elf
Das Problem des fixen Kapitals bei erweiterter Reproduktion (Kapitel 20 und 21 des 2. Bandes)

Der Fall des fixen Kapitals

Im 11. Abschnitt des 20. Kapitels behandelt Marx das Problem, wie sich die Bildung und Zirkulation von fixem Kapital auf die Reproduktionsschemata auswirken würden. Ich habe die Frage zunächst zurückgestellt, weil zumindest hier die Intention und das Interesse von Marx ziemlich klar sind. »Dies Beispiel vom fixen Kapital – bei gleichbleibender Stufenleiter der Reproduktion – ist schlagend«, schreibt er.

> »Mißverhältnis in der Produktion von fixem und zirkulierendem Kapital ist einer der Lieblingsgründe der Ökonomen, um die Krisen zu erklären. Daß solches Mißverhältnis bei bloßer *Erhaltung* des fixen Kapitals entspringen kann und muß – ist ihnen etwas Neues; daß sie entspringen kann und muß bei Voraussetzung einer idealen Normalproduktion, bei einfacher Reproduktion des bereits fungierenden gesellschaftlichen Kapitals.« (465)

Krisen der Disproportionalität sind also unvermeidlich. Wie tiefgreifend und umfassend sie sein können, lässt sich schwer ausmachen. Aber Marx kommt zweifelsfrei zu dem Schluss, dass es selbst dann zu Krisen kommt, wenn die Austauschbeziehungen zwischen den Abteilungen ganz normal vonstattengehen.

Dies lässt sich auf zwei Weisen interpretieren. Erstens könnte gesagt werden, dass die von der Zirkulation des fixen Kapitals herbeigeführten Störungen bestätigen, dass der Reproduktionsprozess nie reibungslos ablaufen kann und daher Krisen der Disproportionalität ganz und gar endemisch und unvermeidlich sind. Die zweite Auffassung besagt, dass sich solche Krisen allein aus der Zirkulation des fixen Kapitals ergeben. Dann könnten diese Krisen durch eine Vergesellschaftung des fixen Kapitals abgewendet werden, die sich auf verschiedene Weise durchführen ließe: von staatlichen Vorkehrungen und Eingriffen bis hin zu radikaleren Formen der gesellschaftlichen Planung, einschließlich einer Dekommodifizierung der Investitionen in fixes Kapital im Kommunismus. Marx schließt auch nicht aus, wie wir bereits gesehen haben, dass die Kapitalisten selbst die Schwierigkeiten mithilfe des Kreditsystems und der Bildung von Aktiengesellschaften überwinden könnten. Letzteres ist allerdings mit dem Problem verbunden, dass damit Pandoras Büchse spekulativer Überhitzungen und Zusammenbrüche geöffnet würde, die mit den Geldbewegungen im Rahmen der Zirkulation des fixen Kapitals verbunden sind. Mit der Lösung des einen Problems würde nur ein anderes, noch gefährlicheres, an seine Stelle treten – das der selbstständigen Finanzkrisen. Betrachten wir die Sache etwas näher.

Zu Beginn seiner Erörterung im 11. Abschnitt erinnert uns Marx daran, wie kompliziert die Verhältnisse werden, wenn nicht alles Kapital innerhalb einer bestimmten Umschlagszeit aufgebraucht wird (in diesem Fall wird durchgehend eine Umschlagszeit von einem Jahr unterstellt). Nicht alles fixe Kapital schlägt gleich schnell um; in vielen Fällen wird fixes Kapital stückweise ersetzt und daher lassen sich Wartung, Reparatur und Ersatz oft nur schwer auseinanderhalten. Aber er erinnert an diese Feinheiten nur, um zu sagen, dass sie den wesentlichen Kern des Problems eigentlich nicht berühren. Dann macht er sich daran, mit langwierigen Berechnungen zu prüfen, wie der Austausch zwischen den Abteilungen funktioniert, wenn ein Teil der Produktionsmittel in beiden Abteilungen die Form von fixem Kapital hat. Ich will nicht versuchen, das hier wiederzugeben.

Probleme, so zeigt er, entstehen aus den monetären Aspekten der Zirkulation. Mehr als einmal behauptet Marx, dass die Probleme verschwinden würden, wenn die Vermittlung durch das Geld wegfiele. Das eigentliche Problem besteht darin, dass der Teil des Geldes, »der gleich ist dem Verschleiß von fixem Kapital, nicht wieder rückverwandelt in den Bestandteil des produktiven Kapitals, dessen Wertverlust es ersetzt. Es schlägt nieder neben dem produktiven Kapital und verharrt in seiner Geldform.« (447f.)

In dieser Geldform verbleibt es, solange das fixe Kapital in der Produktion eingesetzt ist und noch nicht ersetzt werden muss. »Sobald das fixe Element, Baulichkeiten, Maschinerie etc., ausgelebt hat, nicht länger im Produktionsprozeß fungieren kann, existiert sein Wert neben ihm, vollständig ersetzt in Geld« (448). Dann und erst dann wird das Geld für den Ersatz ausgegeben. (Die Probleme der unterschiedlichen Ersatzkosten und des moralischen Verschleißes, die wir im 4. Kapitel behandelt haben, lässt Marx unberücksichtigt.)

»Diese Schatzbildung ist also selbst ein Element des kapitalistischen Reproduktionsprozesses« (448), was uns im 2. Band schon einige Male begegnet ist. Und das aufgeschatzte Geld spielt eine ganz besondere Rolle. An dieser Stelle kündigt Marx an, es sei »nachher zu untersuchen, wie sich das anders darstellen würde, vorausgesetzt, die Produktion sei gemeinsam und *besitze nicht die Form der Warenproduktion*« (448; Hervorh. D.H.). Diese Untersuchung hat Marx nicht durchgeführt, aber aufgrund solcher Bemerkungen wurde darüber spekuliert, welche Bedeutung die Schemata für eine gesellschaftliche oder sozialistische Produktion haben könnten. Die Bemerkung bekräftigt auch die Auffassung, dass die in den Schemata auftauchenden Probleme etwas mit der besonderen Rolle des Geldkapitals zu tun haben und dessen Abschaffung die notwendige Bedingung einer »rationellen« Koordination der Inputs und Outputs sei. Aber die ganze Struktur würde auch völlig anders aussehen, wenn das Kreditsystem, das als »gemeinsames Kapital der Klasse« operiert, ins Spiel käme.

Leider konzentriert sich Marx im Folgenden auf die aus der Schatzbildung entstehenden Ungleichgewichte, ohne die Existenz eines Kreditsystems zu berücksichtigen. Er geht von folgendem Beispiel aus: Abteilung II hätte einen Geldfonds für den Verschleiß seines fixen Kapitals; »wir hätten aber auf der andern Seite, auf I, eine Überproduktion von Produktionsmitteln zum Belauf von 200, und damit wäre die ganze Basis des Schemas zerronnen, nämlich Reproduktion auf gleichbleibender Stufenleiter, wo also völlige Proportionalität zwischen den verschiednen Produktionssystemen vorausgesetzt ist. Die eine Schwierigkeit wäre nur beseitigt durch eine viel unangenehmere.« Auf ziemlich unheilvolle Weise sagt er dann, er wolle – da das Problem von den politischen Ökonomen bisher ignoriert wurde – nun »der Reihe nach alle möglichen (wenigstens scheinbar möglichen) Lösungen oder vielmehr Stellungen des Problems« untersuchen (452). Ich sage »unheilvoll«, weil Marx mit solchen Formulierungen meistens ankündigt, dass uns einige weitere endlose und langwierige Berechnungen bevorstehen.

Diese Stelle scheint mir jedoch sehr aufschlussreich für die Frage zu sein, was Marx mit der Entwicklung der Schemata eigentlich beabsichtigte. Er will von den einzuhaltenden Proportionalitäten ausgehen, um dann zu untersuchen, auf welche Weise sie angesichts der gegebenen monetären Koordinierung erreicht oder nicht erreicht werden könnten. Seine wissenschaftliche Zurückhaltung verbietet es ihm, gleich zu Beginn zu sagen, dass diese monetäre Koordinierung völlig unmöglich wäre. Aber ich ahne, dass wir am Ende der Untersuchung nicht wirklich davon überzeugt sein werden, dass die störungsfreie Reproduktion irgendwie möglich sein könnte.

Er spielt dann die verschiedensten Möglichkeiten durch. In der Zusammenfassung seiner Ergebnisse macht er eine Reihe von interessanten Beobachtungen. Betrachten wir den bereits beschriebenen Fall, in dem Abteilung II einen Schatz aus dem Verschleiß seines fixen Kapitals bildet. Offensichtlich erzeugt dies »momentane Störungen«. Abteilung I steht vor dem Problem, dass sie entweder ihre »Produktion kontrahieren muß, was Krise für die darin beschäftigten Arbeiter und Kapitalisten bedeutet, oder Überschuß liefert, was wieder Krise«. Dies beweist, dass sich in diesem System Krisen nicht vermeiden lassen. Aber dann stellt Marx fest: »An und für sich sind solche Überschüsse kein Übel, sondern ein Vorteil; sind aber Übel in der kapitalistischen Produktion.« Denn ist »die kapitalistische Form der Reproduktion einmal beseitigt, so kommt die Sache darauf hinaus, daß die Größe des absterbenden und daher in natura zu ersetzenden Teils des fixen Kapitals ... in verschiednen sukzessiven Jahren wechselt«. In einem Jahr wird viel gebraucht, in anderen sehr viel weniger. Diesem Problem »kann nur abgeholfen werden durch fortwährende relative Überproduktion; einerseits ein gewisses Quantum fixes Kapital, das mehr produziert wird, als direkt nötig ist; andrerseits und namentlich Vorrat von Rohstoff etc., der über die unmittelbaren jährlichen Bedürfnisse hinausgeht (dies gilt ganz besonders von Lebensmitteln). *Solche Art Überproduktion ist gleich mit Kontrolle der Gesellschaft über die gegenständlichen Mittel ihrer eignen Reproduktion*. Innerhalb der kapitalistischen Gesellschaft aber ist sie ein anarchisches Element.« (464f.; Hervorh. D.H.)

Die Überproduktion von Gebrauchswerten ist gesellschaftlich eine gute Sache, denn sie eröffnet neue Möglichkeiten für die menschliche Reproduktion. Aber im Kapitalismus wird die Überproduktion von Überschüssen ein Übel, weil sie zu geringeren Profiten und traumatischen Entwertungen von Kapital führt. Die Wurzel des Problems ist daher die Anarchie der Abstimmung über den Markt und der monetären Aspekte – und nicht die Produktion von materiellen Überschüssen als solche. Aber selbst im Kapitalismus muss die Reproduktion nicht so anarchisch ablaufen. Viele langfristige Investitionen in fixes Kapital werden vom Staat unternommen und sind daher offen für eine rationelle gesellschaftliche Gestaltung und Planung. Die Bildung von gesellschaftlichem Kapital (Aktiengesellschaften) und die »Aufhebung der kapitalistischen Produktionsweise innerhalb der kapitalistischen Produktionsweise selbst« machen neue Formen der Koordination möglich, die mehr oder weniger anarchisch sein können (zu den Nachteilen gehören die mit Bauprojekten verbundenen Spekulationsblasen, ein Vorteil ist die kollektive Produktion von kollektiven Produktions- und Konsumtionsmitteln).

Eine Randbemerkung in diesem Abschnitt halte ich für sehr erhellend. Im *Kapital* geht Marx meistens von einem geschlossenen System aus – entweder vom Kapitalismus in einem Land oder von einer einzigen globalen kapitalistischen Ökonomie. Nur gelegentlich weicht er davon ab und kommt auf die Rolle und Bedeutung des auswärtigen Handels zu sprechen. Es ist natürlich klar, dass bei Ungleichgewichten zwischen den Abteilungen aufgrund von Schatzbildung für fixes Kapital der Außenhandel zur Wiederherstellung der notwendigen Proportionalitäten beitragen kann. »Aber der auswärtige Handel, soweit er nicht bloß Elemente (auch dem Wert nach) ersetzt, verlegt nur die Widersprüche auf ausgedehntere Sphäre, eröffnet ihnen größren Spielkreis.« (464) Das ist eine sehr passende Formulierung dafür, wie das Kapital versucht, seine inneren Widersprüche durch Rückgriff auf »räumliche Anpassungen« (die ich als »spatial fixes« bezeichne) zu überwinden, also durch geografische Expansion, Kolonialismus, Imperialismus und die Globalisierung des Weltmarkts. Einerseits stellt Marx fest: »Kapitalistische Produktion existiert überhaupt nicht ohne auswärtigen Handel.« Aber dann schreibt er: »Die Hereinziehung des auswärtigen Handels bei Analyse des jährlich reproduzierten Produktenwerts kann also nur verwirren, ohne irgendein neues Moment, sei es des Problems, sei es seiner Lösung zu liefern.« (466) Ob Marx damit richtig lag, wäre zu diskutieren. Aber es ist klar, dass er so vorgeht. Die Ausweitung des Außenhandels und die Schaffung des Weltmarkts mögen das Problem der Krisen vorübergehend lindern, aber letztlich kommen damit die Widersprüche des Kapitals nur in einer größeren geografischen Dimension zum Tragen.

Zum 21. Kapitel des 2. Bandes: Erweiterte Reproduktion

In dem relativ kurzen 21. Kapitel behandelt Marx die erweiterte Reproduktion. Ich schlage vor, zunächst recht nah am Text zu bleiben, bevor ich in allgemeinerer Weise auf seine Bedeutung und seinen Stellenwert eingehen werde. Marx beginnt mit einem Verweis auf das entsprechende 22. Kapitel im 1. Band. Dort hatte er beschrieben, wie der einzelne Kapitalist, nachdem er den in der Ware enthaltenen Mehrwert realisiert und in Geldform verwandelt hat, durch die Zwangsgesetze der Konkurrenz ständig gezwungen wird zu akkumulieren, indem er mit einem Teil des zusätzlichen Geldes mehr Produktionsmittel (konstantes Kapital) und mehr Arbeitskraft (variables Kapital) kauft, um noch mehr Mehrwert zu produzieren. Die Erweiterung wird unter Umständen nicht reibungslos und kontinuierlich verlaufen, weil es mehrere Jahre dauern kann, bevor er genug Geldkapital für den Bau einer neuen Fabrik oder einer Eisenbahn aufgeschatzt hat. Aber das nötige Geld zu sparen, ist nicht das einzige Problem. Auf dem Markt muss das zusätzliche konstante und variable Kapital für diese neuen Unternehmungen auch verfügbar sein. Eine »Reproduktion auf erweiterter Stufenleiter« muss also in Warenform bereits stattgefunden haben. »Geld an sich selbst ist kein Element der wirklichen Reproduktion«, denn wenn keine zusätzlichen Waren verfügbar sind, ist das angesparte Geld nutzlos (486).

Wir haben hier offensichtlich ein Henne-Ei-Problem, das sich nur umgehen lässt, wenn wir die Kontinuität und die Verkettung der verschiedenen Momente in der Gesamtzirkulation des Kapitals beachten.

Das Aufschatzen (Sparen) von Geld mag als solches noch keinen neuen Reichtum begründen, aber es schafft »*potentielles* neues Geldkapital«. Wenn aber alle im Hinblick auf zukünftige Erweiterungen Geld sparen, dann kauft niemand hier und heute Waren und der Zirkulationsprozess kommt zum Erliegen. Unverkaufte Waren verstopfen das System. Die einzige Form der Geldschöpfung, die zum wirklichen Reichtum beiträgt, ist die Goldproduktion, weil Gold eine Ware ist, die Mehrwert enthält (486f.). Wenn alle sparen und niemand kauft, wäre der einzig verfügbare Fonds für die Realisierung des Mehrwerts aller Kapitalisten der Mehrwert der Goldproduzenten. Dies ist natürlich eine absurde, Marx sagt »abgeschmackte«, Idee. Wir müssen der Schwierigkeit auf den Grund gehen, dass das Sparen die Käufe verringert und damit die Realisierung behindert. Dazu müssen wir uns anschauen, wie der Akkumulationsprozess zwischen den beiden Abteilungen abläuft.

Akkumulation in Abteilung I

Innerhalb der Abteilung I gibt es zwei Arten von Kapitalisten – diejenigen, die Geld aufschatzen (A, A', A'' usw.), und jene, die gerade ihr aufgeschatztes Geld für neues konstantes und variables Kapital ausgeben (B, B', B'' usw.). Diese beiden Kategorien »treten sich also gegenüber, die einen als Käufer, die andern als Verkäufer«. Die Aktivitäten dieser zwei Kategorien kompensieren sich teilweise gegenseitig. Wenn ein Kapitalist der Zirkulation Geld entzieht und aufschatzt, wirft der andere zusätzliche Kaufkraft in den Markt zurück. Mit ein bisschen Glück könnten sich die Aktivitäten der Schatzbildner und der Käufer im Gleichgewicht befinden. Aber selbst dann besteht ein Problem: »Diese zahlreichen Punkte, wo Geld der Zirkulation entzogen wird und sich in zahlreichen individuellen Schätzen, resp. potentiellen Geldkapitalen aufhäuft, scheinen ebenso viele Hindernisse der Zirkulation, weil sie das Geld immobilisieren und es seiner Zirkulationsfähigkeit für längre oder kürzre Zeit berauben.« (488) Außerdem besteht ständig die Gefahr eines Ungleichgewichts – zu viel Schatzbildung und nicht genug Käufe.

Das Kreditsystem bietet eine Lösung: »Man begreift das Vergnügen, wenn innerhalb des Kreditwesens alle diese potentiellen Kapitale durch ihre Konzentration in Händen von Banken usw. zu disponiblem Kapital, ›loanable capital‹ [verleihbarem Kapital], Geldkapital werden, und zwar nicht mehr zu passivem und als Zukunftsmusik, sondern zu aktivem, wucherndem (hier wuchern im Sinn des Wachsens).« (489) Es ist interessant, dass er dieses Geldkapital hier als »wucherisch« bezeichnet.[1] Aber wie es im ganzen 2. Band seine Gewohnheit ist, klammert er das mögliche »Vergnügen«, das diese auf dem Kredit basierende Lösung bieten könnte, hier aus. Es muss ohne es eine Lösung gefunden werden. Nur dann können wir verstehen, was das eigentliche Problem ist, das vom Kreditsystem gelöst wird.

»Das wirkliche Gleichgewicht« in der Produktion und Realisierung der Werte (einschließlich des Mehrwerts) »ist aber bedingt durch gleichen Wertbetrag der gegeneinander umgesetzten Waren«. Dieses Gleichgewicht existiert nur »unter der Annahme, daß der Wertbetrag der einseitigen Käufe und der Wertbetrag der einseitigen Verkäufe sich decken. Die Tatsache, daß die Warenproduktion die allgemeine Form der kapitalistischen Produktion ist, schließt bereits die Rolle ein, die das Geld, nicht nur als Zirkulationsmittel, sondern als Geldkapital in derselben spielt« (490f.). Dies

[1] Anm. d. Ü.: Harvey legt wohl zu viel in den hier auftauchenden Begriff »wuchern«, weil in der englischen Übersetzung der in der Klammer enthaltene explizite Hinweis auf den Unterschied zwischen »wuchernd« und »wucherisch« fehlt. Stattdessen bemüht sich der Übersetzer, diesen anderen Sinn durch die Worte »usurious, proliferating capital«, also etwa »wucherisches, wucherndes Kapital«, wiederzugeben.

> »erzeugt gewisse, dieser Produktionsweise eigentümliche Bedingungen des normalen Umsatzes, also des normalen Verlaufs der Reproduktion, sei es auf einfacher, sei es auf erweiterter Stufenleiter, die in ebenso viele Bedingungen des anormalen Verlaufs, Möglichkeiten von Krisen umschlagen, da das Gleichgewicht – bei der naturwüchsigen Gestaltung dieser Produktion – selbst ein Zufall ist.« (491)

Dies bedeutet, dass die Interventionen des Geldkapitals zwar notwendig sind, aber auch destabilisierend wirken können. Abermals scheint das Geldkapital die Probleme zu verursachen.

Werden die Gleichgewichtsverhältnisse durch Krisen wiederhergestellt? Marx sagt nichts dazu. Es bleibt eine offene und wichtige Frage. In der weiteren Entwicklung der Schemata berechnet er genau, welche Gleichgewichtsverhältnisse bestehen müssen, damit es zu einem ausgewogenen Wachstum kommen kann (natürlich unter bestimmten Annahmen). Meiner Ansicht nach (die falsch sein kann) will Marx zeigen, dass diese Gleichgewichtszustände bestenfalls zufällig erreicht werden können oder im schlimmsten Fall durch krisenhafte Prozesse des gewaltsamen Gesundschrumpfens.

Ähnliche Überlegungen betreffen die Erweiterung des eingesetzten variablen Kapitals. Wenn in Abteilung I mehr für variables Kapital ausgegeben wird, entsteht eine größere Nachfrage nach Lohngütern, die von Abteilung II produziert werden. Die Arbeiterklasse in Abteilung I »tritt ihm [dem Kapitalisten in Abteilung II] einseitig als Warenkäufer ... gegenüber; ... dem Kapitalisten I einseitig als Warenverkäufer, nämlich als Verkäufer ihrer Arbeitskraft«. Also kauft sie von einer Abteilung (I) und verkauft an die andere (II).

Die »notwendigen Voraussetzungen bedingen sich wechselseitig, werden aber vermittelt durch einen sehr komplizierten Prozeß, der drei unabhängig voneinander vorgehende, aber sich miteinander verschlingende Zirkulationsprozesse einschließt. Die Kompliziertheit des Prozesses selbst bietet ebensoviel Anlässe zu anormalem Verlauf« (491). Auch hier wird wieder darauf hingewiesen, dass es höchstwahrscheinlich zu Krisen kommen wird.

Um ihren Schatz zu bilden, müssen die Kapitalisten zunächst die Ware verkaufen, die den von den Arbeiterinnen produzierten Mehrwert enthält. Faktisch produzieren die Arbeiter den Schatz, das potenzielle Geldkapital. Soll in Abteilung I akkumuliert werden, dann »besteht dies Mehrprodukt von vornherein aus Produktionsmitteln von Produktionsmitteln« (492). Wenn aber mehr Produktionsmittel von

Produktionsmitteln hergestellt werden, dann sinkt die Produktion von Produktionsmitteln für die Konsumgüter produzierende Abteilung.

> »Damit also der Übergang von der einfachen zur erweiterten Reproduktion vor sich gehe, muß die Produktion in Abteilung I im Stand sein, weniger Elemente des konstanten Kapitals für II, aber um ebensoviel mehr für I herzustellen. Erleichtert wird dieser Übergang, der sich nicht immer ohne Schwierigkeit vollziehn wird, durch die Tatsache, daß eine Anzahl Produkte von I als Produktionsmittel in beiden Abteilungen dienen können.« (492)

Der Hinweis, dass viele Produkte – Energie ist das naheliegendste Beispiel – in beiden Abteilungen als Produktionsmittel dienen können, ist in der Tat sehr wichtig. Aber vor allem der eigentliche Kerngedanke ist meiner Ansicht nach mit schwerwiegenden Konsequenzen verbunden. Er bekräftigt eine Auffassung, von der lange Zeit die sozialistischen Entwicklungsstrategien geprägt waren – nämlich, dass zunächst der Erweiterung des Outputs von Abteilung I die Priorität gegeben werden muss, notfalls auch auf Kosten der Produktion von Konsumgütern. Der Ausgangspunkt ist: Entwickle die Schwerindustrie, investiere in das fixe Kapital der Produktion und der Infrastruktur, und schränke die persönliche Konsumtion ein. Wenn die Kapazität zur Herstellung von Produktionsmitteln durch Produktionsmittel schließlich ein gewisses Niveau erreicht hat, mag auch den Konsumbedürfnissen der Massen Aufmerksamkeit geschenkt werden. Das war der typische Entwicklungsweg, der in kommunistischen Ländern wie der Sowjetunion und China eingeschlagen wurde.

Was Marx hier schreibt, stimmt mit dieser Auffassung überein. Das vorliegende Beispiel, das Marx für sein Schema der erweiterten Reproduktion benutzt, stellt genau diesen Pfad dar und bestätigt damit dieses »Vorurteil«. Ich sage »Vorurteil« (»bias«), weil Marx nicht als allgemeine Wahrheit beweist, warum die Priorität so gesetzt werden muss. Angesichts der historischen Ergebnisse, die mit der Anwendung dieser Entwicklungsstrategie in sozialistischen und anderen Ländern (auch demokratische Staaten wie Indien nutzten sie in vielen Fällen für ihre Fünfjahrespläne) verbunden waren, wäre es ratsam, sich noch einmal genauer anzuschauen, von welcher Situation Marx ausgeht und was er wirklich meint.

Später im Text weist Marx die Idee, dass »die Akkumulation sich auf Kosten der Konsumtion vollziehe«, als eine »Illusion« zurück, da sie »dem Wesen der kapitalistischen Produktion widerspricht, indem sie voraussetzt, daß ihr Zweck und treibendes Motiv die Konsumtion sei, nicht aber die Ergatterung von Mehrwert und seine Kapitalisation, d.h. Akkumulation« (498f.). In einer rein kapitalistischen Produktionsweise, in der das Ziel nur darin besteht, immer mehr Mehrwert zu schaffen und den Reichtum, die Privilegien und die Macht der Kapitalistenklasse ständig zu vergrößern, ist es überaus sinnvoll, sich auf Investitionen in die Herstellung von Produktionsmitteln für Produktionsmittel zu konzentrieren und die Konsumtion zu vernachlässigen. Daher muss die Übertragung dieser klassenbasierten Priorität von Investitionen in Abteilung I auf Methoden der sozialistischen Planung infrage gestellt werden.

Marx fährt im Text fort:

> »Je größer das bereits in einem Lande fungierende produktive Kapital (eingerechnet die ihm inkorporierte Arbeitskraft, die Erzeugerin des Mehrprodukts), je entwickelter die Produktivkraft der Arbeit und damit auch die technischen Mittel rascher Ausweitung der Produktion von Produktionsmitteln – je größer daher auch die Masse des Mehrprodukts nach seinem Wert wie nach der Masse der Gebrauchswerte, worin er sich darstellt« (493).

Aber die Frage, wer von dieser ganzen Ausweitung profitiert, bleibt im Dunklen. Die unausgesprochene Schlussfolgerung dürfte zweifellos sein, dass es die Kapitalistenklasse ist.

Ausführlich untersucht Marx die Beziehungen zwischen den A's und B's in Abteilung I. Die A's realisieren immer wieder ihren Mehrwert durch Verkäufe, schatzen das eingenommene Geld jetzt aber auf. Die B's kaufen (zum Teil von den A's), um zu expandieren, aber im weiteren Verlauf ihrer Expansion entsteht das Problem, an wen sie verkaufen sollen, wenn die A's nicht kaufen. Wo also kommt das Geld her, mit dem sich der Wert ihrer Produkte realisieren lässt?

Das Geld ist »als Schatz und bloß sich nach und nach bildendes virtuelles Geldkapital – absolut unproduktiv, läuft dem Produktionsprozeß in dieser Form parallel, liegt aber außerhalb desselben. Es ist ein Bleigewicht (dead weight) der kapitalistischen Produktion.« Es scheint mir hilfreich, auf die Bedeutung dieser Kategorie des »virtuellen Geldkapitals« hinzuweisen (ist es dasselbe wie das früher erwähnte »potentielle Kapital«? Und in welcher Beziehung steht es zum »fiktiven Kapital« des 3. Bandes?). Aber Marx fährt fort: »Die Sucht, diesen als virtuelles Geldkapital sich aufschatzenden Mehrwert sowohl zum Profit wie zur Revenue brauchbar zu machen, findet im Kreditsystem und in den ›Papierchens‹ das Ziel ihres Strebens. Das Geldkapital erhält dadurch in einer andern Form den enormsten Einfluß auf den Verlauf und die gewaltige Entwicklung des kapitalistischen Produktionssystems.« (494)

Wir haben hier einen weiteren Punkt im 2. Band, an dem Marx auf Prozesse verweist, die die Schaffung des kapitalistischen Kreditsystems erfordern oder in ihr kulminieren. Er räumt ihnen auch den »enormsten Einfluß« auf den Verlauf der kapitalistischen Entwicklung und damit vermutlich auch auf die Bewegungsgesetze des Kapitals ein. Das stützt ein weiteres Mal die Auffassung, dass es Marx' Ziel im 2. Band ist, die absolute Notwendigkeit der Herausbildung des Kredits und der Entwicklung des Kreditsystems nachzuweisen.

Der Vorteil, wenn mehr und mehr des virtuellen Kapitals durch das Kreditsystem verfügbar gemacht wird, besteht darin, dass dieses Geld »rascher in einem besondren Geschäft angelegt wird, sei es in der Hand desselben Kapitalisten, sei es in andern Händen«. Es kann sogar dazu kommen, dass das virtuelle Kapital »ganz von Stammkapital losgetrennt wird, um als neues Geldkapital in einem neuen selbständigen Geschäft angelegt zu werden« (494). Es soll »effektiv als zusätzliches Geldkapital fungieren«, d.h. es soll in die Zirkulation geworfen werden, um neue Produktionsmittel und neues variables Kapital zu kaufen. Aber damit ist immer noch nicht die Frage beantwortet, woher das zusätzliche Geld kommt. Die Antwort von Marx lautet:

> »Wir wissen jedoch schon aus der Betrachtung der einfachen Reproduktion, daß sich eine gewisse Geldmasse in den Händen der Kapitalisten I und II befinden muß, um ihr Mehrprodukt umzusetzen. Dort kehrte das Geld, das nur zur Verausgabung als Revenue in Konsumtionsmitteln diente, zu den Kapitalisten zurück, im Maß, wie sie es vorgeschossen zum Umsatz ihrer respektiven Waren; hier erscheint dasselbe Geld wieder, aber mit veränderter Funktion. Die A's und die B's (I) liefern sich abwechselnd das Geld zur Verwandlung von Mehrprodukt in zusätzliches virtuelles Geldkapital und werfen abwechselnd das neugebildete Geldkapital als Kaufmittel in die Zirkulation zurück.« (495)

Mit der Erweiterung muss also angenommen werden, dass ausreichend Geld (Kredit?) sowohl für die Zirkulation wie für die Schatzbildung zur Verfügung steht. Die Akkumulation muss also begleitet sein von einer Erweiterung des Geldangebots oder, was auf dasselbe hinausläuft, von einer größeren Leichtigkeit, Geld als Zahlungsmittel benutzen zu können:

> »Gilt dies schlechthin für die erste Phase der kapitalistischen Produktion, wo auch das Kreditsystem von vorzugsweis metallischer Zirkulation begleitet ist, so gilt es selbst soweit für die entwickeltste Phase des Kreditsystems, als dessen Basis die Metallzirkulation bleibt. Einerseits kann hier die zuschüssige Produktion der edlen Metalle, soweit sie abwechselnd reichlich oder spärlich, störende Einflüsse auf die Warenpreise ausüben, nicht nur in längren, sondern innerhalb sehr kurzer Perioden; andrerseits ist der ganze Kreditmechanismus beständig damit beschäftigt, die wirkliche Metallzirkulation durch allerhand Operationen, Methoden, technische Einrichtungen, auf ein relativ stets abnehmendes Minimum zu beschränken – womit auch die Künstlichkeit der ganzen Maschinerie und die Chancen für Störungen ihres normalen Ganges im selben Verhältnis zunehmen.« (495f.)

Wir müssen uns also mit anderen Worten auf solche Handels- und Finanzkrisen gefasst machen, wie sie im 3. Band behandelt werden. Der ständige Kampf des Kreditsystems mit seiner metallischen Basis, der in jenem Band eine so große Rolle spielt, taucht also auch hier auf.[2] »Es ist aber wichtig«, sagt Marx,

> »überall, wie es hier geschieht, zunächst die metallische Zirkulation in ihrer einfachsten, ursprünglichsten Form vorauszusetzen, weil sich damit Fluß und Rückfluß, Ausgleichung von Bilanzen, kurz alle Momente, die im Kreditsystem als bewußt geregelte Verläufe erscheinen, als unabhängig vom Kreditsystem vorhanden darstellen, die Sache in naturwüchsiger Form erscheint, statt in der spätren reflektierten.« (496)

Angesichts dessen, was wir über die Rolle des Kreditsystems in seiner Funktion als »gemeinsames Kapital der Klasse« wissen, ist unschwer zu

---

[2] Erinnern wir uns an die Feststellung im 3. Band, wie »mit der Entwicklung des Kreditsystems die kapitalistische Produktion diese metallne Schranke, zugleich dingliche und phantastische Schranke des Reichtums und seiner Bewegung, beständig aufzuheben strebt, sich aber immer wieder den Kopf an dieser Schranke einstößt« (K3, 589).

erkennen, dass das Kreditsystem, statt eine Ursache von Krisen zu sein, den Hauptmechanismus darstellen kann, mit dem sich nicht nur Hindernisse der Geldzirkulation beseitigen, sondern auch Krisen im Allgemeinen vermeiden oder überwinden lassen – selbst wenn »die Künstlichkeit der ganzen Maschinerie« die »Chancen für Störungen ihres normalen Ganges« erhöht. Es ist daher kein Wunder, dass Marx in diesen Passagen immer wieder auf den Kredit und das Bankensystem zu sprechen kommt. Aber er sieht vermutlich aufgrund seines widersprüchlichen Charakters davon ab, es auf irgendeine systematische Weise hier in die Analyse einzubeziehen. Aber da wir bereits Marx' Analyse des Kreditsystems als »die Mutter aller verrückten Formen« kennengelernt haben, können wir uns genauer anschauen, wie wir durch den Kredit vom Regen der Disproportionalitätskrisen in die nasskalte Traufe der Finanz- und Handelskrisen geraten.

Wie euch zweifellos aufgefallen sein wird, taucht das Problem der Schatzbildung im 2. Band immer wieder auf. Es ist wichtig, weil Ungleichgewichte zwischen Angebot und Nachfrage innerhalb der Abteilungen entstehen, insbesondere in der Produktionsmittel herstellenden Abteilung. Zum Beispiel muss zunächst genügend Geld angehäuft worden sein, um die für den Kohlebergbau oder die Stahlproduktion benötigte Maschinerie kaufen zu können. Danach muss während des Gebrauchs dieser Produktionsmittel Geld beiseite gelegt werden, um sie später ersetzen zu können. Während all dieser Jahre produzieren und verkaufen die Kohle- und Stahlproduzenten ihre Ware, ohne den vollständigen Wert des von ihnen Produzierten wieder auszugeben. Das Problem verschärft sich noch dadurch, dass ein großer Teil des konstanten Kapitals aus fixem Kapital besteht. Daraus ergeben sich die ganzen Komplikationen mit den Kosten der Wartung, der Reparaturen und des Ersatzes von fixem Kapital, die im 4. Kapitel untersucht wurden. Das Fazit ist, dass selbst der Handel innerhalb von Abteilung I kaum reibungslos und störungsfrei ablaufen dürfte. Es wird zu Schwankungen kommen, in denen sich Investitionsschübe und Phasen der verstärkten Schatzbildung abwechseln.

Derartige Probleme können auch in der Abteilung entstehen, die Konsumgüter produziert (auch sie benötigt fixes Kapital), aber die innere Dynamik in dieser Abteilung ist an keinem Punkt annähernd so sprengend. Denn Löhne, die einen großen Teil der Nachfrage nach Konsumtionsmitteln bilden, werden meistens regelmäßig (normalerweise wöchentlich) gezahlt und von den Arbeitern sofort ausgegeben, da sie von der Hand in den Mund leben. Sie bilden keine Schätze (oder zumindest wird das von Marx angenommen). Lohnarbeiterinnen, die Getreide herstellen und den Wert ihrer Arbeitskraft bezahlt bekommen, haben genug Geld, um sich damit regelmäßig die Milch zu kaufen, die sie brauchen. Da die Kapitalisten die von ihnen angeheuerten Arbeiter erst bezahlen, wenn die Arbeit getan ist, müssen sie für die Beschäftigung von mehr Arbeiterinnen nicht erst in der Weise Geld aufschatzen, wie es für den Kauf einer neuen Maschine notwendig wäre. Etwas anders mag es sich darstellen, wenn es um die Konsumtion der Kapitalistenklasse geht. Die Nachfrage nach Luxusgütern kann heftiger schwanken, je nachdem wie es um die wirtschaftlichen Verhältnisse, die Erwartungen und das allgemein vorherrschende Vertrauen bestellt ist. Dieses Problem wurde schon im letzten Kapitel erwähnt.

In entwickelten kapitalistischen Ökonomien wie den USA sind die Erwartungen und das Verbrauchervertrauen bei der Masse der Arbeiterklasse auf eine Weise zu einem entscheidenden Faktor geworden, wie sie von Marx nicht berücksichtigt wurden (obwohl er durchaus eine Ahnung davon hatte, wie wir sehen werden). Und Arbeiter sparen freiwillig und unfreiwillig (durch die Pflichtversicherung in der Altersvorsorge).

Nicht nur Geld und zusätzliche Produktionsmittel müssen vorhanden sein, damit die Erweiterung erfolgen kann. Auch zusätzliche Arbeitskräfte müssen dem Kapitalisten bereits zur Verfügung stehen. Diese elementare Voraussetzung bringt uns zur Untersuchung der Zirkulation innerhalb von Abteilung II. Die Nachfrage nach Konsumgütern, die aus Abteilung I stammt, wird vom Ausmaß der Schatzbildung abhängen. Das bringt folgende »einander bedingende Phänomene« mit sich: »Bildung von virtuell zuschüssigem Geldkapital bei Klasse I (daher Unterkonsumtion vom Standpunkt von II); Festsetzung von Warenvorräten bei Klasse II, die nicht rückverwandelbar in produktives Kapital (also relative Überproduktion bei II); überschüssiges Geldkapital bei I und Defizit in der Reproduktion bei II.« (498) Zu beachten ist, dass die umstrittenen Begriffe »Unterkonsumtion« und »Überproduktion« sich hier auf das Verhältnis zwischen den beiden Abteilungen beziehen. »Da aber bei der Darstellung des Schemas alles Geld und alle Waren sich von vornherein ausschließlich in den Händen der Kapitalisten I und II befinden, weder Kaufmann, noch Geldhändler, noch Bankier, noch bloß konsumierende und nicht direkt in der Warenproduktion beteiligte Klassen hier existieren – so ist ebenfalls die beständige Bildung von Warenlagern, hier in den Händen ihrer respektiven Produzenten selbst, unentbehrlich, um die Maschinerie der Reproduktion in Gang zu halten.« (500) Auch wenn Marx es hier nicht erwähnt, Warenlager sind totes Kapital und daher ein Klotz am Bein der Akkumulation (faktisch handelt es sich um Schatzbildung in Warenform). Wenn Abteilung I mehr Produktionsmittel absorbiert, dann werden – wenn alles andere gleich bleibt – weniger für die Erweiterung der Produktion in Abteilung II zur Verfügung stehen.

Aber wie Marx im nächsten Abschnitt betont, hat die Kapitalistenklasse in Abteilung II den Vorteil, »daß die Arbeiter, die sie anwendet, die von ihnen selbst produzierten Waren von ihr wieder zu kaufen haben. Klasse II ist Käufer der Arbeitskraft und zugleich Verkäufer von Waren an die Besitzer der von ihr angewandten Arbeitskraft.« (503) Die Kapitalisten in Abteilung II profitieren unmittelbar davon, die Löhne unter ihren Wert zu drücken. Aber es stehen ihnen noch andere Mittel zur Verfügung, um sich einen Teil des verausgabten variablen Kapitals zurückzuholen:

> »Und wie dies ausgebeutet werden kann – wie nominell der normale Arbeitslohn gezahlt werden, in der Tat aber ein Teil davon ohne entsprechendes Warenäquivalent wieder zurückgeschnappt, alias zurückgestohlen werden kann; wie dies teils vermittelst des Trucksystems, teils vermittelst Fälschung (wenn auch vielleicht legal nicht faßbarer) des zirkulierenden Mediums fertig gebracht werden kann –, davon liegen in jedem industriellen Land die handgreiflichsten Data vor. Z.B. in England und in den Vereinigten Staaten.« (504)

Marx verspricht, dies später »an artigen Exempeln etwas auszuspinnen«.

Da es sich hier um eine der wenigen Stellen handelt, an denen dieses Thema im *Kapital* auftaucht, sollte es hervorgehoben werden. Wie in den letzten Jahren Millionen von Menschen in den USA auf betrügerische Weise durch Zwangsvollstreckungen ihrer Häuser beraubt wurden, ist ein schlagendes Beispiel dafür – ebenso die gesamten politischen Maßnahmen der letzten vierzig Jahre, die ich als »Akkumulation durch Enteignung« bezeichne.

Aber wie üblich vermeidet Marx eine genauere Beschäftigung mit solchen Fragen, weil »bei der objektiven Analyse des kapitalistischen Mechanismus ... gewisse, demselben noch extraordinär anklebende Schandflecken nicht als Ausflüchte zur Beseitigung theoretischer Schwierigkeiten zu verwerten« seien (504). In der rein kapitalistischen Produktionsweise, deren »Wesen« Marx untersuchen will, haben solche Schandflecke keinen Platz. Insbesondere können sie nicht dazu dienen, Ungleichgewichte von Angebot und Nachfrage zwischen den beiden Abteilungen zu beseitigen.

Das Hauptproblem in Abteilung II ergibt sich aus ihrer Beziehung zu Abteilung I. Im Gegensatz dazu entstehen die schwerwiegenderen Zirkulationsprobleme der Abteilung I in ihr selbst. Wie also lässt sich ihr Hauptproblem lösen?

Die Schemata für die erweiterte Reproduktion

Marx' wichtigstes Ziel ist es, die Handelsbeziehungen zwischen den Abteilungen zu modellieren. Dafür geht er von der »Akkumulation um der Akkumulation willen« aus, wie er sie in dem entsprechenden 22. Kapitel im 1. Band entwickelt hat. Nach ein paar Seiten mit ersten Versuchen gelangt er im 3. Abschnitt des 21. Kapitels, »Schematische Darstellung der Akkumulation«, zu dem, was er als sein aufschlussreichstes Modell der dynamischen Beziehungen zwischen den Abteilungen betrachtet. Ich will die vorbereitende Argumentation nicht im Einzelnen durchgehen, sondern nur die Lösung darstellen, zu der er gelangt. Sein Ausgangspunkt ist das Schema für die einfache Reproduktion, das wir bereits kennen:

Abteilung I: $4000_c + 1000_v + 1000_m = 6000$
Abteilung II: $2000_c + 500_v + 500_m = 3000$

Die Proportionalität des Austauschs zwischen den beiden Abteilungen erfordert bei einfacher Reproduktion, dass Abteilung II 2000c von Abteilung I kauft und die an der Produktion von Produktionsmitteln beteiligten Arbeiter und Kapitalisten 1000v + 1000m von Abteilung II kaufen (oder in algebraischer Form, $c_2 = v_1 + m_1$). Zu beachten ist, dass sowohl die Mehrwertrate (m/v) wie die Wertzusammensetzung des Kapitals (c/v) in beiden Abteilungen gleich sind.

Für die Analyse der erweiterten Reproduktion wählt Marx ein anderes Zahlenbeispiel, um die Berechnungen zu erleichtern:

Abteilung I: $4000_c + 1000_v + 1000_m = 6000$
Abteilung II: $1500_c + 750_v + 750_m = 3000$

Während die Mehrwertrate in beiden Abteilungen gleichgeblieben ist, hat sich die Wertzusammensetzung verändert. Die Produktivität (das Verhältnis c/v, das auch als Wertzusammensetzung des Kapitals bezeichnet wird) in Abteilung I ist nun doppelt so groß wie in Abteilung II. Marx wollte damit ganz offensichtlich die Berechnungen vereinfachen, aber diese Veränderung hat eine gewisse Bedeutung. Die Gleichgewichtsbedingung der einfachen Reproduktion – $c_2 = v_1 + m_1$ – gilt jetzt nicht mehr. Faktisch gibt es eine Überproduktion von Produktionsmitteln und eine Unterproduktion von Konsumtionsmitteln.

Aber das ist die Situation zu Beginn des Jahres. Am Jahresende haben sich die Zahlen verändert, wenn ein Teil des Mehrwerts auf Kosten der persönlichen Konsumtion der Kapitalisten in die Erweiterung reinvestiert wird (immer unter der von Marx gemachten Annahme, dass alles auf jährlicher Basis umschlägt). Nehmen wir an, es werde die Hälfte des Mehrwerts in Abteilung I (1000_m) akkumuliert. Bei gleichbleibender Wertzusammensetzung des Kapitals teilen sich dann die reinvestierten 500_m in zusätzliche 400_c und 100_v auf, was im Ergebnis zu 4400_c und 1100_v in Abteilung I führt. Wenn auch die Mehrwertrate gleich bleibt, werden nun 1100_m erzeugt und der gesamte Output in dieser Abteilung hat sich von 6000 auf 6600 erhöht. Das bildet dann den Ausgangspunkt für die Akkumulation im nächsten Jahr. Auf diese Weise geht es von Jahr zu Jahr weiter.

Für Abteilung II geht Marx von einer anderen Rate der Reinvestition aus, bei der nur 150_m des verfügbaren Mehrwerts von 750_m wieder investiert werden. Bei gleichbleibender Wertzusammensetzung bedeutet dies, dass zusätzlich zu den ursprünglichen 1500_c und 750_v weitere 100_c und 50_v gekauft werden. Die gesamten Käufe belaufen sich nun auf 1600_c und 800_v, womit ein Mehrwert von 800_m erzeugt wird. Der gesamte Output hat sich von 3000 zu Beginn des Jahres auf 3200 erhöht. Das bildet dann den Ausgangspunkt für die Akkumulation im nächsten Jahr und so geht es von Jahr zu Jahr weiter.

Der gesamte Ertrag der beiden Abteilungen beläuft sich am Ende des ersten Jahres auf 9800, im Vergleich zu 9000 zu Beginn des Jahres. Die 1600_c, die Abteilung II von Abteilung I kauft, entsprechen nun den 1100_v und 500_m in Abteilung I, die Nachfrage nach Konsumgütern aus Abteilung I darstellen. Wie durch ein Wunder ist durch den Wachstums- und Akkumulationsprozess eine Harmonie entstanden, wo zuvor ein Ungleichgewicht bestand! Natürlich hat Marx seine Zahlen und Annahmen mit Bedacht gewählt, damit es zu diesem Resultat kommt. Aber damit beweist er die Möglichkeit (keinesfalls die Wahrscheinlichkeit) einer harmonischen Kapitalakkumulation. Er lässt es so aussehen, als könne dieser Prozess bis in alle Ewigkeit weitergehen. Tabelle 1 zeigt die jährlichen Bewegungen für die ersten vier Jahre. Sofern alles andere gleich bleibt, kann es sich so beliebig oft wiederholen.

Tabelle 1

Erstes Jahr	Anfang	I. 4000c + 1000v + 1000m = 6000 II. 1500c + 750v + 750m = 3000
	Ende	I. 4000c + 400Δc + 1000v + 100Δv + 500u II. 1500c + 100Δc + 750v + 50Δv + 600u
Zweites Jahr	Anfang	I. 4400c + 1100v + 1100m = 6600 II. 1600c + 800v + 800m = 3200
	Ende	I. 4400c + 440Δc + 1100v + 110Δv + 550u II. 1600c + 160Δc + 800v + 80Δv + 560u
Drittes Jahr	Anfang	I. 4840c + 1210v + 1210m = 7260 II. 1760c + 880v + 880m = 3520
	Ende	I. 4840c + 4840Δc + 1210v + 121Δv + 605u II. 1500c + 100Δc + 750v + 50Δv + 600u
Viertes Jahr	Anfang	I. 5324c + 1331v + 1331m = 7986 II. 1936c + 968v + 968m = 3872
	Ende	I. 5324c + 532Δc + 1331v + 133Δv + 666u II. 1936c + 194Δc + 968v + 97Δv + 677u

Als algebraische Formel geschrieben stellt sich die Reinvestition in Abteilung I dar als: $c_1 + \Delta c_1 + v_1 + \Delta v_1 + m_{u1}$ (wobei m_u für den Rest des Mehrwerts steht, der dem Konsum der Kapitalistenklasse dient), und in Abteilung II als: $c_2 + \Delta c_2 + v_2 + \Delta v_2 + m_{u2}$. Damit lautet die Formel für den gleichgewichtigen Austausch zwischen den Abteilungen, der eine reibungslose Akkumulation ermöglicht: $c_2 + \Delta c_2 = v_1 + \Delta v_1 + m_{u1}$. Triff diese Proportionalität und wir könnten für alle Zeiten eine harmonische Kapitalakkumulation haben!

Aber damit haben wir eine Antwort auf die Frage, die uns seit dem Ende des 4. Kapitels im 2. Band verfolgt: Woher kommt die zusätzliche Nachfrage, um die Lücke zwischen der zu Beginn geschaffenen Nachfrage c + v und dem am Ende produzierten Angebot von c + v + m zu schließen? Vom Standpunkt des individuellen Kapitalisten erscheint es albern zu sagen, der Kapitalist selbst müsse die zusätzliche Nachfrage bereitstellen, um den Mehrwert zu realisieren. Aber wenn der Gesamtprozess in Abteilungen und Einzelkapitale (die Beziehungen zwischen den A's und B's in Abteilung I) zerlegt wird, können wir sehen, dass einige Kapitalisten mehr kaufen als sie produzieren, während andere mehr produzieren als sie kaufen, und dass mit gewissen Kombinationen aus produktiver und persönlicher Konsumtion auf gesamtgesellschaftlicher Ebene ein dynamisches Gleichgewicht von Angebot und Nachfrage erreicht werden kann.

Die große Frage ist, auf welche Weise diese Gleichgewichtssituation herbeigeführt werden kann. Wie müsste der Handel zwischen den beiden Abteilungen ablaufen, damit die richtigen Proportionalitäten und Verhältnisse eingehalten werden und es nicht in einer Abteilung zu Überproduktion im Verhältnis zur anderen kommt, die dann von Unterkonsumtion betroffen wäre? Natürlich sind diese Schemata völlig unrealistisch. Marx hat sich die Zahlen so ausgedacht, dass sie passen. Aber sind die Schemata dermaßen unrealistisch, dass sie uns nichts über die Belastungen und Widersprüche sowie die dynamischen Kapazitäten der kapitalistischen Produktionsweise verraten können? Und wenn nicht, welchem Zweck dienen sie dann?

Diese entscheidenden Fragen erfordern eine allgemeinere Bewertung. Aber bevor wir dazu kommen, verdient noch ein anderes in diesem Kapitel aufgeworfenes Problem ein wenig Erläuterung.

Und wieder das Problem des Konsums der Arbeiterklasse

Im 2. Band des *Kapital* wird immer wieder der Konsum der Arbeiterklasse in einer Funktion angesprochen, die im 1. Band völlig ausgeblendet worden war. Erstens bildet diese Konsumtion »*einen proportionell entscheidenden Anteil* an der Gesamtzirkulation« (413; Hervorh. D.H.). Einer der grundlegenden Widersprüche des Kapitalismus besteht in seiner Unfähigkeit, Werte zu realisieren, weil es in »einer Gesellschaft, wovon die große Mehrzahl stets arm ist und stets arm bleiben muß«, an Kaufkraft fehlt (318). Marx ging sogar so weit, Folgendes zu behaupten: »Der letzte Grund aller wirklichen Krisen bleibt immer die Armut und Konsumtionsbeschränkung der Massen gegenüber dem Trieb der kapitalistischen Produktion, die Produktivkräfte so zu entwickeln, als ob nur die absolute Konsumtionsfähigkeit der Gesellschaft ihre Grenze bilde.« (K3, 501)

In diesem Zusammenhang sollten wir auch einer in diesem Kapitel »nebenbei« angestellten Beobachtung eine gewisse Bedeutung geben (auch wenn zu diskutieren wäre, wie wichtig sie ist): »Der Herr Kapitalist, wie seine Presse, ist oft unzufrieden mit der Art, wie die Arbeitskraft ihr Geld verausgabt, und mit den Waren II, worin sie selbes realisiert. Bei dieser Gelegenheit philosophiert, kulturschwatzt und philanthropisiert er«. Marx zitiert dann aus einem Artikel in *The Nation* von 1879 (der also veröffentlicht wurde, nachdem er seine theoretische Arbeit abgeschlossen hatte): »Die Arbeiter haben in der Kultur nicht Schritt gehalten mit dem Fortschritt der Erfindungen; es sind ihnen Massen von Gegenständen zugänglich geworden, die sie nicht zu gebrauchen wissen, und für die sie also keinen Markt schaffen.« Das Problem sei, »wie er [der Arbeiter] als Konsument durch ein rationelles und gesundes Verfahren höher zu stellen ist; keine leichte Frage, da sein ganzer Ehrgeiz nicht über eine Verkürzung seiner Arbeitsstunden hinausgeht, und der Demagog ihn hierzu viel mehr aufreizt als zur Erhebung seiner Lage durch Verbeßrung seiner geistigen und moralischen Fähigkeiten.« (510f.) Marx überzieht derlei Äußerungen zwar mit seiner beißenden Kritik, aber er sieht auch, dass es notwendig ist, den Arbeiter zu »einem rationellen Konsumenten« zu machen, damit die Konsumtion der Arbeiter als ein »proportionell entscheidener« Teil der Kapitalzirkulation fungieren kann. »Was der Kapitalist unter rationellem Konsum versteht, zeigt sich dort, wo er so herablassend ist, sich direkt in den Konsumtionshandel seiner Arbeiter einzulassen – im Trucksystem, wovon auch das Wohnungsliefern an die Arbeiter, so daß sein Kapitalist zugleich sein Hausvermieter, ein Zweig unter vielen ist.« Er führt das Beispiel der Baumwollmusterfabriken der Lowell und Lawrence Mills in Massachusetts an, die durch eine eigene Polizei die Wohn- und Lebensverhältnisse der von ihnen beschäftigten Mädchen überwachen ließen. Hier, schreibt Marx, »sehn wir in voller Glorie den rationellen Konsumenten« (511). Marx hatte jedoch mit seinen Studien begonnen, als die Löhne in England (sein Musterbeispiel) noch niedrig gehalten wurden. Ab etwa 1860 scheinen sie gestiegen zu sein. Als Henry Ford sehr viel später, 1914, den 5-Dollar-Acht-Stunden-Tag in der Automobilindustrie einführte, schickte er eine Armee von Sozialarbeitern los, die den Arbeitern das anständige und rationelle Konsumieren beibringen sollten. Die Rationalität besteht natürlich darin, dass die Arbeiter für alle möglichen Konsumgüter, die von den Kapitalisten produziert werden, »einen Markt schaffen« sollen. Die Frage, wie durch die Organisierung einer Konsumgesellschaft die Einzelnheiten der Konsumtion möglicherweise rationalisiert werden könnten, hat sich Marx nicht gestellt. Aber dieser »Einschub« bietet einen Ansatzpunkt für solche Überlegungen, auch wenn Marx selbst sie beiseite lässt.

Die Annahmen

Um beurteilen zu können, worum es in diesen Schemata geht, sollten wir zunächst auf die Annahmen hinweisen, von denen die Berechnungen ausgehen. Zunächst einmal unterstellt Marx, dass sich alle Aktivitäten der einen oder der anderen Abteilung zuordnen lassen. Von Unschärfen in der Definition (ist Mehl ein Produktionsmittel für die Herstellung von Brot, das wiederum ein Produktionsmittel für Sandwichs ist, bevor es in den Endverbrauch geht?) und von doppeltem Gebrauch und Kuppelprodukten (aus Schafen wird Fleisch zum Verzehr hergestellt, aber ihre Wolle und Felle gehen in die industrielle Produktion ein) wird abgesehen. Dann existieren nur zwei Klassen – Kapitalisten und Arbeiterinnen (es gibt also nicht mal Bankiers und Kaufleute und auch keine wie auch immer definierte Mittelklasse). Die Arbeitsproduktivität (die Wertzusammensetzung c/v), die sich in Wirklichkeit (durch die im 1. Band beschriebenen technologischen und organisatorischen Veränderungen im Zuge der Produktion von relativem Mehrwert) ständig erhöht, bleibt konstant. Lediglich aus Gründen der einfacheren rechnerischen Einhaltung der Gleichgewichtsbedingungen wird von unterschiedlichen Wertzusammensetzungen in den beiden Abteilungen bei erweiterter Reproduktion ausgegangen. (Bedeutet dies, dass nur ein ganz bestimmter Entwicklungspfad von technologischen Veränderungen zu einem Gleichgewicht in den Schemata führen kann, wie es von einigen Autoren vermutet wird?) Der Wert der Arbeitskraft ist unveränderlich und die Reinvestitionsraten werden (mit einer Ausnahme) konstant gehalten. Die Reinvestitionen spielen sich nur innerhalb der beiden Abteilungen ab, sodass kein Kapital von einer Abteilung in die andere fließen kann. (Es gibt einen merkwürdigen Ausreißer in der Reinvestitions- oder Sparquote im zweiten Jahr des arithmetischen Beispiels, der dazu dient, alles im Gleichgewicht zu halten.)

Wenn es keine Investitionsströme zwischen den Abteilungen gibt, dann fehlt es an einem Mechanismus zur Herstellung einer gleichen Durchschnittsprofitrate in beiden Abteilungen. Da diese Ausgleichung ein wichtiges Moment in der Theorie vom tendenziellen Fall der Profitrate ist, die Marx im 3. Band entwickelt, besteht hier offensichtlich ein theoretisches Problem, das nicht ignoriert werden kann. Die Austauschprozesse werden in Wertgrößen dargestellt, wobei vorausgesetzt wird, dass alles zu seinem Wert getauscht wird (und nicht zu seinem Produktionspreis, der in den ersten Kapiteln des 3. Bandes eingeführt wird). Obwohl das Eingreifen des Geldkapitals häufig mit Störungen verbunden zu sein scheint, werden die monetären Aspekte der Zirkulation nicht vollständig berücksichtigt. Alles wird innerhalb von einem Jahr umgeschlagen, womit das wichtige Problem der Bildung und der Zirkulation von fixem Kapital zum größten Teil ausgeblendet wird. Andere Formen der Aneignung und Ausbeutung wie Grundrente, Zins, Profit des Kaufmannskapitals und Steuern tauchen nicht auf.

Ich denke, daraus ergibt sich offensichtlich, dass die Schemata in der vorliegenden Form ein völlig unrealistisches Modell davon abgeben, wie eine kapitalistische Ökonomie funktionieren könnte. Aber Zweck dieser Modellierung muss es nicht unbedingt sein, eine realistische Darstellung zu erhalten (auch wenn eine erfolgreiche Modellierung dieser Art die Grundlage dafür bilden könnte). Marx würde sagen, dass es um die Herausarbeitung der wesentlichen Zusammenhänge in der inneren Struktur der kapitalistischen Produktionsweise und in diesem Fall ihrer Reproduktion geht. Was also können uns die Schemata über diese Zusammenhänge verraten? Sie zeigen einfach, dass die Reproduktion der Kapitalakkumulation durch das kontinuierliche Fließen des Kapitals in seinen drei Kreisläufen des Geldkapitals, des produktiven Kapitals und des Warenkapitals zwangsläufig eine komplizierte Angelegenheit und daher krisenanfällig ist. Krisen der einen Art (der Ströme des fixen Kapitals und von Disproportionalitäten im allgemeineren Sinn) lassen sich nur dadurch lösen, dass noch problematischere Krisen an anderen Punkten (insbesondere im Finanzsystem) erzeugt werden. Mir gefällt die Idee, dass in der Analyse von Marx die Krisentendenzen nie überwunden, sondern lediglich verlagert werden. Es mag sein, dass ich mich hier zu einer Überinterpretation verleiten lasse, aber ich denke, dass eine genaue Lektüre des Textes, insbesondere in Verbindung mit einer genauen Lektüre der Kapitel zum Kredit und Finanzwesen im 3. Band, weit mehr für als gegen diese Lesart spricht.

Die Schemata unter kapitalistischen Bedingungen: Die Rolle von Geld und Kredit

Was geschieht, wenn das Kreditsystem in seiner Funktion als gemeinsames Kapital der Klasse für die Lösung solcher Probleme der Makrokoordination von Kapitalströmen in der kapitalistischen Gesellschaft zum Einsatz gebracht wird? Warum können wir uns nicht vorstellen, dass das Kreditsystem auf irgendeine Weise die Kontrolle über diese Vorgänge übernimmt oder die Kapitalströme sogar rationell gestaltet, statt sie in dem anarchischen Zustand zu belassen, den Marx als Ergebnis der bloßen Regulierung durch den Markt beschreibt? Schließlich spielt das Kreditsystem eine wichtige Rolle bei der Rationalisierung der Umschlagzeiten und löst viele Probleme von unterschiedlichen Umschlagszeiten. Ebenso erleichtert es die Zirkulation von fixem Kapital, indem es die damit verbundene monatliche Schatzbildung auf das Niveau der monatlichen Zahlungen reduziert. Auf ähnliche Probleme stoßen wir bei der Koordination zwischen verschiedenen Sektoren. Möglicherweise könnten die Signale, die vom Kreditsystem als einem System regelmäßiger Zahlungen auf Basis einer bestimmten Zinsrate übermittelt und verarbeitet werden, vom Staat oder einer ähnlichen Instanz für die makroökonomische Planung genutzt werden. Ist das nicht faktisch das, was die Zentralbanken als die vom Staat gestützten Angelpunkte des Kreditsystems in erster Linie tun sollten?

Dies weist ein weiteres Mal auf die ambivalente Rolle des Kreditsystems hin. Zu einem realistischen Modell werden wir meiner Ansicht nach nicht kommen können, ohne das Kreditsystem mit einzubeziehen. Das hätte von späteren Arbeiten zu den Schemata geleistet werden müssen, aber bisher ist auf diesem Gebiet noch nicht viel getan worden.

Die Bedeutung der Schemata und ihre weitere Entwicklung

In den späteren Diskussionen und Debatten über den Status und die Bedeutung der Reproduktionsschemata von Marx zeigte sich, dass keinerlei Einigkeit darüber bestand, wie sie zu interpretieren seien. Während ich davon ausgehe, dass Marx mit der Konstruktion harmonischer Gleichgewichtsverhältnisse gerade deren Unerreichbarkeit aufzeigen wollte, sagen andere, dass er die Möglichkeit eines derart harmonischen Wachstumpfads erklären wollte und dass Abweichungen von diesen harmonischen Verhältnissen, sofern sie von gelegentlichen kleineren Krisen korrigiert werden, prinzipiell unter Kontrolle gebracht werden können.

Rosa Luxemburg schrieb in *Die Akkumulation des Kapitals*: »In dem Marxschen Schema verläuft nun tatsächlich die Akkumulation, die Produktion, die Realisierung, der Austausch, die Reproduktion glatt wie am Schnürchen. Und ferner kann man diese ›Akkumulation‹ auch tatsächlich ›ad infinitum‹ fortsetzen.« Sie widersetzte sich vehement der politischen Passivität, die sich ihrer Ansicht nach aus den Schemata ergeben würde, und hielt sie für einen verhängnisvollen Irrtum. Marx habe in keiner Weise seine eigene Frage beantworten können: »Woher stammt die effektive Nachfrage, um das Mehrprodukt zu bezahlen?« Mit dieser Frage beschäftigt sich Marx natürlich im 17. Kapitel und versucht im 20. und 21. Kapitel, sie zu lösen. Diese Frage steht ebenfalls für die keynesianische ökonomische Theorie im Zentrum. Die Reproduktionsschemata von Marx scheinen auf versteckte Weise gewisse Momente der keynesianischen Theorie und auch die makroökonomischen Wachstumsmodelle, die seit den 1930er Jahren entwickelt wurden, beeinflusst zu haben. In der Folge entstand eine umfangreiche Literatur zur Beziehung zwischen Marx und Keynes, in der die Fragen der gesamtwirtschaftlichen effektiven Nachfrage und der Reinvestitionsrate sowie der Pfade technologischer Veränderungen eine große Rolle spielen. Für Keynes ergibt sich aus seinen Überlegungen die Notwendigkeit einer angemessenen Finanz- und Geldpolitik seitens des Staats (oder der Staaten und internationaler Finanzinstitutionen wie dem IWF), mit der allein ein annähernd harmonisches Wachstum zu erreichen sei. Andere vom Keynesianismus geprägte Ökonomen haben gezeigt, dass sich die Proportionalitäten nur durch einen spezifischen Pfad der technologischen und organisatorischen Veränderungen (der Entwicklung der Produktivität als Verhältnis c/v) erreichen lassen. Es wäre jedoch unwahrscheinlich, dass der tatsächliche Pfad der technologischen Veränderungen demjenigen entsprechen würde, der für ein ausgeglichenes Wachstum erforderlich ist. Je mehr der technologische Wandel in der Wirklichkeit von diesem Idealpfad abweichen würde, desto heftiger würden die Krisen der Disproportionalität ausfallen.

Wie wir zuvor bei der Frage des Geld- und Finanzkapitals und des Kredits gesehen haben, scheint Marx nicht daran zu glauben, dass sich auf diese Weise ernsthafte Krisen (im Gegensatz zu regulierenden Krisen, die Disproportionalitäten korrigieren) vermeiden lassen. An diesem Punkt hätte Marx höchstwahrscheinlich die Differenz zwischen ihm und Keynes festgemacht, da Letzterer meinte, die Krisen und damit die Widersprüche seien durch staatliche Interventionen weitgehend kontrollierbar. Vor Marx hatte es – abgesehen von Quesnay – kaum Versuche gegeben, ein makroökonomisches Modell der Ströme zu konstruieren, durch die das Kapital reproduziert wird. Quesnay hatte geglaubt, Kapital und Reichtum würden ausschließlich auf der Landwirtschaft beruhen, aber das Modell von Marx rückt die industrielle Produktion ins Zentrum und versucht die notwendigen Ströme und Gleichgewichte zwischen den beiden Abteilungen zu bestimmen. Bei der »naturwüchsigen Gestaltung« der kapitalistischen Produktion (womit er das nur am Eigeninteresse orientierte Handeln individueller Kapitalisten meint) sei das Gleichgewicht, schreibt er, »selbst ein Zufall« und die »Bedingungen … des normalen Verlaufs der Reproduktion, sei es auf einfacher, sei es auf erweiterter Stufenleiter«, können nur zu leicht »in ebenso viele Bedingungen des anormalen Verlaufs, Möglichkeiten von Krisen umschlagen«. Alle »notwendigen Voraussetzungen« für ein ausgeglichenes Wachstum »bedingen sich wechselseitig, werden aber vermittelt durch einen sehr komplizierten Prozeß, der drei unabhängig voneinander vorgehende, aber sich miteinander verschlingende Zirkulationsprozesse einschließt. Die Kompliziertheit des Prozesses selbst bietet ebensoviel Anlässe zu anormalem Verlauf.« (491)

Derartige Krisen werden in der marxistischen Literatur im Allgemeinen als »Disproportionalitätskrisen« bezeichnet. Es ist nicht klar, wie tiefgreifend und umfassend sie werden können, aber ein aktuelles Beispiel für derartige Überlegungen sind die »globalen Ungleichgewichte«, auf die in den Berichten des IWF und in anderen Dokumenten immer wieder hingewiesen wird. Natürlich bezieht sich das in der heutigen Situation in der Regel auf die Handelsungleichgewichte zwischen nationalen Ökonomien (wie den USA und China), aber in gewisser Weise können wir dies auch als eine Variante der ungleichen Entwicklung und Ungleichgewichte zwischen verschiedenen Sektoren betrachten. Beide überlappen sich und die umfangreichen späteren Arbeiten zu diesem Thema werfen die Frage auf, wie eine geografische Version der hier ausgemachten Ungleichgewichte in der dynamischen Interaktion zwischen Produktion und Konsumtion aussehen könnte.

Indem die Schemata zeigen, was das Kapital tun müsste, um ein harmonisches und gleichgewichtiges Wachstum zu erreichen, machen sie zugleich klar, dass es für das Kapital schier unmöglich ist, das zu tun. Einige mögliche Widersprüche sind noch gar nicht untersucht worden. Die technische Analyse, mit der wir es im 2. Band durchgehend zu tun haben, weist auf die *Möglichkeit* von Unterbrechungen und Störungen hin. Im gesellschaftlichen Gesamtzusammenhang, wie er im 3. Band dargestellt wird, können wir sehen, wie sich diese Möglichkeiten in der Praxis zur *Wirklichkeit* entwickeln.

Die Schemata wurden zum ersten Mal in den Anfangsjahren der Sowjetunion angewandt, als ein polnischer Ökonom namens Feldman damit begann, ihre Nützlichkeit für die Aufstellung von fünfjährigen Entwicklungsplänen zu erkunden. Danach griffen Ökonomen wie Michał Kalecki (ebenfalls aus Polen stammend) und andere, die sich eindeutiger an Keynes orientierten, die Schemata von Marx auf, um makroökonomische Wachstumsmodelle und Theorien des Wirtschaftswachstums in der bürgerlichen Ökonomie zu entwickeln. Evsey Domar, der als Mitbegründer einer in den 1940er Jahren formulierten makroökonomischen Wachstumstheorie gilt, die heute als Harrod-Domar-Modell bezeichnet wird, sprach ganz offen davon, wie viel er den Schemata von Marx verdanke. Das ganze Fachgebiet der makroökonomischen Wachstumsmodelle in der bürgerlichen Ökonomie stützt sich in gewisser Weise auf dieses Erbe. Die Ökonomen hätten sich eine Menge Ärger ersparen und schon siebzig Jahre früher zu makroökonomischen Modellierungen und wirtschaftspolitischer Planung kommen können, wenn sie die Schemata von Marx ernster genommen hätten.

Theoretisch aufgegriffen und für eine vernichtende Kritik an der Neoklassik genutzt wurden diese Ideen auch von Piero Sraffa in seiner

Schrift *Warenproduktion mittels Waren*, deren Titel für sich spricht. Die Errungenschaften von Marx bei der Entwicklung der Reproduktionsschemata überlappen sich also mit der Entwicklung der bürgerlichen Ökonomie, der normativen Ökonomik und sozialistischer Planung.

Die von Marx aufgedeckten strukturellen Zusammenhänge scheinen in der Tat eine allgemeine Bedeutung zu haben, die über die besonderen historischen Verhältnisse der kapitalistischen Produktionsweise hinausgeht. Ihr spezifisch kapitalistischer Charakter dürfte auf der besonderen Rolle der Ströme des Geldkapitals als dem großen Koordinator der Beziehungen zwischen verschiedenen Branchen und den Abteilungen der Produktion und Konsumtion beruhen. Aber wie würden die Schemata aussehen, wenn sie die Verhältnisse der stofflichen Gebrauchswerte (statt der Werte oder Tauschwerte) zum Ausdruck bringen würden? Könnten sie dafür benutzt werden, die stofflichen Beziehungen zwischen verschiedenen Sektoren zu planen, ohne sich auf die Kapitalakkumulation zu beziehen? Marx hatte eindeutig festgestellt, dass der Zirkulationsprozess »auf Grundlage nichtkapitalistischer Produktion vorgehn kann« (354).

Die äußerst komplizierten Erkundungen der Mathematik des »Modells« von Marx, die von marxistischen und nichtmarxistischen mathematischen Ökonomen durchgeführt wurden, haben die Einsichten von Marx zweifellos weiterentwickelt, allerdings auf nichtdialektische Weise. Angesichts der Art, wie Marx den Stoff darstellt, scheint dies der einzig mögliche Weg zu sein. Und wenn dies die vorherrschende Forschungsrichtung ist, wie weit lassen sich ihre Befunde zum ersten Mal einem relativ unerfahrenen Publikum vorstellen und Entwicklungen nachzeichnen, die Kenntnisse in höherer Mathematik voraussetzen? Das Beste, was ich unter diesen Umständen tun kann (zumal meine eigenen Kenntnisse der erforderlichen Mathematik sehr bescheiden sind), ist es, ein paar erste Hinweise für diejenigen zu geben, die sich auf diese mathematischen Untersuchungen einlassen wollen.

Grob gesagt existieren zwei Schulen, die sich mit der Weiterentwicklung der Schemata beschäftigen. Sie unterscheiden sich darin, welche ökonomische Theorie sie auf das anwenden, was Marx anscheinend getan hat. Michio Morishima entwickelt zum Beispiel aus den Schemata eine neoklassische Gleichgewichtstheorie, um dann mit komplizierten mathematischen Methoden zu zeigen, welche ökonomischen Wachstumsverläufe sich aus den Schemata ergeben. Die Ergebnisse sind interessant. Wenn die Annahme fallengelassen wird, dass die Akkumulation in beiden Abteilungen unabhängig voneinander stattfindet, dann führen die Zahlenbeispiele von Marx zu »explosiven Oszillationen … um einen gleichgewichtigen Wachstumspfad, wenn die Wertzusammensetzung in Abteilung II höher als in Abteilung I ist«. Im umgekehrten Fall käme es zu »stetigen Abweichungen« von diesem Wachstumspfad.[3] Derartige Übungen sind faszinierend, weil sie zeigen, wie schwierig es ist, selbst mit recht einfachen Modellen einen möglichen Wachstumspfad zu berechnen.

Die andere Schule, die sich mehr oder weniger an Keynes orientiert, hat ebenfalls die Zahlen durchgerechnet und will zeigen, dass alles davon abhängt, ob ein zuverlässiger Mechanismus geschaffen wird, mit dem sich die Stoff- und Wertumsätze zwischen den Abteilungen gleichzeitig ins Gleichgewicht bringen lassen. Dazu müssen sich die Investitionsraten und die Beschäftigung in einem sehr genau bestimmten Korridor im Gleichschritt bewegen. Auch hier kommen wir zu dem Ergebnis, dass ein ausgeglichenes Wachstum höchst unwahrscheinlich ist und Marx mit seiner Intuition, es könne nur durch »Zufall« erreicht werden, völlig richtig lag.

Die Schlussfolgerung, zu der Marx an anderer Stelle gelangt – dass Krisen die gewaltsame Wiederherstellung der Gleichgewichtsbedingungen für ein ausgeglichenes Wachstum sind, das immer nur vorübergehend, aber nie permanent erreicht werden kann –, ist daher völlig plausibel oder sogar höchst berechtigt. Damit wird aber auch die schwierige Frage nicht leichter zu beantworten sein, wie diese dynamischen Beziehungen auf bewusste Weise gesellschaftlich so geplant und gestaltet werden können, dass sie den Anforderungen einer nichtkapitalistischen Produktionsweise entsprechen.

Die Möglichkeit einer rationellen sozialistischen Planung

An mehreren Stellen in diesen Kapiteln (wie auch bei anderen Gelegenheiten) spricht Marx das Problem an, wie sich die Arbeit rationell im Rahmen der gesamtgesellschaftlichen Arbeitsteilung verteilen ließe. Dazu bedarf es seiner Ansicht nach gesellschaftlicher Instrumente im Gegensatz zu der anarchischen Allokation, die von Geldströmen und Marktprozessen herbeigeführt wird, und zu der Irrationalität der damit verbundenen Krisen. Einige Male taucht der Gedanke auf, dass es prinzipiell möglich sein könnte, durch die Anwendung der Reproduktionsschemata zu einem ausgeglichenen Wachstum zu kommen. Sie sind da-

[3] Michio Morishima: *Marx's Economics. A Dual Theory of Value and Growth*, London 1973, S. 125.

her als nützliche Werkzeuge für die rationelle Planung von Produktion und Konsumtion im Sozialismus und Kommunismus betrachtet worden. In einer »kommunistischen Gesellschaft«, sagt Marx, muss

> »die Gesellschaft *im voraus berechnen* ..., wieviel Arbeit, Produktionsmittel und Lebensmittel sie ohne irgendwelchen Abbruch auf Geschäftszweige verwenden kann, die, wie Bau von Eisenbahnen z.B., für längre Zeit, ein Jahr oder mehr, weder Produktionsmittel noch Lebensmittel, noch irgendeinen Nutzeffekt liefern, aber wohl Arbeit, Produktionsmittel und Lebensmittel der jährlichen Gesamtproduktion entziehn« (316f.; Hervorh. D.H.).

Im 49. Kapitel des 3. Bandes (das vor den wichtigen theoretischen Arbeiten aus den 1870er Jahren geschrieben wurde, aber in dem die Reproduktionsschemata einen kurzen Gastauftritt haben) stellt Marx außerdem fest: Es »bleibt, nach Aufhebung der kapitalistischen Produktionsweise, aber mit Beibehaltung gesellschaftlicher Produktion, die Wertbestimmung vorherrschend in dem Sinn, daß die Regelung der Arbeitszeit und die Verteilung der gesellschaftlichen Arbeit unter die verschiednen Produktionsgruppen, endlich die Buchführung hierüber, wesentlicher denn je wird« (K3, 859). Das lässt den Schluss zu, dass die Schemata für Marx eine gewisse Rolle bei der Entwicklung einer rationellen sozialistischen Planung spielen würden. In ihrer vorliegenden Form sind die Reproduktionsschemata weit davon entfernt, solche Probleme zu lösen. Aber sie zeigen im Prinzip, wie viel neue Produktionsmittel für die Steigerung der Produktion von Produktionsmitteln und von Lohngütern gebraucht würden, um zu einem gleichgewichtigen Wachstum in einer rationell gestalteten Gesellschaft zu kommen. In jeder alternativen Gesellschaft müsste eine derartige Koordinierung gesellschaftlich organisiert werden, da die Rolle des Geldkapitals als koordinierende Instanz zu problematisch ist und beseitigt werden müsste, wie Marx immer wieder betont. Mit anderen Worten, die Schemata müssten als reine Gebrauchswertverhältnisse und stoffliche Beziehungen umformuliert werden (in der Art, wie sie später von Leontief entwickelt wurde) und dürften nicht mehr von Geldflüssen und Profitkriterien bestimmt sein.

Außerdem weist Marx im *Kapital* immer wieder darauf hin, dass das ausbeuterische Klassenverhältnis von Kapital und Arbeit ein grundlegendes Problem ist. An seine Stelle müssten die »assoziierten Arbeiter« treten, die ihre Produktion in freier Weise und auf kollektiver Basis organisieren. Das ist die Konzeption einer »Alternative« auf der einzelbetrieblichen Ebene. Aber wie er im 3. Band feststellt, wäre diese Alternative begrenzt und würde am Ende nur die Probleme des kapitalistischen Betriebs reproduzieren (und schließlich zu chronischer Selbstausbeutung führen), solange keine Schritte unternommen werden, um sich aller drei Kreisläufe des Kapitals zu bemächtigen und sie der gesellschaftlichen Kontrolle zu unterwerfen.

Marx scheint hier anzudeuten, dass die antikapitalistische Alternative einer von den assoziierten Arbeiterinnen kontrollierten Produktion durch soziale Mechanismen ergänzt oder sogar ersetzt werden muss, mit denen sich die Verteilung der Arbeit auf die verschiedenen miteinander verbundenen Zweige der Arbeitsteilung in der Gesamtgesellschaft koordinieren lässt. Die hier untersuchte Abgrenzung zwischen der Produktion von Produktionsmitteln und von Konsumtionsmitteln ist nur ein Moment dieser Arbeitsteilung, aber sie dürfte im Kommunismus genauso wichtig wie im Kapitalismus sein. Dieser Teil des antikapitalistischen Projekts ist sehr viel schwieriger zu entwerfen und zu organisieren, obwohl er absolut entscheidend für die Ausgestaltung einer antikapitalistischen Alternative ist. Marx scheut davor zurück, sich hier in irgendeiner Weise gründlicher mit dieser Frage zu befassen.

Es kann wohl gesagt werden, dass zur Zeit dem Aspekt der »assoziierten Arbeit« im antikapitalistischen Projekt sehr viel mehr Aufmerksamkeit geschenkt wird als dem Problem der rationellen Verteilung der Arbeit in der Gesamtgesellschaft. Das liegt zum Teil daran, dass Letzteres an die repressive Herrschaft von kommunistischen und auch von sozialdemokratischen Staaten in der Vergangenheit erinnert. Solchen Institutionen mag heute (meiner Ansicht nach zu Recht) niemand mehr Vertrauen schenken. Außerdem hatte man ingesamt alles andere als positive Erfahrungen mit den Versuchen kommunistischer und sozialdemokratischer Planung gemacht (auch wenn es falsch wäre, sie als völlig gescheitert zu bezeichnen). Aber wie Marx in einem anderen Kontext sagt, sollten wir solche »Schandflecken« nicht »als Ausflüchte zur Beseitigung theoretischer Schwierigkeiten« missbrauchen.

Die Linke tendiert heute im Allgemeinen leider sehr dazu, diesen theoretischen Schwierigkeiten aus dem Weg zu gehen. In einer komplexen sozialistischen Gesellschaft wird es Formen der Koordination geben müssen, mit denen sich vermeiden lässt, dass es bei den stofflichen Strömen, die für die Reproduktion des alltäglichen Lebens auf einem akzeptablem Niveau des materiellen Wohlstands erforderlich sind, nicht zu Überproduktion, Angebotsmangel oder Engpässen kommt, und durch die auf angemessene oder sehr viel positivere Weise die Umweltbedingungen berücksichtigt werden. Wie dies ohne die Koordination durch Geldströme und Profitstreben zu bewerkstelligen ist, bleibt die große Frage, der wir uns nicht entziehen können. Und wie dies geschehen könnte, ohne so etwas wie einen Staatsapparat zu entwickeln, ist eine ebenso große Herausforderung.

Was alles schiefgehen kann, zeigt sich schon an einem Aspekt der Schemata von Marx, der aus Gedankenlosigkeit und ohne jede Begründung zu einer gängigen Praxis geführt hat. In Marx' Rechenbeispiel wird die ganze Erweiterung von Veränderungen in Abteilung I angetrieben. Daraus ergab sich die Auffassung, dass sich die wirtschaftliche Entwicklungsplanung auf Investitionen in die Produktion von Kapitalgütern und Produktionsmitteln konzentrieren und erst später die Produktion von Konsumgütern berücksichtigen sollte. Das sozialistische Planungsmodell hat sich buchstabengetreu an diese Konzeption gehalten. Auch postkoloniale Regierungen wie die von Ghana fielen in den 1960er Jahren dieser Denkweise zum Opfer und haben sich bis heute von deren fatalen Folgen noch nicht vollständig erhohlt.

Es besteht absolut kein Grund, warum Abteilung II von Abteilung I abhängig sein sollte. Diese Abhängigkeit ergibt sich lediglich aus der von Marx willkürlich getroffenen Wahl und der ungleichgewichtigen Beziehung zwischen den beiden Abteilungen, die durch den größeren Umfang der Schatzbildung in Abteilung I im Verhältnis zu Abteilung II entsteht. Beim Übergang zum Sozialismus käme es natürlich darauf an, diesen Unterschied zu beseitigen. Damit wäre es durchaus möglich, das Verhältnis umzukehren und Abteilung I in den Dienst von Abteilung II zu stellen. Unter kapitalistischen Verhältnissen ist dies, wie Marx betont, nicht möglich, weil es dem Kapital um die Akkumulation von Kapital und nicht um die Bedürfnisbefriedigung der Massen geht. In einer sozialistischen oder kommunistischen Welt würde es natürlich genau umgekehrt sein.

Kapitel Zwölf
Reflexionen

Wie können wir die »widersprüchliche Einheit von Produktion und Realisierung«, die den Zusammenhang zwischen dem 1. und dem 2. Band des *Kapital* bildet, abschließend zusammenfassen?

Im 2. Band wird nachgewiesen, dass die Kontinuität der Kapitalzirkulation immer wieder durch Schranken und Grenzen gefährdet wird, die im Prozess der Realisierung entstehen. Diese Schranken unterscheiden sich von denen auf dem Arbeitsmarkt und im Produktionsbereich, mit denen die meisten Marxisten nur zu gut vertraut sind. Aber wie Marx in den *Grundrissen* betont (317-324), bilden die verschiedenen Schranken und Grenzen der Realisierung eine permanente Bedrohung für die Dynamik der ununterbrochenen Akkumulation und rufen immer wieder schwere Krisen hervor. Er geht so weit, darin eine Tendenz zur Selbstaufhebung auszumachen: »Die Universalität, nach der es [das Kapital] unaufhaltsam hintreibt, findet Schranken an seiner eignen Natur, die auf einer gewissen Stufe seiner Entwicklung es selbst als die größte Schranke dieser Tendenz werden erkennen lassen und daher zu seiner Aufhebung durch es selbst hintreiben.« (*Grundrisse*, 323f.)

Diese Schranken können in ihrer Gesamtheit als Schranken der Konsumtion und der Koordinierung in einem von der »Akkumulation um der Akkumulation willen« beherrschten Zusammenhang betrachtet werden. Aber Konsumtion als solche ist eine viel zu unscharfe Kategorie, um alle daran beteiligten Probleme zu erfassen. Zunächst einmal ist es wichtig, zwischen produktiver Konsumtion (der Konsumtion des Kapitals von Rohstoffen, Energie, Halbfertigprodukten und Bestandteilen des fixen Kapitals) und Endverbrauch (dem Kauf und der Konsumtion von Lohn- und Luxusgütern durch Lohnarbeiter, Kapitalisten und »unproduktive Klassen«) zu unterscheiden. Die Reinvestition von Mehrwert für die Steigerung der Mehrwertproduktion erweitert ständig die produktive Konsumtion. Aber wie im 2. Band gezeigt wird, erzeugt die produktive Konsumtion eine Nachfrage nach ganz bestimmten Gebrauchswerten, die für die Produktion der jeweiligen Waren benötigt werden. Die Art und die Menge dieser bestimmten Gebrauchswerte verändern sich ständig den technologischen Erfordernissen entsprechend. Diese befinden sich in einem permanenten Wandel, weil die Zwangsgesetze der Konkurrenz die Steigerung der Arbeitsproduktivität und dramatische Veränderungen gebieten (die Produktion von relativem Mehrwert, die im 1. Band so gründlich untersucht wird). Gleichzeitig erfordert die Schaffung von neuen Wünschen und Bedürfnissen (wie z.B. nach Mobiltelefonen in jüngster Zeit), dass ein immer größerer Umfang von Inputs in Warenform zur Verfügung steht, auf den das Kapital jederzeit zugreifen kann. In seiner Untersuchung der Reproduktionsschemata zeigt Marx zwar, dass es nicht völlig ausgeschlossen ist, durch Marktmechanismen zu einer rationellen Koordinierung zwischen Nachfrage und Angebot zu kommen. Aber die Wahrscheinlichkeit ist sehr gering, auf diese Weise ohne größere Störungen ein gleichgewichtiges Wachstum herbeiführen zu können, weshalb absehbar periodische Krisen der Disproportionalität auftreten werden (wenn zu wenige oder zu viele Gebrauchswerte im Hinblick auf eine bestimmte Mischung von Produktionsprozessen verfügbar sind) – sei es als explosive Oszillationen um einen gleichgewichtigen Wachstumspfad oder als stetige Abweichungen von ihm.

Aber nicht nur die Ströme materieller Gebrauchswerte müssen koordiniert werden. Auch die Geld- und Wertströme müssen auf ein gleichgewichtiges Wachstum abgestimmt sein. Als materielle Repräsentation der Gesellschaftlichkeit der Arbeit ist das Geld den besonderen Gebrauchswerten gegenüber völlig gleichgültig, aber die Geldströme, die das überaus störungsanfällige Gesamtsystem der Arbeitsteilung vermitteln, müssen sich quantitativ im Gleichgewicht befinden. Das Problem besteht nicht darin, dass die gesamte Geldmenge unzureichend sein könnte; denn wie Marx überzeugend nachweist, kann sie durch eine ganze Reihe von monetären Mechanismen (wie z.B. den Rückgriff auf Buchgeld) an gesteigerte Warenumsätze angepasst werden. Das Problem besteht darin, wie an allen Punkten der komplizierten Austauschstrukturen genügend effektive, d.h. zahlungsfähige Nachfrage erzeugt wird, mit der sich die erwarteten Profitmöglichkeiten auch realisieren lassen.

Wenn dabei irgendetwas schiefgeht – was sehr wahrscheinlich ist –, dann erleben wir Krisen der Überproduktion, die sich als brachliegendes Geldkapital, stillgelegte Produktionskapazitäten oder überschüssige und zu keinem gewinnbringenden Preis verkäufliche Waren darstellen können (wie Marx in den ersten vier Kapiteln des 2. Bandes zeigt). Die Konsequenz ist eine Krise der *Entwertung* von Kapital. Wie lange diese Krise andauert und wie tiefgreifend sie ist, hängt von den jeweiligen Umständen ab.

Der verwickelte Handel unter den Kapitalisten mit Waren, die Produktionsmittel darstellen, hängt jedoch letztlich von der Realisierung von Waren im Bereich des Endverbrauchs ab.

In diesem Bereich stoßen wir sofort auf einen möglichen Widerspruch zwischen der Tatsache, dass die Zunahme des Werts und seiner monetären Darstellung im Prinzip grenzenlos ist, während es die Nachfrage nach besonderen Gebrauchswerten nicht ist. Produkte, die nutzlos sind, weil niemand sie wünscht oder braucht, haben keinen Wert. Damit verlieren auch Waren, die für die Herstellung solcher Produkte gebraucht werden, ihren Wert. Die ganze Geschichte des Kapitalismus ist davon geprägt, dass ständig neue Wünsche und Bedürfnisse geschaffen und alle möglichen Begierden geweckt werden (wie idiotisch und sinnlos sie in unseren Augen auch sein mögen), aber die menschliche Fähigkeit zu konsumieren ist nie unbegrenzt (selbst wenn Imelda Marcos, die Witwe des in Ungnade gefallenen philippinischen Diktators, an die 6000 Paar Schuhe im Schrank stehen hat). Der ständige Drang, den Wert zu vergrößern, stößt daher auf die »fremde Konsumtion« als einer möglichen allgemeinen Schranke, die nicht einfach überwunden werden kann (*Grundrisse*, 320).

Beim Endverbrauch muss jedoch zwischen notwendigen Lebensmitteln und Luxusgütern unterschieden werden. Die Grenzen und Schranken auf dem Gebiet der Lebensmittel sind andere als bei Luxusgütern. Die Wünsche, Bedürfnisse und Begierden nach Lebensmitteln finden ihre Grenze nicht an der menschlichen Aufnahmekapazität, sondern am Mangel an zahlungskräftiger Nachfrage. Sie fehlt, weil die der Arbeiterklasse aufgezwungenen Löhne der unmittelbaren Profitmaximierung und nicht der Ausweitung des Markts dienen sollen. Die Möglichkeiten der Arbeiterinnen, sich Konsumgüter für einen passablen Lebensstandard kaufen zu können, sind daher eng begrenzt. Marx weist an verschiedenen Stellen darauf hin, dass darauf ein grundlegender Widerspruch beruht, für den es keine einfache Lösung gibt und der daher immer wieder zum Auslöser von Krisen der gesamtwirtschaftlichen Nachfrage werden kann.

Ganz anders stellt sich die Situation für die Konsumtion der Bourgeoisie dar, die aus dem Konsum der Kapitalistenklasse und anderer, von Marx als »unproduktiv« bezeichneter Gesellschaftsschichten, die konsumieren ohne zu produzieren, besteht. Normalerweise klammert Marx diese unproduktiven Klassen aus seiner Analyse aus, aber in den verschiedenen Planentwürfen zum Kapital berücksichtigt er durchaus ihre Bedeutung. Selbst wenn wir diese unproduktiven Klassen in den bürgerlichen Gesamtkonsum einbeziehen, ändert das nichts daran, dass diese Einkommen letztlich auf die eine oder andere Weise auf dem abgeschöpften Mehrwert beruhen (zum Beispiel durch Steuern, mit denen das Militär bezahlt wird). Damit stehen wir vor der Frage, wie sich das zutiefst problematische strukturelle Ungleichgewicht von Angebot und Nachfrage aufheben lässt, das Marx im 2. Band ausgemacht hat: Während die Nachfrage der Kapitalistenklasse aus c + v besteht, wirft sie c + v + m als Angebot in die Zirkulation. Es kann zwar gesagt werden, dass letztlich der von den Kapitalisten und den unproduktiven Klassen angeeignete Mehrwert die nötige Nachfrage bildet, aber die damit verbundene zeitliche Struktur bedeutet, dass heute gekauft und später bezahlt wird – also, dass auf den Kredit zurückgegriffen wird.

In dem bisher Skizzierten haben wir noch in keiner Weise die Auswirkungen von unterschiedlichen Umschlagszeiten (Arbeitsperioden, Produktionszeiten, Zirkulationszeiten) berücksichtigt. Insbesondere haben wir die vertrackte Frage der Zirkulation des fixen Kapitals (und ähnlich langlebiger Güter im Konsumtionsfonds, wie z.B. von Häusern) völlig außer Acht gelassen. Der 2. Band rekonstruiert peinlich genau, wie alle diese Zirkulationsprozesse daran beteiligt sind, die Raumzeit der Kapitalakkumulation zu gestalten, ohne dabei – und das ist der entscheidende Punkt – in irgendeiner Weise die Rolle des Kreditsystems einzubeziehen. Wie in der ersten Vorlesung erwähnt wurde, führt dies zu einer Schatzbildung, die immer größere Summen von Geldkapital in einen toten und unproduktiven Zustand versetzt. Es müssen Reserven von Geldkapital gebildet werden, um disparate Umschlagszeiten ausgleichen und die periodischen Erneuerungen des fixen Kapitals finanzieren zu können. Je komplexer und verwickelter das kapitalistische Produktionssystem wird, desto mehr Geld muss aufgeschatzt werden. Diese Schatzbildung wird zunehmend zu einer Schranke für die weitere Akkumulation. Dadurch wird es immer zwingender, einen entsprechenden Geldmarkt und ein ausgefeiltes Kreditsystem zu schaffen. Damit verändert das Kapital selbst auf radikale Weise seine Erscheinungsformen – »in allgemeiner Krise der Überproduktion ist der Widerspruch nicht zwischen den verschiednen Arten des produktiven Kapitals, sondern zwischen dem industriellen und loanable [verleihbaren] Kapital – zwischen dem Kapital, wie es als in den Produktionsprozeß direkt involviert und wie es als Geld selbständig (relativement [verhältnismäßig]) außer demselben erscheint« (*Grundrisse*, 326).

Aus diesem Grund ist es so wichtig, die Abschnitte zum Kaufmanns- und Geldkapital aus dem 3. Band in die Analyse einzubeziehen. Denn dann lässt sich verstehen, warum die Freisetzung des Kreditsystems als einer unabhängigen und selbstständigen Macht für den Kapitalismus so wichtig ist. Marx begann seine Studien mit der Idee, dass Grundrente, Zins und Profit auf Handelskapital letztlich den Regeln der Zirkulation des industriellen Kapitals unterworfen werden würden. Während er meinte, für das Kaufmannskapital gezeigt zu haben, wie diese Disziplinierung erreicht werden kann, und sich erdenkliche (und meiner Ansicht nach vergebliche) Mühe gab, dasselbe für die Grundrente nachzuweisen, war ihm völlig klar, dass dies im Fall des zinstragenden Geldkapitals nicht möglich war. Denn dessen Selbstständigkeit und Unabhängigkeit und seine darauf beruhende Stärke als einer externen Macht gegenüber der Zirkulation des industriellen Kapitals waren unabdingbar für den reibungslosen Gang der ununterbrochenen Kapitalakkumulation. Darin bestand die Aufgabe des Geldkapitals, das als »gemeinsames Kapital der Klasse« organisiert ist. Wie unschwer z.B. am Fall der Hypothekenfinanzierung zu erkennen ist, ließen sich Rentenzahlungen sehr viel besser dem Kreislauf des zinstragenden Geldkapitals zuordnen, als davon auszugehen, sie seien im engen Sinne den Erfordernissen des Kreislaufs des industriellen Kapitals unterworfen. Erinnern wir uns, »alle Rente ist jetzt die Zinszahlung auf Kapital, das früher im Boden angelegt wurde« (K3, 410). Durch die Entwicklung des modernen Kreditsystems konnten enorme Mengen an aufgeschatztem Geld in Mehrwert produzierendes Geldkapital verwandelt werden, aber damit wurde zugleich die zerstörerische Kraft der Zirkulation von fiktivem Kapital entfesselt. An die Stelle des Gegensatzes der ursprünglichen Akteure der Akkumulation (Kapital und Arbeit) trat der Zusammenstoß zwischen industriellem und verleihbarem Kapital (in den die Arbeiter kaum unmittelbar eingreifen konnten). Daher drückt sich die Krisenanfälligkeit des Kapitals heute in solchen Finanz- und Handelskrisen aus, wie wir sie nur allzu gut kennen.

Bei all diesen Überlegungen kann mir natürlich der Vorwurf gemacht werden, dass ich Marx überinterpretiere und ihm meine eigenen Gedanken unterschiebe. Zu meiner Verteidigung würde ich anführen, dass sich in den Kapiteln zum Geld- und Finanzwesen viele Hinweise auf eine radikale Rekonstruktion im Marxschen Denken finden – wobei es sich, vor dem Hintergrund seines gesamten Werks betrachtet, eher um eine Vertiefung seiner ursprünglichen Position als um eine radikale Abkehr von ihr handelt. Daher habe ich zum Beispiel so stark betont, dass er im 3. Band den Begriff des Fetischismus wieder aufgreift und auf das fiktive Kapital bezieht. Marx' schonungslose Enthüllung der Illusionen und Fiktionen des Geldkapitals, dieser Phantasterei der Kapitalisierung aller Einkommensströme und der damit verbundenen Erzeugung einer unbegrenzt anwachsenden Plethora von Geldkapital (auf die sich der IWF regelmäßig als überschüssige Liquidität bezieht), bringt ihn zu folgender Feststellung: »Denken wir die Gesellschaft nicht kapitalistisch, sondern kommunistisch, so fällt zunächst das Geldkapital ganz fort, also auch die Verkleidungen der Transaktionen, die durch es hineinkommen.« (316) Diese Forderung nach der sofortigen Abschaffung des Geldkapitals lässt sich nur vor dem Hintergrund begreifen, dass zur Zeit von Marx dessen Aufgabe mehr und mehr darin bestand, die ununterbrochene Akkumulation mit zunehmender Härte gegen die Ansprüche der Lohnarbeit durchzusetzen. Wenn diese Entwicklung schon damals einsetzte, dann dürfte sich das Geldkapital heute auf dem Gipfel seiner Macht und seines Einflusses befinden.

Eine aufmerksame und kritische Lektüre des 2. Bandes und der Kapitel zur Distribution aus dem 3. Band liefert Informationen und Anregungen zu einer enormen Anzahl von Fragen – von den disparaten Umschlagszeiten bis zur Volatilität des Kreditangebots. Aber trotzdem fällt es schwer, zu irgendwelchen eindeutigen Schlussfolgerungen bezüglich des tatsächlichen Funktionierens der Bewegungsgesetze des Kapitals unter den heutigen Bedingungen zu gelangen. Es bleibt einfach noch viel Arbeit, um das zu vollenden und zu entwirren, was Marx bis 1878 erreicht hatte – und um zu verstehen, welche Richtung er in dem gewaltigen Vorhaben eingeschlagen hätte, das er sich während der Niederschrift der *Grundrisse* in den Jahren 1857-1858 vorgenommen hatte. Wir sollten uns zunächst an den erstaunlichen Umfang und Tiefgang der ursprünglichen Konzeption von Marx erinnern. In einem der verschiedenen Planentwürfe, die sich in den *Grundrissen* finden, schreibt er:

> »I. 1. Allgemeiner Begriff des Kapitals. – 2. Besonderheit des Kapitals: capital circulant, capital fixe. (Kapital als Lebensmittel, als Rohstoff, als Arbeitsinstrument.) 3. Das Kapital als Geld. II. 1. *Quantität des Kapitals. Akkumulation.* – 2. *Das an sich selbst gemeßne Kapital. Profit. Zins. Wert des Kapitals*: d.h. das Kapital im Unterschied von sich als Zins und Profit. 3. Die *Zirkulation der Kapitalien*, α) Austausch des Kapitals mit Kapital. Austausch des Kapitals mit Revenue. Kapital und *Preise*. β) *Konkurrenz der Kapitalien*, γ) *Konzentration der Kapitalien*. III. Das Kapital als Kredit. IV. Das Kapital als Aktienkapital. V. *Das Kapital als Geldmarkt*. VI. Das Kapital als Quelle des Reichtums. Der Kapitalist. Nach dem Kapital wäre

> dann das Grundeigentum zu behandeln. Nach diesem die Lohnarbeit. Alle drei vorausgesetzt, *die Bewegung der Preise*, als die Zirkulation nun bestimmt in ihrer innern Totalität. Anderseits die drei Klassen als die Produktion gesetzt in ihren drei Grundformen und Voraussetzungen der Zirkulation. Dann der *Staat*. (Staat und bürgerliche Gesellschaft. – Die Steuer oder die Existenz der unproduktiven Klassen. – Die Staatsschuld. – Die Population. – Der Staat nach außen: Kolonien. Auswärtiger Handel. Wechselkurs. Geld als internationale Münze. – Endlich der Weltmarkt. Übergreifen der bürgerlichen Gesellschaft über den Staat. Die Krisen. Auflösung der auf den Tauschwert gegründeten Produktionsweise und Gesellschaftsform. Reales Setzen der individuellen Arbeit als gesellschaftlicher und vice versa.)« (*Grundrisse*, 188)

Marx hätte so alt wie Methusalem werden müssen, um dieses riesige Projekt zu Ende zu bringen. Und dieses Zitat wie der ganze weitere Text der *Grundrisse* lassen keinen Zweifel daran, dass es sein großes Ziel war, die entstehende bürgerliche Gesellschaft als eine organische Totalität darzustellen.

Vor diesem Hintergrund können wir einige allgemeine Hinweise geben, die uns auf kritische Weise genauer verstehen lassen, was er im 2. Band tut und was seine Gründe dafür sind. Zunächst einmal scheint mir unbestreitbar, dass sich Marx in diesem Band im Rahmen des »schwachen Syllogismus« bewegt, der von der klassischen politischen Ökonomie etabliert wurde. Die Stringenz der Argumentation ergibt sich daraus, dass er die Dynamik von Akkumulation und Realisierung strikt auf der Ebene der Allgemeinheit rekonstruiert, ohne irgendwelche Universalitäten, Besonderheiten und Einzelnheiten zu berücksichtigen. Der 2. Band ist das mit Abstand eindrucksvollste Beispiel dafür, wie Marx den Rahmen des schwachen Syllogismus, den er der klassischen politischen Ökonomie zuschrieb, für seine eigene Untersuchung übernimmt. Auf diese Weise will er ein theoretisches Verständnis der kapitalistischen Produktionsweise »in reiner Form« entwickeln. Sobald dies erledigt war, konnte er seine Erkenntnisse in den organischeren theoretischen Ansatz einfügen, wie er in den *Grundrissen* grob umrissen ist.

Auch wenn sich Marx ziemlich eng an diesen Rahmen hält, ist ihm doch immer klar, dass an bestimmten Punkten die Universalitäten, Besonderheiten und sogar die Einzelnheiten unmittelbaren Einfluss auf die Bewegungsgesetze des Kapitals haben können. So klammert er zum Beispiel im 1. Band Fragen von Angebot und Nachfrage aus, sieht aber im

2. Band, dass die Lücke zwischen dem gesamten Angebot und der gesamten Nachfrage ein wichtiges Problem darstellt. Während die Konsumtion (und das Verhältnis von produktiver und persönlicher Konsumtion) im 1. Band zwar erwähnt, aber nicht untersucht wird, schält sie sich im 2. Band als ein zunehmend entscheidenderes Problem heraus. Und während Marx zu glauben scheint, er habe im 3. Band gezeigt, wie der Profit des Kaufmannskapitals und die Grundrente den Erfordernissen des produktiven Kapitals unterworfen werden, entziehen sich der Zins und das Finanzwesen notwendigerweise dieser disziplinierenden Macht. Denn in diesem Fall hängt alles von den Zufälligkeiten der Konkurrenz und des Angebots an und der Nachfrage nach Geldkapital ab, während der Aufstieg von assoziierten Formen des Kapitals eine neue Situation schafft, aus der eine sozialistische Gesellschaft entstehen könnte oder sollte.

Das Ergebnis ist ein unvollständiges Theoriegebäude, das zwar für alle nur möglichen historischen und geografischen Konfigurationen des Kapitalismus Gültigkeit besitzt, aber nicht sehr hilfreich ist, um reale Situationen zu erklären, in denen die reine kapitalistische Produktionsweise durch Abweichungen, Unvollkommenheiten und politische Verunreinigungen getrübt ist und zum Beispiel die Besonderheiten des Finanzwesens oder die merkwürdigen Einzelnheiten des Konsumverhaltens dominieren. Vor allem fehlt es an einer Klärung der Beziehung zwischen Handels- und Finanzkrisen auf der einen und den bereits entwickelten widersprüchlichen Bewegungsgesetzen des Kapitals auf der anderen Seite.

Daher müssen wir uns immer fragen, was wir von Marx' Theorie erwarten dürfen und was wir selber zur Analyse der gegenwärtigen Notlage beitragen müssen, um zu einem marxistisch geprägten Verständnis der spannungsreichen Geschichte des Kapitalismus zu gelangen. Wir können nicht einfach die heutigen Ereignisse in irgendeine Version der Theorie von Marx packen und erwarten, dass uns fertige Antworten serviert werden. Aber wir können von Marx lernen, wie wir hinter die fetischhafte Welt der Erscheinungen blicken können, um die in den gegenwärtigen Verhältnissen enthaltenen emanzipatorischen Möglichkeiten auszuloten.

Im 1. Band findet sehr wohl ein Dialog zwischen Wesen und historischer Erscheinungsform statt, mit dem sich die Spaltung in Theorie und Geschichte überwinden lässt. Nachdem der Begriff des absoluten Mehrwerts theoretisch entwickelt wurde, vertiefen wir uns in die Details des historischen Kampfs um die Länge des Arbeitstags und lernen die noch längere vorkapitalistische Geschichte kennen, in der die Aneignung der Zeit und Arbeit von anderen die Grundlage der Entstehung gewisser Formen von Klassengesellschaft bildete. Im Anschluss an die theoretische Darstellung des relativen Mehrwerts beschäftigen wir uns mit der gesamten Geschichte von organisatorischen Veränderungen (Kooperation, Arbeitsteilung und Fabriksystem) und neuen Technologien (die Entstehung des Maschinenbaus – der Produktion von Maschinen mithilfe von Maschinen –, Automation und die Anwendung von Wissenschaft), die Ausdrucksformen dieser theoretischen Tendenz sind. Nachdem er auf theoretische Weise das allgemeine Gesetz der kapitalistischen Akkumulation entwickelt hat, das die Erzeugung von Arbeitslosigkeit und einer industriellen Reservearmee beinhaltet, untersucht Marx die konkreten historischen Formen dieser Reservearmee und ihrer Lebensbedingungen als ländliche, migrantische und schließlich städtische Arbeiterinnen und Arbeiter.

Im 2. Band finden wir keinerlei Versuch, in ähnlicher Weise historisches Fleisch auf die nackten Knochen der theoretischen Argumentation zu bringen. Es könnte behauptet werden, dass dies hier grundsätzlich schwierig sei, weil die Zirkulation und nicht die Produktion im Mittelpunkt steht. Ich glaube nicht, dass dem so ist. Selbst die Darstellung in den ersten drei Kapiteln – in denen die im 4. Kapitel dargestellte Einheit der Zirkulation des industriellen Kapitals in die drei Kreisläufe des Geldkapitals, des produktiven Kapitals und des Warenkapitals zerlegt wird – hätte sich stärker auf historisches Material stützen können, wie wir es in den historischen Kapiteln zum Kaufmannskapital und zur Geschichte des Kredits im 3. Band finden. In gewisser Weise haben diese historischen Kapitel dieselbe Funktion wie das Kapitel zu den Kämpfen um die Länge des Arbeitstags im 1. Band, in dem bis zur Leibeigenschaft und anderen Formen der Mobilisierung und Aneignung der Mehrarbeit von anderen zurückgegangen wird. Den größten Teil des 2. Bandes hat Marx geschrieben, nachdem er bereits die historischen Kapitel zum Kaufmannskapital und Kredit verfasst hatte, aber er greift kaum auf das Material aus dem 3. Band als historische Veranschaulichung zurück.

Nicht nur das historische Material fehlt im 2. Band. Wenn wir uns mit der Darstellung des Finanz- und Kreditwesens im 3. Band beschäftigen, stoßen wir das erste und einzige Mal im *Kapital* auf eine konkrete Analyse der realen Krisen von 1848 und 1857. Auch wenn sie als Handels- und Finanzkrisen beschrieben werden, die sich in gewisser Weise »unabhängig und selbstständig« von den tieferliegenden Bewegungsgesetzen entfalten, um die es Marx sonst geht, lässt sich unschwer erkennen, wie hier die vielen *Möglichkeiten* von Unterbrechungen und Blockaden, die in den ersten Kapiteln des 2. Bands dargestellt werden, zu historischen Ereignissen und *Realitäten* werden.

Allerdings fehlen in der Theoriebildung von Marx einige wichtige Fragen, die von besonderer Bedeutung sind. Im Schlusskapitel von *The Limits to Capital* hatte ich auf zwei Themen hingewiesen, die unbedingt unsere Aufmerksamkeit verdienen: der Charakter des kapitalistischen Staats und die Frage der sozialen Reproduktion. In der Diskussion bei der letzten Sitzung meiner Vorlesungen zum 2. Band waren sich interessanterweise die Beteiligten fast ausnahmslos über die Bedeutung dieser beiden Themen einig, ohne dass ich dazu irgendwie aufgefordert hätte. Ich würde jetzt außerdem noch die Frage der dynamischen Beziehung zur Natur hinzufügen, deren universelle Bedeutung Marx zweifellos sieht, aber die er im Rahmen der Allgemeinheit der kapitalistischen Produktionsweise nicht eingehender untersucht.

Zu all diesen Fragen existiert heute eine umfangreiche Literatur. Aber in gewisser Hinsicht sind die Schwierigkeiten dadurch nicht überwunden, sondern noch verschärft worden: Die intensive Debatte um die marxistische Staatstheorie in den 1970er Jahren endete in einem Erschöpfungszustand, Fragen der sozialen Reproduktion und politischen Subjektivität wurden vom Bereich der politischen Ökonomie abgetrennt und große Teile der Umweltbewegung stehen der marxistischen Theorie feindlich gegenüber.

Die Stoffwechselbeziehung zur Natur, auf die im 1. Band gelegentlich Bezug genommen wird, taucht zum Beispiel im 2. Band nicht auf – außer wenn es um die materiellen Bedingungen geht, von denen die Verderblichkeit von Waren, »natürliche« Verfallsprozesse, die Länge der Produktionszeit im Verhältnis zur Arbeitsperiode, die Lebensdauer des fixen Kapitals, die Kosten und Zeiten der Überwindung von räumlichen Distanzen und die Vernichtung des Raums durch die Zeit abhängen. Wir werden also auf die veränderlichen Raum- und Zeitstrukturen des Kapitals aufmerksam gemacht, aber es wird kaum untersucht, welche Konsequenzen (oder Widersprüche) sich daraus ergeben und in welchem Verhältnis sie zur Herausbildung des Weltmarkts und von Strukturen geopolitischer Beherrschung stehen. Und während Marx an seiner völligen Verachtung für Malthus' »natürliche« Erklärung für die Armut und das Elend der Masse der Bevölkerung festhält, leugnet er nicht, dass natürliche Knappheiten (insbesondere, wenn sie durch Rentenzahlungen und Bodenspekulation verschärft werden) und die Dynamik des Bevölkerungswachstums auf materielle Weise die Verfügbarkeit von Produktionsmitteln und Arbeitskräften beeinflussen.

Es tauchen in der Untersuchung auch andeutungsweise einige Punkte auf, die für unser Verständnis der sogenannten »deterministischen« oder »teleologischen« Neigungen von Marx von Bedeutung sind. Zum Beispiel spricht Marx an verschiedenen Stellen von »Selbständigkeit und Unabhängigkeit«, was wir genauer berücksichtigen sollten. Denn ein großer Teil der feindseligen und wenig sachkundigen Kritik an Marx macht sich daran fest, dass er angeblich die Bedeutung und den Einfluss der individuellen Initiative ignoriert und die Menschen als blind handelnde Automaten, die abstrakten Kräften jenseits ihrer Kontrolle unterworfen sind, beschrieben habe. Diese Kritik ist sehr merkwürdig angesichts der Tatsache, dass es der bewunderte und viel zitierte Adam Smith war, der die Idee von der unsichtbaren Hand des Marktes aufbrachte, deren Macht sich jeder individuellen Kontrolle entziehe und das gesamtgesellschaftliche Ergebnis determiniere. Marx übernimmt im 2. Kapitel des 1. Bandes lediglich diese Idee von Smith und hält sich im Weiteren ziemlich eng an diese utopische Konzeption. Dass die liberale Rechte weiterhin an den utopischen Behauptungen von Smith festhält, aber Marx ablehnt, scheint mir ziemlich seltsam – es sei denn, es wäre klar, dass Marx das Modell von Smith nur übernimmt, um zu zeigen, wie es unmöglich zum Wohl aller führen kann; denn es verschärft und vertieft die Ungleichheiten zwischen den Klassen. Das dürfte der Grund sein, warum die Bourgeoisie dieselbe Theorie in der Fassung von Smith so freudig begrüßt, während sie ihre marxistische Version verdammt.

Es geht hier natürlich nicht darum, die individuelle Unabhängigkeit und Selbständigkeit zu verleugnen, sondern zu erkennen, (a) unter welchen besonderen sozioökonomischen Bedingungen sich diese individuelle Initiative entfalten kann, und (b) wie die gesamtgesellschaftlichen Konsequenzen ganz andere als die von den Individuen beabsichtigten sein können, wenn das Handeln durch die Zwangsgesetze der Konkurrenz und der Märkte vermittelt wird, die letztlich vom Wertgesetz beherrscht werden.

Marx bezieht diese Frage der »Unabhängigkeit und Selbständigkeit« jedoch auch auf die Kreisläufe des Kaufmannskapitals und des zinstragenden Geldkapitals. Für mich bedeutet dies, dass diese Zirkulationsformen als Besonderheiten nicht unmittelbar und mechanisch den allgemeinen Bewegungsgesetzen des Kapitals entsprechen müssen und es meistens auch nicht tun. Aber wie die Struktur der »Angelpunkte« im Kreditsystem zeigt und die Entstehung von Handels- und Finanzkrisen illustriert, wirkt eine gewisse Macht disziplinierend auf die unabhängigen und selbstständigen Bewegungen in der Welt des Handels und der Finanzen, um sie den Erfordernissen der Produktion und Realisierung von Mehrwert anzupassen.

Mir ist nicht ganz klar, wie dieser disziplinierende Apparat funktioniert. Ich glaube, Marx befand sich erst am Beginn seiner Untersuchungen dazu, und ich vermute, aus diesem Grund betrachtete Engels die Kapitel zum Finanzwesen als die vielleicht wichtigsten Kapitel im 3. Band. Es gibt natürlich einige sehr vage Prinzipien, die Marx anführt (zum Beispiel, dass die Kapitalakkumulation ziemlich schnell zum Erliegen käme, wenn alle Kapitalisten die Produktion aufgeben würden, um von ihren Zinsen zu leben). Und er äußert die Vermutung, dass Krisen irgendwie eine gewisse Übereinstimmung in der Beziehung zwischen der Mehrwertproduktion und zum Beispiel den Kreditstrukturen herbeiführen.

In der Einleitung zu diesem »Begleiter« habe ich bei Marx ein Konzept ausgemacht, das wir als »Theorie der Determination« bezeichnen könnten. Meine These war, dass überall auf der Welt und zu jedem historischen Zeitpunkt ganz verschiedene institutionelle und politische Arrangements und Verteilungs- und Konsumstrukturen existieren können, *»solange die Möglichkeit der Produktion von Mehrwert auf ständig größerer Stufenleiter nicht übermäßig eingeschränkt oder zunichte gemacht wird«*. Wenn einige dieser Arrangements und Strukturen erfolgreicher als andere sind, dürfte der Konkurrenzdruck mit der Zeit die Übernahme der erfolgreicheren Akkumulationsmodelle erzwingen. Derartige Anpassungsprozesse finden wir in der Geschichte. In den 1980er Jahren gaben Westdeutschland und Japan die Richtung vor. Dann kam der sogenannte Washington Consensus und heute ist das ostasiatische Modell führend. Aber wie die Geschichte der globalen Hegemonieverlagerungen zeigt, spielen dabei unabhängige und selbstständige Momente immer eine Rolle. Aufgrund der ungleichen geografischen Entwicklung lässt sich oft gar nicht so leicht entscheiden, was für einen bestimmten Ort zu einer bestimmten Zeit das erfolgreichste Akkumulationsmodell sein könnte. Diese Vielfalt ist meiner Ansicht nach ein entscheidender Faktor für die Reproduktion des Kapitals. Das gleiche gilt für die unabhängigen und selbstständigen Zirkulationsformen und die regelmäßig von ihnen entfachten Krisen. Ohne diese Unabhängigkeit und Selbstständigkeit könnte sich das Kapital nicht anpassen, reproduzieren und vergrößern.

Daran zeigt sich, wie robust und flexibel sich das Kapital zum Beispiel auf die Einzelnheiten der Konsumtion einstellen kann. Da dies vielleicht zu den problematischeren Aspekten der Marxschen Theorie gehört – sein Verzicht auf eine Eröterung, geschweige denn eine Theorie der Konsumgesellschaft –, sei es mir gegönnt, ein skurriles persönliches und ganz bestimmt singuläres Beispiel dafür anzuführen. Bis vor kurzem hatte ich eine leidenschaftliche Vorliebe für britische bittere Orangenmarmelade. Für ihren eigenartigen Geschmack scheinen wir Briten entweder eine genetische Veranlagung oder einen perversen kulturellen Sinn zu haben, aber viele von uns können ihren Tag nur damit beginnen, etwas Bitteres zum Frühstück zu essen. Als ich Anfang der 1990er Jahre wieder nach England kam, habe ich mir angewöhnt, meine eigene Marmelade herzustellen, wie es schon meine Mutter und meine Großmutter gemacht hatten. Ich war überrascht, als ich herausfand, dass viele meiner akademischen Kolleginnen und Kollegen das gleiche taten. Also wird jeden Januar und Februar in ganz Großbritannien Marmelade gekocht. Als ich wieder in den USA war, konnte ich dort die bitteren Orangen nicht bekommen. Ich musste mir also immer eine Entschuldigung ausdenken, warum ich im Januar und Februar nach Europa fahren musste, um an die bitteren Orangen zu kommen und aus ihnen das Mus zu machen, aus dem ich dann in den USA die Marmelade kochen konnte. Ich arrangierte sogar für einen Januar eine Einladung nach Córdoba, wo die bitteren Orangen überall in dem wunderschönen islamischen Garten neben der spektakulären Moschee herumliegen. Ich sammelte die Orangen auf (sehr zur Verwunderung der Einheimischen, die mir immer wieder sagten, dass sie ungenießbar seien) und machte in meinem Hotelzimmer Mus aus ihnen – was einen kleinen Aufruhr des Personals verursachte, das den penetranten Geruch nicht aushielt. Sie hielten mich einfach für verrückt. Ist dies nicht das beste Beispiel für eine Einzelnheit?

Aber es gibt in der Tat eine faszinierende Geschichte im Marxschen Stil, die mein merkwürdiges Konsumverhalten in einen größeren Zusammenhang einordnet. Bei den Untersuchungen für meine Doktorarbeit über den Anbau von Hopfen und Obst in der Grafschaft Kent während des 19. Jahrhunderts hatte ich herausgefunden, dass sich in den 1840er Jahren ein überraschendes Bündnis zwischen Kleinbauern im Landesinneren von Kent und Zuckerplantagenbesitzern auf den westindischen Inseln herausgebildet hatte. Beide Gruppen forderten eine Senkung der Zölle auf Zucker. Für die Obstbauern hätte der billigere Zucker die Nachfrage nach Obst erhöht, das zu Marmelade und Konserven verarbeitet wurde. Die Agitation für den Freihandel befand sich damals in Großbritannien auf ihrem Höhepunkt. Angeführt wurde sie von den Fabrikanten aus Manchester, die billigere Nahrungsmittel wollten, um den Wert der Arbeitskraft zu senken und damit den von ihnen angeeigneten Mehrwert zu vergrößern. Im Mittelpunkt dieser Kampagne stand zwar der Brotpreis, aber die Arbeiterinnen wollten auch etwas auf dem Brot drauf haben. Zuckerhaltige Konserven (und gesüßter Tee) waren eine ideale Energiequelle für Fabrikarbeiter mit langen Arbeitszeiten. Wie Sidney Mintz in seinem brillanten Buch *Die süße Macht – Kulturgeschichte des Zuckers* hervorhebt, lag es im Interesse der Industrie, den Verbrauch dieser hochenergetischen Nahrungsmittel durch ihre Arbeiter zu befördern (worauf die traditionelle Bedeutung der Teepause in der britischen Arbeiterklasse zurückzuführen ist). Die Analyse im 1. Band des *Kapital* (im Kapitel zum Arbeitstag) zur Bedeutung der Handelspolitik für den Wert und die Intensität der Arbeitskraft macht klar, warum diese Form des Konsums der Arbeiterklasse gefördert wurde.

Aber sie kann nicht erklären, warum es bittere Orangenmarmelade sein musste. Dafür müssen wir zum 2. Band des *Kapital* greifen. Normalerweise fehlten den Konserven- und Marmeladenherstellern ab etwa Dezember frische Früchte und Fruchtmus. Irgendjemand sah all die ungenießbaren Orangen, die im Januar und Februar in Spanien von den Bäumen fielen – man liebte dort die Orangenblüte, wollte aber nicht die Bäume auf der Suche nach essbaren Früchten plündern. Die Verwendung der bitteren Orangen aus Spanien bot eine wunderbare Möglichkeit, das fixe Kapital ganzjährig zu nutzen (ein Problem des 2. Bandes). Es waren also Probleme der Umschlagszeit des fixen Kapitals, die uns die bittere Orangenmarmelade auf den Frühstückstisch brachten. Die kulturelle Gewohnheit, bittere Marmelade mit einem hohen Gehalt an Zucker und Vitamin C zu essen, ist auf diese Weise zu einer festen und bis heute andauernden Tradition in der britischen Gesellschaft geworden.

Nichts determiniert in irgendeiner Weise meine eigentümliche und singuläre kulturelle Gewohnheit. Wenn ich will, kann ich sie aufgeben (was ich kürzlich getan habe). Aber das Kapital erzeugt gewisse »Bedingungen der Möglichkeit« für die Herausbildung und Verfestigung von scheinbar singulären kulturellen Gewohnheiten. Das Eigenheim und der »amerikanische Traum« sind ein anderes offensichtliches Beispiel. Es macht mir viel Spaß herauszufinden, worin diese Bedingungen der Möglichkeit bestehen könnten, und ich finde es faszinierend, dass ein bisschen Marxsche Theorie mir zeigen kann, woher vielleicht manche meiner eigenen besonderen Gewohnheiten und Vorlieben stammen.

Ich führe diese scheinbar unbedeutende persönliche Anekdote an, weil ich davon überzeugt bin, dass Marx uns deutlich mehr zu sagen hat, wenn wir seine abstrakte Analyse mit der empirischen Wirklichkeit verbinden. Wenn die Theorie außer den abstrakten Prozessen der Kapitalbewegung nicht auch das alltägliche Leben, wie wir es alle kennen (einschließlich der Frage, warum so viele Briten bittere Marmelade mögen), erklären kann, dann taugt sie nicht als emanzipatorisches Werkzeug für die Entwicklung einer alternativen, gerechteren und weniger gewalttätigen Produktionsweise.

Interessanterweise tauchen die Begriffe Sozialismus und Kommunismus im 2. Band sehr viel expliziter als sonst im *Kapital* auf. Es scheint, dass Marx von einer gewissen Mischung von Arbeiterkontrolle und gesamtgesellschaftlich geplanter Arbeitsteilung ausging: die assoziierten Arbeiterinnen, die ihre eigenen Produktionsprozesse und das Niveau ihrer Vergütung kontrollieren, eingebettet in eine umfassendere Form der gesellschaftlichen Organisierung, in deren Rahmen die zerstörerischen Kräfte der Zirkulation des Geldkapitals von einer rationell bestimmten und koordinierten Struktur der Ströme von Gütern (die als Gebrauchswerte keine Warenform annehmen) im System der internationalen Arbeitsteilung abgelöst werden. Die Abschaffung einer Gesellschaft, die auf dem Tauschwert beruht, steht bei allen antikapitalistischen Aussagen von Marx im Mittelpunkt. Daraus ergibt sich, dass eine auf Gleichheit und Gerechtigkeit beruhende und der menschlichen Emanzipation verpflichtete Gesellschaft unmöglich in einer Welt geschaffen werden kann, in der das Geld eine Form von sozialer Macht ist, die sich Privatpersonen aneignen können, und in der die monetäre Koordination des Austauschs von Waren die wichtigste gesellschaftliche Beziehung ist, durch die das Alltagsleben reproduziert wird. Diese Mindestanforderungen von Marx stellen offensichtlich ein völlig unzulängliches und utopisches Programm dar. Aber sie betonen das Problem der internationalen Koordinierung im Rahmen einer sich vertiefenden Arbeitsteilung, dem die antikapitalistische Linke notorisch aus dem Weg geht – zum Teil aufgrund des verständlichen Misstrauens gegenüber allen Konzeptionen, die der Staatsmacht eine Rolle beim Übergang zu einer antikapitalistischen Alternative zuschreiben. Der 2. Band beleuchtet auch, wie es durch die komplexen Prozesse der ineinander verschlungenen Kapitalkreisläufe möglich wird, die Produktion und Realisierung von Mehrwert scheinbar bis in alle Ewigkeit fortzuführen und damit die spezifisch kapitalistische Klassenmacht immer wieder zu reproduzieren. Marx zeigt auf überzeugende Weise, dass sich ein einzelner Aspekt der Zirkulation wie das Geldkapital nicht radikal verändern lässt, ohne gleichzeitig die übrigen Kreisläufe der Produktion und des Warenkapitals grundlegend umzuwälzen.

Wie eine nichtkapitalistische Alternative aussehen könnte, müssen zukünftige Generationen von Aktivisten und Wissenschaftlerinnen vor dem Hintergrund der heutigen Möglichkeiten erkunden (zu denen auch elektronische Formen der gesellschaftlichen Koordinierung gehören, von denen Marx nicht einmal träumen konnte). Aber die von Marx schon vor langer Zeit geschaffenen Grundlagen liefern uns ein beeindruckendes Bild des systemischen und zugleich widersprüchlichen Charakters der Kapitalströme, die in Ströme von Gebrauchswerten transformiert werden müssen, mit denen über acht Milliarden Menschen auf dem Planeten Erde ernährt, gekleidet, beherbergt, gepflegt und versorgt werden können. Als jemand, der für seine Aussage berühmt ist, dass wir die Welt verändern und nicht nur verschieden interpretieren sollten, verwendet Marx übermäßig viel Zeit und Energie darauf, das zu analysieren und zu interpretieren, was verändert werden soll – und diese theoretische Arbeit ist noch längst nicht abgeschlossen. Aber wie immer ist es genauso notwendig, mit der Veränderung der Welt zu beginnen – zumal es zahlreiche Hinweise darauf gibt, dass der Kapitalismus als Gesellschaftssystem sein Verfallsdatum überschritten hat und nicht weiter endlos und sinnlos ohne Rücksicht auf die sozialen, politischen und ökologischen Konsequenzen durch eine »fremde Konsumtion« wachsen kann. Erst das Kapital, sagt Marx, »hat den geschichtlichen Progreß gefangengenommen in den Dienst des Reichtums« (*Grundrisse*, 492).

> »In schneidenden Widersprüchen, Krisen, Krämpfen drückt sich die wachsende Unangemessenheit der produktiven Entwicklung der Gesellschaft zu ihren bisherigen Produktionsverhältnissen aus. Gewaltsame Vernichtung von Kapital, nicht durch ihm äußere Verhältnisse, sondern als Bedingung seiner Selbsterhaltung, ist die schlagendste Form, worin ihm advice [der Rat] gegeben wird, to be gone and to give room to a higher state of social production [abzutreten und einem höheren Stadium der gesellschaftlichen Produktion Raum zu geben].« (*Grundrisse*, 642)

Es ist sicherlich an der Zeit, dass wir alle auf diesen Rat hören.

Register